한 번에 합격, 자격증은 이기적

이렇게 기막힌 적중률

 함께 공부하고 특별한 혜택까지!
이기적 스터디 카페

 구독자 약 15만 명, 전강 무료!
이기적 유튜브

오직 스터디 카페 멤버에게만 주어지는 특별 혜택!
이기적 스터디 카페

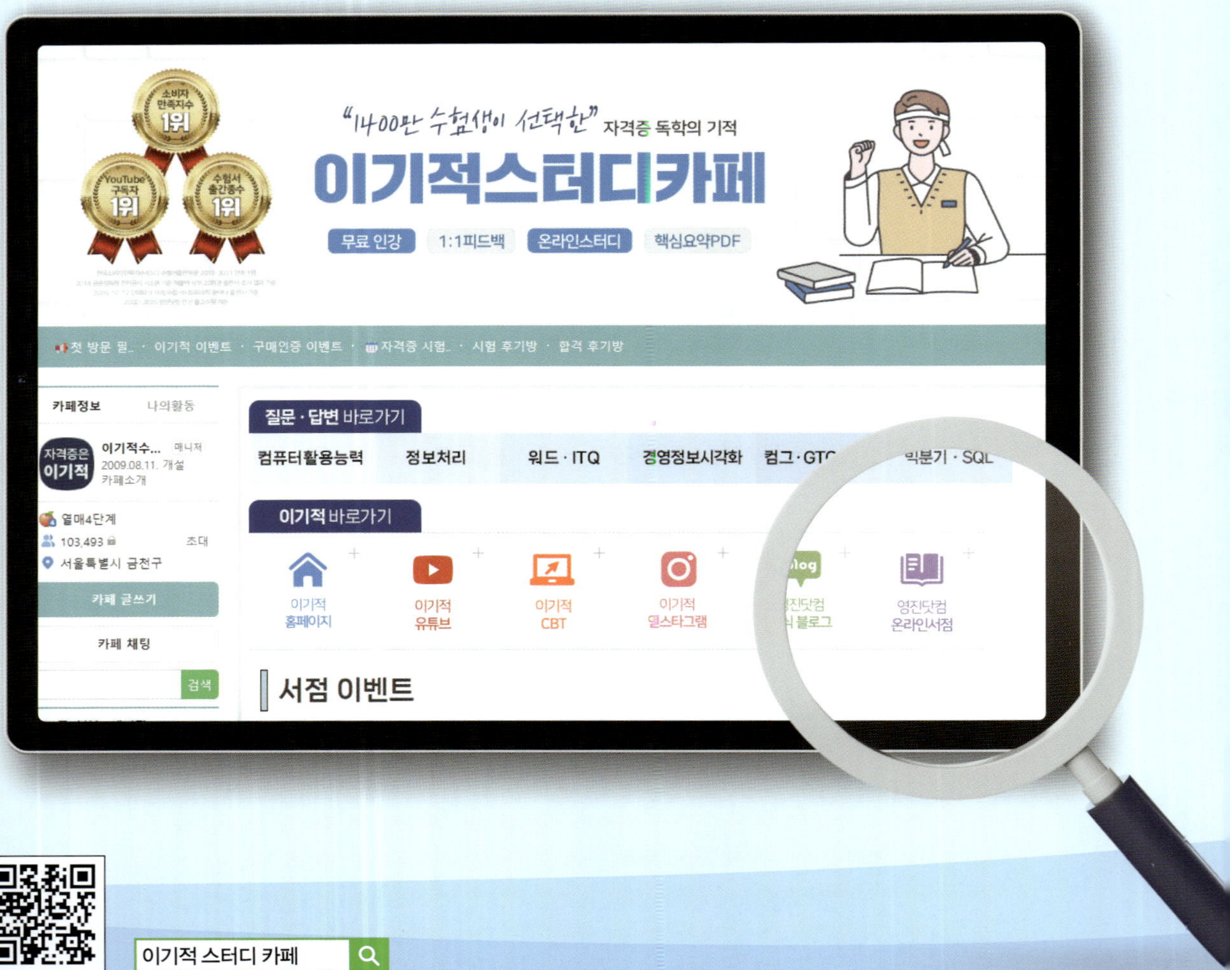

이기적 스터디 카페

이렇게 기막힌 적중률

절대족보

컴퓨터활용능력 1급 필기

1권 · 핵심이론

26
· 2026년 수험서 ·
수험서 22,000원

홍태성, 영진정보연구소 공저

핵심이론+기출문제+무료 강의로 초단기 합격

- 100% 무료 강의 — 고퀄리티 저자 직강
- CBT 온라인 문제집 — 시험 환경 완벽 재현
- 또기적 합격자료집 — 구매자 한정 특별 제공

YoungJin.com Y.
영진닷컴

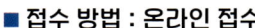

이기적 크루를 찾습니다!

- 접수 방법 : 온라인 접수
- 문의 : book2@youngjin.com
- 접수 분야 : 수험서 전 도서
- 세부 사항

1. 저자·강사
요건 : 관련 강사, 유튜버, 블로거 우대
혜택 : 이기적 수험서 저자·강사 자격
       집필 경력 증명서 발급

2. 감수자
요건 : 관련 전문 지식 보유자
혜택 : 도서 내 감수자 이름 기재
       저자 모집 시 우대(우수 감수자)

3. 베타테스터
요건 : 관련 수험생, 전공자, 교사/강사
혜택 : 활동 인증서 & 참여 도서 1권
       영진닷컴 쇼핑몰 30,000원 적립
       스타벅스 기프티콘(우수 활동자)
       백화점 상품권 100,000원(우수 테스터)

상시 모집 중 ▶

 YES24 컴퓨터 수험서 컴퓨터활용능력 분야
베스트셀러 1위(2023년 6월~2025년 10월 월별 베스트)

1판 1쇄 발행 2026년 1월 15일

저자 홍태성, 영진정보연구소
발행인 김길수
발행처 (주)영진닷컴
등록 2007. 4. 27 제 16-4189호
총괄 이혜영
기획 김고은
영업 박준용, 임용수, 김도현, 이윤철
디자인 임정원, 김효정, 곽은슬
내지 편집 신혜미
제작 황장협
인쇄 제이엠
주소 (우)08512 서울특별시 금천구 디지털로9길 32 갑을그레이트밸리 B동 10층 (주)영진닷컴
ISBN 978-89-314-7963-8
가격 22,000원

이 책을 무단 복사, 복제, 전재하는 것은 저작권법에 저촉됩니다.
인쇄나 제본이 잘못된 도서는 구입처에서 교환해 드립니다.

합격을 위한 기적 같은 선물
또기적 합격자료집

혼자 공부하기 외롭다면?
온라인 스터디 참여

모든 궁금증 바로 해결!
전문가와 1:1 질문답변

1년 내내 진행되는
이기적 365 이벤트

도서 증정 & 상품까지!
우수 서평단 도전

간편하게 한눈에
시험 일정 확인

합격까지 모든 순간 이기적과 함께!

이기적 365 EVENT

QR코드를 찍어 이벤트에 참여하고 푸짐한 선물 받아가세요!

1 기출문제 복원하기

이기적 책으로 공부하고 시험을 봤다면 7일 내로 문제를 제보해 주세요!

2 합격 후기 작성하기

당신만의 특별한 합격 스토리와 노하우를 전해 주세요!

3 온라인 서점 리뷰 남기기

온라인 서점에서 책을 구매하고 평점과 리뷰를 남겨 주세요!

4 정오표 이벤트 참여하기

더 완벽한 이기적이 될 수 있게 수험서의 오류를 제보해 주세요!

※ 이벤트별 혜택은 변경될 수 있으므로 자세한 내용은 해당 QR을 참고해 주세요.

기적의 적중률, 여러분의 참여로 완성됩니다
기출 복원 EVENT

영진닷컴 쇼핑몰 30,000원

기출 복원하기 ▶

전원 지급

네이버페이 포인트 쿠폰 N Pay 최대 20,000원

1. 이기적 수험서로 공부하고 시험에 응시했다면 누구나 참여 가능
2. 응시일로부터 7일 이내 복원 문제만 인정(수험표 첨부 필수!)
3. 중복, 누락, 허위 문제는 당첨 대상에서 제외

※ 이벤트별 혜택은 변경될 수 있으므로 자세한 내용은 해당 QR을 참고해 주세요.

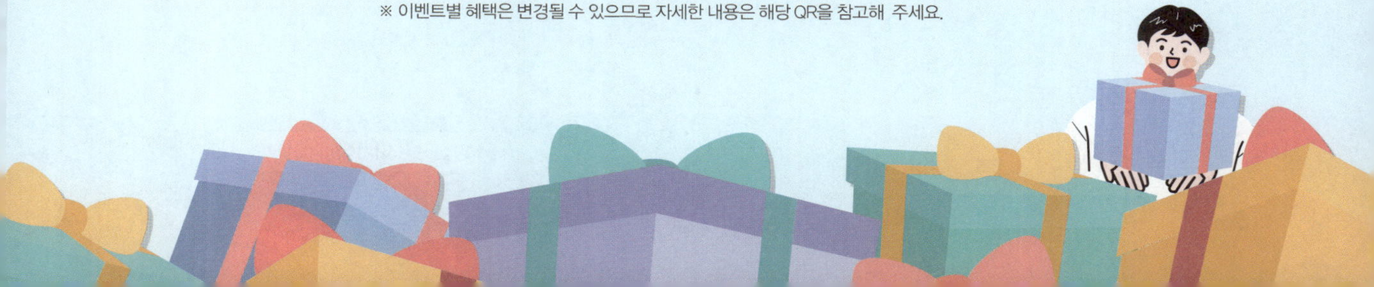

도서 인증하면 고퀄리티 강의가 따라온다!
100% 무료 강의

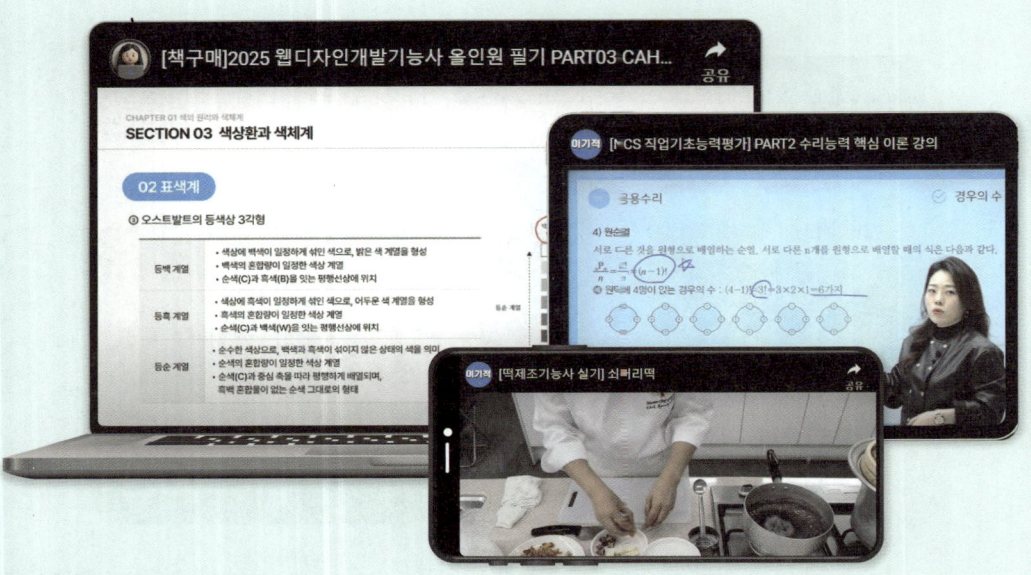

이용방법

| STEP 1 | STEP 2 | STEP 3 | STEP 4 |

  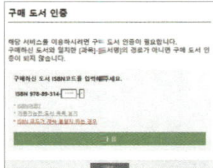 

이기적 홈페이지 (https://license.youngjin.com/) 접속 / 무료 동영상 게시판에서 도서와 동일한 메뉴 선택 / 책 바코드 아래의 ISBN 코드와 도서 인증 정답 입력 / 이기적 수험서와 동영상 강의로 학습 효율 UP!

※ 도서별 동영상 제공 범위는 상이하며, 도서 내 차례에서 확인할 수 있습니다.

◀ 이기적 홈페이지 바로가기

영진닷컴 이기적

합격을 위해 모두 드려요.
이기적 합격 솔루션!

이기적이 여러분을 위해 준비했어요

고퀄리티 저자 직강, 무료 동영상 강의
저자가 직접 강의하는 고퀄리티 동영상 강의를 100% 무료로 제공합니다.
도서 내에 수록된 QR 코드로 간편하게 접속하여 강의를 시청하세요.

또기적 합격자료집 제공, 핵심요약 & 추가 기출문제
필기 핵심요약과 추가 기출문제 5회분을 또기적 합격자료집(PDF)으로 제공합니다.
이기적 스터디 카페에서 구매 인증을 통해 받으실 수 있습니다.

자주 출제되는 지문만 쏙쏙, 빈출 기출지문 OX 퀴즈
시험 전 실력 점검 및 마무리 학습을 위한 빈출 기출지문 OX 퀴즈(Excel 파일)를 제공합니다.
이기적 스터디 카페에서 구매 인증 시 또기적 합격자료집과 함께 보내드립니다.

쉽고 빠르게 확인하는, 자동 채점 서비스
자동 채점 서비스 QR 코드를 스캔하면 OMR 카드가 오픈됩니다.
답안을 제출하면 자동 채점되어 결과를 바로 확인할 수 있습니다.

※ 〈2026 이기적 컴퓨터활용능력 1급 필기 절대족보〉를 구매하고 인증한 독자에게만 드리는 혜택입니다.

◀ 이기적 홈페이지 바로가기

정오표 바로가기 ▶

또, 드릴게요! 이기적이 준비한 선물
또기적 합격자료집

1 시험에 관한 A to Z 합격 비법서
책에 다 담지 못한 혜택은 또기적 합격자료집에서 확인

2 편리하고 똑똑한 디지털 자료
PC · 태블릿 · 스마트폰으로 언제든 열람하고 필요한 부분만 출력 가능

3 초보자, 독학러 필수 신청
혼자서도 충분한 학습 플랜과 수험생 맞춤 구성으로 한 번에 합격

※ 도서 구매 시 추가로 증정되는 PDF용 자료이며 실제 도서가 아닙니다.

◀ 또기적 합격자료집 받으러 가기

이렇게 기막힌 적중률

컴퓨터활용능력
1급 필기 절대족보
1권 · 핵심이론

"이" 한 권으로 합격의 "기적"을 경험하세요!

차례

▶ **합격 강의**
동영상 강의가 제공되는 부분을 표시했습니다.
이기적 수험서 사이트(license.youngjin.com)에 접속하여 시청하세요.
▶ 본 도서에서 제공하는 동영상은 1판 1쇄 기준 2년간 유효합니다. 단, 출제기준안에 따라 내용은 변경될 수 있습니다.

1권 손에 잡히는 핵심이론

공부한 날짜

자주 출제되는 엑셀 기능 14가지	1-20	__월 __일
자주 출제되는 액세스 기능 13가지	1-37	__월 __일
1과목 컴퓨터 일반	1-48	__월 __일
2과목 스프레드시트 일반	1-102	__월 __일
3과목 데이터베이스 일반	1-152	__월 __일

2권 손에 잡히는 기출문제

공부한 날짜

자주 출제되는 기출문제 120선

1과목 컴퓨터 일반	2-4	__월 __일
2과목 스프레드시트 일반	2-16	__월 __일
3과목 데이터베이스 일반	2-30	__월 __일

상시 기출문제

2025년 상시 기출문제 01회	2-42	__월 __일
2025년 상시 기출문제 02회	2-52	__월 __일
2025년 상시 기출문제 03회	2-63	__월 __일
2025년 상시 기출문제 04회	2-73	__월 __일
2025년 상시 기출문제 05회	2-83	__월 __일

2024년 상시 기출문제 01회	2-94	__월 __일
2024년 상시 기출문제 02회	2-104	__월 __일
2024년 상시 기출문제 03회	2-114	__월 __일
2024년 상시 기출문제 04회	2-124	__월 __일
2024년 상시 기출문제 05회	2-134	__월 __일
2023년 상시 기출문제 01회	2-145	__월 __일
2023년 상시 기출문제 02회	2-155	__월 __일
2023년 상시 기출문제 03회	2-166	__월 __일
2023년 상시 기출문제 04회	2-177	__월 __일
2023년 상시 기출문제 05회	2-187	__월 __일

정답 & 해설 ······ 2-198

PDF 또기적 합격자료집

시험장 스케치 & 스터디 플래너
시험장까지 함께 가는 핵심요약
2022년 상시 기출문제 01~05회
빈출 기출지문 OX 퀴즈(Excel 파일)

참여 방법
'이기적 스터디 카페' 검색 → 이기적 스터디카페(cafe.naver.com/yjbooks) 접속 → '구매 인증 PDF 증정' 게시판 → 구매 인증 → 메일로 자료 받기

이 책의 구성

STEP 1 손에 잡히는 핵심이론

시험에 꼭 나오는 핵심이론만
65가지 포인트로 압축 정리

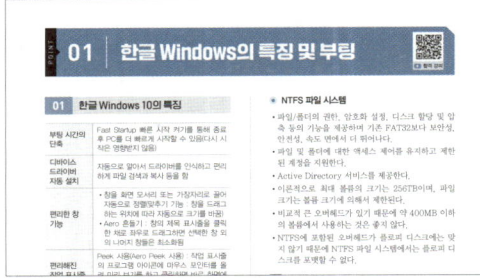

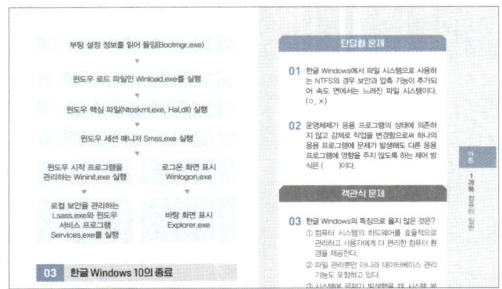

- 단기 합격을 위한 압축 이론 정리
- QR 코드로 이론 강의 바로 시청
- 보충 학습을 위한 기적의 TIP 수록
- 이론과 연계된 기출문제로 약점 보완

STEP 2 빈출 기출문제 120선

자주 출제되는 기출문제 풀이로
필수 개념 정리 & 출제 유형 파악

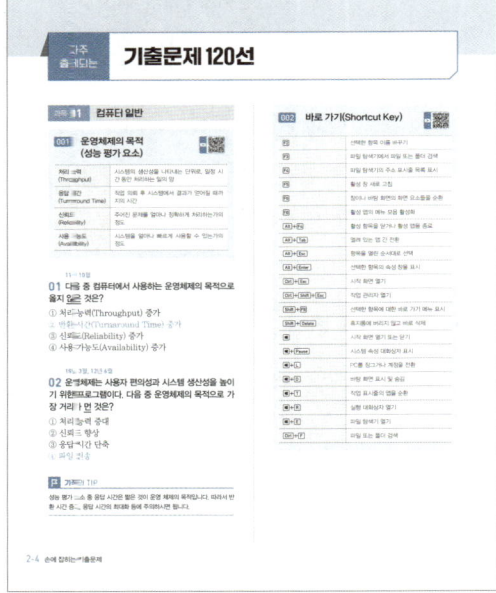

- 빈출 기출문제 120개 엄선 수록
- 중요 개념만 한 번 더 체크
- 빈출 기출 강의까지 100% 무료 제공
- 출제연도 표기로 학습의 중요도 파악

STEP 3 최신 기출문제 15회분

2023~2025년 상시 기출문제 풀이로
최종 마무리 학습

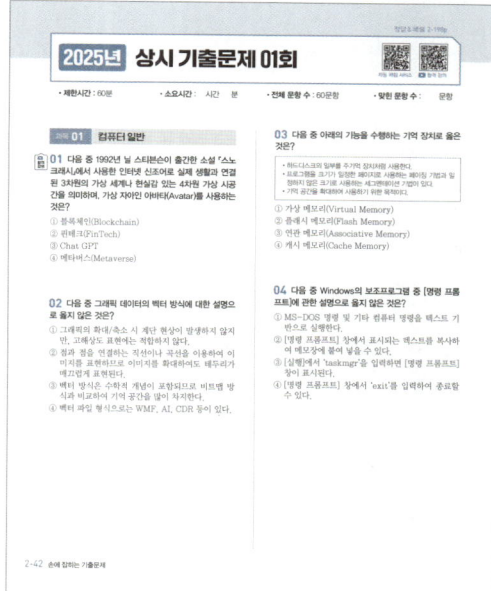

- 총 15회분 문제 풀이로 실전 감각 극대화
- QR 코드로 기출 해설 강의 바로 시청
- 자동 채점 서비스로 채점 결과 바로 확인
- 빠른 정답 확인 QR로 정답표만 빠르게 체크

 BONUS 또기적 합격자료집

도서 구매자 특별 제공
핵심요약 + 추가 기출문제 + 기출 OX 퀴즈

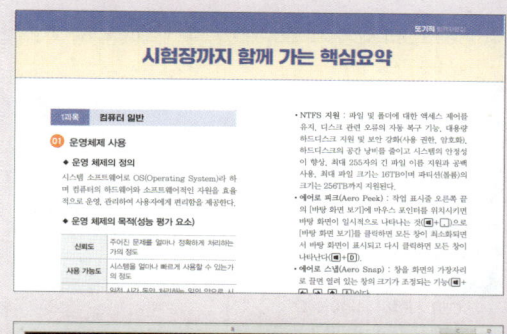

- 시험장 스케치 & 스터디 플래너
- 시험장까지 함께 가는 핵심요약
- 2022년 상시 기출문제 01~05회
- 빈출 기출지문 OX 퀴즈(Excel 파일)

이 책의 구성 1-9

CBT 가이드

≫ CBT란?

CBT는 시험지와 필기구로 응시하는 일반 필기시험과 달리, 컴퓨터 화면으로 시험 문제를 확인하고 그에 따른 정답을 클릭하면 네트워크를 통하여 감독자 PC에 자동으로 수험자의 답안이 저장되는 방식의 시험입니다.

오른쪽 QR코드를 스캔해서 큐넷 CBT를 체험해 보세요!

큐넷 CBT 체험하기

≫ CBT 응시 유의사항

- 수험자마다 문제가 모두 달라요. 문제은행에서 자동 출제됩니다!
- 답지는 따로 없어요!
- 문제를 다 풀면, 반드시 '제출' 버튼을 눌러야만 시험이 종료되어요!
- 시험 종료 안내방송이 따로 없어요!

≫ FAQ

Q. CBT 시험이 처음이에요! 시험 당일에는 어떤 것들을 준비해야 좋을까요?

A. 시험 20분 전 도착을 목표로 출발하고 시험장에는 주차할 자리가 마땅하지 않은 경우가 많으므로, 대중교통을 이용하는 것을 추천합니다. 무사히 시험 장소에 도착했다면 수험자 입장 시간에 늦지 않게 시험실에 입실하고, 자신의 자리를 확인한 뒤 착석하세요.

Q. 기존보다 더 어려워졌을까요?

A. 시험 자체의 난이도 차이는 없지만, 랜덤으로 출제되는 CBT 시험 특성상 경우에 따라 유독 어려운 문제가 많이 출제될 수는 있습니다. 이러한 돌발 상황에 대비하기 위해 이기적 CBT 온라인 문제집으로 실제 시험과 동일한 환경에서 미리 연습해 두세요.

Q. 풀었던 문제의 답안 수정은 어떻게 하나요?

A. 마킹한 답안을 수정할 경우에는 문제지 화면에서 수정하고자 하는 문제의 답을 다시 클릭하면 먼저 체크한 번호는 없어지고 새로 선택한 번호가 검은색으로 마킹됩니다.

Q. 문제를 다 풀고 나면 어떻게 하나요?

A. 문제를 다 풀고 시험을 종료하려면, '시험 종료' 버튼을 클릭하면 됩니다. 마킹하지 않은 문제가 있을 경우 남은 문제의 문제번호 목록을 보여 주고, 남은 문제번호를 선택한 다음 [문항으로 이동] 버튼을 클릭하면 문제화면에 클릭한 문제가 나타납니다. 남은 문제가 없을 경우 최종적으로 종료 여부를 확인하는 대화상자가 나타나며 [예]를 클릭하면 시험이 종료되고 수험자가 작성한 답안은 자동으로 저장되어 서버로 전송됩니다.

≫ CBT 진행 순서

좌석번호 확인	수험자 접속 대기 화면에서 본인의 좌석번호를 확인합니다.
수험자 정보 확인	시험 감독관이 수험자의 신분을 확인하는 단계입니다. 신분 확인이 끝나면 시험이 시작됩니다.
안내사항	시험 안내사항을 확인하고, 다음을 클릭합니다.
유의사항	시험과 관련된 유의사항을 확인합니다.
문제풀이 메뉴 설명	시험을 볼 때 필요한 메뉴에 대한 설명을 확인합니다. 메뉴를 이용해 글자 크기와 화면 배치를 조정할 수 있습니다. 남은 시간을 확인하며 답을 표기하고, 필요한 경우 아래의 계산기를 이용할 수 있습니다.
문제풀이 연습	시험 보기 전, 연습을 해 보는 단계입니다. 직접 시험 메뉴화면을 클릭하며, CBT가 어떻게 진행되는지 확인합니다.
시험 준비 완료	문제풀이 연습을 모두 마친 후 [시험 준비 완료] 버튼을 클릭하면 시험 감독관의 지시에 따라 시험이 시작됩니다.
시험 시작	시험이 시작되었습니다. 수험자는 제한 시간에 맞추어 문제풀이를 시작합니다.
답안 제출	시험을 완료하면 [답안 제출] 버튼을 클릭합니다. 답안을 수정하기 위해 시험화면으로 돌아가고 싶으면 [아니오] 버튼을 클릭합니다.
답안 제출 최종 확인	답안 제출 메뉴에서 [예] 버튼을 클릭하면, 수험자의 실수를 방지하기 위해 한 번 더 주의 문구가 나타납니다. 시험 문제 풀이가 완벽히 끝났다면 [예] 버튼을 클릭하여 최종 제출합니다.
합격 발표	CBT 시험이 모두 종료되면, 퇴실할 수 있습니다.

이제 완벽하게 CBT 필기시험에 대해 이해하셨나요?
그렇다면 이기적이 준비한 CBT 온라인 문제집으로 학습해 보세요!

이기적 온라인 문제집 : https://cbt.youngjin.com

이기적 CBT
바로가기

시험의 모든 것

시험 알아보기

● 자격 소개
〈컴퓨터활용능력〉 검정은 사무자동화의 필수 프로그램인 스프레드 시트(SpreadSheet), 데이터베이스(Database) 활용능력을 평가하는 국가기술자격 시험으로, 대한상공회의소에서 시행

● 응시 자격
제한 없음

● 필기 시험 방식
- 시험 과목
    - 1급 : 컴퓨터 일반, 스프레드시트 일반, 데이터베이스 일반
    - 2급 : 컴퓨터 일반, 스프레드시트 일반
- 출제 형태 및 시험 시간
    - 1급 : 객관식 60문항, 60분
    - 2급 : 객관식 40문항, 40분
- CBT(Computer Based Test) 형식으로 진행

● 필기 검정현황

연도	급수	응시자	합격자	합격률
2024년	1급	171,271명	39,396명	23.0%
	2급	226,313명	72,126명	31.9%
2023년	1급	202,982명	53,623명	26.4%
	2급	222,442명	74,090명	33.3%
2022년	1급	211,036명	69,083명	32.7%
	2급	178,568명	83,129명	46.6%
2021년	1급	364,863명	120,522명	33.0%
	2급	235,984명	109,110명	46.2%
2020년	1급	305,416명	113,078명	37.0%
	2급	204,563명	98,668명	48.2%

출제 기준

● 필기 출제 기준
- 적용 기간 : 2024.01.01.~2026.12.31.
- 컴퓨터 일반(Windows 10 버전)

출제 기준 상세 보기

컴퓨터 시스템 활용	운영체제 사용, 컴퓨터 시스템 설정 변경, 컴퓨터 시스템 관리
인터넷 자료 활용	인터넷 활용, 멀티미디어 활용, 최신 정보통신기술 활용
컴퓨터 시스템 보호	정보 보안 유지, 시스템 보안 유지

- 스프레드시트 일반(Microsoft Office 2021 버전)

응용 프로그램 준비	프로그램 환경 설정, 파일 관리, 통합 문서 관리
데이터 입력	데이터 입력, 데이터 편집, 서식 설정
데이터 계산	기본 계산식, 고급 계산식
데이터 관리	기본 데이터 관리, 외부 데이터 관리, 데이터 분석
차트 활용	차트 작성, 차트 편집
출력 작업	페이지 레이아웃 설정, 인쇄 작업
매크로 활용	매크로 작성, 매크로 편집

- 데이터버이스 일반(Microsoft Office 2021 버전)

DBMS 파일 사용	데이터베이스 파일 관리, 인쇄 작업
테이블 활용	테이블 작성, 제약요건 설정, 데이터 입력
쿼리 활용	선택 쿼리 사용, 실행 쿼리 사용, SQL 명령문 사용
폼 활용	기본 폼 작성, 컨트롤 사용, 기타 폼 작성
보고서 활용	기본 보고서 작성, 컨트롤 사용, 기타 보고서 작성
모듈 활용	매크로 함수 사용, 이벤트 프로시저 사용

접수 및 응시

- **접수 기간**

  개설일로부터 시험일 4일 전까지

- **시험 일자**

  상시(시험 개설 여부는 시험장 상황에 따라 다름)

- **시험 접수**
  - 대한상공회의소 홈페이지(license.korcham.net)에서 접수
  - 시험 기간 조회 후 원하는 날짜와 시간에 접수

- **필기 수험료**

  20,500원(인터넷 접수 시 수수료 1,200원이 가산되며, 계좌이체 및 신용카드 결제 가능)

- **합격 기준**

  매 과목 100점 만점에 과목당 40점 이상이고 평균 60점 이상

- **시험 응시**

  수험표, 신분증을 필히 지참하고 고사장에 30분 전에 입실

합격 발표

- **필기 발표 안내**
  - 대한상공회의소 홈페이지(license.korcham.net)에서 시험일 다음날 오전 10시 발표
  - 발표일로부터 60일간 확인 가능

- **자격증 발급**
  - 휴대할 수 있는 카드 형태의 자격증으로, 신청한 자에 한해 발급
  - 인터넷(license.korcham.net)을 통해 자격증 발급 신청 가능
  - 자격증 신청기간은 따로 없으며, 신청 후 10~15일 사이 수령 가능
  - 합격 확인서를 필요로 하는 경우 자격취득 확인서 발급 (동일 종목에 한하여 하루 3회로 발급 제한)

- **자격 특전**
  - 공무원 채용 가산점
    - 소방공무원(사무관리직) : 컴퓨터활용능력 1급(3%), 컴퓨터활용능력 2급(1%)
    - 경찰공무원 : 컴퓨터활용능력 1, 2급(2점)
    - 해양경찰공무원 : 컴퓨터활용능력 1, 2급(1점)
  - 학점은행제 학점인정 : 1급 14학점, 2급 6학점
  - 100여개 공공기관·공기업 등 채용·승진 우대

고사장 및 시험 관련 문의

- 시행처 : 대한상공회의소
- license.korcham.net

📞 02-2102-3600

시험 출제 경향

1과목 컴퓨터 일반 — 무조건 점수를 따고 들어가야 하는 컴퓨터 일반! — 20문항

01. 운영체제 사용 — 18%
빈출 태그 바로 가기 키, 시작 메뉴, 파일 탐색기, 레지스트리, 프린터

02. 컴퓨터 시스템 설정 변경 — 11%
빈출 태그 개인 설정, 시스템, 사용자 계정, 네트워크, 인터넷 프로토콜

03. 컴퓨터 시스템 관리 — 32%
빈출 태그 자료의 표현 단위, 외부적 표현 방식, RAM, 캐시 메모리, 포트

04. 인터넷 자료 활용 — 32%
빈출 태그 IP 주소, 프로토콜, FTP, 인터넷 관련 용어, 그래픽 데이터

05. 컴퓨터 시스템 보호 — 7%
빈출 태그 저작 재산권의 제한, 방호벽, 암호화 기법, 바이러스

2과목 스프레드시트 일반 — 어려운 함수는 꼭 실습을 통해 학습하기! — 20문항

01. 스프레드시트 개요 — 5%
빈출 태그 Excel 옵션, 워크시트, 통합 문서

02. 데이터 입력 및 편집 — 17%
빈출 태그 셀 포인터, 수식 데이터, 채우기 핸들, 사용자 지정 표시 형식, 조건부 서식

03. 수식 활용 — 28%
빈출 태그 수식의 오류값, 수학 함수, 문자열 함수, 논리 함수, 찾기/참조 함수, 날짜 및 시간 함수, 배열

04. 데이터 관리 및 분석 — 17%
빈출 태그 정렬, 고급 필터, 외부 데이터, 부분합, 피벗 테이블, 목표값 찾기

05. 출력 — 9%
빈출 태그 인쇄 미리 보기, 페이지 설정, 화면 제어, 틀 고정

06. 차트 생성 및 활용 — 9%
빈출 태그 원형 차트, 분산형 차트, 차트 도구, 추세선

07. 매크로 및 프로그래밍 — 15%
빈출 태그 매크로 기록, 프로그래밍, 사용자 정의 함수, For 구문

3과목 데이터베이스 일반
개념과 용어는 암기 위주로 학습하기! 20문항

01. 데이터베이스 개요 11%
빈출 태그 DBMS, DBL, 기본키, 정규화, E-R 다이어그램

02. 테이블 작성 20%
빈출 태그 데이터 형식의 종류, 필드 속성, 리터럴 표시 문자, 유효성 검사

03. 쿼리 작성 25%
빈출 태그 SQL문-SELECT, ORDER BY, 문자 연산자, 내부 조인, 매개 변수 쿼리

04. 폼 작성 20%
빈출 태그 폼의 개념, 탭 순서, 하위 폼, 레이블, 도메인 함수

05. 보고서 작성 16%
빈출 태그 보고서, 보고서의 구성, 그룹화, 레이블, 페이지 번호, 조건부 서식

06. 데이터베이스 프로그래밍 8%
빈출 태그 매크로 함수, 객체 지향 프로그래밍, 모듈 작성

Q&A

Q 상시 검정 시험 일자 변경은 어떻게 하나요?

A 상시 검정 시험 일자 변경은 접수 기간 내(시험일 기준 4일 전)까지 총 3회 변경 가능하며, 홈페이지에서 변경하시면 됩니다.

〈변경이 불가능한 경우〉
1. 실기 시험 접수 시 필기 합격 유효 기간이 지난 경우(시험 일자 기준), 2. 변경하려는 시험 날짜의 시험 시간에 수험 인원이 모두 찼을 경우, 3. 지역 및 종목을 변경하는 경우, 4. 변경하고자 하는 시험 일시가 시험일 기준 4일 이내일 경우, 5. 해당 등급의 자격을 취득한 경우, 6. 수험료 환불을 신청한 경우, 7. 당해연도 접수 내역을 내년도로 변경할 경우, 8. 변경하려는 시험 날짜가 최초 접수일 기준 180일을 초과하였을 경우, 9. 변경 가능 횟수가 3번을 초과하였을 경우

Q 컴퓨터활용능력 필기 합격 결정 기준과 과락에 대해 알고 싶어요.

A 컴퓨터활용능력 필기 합격 결정 기준은 과목당 100점 만점에 매 과목 40점 이상, 전 과목 평균 60점 이상으로 한 과목이라도 40점 미만으로 나올 경우 과락으로 불합격 처리됩니다.

Q 컴퓨터활용능력 필기 합격 유효 기간은 어떻게 되나요?

A 필기 합격 유효 기간은 필기 합격 발표일을 기준으로 만 2년입니다. 예를 들어 컴퓨터활용능력 1급 필기를 2026년 12월 30일에 합격하시면 필기 합격 유효 기간은 2028년 12월 29일입니다. 본인의 정확한 필기 합격 유효 기간은 대한상공회의소 자격평가사업단 홈페이지(license.korcham.net) 회원 가입 후 [마이페이지–취득 내역]에서 확인할 수 있습니다.

Q 컴퓨터활용능력 필기 합격 유효 기간을 연장할 수 있나요?

A 필기 합격 유효 기간은 국가기술자격법 시행령에 의하여 시행되는 것으로 기간의 변경이나 연장이 되지 않습니다.

Q 컴퓨터활용능력 상위 급수 필기를 합격 후 하위 급수 실기를 응시할 수 있나요?

A 필기 합격 유효 기간 내에 상위 급수의 필기에 합격하시고 하위 급수의 실기를 응시하여도 되고 나중에 다시 원래 급수의 실기도 응시할 수 있습니다.

Q 시험 합격 후 자격증 신청은 어떻게 하나요?

A 자격증은 신청하신 분에 한하여 발급하고 있습니다. 자격증 신청 기간은 따로 없으며 필요할 때 신청하면 됩니다 (단, 신청 후 10~15일 사이 수령 가능). 또한 자격증 신청은 인터넷 신청만 있으며, 홈페이지(license.korcham.net) 의 자격증 신청 메뉴에서 가능합니다. 스캔 받은 여권 사진을 올리셔야 하며 전자 결제(신규 3,100원, 재발급 3,100원) 를 하여야 합니다. 자격증 신청 시 수령 방법은 우편 등기 배송만 있으며, 배송료는 3,300원입니다.

Q 컴퓨터활용능력 자격증 취득 시 자격 특전이 있을까요?

A 컴퓨터활용능력 자격증 취득 시 자격 특전은 다음과 같습니다.
- 공무원 채용 가산점
  - 소방공무원(사무관리직) : 컴퓨터활용능력 1급(3%), 컴퓨터활용능력 2급(1%)
  - 경찰공무원 : 컴퓨터활용능력 1, 2급(2점 가점)
  - 해양경찰공무원 : 컴퓨터활용능력 1, 2급(1점 가점)
- 학점은행제 학점 인정 : 1급 14학점, 2급 6학점
- 100여개 공공기관 · 공기업 등 채용 · 승진 우대

컴퓨터활용능력 시험 공식 버전 안내

- 컴퓨터활용능력 시험 공식 버전 : Windows 10, MS Office LTSC 2021
- Office Professional 2021 : 가정이나 직장에서 사용하기 위해 한 대의 PC에 기본 Office 앱과 전자 메일을 설치하려는 가족 및 소규모 기업용을 위한 제품입니다.
- Office LTSC : 상용 및 공공기관 고객을 위한 Microsoft 365의 최신 영구 버전으로, 두 플랫폼(Windows 및 Mac)에서 모두 이용 가능한 일회성 "영구" 구매로 사용할 수 있는 디바이스 기반 라이선스입니다.
- MS Office Professional 2021 프로그램의 업데이트 버전을 사용하는 경우, LTSC 버전과 일부 명칭 및 메뉴가 다를 수 있습니다. 본 도서는 시험장에서 사용하는 LTSC 버전으로 작성되었으며, 일반 사용자 프로그램인 MS Office Professional 2021의 업데이트 버전을 사용하고 계신 경우 업데이트는 계속될 수 있으며, 이후 추가되는 업데이트로 인해 내용이 달라질 수 있음을 알려드립니다.

※ 자세한 사항은 대한상공회의소 자격평가사업단 홈페이지(license.korcham.net)를 참고하시기 바랍니다.

자동 채점 서비스 사용 방법

1 QR 코드 접속하기

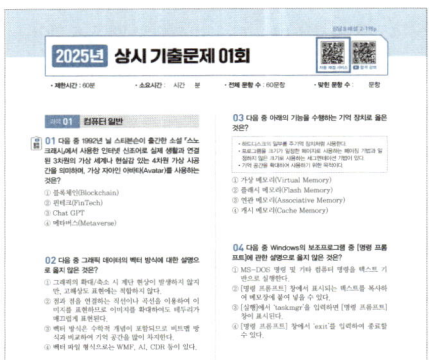

상시 기출문제 상단의 자동 채점 서비스 QR 코드를 스마트폰 카메라로 스캔하면 쉽고 빠르게 채점할 수 있습니다.

2 OMR 답안 표기하기

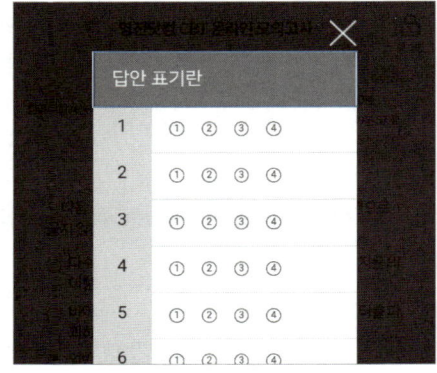

QR 코드를 스캔하면 생성되는 해당 기출문제의 OMR 답안 표기란에 자신이 풀이한 답안을 바로 입력해 보세요.

3 답안 제출하기

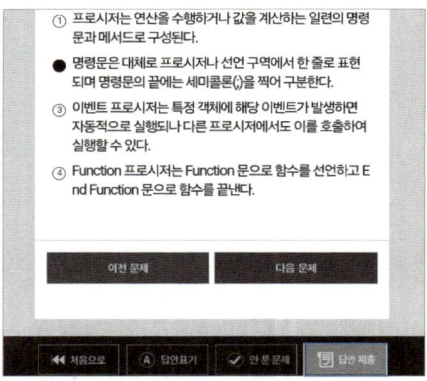

'답안 제출'을 클릭하면 자동으로 채점이 진행됩니다. 답안을 제출하기 전 하단의 '답안표기'와 '안 푼 문제'를 클릭하여 답안을 제대로 기입했는지 확인할 수 있습니다.

4 합격 여부&해설 확인하기

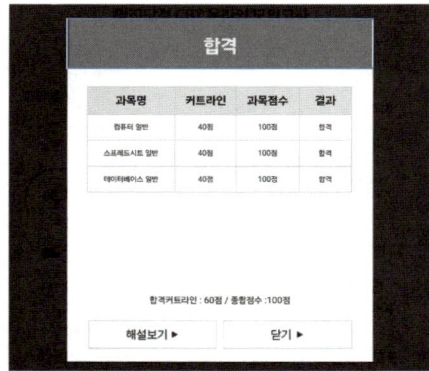

채점 결과를 통해 합격 여부와 과목별 점수 등을 확인할 수 있습니다. '해설보기'를 클릭하여 틀린 문제의 해설을 체크해 보세요.

손에 잡히는 핵심이론

자주 출제되는 엑셀 기능 14가지 ········· 1-20
자주 출제되는 액세스 기능 13가지 ········· 1-37
1과목 컴퓨터 일반 ········· 1-48
2과목 스프레드시트 일반 ········· 1-102
3과목 데이터베이스 일반 ········· 1-152

자주 출제되는 엑셀 기능 14가지

실습파일 영진닷컴 수험서 홈페이지(license.youngjin.com)-[자료실]-[컴퓨터활용능력]에서 "[7963] 2026 컴퓨터활용능력 1급 필기 절대족보' 게시글의 '2026자출엑셀.xlsm' 파일을 다운받으세요.

기능 01 사용자 지정 형식

실습파일 자출01 시트

인구증감 [C2:C7]에 다음의 셀 서식을 사용자 지정 형식으로 작성하시오.
- **형식 1**: 해당 영역에 입력된 값이 10을 초과하면 파랑색, 나머지는 표준색으로 표시한다.
- **형식 2**: 해당 영역에 입력된 값이 음수이면 빨강색으로 표시하며, 부호는 생략하고 괄호 안에 수치를 표시한다.

	A	B	C	D
1	도시	학교	인구증감	
2	서울	6,598	30	
3	부산	1,563	-5	
4	인천	1,456	6	
5	대구	1,023	-9	
6	대전	965	2	
7	광주	631	1	

	A	B	C	D
1	도시	학교	인구증감	
2	서울	6,598	30	
3	부산	1,563	(5)	
4	인천	1,456	6	
5	대구	1,023	(9)	
6	대전	965	2	
7	광주	631	1	

실습하기

01 작업할 영역 [C2:C7]을 블록으로 설정하고 바로 가기 메뉴에서 [셀 서식]을 선택한다.

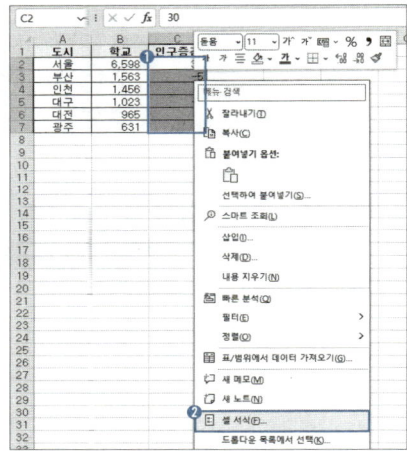

02 [셀 서식]-[표시 형식] 탭에서 [사용자 지정]을 선택한 후 형식을 다음과 같이 입력하고 [확인]을 클릭한다.

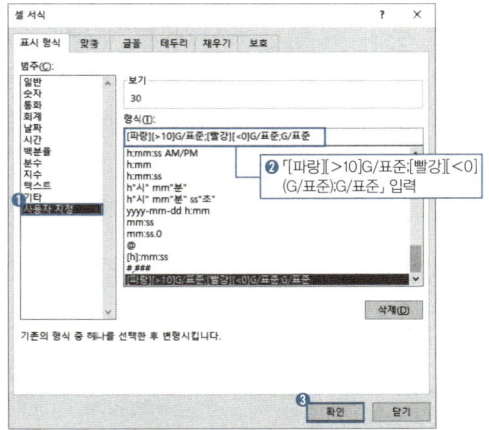

「[파랑][>10]G/표준;[빨강][<0](G/표준);G/표준」 입력

기능 02 조건부 서식

실습파일 자출02 시트

다음 조건을 만족하는 셀에 조건부 서식을 적용하시오.
- **조건 1** : 갑/을 관계가 '계약직'이거나, 연봉이 '30' 이상인 경우 글꼴의 색을 '빨강색'으로 지정한다.
- **조건 2** : 이름이 '김환희'일 경우 '12.5% 회색' 무늬를 설정한다.

	A	B	C	D
1	이름	갑/을	연봉	
2	이윤아	계약직	10	
3	김환희	정규직	15	
4	이태연	정규직	20	
5	장지아	정규직	30	
6	이민아	계약직	15	
7	민수지	정규직	20	
8	강유이	정규직	30	

↓

	A	B	C	D
1	이름	갑/을	연봉	
2	이윤아	계약직	10	
3	김환희	정규직	15	
4	이태연	정규직	20	
5	장지아	정규직	30	
6	이민아	계약직	15	
7	민수지	정규직	20	
8	강유이	정규직	30	

실습하기

01 조건부 서식이 적용될 [A2:C8] 영역을 블록으로 설정하고 [홈]-[스타일]-[조건부 서식]-[규칙 관리]를 선택한다.

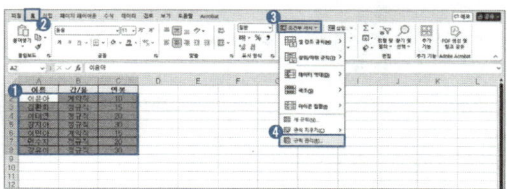

02 [조건부 서식 규칙 관리자] 대화상자에서 [새 규칙]을 클릭한다.

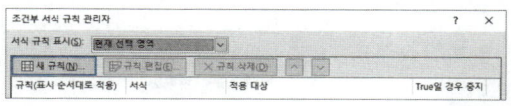

03 [수식을 사용하여 서식을 지정할 셀 결정]을 선택하고 수식을 다음과 같이 입력한 후 [서식]을 클릭한다.

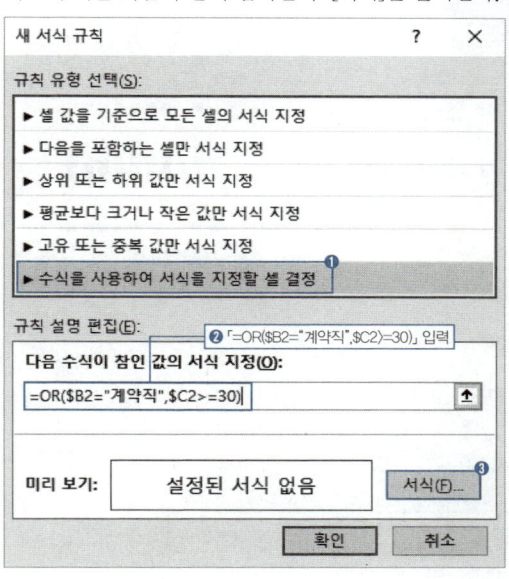

04 [글꼴] 탭에서 글꼴의 색을 [빨강]으로 지정하고 [확인]을 클릭한다.

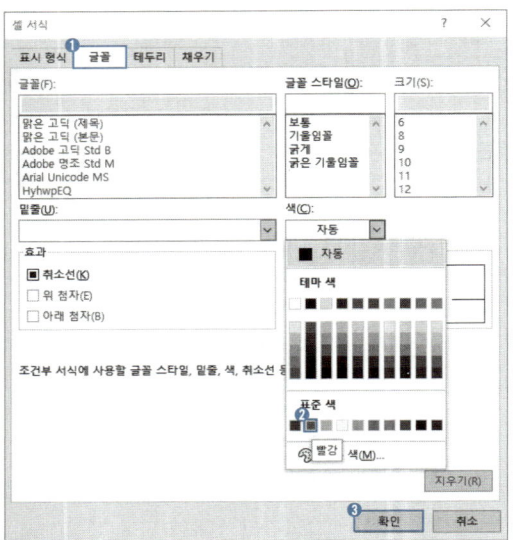

05 [새 서식 규칙] 대화상자에서 지정한 서식이 규칙에 추가되도록 [확인]을 클릭한다.

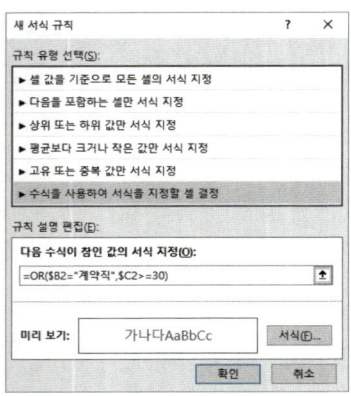

06 [조건부 서식 규칙 관리자] 대화상자에서 [새 규칙]을 한 번 더 클릭한다.

07 [다음을 포함하는 셀만 서식 지정]을 선택하고, [셀 값], [=], [김환희]를 지정한 후 [서식]을 클릭한다.

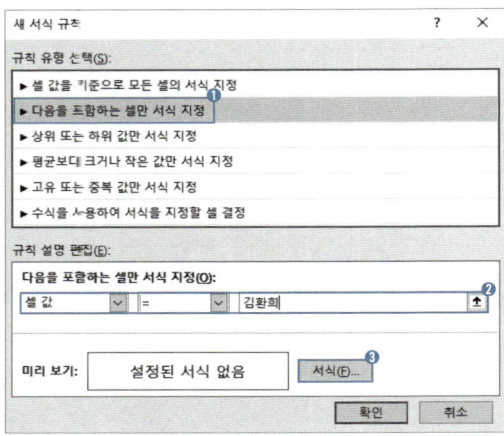

08 [채우기] 탭에서 무늬 스타일을 [12.5% 회색]으로 지정하고 [확인]을 클릭한다.

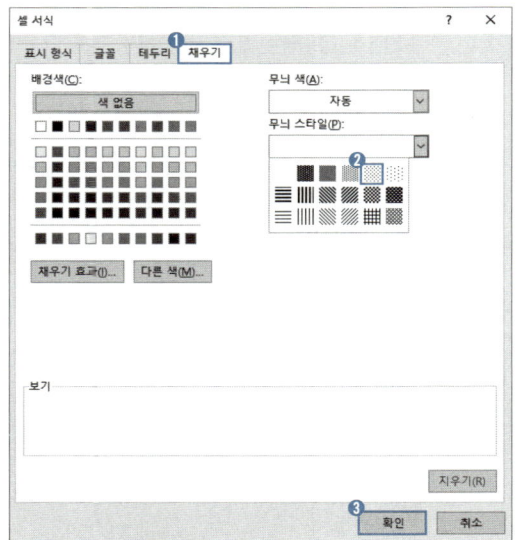

09 [새 서식 규칙] 대화상자에서 지정한 서식이 규칙에 추가되도록 [확인]을 클릭한다.

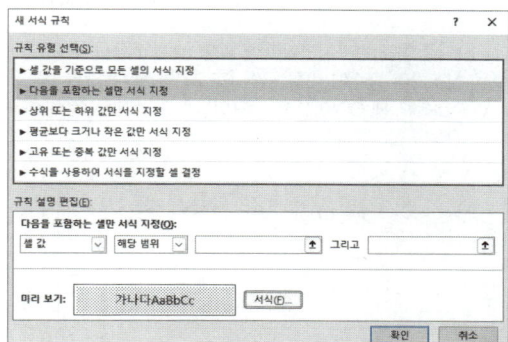

10 규칙 적용 순서를 맞추기 위해서 [수식:]을 선택하고 [위로 이동] 단추를 클릭한 후 [확인]을 클릭한다.

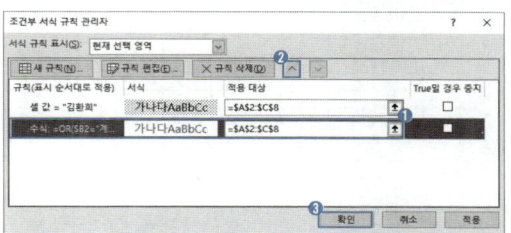

기능 03 통계 함수, 수학/삼각 함수

실습파일 자출03 시트

독해와 청취에 대하여, 제시된 항목에 해당하는 값을 [C9:D16]에 계산하시오.

	A	B	C	D	E
1	성명	소속	독해	청취	
2	이윤아	한국고교	88	76	
3	정수연	서울고교	92	88	
4	김연희	경기고교			
5	김유리	한국고교	73	70	
6	이태연	한국고교	81		
7	강현아	강원고교	90	82	
8					
9	합계				
10	평균				
11	전체학생수				
12	응시수				
13	결시수				
14	90점 이상 인원				
15	평균 반올림(정수)				
16	한국고교 합계				
17					

↓

	A	B	C	D	E
1	성명	소속	독해	청취	
2	이윤아	한국고교	88	76	
3	정수연	서울고교	92	88	
4	김연희	경기고교			
5	김유리	한국고교	73	70	
6	이태연	한국고교	81		
7	강현아	강원고교	90	82	
8					
9	합계		424	316	
10	평균		84.8	79	
11	전체학생수		6		
12	응시수		5	4	
13	결시수		1	2	
14	90점 이상 인원		2	0	
15	평균 반올림(정수)		85	79	
16	한국고교 합계		242	146	
17					

실습하기

- 합계 [C9] : =SUM(C2:C7)
- 평균 [C10] : =AVERAGE(C2:C7)
- 전체학생수 [C11] : =COUNTA(A2:A7)
- 응시수 [C12] : =COUNT(C2:C7)
- 결시수 [C13] : =COUNTBLANK(C2:C7)
- 90점 이상 인원 [C14] : =COUNTIF(C2:C7,">=90")
- 평균 반올림(정수) [C15] : =ROUND(AVERAGE(C2:C7),0)
- 한국고교 합계 [C16] : =SUMIF($B$2:$B$7,"한국고교",C2:C7)

기능 04 텍스트 함수, 논리 함수

실습파일 자출04 시트

사원번호 [A2:A6]의 5번째 자리 숫자로, 직급[D2:D6]을 표시하시오.(단, 5번째 자리가 0이면 '사원', 1이면 '대리', 2이면 '부장'으로 표시한다.)

	A	B	C	D
1	사원번호	이름	부서	직급
2	2025011	이수민	영업부	
3	2025102	김환희	기술부	
4	2024201	이현이	기획부	
5	2022204	유서현	인사부	
6	2021023	정수연	생산부	

	A	B	C	D
1	사원번호	이름	부서	직급
2	2025011	이수민	영업부	사원
3	2025102	김환희	기술부	대리
4	2024201	이현이	기획부	부장
5	2022204	유서현	인사부	부장
6	2021023	정수연	생산부	사원

실습하기

직급 [D2] : =IF(MID(A2,5,1)="0","사원",IF(MID(A2,5,1)="1","대리","부장"))

기능 05 찾기/참조 함수

실습파일 자출05 시트

[H1:I7]을 참조하여 지번에 따른 지명 [D2:D7]을, [A9:F10]을 참조하여 평수에 따른 금액 [F2:F7]을 표시하시오.(단, VLOOKUP, HLOOKUP 함수를 이용하고, 가까운 쪽 평수의 금액을 참조한다.)

	A	B	C	D	E	F	G	H	I
1	순번	거래처코드	지번	지명	평수	금액		지번	지명
2	1	G5678	2		31			8	도로
3	2	T4217	5		50			4	골목
4	3	H8976	1		61			3	시골
5	4	Y7745	4		42			1	나무
6	5	F2345	8		70			2	산골
7	6	D2209	3		52			5	대로
8									
9	평수	30	40	50	60	70			
10	금액	5	15	25	35	45			

	A	B	C	D	E	F	G	H	I
1	순번	거래처코드	지번	지명	평수	금액		지번	지명
2	1	G5678	2	산골	31	5		8	도로
3	2	T4217	5	대로	50	25		4	골목
4	3	H8976	1	나무	61	35		3	시골
5	4	Y7745	4	골목	42	15		1	나무
6	5	F2345	8	도로	70	45		2	산골
7	6	D2209	3	시골	52	25		5	대로
8									
9	평수	30	40	50	60	70			
10	금액	5	15	25	35	45			

실습하기

- **지명 [D2] :** =VLOOKUP(C2,$H$2:$I$7,2,FALSE)
- **금액 [F2] :** =HLOOKUP(E2,$B$9:$F$10,2,TRUE)

기능 06 데이터베이스 함수

실습파일 자출06 시트

조건에 맞는 총점, 인원수, 최저점수 항목을 [E11:E13]에 계산하시오.

	A	B	C	D	E	F	G
1	계열	학번	국문	영문	수학		
2	인문	M0301	60	40	40		
3	자연	M0302	20	50	60		
4	예체능	M0303	30	90	90		
5	자연	M0304	50	80	50		
6	인문	M0305	60	70	80		
7	자연	M0306	40	50	50		
8	예체능	M0307	80	20	20		
9	인문	M0308	90	30	60		
10							
11	자연 계열 영문 총점						
12	80점 이상 영문 인원수						
13	자연 계열 국문 최저점수						

	A	B	C	D	E	F	G
1	계열	학번	국문	영문	수학		계열
2	인문	M0301	60	40	40		자연
3	자연	M0302	20	50	60		
4	예체능	M0303	30	90	90		영문
5	자연	M0304	50	80	50		>=80
6	인문	M0305	60	70	80		
7	자연	M0306	40	50	50		
8	예체능	M0307	80	20	20		
9	인문	M0308	90	30	60		
10							
11	자연 계열 영문 총점				180		
12	80점 이상 영문 인원수				2		
13	자연 계열 국문 최저점수				20		

실습하기

- 자연 계열 영문 총점 [E11] : =DSUM(A1:E9,4,G1:G2)
- 80점 이상 영문 인원수 [E12] : =DCOUNT(A1:E9,4,G4:G5)
- 자연 계열 국문 최저점수 [E13] : =DMIN(A1:E9,3,G1:G2)

기능 07 재무 함수

실습파일 자출07 시트

만기지급액을 [B2:B10] 영역에 계산하시오.(단, 만기지급액은 5년간 연이율 4%로, 매월 초에 예금한 후 매월 복리로 계산되어 만기에 찾게 되는 예금액이다.)

	A	B	C
1	월불입액	만기지급액	
2	₩ 112,000		
3	₩ 81,300		
4	₩ 113,600		
5	₩ 112,000		
6	₩ 73,500		
7	₩ 71,400		
8	₩ 69,300		
9	₩ 69,000		
10	₩ 78,200		

	A	B	C
1	월불입액	만기지급액	
2	₩ 112,000	₩7,450,237	
3	₩ 81,300	₩5,408,074	
4	₩ 113,600	₩7,556,669	
5	₩ 112,000	₩7,450,237	
6	₩ 73,500	₩4,889,218	
7	₩ 71,400	₩4,749,526	
8	₩ 69,300	₩4,609,834	
9	₩ 69,000	₩4,589,878	
10	₩ 78,200	₩5,201,862	

실습하기

만기지급액 [B2] : =FV(4%/12,5*12,-A2,,1)

기능 08 배열 수식

실습파일 자출08 시트

배열 수식을 이용하여 제품코드별 매출건수 [B13:B15]와, 주어진 입사년도에 해당하는 성별 데이터의 급여 평균 [E13:F15]를 계산하시오.

	A	B	C	D	E	F	G
1	제품코드	제품명		이름	입사년도	성별	급여
2	2020	스캐너		윤아	2023	여	100
3	3100	프린터		민철	2024	남	200
4	3100	프린터		상민	2025	남	100
5	1456	마우스		수혁	2024	남	500
6	2020	스캐너		소진	2025	여	300
7	2020	스캐너		도현	2024	남	100
8	1456	마우스		진수	2023	남	200
9	3100	프린터		유민	2024	여	100
10							
11							
12	제품코드	매출건수			남	여	
13	1456			2023			
14	2020			2024			
15	3100			2025			

↓

	A	B	C	D	E	F	G
1	제품코드	제품명		이름	입사년도	성별	급여
2	2020	스캐너		윤아	2023	여	100
3	3100	프린터		민철	2024	남	200
4	3100	프린터		상민	2025	남	100
5	1456	마우스		수혁	2024	남	500
6	2020	스캐너		소진	2025	여	300
7	2020	스캐너		도현	2024	남	100
8	1456	마우스		진수	2023	남	200
9	3100	프린터		유민	2024	여	100
10							
11							
12	제품코드	매출건수			남	여	
13	1456	2		2023	200	100	
14	2020	3		2024	267	100	
15	3100	3		2025	100	300	

실습하기

- 제품코드별 매출건수 [B13] : =COUNT(IF($A$2:$A$9=A13,$A$2:$A$9)) 입력 후 Ctrl + Shift + Enter
- 입사년도 및 성별별 급여 평균 [E13] : =AVERAGE(IF(($E$2:$E$9=$D13)*($F$2:$F$9=E$12),$G$2:$G$9)) 입력 후 Ctrl + Shift + Enter

기능 09 차트 작성 및 편집

실습파일 자출09 시트

[A1:D6] 영역의 데이터를 이용하여 다음과 같은 차트를 작성하고 편집하시오.

- 차트는 [A8:F19] 영역에 위치하도록 한다.
- 모서리를 둥글게, 그림자, 글꼴 크기는 10으로 지정한다.
- '연기' 계열의 데이터에는 보조 축, 레이블에 값을 표시한다.
- 세로(값) 축의 제목은 세로 방향 0도로 지정한다.
- '연기' 계열의 데이터만 '데이터 표식이 있는 꺾은선형'으로 차트 종류를 변경한다.
- 보조 축의 눈금은 최대값 '6000', 천 단위로 레이블을 표시한다.

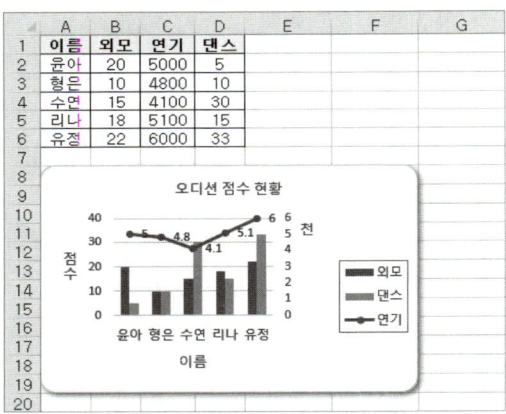

실습하기

01 차트의 데이터 원본에 셀 포인터를 두고, [삽입]-[차트]-[세로 또는 가로 막대형 차트 삽입]-[2차원 세로 막대형]-[묶은 세로 막대형]을 선택한다.

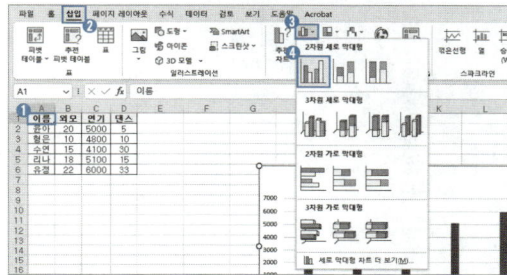

02 삽입된 차트의 레이아웃을 변경하기 위해 [차트 디자인]-[차트 레이아웃]-[빠른 레이아웃]-[레이아웃 9]를 선택한다.

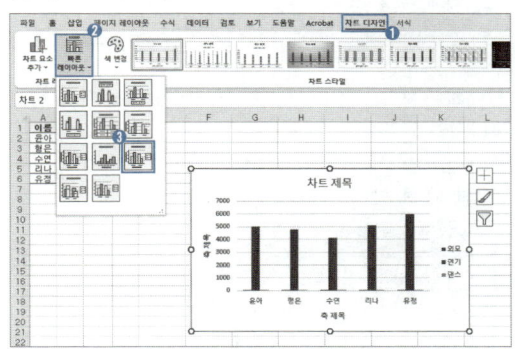

03 마우스로 드래그하여 [A8:F19] 영역에 차트를 위치시킨 후 (Alt 를 적절하게 활용하여) 차트 제목, 축 제목을 다음과 같이 입력한다.

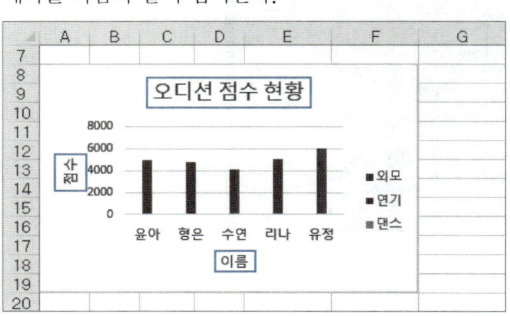

04 '점수' 축 제목의 바로 가기 메뉴에서 [축 제목 서식]을 선택한다(오른쪽에 작업 창이 나타남).

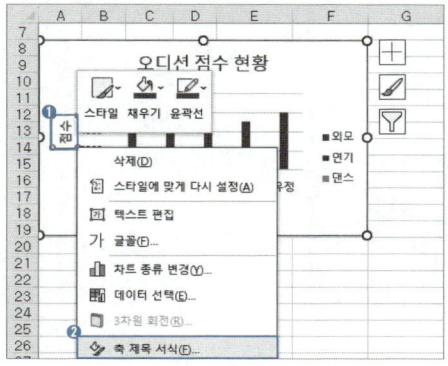

05 [축 제목 서식] 작업 창의 [☑ 제목 옵션]-[크기 및 속성]-[텍스트 방향]에서 '세로'를 지정한다.

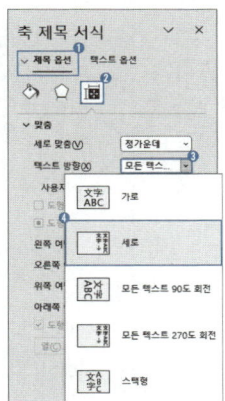

06 [☑ 제목 옵션]-[범례]를 선택한다.

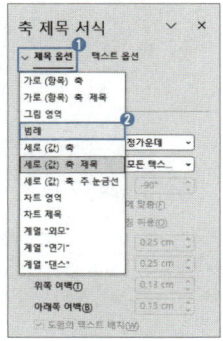

07 [범례 서식] 작업 창의 [∨ 범례 옵션]-[채우기 및 선]-[테두리]에서 '실선'을 선택한다.

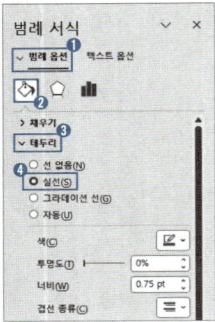

08 차트에서 '차트 제목'을 선택하고 [홈]-[글꼴]에서 글꼴 크기를 '10'으로 지정한다.

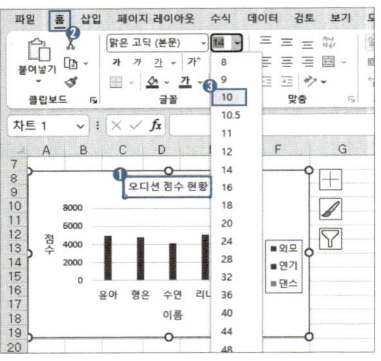

09 작업 창의 [∨ 제목 옵션]-[차트 영역]을 선택한다.

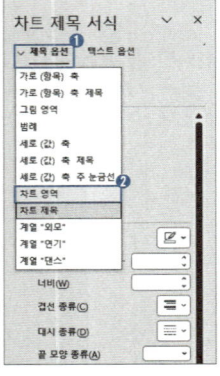

10 [∨ 차트 옵션]-[채우기 및 선]-[테두리]에서 '둥근 모서리'에 체크하고 [효과]-[그림자]-[미리 설정]-[바깥쪽]-[오프셋 오른쪽 아래]를 선택한다.

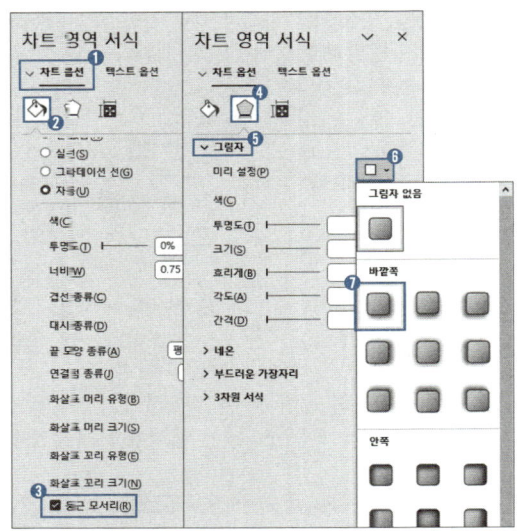

11 작업 창의 [∨ 차트 옵션]-[계열 "연기"]를 선택한다.

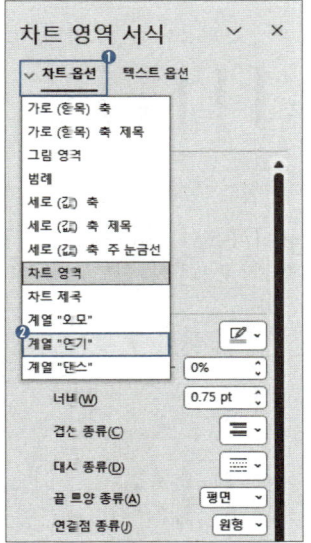

12 [계열 옵션]에서 '보조 축'을 선택한다.

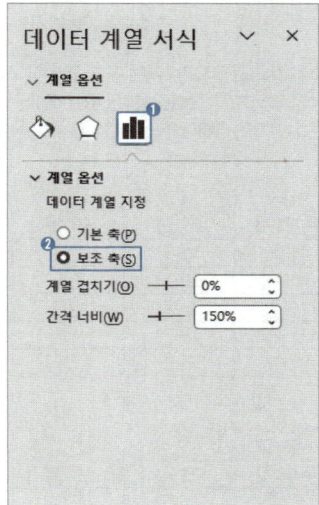

13 계속해서 '연기' 계열이 선택된 상태에서 [차트 요소]-[데이터 레이블]-[바깥쪽 끝에]를 선택한다.

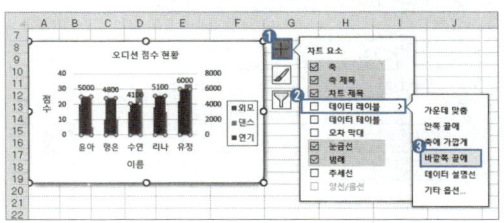

14 계속해서 '연기' 계열이 선택된 상태에서 [차트 디자인]-[종류]-[차트 종류 변경]을 선택한다.

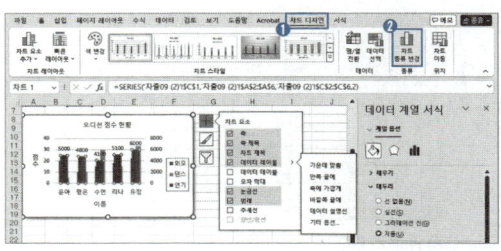

15 [차트 종류 변경] 대화상자에서 [모든 차트]-[혼합]의 '계열 이름' 중에서 '연기'의 '차트 종류'를 [꺾은선형]-[표식이 있는 꺾은선형]으로 정하고 '보조 축'에 체크한 후(디폴트 값) [확인]을 클릭한다.

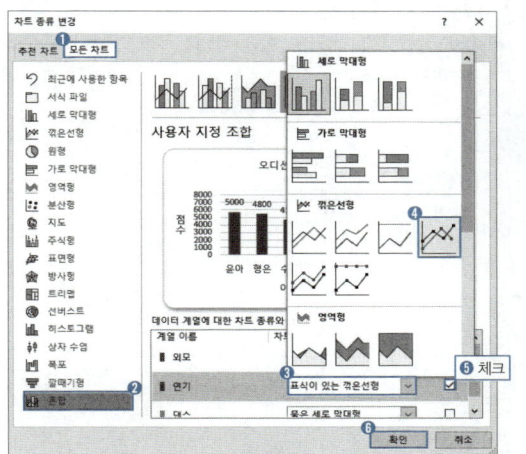

16 작업 창의 [▼] 축 옵션]-[보조 세로 (값) 축]을 선택하고 [축 옵션]의 '최대'에 '6000'을 '기본'에 '1000'을 지정한다. '표시 단위'를 '천'으로 선택하고 '차트에 단위 레이블 표시'에 체크한다(디폴트 값).

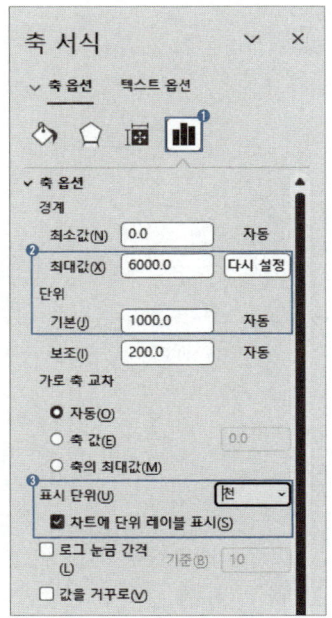

17 작업 창의 [⌄ 축 옵션]–[보조 세로 (값) 축 표시 단위 레이블]–[크기 및 속성]–[맞춤]–[텍스트 방향]을 '세로'로 지정한다. 작업 창은 닫는다.

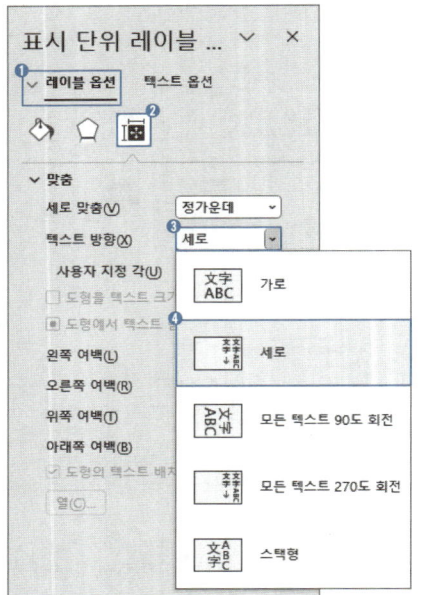

기능 10 고급 필터

실습파일 자출10 시트

데이터 영역 [A1:D6] 대해서, 근무지가 '서울'이고 연봉이 연봉 전체의 평균 이상인 레코드만 필터링하여 [A11] 셀에 표시하시오.(단, 조건은 [A8:B9] 셀에 표시한다.)

	A	B	C	D
1	이름	근무지	직급	연봉
2	윤아	서울	부장	20
3	수연	부산	과장	30
4	효정	서울	사원	25
5	시연	서울	과장	15
6	환희	인천	과장	35

↓

	A	B	C	D
1	이름	근무지	직급	연봉
2	윤아	서울	부장	20
3	수연	부산	과장	30
4	효정	서울	사원	25
5	시연	서울	과장	15
6	환희	인천	과장	35
7				
8	근무지			
9	서울	FALSE		
10				
11	이름	근무지	직급	연봉
12	효정	서울	사원	25

실습하기

01 조건이 들어갈 범위에 적절한 필드명과 셀 값, 수식을 입력한다.

| SUM | =D2>=AVERAGE($D$2:$D$6) |

	A	B	C	D	E	F
1	이름	근무지	직급	연봉		
2	윤아	서울	부장	20		
3	수연	부산	과장	30		
4	효정	서울	사원	25		
5	시연	서울	과장	15		
6	환희	인천	과장	35		
7						
8	근무지			입력		
9	서울	=D2>=AV				

02 필터링할 데이터 범위 중 [A1] 셀을 선택한 후 [데이터]-[정렬 및 필터]-[고급]을 선택한다.

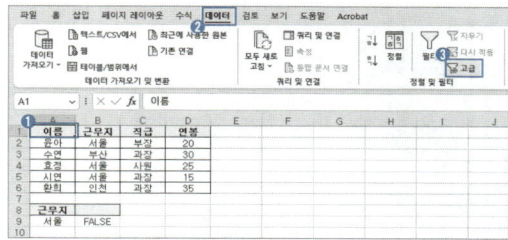

03 [고급 필터] 대화상자에서 '조건 범위', '복사 위치'를 다음과 같이 지정하고 [확인]을 클릭한다.

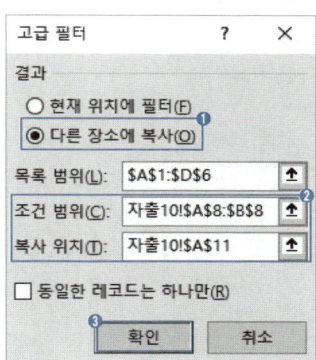

기능 11 부분합

실습파일 자출11 시트

등급별 평점의 합계(요약)를 계산한 후, 평균을 계산하시오.(단, 등급, 성명을 오름차순 정렬한다.)

실습하기

01 [A1] 셀을 선택하고, [데이터]-[정렬 및 필터]-[정렬]을 선택한다.

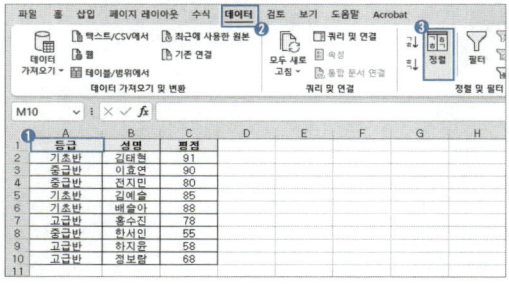

02 등급 열의 정렬 기준을 [셀 값]으로 두고 [오름차순] 정렬한 후 [기준 추가]를 클릭하여 기준을 추가한 후 성명 열도 정렬한다.

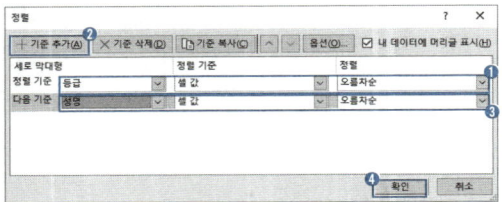

03 [데이터]-[개요]-[부분합]을 선택한다.

04 그룹화할 항목, 사용할 함수, 부분합 계산 항목을 다음과 같이 지정하고 [확인]을 클릭한다.

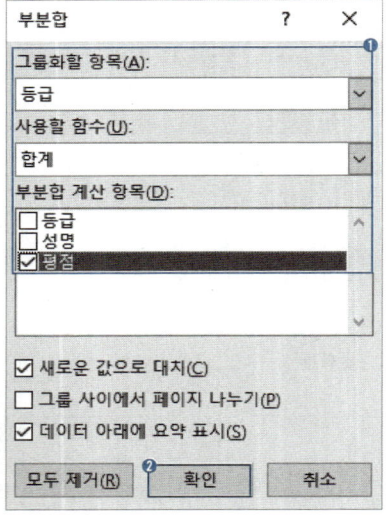

05 다시 [데이터]-[개요]-[부분합]을 선택한다.

06 [부분합] 대화상자에서 다음과 같이 설정한 후 [확인]을 클릭한다.

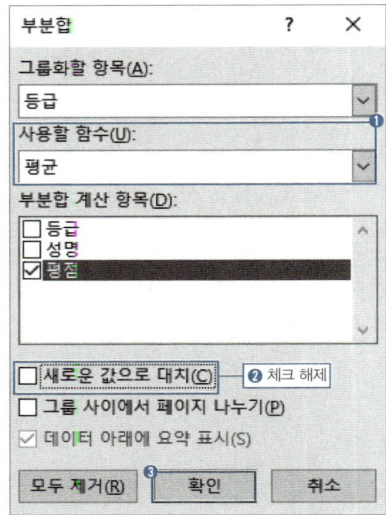

기능 12 데이터 표

실습파일 자출12 시트

데이터 표 기능을 이용하여 구구단 결과값을 [B7:J15] 영역에 구하시오.

	A	B	C	D	E	F	G	H	I	J
1	행	2								
2	열	3								
3	행*열	6								
4										
5										
6		1	2	3	4	5	6	7	8	9
7	1									
8	2									
9	3									
10	4									
11	5									
12	6									
13	7									
14	8									
15	9									
16										

↓

	A	B	C	D	E	F	G	H	I	J
1	행	2								
2	열	3								
3	행*열	6								
4										
5										
6	6	1	2	3	4	5	6	7	8	9
7	1	1	2	3	4	5	6	7	8	9
8	2	2	4	6	8	10	12	14	16	18
9	3	3	6	9	12	15	18	21	24	27
10	4	4	8	12	16	20	24	28	32	36
11	5	5	10	15	20	25	30	35	40	45
12	6	6	12	18	24	30	36	42	48	54
13	7	7	14	21	28	35	42	49	56	63
14	8	8	16	24	32	40	48	56	64	72
15	9	9	18	27	36	45	54	63	72	81
16										

실습하기

01 [B3] 셀의 수식을 복사해서 [A6] 셀에 붙여넣기 한다.

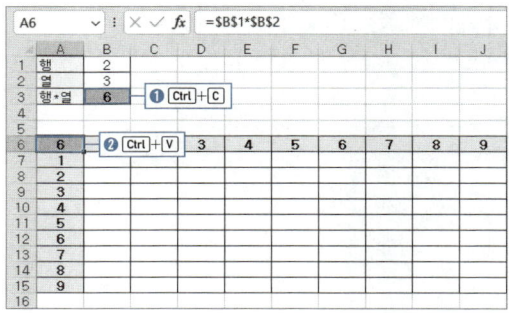

02 [A6:J15] 영역을 블록으로 지정하고 [데이터]-[예측]-[가상 분석]-[데이터 표]를 선택한다.

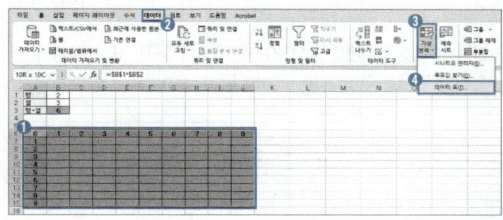

03 '행 입력 셀'과 '열 입력 셀'에 값을 다음과 같이 입력하고 [확인]을 클릭한다.

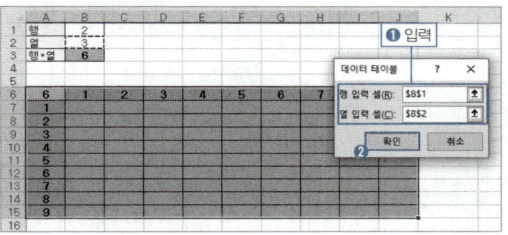

기능 13 피벗 테이블

실습파일 자출13 시트

다음의 데이터 영역 [A1:E10]에 대해서 등급 및 수강별 레슨비와 물품비의 합계를 구하는 피벗 테이블을 작성하시오.

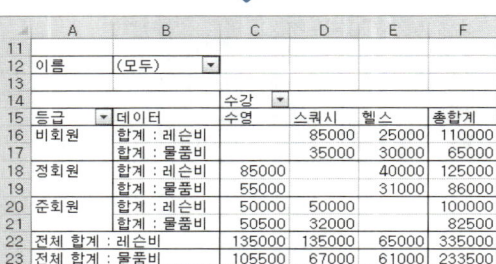

실습하기

01 분석할 원본 데이터 중 [A1] 셀을 선택하고 [삽입]-[표]-[피벗 테이블]을 선택한다.

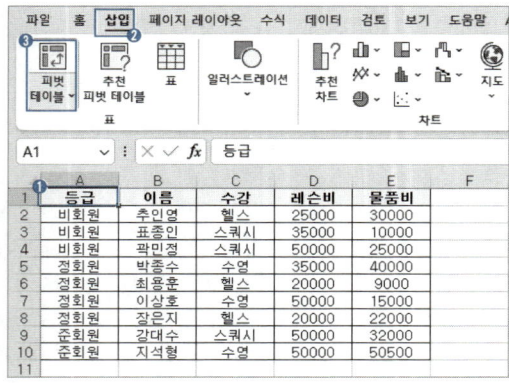

02 [표 또는 범위의 피벗 테이블] 대화상자에서 넣을 위치로 [기존 워크시트]의 [A14] 셀을 선택하고 [확인]을 클릭한다.

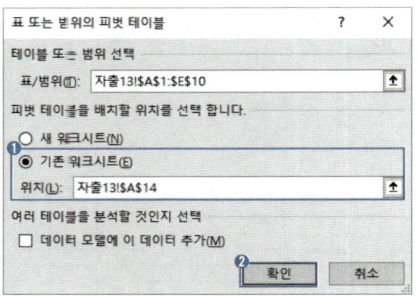

03 [피벗 테이블 필드] 작업 창에서 추가할 필드를 모두 체크하고, 마우스로 드래그하여 필터, 열, 행, 값 영역을 다음과 같이 설정한다.

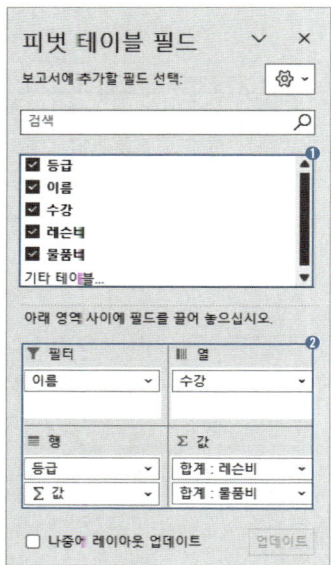

04 [디자인]-[레이아웃]-[보고서 레이아웃]-[테이블 형식으로 표시]를 선택한다.

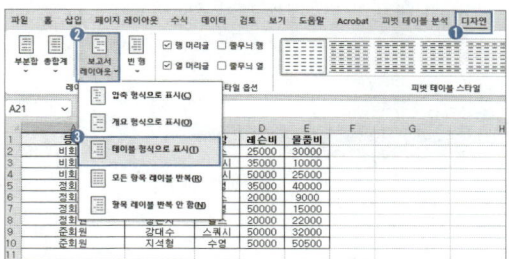

05 [디자인]-[피벗 테이블 스타일]-[없음]을 선택한다.

기능 14 매크로

실습파일 자출14 시트

각 개인의 평균을 구하는 '평균구하기' 매크로를 작성하시오.

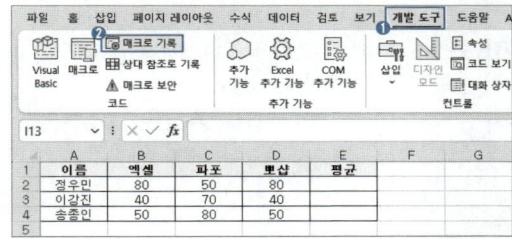

실습하기

01 [개발 도구]-[코드]-[매크로 기록]을 선택한다.

02 [매크로 기록] 대화상자에서 매크로 이름을 「평균구하기」로 입력하고 [확인]을 클릭한다.

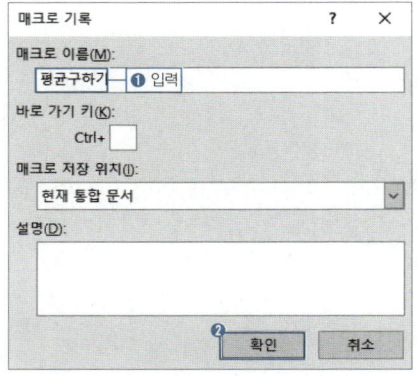

03 값을 구할 범위를 블록으로 설정한 후, [수식]-[함수 라이브러리]-[자동 합계]-[평균]을 선택한다.

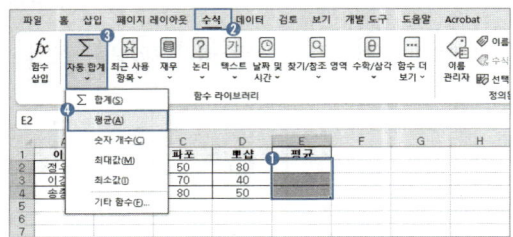

04 [개발 도구]-[코드]-[기록 중지]를 클릭한다.

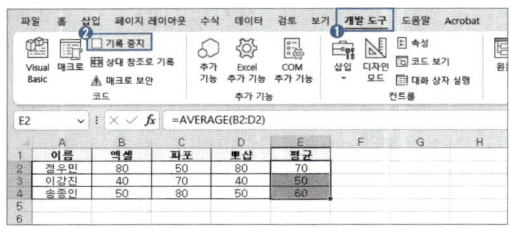

05 [E2:E4] 셀의 값을 삭제하고 [개발 도구]-[코드]-[매크로]를 선택한다.

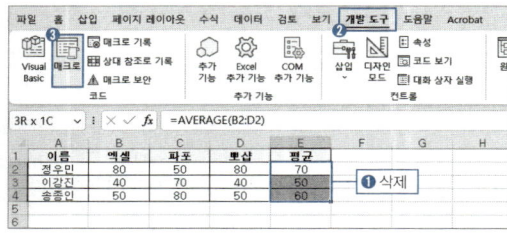

06 [매크로] 대화상자가 나타나면 매크로 이름 중에서 사용자가 만든 [평균구하기]를 선택하고 [실행]을 클릭하여 매크로가 제대로 동작하는지 확인한다.

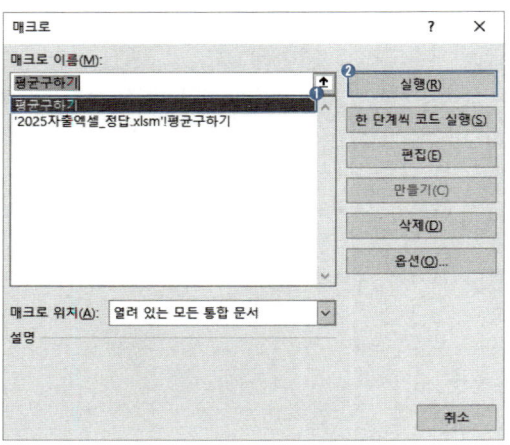

자주 출제되는 액세스 기능 13가지

실습파일 영진닷컴 수험서 홈페이지(license.youngjin.com)-[자료실]-[컴퓨터활용능력]에서 '[7963] 2026 컴퓨터활용능력 1급 필기 절대족보' 게시글의 '2026자출액세스.accdb' 파일을 다운받으세요.

기능 01 테이블 생성

데이터베이스 '2026자출액세스.accdb' 파일을 열어, 다음과 같은 필드와 데이터 형식을 지닌 〈사원〉 테이블을 생성하시오.(단, '필드 속성'은 Default 값으로 두시오.)

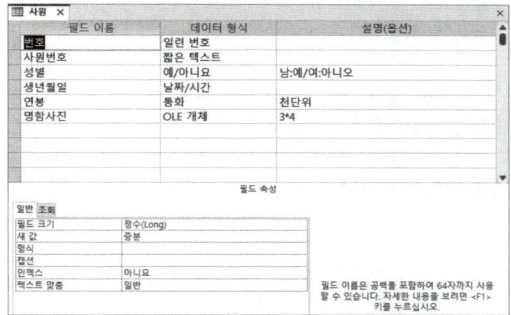

실습하기

01 [만들기]-[테이블]-[테이블 디자인]을 선택한다.

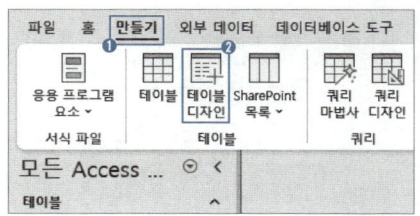

02 테이블 디자인 보기 모드에서 '필드 이름', '데이터 형식', '설명(옵션)' 영역을 지시사항대로 채운다.

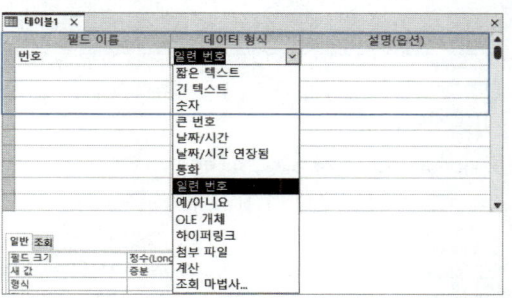

03 테이블 디자인 보기 창을 닫고 [예]를 선택하여 변경한 내용을 저장한다.

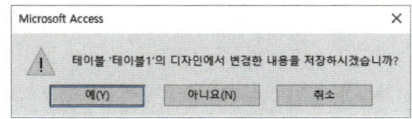

04 [다른 이름으로 저장] 대화상자가 나타나면 테이블 이름을 「사원」으로 입력한 후 [확인]을 클릭한다.

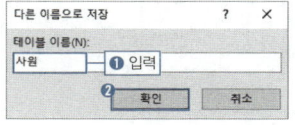

05 기본키 지정 여부를 묻는 경고창이 나타나면 기본키는 나중에 지정할 수 있으므로 [아니요]를 클릭한다.

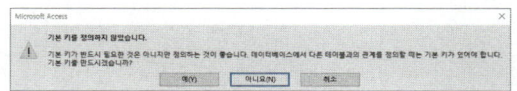

기능 02 필드 속성

〈사원〉 테이블에 다음과 같이 필드 속성을 설정하시오.
- '사원번호' 필드는 'Yj-123' 형식으로 반드시 입력되도록 설정한다.
- '생년월일' 필드에는 1980년 이전 값만 추가되도록 설정하고, 위반 시 '재입력' 메시지가 표시되도록 한다.

실습하기

01 〈사원〉 테이블의 바로 가기 메뉴에서 [디자인 보기]를 선택한다.

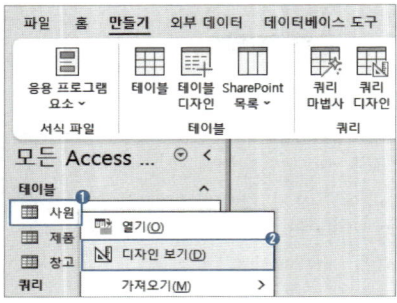

02 '사원번호' 필드를 선택하고 '입력 마스크'를 「>L<L-000」으로 설정한다.

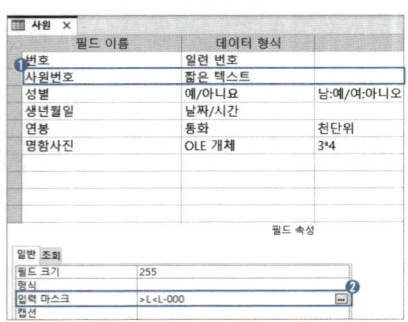

03 '생년월일' 필드를 선택하고 '유효성 검사 규칙'을 「<=#1980-12-31#」, '유효성 검사 텍스트'를 「재입력」으로 설정한다.

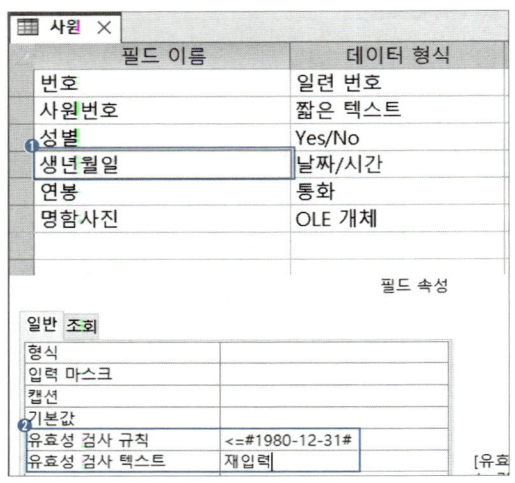

04 테이블 디자인 보기를 닫고 변경한 내용을 저장한다.

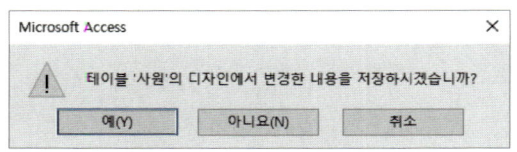

05 〈사원〉 테이블을 열어서 '사원번호', '생년월일' 필드에 값을 넣어 테스트 해본다.

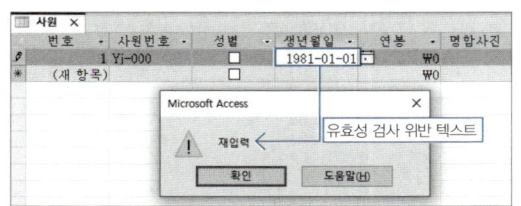

기능 03 관계 설정

〈제품〉 테이블의 '창고코드' 필드는 〈창고〉 테이블의 '창고코드' 필드를 참조하며, M:1의 관계이다. 다음과 같이 관계를 설정하시오.

- 테이블 간에 항상 참조 무결성을 유지하도록 설정한다.
- 〈창고〉 테이블의 '창고코드' 필드 값을 변경하면 이를 참조하는 〈제품〉 테이블의 '창고코드' 필드도 따라서 변경되도록 설정한다.

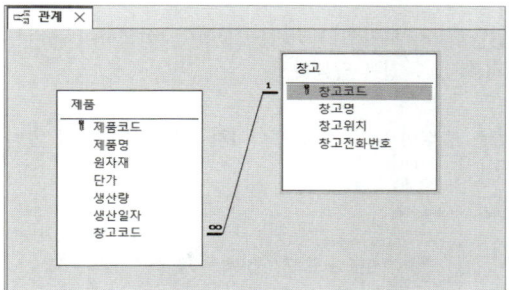

실습하기

01 [데이터베이스 도구]-[관계]-[관계]를 선택한다.

02 [테이블 추가] 대화상자에서 〈제품〉, 〈창고〉 테이블을 Ctrl 로 다중 선택하고, [선택한 표 추가]를 클릭한다.

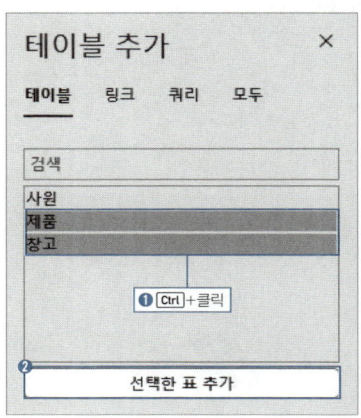

03 〈창고〉 테이블의 '창고코드' 필드를 〈제품〉 테이블의 '창고코드' 필드 쪽으로 드래그하여 놓는다.

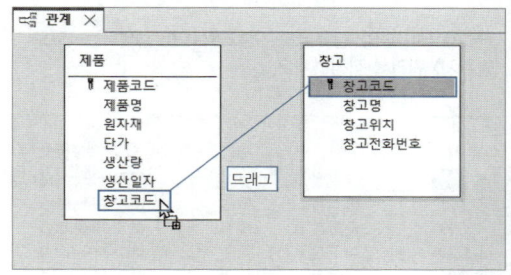

04 [관계 편집] 대화상자에서 [항상 참조 무결성 유지]와 [관련 필드 모두 업데이트]에 체크하고 [만들기]를 클릭한다.

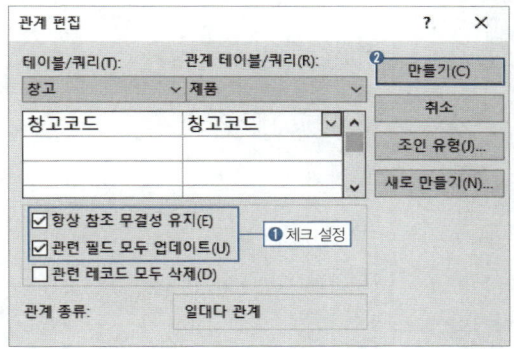

05 관계 창을 닫고 변경한 내용은 저장한다.

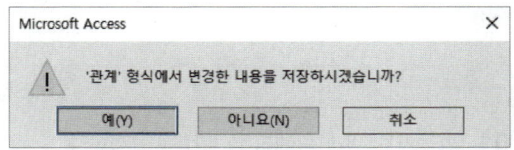

기능 04 SELECT문

〈창고〉 테이블의 '창고코드', '창고위치'를 검색하는 〈코드별위치〉 쿼리를 작성하시오.

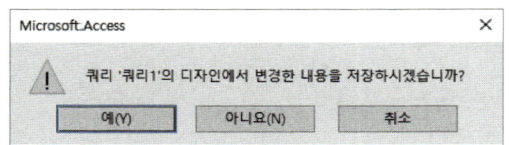

↓

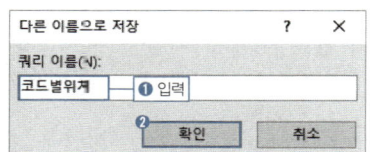

실습하기

01 [만들기]-[쿼리]-[쿼리 디자인]을 클릭한다.

02 [테이블 추가] 대화상자가 나타나면 [닫기]를 클릭한다.

03 [쿼리 디자인]-[결과]-[SQL]을 클릭한다.

04 SQL 보기 창에 다음과 같이 입력한다.

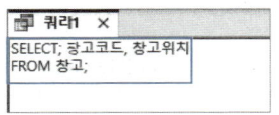

SELECT 창고코드, 창고위치 → '창고코드', '창고위치' 필드를 검색한다.
FROM 창고; → 〈창고〉 테이블을 대상으로 검색한다.(;는 쿼리문 종결자이다.)

05 [쿼리 디자인]-[결과]-[실행]을 선택하여 올바른지 확인 후 창을 닫는다.

06 변경한 내용 저장 메시지가 나타나면 [예]를 클릭한다.

07 [다른 이름으로 저장] 대화상자가 나타나면 쿼리 이름을 「코드별위치」로 입력한 후 [확인]을 클릭한다.

기능 05 WHERE절문

〈창고〉 테이블에서 '창고위치'가 '부산'인 정보만 검색하는 〈부산지사〉 쿼리를 작성하시오.

실습하기

01 SQL 보기 창에 다음과 같이 입력하고 저장한다.

```
SELECT*FROM 창고
WHERE 창고위치="부산";
```

- **SELECT*FROM 창고** → 〈창고〉 테이블의 모든(*) 필드를 검색한다.
- **WHERE 창고위치="부산";** → '창고위치' 필드가 '부산'인 자료만 대상으로 한다.

기능 06 ORDER BY절

〈창고〉 테이블의 '창고위치', '창고코드', 필드를 검색하는 〈정렬〉 쿼리를 작성하시오.(단, '창고위치'는 오름차순 정렬하고, 같은 '창고위치'일 경우 '창고코드'는 내림차순 정렬한다.)

실습하기

01 SQL 보기 창에 다음과 같이 입력하고 저장한다.

```
SELECT 창고위치, 창고코드
FROM 창고
ORDER BY 창고위치, 창고코드 DESC;
```

SELECT 창고위치, 창고코드 FROM 창고 → 〈창고〉 테이블의 '창고위치', '창고코드' 필드를 검색한다.
ORDER BY 창고위치 ASC, 창고코드 DESC; → '창고위치'는 오름차순, '창고코드'는 내림차순으로 정렬한다.

기능 07 GROUP BY절

〈창고〉 테이블을 이용하여 '창고위치'별 창고의 개수를 파악하는 〈창고수〉 쿼리를 작성하시오.

창고코드	창고명	창고위치	창고전화번호
B001	부산창고	부산	051-456-9832
B002	동래창고	부산	051-444-2345
C001	춘천창고	춘천	033-986-5980
D001	대구창고	대구	053-345-6789
D002	대전창고	대전	042-178-1111
K001	광주창고	광주	061-111-1234
S001	여의도창고	서울	02-975-9876
S002	강남창고	서울	02-567-4367
S003	강북창고	서울	02-987-0123
S004	강동창고	서울	02-456-3451
S005	강서창고	서울	02-678-3412

창고위치	창고수
광주	1
대구	1
대전	1
부산	2
서울	5
춘천	1

실습하기

01 SQL 보기 창에 다음과 같이 입력하고 저장한다.

```
SELECT 창고위치, Count([창고코드]) AS 창고수
FROM 창고
GROUP BY 창고위치;
```

- SELECT 창고위치, → '창고위치'를 검색한다.
- Count([창고코드]) AS 창고수 → '창고코드'의 개수를 세어서 '창고수'로 별명(Alias)을 붙인다.
- FROM 창고 → 〈창고〉 테이블로부터 검색한다.
- GROUP BY 창고위치; → '창고위치'가 동일할 경우 묶어서 (그룹화) 표시한다.

기능 08 HAVING절

〈창고〉 테이블을 이용하여 '창고위치'별 창고의 개수가 2개 이상인 경우를 검색하는 〈2개이상창고수〉 쿼리를 작성하시오.

창고코드	창고명	창고위치	창고전화번호
B001	부산창고	부산	051-456-9832
B002	동래창고	부산	051-444-2345
C001	춘천창고	춘천	033-986-5980
D001	대구창고	대구	053-345-6789
D002	대전창고	대전	042-178-1111
K001	광주창고	광주	061-111-1234
S001	여의도창고	서울	02-975-9876
S002	강남창고	서울	02-567-4367
S003	강북창고	서울	02-987-0123
S004	강동창고	서울	02-456-3451
S005	강서창고	서울	02-678-3412

창고위치	2개이상
부산	2
서울	5

실습하기

01 SQL 보기 창에 다음과 같이 입력하고 저장한다.

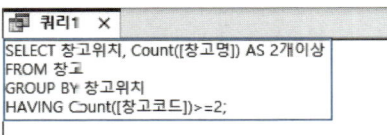

```
SELECT 창고위치, Count([창고명]) AS 2개이상
FROM 창고
GROUP BY 창고위치
HAVING Count([창고코드])>=2;
```

- SELECT 창고위치, → '창고위치'를 검색한다.
- Count([창고명]) AS 2개이상 → '창고명'의 개수를 세어서 '2개이상'으로 별명(Alias)을 붙인다.
- FROM 창고 → 〈창고〉 테이블로부터 검색한다.
- GROUP BY 창고위치 → '창고위치'가 동일할 경우 묶어서 (그룹화) 표시한다.
- HAVING Count([창고코드])>=2; → '창고위치'별 '창고코드'의 개수가 2 이상인 자료만 검색한다.

기능 09 INSERT INTO문

〈제품〉 테이블에 다음과 같이 레코드를 추가하는 〈제품추가〉 쿼리를 작성하시오.

> 제품코드에 A0051, 제품명에 야광봉, 원자재에 플라스틱, 단가에 1050, 생산량에 1000, 생산일자에 2025-04-15, 창고코드에 S005를 추가한다.

실습하기

01 SQL 보기 창에 다음과 같이 입력한다.

```
INSERT INTO 제품 ( 제품코드, 제품명, 원자재, 단가, 생산량, 생산일자, 창고코드 )
VALUES ("A0051", "야광봉", "플라스틱", 1050, 1000, #2025-04-15#, "S005");
```

- INSERT INTO 제품 (제품코드, 제품명, 원자재, 단가, 생산량, 생산일자, 창고코드) → 〈제품〉 테이블의 각 필드에 VALUES의 해당 값을 추가한다.
- VALUES ("A0051", "야광봉", "플라스틱", 1050, 1000, #2025-04-15#, "S005"); → INTO에 나열된 필드의 순서대로 값을 추가한다.

02 [결과]-[실행]을 선택한다. 1행을 추가한다는 메시지가 나타나면 [예]를 클릭하여 행(레코드)을 추가한다. SQL 보기 창은 닫고 저장한다.

기능 10 UPDATE문

〈제품〉 테이블을 이용하여, 제품명을 '발광봉'으로 변경하고 기존 단가를 '50' 인상하는 〈제품명단가조정〉 쿼리를 작성하시오.(단 제품명이 '야광봉'인 경우에 한해서만 변경한다.)

실습하기

01 SQL 보기 창에 다음과 같이 입력한다.

```
UPDATE 제품 SET 제품명="발광봉", 단가=[단가]+50
WHERE 제품명="야광봉";
```

- UPDATE 제품 → 〈제품〉 테이블을 업데이트한다.
- SET 제품명="발광봉", 단가=[단가]+50 → 제품명을 '발광봉'으로, 기존 단가에 50을 더한다.
- WHERE 제품명="야광봉"; → 제품명이 '야광봉'인 자료만 대상으로 한다.

02 [결과]-[실행]을 선택한다. 1행을 새로 고친다는 메시지가 나타나면 [예]를 클릭하여 행(레코드)을 변경(업데이트)한다. SQL 보기 창은 닫고 저장한다.

기능 11 폼 작성

〈창고〉 테이블을 레코드 원본으로 하는 〈창고현황〉 폼을 다음과 같이 작성하시오.

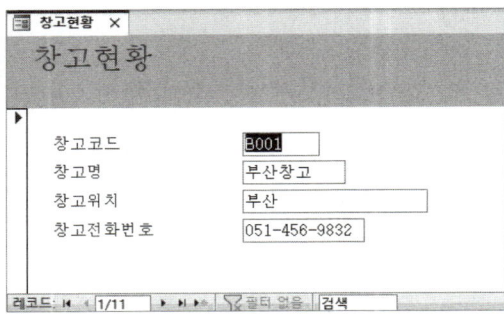

실습하기

01 [만들기]-[폼]-[폼 마법사]를 선택한다.

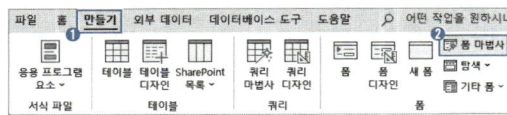

02 먼저 레코드 원본으로 사용할 테이블을 지정하고, [모두 보내기](>>) 단추를 클릭하여 [사용 가능한 필드]에서 [선택한 필드]로 전부 옮긴 후 [다음]을 클릭한다.

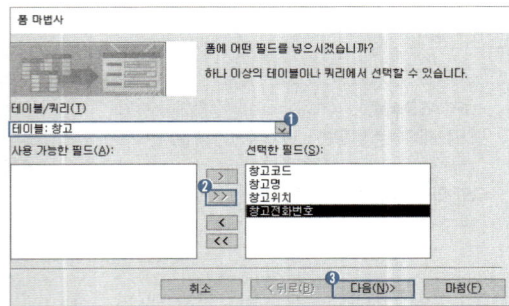

03 폼의 모양을 [열 형식]으로 선택한 후 [다음]을 클릭한다.

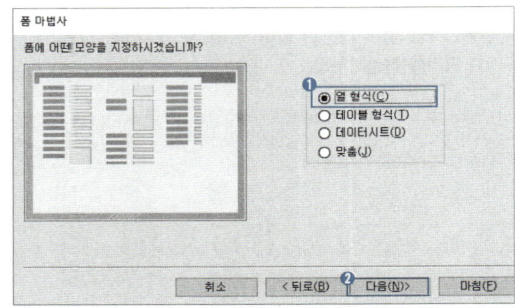

04 폼의 이름을 「창고현황」으로 입력하고 폼 디자인 수정을 선택한 후 [마침]을 클릭한다.

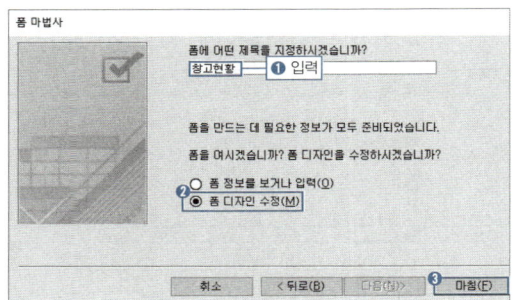

05 [양식 디자인]-[테마]에서 [테마]를 '자연주의'로 선택하고 저장한다.

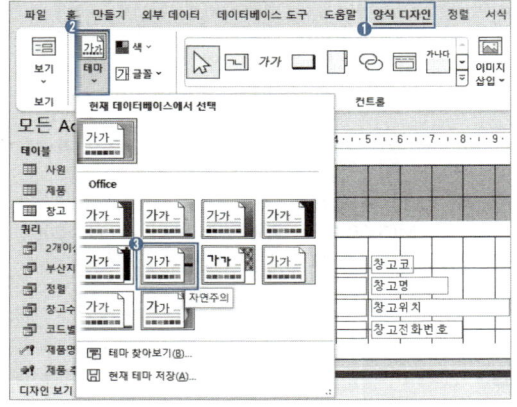

기능 12 보고서 작성

〈제품〉 테이블을 레코드 원본으로 하는 〈원자재분류〉 보고서를 다음과 같이 작성하시오.

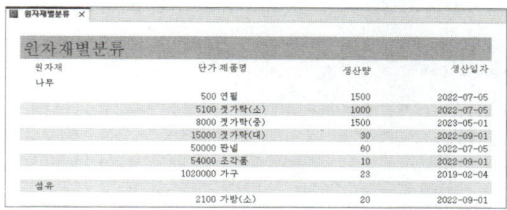

실습하기

01 [만들기]-[보고서]-[보고서 마법사]를 선택한다 (해상도에 따라 다를 수 있음).

02 보고서의 레코드 원본을 지정하고, [보내기](>) 단추를 클릭하여 [사용 가능한 필드]에서 [선택한 필드] 쪽으로 순서에 맞게 다음과 같이 보낸 후 [다음]을 클릭한다.

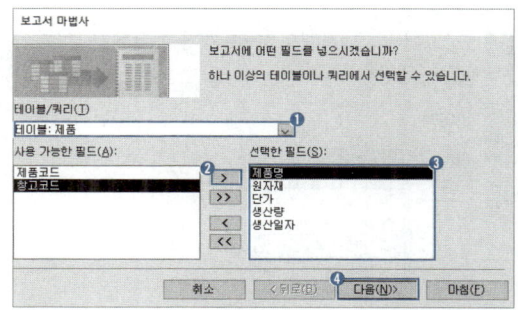

03 '원자재'별로 묶어서 보여주기 위해, 그룹 수준을 [원자재]로 선택하고 [보내기](>) 단추를 클릭한 후 [다음]을 클릭한다.

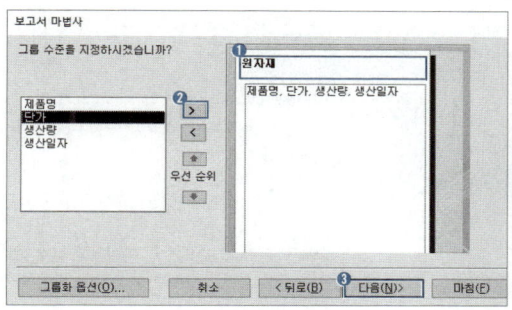

04 '단가'에 대해서 오름차순으로 표시되도록 정렬한 후 [다음]을 클릭한다.

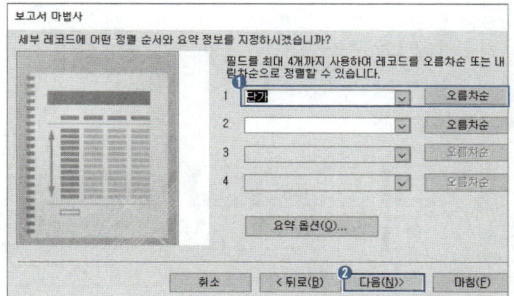

05 보고서의 '모양'을 [단계], '용지 방향'을 [세로]로 선택하고 [다음]을 클릭한다.

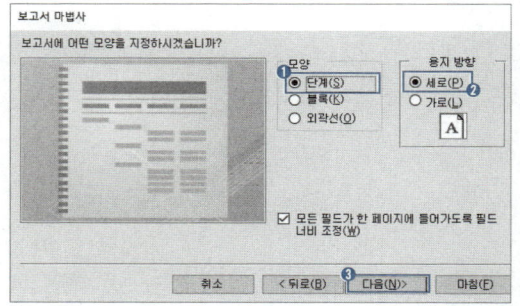

06 보고서의 이름을 「원자재별분류」로 입력하고 [보고서 디자인 수정]을 선택한 다음 [마침]을 클릭한다.

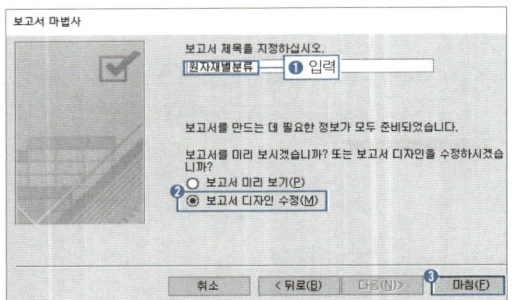

07 [보고서 디자인]-[테마]에서 [테마]-[자연주의]를 선택하고 저장한다. 참고로 테마를 바꾸면 데이터베이스의 모든 폼과 보고서에 적용된다.

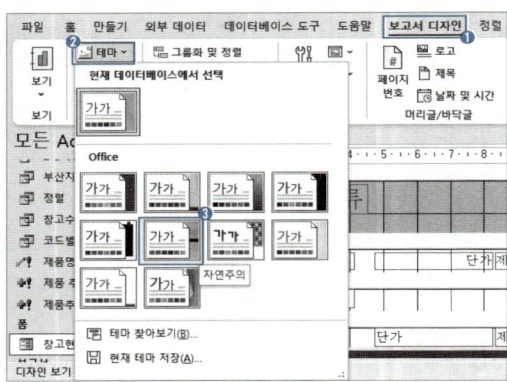

기능 13 프로시저 작성

〈창고현황〉 폼의 '창고코드' 텍스트 상자를 더블클릭하면 관련 창고코드에 해당하는 〈원자재별분류〉 보고서가 미리 보기 형태로 표시되도록 이벤트 프로시저를 작성하시오.

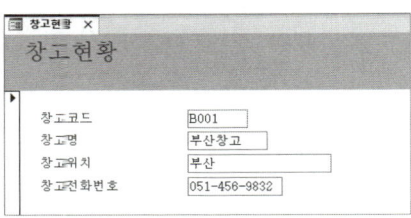

↓

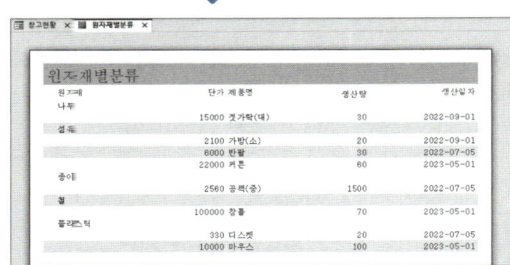

실습하기

01 '창고현황' 폼 개체의 바로 가기 메뉴에서 [디자인 보기]를 선택한다.

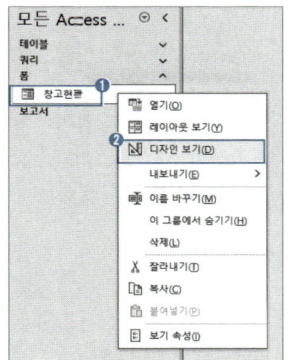

02 '창고코드' 텍스트 상자 컨트롤을 선택한다(속성 시트가 보이지 않을 경우 컨트롤을 더블클릭).

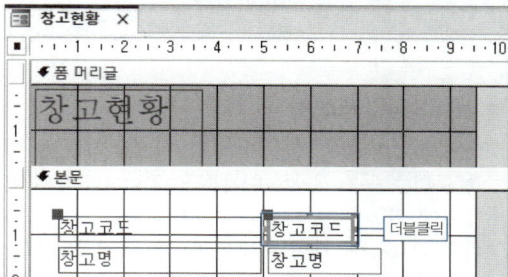

03 속성 시트의 'On Dbl Click'에서 '이벤트 프로시저'를 선택하고, [작성기]( ) 단추를 클릭한다.

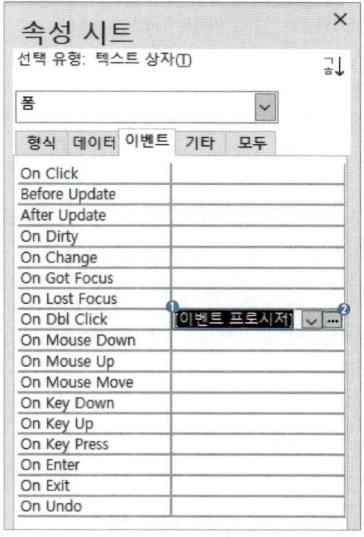

04 Visual Basic Edit의 코드 창에 DoCmd개체를 입력하고 .(마침표)를 찍으면 사용할 수 있는 메서드 목록이 뜬다. OpenReport 메서드를 키보드의 ↓를 눌러 선택하고 Ctrl + Enter 를 눌러 입력한다.

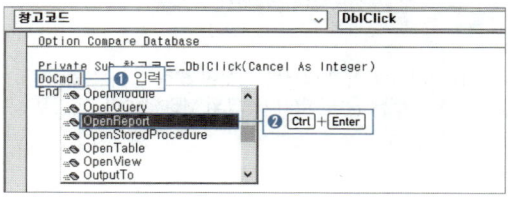

05 다음과 같이 코딩하여 완성한다.

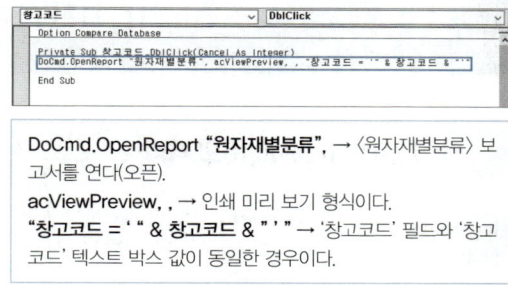

DoCmd.OpenReport "원자재별분류", → 〈원자재별분류〉 보고서를 연다(오픈).
acViewPreview, , → 인쇄 미리 보기 형식이다.
"창고코드 = ' " & 창고코드 & " ' " → '창고코드' 필드와 '창고코드' 텍스트 박스 값이 동일한 경우이다.

06 [파일]-[닫고 Microsoft Access(으)로 돌아가기]를 선택한다.

07 창을 닫고 변경한 내용은 [예]를 선택하여 저장하면 된다.

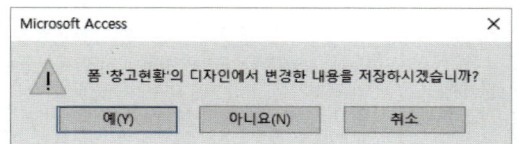

POINT 01 한글 Windows의 특징 및 부팅

01 한글 Windows 10의 특징

부팅 시간의 단축	Fast Startup 빠른 시작 켜기를 통해 종료 후 PC를 더 빠르게 시작할 수 있음(다시 시작은 영향받지 않음)
디바이스 드라이버 자동 설치	자동으로 알아서 드라이버를 인식하고 편리하게 파일 검색과 복사 등을 함
편리한 창 기능	• 창을 화면 모서리 또는 가장자리로 끌어 자동으로 정렬(맞추기 기능 : 창을 드래그 하는 위치에 따라 자동으로 크기를 바꿈) • Aero 흔들기 : 창의 제목 표시줄을 클릭한 채로 좌우로 드래그하면 선택한 창 외의 나머지 창들은 최소화됨
편리해진 작업 표시줄	Peek 사용(Aero Peek 사용) : 작업 표시줄의 프로그램 아이콘에 마우스 포인터를 올려 미리 보기를 하고 클릭하면 바로 화면에 표시됨
편리해진 파일 및 앱 검색	• 작업 표시줄의 [검색 상자]로 파일 및 앱을 편리하게 검색 • 파일 탐색기의 [검색 상자]로 내 PC의 폴더 편리하게 검색
라이브러리 기능	여러 개의 폴더에 있는 파일을 마치 하나의 폴더에 있는 것처럼 이용하는 기능
미디어 기능 강화	미디어 플레이어를 통해 별도의 코덱 다운로드 없이 영상을 재생
네트워크 기능 강화	Wi-Fi, VPN, 비행기 모드, 모바일 핫스팟, 프록시 기능 등 한층 더 강화된 네트워크 설정
32비트 및 64비트 지원 운영 체제	64비트 지원으로 4GB 이상의 대용량 RAM (Random Access Memory)을 효율적으로 처리 가능
선점형 멀티태스킹	• 한글 Windows 운영체제가 CPU를 미리 선점하여 각 응용 프로그램에 대한 CPU 사용 제어를 통해 멀티태스킹(다중 작업)이 원활하게 이루어짐 • 응용 프로그램의 CPU 선점이 통제되어 시스템의 안정성이 강화됨
플러그 앤 플레이(PnP) 지원	자동 감지 설치 기능으로 컴퓨터에 장치를 연결하면 자동 인식하여 장치 드라이버를 설치하므로 새로운 주변 장치를 쉽게 연결함

● NTFS 파일 시스템

- 파일/폴더의 권한, 암호화 설정, 디스크 할당 및 압축 등의 기능을 제공하며 기존 FAT32보다 보안성, 안전성, 속도 면에서 더 뛰어나다.
- 파일 및 폴더에 대한 액세스 제어를 유지하고 제한된 계정을 지원한다.
- Active Directory 서비스를 제공한다.
- 이론적으로 최대 볼륨의 크기는 256TB이며, 파일 크기는 볼륨 크기에 의해서 제한된다.
- 비교적 큰 오버헤드가 있기 때문에 약 400MB 이하의 볼륨에서 사용하는 것은 좋지 않다.
- NTFS에 포함된 오버헤드가 플로피 디스크에는 맞지 않기 때문에 NTFS 파일 시스템에서는 플로피 디스크를 포맷할 수 없다.

기적의 TIP

NTFS 파일 이름 지정 규칙
- 파일 및 디렉터리 이름은 확장명을 포함하여 최대 255자가 될 수 있다.
- 파일 및 디렉터리 이름은 대/소문자를 유지하지만 대/소문자를 구분하지는 않는다.
- 파일 및 디렉터리 이름은 ? " / \ < > * | : 을 제외한 모든 문자를 포함할 수 있다.

02 한글 Windows 10의 부팅 과정

그래픽 카드 작동(전원 ON)
▼
POST 메모리와 하드디스크 같은 하드웨어 점검(BIOS 작동)
▼
하드디스크 머리 부분에 설정한 부팅 설정을 읽어 부팅 준비(하드디스크의 MBR 읽기)
▼

```
부팅 설정 정보를 읽어 들임(Bootmgr.exe)
            ▼
윈도우 로드 파일인 Winload.exe를 실행
            ▼
윈도우 핵심 파일(Ntoskrnl.exe, Hal.dll) 실행
            ▼
윈도우 세션 매니저 Smss.exe 실행
            ▼
윈도우 시작 프로그램을          로그온 화면 표시
관리하는 Wininit.exe 실행   →   Winlogon.exe
            ▼                      ▼
로컬 보안을 관리하는
Lsass.exe와 윈도우        →   바탕 화면 표시
서비스 프로그램               Explorer.exe
Services.exe를 실행
```

03 한글 Windows 10의 종료

[시작](⊞)-[전원](⏻)에서 절전, 시스템 종료, 다시 시작을 클릭하거나 바탕 화면에서 Alt+F4를 누르면 [Windows 종료] 대화상자가 나타난다.

시스템 종료	열려 있는 앱을 모두 닫고 Windows를 종료한 다음 컴퓨터를 끔
사용자 전환	• 앱 닫지 않고 사용자 전환 • 현재 사용자에서 다른 Windows 계정으로 빠르게 로그인
로그아웃	모든 앱을 종료하고 로그아웃
다시 시작	열려 있는 앱을 모두 닫고 Windows를 종료한 다음 Windows를 다시 시작
절전	• 현재 사용자 세션을 메모리에 저장하고 컴퓨터를 저전력 절전 상태로 전환 • PC가 켜져 있지만 저전원 상태이며 앱은 열려 있으므로 PC의 절전 모드를 해제하면 즉시 이전 상태로 돌아감

※ 잠금(🔒) : 잠시 자리를 비울 때 컴퓨터 보호를 위하여 잠그는 기능으로 [시작]-[사용자 계정 이름]-[잠금]에서 설정한다.

단답형 문제

01 한글 Windows에서 파일 시스템으로 사용하는 NTFS의 경우 보안과 압축 기능이 추가되어 속도 면에서는 느려진 파일 시스템이다. (○, ×)

02 운영체제가 응용 프로그램의 상태에 의존하지 않고 강제로 작업을 변경함으로써 하나의 응용 프로그램에 문제가 발생해도 다른 응용 프로그램에 영향을 주지 않도록 하는 제어 방식은 (   )이다.

객관식 문제

03 한글 Windows의 특징으로 옳지 않은 것은?
① 컴퓨터 시스템의 하드웨어를 효율적으로 관리하고 사용자에게 더 편리한 컴퓨터 환경을 제공한다.
② 파일 관리뿐만 아니라 데이터베이스 관리 기능도 포함하고 있다.
③ 시스템에 문제가 발생했을 때 시스템 복원 기능을 사용하여 정상적으로 작동하던 시점으로 시스템을 복원할 수 있다.
④ 완전한 32, 64Bit로 데이터를 처리하므로 더 많은 양의 데이터를 빠르게 처리할 수 있다.

04 다음 중 Windows 운영체제에서 사용하는 NTFS 파일 시스템에 관한 설명으로 옳지 않은 것은?
① FAT32 파일 시스템과 비교하여 성능 및 안전성이 우수하다.
② 하드디스크 논리 파티션의 크기에는 제한이 없다.
③ 비교적 큰 오버헤드가 있기 때문에 약 400MB 이하의 볼륨에서 사용하는 것은 좋지 않다.
④ 파일 및 폴더에 대한 액세스 제어를 유지하고 제한된 계정을 지원한다.

정답 01 × 02 선점형 멀티태스킹 03 ② 04 ②

POINT 02 | 바로 가기 키(단축키)

01 바로 가기 키

키보드에서 명령을 입력해야 할 때 명령어 대신 키보드 키를 조합하여 자주 사용하는 기능을 빠르게 호출할 수 있다.

F1	선택한 프로그램의 도움말을 표시함
F2	선택한 파일 또는 폴더 이름을 변경함
F3	파일 탐색기 [검색 상자]로 포커스
F5	새로운 정보로 고침
F6	창이나 바탕 화면의 구성 요소 순환
F11	전체 화면을 표시함
Ctrl	비연속적인 파일 선택/해제
Ctrl + F4, F4	파일 탐색기 주소 표시줄 펼침
Ctrl + C	복사하기
Ctrl + V	붙여넣기
Ctrl + X	잘라내기
Ctrl + A	모든 항목을 선택함
Ctrl + Z	실행 취소
Ctrl + Esc	[시작] 메뉴를 표시함
Ctrl + Shift + Esc	[작업 관리자] 창
Alt + F4	활성화된 창 닫기/종료
Print Screen	화면 전체를 캡쳐하여 클립보드에 복사함
Alt + Print Screen	활성화된 창만 캡쳐하여 클립보드에 복사함
Alt + Enter	선택한 항목의 속성을 표시함
Alt + Tab	실행 중인 프로그램 목록을 보고 그 중 하나를 선택하여 현재 실행 창을 바꿈
Alt + Esc	실행 중인 프로그램 목록을 볼 수 없고, 열린 순서대로 현재 실행 창을 바꿈
Alt + Space Bar	현재 열려 있는 창의 창 조절 메뉴를 표시함
Shift	파일을 연속적으로 선택함
Shift + F10	마우스 오른쪽 단추를 클릭하는 것과 같음
Shift + Delete	파일을 휴지통에 버리지 않고 바로 삭제함
Shift + CD 삽입	CD의 자동 실행 기능이 작동하지 않음
⊞	[시작] 메뉴 표시하거나 숨김
⊞ + D	바탕 화면 보기
⊞ + E	파일 탐색기 실행
⊞ + M	열려있는 창을 최소화함
⊞ + R	[실행] 대화상자를 표시함
⊞ + T	작업 표시줄의 프로그램을 순서대로 선택
⊞ + Alt + D	알림 영역의 날짜 및 시간 표시/감춤
⊞ + Pause Break	제어판의 [시스템] 항목을 표시함

- Ctrl, Alt, Shift는 다른 키와 조합하여 사용한다. 이 키를 눌러도 Ctrl, Alt, Shift 문자가 표시되지는 않는다.
- Shift는 한글 문자의 쌍자음, 쌍모음을 입력할 수 있으며 영문인 경우 소문자 입력 상태라면 대문자가 입력된다.
- 일반적으로 웹 페이지에서 링크를 열 때 Shift를 누르고 클릭하면 링크된 문서가 새 창에 열린다.

기적의 TIP

클립보드
클립보드란 Windows에 설치된 모든 응용 프로그램에서 잘라내거나 복사한 내용을 임시로 저장하는 장소를 말한다.

02 문자표의 바로 가기 키

[시작]-[Windows 보조프로그램]-[문자표]

Page Up	한 번에 한 화면 위로 이동함
Page Down	한 번에 한 화면 아래로 이동함
Home	해당 줄 처음으로 이동함
End	해당 줄 끝으로 이동함
Ctrl + Home	처음 문자로 이동함
Ctrl + End	마지막 문자로 이동함

기적의 TIP

자주 출제되는 바로 가기 키

Alt + F4	활성화된 창 닫기/종료
Ctrl + Esc	[시작] 메뉴를 표시함
Alt + Print Screen	활성화된 창만 캡처하여 클립보드에 복사함
Print Screen	화면 전체를 캡처하여 클립보드에 복사함
Alt + Enter	선택한 항목의 속성을 표시함
Alt + Tab	실행 중인 프로그램 목록을 보고 그 중 하나를 선택하여 현재 실행 창을 바꿈
Alt + Esc	실행 중인 프로그램 목록을 볼 수 없고, 열린 순서대로 현재 실행 창을 바꿈
Alt + Space Bar	현재 열려 있는 창의 창 조절 메뉴를 표시함

03 파일 탐색기의 바로 가기 키

+	선택한 폴더의 하위 폴더를 표시함
-	선택한 폴더의 하위 폴더를 숨김
*	선택한 폴더의 모든(전체) 하위 폴더를 표시함
Back Space	상위 폴더로 이동함
→	선택한 폴더에서 하위 폴더로 이동하면서 해당 내용을 표시함
←	선택한 폴더에서 현재 폴더를 닫고 상위 폴더로 이동함

단답형 문제

01 다음과 보기와 관련된 항목의 바로 가기 키를 고르시오.

㉠ ■ + R   ㉡ Alt + Enter
㉢ Ctrl + Z   ㉣ Shift + Delete
㉤ F2   ㉥ F3

1 [실행] 대화상자 표시하기
2 선택 항목의 속성 보기
3 실행 취소하기
4 휴지통에 버리지 않고 바로 삭제하기
5 선택한 파일 또는 폴더 이름 변경하기
6 파일 탐색기의 [검색 상자]로 포커스 이동

객관식 문제

02 다음 중 Windows의 파일 탐색기에서 사용하는 바로 가기 키의 기능이 옳지 않은 것은?
① F11 : 현재 창 최대화
② Alt + Enter : 선택한 항목에 대한 속성 대화상자 열기
③ Ctrl + N : 새 폴더 만들기
④ Ctrl + E : 검색 창 선택
Ctrl + N : 새 창 열기

03 다음 중 한글 Windows에서 사용하는 바로 가기 키에 대한 설명으로 옳지 않은 것은?
① F5 : 최신 정보로 고친다.
② Shift + F10 : 선택된 항목의 속성을 나타낸다.
③ Alt + Space Bar : 현재 열려 있는 창의 창 조절 메뉴를 표시한다.
④ Ctrl + Shift + Esc : [작업 관리자] 대화상자를 호출한다.
• Shift + F10 : 선택된 항목의 바로 가기 메뉴를 표시함
• Alt + Enter : 선택된 항목의 속성을 표시함

정답 01 **1** ㉠ **2** ㉡ **3** ㉢ **4** ㉣ **5** ㉤ **6** ㉥
02 ③ 03 ②

POINT 03 | 바탕 화면

Windows에서 기본적인 작업을 할 수 있는 공간이다.

01 바탕 화면의 개요

- 한글 Windows 설치 시 기본적으로 표시되는 아이콘과 작업 표시줄로 구성되어 있다.
- 바탕 화면의 바로 가기 메뉴에서 [개인 설정]을 클릭하여 바탕 화면 배경을 설정할 수 있다.
- 배경 그림으로 BMP, GIF, JPG, DIB, PNG 등의 확장자를 가진 이미지 파일 형식을 사용할 수 있다. HTML 문서(Active Desktop)는 배경 그림으로 사용할 수 없다.
- 여러 사진을 선택하여 바탕 화면 배경 슬라이드 쇼를 만들 수 있다.

02 작업 표시줄

현재 수행 중인 프로그램들이 표시되는 부분으로 응용 프로그램 간 작업 전환이 한 번의 클릭으로 가능하다.

작업 표시줄의 빈 부분에서 마우스 오른쪽 단추를 클릭한 다음 '작업 표시줄 설정(속성)'을 선택한다.

작업 표시줄 잠금	작업 표시줄에 있는 작업 도구를 이동하거나 크기를 조절할 수 없음
데스크톱 모드에서 작업 표시줄 자동 숨기기	작업 표시줄을 사용할 때만 화면에 보이고, 사용하지 않을 때 자동으로 사라짐
작은 작업 표시줄 단추 사용	작업 표시줄에 작은 아이콘을 사용하여 나타냄
화면에서의 작업 표시줄 위치	• 화면에서의 작업 표시줄 위치를 설정함 (아래쪽, 왼쪽, 오른쪽, 위쪽) • 마우스로 작업 표시줄을 원하는 위치로 드래그하여 변경 가능
작업 표시줄 단추 하나로 표시 (작업 표시줄 단추)	• 작업 표시줄에 단추 표시 유형을 설정함 • 항상, 레이블 숨기기(항상 단추 하나로 표시, 레이블 숨기기) • 작업 표시줄이 꽉 찼을 때(작업 표시줄이 꽉 차면 단추 하나로 표시) • 안 함(단추 하나로 표시 안 함)
알림 영역	작업 표시줄에 표시할 아이콘 및 알림을 지정함
바탕 화면 미리 보기	작업 표시줄 끝에 있는 바탕 화면 보기 단추로 마우스를 이동할 때 미리 보기를 사용하여 바탕 화면 미리 보기

03 시작 메뉴

- Windows 대부분의 작업이 시작되는 곳이다.
- 내 PC에 설치된 앱과 프로그램을 시작 화면이나 작업 표시줄에 고정하고 파일의 위치를 열 수 있으며 제거도 가능하다.
- 시작 메뉴의 크기 조정이 가능하므로 앱과 프로그램이 많아서 공간이 필요한 경우 크기를 늘릴 수 있다.
- 시작 메뉴에는 최근에 추가한 앱이 표시된다.
- [시작]-[설정]-[개인 설정]-[시작]에서 최근에 추가된 앱 표시 여부를 켜거나 끌 수 있다.
- 시작 메뉴에는 알파벳 순서대로, 한글 자음 순서대로 그룹으로 묶여 앱이 표시된다.

04 시작 프로그램

- 시작 프로그램에 들어 있는 프로그램들은 Windows가 시작될 때 자동으로 실행된다.
- 자동으로 실행되기를 원하는 앱(프로그램)이나 파일을 시작 프로그램에 복사해서 넣으면 된다.
- 시작 프로그램 폴더가 열리면 Windows 시작 시 자동으로 실행되기를 원하는 파일이나 앱을 복사하여 폴더에 넣으면 된다.
- 시작 프로그램 폴더는 'C:\Users\사용자 계정이름\AppData\Roaming\Microsoft\Windows\Start Menu\Programs\Startup'에 위치한다.
- 자동 실행을 원하지 않을 경우 작업 관리자(Ctrl+Shift+Esc) 창을 열고 [시작 프로그램] 탭에서 [사용 안 함]을 클릭하면 된다.

프로그램을 빨리 실행하기 위해 만든 아이콘이다.

05 바로 가기 아이콘

- 바로 가기 아이콘을 삭제하거나 이동해도 원본 파일이나 폴더는 삭제되지 않는다.
- 이름을 다르게 하면 여러 개를 만들 수 있다.
- 파일, 폴더, 디스크 드라이브, 프로그램, 프린터, 네트워크 등의 개체에 대해 만들 수 있다.

- 바로 가기 아이콘은 하나의 파일로 확장자는 .LNK로 지정된다.
- 바로 가기 아이콘 생성 방법

방법 1	바탕 화면에서 마우스 오른쪽 단추를 클릭하여 바로 가기 메뉴가 나타나면 [새로 만들기]-[바로 가기]를 선택한 후 실행 파일을 찾아 생성함
방법 2	파일 탐색기의 실행 파일에서 마우스 오른쪽 단추를 클릭한 채 바탕 화면으로 드래그한 후 표시되는 바로 가기 메뉴에서 [여기에 바로 가기 만들기]를 선택함
방법 3	파일 탐색기에서 실행 파일을 선택하고 [홈]-[클립보드]-[복사]를 선택한 후 바탕 화면의 바로 가기 메뉴에서 [바로 가기 붙여넣기]를 선택함
방법 4	Ctrl + Shift 를 누른 채 개체를 선택한 후 원하는 위치에 끌어서 놓음

06 휴지통
작업 도중 삭제된 자료들이 임시로 보관되는 장소이다.

● 휴지통에 보관된 파일 복원하기

방법 1	복원할 객체를 선택한 후 [선택한 항목 복원]을 선택함
방법 2	복원할 파일의 바로 가기 메뉴에서 [복원]을 선택함
방법 3	휴지통의 파일을 선택하여 원하는 위치로 드래그함

● 휴지통의 용량 조절하기
- 바탕 화면 휴지통의 바로 가기 메뉴 중 [속성]을 선택하면 [휴지통 속성] 대화상자가 나타난다.
- 여러 하드 드라이브, 파티션 또는 컴퓨터에 연결된 외장 하드 드라이브가 있는 경우, 위치별로 휴지통의 최대 크기 설정을 MB 단위로 할 수 있다.

● 휴지통에서 보관되지 않는 경우
- Shift + Delete 를 눌러 파일을 삭제한 경우
- Shift 를 누른 채 삭제할 파일이나 폴더를 마우스 왼쪽 단추로 끌어서 휴지통 아이콘에 놓을 경우
- [휴지통 속성]에서 '파일을 휴지통에 버리지 않고 삭제할 때 바로 제거' 옵션을 선택한 경우
- 플로피 디스크나 USB 메모리에서 삭제한 경우
- 네트워크상에 있는 파일을 삭제하는 경우
- 휴지통 용량보다 큰 파일을 삭제한 경우
- 도스 창(명령 프롬프트 창)에서 삭제한 경우

단답형 문제

01 화면에서 작업 표시줄의 위치는 사용자가 지정할 수 있다. (○, ×)

02 시작 메뉴의 목록에 최근에 추가된 앱을 표시되지 않게 설정할 수 있다. (○, ×)

03 파일 탐색기에서 파일을 Ctrl 을 누른 채 드래그하여 바탕 화면에 놓으면 바로 가기 아이콘을 만들 수 있다. (○, ×)

객관식 문제

04 한글 Windows의 시작 메뉴에 대한 설명 중 가장 적절하지 않은 것은?
① 시작 메뉴의 단축키는 Alt + Esc 이다.
② 시작 메뉴의 앱 목록은 최근에 추가한 앱, 고정 항목 등의 부분으로 나눈다.
③ 시작 메뉴에 항목을 고정하려면 표시할 앱을 마우스 오른쪽 단추로 클릭하고 [시작 화면에 고정]을 클릭한다.
④ 시작 메뉴의 목록에 최근에 추가된 앱이 나타나지 않게 설정할 수 있다.
시작 메뉴의 단축키는 Ctrl + Esc 임

05 다음 중 한글 Windows에서 사용하는 [휴지통]에 대한 설명으로 옳은 것은?
① USB 메모리에 있는 파일을 선택한 후 Delete 를 눌러 삭제하면 휴지통으로 가지 않고 완전히 지워진다.
② 지정된 휴지통의 용량을 초과하면 가장 최근에 삭제된 파일부터 자동으로 지워진다.
③ 삭제할 파일을 선택하고 Shift + Delete 를 누르면 해당 파일이 휴지통으로 이동한다.
④ 휴지통의 크기는 사용자가 원하는 크기를 KB 단위로 지정할 수 있다.

정답 01 ○ 02 ○ 03 × 04 ① 05 ①

POINT 04 설정

01 앱

◉ 앱 및 기능

- 앱을 가져올 위치를 선택할 수 있다.
- 앱 및 기능 영역의 '선택적 기능'에서 앱을 제거하거나 기능을 추가할 수 있다.
- 앱 및 기능 영역의 '앱 실행 별칭'에서 명령 프롬프트로 앱을 실행하는 데 사용되는 이름을 선언할 수 있고, 이름이 동일할 경우 사용할 앱 하나를 선택한다.
- 앱을 [이동], [수정], [제거]할 수 있으며 드라이브별로 검색, 정렬 및 필터링도 가능하다.

◉ 기본 앱

- 메일, 지도, 음악 플레이어, 사진 뷰어, 비디오 플레이어, 웹 브라우저와 같은 작업에 사용할 앱을 선택한다.
- [파일 형식별 기본 앱 선택], [프로토콜별 기본 앱 선택], [앱별 기본값 설정]이 가능하다.
- Microsoft에서 권장하는 기본 앱으로 돌아가려는 경우 'Microsoft 권장 기본값으로 초기화'에서 [초기화] 버튼을 클릭한다.

02 시스템

◉ [시스템]-[디스플레이]

- 야간 모드를 끄거나 켤 수 있다(청색광 줄이기).
- [야간 모드 설정] : 지금 켜기, 강도 조정, 야간 모드 예약이 가능하다.
- [배율 및 레이아웃] : 텍스트, 앱 및 기타 항목의 크기 변경-100%(권장), 125%, 150%, 175%, 고급 배율 설정, 디스플레이 해상도(선명도), 디스플레이 방향(가로, 세로, 가로-대칭 이동, 세로-대칭 이동) 등을 설정할 수 있다.
- 여러 디스플레이 연결, 고급 디스플레이 설정, 그래픽 설정이 가능하다.

- 고급 디스플레이 설정에서 디스플레이를 선택하고 아래쪽의 '디스플레이의 어댑터 속성 표시'를 클릭한 후 [색 관리] 탭에서 [색 관리]를 클릭하고 [색 관리] 대화상자의 [고급] 탭에서 [디스플레이 보정]을 통해 색이 정확하게 표시되도록 '색 보정'을 할 수 있다.

◉ [시스템]-[정보]

- **정보** : PC가 모니터링되고 보호되는 상황(바이러스 및 위협 방지, 방화벽 및 네트워크 보호, 앱 및 브라우저 컨트롤, 계정 보호, 장치 보안)을 보여준다.
- **장치 사양** : 디바이스 이름, 프로세서(CPU 정보), 설치된 RAM, 장치 ID, 제품 ID, 시스템 종류(32/64비트 운영체제), 펜 및 터치 등의 사양 확인이 가능하다.
- **이 PC의 이름 바꾸기** : 현재 설정되어 있는 PC의 이름을 변경할 수 있으며, 변경 후 시스템을 재시작해야 완전히 변경된다.

> **기적의 TIP**
>
> **장치 관리자**
> 컴퓨터에 설치된 하드웨어를 나열하며 드라이버를 설치 및 업데이트하고, 해당 장치의 하드웨어 설정을 수정한다.

03 개인 설정

- **배경** : 바탕 화면의 배경 화면을 설정(사진, 단색, 슬라이드 쇼)하고 [맞춤 선택]에서 나타나는 유형(채우기, 맞춤, 확대, 바둑판식 배열, 가운데, 스팬-모니터가 2개인 경우 연속해서 이미지를 보여주는 기능)을 선택할 수 있다.
- **색** : 색 선택(밝게, 어둡게, 사용자 지정), 투명 효과(켬, 끔) 등을 설정할 수 있으며 [테마 컬러 선택]에서 '자동으로 내 배경 화면에서 테마 컬러 선택'이 가능하고 '최근에 사용한 색이나 Windows 색상표', '사용자 지정 색'을 이용한 색 지정도 가능하며 '다음 표면에 테마 컬러 표시'를 '시작, 작업 표시줄 및 알림 센터', '제목 표시줄 및 창 테두리'에 적용시킬 수 있다.

- **잠금 화면** : 잠금 화면 배경을 설정(Windows 추천, 사진, 슬라이드 쇼)할 수 있고 '잠금 화면에서 세부 상태를 표시할 앱 하나 선택', '잠금 화면에 빠른 상태를 표시할 앱 선택' 등이 가능하며 '로그인 화면에 잠금 화면 배경 그림 표시' 여부와 '화면 시간 제한 설정'에서 전원 및 절전 모드를 설정하고 '화면 보호기 설정'에서 화면 보호기와 전원 설정 변경이 가능하다.
- **테마** : 배경, 색, 소리, 마우스 커서 등의 설정으로 사용자 지정 테마를 저장할 수 있고 'Microsoft Store에서 더 많은 테마 보기'를 선택하여 Microsoft에서 제공하는 다양한 테마를 추가 설치할 수 있으며, 관련 설정의 '바탕 화면 아이콘 설정'에서 바탕 화면에 표시할 아이콘(컴퓨터, 휴지통, 문서, 제어판, 네트워크)을 설정하고 '아이콘 변경'과 '기본값 복원'이 가능하다.
- **글꼴** : 글꼴 추가 및 사용 가능한 글꼴의 확인이 가능하며 각 글꼴을 클릭하면 글꼴 미리 보기, 글꼴 크기 변경, 메타 데이터(전체 이름, 글꼴 파일, 버전, 제조업체, 저작권, 등록 상표, 라이선스 설명)를 알 수 있으며 글꼴 제거도 가능하다. 관련 설정으로 'ClearType 텍스트 조정', '모든 언어에 대한 글꼴 다운로드'가 있다. 참고로 ClearType 텍스트 조정 기술을 사용하면 텍스트의 가독성을 향상시켜 화면에 표시되는 텍스트를 선명하고 깨끗하게 보이게 한다. 글꼴은 C:\Windows\Fonts에 실제로 위치하며 FON, OTF, TTF, TTC 등의 확장자를 가진다.
- **시작** : '시작 화면에 더 많은 타일 표시', '시작 메뉴에서 앱 목록 표시', '최근에 추가된 앱 표시', '가장 많이 사용하는 앱 표시', '때때로 시작 메뉴에 제안 표시', '전체 시작 화면 사용', '시작 메뉴의 점프 목록', '작업 표시줄 또는 파일 탐색기 즐겨찾기에서 최근에 연 항목 표시', '시작 메뉴에 표기할 폴더 선택' 등을 설정한다.

04 접근성

장애가 있더라도 컴퓨터를 보다 쉽게 사용할 수 있도록 지원하는 기능으로 '시각', '청각', '상호 작용' 영역으로 나누어 컴퓨터 보기, 마우스 및 키보드 사용, 기타 입력 장치 사용을 보다 쉽게 사용할 수 있게 한다.

단답형 문제

01 한글 Windows의 [시스템]-[디스플레이] 설정에 대한 설명이다. 괄호 안에 알맞은 답을 적으시오.
  1 (　　　) : 텍스트, 앱 및 기타 항목의 크기 변경에서 권장 % 값
  2 (　　　) : 디스플레이에서 방출되는 청색광으로 인해 숙면에 방해를 받는데, 이에 사용자의 숙면을 돕는 따뜻한 색을 표시하는 기능
  3 (　　　) : 색이 정확하게 표시되도록 디스플레이를 조정하는 것

02 한글 Windows를 운영체제로 사용하고 있는 시스템에 설치된 글꼴에서 (　　　) 사용을 설정하면 화면에 표시되는 글자를 선명하게 볼 수 있다.

객관식 문제

03 다음 중 한글 Windows에서 [장치 관리자]에서 할 수 있는 작업으로 가장 옳은 것은?
① 하드웨어 드라이버 업데이트
② 사용자 로그온 관련된 바탕 화면 설정
③ 시동 디스크 작성
④ 사용하지 않은 응용 프로그램 제거

04 다음 중 한글 Windows의 [설정]-[개인 설정]-[테마]의 '관련 설정'에서 '바탕 화면 아이콘 설정'을 이용하여 지정이 가능한 아이콘의 종류가 아닌 것은?
① 컴퓨터
② 즐겨찾기
③ 문서
④ 네트워크

정답 01 **1** 100% **2** 야간 모드 **3** 색 보정
02 ClearType 03 ① 04 ②

- 시각

돋보기	• 디스플레이(화면)의 일부를 확대하여 보여줌 • 돋보기 사용에서 돋보기 켜기 켬(⊞+➕), 끔(⊞+Esc) • 확대/축소 수준 변경에서 ➖(⊞+➖), ➕(⊞+➕) 단추로 설정 • 확대/축소 증분 변경에서 설정한 값만큼 더해져(증분 되어) 확대/축소 수준 변경 설정됨 • 로그인 후 돋보기 시작 체크, 모든 사용자에 대해 로그인 전 돋보기 시작 체크, 이미지 및 텍스트의 가장자리 다듬기 체크, 색 반전 체크 가능 • 돋보기 화면 변경에서 보기 선택 중 전체 화면(Ctrl+Alt+F), 도킹됨(Ctrl+Alt+D), 렌즈(Ctrl+Alt+L) 선택 가능 (Ctrl+Alt+M으로 순환)
색상 필터	• 화면에 색 필터를 적용하여 사진 및 색을 보기 쉽게 변경 • 색상 필터 켬, 끔 설정 • 화면의 요소를 더 잘 볼 수 있는 색상 필터 선택(반전, 회색조, 회색조 반전) 및 '또는 9가지 색상표의 색을 더 쉽게 구별할 수 있도록 색맹 필터를 적용하세요.'에서 적록(녹색약, 제2색맹), 적록(적색약, 제1색맹), 청황(제3색맹) 중 필터 선택 가능
고대비	• 고유 색을 사용하여 텍스트와 앱을 보기 쉽게 설정 • 색상 대비를 강조하여 해당 항목이 보다 뚜렷하고 쉽게 식별됨 • 고대비 사용에서 고대비 켬, 끔
내레이터	• 화면의 내용을 설명하는 화면 읽기 프로그램 • 내레이터 켬, 끔, 내레이터 홈 열기 • 시작 옵션에서 내레이터를 시작하는 바로 가기 키를 허용(⊞+Ctrl+Enter)로 내레이터 켜기/끄기), 자동 로그인 후 내레이터 시작, 내레이터가 시작될 때 내레이터 홈 표시, 내레이터 홈을 시스템 트레이로 최소화 체크 가능 • 키보드, 터치 및 마우스로 내레이터를 제어할 수 있음

- 청각

오디오	• 장치를 듣기 쉽게 하거나 사운드 없이 사용하기 쉽게 설정 • 장치 볼륨 변경, 모노 오디오 켜기, 오디오 경고를 시각적(깜박임)으로 표시
선택 자막	• 오디오를 텍스트로 표시하여 사운드 없이 디바이스를 사용 • 자막 글꼴(색, 투명도, 스타일, 크기, 효과) 변경, 자막 배경 변경(배경색, 배경 투명도), 어두운 창 콘텐츠(텍스트가 대비되어 읽기 쉽도록 창 색과 창 투명도 설정)

- 상호 작용

음성 명령	• 키보드 입력 대신 말하기(받아쓰기를 사용하여 텍스트를 쉽게 입력할 수 있음) • 음성만 사용하여 텍스트 입력 및 장치 제어(음성 인식 켜기)
키보드	• 키보드가 없는 디바이스 사용 시 화상 키보드 사용 켬, 끔 • 고정 키 사용에서 여러 키가 조합된 바로 가기 키를 '한 번에 하나의 키를 눌러 바로 가기 키에 사용'할 수 있도록 켬, 끔 • 토글 키 사용에서 Caps Lock, Num Lock, Scroll Lock 을 누를 때 소리 재생 켬, 끔 • 필터 키 사용에서 짧거나 반복된 키 입력을 무시하고 키보드의 반복 속도 변경 켬, 끔
마우스	마우스 키의 숫자 키패드를 사용하여 마우스 포인터 이동 켬, 끔
아이 컨트롤	• 시선 추적 기술을 사용하여 마우스를 제어하고 화상 키보드를 사용하여 입력 • TTS(텍스트 음성 변환)를 사용하여 사람들과 통신할 수 있음

05 계정

- 컴퓨터를 여러 사람이 공유할 경우, 각 사용자는 고유한 파일 및 설정을 가질 수 있다.
- 사용자 계정을 생성하면 접근 가능한 파일 및 프로그램, 주요 작업에 대한 허용 유형, 바탕 화면 배경 또는 화면 보호기 등의 개인 기본 설정이 부여된다.

- 각 사용자 계정으로 로그인하여 작성한 문서, 즐겨 찾기 목록, 시작 메뉴 등은 'C:\사용자\사용자 계정' 폴더 형태로 저장된다.
- 각 사용자는 사용자 이름과 암호를 사용하여 자신의 사용자 계정에 액세스할 수 있다.
- 바탕 화면에서 Alt+F4를 누르면 나타나는 [Windows 종료] 대화상자에서 [사용자 전환]을 선택하고 [확인]을 클릭하면 컴퓨터에 두 개 이상의 사용자 계정이 있을 경우 로그아웃하거나 프로그램을 닫지 않고 사용자 전환을 할 수 있다.
- 제어 권한에 따른 계정 유형

표준 사용자 계정	• 일상적인 컴퓨터 작업에 사용 • 소프트웨어 및 하드웨어를 설치 및 제거할 수는 없지만, 설치된 프로그램은 실행 가능함 • 컴퓨터 작동에 필요한 파일을 삭제할 수 없음
관리자 계정	• 컴퓨터에 대한 제어 권한이 가장 많으며 필요한 경우에만 사용하는 것이 좋음 • 보안 설정을 변경하고, 소프트웨어 및 하드웨어를 설치할 수 있음 • 컴퓨터의 모든 파일에 접근할 수 있고 다른 사용자 계정도 변경 가능함

- 로컬 사용자 계정 만들기
① [시작]-[설정]-[계정]에서 [가족 및 다른 사용자]를 선택한다.
② 이 PC에 다른 사용자 추가를 클릭한다.
③ '이 사람의 로그인 정보를 가지고 있지 않습니다.'를 클릭한다.
④ Microsoft 계정 없이 사용자 추가를 클릭한다.
⑤ 사용자 이름, 암호, 암호 힌트를 입력한 후 보안 질문을 선택하고 다음을 클릭한다.

- 로컬 사용자 계정 변경
① [시작]-[설정]-[계정]에서 [가족 및 다른 사용자]를 선택한다.
② 계정 소유자 이름을 선택한 다음, [계정 유형 변경]을 클릭한다.
  ※ 권한이 있을 경우 [제거]를 눌러 계정 삭제가 가능하다.
③ 계정 유형 변경 창에서 계정 유형을 선택한 다음 [확인]을 클릭한다.

단답형 문제

01 표준 사용자 계정은 소프트웨어나 하드웨어 설치 및 보안 설정 등을 수행할 수 있다. (○, ×)

02 관리자 계정은 다른 사용자 계정을 변경할 수 있다. (○, ×)

객관식 문제

03 다음 중 한글 Windows의 [글꼴]에 관한 설명으로 옳지 않은 것은?
① [글꼴]에서는 시스템에 설치된 글꼴의 종류와 모양을 확인할 수 있다.
② [글꼴]의 내용이 실제로 위치하는 폴더는 C:\Windows\Fonts이다.
③ [글꼴] 폴더에 있는 글꼴 파일명은 .ttc와 .ttf 형식의 확장자를 포함한다.
④ 패키지 설치 형태의 글꼴이 아닌 일반적인 글꼴 파일 형태의 [글꼴]은 [앱]-[앱 및 기능]을 통해 추가하거나 삭제할 수 있다.

04 다음 중 Windows 10에서 [표준 계정]의 사용자가 할 수 있는 작업으로 옳지 않은 것은?
① 사용자 자신의 암호를 변경할 수 있다.
② 마우스 포인터의 모양을 변경할 수 있다.
③ 관리자가 설정해 놓은 프린터를 프린터 목록에서 제거할 수 있다.
④ 사용자의 사진으로 자신만의 바탕 화면을 설정할 수 있다.

정답 01 × 02 ○ 03 ④ 04 ③

POINT 05 | 인쇄 및 프린터

01 문서 인쇄

- [시작](⊞)-[설정](⚙)-[장치]-[프린터 및 스캐너]에서 사용 중인 프린터를 선택하면 [대기열 열기], [관리], [장치 제거]를 할 수 있다.
- [시작](⊞)-[Windows 시스템]-[제어판]-[장치 및 프린터]에서 사용 중인 프린터를 선택하면 주소 표시줄 아래 도구 모음에 [장치 추가], [프린터 추가], [인쇄 작업 목록 보기], [인쇄 서버 속성], [장치 제거]가 나타난다.
- [대기열 열기]와 [인쇄 작업 목록 보기]를 클릭하면 동일한 대화상자 창이 나타난다.
- 문서 아이콘의 바로 가기 메뉴에서 [인쇄]를 선택하거나 [인쇄 작업 목록 보기] 창에 문서 아이콘을 끌어 놓으면 인쇄가 가능하다.
- 인쇄 작업 시에 프린터 아이콘이 작업 표시줄의 알림 영역에 표시된다. 인쇄 작업 내용을 보려면 작업 표시줄에 표시된 프린터 아이콘을 더블클릭하여 [인쇄 작업 목록 보기] 창을 연다. 인쇄가 완료되면 아이콘은 사라진다.
- 인쇄 대기열에는 인쇄 대기 중인 문서가 표시되며, 목록의 각 항목에는 인쇄 상태 및 페이지 수와 같은 정보가 제공된다.
- 인쇄 대기열에 있는 문서의 인쇄 순서를 변경할 수 있으며, 프린터를 일시 중지하거나 계속할 수 있고 인쇄 대기 중인 모든 문서의 인쇄를 취소할 수도 있다.
- 인쇄 작업에 들어간 것도 중간에 강제로 종료시킬 수 있다.
- 인쇄 작업에 오류가 표시되어 해당 문서가 인쇄 대기 중이면 뒤의 인쇄 작업도 진행되지 않는다.
- 현재 인쇄 중인 문서는 다른 프린터로 전송할 수 없다.
- 인쇄 작업이 지정된 프린터가 오프라인 상태이거나 용지 걸림 상태이면 오류가 발생한 문서를 새 포트로 보낼 수 없다.
- 인쇄 대기 중인 문서에 대해서 용지 방향, 용지 공급 및 인쇄 매수와 같은 설정을 변경할 수 없다.

02 프린터

◎ 프린터 설치 및 제거

- 프린터 설치는 [시작](⊞)-[설정](⚙)-[장치]-[프린터 및 스캐너]에서 '프린터 또는 스캐너 추가'를 클릭하여 장치를 검색하고 설치할 수 있다.
- 프린터 삭제는 [설정](⚙)-[장치]-[프린터 및 스캐너]에서 프린터를 선택하고 [장치 제거]를 선택한다.
- 프린터는 한 대의 컴퓨터에 여러 개를 설치할 수 있다.

◎ 프린터 공유

- 한 대의 컴퓨터에 연결되어 있는 프린터를 네트워크에 연결된 다른 컴퓨터에 공유하는 작업이다.
- 로컬 프린터와 네트워크 프린터에 공유를 설정할 수 있다.
- 동일한 네트워크 내에서 여러 대의 프린터를 공유할 수 있다.

> ① [시작](⊞)-[설정](⚙)-[장치]-[프린터 및 스캐너]에서 공유할 프린터를 선택한 후 [관리]를 클릭한다.
> ② 디바이스 관리에서 [프린터 속성]을 클릭한다.
> ③ 해당 프린터 속성 대화상자의 [공유] 탭에서 '이 프린터 공유'를 선택하고 [확인]을 클릭한다.

📌 기적의 TIP

로컬, 네트워크 프린터
- **로컬 프린터** : 사용자 컴퓨터에 연결된 프린터이다.
- **네트워크 프린터** : 다른 컴퓨터에 연결된 프린터이다.

◎ 기본 프린터

- 인쇄 시 특별히 프린터를 지정하지 않았을 때 자동으로 사용되는 프린터를 기본 프린터라고 한다.
- [설정](⚙)-[장치]-[프린터 및 스캐너]에서 기본 프린터로 설정할 프린터를 선택하고 [관리]에 들어가 디바이스 관리에서 [기본값으로 설정]을 클릭하거나(TIP 참고) [인쇄 대기열 열기]를 클릭한 후 해당 [인쇄 작업 목록 보기] 창의 [프린터] 메뉴에서 '기본 프린터로 설정'을 클릭한다.

- 기본 프린터는 사용자 임의대로 변경하거나 삭제가 가능하다.
- 기본 프린터는 한 컴퓨터에 한 대만 지정할 수 있다.
- 기본 프린터가 아닌 프린터로 인쇄하려면 프린터 목록에서 선택한다.
- 네트워크 프린터 또는 추가 설치된 프린터를 기본 프린터로 지정할 수 있다.

기적의 TIP

Windows에서 내 기본 프린터를 관리할 수 있도록 허용

- [시작](🔲)-[설정](⚙️)-[장치]-[프린터 및 스캐너]의 [Windows에서 내 기본 프린터를 관리할 수 있도록 허용]을 체크하면 가장 최근에 사용한 프린터를 기본 프린터로 설정한다.
- [Windows에서 내 기본 프린터를 관리할 수 있도록 허용]이 선택되어 있는 경우, 선택 취소해야만 기본 프린터를 직접 선택할 수 있다.

03 스풀(SPOOL) 기능

- 중앙 처리 장치(CPU)의 명령을 보조 기억 장치(하드디스크)에 저장하고, 그 명령을 주변 장치로 전달하여 처리하는 방식이다.
- 중앙 처리 장치처럼 처리 속도가 빠른 장치와 프린터처럼 처리 속도가 느린 입출력 장치들의 속도 차를 보완한다.
- 프린터의 반응을 기다릴 필요 없어 컴퓨터는 다른 작업을 바로 수행할 수 있으며 주변 장치도 자신의 속도에 맞게 프로그램을 수행할 수 있어 작업 효율을 높일 수 있다.
- 프린터 등 출력 장치에 적용하는 것을 출력 스풀링이라고 하며, 이를 수행하는 소프트웨어를 스풀러라고 한다.
- 스풀링은 인쇄할 내용을 하드디스크에 저장하고, 백그라운드 작업(같은 상황에서 우선순위가 낮아 화면에 보이지 않고 실행되는 프로그램)으로 인쇄한다.
- 프린터가 인쇄 중이라도 다른 응용 프로그램을 실행할 수 있다.
- 한 페이지 단위로 스풀링하여 인쇄하는 방법과 인쇄할 문서 전부를 한 번에 스풀링한 후 프린터로 전송하여 인쇄하는 방법이 있다.

기적의 TIP

출력 대기 순서 조정

[인쇄 작업 목록 보기] 창에서 문서를 선택하고 [문서]-[속성]을 클릭한 후 [일반] 탭의 '우선순위'를 '높음 ↔ 낮음'으로 출력 순서를 조정한다.

단답형 문제

01 두 대 이상의 프린터를 기본 프린터로 지정할 수 있으며, 기본 프린터로 설정된 프린터도 삭제할 수 있다. (○, ×)

객관식 문제

02 한글 Windows에서 프린터 스풀(SPOOL) 기능에 대한 설명으로 올바른 것은?
① 스풀링 단위는 인쇄할 문서 전체 단위로만 스풀링이 가능하다.
② 프린터가 인쇄 중이라도 다른 응용 프로그램 실행이 가능하다.
③ 스풀링은 인쇄할 내용을 프린터로 직접 전송한다.
④ 저속의 프린터 사용 시 컴퓨터 효율이 크게 저하된다.

03 한글 Windows에서 문서의 인쇄에 대한 설명 중 옳지 않은 것은?
① 여러 개의 출력 파일들이 출력을 기다릴 때 출력 순서를 바꿀 수 있다.
② 인쇄 작업에 일단 들어가 있는 상태의 파일은 강제로 종료시킬 수 없다.
③ 문서 아이콘을 인쇄 작업 목록 보기 창 위로 끌어다 놓으면 인쇄가 가능하다.
④ 문서를 인쇄하는 동안 작업 표시줄에 프린터 아이콘이 표시되며, 인쇄가 끝나면 이 아이콘이 없어진다.

04 다음 중 한글 Windows에 설치된 기본 프린터에 관한 설명으로 옳지 않은 것은?
① 프로그램에서 사용할 프린터를 지정하지 않고 인쇄 명령을 선택했을 때 컴퓨터가 자동으로 문서를 보내는 프린터이다.
② 여러 개의 프린터가 설치된 경우에 기본 프린터는 1대만 설정할 수 있다.
③ 네트워크로 공유한 프린터의 경우를 제외한 로컬 프린터에 대하여 기본 프린터로 설정할 수 있다.
④ 기본 프린터로 설정된 프린터도 삭제할 수 있다.

정답 01 × 02 ② 03 ② 04 ③

POINT 06 | 파일과 폴더 관리, 폴더 옵션

합격 강의

01 파일과 폴더의 복사/이동

◉ 파일과 폴더의 복사

- Ctrl을 누른 채 마우스 왼쪽 단추로 드래그한다.
- 파일 탐색기 [홈] 탭의 [클립보드]-[복사]를 선택한 후 [클립보드]-[붙여넣기]를 선택한다.
- 키보드에서 Ctrl + C를 누른 후 Ctrl + V를 누른다.
- 마우스 오른쪽 단추를 클릭한 채 드래그한 후 바로 가기 메뉴에서 [여기에 복사]를 선택한다.

◉ 파일과 폴더의 이동

- 마우스 왼쪽 단추로 드래그한다.
- 파일 탐색기 [홈] 탭의 [클립보드]-[잘라내기]를 선택한 후 [클립보드]-[붙여넣기]를 선택한다.
- 바로 가기 메뉴에서 [잘라내기]를 선택한 후 [붙여넣기]를 선택한다.
- 키보드에서 Ctrl + X를 누른 후 Ctrl + V를 누른다.
- 마우스 오른쪽 단추를 클릭한 채 드래그한 후 바로 가기 메뉴에서 [여기로 이동]을 선택한다.

◉ 드라이브의 복사/이동

구분	같은 드라이브	다른 드라이브
복사	Ctrl + 드래그	마우스 왼쪽 단추 + 드래그
이동	마우스 왼쪽 단추 + 드래그	Shift + 드래그

※ 다른 사람들이 자신의 데이터에 접근하여 사용할 수 있도록 설정해 놓은 것을 의미한다.

02 공유 및 라이브러리

- 한글 Windows에서는 개별 파일과 폴더, 라이브러리도 다른 사람과 공유할 수 있다.
- 컴퓨터에 연결되어 있는 프린터를 다른 컴퓨터에서 사용할 수 있도록 프린터 공유도 가능하다.
- 공유될 폴더의 바로 가기 메뉴에서 [속성]을 클릭하고, 해당 [속성] 대화상자에서 [공유] 탭-[공유] 버튼을 클릭하여 작업한다.
- 공유될 '폴더'를 선택하고 파일 탐색기 [공유] 탭의 [공유 대상] 그룹에서 [특정 사용자]를 클릭하여 작업한다.
- 공유될 '파일'을 선택하고 파일 탐색기 [공유] 탭의 [보내기] 그룹에서 [공유]를 클릭하여 피플(메신저)을 통하거나 공유할 앱을 통해 공유한다.

◉ 라이브러리

- 폴더와 비슷하지만, 여러 다른 위치에 저장된 파일을 모아 둔 일종의 모음집 같은 것을 말한다.
- 실제로 파일이 저장되는 것은 아니고, 해당 파일이 저장된 폴더를 연결하여 보여주는 가상의 폴더이다.
- 라이브러리에 폴더를 추가하면 파일을 볼 수 있지만, 실제 파일은 원래 위치에 저장되어 있다.
- 한글 Windows에서 파일 탐색기를 열어보면 문서, 음악, 사진, 비디오 등의 기본 라이브러리가 제공된다.
- 기본 라이브러리가 보이지 않을 때는 파일 탐색기의 [라이브러리]를 선택하고 바로 가기 메뉴에서 '기본 라이브러리 복원'을 선택하면 된다.
- 사진을 모아둔 폴더와 음악을 다운로드해 둔 폴더 등을 찾아다닐 필요 없이 라이브러리에 등록해두면 편리하게 관리할 수 있다.
- 한 라이브러리에 최대 50개의 폴더를 포함할 수 있다.
- 라이브러리로 포함된 폴더의 바로 가기 메뉴에서 [속성]을 클릭하면 라이브러리의 실제 위치를 확인할 수 있다.
- 파일 탐색기에서 사용자가 만든 라이브러리를 선택하고 [관리]-[라이브러리 도구]에 들어가면 해당 라이브러리에 콘텐츠를 추가할 수 있는 [라이브러리 관리], 해당 라이브러리의 항목 표시 방법을 변경하는 [라이브러리 최적화], 해당 라이브러리의 기본 설정을 복원하는 [설정 복원] 기능 등이 있다.

03 파일 및 폴더 검색

- 파일 탐색기 폴더나 라이브러리 창 위쪽의 [검색 상자]에 단어나 단어의 일부를 입력하면 현재 보기 경로에서 사용자가 입력한 텍스트를 기준으로 검색할 수 있다.

- 와일드카드 문자(*, ?)를 이용하여 이름 일부가 포함된 단어를 검색할 수 있고, 검색어 앞에 '–'를 붙여 제외하고 검색할 수 있다.
- [검색 상자]로 검색할 때 [검색 도구]-[검색] 탭의 '위치' 그룹에서 '내 PC', '현재 폴더', '모든 하위 폴더', '다시 검색할 위치'로 검색 위치 기준을 정할 수 있다.
- '다시 검색할 위치'에서 라이브러리나 인터넷을 통해 다시 검색을 수행할 수 있다.
- [검색 상자]를 클릭한 다음 [검색 도구]-[검색] 탭의 '구체화' 그룹에서 적절한 필터링(수정한 날짜, 종류, 크기, 기타 속성-유형, 이름, 폴더 경로, 태그)을 적용하여 검색할 수 있다.
- '수정한 날짜'로 오늘, 어제, 이번 주, 지난 주, 이번 달, 지난 달, 올해, 작년 등으로 기준을 구체화하여 검색할 수 있다.
- '크기'에서 비어 있음(0KB), 매우 작음(0-16KB), 작음(16KB-1MB), 보통(1-128MB), 큼(128MB-1GB), 매우 큼(1-4GB), 굉장히 큼(>4GB) 등으로 기준을 구체화하여 검색할 수 있다.
- [검색 도구]-[검색] 탭의 '옵션' 그룹에는 최근 검색, 고급 옵션, 검색 저장, 파일 위치 열기 등의 옵션이 있다.
- '최근 검색'에서 이전 검색을 보거나 검색 기록을 지울 수 있다.

04 폴더 옵션

[일반] 탭	• 폴더 찾아보기 : 같은 창에서 폴더 열기와 새 창에서 폴더 열기를 설정함 • 항목을 다음과 같이 클릭(마우스 클릭) : 한 번 클릭해서 열기와 두 번 클릭해서 열기를 설정함
[보기] 탭	• 폴더 보기 : 현재 폴더에서 사용하는 보기를 모든 폴더에 적용할지 여부 설정 • 고급 설정 : 드라이브 문자 표시, 보호된 운영 체제 파일 숨기기, 숨김 파일·폴더·드라이브 표시 유무, 알려진 파일 형식의 파일 확장명 숨기기, 제목 표시줄에 전체 경로 표시, 폴더 및 바탕 화면 항목에 팝업 설명 표시 등 설정
[검색] 탭	• 검색 방법 : 폴더에서 시스템 파일을 검색할 때 색인 사용 안 함 • 색인되지 않은 위치 검색 시 : 시스템 디렉터리 포함, 압축 파일 포함, 항상 파일 이름 및 내용 검색(속도가 느려질 수 있음)

단답형 문제

01 한글 Windows의 탐색기에서 C 드라이브의 testa 폴더에 있는 aa.txt 파일을 마우스 왼쪽 단추로 C 드라이브의 testb 폴더에 끌어다 놓았다. 이는 파일의 (   ) 작업에 해당한다.

객관식 문제

02 다음 중 한글 Windows에서 네트워크 공유에 대한 설명으로 옳지 않은 것은?
① 다른 사람들이 자신의 자료에 접근하여 사용할 수 있도록 설정해 놓은 것이다.
② 프로그램, 문서, 비디오, 소리, 그림 등의 데이터에 대하여 공유가 가능하다.
③ 내 컴퓨터에 연결되어 있는 프린터를 다른 컴퓨터에서 사용할 수 있도록 프린터 공유가 가능하다.
④ 다른 컴퓨터의 라이브러리 폴더에는 접근할 수 없다.

03 다음 한글 Windows의 [폴더 옵션] 창에 있는 [일반] 탭에서 설정할 수 있는 항목으로 옳지 않은 것은?
① 검색 대상 및 방법 설정
② 한 번 클릭해서 열기
③ 한 번 클릭하면 선택됨
④ 같은 창에 폴더 열기

04 다음 중 한글 Windows의 파일이나 폴더 검색에 대한 설명으로 옳지 않은 것은?
① 색인을 사용하지 않으면 검색 시간이 길어질 수 있다.
② 항상 파일 이름 및 내용 검색을 실시하면 빠르게 검색을 수행할 수 있다.
③ 데이터를 검색한 후 검색 기준을 저장할 수 있고, 저장된 검색을 열기만 하면 원래 검색과 일치하는 최신 파일이 나타난다.
④ 검색 상자에서 내용 앞에 '–'를 붙이면 해당 내용이 포함되지 않은 파일이나 폴더를 검색할 수 있다.

정답 01 이동 02 ④ 03 ① 04 ②

POINT 07 | Windows에서 네트워크 설정

01 네트워크 환경 설정

◉ 네트워크 및 공유 센터

- [시작](⊞)-[설정](⚙)-[네트워크 및 인터넷]-[상태]에서 '고급 네트워크 설정' 영역의 [네트워크 및 공유 센터]를 클릭하면 기본 네트워크 정보 보기 및 연결 설정이 가능하다.
  - ※ [시작](⊞)-[Windows 시스템]-[제어판]-[네트워크 및 공유 센터]로도 접근이 가능하다.
- 어댑터 설정 변경(이더넷, Wi-Fi), 고급 공유 설정 변경(네트워크 검색, 파일 및 프린터 공유, 공용 폴더 공유 켜고 끄기 등) 작업이 가능하다.
- 기본 네트워크 정보 보기 및 연결 설정 영역의 '활성 네트워크 보기'에서 네트워크 프로필(개인 네트워크, 공용 네트워크)을 확인할 수 있다.
- 네트워크 설정 변경 영역

새 연결 또는 네트워크 설정	• 광대역, 전화 접속 또는 VPN 연결을 설정하거나 라우터 또는 액세스 지점을 설정 • 인터넷에 연결 : 인터넷을 사용하기 위해 광대역 또는 전화 접속 연결 설정 • 새 네트워크 설정 : 새 라우터 또는 액세스 지점 설정 • 무선 네트워크에 수동으로 연결 : 숨겨진 네트워크에 연결하거나 무선 프로필을 새로 만듦 • 회사에 연결 : 회사에 대한 전화 접속 또는 VPN 연결을 설정
문제 해결	• 네트워크 문제 진단 및 해결 • 문제가 발생한 경우 문제 해결사를 실행하여 문제를 찾고 진단하여 실마리를 얻음

※ 문제 해결사를 실행하기 전에 묻기, 문제 해결사를 자동으로 실행, 문제 해결사를 실행하지 않음 등으로 설정할 수 있다.

◉ 네트워크 구성 요소 추가

[시작](⊞)-[설정](⚙)-[네트워크 및 인터넷]-[상태]에서 '고급 네트워크 설정' 영역의 [어댑터 옵션 변경]을 클릭하고, 예를 들어 '이더넷'의 바로 가기 메뉴에서 [속성]을 클릭한다. [이더넷 속성] 대화상자에서 [설치]를 클릭하고 [네트워크 기능 유형 선택]에서 유형 선택 후 [추가]를 클릭하여 설치를 완료한다.

클라이언트	사용자가 연결하는 네트워크에 있는 컴퓨터 및 파일을 액세스할 수 있게 함
서비스	파일 및 프린터 공유 등의 추가 기능을 제공
프로토콜	사용자 컴퓨터와 다른 컴퓨터가 통신할 때 사용되는 언어

02 네트워크 관련 명령어

[시작](⊞)-[Windows 시스템]-[명령 프롬프트]를 선택하거나 작업 표시줄의 '검색 상자'에 'cmd'를 입력하고 Enter 를 누르면, 명령어를 입력하고 실행할 수 있는 [명령 프롬프트] 창이 열린다.

ping	• 인터넷에 연결된 특정 컴퓨터에 일정한 테스트 데이터를 보내 상대방 컴퓨터의 정상 동작 여부를 테스트할 수 있음 • 기본적으로 루프백 주소(127.0.0.1)를 이용하지만 기본 게이트웨이의 IP 주소를 이용하기도 함
finger	현재 자신이 사용하고 있는 시스템에 접속해 있는 사람이나 인터넷에 연결된 다른 시스템을 사용 중인 사람에 관한 정보를 제공함
nslookup	특정 도메인의 IP 주소를 검색하는 데 주로 사용되는 것으로 DNS가 갖고 있는 정보를 사용자가 원하는 바에 따라 제공함
net user	현재 컴퓨터의 그룹과 전체 사용자 목록을 보여줌
tracert	• 지정된 외부의 컴퓨터에 패킷을 보내고 해당하는 패킷이 되돌아오는지 검사하고 접속하는 경로를 알 수 있음

	• 인터넷 속도가 느릴 경우에 어느 구간에서 정체가 있는가를 알기 위하여 인터넷 서버까지의 경로를 추적하며 「Tracert ip 주소」로 입력해도 접속하는 경로를 알 수 있음
ipconfig	네트워크 설정 정보를 보여주는 Windows IP 구성을 실행해 주는 것으로 현재 컴퓨터의 IP 주소, DNS 서버, 서브넷 마스크, 기본 게이트웨이 등을 표시함

🅵 기적의 TIP

루프백 주소(127.0.0.1)
컴퓨터의 네트워크 입출력 기능을 시험하기 위하여 가상으로 할당한 인터넷 주소를 뜻한다.

03 네트워크 관련 장비

허브(Hub)	네트워크에 연결된 각 회선이 모이는 장치로서 각 회선을 통합적으로 관리하는 기기
라우터(Router)	랜(LAN)을 연결하여 정보를 주고받을 때 송신 정보에 포함된 수신처의 주소를 읽고 가장 적절한 경로를 이용하여 다른 통신망으로 전송하는 기기로 네트워크 간을 연결해서 패킷이 수신처에 전달될 때까지 길 안내를 하는 기기
리피터(Repeater)	네트워크에서 디지털 신호를 일정한 거리 이상으로 전송하면 출력이 감쇠되는 성질이 있어 장거리 전송을 위해서는 이를 새로 재생하거나 출력 전압을 높여야 하는데, 이때 필요한 기기를 리피터라고 함
게이트웨이(Gateway)	서로 다른 네트워크 간을 연결해 주는 장치로 랜과 동종 혹은 이기종 간의 외부 네트워크를 상호 접속하는 기기이며, 다른 네트워크와의 데이터 교환을 위한 출입구 역할을 하는 장비
브리지(Bridge)	• 서로 유사한 프로토콜이나 LAN과 LAN 사이를 연결할 때 사용하는 기기 • 두 개의 근거리 통신망(LAN) 시스템을 이어주는 접속 장치 • 양쪽 방향으로 데이터의 전송만 해줄 뿐 프로토콜 변환 등 복잡한 처리는 불가능 • 네트워크 프로토콜과는 독립적으로 작용 • 네트워크에 연결된 여러 단말들의 통신 프로토콜을 바꾸지 않고도 네트워크를 확장할 수 있음
어댑터	컴퓨터와 컴퓨터 혹은 컴퓨터와 네트워크를 연결하는 하드웨어 기기

단답형 문제

01 인터넷과 관련한 통신 장비에서 (　　)는 서로 다른 프로토콜을 사용하는 네트워크를 연결할 때 사용된다.

02 (　　)은 네트워크상에서 원격 장비의 연결 상태 및 작동 여부를 확인할 수 있는 명령어이며, (　　)는 네트워크 설정에 관한 정보를 얻을 수 있는 명령어이다.

객관식 문제

03 다음 중 통신 장비의 기능으로 옳지 않은 것은?
① 허브 : 집선 장치로 회선을 통합적으로 관리
② 리피터 : 신호를 새로 재생하거나 출력 전압을 높이는 기능
③ 라우터 : 최적의 경로를 찾아 통신망에 연결
④ 브리지 : 변조와 복조 과정을 통해 통신을 수행

브리지 : 독립된 두 개의 근거리 통신망을 연결하는 접속 장치

04 다음 중 정보 통신을 위한 디지털 방식의 통신 선로에서 전송 신호를 증폭하거나 재생하고 전달하는 중계 장치로 옳은 것은?
① 게이트웨이(Gateway)
② 모뎀(Modem)
③ 리피터(Repeater)
④ 라우터(Router)

정답 01 게이트웨이(Gateway)　02 ping, ipconfig
03 ④　04 ③

POINT 08 | 컴퓨터의 분류와 자료

01 컴퓨터의 분류

● 취급 데이터 형태에 따른 분류

구분	디지털 컴퓨터	아날로그 컴퓨터
입력 형식	숫자, 문자(비연속)	전류, 전압(연속)
출력 형식	숫자, 문자	그래프, 곡선
프로그래밍	필요	불필요
회로 형태	논리 회로	증폭 회로
연산 속도	느림	빠름
기억 기능	있음	없음
정밀도	필요한 한도까지	제한적
용도	범용성(광범위)	과학적 연구

● 처리 능력에 따른 분류

- **마이크로 컴퓨터(소형 컴퓨터)** : 칩으로 구성된 마이크로프로세서를 CPU로 사용하는 컴퓨터로 팜톱 컴퓨터, 노트북, 랩톱 컴퓨터, 데스크톱 컴퓨터로 분류된다.
- **워크스테이션(슈퍼 마이크로 컴퓨터)** : 고성능의 데이터 처리나 웹 서버용으로 사용한다.
- **미니 컴퓨터(중형 컴퓨터)** : 메인 프레임보다는 성능이 낮고, 마이크로 컴퓨터보다는 성능이 높아서 기업체, 학교, 연구소 등에서 사용한다.
- **메인 프레임(대형 컴퓨터)** : 일반적으로 다수의 단말기를 네트워크로 연결하여 수백 명의 사용자가 동시에 이용할 수 있어 은행, 정부 기관, 대학 등에서 사용한다.
- **슈퍼 컴퓨터(초대형 컴퓨터)** : 높은 정밀도와 정확한 계산이 필요한 기상 예보, 우주 및 항공 분야 등에서 사용한다.

● 사용 목적에 따른 분류

- **전용 컴퓨터** : 특수한 목적에 사용하려고 만든 컴퓨터로 군사용, 산업용 목적으로 사용한다.
- **범용 컴퓨터** : 사무 처리, 문서 작성, 게임 등의 여러 유형의 문제를 포괄적으로 해결하려고 다목적으로 개발한 컴퓨터이다.

02 자료 구성의 단위

● 물리적 단위

비트 (Bit)	• 정보를 표현하는 최소 단위이며, 0과 1로 이루어져 있음 • n개의 비트로 표시할 수 있는 데이터 수 : 2^n개
니블 (Nibble)	• 4개의 비트가 모여 1개의 니블을 구성함 • 1니블로 표시할 수 있는 데이터 수 : $16(=2^4)$개
바이트 (Byte)	• 문자를 표현하는 최소 단위로, 8개의 비트가 모여 1바이트를 구성함 • 1바이트로 표시할 수 있는 데이터 수 : $256(=2^8)$개
워드 (Word)	• 컴퓨터에서 연산의 기본 단위가 되는 정보의 양 • CPU의 내부 버스 폭에 따라 Half-Word(2Byte), Full-Word(4Byte), Double-Word(8Byte)로 나누어짐

● 논리적 단위

필드(Field)	• 파일 구성의 최소 단위로, 항목 또는 아이템이라고 함 • 레코드를 구성하는 문자 단위
레코드 (Record)	• 서로 연관된 필드들의 집합으로, 자료 처리의 기본 단위 • 논리적 레코드와 물리적 레코드로 구분함
파일(File)	• 관련된 레코드들의 집합으로 프로그램 구성의 기본 단위 • 데이터를 보조 기억 장치에 물리적으로 저장함
데이터베이스 (Database)	• 연관된 파일들의 집합 • 논리적으로 연관된 레코드나 파일의 모임

03 자료 구성의 표현 방식

● 문자 표현 코드

BCD 코드 (2진화 10진)	• 십진수(정수)의 각 자릿수를 4비트, 즉 1니블로 표현함 • 64가지 문자를 표현할 수 있지만 영문 소문자를 표현할 수 없음
ASCII 코드 (미국 표준)	• Windows에서 텍스트 문서에 사용되는 일반적인 코드 방식 • 128가지 문자를 표현할 수 있으며, 주로 데이터 통신이나 개인용 컴퓨터(PC)에서 사용함
EBCDIC 코드 (확장 2진화 10진)	• 대형 컴퓨터 시스템에서 많이 채택되는 코드로, BCD 코드를 확장한 코드 체계 • 최대 256가지 문자를 표현할 수 있음
유니코드 (Unicode)	• KS 한글 코드 규격(KS X 1005-1)으로, 전 세계의 모든 문자를 표현할 수 있는 16비트 완성형 코드 • 완성형에 조합형을 반영하여 현대 한글의 모든 표현이 가능함 • 한글, 한자, 영문, 숫자 모두를 2바이트로 표시

● 오류 검출 코드

패리티 검사 비트	• 오류 검사용 패리티 비트를 추가하여 전송하는 방식 – 짝수 패리티 : 1의 전체 개수가 짝수인지 검토함 – 홀수 패리티 : 1의 전체 개수가 홀수인지 검토함 • 구현은 간단하며, 짝수 단위 오류에 무의미함 • 오류 검출은 가능하나 교정은 불가능함
블록합 검사 (BSC)	• 패리티 검사 방식의 단점을 보완한 방식 • 프레임 내의 모든 문자의 같은 위치 비트들에 대한 패리티를 추가하여 블록의 맨 마지막에 추가 문자를 부가하는 방식 • 수평/수직의 2차원 패리티 검사 방식 • 동일한 수평/수직 교차점의 두 비트 오류에 무의미함
순환 중복 검사 (CRC)	• 다항식 코드를 사용하는 오류 검사 방식 • 오류 검사용 FCS(프레임 체크 시퀀스)를 추가하여 전송하는 방식
해밍 코드	• 오류 검출과 교정이 가능한 방식 • 2비트의 오류 검출 및 1비트의 오류 교정이 가능함

단답형 문제

01 다음의 보기에서 아날로그 컴퓨터와 디지털 컴퓨터의 특징을 각각 구분하여 고르시오.

> ㉠ 증폭 회로 사용　　㉡ 기억 기능 있음
> ㉢ 숫자, 문자의 입출력 형태　㉣ 산술, 논리 연산
> ㉤ 곡선 그래프의 출력 형태　㉥ 연산 속도 빠름
> ㉦ 프로그래밍 필요 없음　㉧ 범용성

1 아날로그 컴퓨터의 특징
2 디지털 컴퓨터의 특징

객관식 문제

02 다음 중 문자를 표현하는 코드 체계에 대한 설명으로 옳지 않은 것은?

① BCD 코드 : 64가지 문자를 표현할 수 있으나 영문 소문자는 표현 불가능하다.
② Unicode : 세계 각 국의 언어를 3바이트 체계로 통일한 국제 표준 코드이다.
③ ASCII 코드 : 128가지의 문자를 표현할 수 있으며, 주로 데이터 통신용이나 PC에서 많이 사용된다.
④ EBCDIC 코드 : BCD 코드를 확장한 코드 체계로 256가지 문자를 표현할 수 있다.

03 다음 중 아래의 기능을 수행하는 것으로 옳은 것은?

> • 오류를 스스로 검출하여 교정이 가능한 코드이다.
> • 2비트의 오류를 검출할 수 있고 1비트의 오류를 교정할 수 있다.

① 유니코드
② 해밍 코드
③ 아스키 코드
④ 패리티 체크 비트

정답 01 **1** ㉠, ㉢, ㉤, ㉦　**2** ㉡, ㉣, ㉥, ㉧　02 ②　03 ②

POINT 09 중앙 처리 장치와 주기억 장치

01 중앙 처리 장치(CPU)

데이터의 연산과 컴퓨터 전체의 제어를 담당하는 중앙 처리 장치는 크게 제어 장치와 연산 장치로 나눌 수 있다.

◉ 제어 장치(CU)

주기억 장치에 기억된 프로그램 명령을 꺼내서 해독하고, 그 명령 신호를 각 장치에 보내어 명령을 처리하도록 지시한다.

	=명령 계수기
프로그램 카운터 (PC)	다음에 수행할 명령어의 주소를 기억하고 있는 레지스터
기억 번지 레지스터(MAR)	기억 장치로부터 입출력되는 데이터의 주소를 기억하고 있는 레지스터
기억 버퍼 레지스터(MBR)	기억 장치에 출입하는 데이터를 임시로 기억하는 레지스터
명령 레지스터 (IR)	CPU가 현재 수행하고 있는 명령어를 기억하는 레지스터
명령 해독기 (Decoder)	명령 레지스터에 있는 명령어를 해독하는 회로

◉ 연산 장치(ALU)

연산 속도를 높이기 위해 컴퓨터 내부에서 가장 빠른 기억 장치인 레지스터를 사용한다.

누산기 (Accumulator)	더하기, 빼기, 곱하기, 나누기 등의 연산을 한 결과를 일시적으로 저장하는 레지스터
데이터 레지스터	연산에 필요한 데이터를 보관하는 레지스터
상태 레지스터	실행 중인 CPU의 상태를 포함하며, 컴퓨터 시스템에서 시스템 내부의 순간순간의 상태를 기록하고 있는 레지스터

◉ 중앙 처리 장치의 성능 단위

- Hz(클럭 속도) : CPU의 초당 반복 운동이 일어난 횟수로, 1Hz는 1초 동안 1번의 주기가, 1KHz는 1초 동안 1,000번의 주기가 반복된다.
- MIPS : 초당 몇 백만 개의 명령어를 처리할 수 있는지를 나타내는 단위이다.
- FLOPS : 초당 처리할 수 있는 부동 소수점의 연산 횟수이다.

◉ 마이크로프로세서(Microprocessor)

최근에는 마이크로프로세서와 CPU를 동일시하여 출제된다.

마이크로프로세서는 설계 방식 또는 명령어의 집합 형태에 따라 RISC와 CISC로 분류한다.

구분	RISC	CISC
명령어(설계)	적음(단순)	많음(복잡)
프로그래밍	복잡함	간단
처리 속도	빠름	느림
레지스터 수	많음	적음
전력 소모	적음	많음
용도	고성능 워크스테이션	개인용 컴퓨터(PC)
생산 가격	저가	고가

02 주기억 장치

프로그램이 실행될 때 보조 기억 장치로부터 프로그램이나 자료를 이동시켜 실행시킬 수 있는 기억 장소로, 보조 기억 장치보다 처리 속도는 빠르나 가격이 비싸다.

◉ ROM(롬)

- 전원 공급이 중단되어도 기억된 내용을 유지하는 비휘발성 메모리(Non-Volatile)이다.
- 오직 읽기만 할 수 있는 기억 장치로서 일반적으로 쓰기는 불가능하다.

	EPROM을 UV-EPROM이라고도 한다.
Mask ROM	제조 과정에서 미리 내용을 기억시켜 놓아 사용자 임의로 수정할 수 없음
PROM	사용자가 한 번만 기록할 수 있으며, 이후에는 읽기만 가능함
EPROM	자외선을 이용하여 기록된 내용을 여러 번 수정하거나 새로운 내용을 기록할 수 있음
EEPROM	전기적인(소프트웨어적인) 방법으로 기록된 내용을 여러 번 수정하거나 새로운 내용을 기록할 수 있음

● RAM(램)

- 전원이 꺼지면 기억된 내용이 모두 사라지는 휘발성 메모리(Volatile)이다.
- 일반적으로 주기억 장치는 RAM을 의미한다.
- RAM은 재충전 여부에 따라 DRAM(동적 램)과 SRAM(정적 램)으로 분류할 수 있다.

구분	DRAM	SRAM
구성	콘덴서	플립플롭
재충전 유무	필요	필요 없음
전력 소모	적음	많음
접근 속도	느림	빠름
집적도	높음	낮음
구조	간단	복잡
용도	주기억 장치	캐시 메모리

03 기타 기억 장치

캐시 메모리	• 중앙 처리 장치(CPU)와 주기억 장치 사이에서 CPU에 비해 속도가 느린 주기억 장치의 속도 차이를 해결하기 위해 사용되는 고속 버퍼 메모리(로컬 메모리라고도 함) • 주로 접근 속도가 빠른 SRAM을 사용하며, 펜티엄 계열부터 L1 캐시와 L2 캐시는 CPU 내부에 내장되어 있음
가상 메모리	보조 기억 장치(하드디스크)의 일부를 주기억 장치처럼 사용하여 실제의 주기억 장치 용량보다 더 큰 기억 용량이 있는 것처럼 사용하는 메모리
플래시 메모리	• 전원이 끊겨도 저장된 정보를 그대로 보존할 수 있을 뿐 아니라, 정보의 입출력도 자유로움 • 디지털 텔레비전, 디지털 캠코더, 휴대 전화, 디지털 카메라, 개인 휴대 단말기(PDA), 게임기, MP3 플레이어 등에 널리 이용됨
연관 메모리	기억된 내용을 이용하여 데이터에 직접 접근할 수 있는 메모리
버퍼 메모리	두 개의 장치 사이에서 데이터의 전송 효율을 높여서 속도 차이를 해결하기 위해, 중간에 데이터를 임시로 저장해두는 공간

- 연관 메모리 =연상 메모리
- 버퍼 메모리: 주기억 장치와 보조 기억 장치 또는 주기억 장치와 입출력 장치

단답형 문제

01 프로세서의 설계 방식 중 CISC 방식에 대한 내용을 모두 고르시오.

> ㉠ 전력 소모가 많다.
> ㉡ 명령어의 종류가 적다.
> ㉢ 설계가 복잡하다.
> ㉣ 가격이 저렴하다.
> ㉤ 워크스테이션에 사용된다.
> ㉥ 프로그래밍이 쉽다.

객관식 문제

02 다음 중 클럭 주파수에 대한 설명으로 가장 옳지 않은 것은?

① 컴퓨터는 전류가 흐르는 상태(ON)와 흐르지 않는 상태(OFF)가 주기적으로 반복되어 작동하는데, 이 전류의 흐름을 주파수(Clock Frequency)라 하고, 줄여서 클럭(Clock)이라고 한다.
② 클럭의 단위는 MHz를 사용하는데 1MHz는 1,000,000Hz를 의미하며 1Hz는 1초 동안 1,000번의 주기가 반복되는 것을 의미한다.
③ CPU가 기본적으로 클럭 주기에 따라 명령을 수행한다고 할 때 이 클럭값이 높을수록 CPU는 빠르게 일을 하고 있는 것으로 볼 수 있다.
④ 클럭 주파수를 높이기 위해 메인보드로 공급되는 클럭을 CPU 내부에서 두 배로 증가시켜 사용하는 클럭 더블링(Clock Doubling)이란 기술이 486 이후부터 사용되었다.

03 다음 중 RAM(Random Access Memory)의 설명으로 가장 옳지 않은 것은?

① 전원이 꺼지고 나면 기억된 내용이 모두 사라지는 휘발성 메모리이다.
② 일반적으로 주기억 장치라고 하면 RAM을 의미하는 경우가 많다.
③ RAM은 재충전 여부에 따라 DRAM과 SRAM으로 구분할 수 있다.
④ 제조 과정에서 필요한 내용을 미리 기억시키므로 사용자가 임의로 수정할 수 없다.

정답 01 ㉠, ㉢, ㉤ 02 ② 03 ④

POINT 10 기타 하드웨어 장치

01 인터럽트/DMA/채널

◉ 인터럽트

작업 수행 중 예기치 못한 돌발적인 사태가 발생한 경우 잠시 수행을 멈추고 상황에 맞는 처리를 한 후 다시 프로그램을 실행해 나가는 과정이다.

내부 인터럽트	불법적인 명령과 데이터를 사용할 때 발생하며 트랩(Trap)이라고도 함
외부 인터럽트	입출력 장치, 전원 이상 등 외부적인 요인에 의해 발생함
소프트웨어 인터럽트	프로그램 처리 중 명령의 요청에 의해 발생함

> **기적의 TIP**
>
> **IRQ(인터럽트 요청값)**
> 주변 장치들이 CPU 사용을 요청하기 위해 보내는 인터럽트 신호가 전달되는 통로로, CPU는 각 장치에서 발생하는 IRQ를 확인한 다음, 우선순위가 높은 장치에 먼저 인터럽트를 허용한다. 만일 IRQ가 동일한 하드웨어가 있으면 충돌이 발생한다.

◉ DMA(직접 메모리 접근)

- CPU의 개입 없이 입출력 장치와 기억 장치 사이에서 직접 다량의 데이터를 주고받아 입출력 동작의 속도를 높이는 한편, CPU의 부담을 최소화한다.
- 많은 양의 데이터를 고속으로 전송할 수 있다.
- 기억 장치와 주변 장치 사이의 직접적인 데이터 전송을 제공한다.

CPU가 채널에 전권을 위임하고 최종 결과만 통보 받는다.

◉ 채널

- 입출력 장치나 보조 기억 장치와 같은 주변 장치에 데이터를 보내거나 가져오는 작업을 담당하는 것으로, 주변 장치와 주기억 장치 사이에서 데이터를 전송하는 제어 기능을 한다.
- 중앙 처리 장치와 입출력 장치 사이의 속도 차이로 인한 문제점을 해결해 준다.
- CPU의 간섭 없이 입출력 동작을 수행하도록 지시하고 작업이 끝나면 CPU에 인터럽트로 알린다.
- 고속 입출력 장치에 사용하는 셀렉터(Selector) 채널과 저속 입출력 장치에 사용하는 멀티플렉서(Multiplexer) 채널, 두 기능이 혼합된 블록 멀티플렉서(Block Multiplexer) 채널 등이 있다.

02 포트(Port)

포트란 컴퓨터의 메인 보드와 주변 장치(컴퓨터 시스템에서 중앙 처리 장치에 연결되는 입출력 장치와 보조 기억 장치)를 접속하기 위해 사용되는 연결 부분을 말한다. 대개 소켓이나 플러그 등의 형태로 되어 있다.

직렬 포트	• 한 번에 한 비트씩 전송하는 방식 • 전송 속도 단위 : BPS • 연결 용도 : 마우스, 모뎀
병렬 포트 (LPT 포트)	• 한 번에 8비트씩 전송하는 방식 • 연결 용도 : 프린터, 스캐너, ZIP 드라이브
PS/2 포트	• 주변기기를 직렬 포트로 사용할 수 있는 방식 • 연결 용도 : PS/2 타입의 마우스나 키보드
USB 포트 (범용 직렬 버스)	• 기존의 직렬, 병렬, PS/2 포트를 통합한 포트로, 한 개의 연결 장치를 통해 최대 127개의 주변기기를 연결할 수 있음 • 직렬 포트나 병렬 포트에 비해 속도가 빠름 • USB1.1 = 12Mbps, USB2.0 = 480Mbps, USB3.0 = 5Gbps, USB3.1 = 10Gbps의 전송 속도를 가짐 • 핫 플러깅, 플러그 앤 플레이 기능 지원
IEEE 1394	• 미국의 애플사가 개발한 디지털 기기 간 전송 기술 표준 • 통신 기기, 컴퓨터 및 가전제품을 단일 네트워크로 연결 • 멀티미디어 데이터를 100Mbps~1Gbps까지 송수신하는 인터페이스 규격
IrDA (무선 직렬 포트)	노트북에서 케이블 없이 적외선을 이용해 주변 장치와 통신을 가능하게 하는 표준 인터페이스 방식

컴퓨터에 전원이 켜져 있는 상태에서도 USB 주변기기들을 설치 및 제거할 수 있는 기능이다.

03 바이오스(BIOS)

- 바이오스는 컴퓨터를 켜고 Windows 시작 로고가 나오기 전까지의 과정(부팅)을 실행하는 프로그램으로, 이 프로그램은 전원이 꺼지더라도 기억할 수 있도록 롬(ROM)에 저장되어 있어 롬 바이오스(ROM-BIOS)라고도 한다.
- 하드디스크, 비디오 어댑터, 키보드, 마우스 및 프린터 등과 같은 주변 장치와 컴퓨터 운영체제 간의 데이터 흐름을 관리하기도 하는 펌웨어(Firmware)이다.
- 컴퓨터를 부팅시킬 때 제일 먼저 모든 부착 장치들이 제 위치에 있는지, 또한 작동이 정상적으로 되는 상태인지를 확인하는 검사 과정 POST(Power On Self Test)를 진행한다.
- CMOS에서 설정 가능한 항목 : 하드디스크(HDD) 타입(Type), 부팅 순서, 전원 관리, 시스템 암호 설정, Anti-Virus 기능, PnP 설정 등이 있다.

04 표시 장치의 종류

음극선관 (CRT)	진공 속의 음극에서 발생하는 전자를 이용하는 것으로, 입출력 표시 속도가 빠르고 가격이 저렴하지만, 화면의 떨림이 많고 고전압으로 인해 정전기가 발생하며 부피가 큼
액정 디스플레이 (LCD)	두 장의 유리판(액정 물질) 사이에 전압을 가해 반사되는 빛의 양을 이용하는 것으로, 소비 전력이 낮고 화면의 떨림이 없으며 부피가 작지만, 입출력 표시 속도가 느리고 보는 각도에 따라 선명도가 다름
플라즈마 디스플레이 (PDP)	네온과 아르곤으로 채워진 셀에 전압을 가해 충돌되는 빛을 이용하는 것으로, 입출력 표시 속도가 빠르고 해상도가 높으며 화면의 떨림이 없지만 가격이 고가이며 소비 전력이 높음

기적의 TIP

표시 장치 관련 용어
- **해상도(Resolution)** : 화면 표시의 선명도로, 높을수록 영상이 선명하며, 비디오 카드의 성능과 모니터 크기에 영향을 준다.
- **화소(Pixel)** : 모니터(화면)를 구성하는 최소 단위로 픽셀 수가 많을수록 해상도가 선명하다.
- **점 간격(Dot Pitch)** : 픽셀 사이의 공간으로 간격이 가까울수록 영상이 선명하다.
- **재생률(Refresh Rate)** : 픽셀의 밝기를 유지하기 위한 초당 재충전 횟수이다.
- **모니터의 크기** : 화면 대각선 길이를 인치(Inch)로 나타낸 것이다.

단답형 문제

01 컴퓨터에서 정상적인 프로그램을 처리하고 있는 도중에 특수한 상태가 발생했을 때 현재 실행하고 있는 프로그램을 일시 중단하고, 그 특수한 상태를 처리한 후 다시 원래의 프로그램을 처리하는 과정을 (   )라고 한다.

02 주변 장치에 대한 제어 권한을 CPU로부터 넘겨받아 CPU 대신 입출력을 관리하고, 입출력 작업이 끝나면 CPU에게 인터럽트 신호를 보내는 것은 (   )이다.

객관식 문제

03 다음 중 한글 Windows에서 사용하는 USB에 대한 설명으로 옳지 않은 것은?
① 플러그 앤 플레이 설치를 지원하는 외부 버스이다.
② 주변기기를 최대 127개까지 연결할 수 있다.
③ 컴퓨터를 종료하거나 다시 시작하지 않아도 USB 장치를 연결하거나 연결을 끊을 수 있다.
④ USB는 범용 병렬 장치를 연결할 수 있게 해주는 컴퓨터 인터페이스이며 12Mbps의 속도로 데이터를 전송할 수 있다.

04 다음 중 바이오스(ROM BIOS)에 대한 설명으로 옳지 않은 것은?
① 펌웨어(Firmware)라고도 부르며 주변 장치들을 초기화하기 위해 하드디스크에 저장된다.
② 부팅(Booting)과 운영에 대한 기본적인 정보가 들어 있으며 컴퓨터의 기본 입출력 시스템이다.
③ POST라는 자체 진단 프로그램이 시스템을 점검한다.
④ OS와 주변 장치 간의 데이터 흐름을 관리한다.

정답 01 인터럽트 02 채널 03 ④ 04 ①

POINT 11 | PC 관리와 시스템 최적화

01 PC 업그레이드

업그레이드(Upgrade)란 컴퓨터 하드웨어나 소프트웨어를 일부 교체하거나 새로 추가하여 컴퓨터 시스템의 성능을 향상시키는 작업을 말한다.

소프트웨어 업그레이드	사용 중인 소프트웨어의 오류를 수정하거나 새로운 기능을 추가한 새 버전의 소프트웨어로 변경하는 작업 • Windows 7 → 8 → 8.1 → 10 → 11 • 한글 2007 → 2010 → 2014 → 2022 → 2024 • MS-Office 2010 → 2013 → 2016 → 2021 → 2024
하드웨어 업그레이드	사용 중인 시스템을 구성하는 각종 하드웨어 장치를 성능이 더 뛰어난 것으로 바꾸거나 새로 추가하여 컴퓨터 시스템의 성능을 향상시키는 작업 • 시스템의 성능을 향상시킬 경우(CPU) : Pentium IV Prescott → Core i7 Haswell-E • 처리 속도가 느려지거나 원활하게 동작하지 않을 경우(RAM) : 1GB → 8GB • 부족한 저장 공간을 확보할 경우(하드디스크) : 500GB → 1TB

02 디스크 오류 검사(CHKDSK)

하드디스크의 논리적 또는 물리적인 오류를 검사하고, 복구 가능한 오류가 있으면 이를 복구해 주는 기능이다.

- 디스크 오류 검사를 실행해도 디스크 공간에는 아무런 변함이 없다.
- 검사할 하드디스크의 바로 가기 메뉴에서 [속성]-[도구]-[오류 검사]-[검사]를 클릭하고 [드라이브 검사]를 클릭한다.
- 관리자 모드의 명령 프롬프트에서 CHKDSK 명령어로 오류 검사를 수행할 수 있다.
- 파일 시스템 오류 자동 수정(CHKDSK /F) : Windows가 자동으로 파일 시스템 오류를 수정한다.
- 불량 섹터 검사 및 복구 시도(CHKDSK /R) : 전체 디스크에 대해서 불량 섹터를 찾아내고 불량 섹터에 저장된 데이터를 불량 섹터가 없는 안전한 장소로 이동시키며 파일 시스템의 오류를 자동으로 수정한다.

03 PC의 응급 처치

● 전원 및 메인보드 오류

증상	해결 방법
전원이 들어오지 않는 경우	전원 공급 장치의 고장 유무와 전원 케이블의 연결 상태를 확인함
부팅 시 '삑' 소리가 나는 경우(바이오스 칩셋 저조사에 따라 다를 수 있음)	컴퓨터 부팅 시 소리의 횟수를 기억하여 고장 부위를 확인함 • 신호음이 길게 1번 짧게 3번(삑~삑삑삑) : 그래픽 카드의 문제 • 신호음이 길게 3번(삑~삑~삑~) : 램의 문제
부팅이 간 되는 경우	하드디스크의 점퍼 설정이 올바른지, 전원 코드에 이상은 없는지 확인함
메모리가 인식되지 않는 경우	RAM의 올바른 장착 여부 및 이종 RAM 혼용을 확인함

● CMOS 오류

증상	해결 방법
CMOS 이상인 경우	표시된 에러 메시지에 따라 해당 CMOS SETUP을 올바르게 수정함
CMOS 설정이 변경된 경우	백신 프로그램으로 바이러스 감염 여부를 확인함
CMOS 설정이 초기화된 경우	메인보드에 장착된 배터리의 방전 여부를 확인함
CMOS SETUP 비밀번호를 잊어버린 경우	메인보드에 장착된 배터리를 뽑았다가 다시 장착함

> **기적의 TIP**
>
> CMOS 셋업 시 비밀번호를 잊어버린 경우, 메인보드의 배터리를 뽑았다가 다시 장착하면 된다(CMOS 내용이 초기화됨).

◉ 하드디스크 오류

증상	해결 방법
디스크 인식이 안 될 경우	케이블 연결 상태 점검 및 교체, CMOS SETUP의 하드디스크 타입 및 인식 여부 확인(HDD Auto Detect 기능 활용)
읽기 오류가 발생한 경우	디스크 검사로 하드디스크의 오류 검사 및 수정
시스템 파일이나 부트 섹터가 손상이 의심될 때	• 부팅 가능한 USB나 CD/DVD-ROM으로 부팅 후 원인을 찾거나 재설치해 볼 것 • 안전 모드로 부팅해 볼 것(문제 해결 후 정상 모드로 재부팅) • 바이러스 감염이 원인일 수 있으므로 [시작]-[설정]-[업데이트 및 보안]-[Windows 보안]-[Windows 보안 열기]-[바이러스 및 위협 방지]에서 '검사 옵션'을 클릭하고 적절한 검사를 수행할 것

◉ 프린터 오류

증상	해결 방법
스풀 에러가 발생한 경우	스풀 공간이 부족하므로 하드디스크의 공간을 확보함
인쇄가 안 되는 경우	프린터 케이블의 연결 상태, 프린터 기종, 프린터 드라이버, 등록 정보 등의 설정 상태를 확인함

> 컴퓨터가 어떻게 구성되어 있는지를 알려주는 정보 저장소의 역할을 한다.

04 레지스트리(Registry)

◉ 레지스트리 특징

- 각 사용자에 대한 프로필, 컴퓨터에 설치된 프로그램과 각 프로그램에서 만들 수 있는 문서 종류, 폴더와 프로그램 아이콘에 대한 속성 설정, 시스템에 있는 하드웨어 종류, 사용되고 있는 포트 등에 관한 정보가 들어 있다.
- IRQ, I/O 주소, DMA 등의 자원(리소스)을 제어 및 저장한다.
- 레지스트리 정보의 경우 Windows가 실행 중에 지속적으로 참조된다.

단답형 문제

01 디스크 오류 검사를 하면 하드디스크 문제로 인하여 컴퓨터 시스템이 오동작하는 경우나 바이러스 감염을 예방할 수 있다. (o, x)

02 Windows에서 사용하는 환경 설정 및 각종 시스템과 관련된 정보가 저장된 계층 구조식 데이터베이스이다. (o, x)

객관식 문제

03 다음은 PC의 업그레이드 사례이다. 소프트웨어적인 업그레이드는 어느 것인가?
① 주 메모리(RAM)를 32GB로 늘린다.
② 중앙 처리 장치(CPU)를 AMD 5900X(부스트 클럭 4.8GHz)로 교체한다.
③ Windows 7 운영체제를 Windows 10으로 바꾼다.
④ 하드디스크를 M.2 NVMe SSD로 교체한다.

04 다음 중 한글 Windows 10의 레지스트리(Registry)에 대한 설명으로 가장 옳지 않은 것은?
① Windows에서 사용하는 환경 설정 및 각종 시스템과 관련된 정보가 저장되어 있는 데이터베이스이다.
② 레지스트리에 이상이 있을 경우 Windows 운영체제에 치명적인 손상이 생길 수 있다.
③ 레지스트리 파일은 Windows의 부팅 관련 파일과 시스템 관련 프로그램의 설정 파일로 구성되어 있다.
④ [시작]-[실행]에서 'regedit' 명령으로 레지스트리 편집기를 실행할 수 있다.

정답 01 × 02 o 03 ③ 04 ③

● **레지스트리 편집**
- 레지스트리 편집은 Windows 검색(프로그램 및 파일 검색)에 'regedit'를 입력하고 Enter 를 누른다.
- 레지스트리를 잘못 변경하면 시스템을 손상시킬 수 있으므로 중요한 정보를 모두 백업한 후 레지스트리를 변경하는 것이 좋다.
- 레지스트리 편집기는 사용자가 새로운 레지스트리 키를 추가하거나 기록되어 있는 레지스트리를 편집하고 관리하는 프로그램이다.

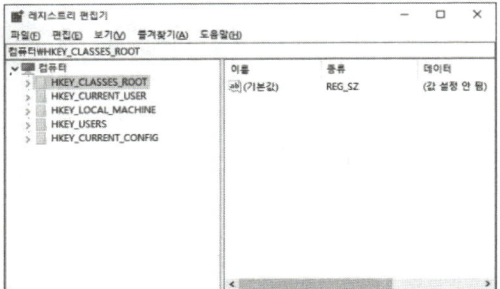

05 시스템 최적화

시스템 최적화란 시스템 이상을 사전에 방지하고 최적의 상태에서 사용하기 위한 기능을 의미한다.

드라이브 조각 모음 및 최적화	• 단편화된 파일 조각을 연속되게 모아 디스크의 입출력 속도를 향상시키는 것으로, 디스크의 용량 증가와는 관계가 없음 • CD ROM 드라이브, 네트워크 드라이버, Windows가 지원하지 않는 압축된 드라이브는 조각 모음을 할 수 없음
디스크 정리	• 시스템에 있는 불필요한 파일이나 프로그램을 삭제하여 디스크의 여유 공간을 확보하는 작업 • 임시 인터넷 파일, 다운로드한 프로그램 파일, 휴지통에 있는 파일, 임시 폴더(C:₩Windows₩Temp) 내의 불필요한 파일을 삭제하여 공간을 확보할 수 있음

06 작업 관리자

- [작업 관리자] 창은 컴퓨터에서 실행 중인 프로그램과 프로세스에 대한 정보를 제공하고, 실행 중인 프로그램의 상태를 보고 응답하지 않는 프로그램을 강제로 끝낼 때 사용한다.
- 네트워크에 연결되어 있는 경우 네트워크의 작동 상태를 확인할 수 있다.
- 사용자 컴퓨터들끼리 연결된 경우, 연결된 사용자 및 작업 상황을 확인하고 사용자에게 메시지를 보낼 수 있다.
- 작업 표시줄의 바로 가기 메뉴 중 작업 관리자([작업 관리자 시작])을 선택하거나 Ctrl + Shift + Esc 를 누른다.
- 작업 관리자에서 다른 프로그램으로 전환하거나 프로그램을 끝낼 수 있다.
- 작업 관리자를 통해 실행 중인 네트워크의 상태를 그래프로 볼 수 있다.
- 작업 관리자에서 프로세스의 우선 순위를 실시간, 높음, 보통, 낮음 등으로 설정할 수 있다.

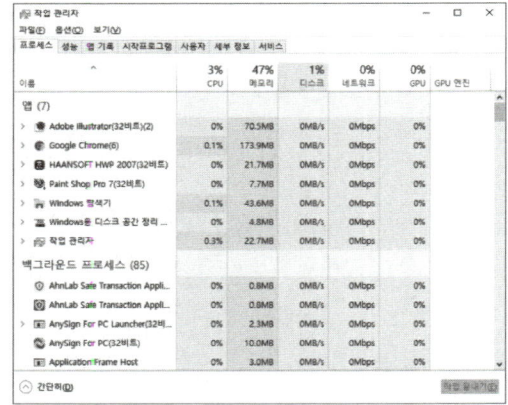

[프로세스] 탭	컴퓨터에서 실행 중인 프로세스에 대한 자세한 정보(CPU 및 메모리 사용 등)를 표시함
[성능] 탭	컴퓨터 성능에 대한 CPU 및 메모리 사용 내용을 그래프로 표시함
[사용자] 탭	컴퓨터에 로그인되어 있는 사용자를 표시함

07 Windows에서의 문제 해결

증상	해결 방법
디스크 공간이 부족한 경우	• 하드디스크에 사용하지 않는 파일이 있으면 백업 후 삭제함 • 디스크 정리를 수행하여 사용하지 않는 불필요한 프로그램을 삭제하고 클라우드 컴퓨팅이나 외부 저장 공간을 활용함 • 휴지통의 크기를 줄이거나 휴지통 비우기를 실행함
메모리가 부족한 경우	• 불필요한 프로그램을 모두 종료하고, 프로그램을 다시 실행함 • [시스템 속성] 대화상자의 [고급] 탭에서 '성능' 영역의 [설정]을 클릭한 후 [성능 옵션] 대화상자의 [고급] 탭에서 '가상 메모리' 영역의 [변경]을 클릭하여 설정함
인쇄가 안 되는 경우	• 프린터 전원과 케이블의 연결 상태를 확인함 • 프린터 기종과 Windows에 설치된 드라이버가 일치하는지 확인함
하드웨어가 충돌하는 경우	• '장치 관리자'에서 시스템에 설치된 하드웨어를 확인하고, 충돌이 발생한 하드웨어는 삭제한 후 재설치함 • 복수개의 하드웨어가 하나의 제어기를 사용할 경우 하드웨어 하나를 삭제한 후 재설치함
네트워크에 이상이 있는 경우	• 네트워크 환경에서 작업 그룹의 다른 컴퓨터를 찾지 못하면 [시스템 속성] 대화상자의 [컴퓨터 이름] 탭에서 작업 그룹 설정을 확인함 • 네트워크 어댑터가 제대로 동작하지 않을 경우 어댑터의 설치 유무를 확인함
시스템 복원이 필요한 경우	• [제어판]-[시스템]-[시스템 보호] 탭에서 시스템을 복원하거나 복원에 관련된 설정 및 복원 지점을 만들 수 있음 • 시스템을 복원해도 사용자 문서, 사진 또는 기타 개인 데이터에는 영향을 주지 않음
방화벽 설정이 필요한 경우	• [제어판]-[Windows Defender 방화벽]([Windows 방화벽])에서 해커나 악성 소프트웨어가 인터넷 또는 네트워크를 통해 사용자 컴퓨터에 액세스하지 못하도록 방지함 • 알림 설정 변경, 방화벽 설정 또는 해제, 기본값 복원, 고급 설정 등의 작업을 수행함

단답형 문제

01 방화벽을 사용하면 외부로부터 허가받지 않은 불법적인 접근이나 해커의 공격으로부터 내부의 네트워크를 효과적으로 보호할 수 있고 내부의 불법적인 해킹도 막을 수 있다. (○, ×)

02 디스크의 속도가 예전보다 느려지는 경우는 드라이브 조각 모음 및 최적화를 실행하여 디스크의 최적화를 유지한다. (○, ×)

객관식 문제

03 다음 중 한글 Windows에서 하드디스크의 여유 공간이 부족할 경우의 해결 방법으로 옳지 않은 것은?
① [휴지통 비우기]를 수행한다.
② [디스크 정리]를 통해 임시 파일들을 지운다.
③ 시스템에서 사용하지 않는 응용 프로그램을 [프로그램 및 기능]을 이용하여 삭제한다.
④ [드라이브 조각 모음 및 최적화]를 수행하여 하드디스크의 단편화를 제거한다.

04 다음 중 한글 Windows의 [작업 관리자] 창에서 수행할 수 있는 작업으로 옳지 않은 것은?
① [프로세스] 탭에서 컴퓨터를 이용하는 사용자 계정의 추가와 삭제를 수행할 수 있다.
② 현재 실행 중인 프로그램을 강제로 종료시킬 수 있다.
③ 시스템의 CPU 사용 내용이나 할당된 메모리의 크기를 파악할 수 있다.
④ 연결된 사용자에게 메시지를 보낼 수 있다.

정답 01 × 02 ○ 03 ④ 04 ①

POINT 12 | 컴퓨터 소프트웨어

합격 강의

01 운영체제의 개요

◉ 운영체제의 특징

- 운영체제는 컴퓨터와 사용자 사이에서 시스템을 효율적으로 사용할 수 있도록 하는 시스템 소프트웨어를 일컫는다.
- 컴퓨터 시스템의 자원을 효율적으로 관리하며, 사용자가 컴퓨터를 편리하고 효과적으로 사용할 수 있도록 제반 환경을 제공하는 시스템 프로그램이다.
- 컴퓨터가 동작하는 동안 주기억 장치에 위치하며 프로세스, 기억 장치, 메모리, 입출력 장치, 파일 등의 자원을 관리한다.
- 사용자 간의 데이터 및 자원의 공유 기능을 제공한다.
- 운영체제 프로그램은 컴퓨터가 동작하는 동안 주기억 장치에 위치하여 여러 종류의 자원 관리 서비스를 제공한다.

기적의 TIP

시스템 소프트웨어
컴퓨터를 사용하기 위해 근본적으로 필요한 소프트웨어를 의미하며, 여기에는 운영체제, 각종 언어의 컴파일러, 어셈블러, 라이브러리 프로그램 등이 있다.

◉ 운영체제의 목적

- **응답 시간 단축** : 컴퓨터에 명령을 내린 후 결과를 얻을 때까지 걸리는 시간으로 수치가 낮을수록 좋다.
- **처리 능력 향상** : 단위 시간 내에 처리할 수 있는 일의 양으로 수치가 높을수록 좋다.
- **신뢰도 향상** : 시스템이 고장 없이 주어진 기능을 정확하게 수행하는 것으로 수치가 높을수록 좋다.
- **사용 가능도 향상** : 각 사용자가 시스템 자원을 요구할 때 즉시 사용 가능한 정도로 수치가 높을수록 좋다.

◉ 운영체제의 종류

MS-DOS, OS/2, 마이크로소프트 윈도우즈 시리즈, 맥 OS X, UNIX, LINUX, BSD 등이 있다.

02 운영체제의 구성

◉ 제어 프로그램

시스템의 동작 상태를 감시하며 작업에 사용되는 데이터 관리 등의 역할을 수행하는 프로그램이다.

감시 프로그램	시스템의 동작 상태를 감시, 관리, 감독하는 프로그램
작업 관리 프로그램	작업의 연속적인 진행을 위한 준비와 처리 기능을 수행함
데이터 관리 프로그램	파일의 조작과 처리, 기억 장치 간의 자료 전송 및 데이터의 표준 처리를 수행함

◉ 처리 프로그램

언어 번역 프로그램	사용자가 작성한 원시 프로그램을 컴퓨터가 이해할 수 있는 기계어로 번역하는 프로그램
서비스 프로그램	사용자가 컴퓨터를 효율적으로 다룰 수 있도록 만들어진 프로그램
문제 처리 프로그램	컴퓨터 사용자가 필요한 업무에 맞게 개발한 프로그램

03 운영체제의 운용 기법

일괄 처리 시스템	• 자료를 1주일 또는 1개월 등의 기간 단위로 모아 두었다가 처리하는 방식 • 컴퓨터 시스템의 효율은 높아지지만 처리 결과를 즉시 받아볼 수 없으므로 응답 시간이 길어짐
실시간 처리 시스템	• 데이터가 발생할 때마다 컴퓨터로 처리하는 방식 • 온라인 예금처럼 즉시 결과를 볼 수 있음

시분할 처리 시스템	• 일정 시간 단위로 CPU의 시간 자원을 나누어 사용하는 방식 • 한 사용자에서 다음 사용자로 신속하게 전환함으로써 각각의 사용자들은 실제로 자신만의 컴퓨터를 사용하고 있는 것처럼 느끼고 사용할 수 있도록 처리할 수 있음
다중 처리 시스템	두 개 이상의 CPU가 각각의 업무를 분담하여 다수의 프로그램을 동시에 처리하는 방식
다중 프로그래밍 시스템	하나의 CPU가 시간차를 두고 다수의 프로그램을 동시에 처리하는 방식(실제로는 동시에 수행되는 것처럼 보일 뿐임)
분산 처리 시스템	지역적으로 분산된 컴퓨터들을 연결하여 사용하는 방식
클러스터링	두 대 이상의 컴퓨터를 함께 묶어서 단일 시스템처럼 사용하는 방식
듀얼 시스템	컴퓨터 장애로 인한 작업 중단을 방지하고 업무 처리의 신뢰도를 높이기 위해 두 개의 CPU가 같은 업무를 동시에 처리하여 그 결과를 상호 점검하면서 운영하는 방식
듀플렉스 시스템	한 쪽의 CPU가 가동 중일 때는 다른 한 쪽 CPU는 대기하게 되며, 가동 중인 CPU가 고장 났을 경우 대기 중인 CPU가 가동되어 장애가 복구될 때까지 업무를 처리하도록 하는 방식
임베디드 시스템	PC 형태가 아닌 보드 형태의 반도체 기억소자에 응용 프로그램을 장착하여 기능을 수행하는 방식으로(Windows CE), 하드웨어와 소프트웨어가 하나로 조합되어 있고 2차 저장 장치를 갖지 않는 방식

기적의 TIP

다중 프로그래밍 시스템 vs 시분할 처리 시스템

다중 프로그래밍 시스템은 처리 능력에 주안점을 두는 시스템으로 작업을 요청하면 시간 제약 없이 A 작업에서 B 작업으로 CPU 사용권을 넘겨주면서 사용할 수 있지만, 시분할 처리 시스템은 할당된 시간에만 CPU 사용권을 부여받고 그 시간이 지나면 해당 작업을 실행할 수 없게 된다.

단답형 문제

01 다음 보기에서 운영체제를 모두 고르시오.

> ㉠ Linux ㉡ UNIX
> ㉢ Windows NT ㉣ OS/2
> ㉤ MS-DOS

02 운영체제의 목적으로는 신뢰도 향상, 사용 가능도 향상, 처리 능력 향상, 응답 시간 단축 등이 있다. (ㅇ, ×)

객관식 문제

03 다음 중 컴퓨터에서 사용하는 운영체제에 관한 설명으로 옳지 않은 것은?
① 운영체제는 컴퓨터가 동작하는 동안 하드디스크에 위치하며 프로세스, 기억 장치, 입출력 장치, 파일 등의 자원을 관리한다.
② 운영체제의 목적은 처리 능력 향상, 응답 시간의 단축, 사용 가능도의 향상, 신뢰도 향상 등이 있다.
③ 운영체제의 구성 요소인 제어 프로그램에는 감시 프로그램, 작업 관리 프로그램, 데이터 관리 프로그램 등이 있다.
④ 운영체제의 운영 방식에는 일괄 처리, 실시간 처리, 분산 처리 등이 있다.

04 다음 내용이 설명하는 운영체제의 운영 방식으로 옳은 것은?

> 지역적으로 여러 개의 컴퓨터를 연결해서 작업을 분담 처리하는 시스템으로 컴퓨터의 부담을 줄이며 일부의 시스템 고장 시에도 운영이 가능한 방식이다.

① 분산 처리 시스템
② 시분할 시스템
③ 다중 처리 시스템
④ 다중 프로그래밍 시스템

정답 01 ㉠, ㉡, ㉢, ㉣, ㉤ 02 ㅇ 03 ① 04 ①

04 응용 소프트웨어의 분류

상용 소프트웨어	돈을 주고 구입하여 사용해야 하는 판매용 소프트웨어
셰어웨어	• 특정 기간이나 기능에 제한을 두고 사용한 후 구입 여부를 판단하는 소프트웨어 • 사용기간과 일부 기능을 제한하여 정식 제품의 구입을 유도하기 위한 프로그램 • 소프트웨어의 저작권에 따른 분류에서 데모 버전과 가장 유사
프리웨어	특정 기간과 기능 제한 없이 무료로 사용하거나, 자유롭게 복사 배포가 허락된 공개용 소프트웨어
베타 버전	정식 프로그램이 출시되기 전에 테스트 목적으로 일반인에게 공개하는 소프트웨어
데모 버전	상용 소프트웨어를 알리기 위해 사용 기간과 기능에 제한을 두고, 무료로 배포하는 소프트웨어
테스트 버전	프로그램의 문제점을 찾아내기 위해 무료로 배포하는 소프트웨어
번들 프로그램	컴퓨터나 소프트웨어를 구매하였을때 무료로 끼워서 배포하는 소프트웨어
패치 프로그램	이미 제작하여 배포된 프로그램의 오류 수정이나 성능 향상을 위해 프로그램의 일부를 변경해 주는 프로그램
벤치마크 테스트	하드웨어나 소프트웨어의 성능 검사를 위해 처리 능력을 테스트 함
트라이얼 버전	정해진 사용 기간이 지나면 더 이상 사용하지 못하게 해 놓은 소프트웨어
알파 버전	소프트웨어 개발사 내부에서 시험해 보는 소프트웨어
오픈 소스 소프트웨어	소스 코드까지 제공되어 사용자들이 자유롭게 수정하거나 변경할 수 있는 소프트웨어

기적의 TIP

애드웨어
광고를 보는 대가로 무료로 사용하는 소프트웨어이다.

05 주요 보조 프로그램

◉ 메모장
- 서식이 필요 없는 ASCII 코드 형식의 간단한 문서를 작성한다.
- 유니코드, ANSI, UTF-8, UTF-16 BE(Big-Endian) 유니코드로 저장할 수 있다.
- 그림, 차트, OLE 관련 개체는 삽입할 수 없다.
- 기본 확장자는 .txt이다.
- 자동 줄 바꿈, 찾기, 바꾸기, 시간/날짜 표시([편집]-[시간/날짜]), 글꼴, 확대하기/축소하기 등의 기능을 제공한다.
- 용지 크기, 출력 방향, 여백, 머리글, 바닥글 등을 설정할 수 있다.
- 문서 첫 행 맨 왼쪽에 대문자로「.LOG」라고 입력하면 문서를 열 때마다 현재 시간과 날짜를 문서 끝에 삽입할 수 있다.

◉ 워드패드
- 서식이 필요한 문서 파일을 작성하거나 편집한다.
- 글꼴(색), 머리말, 단락, 탭 등의 기능을 제공한다.
- 날짜/시간, OLE 관련 개체를 삽입할 수 있다.
- 기본 확장자는 .rtf이고, 확장자가 .docx, .odt, .txt 등의 파일도 워드패드에서 열기가 가능하며 편집할 수 있다.

◉ 그림판
- 간단한 그림 파일을 작성하거나 편집한다(레이어 기능 없음).
- 비트맵 형식의 그림 파일을 작성, 수정 등 편집과 인쇄가 가능하다.
- [파일]-[다른 이름으로 저장]하면 .png가 기본 확장자가 되고, [파일]-[열기]를 하면 .bmp, .dib, .jpg, .gif, .tif, .png, .ico 등의 파일도 그림판에서 열고 편집할 수 있다.
- 작성한 그림은 저장한 상태에서 [파일]-[바탕 화면 배경으로 설정]을 통해 Windows 바탕 화면의 배경으로 사용할 수 있다.
- 정원 또는 정사각형은 타원이나 직사각형을 선택한 후에 Shift 를 누른 상태로 그리면 된다.

- 수평선, 수직선, 45° 대각선은 선을 선택한 후에 Shift를 누른 상태로 그리면 된다.
- [이미지] 탭의 [선택]으로 만든 영역에 [도구] 탭의 [색 채우기] 도구를 이용하여 다른 색으로 변경할 수 없다.
- [홈] 탭의 [색 1]은 전경색이며 마우스 왼쪽 단추로 클릭하여 조작하고, [색 2]는 배경색이며 마우스 오른쪽 단추로 클릭하여 조작한다.

UWP(Universal Windows Platform) 환경과 통합되어 작동되는 앱으로 주로 Microsoft Store를 통해서 배포된다.

06 주요 유니버설 앱

● 그림판 3D

[그림판]은 평면(2D) 그림만 그릴 수 있는 반면 [그림판 3D] 앱은 입체(3D) 그림을 그릴 수 있다.

- [시작](⊞)을 누르고 [그림판 3D] 앱을 클릭하면 실행된다.
- [그림판]의 [홈]-[그림판 3D로 편집]을 클릭해도 [그림판 3D] 앱이 실행된다.
- 만든 그림은 [메뉴]-[다른 이름으로 저장]을 통해서 이미지, 3D 모델, 비디오 파일 형식을 선택하여 저장할 수 있고 '그림판 3D 프로젝트로 저장'을 하면 나중에 [그림판 3D]에서 저장한 프로젝트를 열어서 편집할 수 있다.
- 다양한 브러시, 2D 셰이프, 3D 셰이프, 스티커, 텍스트, 각종 필터 효과, 캔버스 표시, 준비된 각종 3D 라이브러리, 작업 과정을 비디오 파일로 기록할 수 있다.

● 스티커 메모

- Windows의 바탕 화면에 필요한 메모 내용을 포스트잇처럼 간편하게 붙여둘 수 있는 앱을 말한다.
- 우측 상단의 메뉴(…)에서 스티커의 색상을 변경하고, 노트 목록 창을 열거나 메모 삭제를 할 수 있다.
- 굵게, 기울임꼴, 밑줄, 취소선, 글머리 기호 전환, 이미지 추가 작업을 할 수 있다.

● 알람 및 시계

- 알람, 시계, 타이머, 스톱워치 기능을 제공하는 앱이다.
- 알람 기능과 타이머 기능은 PC가 절전 모드 해제 상태인 경우에만 알림이 표시된다.
- 절전 모드를 해제하려면 [시작](⊞)-[설정](⚙)-[시스템]-[전원 및 절전]에서 절전 모드를 '안 함'으로 지정하면 된다.

단답형 문제

01 소프트웨어 개발 과정 중 (　　)은 개발사 내부에서 미리 테스트하고 버그를 찾을 목적으로 만들어진 것이다.

객관식 문제

02 다음 중 저작권에 따른 컴퓨터 소프트웨어의 분류에 관한 설명으로 옳지 않은 것은?
① 애드웨어 : 광고를 보는 대가로 무료로 사용하는 소프트웨어이다.
② 셰어웨어 : 정식 버전이 출시되기 전에 프로그램에 대한 일반인의 평가를 받기 위해 제작된 소프트웨어이다.
③ 번들 : 특정한 하드웨어나 소프트웨어를 구매하였을 때 끼워주는 소프트웨어이다.
④ 프리웨어 : 개발자가 무료로 사용을 허가한 소프트웨어이다.

03 다음 중 한글 Windows에서 사용하는 [메모장]에서 할 수 있는 기능으로 옳지 않은 것은?
① 특정 문자나 단어를 찾아서 바꾸기를 할 수 있다.
② 텍스트를 잘라내기, 복사하기, 붙여 넣기 또는 삭제를 할 수 있다.
③ 글꼴의 스타일과 크기를 바꿀 수 있다.
④ 편집 중인 문서에 그림을 삽입할 수 있다.

04 다음 중 한글 Windows의 [그림판]에 관한 설명으로 옳지 않은 것은?
① [그림판]으로 작성된 파일의 형식은 BMP, JPG, GIF 등으로 저장할 수 있다.
② 레이어 기능으로 그림의 작성과 편집 과정을 편리하게 하여 준다.
③ 배경색을 설정하려면 홈 탭의 색 그룹에서 '색 2'를 클릭하고 원하는 색을 클릭한 다음 마우스 오른쪽 단추를 클릭한다.
④ 정원 또는 정사각형을 그리려면 타원이나 직사각형을 선택한 후에 Shift를 누른 상태로 그리면 된다.

정답 01 알파 버전 02 ② 03 ④ 04 ②

POINT 13 | 프로그래밍 언어

01 주요 고급 언어의 특징

고급 언어란 인간이 인식할 수 있고 이해하기 쉬운 문자로 구성된 언어를 말한다(기계어와 어셈블리어 제외).

COBOL	사무 처리용 언어로 영어 문장 형식으로 기술되어 이해와 사용이 쉬움
FORTRAN	과학 계산용 언어로 일반 공식이나 수식과 같은 형태로 프로그래밍을 할 수 있음
LISP	인공지능 개발을 위한 언어로 정의되어 있는 함수를 조합해 새로운 함수를 생성함
BASIC	초보자를 위한 교육용 언어로 개발 인터프리터를 사용하여 대화식 처리가 가능함
C	유닉스 운영체제 제작을 위해 개발됨. 고급 언어와 저급 언어의 특성을 모두 가진 중급 언어
ALGOL	수치 계산과 논리 연산을 위한 과학 기술 계산용 언어로 PASCAL과 C 언어의 모체가 된 언어
C++	C 언어에 객체 지향 개념을 도입한 언어
JAVA	• 파일 언어와 인터프리터 언어가 결합되어 있으며, 네트워크 환경에서 분산 작업이 가능하도록 설계되었음 • 플랫폼이 독립적인 프로그래밍 언어로 가상 바이트 머신 코드를 사용함

02 객체 지향 프로그래밍

클래스를 기본 단위로 클래스들 사이의 상호 작용(메서드 호출)을 통해 프로그램을 작성하는 것을 뜻한다.

- 소프트웨어 재사용성으로 프로그램 개발 시간을 단축할 수 있다.
- 객체는 GOTO문을 사용하지 않는다.
- 객체 지향 프로그래밍은 객체 지향 프로그램 개발에 적합한 기법이다.
- **특징** : 상속성, 캡슐화, 추상화, 다형성 등
- 객체는 데이터와 그 데이터에 관련되는 주체, 동작, 방법, 기능을 모두 포함하는 개념이며 객체를 중심으로 한 프로그래밍 기법이다.

- 객체가 메시지를 받아 실행해야 할 객체의 구체적인 동작이나 연산을 정의한 것을 메서드라고 한다.
- 하나 이상의 유사한 객체들을 묶어 공통된 속성과 연산을 표현한 객체의 집합을 클래스라고 한다.

03 언어 번역

● 언어 번역 과정

원시 프로그램 → 목적 프로그램 → 로드 모듈 → 실행
　　　　　번역　　　　　　링커　　　　　　로더

- **번역**(Compiler) : 컴파일러, 어셈블러, 인터프리터 등의 언어 번역 프로그램을 사용한다.
- **링커**(Linker) : 기계어로 번역된 목적 프로그램을 결합하여 실행 가능한 모듈(실행 파일)로 만드는 과정이다.
- **로더**(Loader) : 프로그램을 실행시키기 위해 주기억장치에 프로그램을 적재한다.

● 언어 번역 프로그램

- **컴파일러**(Compiler) : 포트란, 코볼, C 등의 고급 언어로 작성된 프로그램을 기계어로 번역하는 프로그램이다.
- **어셈블러**(Assembler) : 어셈블리어로 작성된 원시(소스) 프로그램을 기계어로 번역하는 프로그램이다.
- **인터프리터**(Interpreter) : BASIC, LISP 등으로 작성된 프로그램을 필요할 때마다 바로 기계어로 번역하여 실행해 주는 프로그램으로, 대화식 처리가 가능하다.

구분	컴파일러	인터프리터
처리 단위	전체	행
목적 프로그램	있음	없음
실행 속도	빠름	느림
번역 속도	느림	빠름
관련 언어	FORTRAN, C, C++, JAVA, COBOL 등	BASIC, LISP, 파이썬 등

04 웹 프로그래밍 언어

> WWW(World Wide Web)에서 사용되는 프로그래밍 언어이다.

프로그램을 작성할 때 사용하는 프로그래밍 언어와는 달리, 웹에서 필요한 문서를 작성할 때 사용하는 언어이다.

HTML	웹에서 하이퍼텍스트를 작성하기 위해 개발된 언어로, 웹에서 사용하는 기본적인 프로그래밍 언어 중 하나임
XML	• HTML의 단점을 보완하여 웹에서 구조화된 문서를 전송할 수 있도록 설계되었음 • 서로 다른 데이터베이스 간 데이터 교환이 가능함 • 분산 처리에 적합하며 사용자 환경에 맞는 다양한 형식의 문서를 만듦
VRML	• 인터넷에서 3차원 물체와 가상공간을 표현하기 위한 프로그래밍 언어 • HTML을 기반으로 하며, 플러그 인을 이용하여 웹 브라우저에서 확인할 수 있음
애플릿	• HTML 내에 작성하거나 자바를 지원하는 웹 브라우저에서 실행되도록 작성된 자바 프로그램 • 안전성과 보안성을 위해 다운로드를 모두 완료해야 수행됨
자바 스크립트	• HTML 문장 안에 삽입되어 사용자와 상호 작용하는 데 사용되는 인터프리터 언어 • 간단한 프로그램 작성과 반복적인 작업에 적합함
CGI	• 웹 서버와 외부 응용 프로그램 간에 연결 역할을 함 • 주로 방명록, 카운터, 게시판 등을 HTML 문서와 연동하기 위해 사용함
ASP	• 서버 측에서 동적으로 처리되는 페이지를 만들기 위한 언어 • 서버에 과부하를 주고 실행 시간이 오래 걸린다는 CGI의 단점을 보완한 기술로 서버 측 스크립트 언어 • Windows 계열에서만 수행 가능함
PHP	서버 측 스크립트 언어로 서버에서 해석하여 HTML 문서를 만들며 Linux, Unix, Windows 운영체제에서 사용 가능함
JSP	• 웹 서버에서 동적으로 웹 브라우저를 관리하는 스크립트 언어 • 웹 어플리케이션을 개발할 수 있음 • 자바(JAVA) 언어를 기반으로 한 서버 측 스크립트 언어로 다양한 운영체제에서 사용 가능 • HTML 문서 내에서 〈% … %〉와 같은 형태로 작성 • 데이터베이스와 연결이 용이하며 재사용 가능
WML	무선 접속을 통해 휴대폰이나 PDA 등에 웹 페이지의 텍스트와 이미지 부분이 표시될 수 있도록 지원함

단답형 문제

01 다음은 웹 프로그래밍 언어에 대한 설명이다. 서로 관련 있는 항목끼리 연결하시오.

1 HTML ㉠ Windows 계열 서버에서 동작하는 서버 측 스크립트 언어이다.
2 VRML ㉡ 주로 리눅스 계열 서버에 사용되는 서버 측 스크립트 언어이다.
3 ASP   ㉢ 3차원 가상 세계를 표현할 수 있게 해주는 언어이다.
4 PHP   ㉣ 무선 접속을 통해 휴대폰이나 PDA 등에 사용한다.
5 WML   ㉤ 웹에서 하이퍼텍스트를 작성하기 위해 개발된 언어이다.

객관식 문제

02 다음 중 웹 프로그래밍 언어에 대한 설명으로 가장 옳지 않은 것은?
① ASP : 클라이언트 측에서 동적으로 수행되는 페이지를 만드는 언어이다.
② JSP : 자바를 기반으로 하고 서버 측에서 동적으로 수행하는 페이지를 만드는 언어이다.
③ PHP : Linux, Unix, Windows 등의 다양한 운영체제에서 사용 가능하다.
④ XML : 기존 HTML 단점을 보완하여 문서의 구조적인 특성들을 고려하여 문서들을 상호 교환할 수 있도록 설계된 프로그래밍 언어이다.

03 다음 중 언어 번역 및 컴파일러의 특징이 아닌 것은?
① 컴파일러는 목적 프로그램을 생성한다.
② 인터프리터와 비교하여 번역 속도와 실행 속도가 모두 빠른 장점이 있다.
③ 번역 전의 입력되는 프로그램을 원시 프로그램이라 한다.
④ C, C++, JAVA 등의 고급 언어가 컴파일 언어에 해당한다.

정답 01 1 ㉤ 2 ㉢ 3 ㉠ 4 ㉡ 5 ㉣ 02 ① 03 ②

POINT 14 | 정보 통신망

01 정보 전송 방식

단방향 전송	한쪽 방향으로만 데이터 전송이 가능한 방식(예 라디오, TV 방송)
반이중 전송	양쪽 방향에서 데이터를 전송하지만 동시 전송이 불가능한 방식(예 무전기)
전이중 전송	양쪽 방향에서 동시에 데이터를 전송하는 방식(예 전화)
베이스밴드 전송	디지털 데이터 신호를 변조하지 않고 직접 전송하는 방식(예 근거리 통신망)
브로드밴드 전송	한 전송 매체에 여러 개의 데이터 채널을 제공하는 방식(예 ADSL)

02 정보 통신망의 종류

통신망은 컴퓨터(기기)를 이용하여 정보를 주고받는 조직이나 체계로 네트워크라고도 하며, 통신이 연결된 거리, 전송 데이터의 형식 등에 따라 다음과 같이 분류할 수 있다.

근거리 통신망(LAN)	데이터의 공유와 작업의 분산 처리를 목적으로 회사, 학교 등 한정된 장소에서 정보 통신 기기들을 상호 연결한 정보 통신망
도시권 통신망(MAN)	여러 개의 LAN을 포함하며 도시와 도시를 연결하기 위해 만든 통신망
광대역 통신망(WAN)	넓은 구역이나 범위의 LAN을 통합한 환경을 제공하는 네트워크로 지방과 지방, 국가와 국가 등 지역 사이를 연결하는 통신망
부가 가치 통신망(VAN)	기존의 통신 사업자로부터 통신 회선을 빌려 컴퓨터나 정보 통신 단말기를 조합 연결하여 통신망에 구축하고 새로운 기능을 부가해 제3자에게 서비스하는 통신망
종합 정보 통신망(ISDN)	기존의 음성, 데이터, 영상 등 서비스 마다 별개로 운용되던 통신망을 하나로 통합하여 제공하는 디지털 통신망
광대역 종합 정보 통신망(B-ISDN)	고속 데이터 전송을 위하여 광범위한 서비스를 제공하는 디지털 공중 통신망

초고속 디지털 가입자 회선(VDSL)	초고속 인터넷 서비스의 일종이며 다운로드와 업로드 속도가 빨라 대용량 파일을 주고받거나 고화질 동영상 콘텐츠를 즐기는 데 적합함
무선 가입자 통신망(WLL)	전화국과 가입자 단말기 사이의 회선을 무선 시스템을 이용하여 구성하는 통신망으로 음성, 영상, 데이터 등을 복합적으로 전송할 수 있음
비대칭 디지털 가입자 회선(ADSL) 다운로드와 업로드 속도가 달라서 비대칭이라고 한다.	• 별도의 통신 회선을 설치하지 않고 기존 전화선을 이용하여 통신이 가능한 방식으로 전화국과 각 가정이 1:1로 연결됨 • 전화는 낮은 주파수를, 데이터 통신은 높은 주파수를 이용하므로 혼선이 발생하지 않음
VoIP	IP 네트워크를 통해 음성을 전송하는 기술로 기존에 사용되고 있던 데이터 통신용 패킷 망을 인터넷 폰에 이용함으로써 기존 전화망에 비해 장거리 전화나 국제 전화 등을 사용하더라도 통화 요금을 절감할 수 있음

03 정보 통신망의 구성 형태

스타(Star)형 	• 중앙의 컴퓨터 또는 네트워크 장치를 중심으로 각 단말기가 포인트 투 포인트(Point to Point) 방식으로 연결되어 있는 구조로, 모든 단말기가 중앙의 컴퓨터에 연결되어 있는 형태 • 중앙 컴퓨터가 고장나면 모든 통신이 단절되는 단점이 있지만, 모든 단말기가 중앙 컴퓨터에 연결되어 있는 형태이므로 고장 발견이 쉽고 유지 보수가 용이함 • 단말기에서 다른 단말기로 정보를 전송하기 위해서는 중앙의 컴퓨터 또는 허브를 거쳐야 하므로 전송량이 집중되는 경향이 있음

구분	설명
링(Ring)형 (=루프형) 	• 컴퓨터와 단말기들을 서로 이웃하는 것끼리 연결함으로써 네트워크가 원의 형태로 구성되어 있는 구조 • 근거리 통신망에서 주로 채택하여 사용하며 양방향으로 데이터 전송이 가능함 • 컴퓨터나 단말기가 고장 나면 전체 네트워크가 손상될 수 있으므로 통신망의 재구성이 어려움
버스(Bus)형 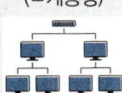	• 한 개의 통신 회선에 여러 대의 단말기들이 연결되어 있는 구조 • 한 단말기가 고장 나더라도 나머지 단말기들 간의 통신에는 아무런 영향을 주지 않지만, 통신 회선이 고장 나면 통신은 두절됨 • 통신 회선이 한 개이므로 물리적 구조가 간단함 • 단말기의 추가 및 삭제가 용이하며, 회선의 양 끝에는 종단 장치가 필요함
트리(Tree)형 (=계층형) 	• 중앙 컴퓨터와 일정한 지역의 단말기까지는 하나의 통신 회선으로 연결되어 있으며, 그 이후의 단말기를 다시 나뭇가지 형태로 연결시키는 형태 • 통신 경로가 분산되어 있으므로 어느 한 단말기가 고장 나더라도 전체 통신에는 크게 영향을 미치지 않음 • 통신 선로가 짧아 제어 및 관리, 확장이 쉽고, 분산 처리 시스템이 가능함
망(Mesh)형 (=그물형)	• 모든 지점의 컴퓨터와 단말기들이 포인트 투 포인트 형식으로 연결되었기 때문에 단말기의 연결성이 높고, 많은 양의 통신을 필요로 하는 경우에 유리한 구조 • 통신 회선의 길이가 다른 형태에 비해 가장 길고 전화 통신망과 같은 공중 데이터 통신망에 많이 이용됨

기적의 TIP

블루투스 & IMT-2000
- **블루투스(Bluetooth)** : 근거리에 놓여 있는 컴퓨터와 프린터, 전화, 팩스, 휴대폰, 개인 휴대 단말기(PDA) 등 정보 통신 기기는 물론 TV, 냉장고 등 가전제품까지 무선으로 연결하여 양방향으로 실시간 통신을 가능하게 해주는 기술 규격 혹은 그 규격에 맞는 제품을 이르는 말이다.
- **IMT-2000** : 기존 통신 시스템의 가장 큰 문제점인 단말기의 지역적 한계(글로벌 로밍의 한계)와 전송 속도의 한계(멀티미디어 통신 환경 구현의 한계)를 극복하기 위한 기술이다.

단답형 문제

01 ( )은 전화 통신망과 같은 공중 데이터 통신망에 많이 이용되며 통신회선 장애 시 다른 경로를 통해 데이터 전송이 가능한 형태의 통신망이다.

객관식 문제

02 다음 중 정보 전송 방식에 대한 설명으로 옳지 않은 것은?
① 전송 모드는 병렬과 직렬 전송이 있다.
② 단방향 방식은 라디오나 TV 방송 등이 해당한다.
③ 정보의 전송 방식은 전송 방향, 전송 모드, 전송 동기에 따라 구분된다.
④ 전이중 방식은 동시 전송이 불가능한 무전기가 해당한다.

03 다음의 네트워크 구성에 대한 설명 중 스타형으로 옳은 것은?
① 한 통신 회선에 여러 대의 단말기가 접속되는 형태로 회선 길이에 제한이 있으며, 구조가 간단하며 단말기의 추가 및 제거가 쉽다.
② 컴퓨터와 단말기들을 서로 이웃하는 것끼리만 연결한 형태로 LAN에서 가장 많이 사용한다.
③ 모든 단말기와 단말기들을 통신 회선으로 연결한 형태로 노드의 연결성이 뛰어나므로 응답 시간이 빠르다.
④ 중앙에 컴퓨터와 단말기들이 1:1로 연결된 형태로, 네트워크 구성의 가장 기본적인 형태이다.

정답 01 망(Mesh)형 02 ④ 03 ④

POINT 15 | 인터넷 주소 체계

01 IP 주소(Address)

인터넷에 연결된 모든 컴퓨터에 부여되는 숫자로 된 고유 주소로, 수신처를 판단하기 위해 사용하는 컴퓨터의 주소를 일컫는다. 일반적인 IP 주소는 IPv4 방식을 말하고, 차세대 IP 주소 방식으로 IPv6가 있다.

● IP 주소의 종류와 형식

A 클래스는 255.0.0.0을, B 클래스는 255.255.0.0을, C 클래스는 255.255.255.0을 서브넷 마스크 값으로 사용한다. 호스트 부분이 24비트이므로 2^{24}이 되며, 호스트 비트가 전부 0이거나 1인 경우는 빼주므로 $2^{24}-2$가 된다.

종류	특징	IP 주소	호스트 수
A 클래스	국가나 대형 통신망	0~127	16,777,214개
B 클래스	중대형 통신망	128~191	65,534개
C 클래스	소규모 통신망	192~223	254개
D 클래스	IP 멀티캐스트용	224~239	
E 클래스	실험용	240~254	

🎯 기적의 TIP

서브넷 마스크(Subnet Mask)
네트워크를 서브넷(부분망)으로 나누면 IP 주소를 효과적으로 사용할 수 있다. 이러한 부분망을 식별하려면 IP 주소의 네트워크 ID 부분과 호스트 ID 부분을 구별해야 하는데, 그 역할을 서브넷 마스크가 수행한다.

● IPv4

10진수 숫자로 나타낸 인터넷 주소이며 점(.)으로 구분된 각 부분을 옥텟(Octet)이라고 한다. 하나의 옥텟은 8비트로 구성된다.

- 8비트씩 4개의 영역으로 구성되어 있으므로, 32비트 주소 체계이다(예 211.115.205.61).
- 각 자리는 0부터 255까지의 숫자를 사용한다.
- 네트워크에 접속할 수 있는 호스트 수와 사용 목적에 따라 5개의 클래스(A, B, C, D, E)로 나누며 네트워크 부분과 호스트 부분으로 구성된다.
- 인터넷에서는 주로 A, B, C 클래스가 사용되며 D 클래스는 멀티캐스트용, E 클래스는 실험용으로 사용된다.

● IPv6

IPv4를 개선한 차세대 IP 주소 체계로, 인터넷 IP 주소의 부족 현상을 해소하기 위해 개발한 주소이다.

- IPv4의 주소 공간을 4배 확장하여 128비트를 16비트씩 8개의 영역으로 구성되어 있고 16진수로 표시하며, 콜론(:)으로 구분한다.
  (예 2101:0320:abcd:ffff:0000:0000:ffff:1111)
- 실시간 흐름 제어로 향상된 멀티미디어 기능을 지원하며, 자료 전송 속도가 빠르다.
- 데이터 무결성 및 비밀 보장 등으로 보안에 좀 더 안전성을 가지게 되었다.
- 주소의 각 부분이 0으로 연속되는 경우 연속된 0은 '::'으로 생략할 수 있고, 주소의 한 부분이 0으로 연속된 경우 0을 ':'으로 표시한다.
- 유니캐스트, 멀티캐스트, 애니캐스트의 3가지 종류의 주소 체계로 분류된다.

02 URL(Uniform Resource Locator)

URL은 인터넷에서 정보의 위치를 알려주는 표준 주소 체계를 의미한다.

- **형식** : 프로토콜://서버의 호스트 주소[:포트 번호][/파일 경로]
- **포트 번호** : 일반적으로 컴퓨터나 통신 장비에서 다른 장치와 물리적으로 접속되는 부분을 포트라고 하며, 클라이언트-서버 네트워크 구조에서는 단말기에 접속하기 위한 논리적인 접속 위치를 의미한다. 즉, 인터넷을 사용할 때 클라이언트 프로그램은 서버의 프로그램이 지정하는 포트로 접속하게 되며, 포트에는 포트 번호라는 고유의 숫자가 부여되어 있기 때문에 이것을 사용하여 어떤 프로토콜에게 전달할지를 지정한다. HTTP는 80, FTP는 21, TELNET은 23, NEWS는 119, GOPHER는 70의 포트 번호를 사용한다.

- **프로토콜(Protocol)** : 컴퓨터와 단말기 또는 컴퓨터 간의 데이터 전송 및 정보 교환을 위해 필요한 여러 가지 통신 규칙과 방법에 대한 일련의 절차나 규범의 집합이다.

기적의 TIP

사물 인터넷
- IoT(Internet of Things)라고도 하며 개인 맞춤형 스마트 서비스를 지향한다.
- 사람과 사물 및 공간, 데이터 등을 이더넷(Ethernet)으로 서로 연결 시켜주는 무선통신기술을 의미한다.
- 스마트센싱 기술과 무선 통신 기술을 융합하여 실시간으로 데이터를 주고받는 기술이다.
- 기반 서비스는 개방형 아키텍처를 필요로 하기 때문에 정보 공유에 대한 부작용을 최소화하기 위한 정보 보안 기술의 적용이 중요하다.

03 도메인 네임

- 도메인 네임은 숫자 중심의 IP 주소를 사람들이 이해하기 쉬운 단어로 표현한 것이다.
- 영문자 A~Z, 숫자 0~9, 하이픈(-)의 조합으로 표현한다.
- 첫 글자는 영문으로 시작할 수 있으며 하이픈(-)으로 끝날 수 없다.
- 단어와 단어 사이는 점(.)으로 분리된다.
- 인터넷에 연결된 컴퓨터를 네 자리로 구분된 문자로 표현한다.
- 도메인 네임은 전 세계를 통틀어 중복되지 않는 고유한 주소이다.
- 자신이 속하는 영역(도메인)을 계층 구조로 나타내며 오른쪽 항목으로 갈수록 그룹의 규모가 커진다.
- **DNS(Domain Name System)** : 문자로 된 도메인 네임을 숫자로 된 IP 주소로 바꾸어 주는 시스템이다.
- 국내 도메인은 KRNIC에서 관리하지만 전 세계 IP 주소는 ICANN이 총괄해서 관리한다.

기적의 TIP

도메인 vs 도메인 네임
도메인은 도메인 네임을 이루는 요소로, 도메인 네임은 위치를 나타내기 위한 경로이다(⑩ youngjin.co.kr이 하나의 도메인 네임이면 youngjin, co, kr 각각은 도메인에 해당한다).

단답형 문제

01 인터넷상에 있는 모든 시스템은 인터넷 주소라고 불리는 고유의 IP 주소를 할당받는다. IP 주소는 4개의 필드로 구성되어 있으며, 이 4개의 필드는 마침표로 구분된 숫자로 표시된다. 이렇게 숫자로 부여된 IP 주소를 사용자가 알아보기 쉽도록 단어식으로 표현한 것을 (   )이라고 한다.

객관식 문제

02 다음 중 인터넷 주소 체계에서 IPv6에 대한 설명으로 옳지 않은 것은?
① 16비트씩 8부분으로 구성되며, 각 부분은 점(.)으로 구분한다.
② 각 부분은 4자리의 16진수로 표현하며, 앞 자리의 0은 생략할 수 있다.
③ IPv4에 비해 등급별, 서비스별로 패킷을 구분할 수 있어 품질 보장이 용이하다.
④ 유니캐스트, 애니캐스트, 멀티캐스트 형태의 유형으로 할당하기 때문에 할당된 주소의 낭비 요인을 줄이고 간단하게 결정할 수 있다.

03 다음 중 일반적으로 URL로 표시된 주소의 프로토콜과 기본 포트 번호가 관련이 없는 것은?
① [http://www.korcham.net] 포트 번호 : 80
② [ftp://ftp.korcham.net] 포트 번호 : 22
③ [telnet://home.chollian.net] 포트 번호 : 23
④ [gopher://gopher.ssu.org] 포트 번호 : 70

04 다음 중 인터넷 연결을 위하여 TCP/IP 프로토콜을 설정할 때 서브넷 마스크(Subnet Mask)의 역할에 관한 설명으로 옳은 것은?
① 도메인 명을 IP 주소로 변환해 주는 서버를 지정한다.
② 네트워크 ID 부분과 호스트 ID 부분을 구별해 준다.
③ 호스트와 연결 방식을 식별한다.
④ 연결된 사용자들의 IP를 식별한다.

정답 01 도메인 네임 02 ① 03 ② 04 ②

16 인터넷 프로토콜

01 프로토콜

● 프로토콜(Protocol)의 개요

데이터를 주고받으려면 미리 정해 놓은 공통된 매뉴얼에 따라 연락을 취해야 하는데, 이 매뉴얼을 프로토콜이라고 하며 현재 전 세계적으로 공통된 통신 프로토콜로 채택된 것이 TCP/IP이다.

● TCP/IP(Transmission Control Protocol/Internet Protocol)

TCP/IP는 인터넷의 기본적인 통신 프로토콜로서 인트라넷이나 엑스트라넷과 같은 사설망에서도 사용되며 TCP/IP의 상위 계층 프로토콜로 HTTP, Telnet, FTP, SMTP, SNMP 등이 있다.
- TCP : 통신 중에 패킷이 망의 오류로 인해 사라지거나 손상을 입거나 순서가 바뀌었을 때 바로잡아 주는 일을 수행한다.
- IP : 주로 인터넷 주소 지정에 대한 약속과 이 주소를 바탕으로 통신 상대방에게 자신의 메시지를 전송할 수 있는 경로 설정에 관련된 일을 수행한다.

● FTP(File Transfer Protocol)

FTP는 인터넷에 연결된 컴퓨터에 존재하는 파일을 송수신할 수 있는 프로토콜이다.
- 파일의 업로드와 다운로드 서비스를 제공하는 컴퓨터를 FTP 서버, 파일을 제공받은 컴퓨터를 FTP 클라이언트라고 한다.
- Anonymous FTP(익명 FTP)는 계정이 없는 사용자가 접근하여 사용할 수 있는 FTP 서비스이다.
  (예) 자신의 이메일 주소를 이용하여 파일 다운로드)
- FTP를 이용하여 다양한 형태의 파일을 받고자 할 때 서버의 주소, 파일 전송 방식, 전송 받을 파일의 이름이 필요하다. 전송할 파일이 응용 프로그램의 실행 파일이나 그림 파일이면 Binary Mode로, 텍스트 문서면 ASCII Mode로 한다.
- 한 개의 파일을 다운로드 받을 때는 get 명령어를, 여러 개의 파일을 다운로드 받을 때는 mget 명령어를, 하나의 파일을 Remote 시스템에 올릴 때는 put 명령어를 사용한다.

● HTTP(HyperText Transfer Protocol)

HTTP는 하나의 요청에 대해 하나의 응답을 반환하는 간단한 프로토콜이다.
- 인터넷에서 하이퍼텍스트 문서를 교환하기 위해 사용된다.
- 웹상에서 파일(텍스트, 이미지, 사운드, 비디오 등)을 주고받는 데 필요하며, 현재 인터넷을 사용한다는 것은 대부분 HTTP를 사용함을 의미한다.

02 기타 프로토콜

TELNET	먼 거리에 있는 컴퓨터를 자신의 컴퓨터처럼 사용할 수 있는 프로토콜
SMTP	전자우편을 송신하기 위한 프로토콜
POP	전자우편을 수신하기 위한 프로토콜
DHCP	클라이언트가 필요할 때만 자동으로 IP 주소를 할당받을 수 있게 해주는 프로토콜
ARP	어떤 호스트의 IP를 알고 있는 경우에 그 호스트의 IP를 물리적 주소로 변환하는 프로토콜
ICMP	• 받는 사람에게 전달되지 않는 등의 문제가 발생할 경우, 보내는 사람에게 사실을 알려주는 메시지를 보내는 프로토콜 • 호스트나 라우터의 오류 상태 통지 및 예상치 못한 상황에 대한 정보를 제공할 수 있게 하는 프로토콜
SNMP	• 망 구성, 성능, 장비 관리 프로토콜로 브리지와 라우터망 환경에 이상적임 • TCP/IP 기반이었으나, 독립적인 프로토콜로 발전함
XTP	광통신 기술의 발전에 따라 수백 Mbps에서 수 Gbps의 전송 속도를 가진 초고속 전송 프로토콜

03 OSI 7계층

서로 다른 종류의 정보처리시스템 간의 정보 교환과 데이터 처리를 위해 국제적으로 표준화된 망 구조이다.

7 – 응용 계층	• 응용 프로그램과 네트워크 간의 연결 제공 • 메일 및 파일 전송, 가상터미널, 웹 등 응용서비스를 제공하는 계층으로 통신 상태, 서비스 품질 사용자 인증 및 비밀을 고려하고 데이터 구문 제약을 정함
6 – 표현 계층	• 암호화, 데이터 압축 • 데이터 표현의 차이를 해결하기 위한 표현 형식을 변환하기 위해 암호화, 내용 압축, 형식변환 등의 기능을 제공(서로 다른 형식을 변환해주거나 공통 형식을 제공하는 계층)
5 – 세션 계층	• 응용 프로그램 사이의 작업 조정 • 응용 프로그램 계층 간 통신에 대한 제어구조를 제공하기 위해 응용 프로그램 계층 사이의 연결을 확립, 유지 및 단절시키는 수단을 제공(응용 프로그램 간의 작업 조정)
4 – 전송 계층	• 신뢰성 있는 데이터 전송 제공 • 종단 간에 신뢰성이 있는 데이터 전송을 제공하기 위해 종단 간 오류 복구와 흐름 제어, 다중화 기능을 담당하여 두 시스템 간의 신뢰성 있는 데이터 전송을 보장
3 – 네트워크 계층	• 데이터 전송을 위한 경로 배정 담당 • 상위 계층에 연결하는 데 필요한 데이터 전송과 교환 기능을 제공하고 경로 제어와 유통 제어를 수행(패킷이 정확한 수신자에게 보내지도록 경로를 올바르게 제어)
2 – 데이터 링크 계층	• 순서 제어, 오류 제어, 흐름 제어 • 물리적인 링크를 통하여 신뢰성 있는 정보를 전송하는 기능으로 동기화, 오류 제어, 흐름 제어 기능을 담당하며 망을 통해 데이터가 전송될 때 각 교환기와 교환기 사이의 전송로 역할을 함
1 – 물리 계층	• 물리적인 연결의 설정 및 유지 • 실제로 데이터를 전송하기 위해 전송 매체를 통해 비트 스트림을 전송하고, 실제 회선의 연결 확립, 유지 및 단절하기 위한 기계적, 전기적, 기능적, 절차적 특성 등을 정의

기적의 TIP

OSI 7계층 사용 장비 및 프로토콜
- 물리 계층 : 허브, 리피터 / RS-X, FDDI
- 데이터링크 계층 : 스위치, 랜카드, 브리지 / SLIP, PPP
- 네트워크 계층 : 라우터 / IPv4, IPv6
- 전송 계층 : 게이트웨이 / TCP, UDP

단답형 문제

01 호스트의 IP 주소를 호스트와 연결된 네트워크 접속 장치의 물리적 주소로 번역해 주는 프로토콜을 (   )라고 한다.

02 (   )는 TCP/IP 통신에서 클라이언트가 인터넷을 사용할 수 있도록 하기 위해 동적인 IP 주소를 할당받도록 해주는 프로토콜이다.

객관식 문제

03 다음 중 정보 통신과 관련하여 OSI 7계층 모델에서 Telnet, FTP, E-Mail 등의 프로토콜을 포함하는 계층으로 옳은 것은?
① 응용(Application) 계층
② 데이터 링크(Data Link) 계층
③ 물리(Physical) 계층
④ 트랜스포트(Transport) 계층

04 다음 중 인터넷 또는 네트워크와 관련된 서비스의 설명으로 옳지 않은 것은?
① FTP 서비스는 컴퓨터와 컴퓨터 또는 컴퓨터와 인터넷 사이에서 파일을 주고받을 수 있도록 하는 원격 파일 전송 프로토콜이다.
② SMTP 서비스는 사용자의 컴퓨터에서 작성한 메일을 다른 사람의 계정이 있는 곳으로 전송해 주며, POP3는 메일 서버에 도착한 E-Mail을 사용자 컴퓨터로 가져올 수 있도록 메일 서버에서 제공하는 프로토콜이다.
③ HTTP 서비스는 웹상에서 파일(텍스트, 그래픽/이미지, 사운드, 비디오 그리고 기타 멀티미디어 파일)을 주고받는 데 필요한 서비스로, 현재 인터넷을 사용한다는 것을 대부분 HTTP 서비스를 사용함을 의미한다.
④ SNMP 서비스는 네트워크 관리 및 네트워크 장치와 그들의 동작을 감시, 통제하는 서비스로 반드시 TCP/IP 네트워크에만 한정되어 사용된다.

정답 01 ARP 02 DHCP 03 ① 04 ④

POINT 17 | 인터넷 서비스

01 전자우편

◉ 전자우편

전자우편은 인터넷을 통해 실시간으로 텍스트, 이미지, 사운드, 동영상, 문서 파일을 전송할 수 있는 기능이다.
- 전자우편은 기본적으로 7비트의 ASCII 코드를 사용하여 전송한다.
- 전자우편은 동일한 메시지를 여러 사용자에게 보낼 수 있다.
- 전자우편은 메일 서버에 별도의 계정이 있어야 사용할 수 있다.
- 전자우편 주소는 '사용자 ID@호스트 주소'의 형식으로 이루어진다.

- User ID@domain-name
  - (예) youngjin@youngjin.co.kr
- User ID@IP-address
  - (예) youngjin@211.115.255.24

◉ 전자우편 구조

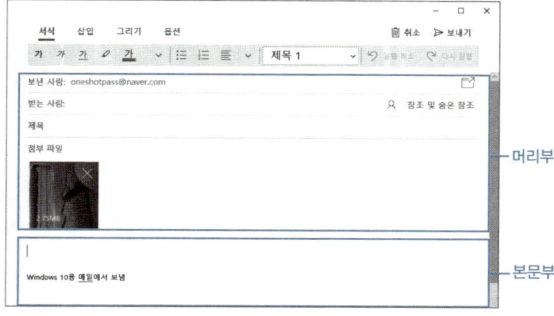

머리부 (Header)	• 받는 사람(To) : 메일을 수신할 사람의 주소를 지정할 때 • 참조(Cc) : 메일을 받는 사람뿐 아니라 동일한 내용을 여러 사람들이 참조 가능하도록 하려고 할 때 • 제목(Subject) : 메일의 제목을 지정할 때 • 첨부(Attach) : 메일에 파일 등을 첨부해 보낼 때
본문부 (Body)	• 본문 : 실제로 전송할 내용을 입력하는 영역 • 서명 : 보낸 사람의 서명이나 로고가 포함된 부분

◉ 전자우편 프로토콜

- **SMTP** : 전자우편 송신 담당 프로토콜이다.
- **POP3** : 메일 서버로부터 메일을 꺼내오는 인터넷 표준 프로토콜의 하나이다.
- **MIME** : 텍스트, 이미지, 오디오, 비디오 등의 멀티미디어 파일을 확인하고 실행하는 프로토콜이다.
- **IMAP** : 메일 서버의 메일을 관리하고, 읽어 오는 인터넷 표준 프로토콜의 하나이다.

◉ 전자우편 관련 용어

동보 메일	동일한 내용의 전자우편을 여러 사람에게 전송함
웹 메일	특별한 설정 없이 해당 웹 사이트에 사용자의 ID와 패스워드만 있으면 전자우편을 송수신할 수 있음
폭탄 메일	용량이 큰 전자우편을 전송하여 상대방 메일 서버의 효율성을 저하시킴
스팸 메일	수신자의 의사와는 무관하게 받는 불필요한 광고성 메일을 말하며, 정크 메일 혹은 벌크 메일이라고도 함
옵트인 메일	광고성 전자우편이라는 점에서는 스팸 메일과 같으나, 스팸 메일이 불특정 다수에게 보내는 불법 메일인데 비해, 이 메일은 광고성 이메일을 받기로 사전에 수락한 것

> **기적의 TIP**
>
> **전자우편이 반송되는 경우**
> - 수신자 메일 주소 형식이 틀린 경우
> - 해당 메일 서버에 문제가 있을 경우
> - 수신자의 메일 보관함이 가득 차 있을 경우

02 기타 인터넷 서비스

● 주요 인터넷 관련 용어

텔넷 (Telnet)	• 네트워크를 통해 원격으로 컴퓨터를 연결하며 인터넷을 통한 PC 통신 등에 활용될 수 있음(원격 접속) • 다른 컴퓨터에 접속하여 프로그램을 실행하거나 데이터 파일을 보고, 시스템 관리 등의 작업을 함
아키 (Archie)	Anonymous(익명) FTP 서버와 그 안의 파일 정보를 데이터베이스에 저장했다가 FTP 서버의 리스트와 파일을 제공할 때 사용됨
고퍼 (Gopher)	인터넷에 널려있는 수많은 정보들을 체계적으로 구조화하여 이를 메뉴 형태로 정리해 놓음으로써 사용자들이 메뉴를 쫓아가면서 정보에 접근할 때 사용됨
유즈넷 (Usenet)	공통의 관심사나 다양한 뉴스를 분야별로 그룹을 나누어 자신의 의견을 제시하거나 타인의 의견을 수렴할 수 있는 게시판으로 뉴스 그룹이라고도 하며 NNTP 프로토콜로 기사를 전송함
채팅 (IRC)	인터넷상에서 채팅을 할 수 있도록 지원하는 서비스로 어떤 주제에 관하여 실시간으로 다른 사람과 대화할 때 사용됨
웨이즈 (WAIS)	인터넷에 흩어져 있는 여러 곳의 데이터베이스로부터 데이터를 검색할 수 있으며 데이터베이스 목록을 관리하여 빠른 속도의 검색 환경을 제공함

● 기타 인터넷 관련 용어

유비쿼터스 (Ubiquitous)	• '편재하다'의 의미로 사용자가 컴퓨터나 네트워크를 의식하지 않고, 장소에 상관없이 자유롭게 네트워크에 접속할 수 있는 환경을 의미함 • 현실 세계의 기기나 사물과는 통합적이어야 하며, 컴퓨터는 물론 가전제품 등 다양한 기기가 네트워크에 접속되어야 함
블루투스 (Bluetooth)	• 근거리 무선 접속을 지원하는 대표적인 통신 기술로 노키아, 에릭슨, 인텔, 도시바 등 여러 회사가 추진하는 무선 랜용 프로토콜 • 전 세계적으로 사용할 수 있는 주파수 대역에서 송수신 가능한 마이크로 칩을 장착함
인트라넷 (Intranet)	• 기업 내부 업무 해결용 네트워크 환경으로, 회사 정보를 공유해 생산 효율성을 증대함 • 그룹 간 업무 및 화상 회의 등에 이용되며, 웹 브라우저로 사내 정보 검색이 가능함

단답형 문제

01 메일 서버에 도착한 E-Mail을 사용자의 컴퓨터로 다운로드하는 프로토콜은 ( )이다.

02 ( )은 네트워크를 통해 원격으로 컴퓨터를 연결하여 자신의 로컬 컴퓨터처럼 사용할 수 있도록 하는 서비스이다.

객관식 문제

03 다음 중 인터넷을 이용한 전자우편에 관한 설명으로 옳지 않은 것은?
① 보내기, 받기, 첨부, 전달, 답장 등의 기능이 있다.
② 전자우편 주소는 '사용자@호스트' 형식으로 표현한다.
③ 기본적으로 16비트의 유니코드를 사용하여 메시지를 전달한다.
④ SMTP, POP3, MIME 등의 프로토콜을 사용한다.

04 다음 보기 중 전자우편을 위한 프로토콜만으로 바르게 짝지어진 것은?

ⓐ SMTP	ⓑ POP3	ⓒ FTP
ⓓ MIME	ⓔ DNS	ⓕ IMAP

① ⓐ, ⓑ, ⓒ, ⓓ
② ⓐ, ⓑ, ⓓ, ⓕ
③ ⓑ, ⓒ, ⓓ, ⓔ
④ ⓒ, ⓓ, ⓔ, ⓕ

05 다음은 인터넷 서비스명과 설명을 짝지어 놓은 것이다. 바르게 연결되지 않은 것은?
① 텔넷 – 원격 컴퓨터에 접속하여 그 컴퓨터를 사용할 수 있게 하는 서비스
② 고퍼 – 인터넷상에서 채팅을 할 수 있게 하는 서비스
③ WAIS – 여러 곳에 흩어져 있는 방대한 데이터베이스로부터 정보를 검색할 수 있게 하는 서비스
④ 핑거 – 특정 시스템을 사용하고 있는 사용자의 정보를 알아보기 위한 서비스

정답 01 POP3 02 텔넷(Telnet) 03 ③ 04 ② 05 ②

엑스트라넷 (Extranet)	• 인트라넷을 외부의 사용자들에게 확대한 형태로 타 업체와 데이터를 공유함 • 기업 거래처뿐만 아니라 일반 고객과도 정보를 교류함
포털 사이트 (Portal Site)	• 사용자가 인터넷에 접속할 때 처음 나타나는 웹 페이지를 통상적으로 의미함 • 전자우편, 홈페이지, 채팅, 게시판, 쇼핑 등 종합 서비스를 제공함
미러 사이트 (Mirror Site)	전 세계 다른 사이트에 원본과 동일한 정보를 복사해두고 적절하게 네트워크를 분산 접속시켜 부하를 방지하는 것
메일링 리스트 (Mailing List)	특정 주제에 대한 정보 교환 및 토론을 위해 전자우편 형태로 운영되는 서비스
쿠키(Cookie)	웹 사이트의 방문 기록을 보관하여 사용자와 웹 사이트를 연결하는 역할을 함
캐싱 (Cashing)	자주 보는 사이트를 등록하여 해당 자료에 접근 시 등록해둔 자료를 빠르게 보여줌
블로그(Blog)	웹(Web) 로그(Log)의 줄임말로 네티즌들이 자신의 관심사에 따라 자유롭게 컬럼, 일기, 기사 등을 올릴수 있는 온라인 공간
로밍 서비스 (Roaming Service)	다른 국가 서비스 지역에서 통신을 가능하게 하는 것
핫 스왑 (Hot Swap)	전원을 끄지 않고 컴퓨터에 장착된 장비를 제거하거나 교환할 수 있는 기능
P2P	인터넷에서 개인 대 개인의 파일 공유 기술 및 행위를 말함
DMB	디지털 멀티미디어 방송으로 음성, 영상 등 다양한 멀티미디어 신호를 디지털 방식으로 변조하거나 휴대용 차량용 수신기에 제공함
그룹웨어	• 조직 내에서 정보 공유 및 실시간 커뮤니케이션을 원활히 하기 위한 시스템 • 메일, 전자 결재, 게시판, 문서 관리, 일정, 사내 메신저, 웹 하드 등을 포함한 서비스
RFID	• 무선 주파수(RF : Radio Frequency)를 이용하여 대상(물건, 사람 등)을 식별할 수 있는 기술 • 안테나와 칩으로 구성된 RF 태그의 정보를 RFID 리더로 인식함
WiBro	무선 광대역 인터넷, 무선 휴대 인터넷 서비스로, 휴대형 무선 단말기를 이용해 정지 및 이동 상태에서 인터넷에 접속하여 다양한 정보와 콘텐츠를 이용하는 서비스

● 모바일 기기 관련 용어

디바이스 (Device)	어떤 특정 목적을 위하여 구성한 기계적, 전기적, 전자적인 기기를 말하며, 스마트폰은 PDA와 휴대폰의 기능을 합친 모바일 디바이스라고 할 수 있음
태블릿 (Tablet) PC	평평한 판 위 임의의 위치를 입력 도구인 펜으로 접촉해 컴퓨터에 정보를 입력하는 휴대용 장치와 이를 가진 PC를 말함
테더링 (Tethering)	휴대폰 자체가 무선 모뎀 역할을 하는 것으로 인터넷 사용이 가능한 스마트폰 기기와 다른 기기를 연결하여 인터넷 사용이 가능하도록 하는 방법을 말함
핫스팟 (Hot Spot)	무선 랜 서비스 지역을 지칭하는 것으로, AP(무선 공유기) 주변의 통신이 가능한 구역을 핫스팟(Hot Spot)이라고 함
Wi-Fi (Wireless-Fidelity)	무선 접속 장치(AP : Access Point)가 설치된 곳에서 전파나 적외선 전송 방식을 이용하여 일정 거리 안에서 무선 인터넷을 할 수 있는 근거리 통신망을 칭하는 기술
VPN (Virtual Private Network)	가상사설망이라 불리며 인터넷망과 같은 공중망을 전용선 같은 사설망처럼 이용할 수 있도록 특수한 통신체계와 암호화 기법을 제공하는 서비스로 비용 부담을 줄일 수 있음
LTE(Long Term Evolution)	3세대 이동통신 기술의 장기적 진화를 의미하며, 다운로드 속도는 100Mbps 정도임. 3세대 이동통신 기술 중 WCDMA(광대역부호분할다중접속)망을 기반으로 하기 때문에 기존 네트워크망을 활용할 수 있어 여러 비용을 대폭 절감할 수 있음
VoLTE(Voice over LTE)	LTE망을 이용한 음성통화를 말하며 3세대(3G) 음성통화에 비해 주파수 대역이 넓어지고 음질이 향상되어 통화 품질이 우수함
m-VoIP	3세대(3G) 이동통신망을 이용한 모바일 인터넷전화서비스를 말함. 스카이프(Skype), 프링(Fring), 님버즈(Nimbuzz) 등이 제공하는 인터넷전화서비스용 프로그램을 단말기에 다운받아 사용하며, 저렴한 요금으로 음성통화를 할 수 있음
탭(Tap)/더블탭 (Double Tap)	PC의 클릭, 더블클릭의 의미로 화면의 어플리케이션을 손가락으로 한 번 터치하면 탭, 두 번 터치하면 더블탭이 됨

핀치(Pinch), 핀치인(Pinch In)/핀치아웃 (Pinch Out)	화면을 손가락으로 확대하거나 축소하는 기술을 말함. 두 손가락을 펼치면 확대(핀치아웃)되고 두 손가락을 오므리면 축소(핀치인)됨
푸시(Push)	이용자의 관심 목록을 자동적, 주기적으로 업데이트하여 잠금 화면에서도 최신 정보를 직접 밀어 넣어(Push) 알림 해주는 서비스
위치기반서비스 (LBS; Location Based Service)	이동통신망이나 위성항법장치(GPS) 등을 통해 위치 정보를 얻어 그것을 토대로 이용자에게 여러 가지 서비스를 제공하는 시스템을 말함
증강현실 (Augmented Reality)	현실세계에 가상물체를 겹쳐 보여주는 기술로 현실세계와 부가정보를 갖는 가상세계가 합쳐졌다 하여 혼합현실(MR : Mixed Reality)이라고도 함
QR코드 (Quick Response Code)	특수기호나 상형문자 같은 격자무늬의 2차원 코드로 스마트폰의 QR코드 리더 애플리케이션으로 읽어 들이면 여러 가지 정보를 제공받을 수 있음
NFC (Near Field Communication)	무선태그(RFID) 기술 중 하나로 10cm 이내의 가까운 거리에서 다양한 무선 데이터를 주고받는 (데이터 읽기 쓰기 가능) 비접촉식 통신 기술임. 13.56MHz의 주파수 대역을 사용함

● **무선 인터넷 플랫폼**

WAP(Wireless Application Protocol)	• 무선 장치들이 전자우편, 웹, 뉴스 그룹, IRC 등의 인터넷 액세스에 사용될 수 있는 방법을 표준화하기 위한 프로토콜들의 규격 • 무선 LAN을 구성하기 위해서 필요함 • 라우터 기능을 포함하며 방화벽, 스위치 기능을 가지고 있음 • WAP이 도달할 수 있는 거리는 안테나와 장애물의 영향을 받음 • 더 많은 사용자를 처리하기 위해 확장 포인트(Extension Points)가 추가될 수 있음
WIP(Wireless Internet Platform for Interoperability)	이동 통신 업체들 간 같은 플랫폼을 사용함으로써 국가적 낭비를 줄이는는 목적으로 추진된 한국형 무선 인터넷 플랫폼
WML(Wireless Markup Language)	무선 접속을 통해 휴대 전화, PDA 등 이동 단말기에 웹 페이지의 텍스트와 이미지 부분이 표시될 수 있도록 해주는 언어
WTP(Wireless Transaction Protocol)	무선 인터넷에서 트랜잭션 형태의 데이터 전송 기능을 제공하는 프로토콜

단답형 문제

01 인터넷상에서 특정 사이트로 동시에 많은 사용자들이 접속하는 것을 방지하기 위해 같은 내용을 복사해 놓은 사이트를 (   )라 한다.

02 (   )은 스마트폰을 모뎀처럼 활용하는 방법으로, 컴퓨터나 노트북 등의 IT 기기를 스마트폰에 연결하여 무선 인터넷을 사용할 수 있게 하는 기능이다.

객관식 문제

03 다음 중 용어에 대한 설명으로 옳지 않은 것은?
① Ubiquitous : 시간과 장소에 상관없이 자유롭게 네트워크에 접속할 수 있는 정보 통신 환경
② Wibro : 고정된 장소에서 초고속 인터넷을 이용할 수 있는 무선 휴대 인터넷 서비스
③ VoIP : 음성 데이터를 인터넷 프로토콜 데이터 패킷으로 변화하여 일반 데이터망에서 통화를 가능하게 해주는 통신 서비스 기술
④ RFID : 전파를 이용해 정보를 인식하는 기술로 출입 관리, 주차 관리에 주로 사용

04 다음 중 쿠키(Cookie)에 대한 설명으로 옳은 것은?
① 인터넷 사용 시 네트워크에 접속하기 위한 프로그램이다.
② 특정 웹 사이트 접속 시 반복적으로 사용되는 접속 정보를 가지고 있는 파일이다.
③ 웹 브라우저에서 기본으로 제공하지 않는 기능을 부가적으로 설치하여 구현되도록 한다.
④ 자주 사용하는 사이트의 자료를 저장한 후 다시 동일한 사이트 접속 시 자동으로 자료를 불러온다.

정답 **01** 미러 사이트(Mirror Site) **02** 테더링(Tethering)
03 ② **04** ②

POINT 18 웹 브라우저, 검색 엔진

01 웹 브라우저

● 웹 브라우저(Web Browser)의 개요

인터넷상에서 원하는 정보의 내용을 화면에 표시하기 위해 개발된 프로그램이다.

- 화면에 나타난 웹 페이지 소스(HTML, 자바스크립트)를 볼 수 있다.
- 웹 브라우저는 웹 문서, 멀티미디어 정보뿐만 아니라 FTP 서버, Gopher 서버 등에서 제공하는 문서도 검색할 수 있다.
- 개인 정보, 보안 정보를 관리할 수 있다.
- 홈페이지(기본 페이지)로 사용할 페이지의 변경, 쿠키 삭제, 열어본 페이지(방문 기록, 히스토리) 목록 지우기 등을 할 수 있다.
- 자주 찾는 사이트는 웹 브라우저에 따라 즐겨찾기(Favorites)나 북마크(Bookmarks)의 이름으로 특정 폴더에 저장된다.
- 웹 브라우저에는 크롬(Chrome), 인터넷 익스플로러, 마이크로소프트 엣지(Edge), 파이어폭스(Firefox) 등이 있다.

크롬	• 구글에서 개발한 웹 브라우저 • 구글 크롬은 크로미엄(Chromium)이라는 오픈 소스 웹 브라우저 프로젝트를 바탕으로 개발되고 있음
인터넷 익스플로러	• 마이크로소프트사에서 개발한 웹 브라우저 • Windows 운영체제에 기본 포함하여 널리 보급됨
마이크로 소프트 엣지	• 마이크로소프트사에서 개발한 웹 브라우저 • 인터넷 익스플로러를 대체하기 위해 개발 • 새로운 마이크로소프트 엣지(2020년 1월 15일 릴리스 버전)는 크롬과 마찬가지로 크로미엄 오픈 소스 웹 브라우저 기반으로 개발 • Windows 10 이상 버전에 기본 포함됨
파이어폭스	비영리 단체인 모질라(Mozilla)에 의해 만들어진 웹 브라우저
웨일	크로미움 기반으로 네이버에서 개발된 웹 브라우저

🏁 기적의 TIP

쿠키(Cookie)
- 특정 웹 사이트 접속 시 반복적으로 사용되는 접속 정보를 가지고 있는 파일이다.
- 웹 사이트에 접속했던 기록 및 사용자의 기본 설정에 대한 정보를 저장하고 있는 텍스트 파일이다.
- 인터넷 접속 시 매번 아이디와 비밀번호를 입력하지 않아도 자동으로 로그인되게 할 수 있다.

● 웹 브라우저의 바로 가기 키

바로 가기 키	내용
Ctrl + N	새 창 표시
Ctrl + F	찾기
Alt + ←	뒤로
Alt + →	앞으로
Alt + Home	홈페이지(기본 페이지)
Alt + D	주소 표시줄 편집 선택
F5	새로 고침
F11	전체 화면 표시

02 검색 엔진의 종류

주제별 (디렉터리형) 검색 엔진	정보를 주제별로 분류하여 제공함으로써 이용자들이 해당 분야의 세부 항목을 선택하여 정보를 얻는 방식 • 장점 : 정보를 검색하기 위한 특별한 검색어를 알기 힘들 때 최상위 분류 항목 정도로도 쉽게 하위 항목을 선택 가능함 • 단점 : 한 번 잘못된 항목을 선택하면 원하는 정보를 찾기 어려움
단어별 (키워드형) 검색 엔진	특정 단어 또는 검색어를 입력함으로써 원하는 정보를 찾는 방식 • 장점 : 사용자가 임의로 검색어를 지정하여 정보에 신속하게 접근할 수 있음 • 단점 : 검색어가 올바르지 못하면 자료를 찾기 어려움
메타 검색 엔진	자체 검색 엔진이 없이 다른 여러 검색 엔진을 통해 검색을 해서 결과를 보여주는 방식 • 장점 : 한 번의 검색어 입력으로 여러 검색 엔진을 이용할 수 있음 • 단점 : 여러 검색 엔진을 이용하기 때문에 검색 수행 속도가 느리며 검색을 의뢰한 곳의 성능에 따라 검색 속도 및 결과가 좌우됨

🏁 기적의 TIP

정보 검색 vs 검색 엔진
- **정보 검색** : 개인이나 조직이 의사 결정에 필요한 정보를 찾거나 특정 분야에 대한 정보를 수집하는 일련의 과정으로, 최소한의 비용과 시간을 투입해 최대한의 효과를 얻을 수 있는 서비스이다.
- **검색 엔진** : 인터넷상에 존재하는 무수히 많은 정보들 중에서 내가 필요한 정보만 찾을 수 있도록 도와주는 서비스이다.

🏁 기적의 TIP

클라우드 컴퓨팅
- **정의** : 클라우드라는 인터넷 서버에서 데이터 저장과 처리, 네트워크, 콘텐츠 사용 등 IT 관련 서비스를 한 번에 제공하는 기술이다.
- **장점** : 시스템 유지보수 비용 및 서버·소프트웨어 구매 비용, 인건비 등을 획기적으로 줄일 수 있고, 특히 자료가 외부에 저장되므로 손실을 방지할 수 있다.
- **단점** : 서버가 해킹을 당할 경우 개인정보 유출 우려가 있고, 서버 데이터 자체가 손상되면 복원하지 못할 수 있다.

단답형 문제

01 (　　) 검색 엔진은 자체 검색 엔진이 없이 다른 여러 검색 엔진을 통해 검색을 해서 결과를 보여주는 방식이다.

객관식 문제

02 다음 중 웹 브라우저에서 일반적으로 할 수 있는 작업으로 옳지 않은 것은?
① 홈페이지로 사용할 페이지의 변경, 쿠키의 삭제, 열어본 페이지 목록 지우기 등을 할 수 있다.
② 자주 방문하는 사이트를 기록해두는 기능을 가지고 있다.
③ 화면에 나타난 웹 페이지의 소스를 확인할 수 있다.
④ HTML 편집기, 이미지 편집기, 영상 편집기 같은 응용 앱을 시스템에 추가하고 제거할 수 있다.

03 다음 중 웹 브라우저를 이용하여 실행할 수 있는 기능에 대한 설명으로 옳지 않은 것은?
① 웹 페이지의 내용을 저장하거나 인쇄할 수 있다.
② 플러그인을 설치하여 비디오, 애니메이션과 같은 멀티미디어 파일을 재생할 수 있다.
③ HTML 및 XML 형태의 소스 파일을 볼 수 있다.
④ 원격의 컴퓨터에 접속하여 자신의 컴퓨터처럼 사용할 수 있다.
④ : 텔넷(TELNET : TELecommunication NETwork)에 대한 설명이다.

04 다음 중 인터넷 익스플로러처럼 인터넷을 사용하기 위한 웹 브라우저가 아닌 것은?
① 크롬(Chrome)
② 마이크로소프트 엣지(Microsoft Edge)
③ 파이어폭스(Firefox)
④ 안드로이드(Android)

정답 01 메타 02 ④ 03 ④ 04 ④

POINT 19 | 멀티미디어의 개념

01 멀티미디어 개요

> 다중, 여러 가지라는 멀티와 매체, 매개 수단이라는 미디어가 합쳐진 합성어이다.

◉ 멀티미디어의 정의

멀티미디어란 텍스트, 그래픽, 동영상, 사운드 등 여러 매체를 통합하여 디지털로 전달하는 것을 의미한다.

◉ 멀티미디어의 특징

- **디지털화** : 컴퓨터로 처리하기 위해 디지털 방식으로 변환한다.
- **쌍방향성** : 사용자가 시공간의 제약을 초월하여 서로 대화하는 것처럼 작업을 처리한다.
- **비선형성** : 일정한 방향성을 띠지 않고 사용자의 다양한 선택에 따라 처리한다.
- **통합성** : 텍스트, 그래픽, 동영상, 사운드 등 여러 매체를 통합하여 처리한다.

🚩 기적의 TIP

멀티미디어의 발전 배경
- 네트워크의 속도 증가
- 하드웨어의 비약적인 발전
- 멀티미디어 데이터의 압축률 증가

◉ 하이퍼텍스트와 하이퍼미디어

- **하이퍼텍스트(Hypertext)** : 문서와 문서가 연결되어 있는 것으로, 문서 안의 특정 글자를 클릭하면 그 글자와 연결된 문서로 이동한다.
- **하이퍼미디어(Hypermedia)** : 하이퍼텍스트 개념에 멀티미디어 개념을 첨가한 것으로, 텍스트뿐만 아니라 그래픽, 사운드, 동영상 등의 정보를 연결해 놓은 미디어 형식이며 여러 명의 사용자가 하나의 데이터에 서로 다른 경로를 통해 접근할 수 있다.

◉ 멀티미디어의 활용 분야

- **주문형 비디오(VOD)** : 각종 영상 정보를 저장해 두었다가 가입자의 요구에 따라 통신을 통해 가정에서 원하는 영상 정보를 볼 수 있도록 해 주는 서비스이다.
- **화상 회의 시스템(VCS)** : 멀리 떨어져 있는 회의 참석자와 TV를 통해 상대방을 보면서 회의하는 시스템이다.
- **원격 진료 시스템(PACS)** : 화상을 통하여 환자를 진료할 수 있는 시스템이다.
- **전화 비디오 서비스(VDT)** : 전화 다이얼로 영화, 텔레비전 프로그램 등 원하는 다양한 영상 정보를 선택하여 받아 볼 수 있게 하는 서비스이다.
- **키오스크(Kiosk)** : 상호 대화식 멀티미디어 응용 제품으로 지하철 안내, 쇼핑 안내, 도서관 안내 등에 사용되는 각종 안내 시스템이다.
- **교육(CAI)** : 컴퓨터를 활용하여 여러 사람들을 동시에 교육할 수 있는 자동 교육 시스템 서비스이다.

02 멀티미디어 시스템

> 멀티미디어 데이터들을 이용하며 멀티미디어 콘텐츠를 만들기 위해 필요한 하드웨어와 소프트웨어로 구성되어 있다.

◉ 멀티미디어 하드웨어 - 동영상 관련 보드

- **TV 수신 카드** : 컴퓨터에서 TV를 시청하기 위한 장치이다.
- **MPEG 보드** : MPEG 파일을 빠른 속도로 복원해 주는 장치이다.
- **비디오 캡처 보드** : 동영상 데이터를 디지털 신호로 변환하여 저장하는 장치이다.
- **비디오 오버레이 보드** : TV나 비디오를 컴퓨터 작업과 동시에 볼 수 있도록 합성하는 장치이다.

● 멀티미디어 소프트웨어의 용어

스트리밍 (Streaming)	동영상 파일 및 음악 파일을 다운로드하면서 동시에 재생할 수 있는 기술로, 클라이언트의 데이터 수신 속도가 빠르면 여분의 데이터를 버퍼에 저장하여 스트리밍하게 되지만, 반대로 데이터 수신 속도가 느리면 데이터의 표현이 매끄럽지 않게 됨
플래시 (Flash)	스트리밍 방식을 지원하며 홈페이지나 배너 광고 등을 제작할 때 사용하며, 그래픽, 사운드 등의 멀티미디어 요소를 넣어 역동적인 표현을 할 수 있음. 완성된 파일의 확장자는 .swf임
Direct X	Microsoft사가 개발한 응용 프로그램 인터페이스로 Windows상에서 실행되는 게임 등과 같은 멀티미디어 응용 프로그램에서 그래픽 이미지와 멀티미디어 효과를 만들고 관리하는 데 사용함

기적의 TIP

스트리밍을 지원하는 프로그램
스트림웍스, 리얼 오디오, 비디오 라이브, 곰플레이어 등이 있다.

● 그래픽 기법

디더링 (Dithering)	제한된 색상을 사용해야 할 경우 팔레트를 사용하는 것과 같이 제한된 색상들을 섞어서 다양한 색상을 만들어 내는 작업
인터레이싱 (Interlacing)	그림 파일을 표시할 때 이미지의 대략적인 모습을 먼저 보여준 후 점차 자세한 모습을 보여주는 작업
렌더링 (Rendering)	3차원 컴퓨터 그래픽에서 화면에 표시되는 3차원 물체의 각 면에 색깔이나 음영 효과를 넣어 화상의 입체감과 사실감을 나타내는 작업
메조틴트 (Mezzotint)	이미지에 많은 점을 찍은 듯한 효과를 나타내는 작업
모핑 (Morphing)	2개의 이미지를 부드럽게 연결하여 변환하거나 통합하는 방법
안티앨리어싱 (Anti-Aliasing)	이미지의 가장 자리가 톱니 모양으로 표현되는 계단 현상을 없애기 위하여 경계선을 부드럽게 해주는 필터링 방법
필터링 (Filtering)	작성된 그림을 필터 기능을 이용하여 다양한 형태의 이미지로 바꿔주는 작업
모델링 (Modeling)	렌더링 작업을 시작하기 전에 실행되는 작업

단답형 문제

01 (　　) 기술은 네트워크를 통해 대용량의 멀티미디어 데이터 파일을 다운받을 때 사용자가 전체 파일을 다운받을 때까지 기다릴 필요 없이 전송되는 대로 재생시키는 기술이다.

02 컴퓨터 그래픽에서 화면의 해상도가 낮아 사선이나 곡선이 매끄럽게 표시되지 않고 톱니와 같이 거칠게 표시되는데 이러한 거친 느낌을 감소시키는 그래픽 기법은 (　　)이다.

객관식 문제

03 다음 중 컴퓨터에서 사용하는 멀티미디어의 특징에 관한 설명으로 옳지 않은 것은?
① 다양한 아날로그 데이터를 디지털 데이터로 변화하여 통합 처리하는 디지털화의 특징이 있다.
② 정보 제공자와 사용자 간의 의견을 통한 상호 작용에 의해 데이터가 전달되는 쌍방향성의 특징이 있다.
③ 데이터가 사용자의 선택에 따라 다양하게 처리되는 것이 아니라 일정한 방향으로 순차적으로 처리되는 선형성의 특징이 있다.
④ 텍스트, 그래픽, 사운드, 동영상, 애니메이션 등의 여러 미디어를 통합하는 정보의 통합성 특징이 있다.

04 다음 중 멀티미디어에서 사용되는 그래픽 기법에 관한 설명으로 옳지 않은 것은?
① 렌더링(Rendering)은 3차원 애니메이션을 만드는 작업의 일부이다.
② 모핑(Morphing)은 두 개의 이미지를 부드럽게 연결하여 변화하거나 통합하는 작업이다.
③ 앨리어싱(Aliasing)은 이미지 표현에 계단 현상을 제거하는 작업이다.
④ 디더링(Dithering)은 제한된 색상을 조합하여 새로운 색을 만드는 작업이다.

정답 01 스트리밍(Streaming)
02 안티앨리어싱(Anti-Aliasing) 03 ③ 04 ③

POINT 20 | 멀티미디어 데이터

01 그래픽 데이터

◉ 그래픽 데이터의 표현 방식

비트맵 (Bitmap)	• 점의 최소 단위(Pixel)로 이미지를 표현하는 방식 • 이미지 확대 시 계단 모양(Alias)처럼 층이 나면서 테두리가 거칠게 표현되는 현상이 발생함 • 파일 확장자 : BMP, PCX, PNG, GIF, JPG, TIF 등(대표 프로그램 : 포토샵)
벡터 (Vector)	• 점과 점을 연결하는 직선이나 곡선을 이용하여 이미지를 표현하는 방식 • 이미지 확대 및 축소 시 화질에 손상이 없음 • 파일 확장자 : CDR, CGM, DRW, WMF 등(대표 프로그램 : 일러스트레이터)

◉ 그래픽 파일 형식

BMP	Windows 운영체제의 표준 이미지 형식으로 압축하지 않고 저장하므로 파일의 크기가 큼
JPEG(JPG)	• 정지 영상 압축 기술에 대한 국제 표준으로 인터넷상에서 파일의 크기를 적게 하여 전송 시간을 줄일 수 있음 • 무손실 압축 방식과 손실 압축 방식으로 분류되며 주로 손실 압축 방식이 사용됨
GIF	여러 장의 이미지를 합쳐서 움직이는 영상의 애니메이션 효과가 가능하며 최대 256가지 색상까지 표현할 수 있음
PNG	JPEG와 GIF의 장점을 가진 선명한 그래픽(트루컬러)으로 GIF보다 다양한 투명색 지정이 가능
TIFF	흑백 또는 그레이 스케일의 이미지에서 널리 사용되는 표준 파일 포맷이며 응용 프로그램 간 그래픽 데이터 교환을 목적으로 개발되었음

◉ 그래픽 데이터 파일 크기 산출법

• 압축이 없는 경우 : 가로 픽셀 수 × 세로 픽셀 수 × 픽셀당 저장 용량(바이트)
• 압축이 있는 경우 : (가로 픽셀 수 × 세로 픽셀 수 × 픽셀당 저장 용량(바이트)) / 압축 비율

🏁 기적의 TIP

Pixel당 표현되는 색상 수 계산

사용 비트 수 : n, 색상 수 : 2^n

색상 수가 4면 사용 비트 수는 2^2이므로 사용 비트 수는 2가 되고, 색상 수가 256이면 2^8이므로 사용 비트 수는 8이 된다(8비트=1바이트).

02 오디오 데이터

◉ 오디오 파일 형식

WAVE	• 재생 장치와 관계없이 같은 소리를 내며 음성 표현이 가능함 • 음성이나 효과음을 저장할 수 있어 재생은 빠르지만 용량이 매우 큼
MIDI	• 컴퓨터 사이에서 음정과 같은 연주 정보를 교환하기 위한 데이터 전송 규격 • 재생 장치에 따라 음의 품질이 결정되며 음성 표현이 불가능함 • 음의 정보를 저장하기 때문에 용량이 매우 작음
MP3	• 음반 CD에 가까운 음질을 유지함 • MPEG에서 규정한 오디오 압축 방법을 따름

◉ 오디오 저장에 필요한 디스크 공간 크기 산출법

표본 추출률(Hz) × 샘플 크기(비트) / 8 × 재생 방식 × 지속 시간(s)

※ 재생 방식 : 모노는 1, 스테레오는 2이다.

03 비디오 데이터

● 비디오 파일 형식

MPEG	• 동영상 전문가 그룹에서 제정한 동영상 압축 기술의 국제 표준 규격으로 손실 압축 기법을 사용함 • 동영상과 음향을 모두 압축하는 방식
DVI	• 컴퓨터 동영상 전송을 목적으로, 각 픽셀에 대한 좌표와 RGB 신호 값을 부호화해서 전송함 • 하드웨어적인 동영상 압축 기술(최대 144 : 1 정도로 재생 속도가 느리고 호환성이 없음
AVI	• 마이크로소프트사에서 개발한 오디오 및 비디오 파일 포맷으로 PC에서 동영상을 재생함 • 대부분의 CD-ROM 타이틀에서 사용하는 Windows의 표준 동영상 파일 형식
MOV	애플사가 개발한 동영상 압축 형식으로 Quick Time에서 사용하는 파일 포맷이며 매킨토시와 Windows 환경 모두 사용 가능함
DivX	MPEG-4와 MP3을 재조합한 것으로 비표준 동영상 파일 형식이지만 수백 메가에서 기가대의 영화를 압축한 DVD 수준의 고화질 파일을 담을 수 있음
ASF	MS사에서 제안한 스트림 포맷으로 인터넷을 통해 오디오, 비디오 등을 지원하는 통합 멀티미디어 형식

● 비디오 데이터 파일 크기 산출법

해상도(가로 픽셀 수 × 세로 픽셀 수) × 픽셀당 저장 용량(바이트) × 초당 프레임 수

● MPEG 규격

MPEG-1	CD와 같은 디지털 저장 매체에 VHS(비디오 테이프) 수준의 동영상과 음향을 최대 1.5Mbps로 압축 및 저장할 수 있음
MPEG-2	ISO 13818로 규격화된 영상 압축 기술로 디지털 TV 방송에 필요한 고화질 영상 압축의 표준임
MPEG-4	방송, 인터넷, 영화, 이동통신, 게임 등에 필요한 모든 종류의 멀티미디어 데이터를 객체별로 부호화하는 표준으로 컴퓨터의 대화형 기능과 통신의 전송 기능을 동시에 수용할 수 있음
MPEG-7	동영상 데이터 검색 등 멀티미디어 정보 검색이 가능하도록 멀티미디어 정보에 대해 설명하는 메타 데이터를 붙여 넣은 것
MPEG-21	디지털 콘텐츠의 제작, 유통, 보안 등 전 과정을 관리

단답형 문제

01 (　　) 이미지는 크기를 확대하여도 화질에 손상이 없으며, 점과 점을 연결하는 직선이나 곡선을 이용하여 이미지를 구성한다.

02 (　　)는 디지털 TV를 만들 목적으로 개발한 영상 압축 기술로 대용량의 영상 및 음성 데이터를 압축하여 CD-ROM에 담을 수 있으며, 압축률은 최고 144 : 1 정도로 딜리버리 보드와 캡처보드로 구성된다.

객관식 문제

03 다음 중 그래픽 데이터의 벡터 방식에 대한 설명으로 옳지 않은 것은?
① 그래픽의 확대/축소 시 계단 현상이 발생하지 않지만, 고해상도 표현에는 적합하지 않다.
② 점과 점을 연결하는 직선이나 곡선을 이용하여 이미지를 표현하므로 이미지를 확대하여도 테두리가 매끄럽게 표현된다.
③ 벡터 방식은 수학적 개념이 포함되므로 비트맵 방식과 비교하여 기억 공간을 많이 차지한다.
④ 벡터 파일 형식으로는 WMF, AI, CDR 등이 있다.

04 다음 중 MPEG(Moving Picture Experts Group)에 대한 설명으로 가장 옳지 못한 것은?
① MPEG는 시간에 따라 연속적으로 변화하는 동영상 압축에 관하여 연구하는 그룹의 이름이다.
② MPEG 종류는 MPEG-1, MPEG-2, MPEG-4, MPEG-7, MPEG-21 등이 있다.
③ MPEG는 손실/무손실 압축 기법 중 무손실 압축 기법을 주로 사용한다.
④ MPEG에서는 정지 영상 압축 기술인 JPEG 기술을 사용한다.

정답 **01** 벡터(Vector) **02** DVI **03** ③ **04** ③

POINT 21 정보 보안과 보안 기법

01 컴퓨터 범죄

● 데이터 침입의 형태

가로막기	시스템의 일부를 파괴하여 정보의 전달(정보의 흐름)을 가로막는 행위
가로채기	전송한 자료가 수신지로 가는 도중에 몰래 보거나 도청하는 행위
변조(수정)	인가 받지 않은 자가 시스템 자원에 접근하여 자료를 다른 내용으로 바꾸는 행위
위조	인가 받지 않은 자가 시스템에 틀린 정보를 정확한 정보인 것처럼 속여 기록하는 행위
워 드라이빙	차량으로 이동하면서 타인의 무선 구내 정보 통신망에 무단으로 접속하는 행위

● 보안 위협의 구체적인 형태

해킹	고의로 다른 컴퓨터 시스템에 침투하여 자료를 파괴 또는 변조하거나 불법적으로 자료를 가져가는 행위
트로이 목마	정상적인 프로그램에 숨어 있다가 해당 프로그램이 동작할 때 활성화되어 잘못된 동작을 유도하거나 정보를 유출시키는 행위
분산 서비스 거부 공격 (DDoS)	여러 대의 장비를 이용하여 특정 서버에 대량의 데이터를 집중적으로 전송함으로써 서버의 정상적인 동작을 방해하는 행위
백 도어 (트랩 도어)	정상적인 절차를 밟지 않고 시스템에 침입할 수 있는 경로로 해커의 침입 경로로도 사용됨
스푸핑 (Spoofing)	검증된 사람이 네트워크를 통해 데이터를 보낸 것처럼 데이터를 변조하여 접속을 시도하는 행위
스니핑 (Sniffing)	사용자가 전송하는 데이터를 훔쳐보는 것으로 네트워크의 패킷을 엿보면서 계정과 패스워드를 알아내는 행위
피싱 (Phishing)	거짓 메일을 보내서 가짜 금융기관 등의 가짜 웹 사이트로 유인하여 정보를 빼내는 행위
키로거 (Key Logger)	키 입력 캐치 프로그램을 사용하여 ID나 암호를 알아내는 행위

02 정보 보안

● 보안 요건

인증	정보를 보내오는 사람의 신원을 확인함
접근 제어	시스템의 자원 이용에 대한 불법적인 접근을 방지 및 통제함
침입 탐지	시스템의 보안을 위협하는 침입 행위가 발생하면 이를 탐지함
기밀성	정보의 불법적인 공개로부터 정보를 보호함 (인가 받은 당사자만 읽을 수 있도록)
무결성	정보 전달 도중에 정보가 훼손되지 않았는지 확인함(인가 받은 당사자만 수정 가능하도록)
부인 방지 (봉쇄)	메시지를 송수신하거나 교환한 후 해당 사실을 나중에 증명함으로써 메시지의 송수신에 대한 사실의 부인을 방지함

이메일을 받았을 때 수신자 이외의 사람들이 접근하여 메일을 읽을 수 없도록 기밀을 유지해야 한다.

이메일을 받고서도 받지 않았다고 부인하는 것을 방지할 수 있다.

● 방화벽(Firewall)

방화벽은 보안이 필요한 네트워크의 통로를 단일화하여 이 출입구를 보안 관리하며, 외부로부터의 불법적인 접근을 상당 부분 막을 수 있는 시스템이다.

- 외부로부터의 불법적인 접근은 봉쇄하지만, 내부에서 일어나는 해킹을 막을 수는 없다.
- 외부로부터 스팸 공격이 들어오면 방화벽에서 차단하여 방화벽 안쪽의 시스템을 보호한다.

● 프록시 서버(Proxy Server)

프록시 서버는 컴퓨터 시스템에 침입 차단 시스템을 설치하는 경우 외부와 연결하여 통신을 하도록 만들어 놓은 서버이다.

- PC 사용자와 인터넷 사이에서 중개자 역할을 하는 대리 서버로서 보안이나 관리적 차원의 규제, 캐시 서비스 등을 제공한다.
- HTTP, FTP, Gopher 프로토콜 등을 지원한다.
- 사용자가 방문했던 내용을 담고 있는 캐시 서버로서 방화벽의 기능까지 지원한다.

03 저작권 보호

◉ 저작권법

공표권	저작물을 공연·방송 또는 전시 그 밖의 방법을 이용하여 일반 공중에게 발표할 것인지 말 것인지를 결정할 권리
배포권	원작품 또는 복제물을 일반 공중에게 대가를 받거나 또는 받지 않고 양도하거나 대여할 수 있는 권리
전송권	저작물을 무선 또는 유선 통신의 방법을 이용하여 송신하거나 이용할 수 있도록 제공할 수 있는 권리
복제	사진, 인쇄, 복사, 녹음, 녹화 등 그 밖의 방법을 이용하여 유형물로 다시 제작하는 행위
발행	저작물을 일반 공중의 수요를 위하여 복제, 배포하는 행위

- 저작자는 저작인격권(공표권, 성명표시권 등)과 저작재산권(복제권, 공연권 등)을 가진다.
- 법인 등의 명의로 공표되는 업무상 저작물의 저작자는 계약 또는 근무 규칙 등에 다른 정함이 없는 때에는 그 법인 등이 된다. 다만, 컴퓨터프로그램 저작물의 경우 공표될 것을 요하지 아니한다.
- 저작권은 저작물을 창작한 때부터 발생하며 어떠한 절차나 형식의 이행을 필요로 하지 아니한다.

◉ 저작권의 보호 기간

- 저작재산권은 특별한 규정이 있는 경우를 제외하고는 저작자가 생존하는 동안과 사망한 후 70년간 존속한다.
- 공동저작물의 저작재산권은 맨 마지막으로 사망한 저작자가 사망한 후 70년간 존속한다.
- 보호기간을 산정할 때 초년을 포함시키지 않는다(다음해 1월 1일부터 산정).

◉ 보호받지 못하는 저작물

- 헌법·법률·조약·명령·조례 및 규칙
- 국가 또는 지방자치단체의 고시·공고·훈령 그 밖에 이와 유사한 것
- 법원의 판결·결정·명령 및 심판이나 행정심판절차 그 밖에 이와 유사한 절차에 의한 의결·결정 등
- 국가 또는 지방자치단체가 작성한 것으로서 상기 규정된 것의 편집물 또는 번역물
- 사실의 전달에 불과한 시사보도
- 프로그램 작성을 위해 사용되는 프로그램 언어, 규약 및 해법

단답형 문제

01 시스템에 방화벽이 있는 경우 외부와의 통신을 위해 만들어 놓은 것으로, 방화벽 안쪽에 있는 서버들의 외부 연결은 이것을 통하여 이루어지며 연결 속도를 올리기 위해서 다른 서버로부터 목록을 캐시하는 시스템은 (　　　)이다.

02 방화벽은 외부로부터의 불법적인 침입을 차단하고 내부의 해킹을 완전하게 막을 수 있다. (o, ×)

03 부인 방지는 송신자의 송신 여부와 수신자의 수신 여부를 확인하는 기능으로 송·수신자가 송수신 사실을 부정하지 못하도록 하는 보안 기능이다. (o, ×)

객관식 문제

04 다음 중 데이터 보안 침해 형태 중 위협 보안 요건으로 옳은 것은?
① 가로막기(Interruption) : 정보의 기밀성(Secrecy) 저해
② 가로채기(Interception) : 정보의 무결성(Integrity) 저해
③ 변조/수정(Modification) : 정보의 무결성(Integrity) 저해
④ 위조(Fabrication) : 정보의 가용성(Availability) 저해

05 다음 중 정보 보안의 기밀성을 침해하는 것으로 옳은 것은?
① 스푸핑(Spoofing)
② 스니핑(Sniffing)
③ 백도어(Back Door)
④ 웜(Worm)

정답 01 프록시 서버(Proxy Server) 02 × 03 o
04 ③ 05 ②

◉ 저작재산권의 제한

- 재판절차를 위하여 필요한 경우이거나 입법·행정의 목적을 위한 내부 자료로서 필요한 경우에는 그 한도 안에서 저작물을 복제할 수 있다.
- 공개적으로 행한 정치적 연설 및 법정·국회 또는 지방의회에서 공개적으로 행한 진술은 어떠한 방법으로도 이용할 수 있다.
- 고등학교 및 이에 준하는 학교 이하의 학교의 교육 목적상 필요한 교과용 도서에는 공표된 저작물을 게재할 수 있다.

04 개인정보 보호

◉ 개인정보

- 일반적으로 특정 개인을 식별하거나 식별할 수 있는 정보를 말한다.
- 성명, 주민등록번호 및 영상 등을 통하여 개인을 알아볼 수 있는 정보를 말한다.
- 식별 정보가 부족하더라도 다른 정보와 결부시켜 식별할 수 있는 것까지 포함한다.
- 개인에 대한 타인의 의견, 평가, 견해 등 제3자에 의해 생성된 간접적인 정보(예 신용평가 정보 등)도 해당될 수 있다.

◉ 개인정보 침해 유형

수집	이용자 동의 없이 과도하고 민감한 개인 정보 수집
저장 및 관리	개인정보에 대한 기술적, 관리적 조치 미비
이용 및 제공	• 이용자에게 고지하고 명시한 목적 범위를 벗어난 개인정보의 이용 • 동의 없이 제3자에게 개인정보 제공, 부당한 개인정보 공유(계열사, 자회사, 패밀리사이트 등) • 개인정보 매매, 개인정보 이용 동의를 구하지 않거나 회원탈퇴 요구에 불응
파기	정당한 이유 없이 개인정보를 보유하거나 파기하지 않는 경우

◉ 개인정보 보호의 의미

- 정보주체의 동의에 의해 정보가 이용되고 제공되도록 개인정보에 대한 결정권을 보장하는 것이라 할 수 있다.
- 정보화 사회의 필수적인 요소로 기능하기 때문에 보호되어야 한다.
- 악의적인 목적으로 정보가 유출되거나 이용될 경우 개인의 안전과 재산에 피해를 끼칠 수 있기 때문이다.

◉ 법에서의 개인정보 정의

- 개인정보보호법

> "개인정보"란 살아 있는 개인에 관한 정보로서 성명, 주민등록번호 및 영상 등을 통하여 개인을 알아볼 수 있는 정보, 해당 정보만으로는 특정 개인을 알아볼 수 없더라도 다른 정보와 쉽게 결합하여 알아볼 수 있는 정보, 가명 정보를 말한다.
> —제2조—

- 위치정보의 보호 및 이용 등에 관한 법률

> "위치정보"라 함은 이동성이 있는 물건 또는 개인이 특정한 시간에 존재하거나 존재하였던 장소에 관한 정보로서 전기통신 사업법 제2조 제2호 및 제3호에 따른 전기통신 설비 및 전기통신 회선설비를 이용하여 측위(測位)된 것을 말한다.
> —제2조—

◉ 개인정보 보호의 실제

정보통신망을 통해 개인정보에 불법적으로 접근하는 행위를 방지하기 위해서 침입차단시스템·침입탐지시스템 등 접근 통제장치를 설치하여야 한다.

- 접근 통제장치 구비 : 정보통신망을 통한 불법적인 접근을 차단 통제하는 시스템이다.

침입차단 시스템	• 일반적으로 방화벽(Firewall)이라 부름 • 접속 권한을 IP 주소 등으로 제한하여 인가받지 않은 접근을 차단 제한하는 시스템
침입탐지 시스템	• 사업자의 개인정보처리시스템에 접속한 IP, 트래픽 등을 재분석 • 불법적인 정보 유출 시도가 있었는지 탐지하는 시스템
침입방지 시스템, 기타	• 침입방지시스템(IPS; Intrusion Prevention System)을 통해 침입차단시스템과 침입탐지시스템이 동시에 구현됨 • 보안 운영체제(Secure OS) 등도 널리 이용됨

- 개인정보 보호를 위한 실천 방안

  - 개인정보처리방침 및 이용약관 꼼꼼히 살피기
  - 비밀번호는 문자와 숫자로 8자리 이상, 비밀번호는 주기적으로 변경하기
  - 백신 프로그램, 윈도우즈 보안패치 최신으로 유지하기
  - 회원가입은 주민번호 대신 I-PIN 사용하기
  - 명의도용확인 서비스 이용하여 가입 정보 확인하기
  - 개인정보는 친구에게도 알려주지 않기
  - P2P 공유폴더에 개인 정보 저장하지 않기
  - 금융거래는 PC방에서 이용하지 않기
  - 출처가 불명확한 자료는 다운로드하지 않기
  - 개인정보 침해신고 적극 활용하기

05 암호화 기법

◉ 비밀키(대칭키) 암호화 기법

- 암호화와 복호화 속도가 빠르며, 단일키 기법이므로 알고리즘이 단순하다.
- 암호화키와 복호화키가 같다.
- 사용자가 증가하면 관리할 키의 수가 상대적으로 많아진다.
- 송수신 측이 미리 약속된 키로 암호화 및 복호화를 하는 방식이다.
- 암호화해도 전송할 데이터의 용량이 늘지 않는다.
- 대표적 알고리즘 : DES

◉ 공개키(비대칭키) 암호화 기법

- 암호화와 복호화 속도가 느리며, 알고리즘이 복잡하다.
- 암호화키와 복호화키가 서로 다르다.
- 키의 분배가 용이하고 관리할 키의 수가 작다.
- 암호화키는 공개하고, 복호화키는 비밀로 하는 방식이다.
- 대표적 알고리즘 : RSA

단답형 문제

01 타인(제3자)이 개인에 대해 평가한 간접 정보는 개인정보라 할 수 없기 때문에 보호받기 힘들다. (○, ×)

02 침입차단시스템과 침입탐지시스템이 동시에 구현된 시스템으로 방화벽 역할과 접속 정보 분석 및 탐지활동을 하는 것을 (　　　)라 부른다.

03 공개키 암호화 기법에서는 암호화할 때 사용하는 키는 비밀로 하고, 복호화할 때 사용하는 키는 공개하는 방식을 사용하여, 키의 분배가 용이하고 관리해야 하는 키의 개수가 작다는 장점을 가진다. (○, ×)

객관식 문제

04 다음 중 비밀키 암호화 기법에 해당되지 않는 것은?
① 사용자의 증가에 따라 관리해야 하는 키의 수가 상대적으로 많아진다.
② 대표적으로 DES(Data Encryption Standard)가 있다.
③ 암호화와 복호화의 속도가 빠르다.
④ 이중키 방식이므로 알고리즘이 복잡하다.

05 다음 중 보안 기법에 대한 설명으로 옳지 않은 것은?
① 사용자 인증은 사용자를 식별하고 정상적인 사용자인지 검증함으로써 허가되지 않은 사용자의 접근을 차단하는 방법이다.
② 방화벽 보안 시스템은 외부로부터 들어오는 불법적 해킹은 차단나 내부의 불법적 해킹은 차단하지 못한다.
③ 암호화 방법은 동일한 키로 데이터를 암호화하고 복호화하는 공개키 암호화 기법과 서로 다른 키로 데이터를 암호화하고 복호화하는 비밀키 암호화 기법이 있다.
④ 전자우편에서 사용되는 대표적인 보안 방법은 PGP와 PEM이다.

정답 01 × 02 침입방지시스템(IPS) 03 × 04 ④ 05 ③

06 보안 프로토콜

◉ 전자우편 보안

PEM (Privacy Enhanced Mail)	• 전자우편 전송 과정에서 탈취, 변조, 위조의 가능성이 있으므로 내용을 암호화하여 제3자가 알아볼 수 없게 함 • 특정한 키가 있어야 내용을 확인할 수 있음 • 비밀키/공개키 암호 방식으로 인증, 무결성, 부인 방지 등을 제공함
PGP (Pretty Good Prvacy)	• 전자우편을 다른 사람이 받아 볼 수 없도록 암호화하고, 받은 전자우편의 암호를 해석함 • PEM의 일부 기능만 수행하므로 보안성은 떨어지지만 사용은 용이함 • 공개키 암호 방식으로 자료 파일을 보호하기 위하여 사용함

◉ 웹 보안

SSL (Secure Socket Layer)	개인 정보를 보호하기 위한 보안 방법으로 RSA의 비대칭형 암호 시스템을 사용함
SET (Secure Electronic Transaction)	금융 거래 안전을 위한 보안 접근 방법
SEA (Security Extension Architecture)	전자서명, 암호 등을 통해 보안을 구현하며, SSL과 S-HTTP의 단점을 보완함
S-HTTP (Secure HTTP)	웹에서 안전하게 파일 교환을 할 수 있는 HTTP의 확장판

07 컴퓨터 바이러스

◉ 바이러스 특징

• 복제 기능
• 은폐 기능
• 파괴 기능

◉ 바이러스 분류

부트 바이러스	부트 섹터에 감염되어 부팅이 되지 않도록 함(예 미켈란젤로, 브레인, LBC 등)
파일 바이러스	실행 파일(EXE, COM)에 감염되어 파일을 손상시킴(예 예루살렘, 어둠의 복수자, CIH 등)
부트/파일 바이러스	부트 섹터와 파일을 손상시킴(예 침입자, 나타스, 테킬라 등)
매크로 바이러스	MS 엑셀과 워드의 매크로 파일을 손상시킴(예 라록스, 멜리사, 로보캅 등)

🏁 기적의 TIP

웜(Worm) 바이러스
컴퓨터 바이러스의 일종으로, 일반적인 의미의 컴퓨터 바이러스와 다르게 다른 프로그램을 감염시키지 않고 자기 자신을 복제하면서 통신망 등을 통해 널리 퍼진다.

◉ 바이러스 증상

• 컴퓨터가 부팅되지 않거나 부팅 시간이 오래 걸린다.
• 사용자가 실행하지 않은 이상한 메시지가 화면에 나타난다.
• 디스크의 볼륨 레이블을 변경하거나 시스템이 자주 다운된다.
• 프로그램이 실행되지 않거나 처리 속도가 현저하게 떨어진다.

🏁 기적의 TIP

랜섬웨어
• 시스템을 잠그거나 데이터를 암호화하여 사용할 수 없도록 하고 이를 인질로 금전을 요구하는 악성 프로그램을 의미한다.
• **랜섬웨어 피해 예방 5대 수칙**
  – 모든 소프트웨어는 최신 버전으로 업데이트하여 사용한다.
  – 백신을 설치하고, 최신 버전을 유지한다.
  – 출처가 불명확한 이메일과 URL 링크는 실행하지 않는다.
  – 파일 공유 사이트 등에서 파일 다운로드 및 실행에 주의한다.
  – 중요 자료는 정기적으로 백업한다.

◉ 바이러스 감염 경로

• 인터넷에서 바이러스에 감염된 파일을 다운로드한 경우
• 불법으로 복사한 소프트웨어에 감염되는 경우

- 공유 네트워크에 감염된 사용자가 접속하여 파일을 전송하는 경우
- 감염된 전자우편의 첨부 파일을 열어보는 경우
- 외부 디스크(이동 디스크 등)를 불특정 다수와 함께 사용하는 경우

● 바이러스 예방

- 백신 프로그램을 이용하여 주기적으로 검사하고, 항상 최신 버전을 유지한다.
- 인터넷이나 다른 컴퓨터에서 다운받은 파일은 백신 프로그램으로 반드시 검사한다.
- 발신지가 분명치 않거나 바이러스 감염이 의심되는 전자우편은 열어보지 않는다.
- 네트워크를 통한 바이러스 감염에 대비하여 공유 폴더를 수시로 검사한다.
- 중요한 프로그램이나 자료는 안전할 때 주기적으로 백업해둔다.
- 외부로부터의 불법적인 접근을 막을 수 있는 방화벽을 설정하여 사용한다.

● 바이러스 백신 프로그램

- 바이러스에 감염되거나 손상된 파일을 치료하고 예방하는 프로그램이다.
- 백신 기능에는 검사, 진단, 치료 등이 있으며, 메모리에 상주하여 경고 메시지를 표시한다.
- 종류로는 V3 제품군, 노턴 안티 바이러스, 카스퍼스키 제품군 등이 있다.

🏁 기적의 TIP

파일 바이러스 유형
- **연결형 바이러스** : 프로그램을 직접 감염시키지 않고 디렉터리 영역에 저장된 프로그램의 시작 위치를 바이러스의 시작 위치로 변경하는 파일 바이러스 유형이다.
- **기생형 바이러스** : 프로그램을 감염시키는 위치에 따라 원래 프로그램에 손상을 주지 않으면서 앞이나 뒷부분에서 공존하는 바이러스이다.
- **겹쳐쓰기형 바이러스** : 원래 프로그램의 일부에 겹쳐 씌어져 결과적으로 파일을 파괴하는 바이러스이다.
- **산란형 바이러스** : EXE 파일을 감염시키지 않고 같은 이름의 COM 파일을 만들어 바이러스 프로그램을 넣어두는 바이러스이다.

단답형 문제

01 감염 부위에 따라 부트 바이러스와 파일 바이러스로 구분한다. (O, X)

객관식 문제

02 다음 중 컴퓨터 범죄에 관한 대비책으로 옳지 않은 것은?
① 컴퓨터 바이러스 예방 및 치료에 대한 프로그램을 지속적으로 개발한다.
② 크래커(Cracker)를 지속적으로 양성한다.
③ 인터넷을 통한 해킹의 방지를 위한 방화벽과 해킹 방지 시스템을 설치한다.
④ 정기적인 보안 검사를 통해 해킹 여부를 감시하도록 한다.

03 다음 중 컴퓨터의 정상적인 작동을 방해하여 운영체제나 저장된 데이터에 손상을 입힐 수 있는 보안 위협의 종류는?
① 바이러스
② 키로거
③ 애드웨어
④ 스파이웨어

04 다음 중 컴퓨터 바이러스의 예방 방법으로 가장 옳지 않은 것은?
① 새로운 프로그램을 사용할 때는 최신 버전의 백신 프로그램으로 바이러스의 감염 여부를 검사한 후에 사용한다.
② 중요한 프로그램이나 자료는 항상 주기적으로 백업을 한다.
③ 백신 프로그램의 시스템 감시 및 인터넷 감시 기능을 이용하여 바이러스를 사전에 검색한다.
④ 바이러스에 감염된 것으로 예상되는 모든 프로그램이나 자료를 삭제한다.

정답 01 ○ 02 ② 03 ① 04 ④

POINT 22 | 데이터 입력

01 각종 데이터 입력

◉ 문자 데이터

- 문자, 기호, 숫자 등을 조합하여 만든 데이터를 말하며 기본적으로 셀의 왼쪽에 정렬된다.
- 문자와 숫자가 같이 입력되면 문자로 인식한다.
- 특수 문자와 문자 또는 특수 문자와 숫자가 같이 입력되면 문자로 인식한다.
- 한글 쌍자음 「ㄸ」을 입력한 후 [한자]를 누르면 일본어를 입력할 수 있는 일본어 목록 상자가 나타난다.
- 한 셀에 두 줄 이상의 문자열을 입력할 때는 [Alt]+[Enter]를 누른다.
- 숫자 데이터를 문자 데이터로 입력하려면 입력할 숫자 데이터 앞에 문자 접두어(')를 입력한다.

◉ 숫자 데이터

- 숫자(0~9)와 +, -, (,), 쉼표(,), /, $, %, 소수점(.), 지수 기호(E, e) 등으로만 이루어진 데이터를 말하며 기본적으로 셀의 오른쪽에 정렬된다.
- 숫자 데이터 1000에 통화 기호(₩)와 천 단위 구분 기호(,)를 같이 입력해도 숫자로 인식된다.
- 자릿수가 11 자리를 넘으면 지수 형식으로 입력된다.
- 분수를 입력하려면 0과 공백을 입력한 후 분수 값을 입력한다.
- 음수를 입력하려면 숫자 데이터 앞에 음수(-) 기호를 붙이거나 숫자를 괄호( )로 묶는다.

◉ 날짜/시간 데이터

- 날짜는 일련번호로 저장되고, 시간은 하루에 대한 비율로 간주되어 소수로 저장된다.
- 셀의 오른쪽에 맞추어 입력되며, 연산 및 대소 비교가 가능하다.
- 날짜 데이터는 하이픈(-)이나 슬래시(/)를 이용하여 '연-월-일', '연/월/일' 형태로 입력한다.
- 시간 데이터는 콜론(:)을 이용하여 '시:분:초' 형태로 입력한다.
- 시간 입력 시 한 칸 띄우고 「AM」 또는 「PM」을 입력하면 12시각제로 표시된다.
- 날짜와 시간을 혼합하여 입력할 때는 날짜와 시간 사이를 한 칸 띄운다.
- [Ctrl]+[;]를 누르면 시스템에 설정된 오늘 날짜가 입력된다.
- [Ctrl]+[Shift]+[;]를 누르면 시스템에 설정된 현재 시간이 입력된다.
- 날짜를 입력할 때 연도를 00에서 29 사이의 숫자로 입력하면 2000년에서 2029년 사이의 연도가 표시된다.

◉ 수식 데이터

- 시트에 입력된 데이터를 계산하려면 반드시 '=, +'로 시작되어야 하며 숫자, 연산자, 함수 등으로 구성된다.
- 입력한 수식을 화면에 표시하려면 [Ctrl]+[~]를 누르거나 [수식]-[수식 분석]-[수식 표시]를 선택한다.

◉ 특수 문자

- [삽입]-[기호]-[기호]를 실행하거나 한글 자음(ㄱ, ㄴ, ㄷ, …) 중 하나를 입력하고 [한자]를 눌러 목록에서 해당 특수 문자를 선택한다.
- 각각의 한글 자음에 따라 화면에 표시되는 특수 문자가 다르다.

◉ 한자

- '진'과 같이 한자의 음이 되는 한 글자를 입력한 후 [한자]를 누르면 화면에 해당 글자에 대한 한자 목록이 표시된다.
- 등록된 단어 전체를 한자로 변경할 경우 해당 단어에 커서를 위치시키거나 블록 설정하여 [한자]를 누르면 [한글/한자 변환] 대화상자가 나타난다.

02 메모, 윗주, 하이퍼링크

◉ 메모(바로 가기 키 : Shift + F2)

- 셀의 데이터 내용에 대해 보충 설명이나 참고 사항 등을 기록할 때 사용한다.
- [검토]-[메모]-[새 메모]를 선택하거나 바로 가기 메뉴에서 [메모 삽입]을 선택하여 메모에 기재할 내용을 입력한다.
- 메모가 입력되면 오른쪽 위쪽에 빨간색 삼각형 표시가 나타나며, 메모 상자의 크기 조절 역시 가능하다.
- [검토]-[메모]-[메모 표시/숨기기]를 클릭하여 메모 내용이 항상 화면에 나타나도록 하거나 한 번 더 클릭하여 마우스 포인터를 가져가면 메모 내용이 나타나는 '메모 숨기기' 상태로 설정할 수 있다.
- 항상 화면에 표시된 상태에서 메모 개체의 바로 가기 메뉴 중 [메모 서식]을 클릭하여 간단한 서식 설정도 가능하다.

◉ 윗주

- 윗주는 셀 내부의 데이터 위쪽에 추가하는 주석문으로, 삽입된 셀의 데이터를 삭제하면 윗주의 내용도 같이 삭제된다.
- [홈]-[글꼴]-[윗주 필드 표시/숨기기]-[윗주 편집]을 선택한 후 윗주 입력 상자에 내용을 입력한다.
- 윗주를 삽입한 다음 [홈]-[글꼴]-[윗주 필드 표시/숨기기]-[윗주 필드 표시]를 선택하면 윗주가 화면에 표시된다.
- 윗주의 글꼴, 맞춤 등을 변경하려면 윗주가 삽입된 셀을 선택한 다음 [홈]-[글꼴]-[윗주 필드 표시/숨기기]-[윗주 설정]을 선택한 후 [윗주 속성] 대화상자에서 수정한다.
- 윗주는 문자 데이터에만 삽입이 가능하며, 숫자가 입력된 셀에 삽입할 수 없다.
- 윗주의 전체 서식은 바꿀 수 있지만 일부분만 지정하여 서식을 지정할 수 없다.

◉ 하이퍼링크(바로 가기 키 : Ctrl + K)

- 텍스트나 그래픽 개체를 사용하여 차트, 통합 문서, 웹 페이지, 기타 파일 등에 연결시키는 기능이다. 예를 들어 하이퍼링크로 설정한 메일 주소를 클릭하면 연결된 전자 우편 프로그램이 자동으로 실행된다.
- [삽입]-[링크]-[링크]를 선택하거나 바로 가기 메뉴에서 [링크]를 선택한다.

단답형 문제

01 다음은 한자와 특수 문자 입력에 대한 설명이다.

1 한글 자음(ㄱ, ㄴ, …, ㅎ) 중 하나를 입력한 후 [한자]를 누르면 화면에 특수 문자 목록이 표시된다. (O, X)

2 '국'과 같이 한 글자를 입력한 후 [한자]를 누르면 화면에 해당 한글에 대한 한자 목록이 표시된다. (O, X)

3 한글 쌍자음 'ㄸ'을 입력한 후 [한자]를 누르면 화면에 어떤 목록도 표시되지 않는다. (O, X)

02 Shift + F3 을 누른 후 메모를 삽입할 수 있다. (O, X)

객관식 문제

03 다음 중 날짜 및 시간 데이터 입력에 대한 설명으로 옳지 않은 것은?

① 날짜 입력에는 '/'(Slash)나 '-'(Hyphen)을 이용하여 연, 월, 일을 구분한다.
② 날짜와 시간을 같은 셀에 입력할 때는 날짜 뒤에 한 칸 띄우고 시간을 입력한다.
③ 현재 시간 입력은 Shift + Ctrl + ; 을, 오늘 날짜 입력은 Ctrl + ; 을 사용한다.
④ 시간 입력은 24시간 기준으로만 시간이 입력되어 오전(am)/오후(pm)로 표시할 수 없다.

04 다음 중 윗주의 기능에 대한 설명으로 옳지 않은 것은?

① 셀 데이터를 삭제하면 윗주도 함께 삭제된다.
② 데이터가 입력되지 않은 셀에 윗주를 삽입할 수 없다.
③ 숫자가 입력된 셀에 윗주를 삽입하면 화면에 윗주가 표시된다.
④ 윗주는 셀에 대한 주석을 설정하는 것이다.

정답 01 **1** O **2** O **3** X 02 X 03 ④ 04 ③

03 채우기 핸들을 이용한 자동 채우기

채우기 핸들을 마우스 끌기로 원하는 만큼 상/하/좌/우로 끌다 놓으면 입력 데이터의 종류에 따라 자동으로 데이터 입력이 이루어진다.

문자 데이터	데이터가 복사됨
숫자 데이터	• 1개의 셀을 드래그하면 데이터가 복사됨 • 2개의 셀을 범위로 설정하여 드래그하면 두 셀의 차이 값만큼 증가함 • Ctrl 을 누른 채 드래그하면 1씩 증가함
혼합 데이터 (문자 + 숫자)	• 문자는 복사되고 숫자는 1씩 증가함 • 숫자가 2개 이상 섞여 있을 경우 마지막 숫자만 1씩 증가함 • Ctrl 을 누른 채 드래그하면 그대로 복사됨
날짜/시간 데이터	• 1개의 셀을 드래그하면 날짜는 1일 단위로, 시간은 1시간 단위로 증가함 • 2개의 셀을 범위로 설정하여 드래그하면 두 셀의 차이 값만큼 증가함
사용자 지정 목록 데이터	[파일]-[옵션]-[고급]-[사용자 지정 목록 편집]에 등록된 순서에 따라 데이터가 채워짐

기적의 TIP

범위를 지정하여 채우기

두 개 이상의 셀을 범위로 지정하여 채우기 핸들을 끌면 데이터 사이의 차이에 의해 증가 또는 감소하면서 채워진다.

04 선택하여 붙여넣기

- 복사한 데이터를 여러 가지 옵션으로 적용하여 붙여넣는 기능으로 서식, 값, 수식 등 일부 내용만 선택하여 붙여넣을 수 있다.
- [잘라내기]를 실행한 상태에서는 [선택하여 붙여넣기] 명령을 실행할 수 없다.
- 데이터를 복사한 후 [홈]-[클립보드]-[붙여넣기]-[선택하여 붙여넣기]를 선택하거나 바로 가기 메뉴에서 [선택하여 붙여넣기]를 선택하여 실행한다.

붙여넣기	• 모두 : 셀 내용과 수식, 값, 서식, 메모 등을 모두 붙여넣음 • 수식 : 서식을 제외하고 데이터와 수식 내용을 그대로 붙여넣음 • 값 : 셀에 표시되는 값만 붙여넣음 • 서식 : 셀 서식만 붙여넣음 • 메모 : 셀에 첨부된 메모만 붙여넣음 • 유효성 검사 : 유효성 검사만 붙여넣음 • 원본 테마 사용 : 원본에 적용된 문서 테마 서식으로 붙여넣음 • 테두리만 제외 : 테두리 서식만 제외하고 모든 내용(값, 서식, 메모)을 붙여넣음 • 열 너비 : 열의 너비(열 범위)를 붙여넣음 • 수식 및 숫자 서식 : 수식 및 숫자 서식만 붙여넣음 • 값 및 숫자 서식 : 수식 결과인 값과 숫자 서식만 붙여넣음 • 조건부 서식 모두 병합 : 조건부 서식의 규칙까지 포함하여 모두 붙여넣음
연산	복사 내용과 붙여넣을 위치에 있는 내용을 지정한 연산자를 사용하여 계산함
내용 있는 셀만 붙여넣기	데이터가 있는 셀만 붙여넣음
행/열 바꿈	행과 열의 위치를 바꾸어 붙여넣음
연결하여 붙여넣기	복사할 셀과 붙여넣기 할 셀을 연결시킴(원본 수정 시 복사본 자동 수정)

05 다양한 붙여넣기 옵션 사용

◉ **[홈] 탭 – 클립보드 영역의 [붙여넣기]**

- 기타 붙여넣기 옵션
  - 그림 : 복사한 데이터를 Excel에 그림으로 붙여넣기 한다.
  - 연결된 그림 : 복사한 셀의 데이터와 연결하여 Excel에 그림으로 붙여넣기한다.

기적의 TIP

그림으로 복사
- [홈] 탭–클립보드 영역의 [복사]–[그림으로 복사]에서 실행 가능하다.
- Excel에서 데이터를 그림으로 복사하는 기능으로 워크시트 또는 차트 시트에서 그림으로 복사할 셀을 선택하거나 차트 또는 개체를 클릭한 후 [그림으로 복사]를 선택한다.

06 [Excel 옵션]의 [고급] 탭

〈Enter〉키를 누른 후 다음 셀로 이동	Enter를 누를 때 셀 포인터의 이동 방향을 위쪽, 아래쪽, 왼쪽, 오른쪽 중에서 사용자가 원하는 방향으로 선택할 수 있음
소수점 자동 삽입	기본적으로 숫자에 소수점이 표시되도록 설정하는 것으로, '소수점 위치'에 입력된 숫자만큼 소수점 위치가 이동되어 설정됨
셀에서 직접 편집 허용	수식 입력줄뿐만 아니라 F2를 누르거나 셀을 더블클릭하여 셀 안에서도 데이터를 편집할 수 있도록 설정함
셀 내용을 자동 완성	입력하는 처음 몇 글자가 해당 열의 기존 항목과 일치할 경우 자동으로 나머지 문자가 채워지도록 설정함
자동 연결 업데이트 확인	연결된 항목을 업데이트하기 전에 확인할 수 있도록 메시지를 표시함

기적의 TIP

기타 입력 방법
- **같은 셀 내에서 줄 바꿈** : 같은 셀 내에서 텍스트의 줄을 바꾸려면 줄을 바꿀 위치를 클릭한 다음 Alt + Enter 를 누른다.
- **동일 데이터 입력** : 범위를 지정하고 데이터를 입력한 후 Ctrl + Enter 를 누르면 동일한 데이터가 한 번에 입력된다.

단답형 문제

01 3을 넣으면 화면에 3000이 입력되는 것처럼 일정한 소수점의 위치를 지정하여 입력을 빠르게 하기 위해 [Excel 옵션]–[고급]의 편집 옵션 그룹 중 '소수점 자동 삽입'을 이용한다. (○, ×)

객관식 문제

02 다음 워크시트에서 [A1] 셀에서 Ctrl 을 누른 채 채우기 핸들을 이용하여 드래그했을 때 [C1] 셀에 표시되는 값은?

	A	B	C	D
1	29.5			
2				

① 29.5
② 31.5
③ 29.7
④ 49.5

03 다음 워크시트에서 지급액(B2:B5)을 현재의 값에 '추가지급분(D2)'를 더한 값으로 변경하고자 할 때 필요한 기능을 순서대로 올바르게 나열한 것은?

	A	B	C	D
1	지점명	지급액		추가지급분
2	서울	105000		5000
3	용인	155000		
4	인천	185000		
5	부산	165000		

① [홈]–[클립보드]–[복사], [홈]–[클립보드]의 [선택하여 붙여넣기]
② [홈]–[클립보드]–[복사], [홈]–[클립보드]의 [붙여넣기]
③ [홈]–[클립보드]–[잘라내기], [홈]–[클립보드]의 [붙여넣기]
④ [홈]–[클립보드]–[잘라내기], [홈]–[클립보드]의 [선택하여 붙여넣기]

정답 01 ○ 02 ② 03 ①

23 통합 문서

01 통합 문서 저장

◉ 통합 문서(Workbook)

여러 형태의 워크시트가 한 개의 파일로 저장된 문서를 통합 문서라고 한다.
- 통합 문서의 확장자는 *.xlsx로 설정된다.
- 초기에 엑셀 파일명은 통합 문서1, 통합 문서2, … 와 같이 자동으로 설정되며, 저장 명령으로 작업 내용에 맞는 새로운 이름을 지정하여 저장한다.
- 통합 문서는 여러 개의 시트를 포함할 수 있으며, 최소한 한 개 이상의 시트를 포함해야 한다.

◉ 다른 이름으로 저장 – 일반 옵션

[파일]-[다른 이름으로 저장]-[찾아보기]를 선택하면 [다른 이름으로 저장] 대화상자가 나타난다. 이 대화상자의 하단에서 [도구]-[일반 옵션]을 선택한다.

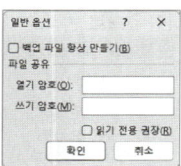

백업 파일 항상 만들기	통합 문서를 저장할 때마다 *.xlk 형식의 백업 복사본을 저장함
열기 암호	파일을 저장할 때 암호를 지정해 놓으면 암호를 모를 경우 파일을 열 수 없음
쓰기 암호	• 암호를 모를 경우 읽기 전용으로 불러와 수정할 수 있으나 원래 문서에는 저장할 수 없음 • 파일을 수정하려면 암호를 입력해야 하며 아니면 읽기 전용으로 열 수밖에 없음
읽기 전용 권장	• 읽기 전용이란 파일을 읽을 수만 있고 변경할 수 없는 상태를 말함 • 읽기 전용으로 파일을 열었을 경우 파일을 편집한 후 저장하려면 새 이름으로(다른 이름으로) 저장하거나 다른 위치에 복사본으로 저장해야 함 • 해당 문서를 열 때마다 읽기 전용으로 열 것인지 물어보는 경고창이 뜸

◉ 엑셀에서 지원하는 주요 파일 형식

- Excel 통합 문서(.xlsx) : XML 기반의 기본 파일 형식으로, VBA 매크로 코드나 Excel 4.0 매크로 시트(.xlm)는 저장할 수 없다.
- Excel 매크로 사용 통합 문서(.xlsm) : XML 기반의 파일 형식으로, 매크로 및 VBA 매크로 코드, Excel 4.0 매크로 시트를 저장할 수 있다.
- 서식 파일(.xltx) : 서식 파일의 기본 파일 형식으로, VBA 매크로 코드나 Excel 4.0 매크로 시트(.xlm)는 저장할 수 없다.
- 텍스트(.prn) : 공백으로 분리된 아스키 텍스트 파일 형식으로 현재 시트만 저장한다.
- 텍스트(.txt) : 탭으로 분리된 아스키 텍스트 파일 형식으로 현재 시트만 저장한다.
- CSV(.csv) : 쉼표로 분리된 텍스트 파일 형식으로 현재 시트만 저장한다.
- 웹 페이지(.htm, .html) : 웹에 게시할 수 있는 페이지 형태로 저장한다.

◉ 서식 파일

서식 파일이란 일정한 형식이나 스타일을 적용하여 미리 만들어 수록해 놓은 문서를 의미한다.
- 일반적인 서식 파일의 확장자는 xltx이고, 매크로가 포함된 서식 파일의 확장자는 xltm이다.
- 사용자가 작성한 서식 파일은 기본적으로 'C:\Users\[UserName]\Documents\사용자 지정 Office 서식 파일' 경로에 저장된다.
- 기본 서식 파일을 새로 만들려면 워크시트는 Sheet.xltx, 통합 문서는 Book.xltx로 파일명을 지정하여 XLStart 폴더에 저장한다.
- 모든 새 시트에 나타낼 서식, 스타일, 텍스트, 기타 정보 등을 서식 파일로 작성하는 파일에 넣는다.

- 새 통합 문서에서 보호되거나 숨긴 영역을 서식 파일에 넣을 수 있다.
- 시트 탭의 바로 가기 메뉴에서 [삽입]을 선택하면 나오는 대화상자에서 [스프레드시트 솔루션] 탭에는 엑셀 프로그램에서 제공하는 서식 파일이 표시된다.

02 시트 보호/해제 및 통합 문서 보호

◉ 시트 보호/해제

- 시트에서 잠긴 셀의 내용과 워크시트를 보호하기 위한 기능이다.
- '워크시트에서 허용할 내용'의 항목을 클릭하여 체크한다.
- [검토] 탭-[보호] 그룹-[시트 보호]를 실행한다.
- 시트 보호를 해제하려면 [홈] 탭-[셀] 그룹-[서식]-[시트 보호 해제]를 실행하거나 [검토] 탭-[보호] 그룹-[시트 보호 해제]를 실행한다. 암호를 지정하여 보호한 경우 보호를 해제할 때 암호를 입력해야 한다.
- 시트 보호 설정 시 암호 설정은 필수 사항이 아니다.
- 셀 보호(특정 셀에만 데이터 입력)를 하기 위해서는 [홈] 탭-[셀] 그룹-[서식]-[셀 잠금]이나 [셀 서식] 대화상자의 [보호] 탭에서 잠금을 해제하고 시트 보호를 설정하면 잠금이 해제된 특정 셀에만 데이터의 입력이 가능하고 나머지 셀은 보호된다.

◉ 통합 문서 보호

- 통합 문서를 보호하기 위한 기능이다.
- [검토] 탭-[보호] 그룹-[통합 문서 보호]-[구조 및 창 보호]를 실행한다.
- 보호할 대상으로는 구조가 있으며, 암호를 입력할 수 있다.
- 통합 문서의 구조를 보호하는 것으로 시트의 삽입, 삭제, 이름 변경, 이동, 숨기기, 숨기기 해제 등과 같은 작업을 할 수 없도록 한다.
- [통합 문서 보호]를 설정하더라도 포함된 차트, 도형 등의 그래픽 개체를 변경 및 이동/복사할 수 있다.
- 통합 문서 보호 설정 시 암호를 지정하더라도 워크시트에 입력된 내용을 수정할 수 있다.

단답형 문제

01 시트 보호는 시트에서 잠기지 않은 셀의 내용과 워크시트를 암호화하기 위한 기능이다. (○, ×)

02 시트 보호 설정 시 암호 설정은 필수 사항이 아니다. (○, ×)

03 [통합 문서 보호]를 설정하면 포함된 차트, 도형 등의 그래픽 개체를 변경 및 이동/복사할 수 없다. (○, ×)

객관식 문제

04 다음 중 통합 문서에 대한 설명으로 옳지 않은 것은?
① 시트 보호는 통합 문서 전체가 아닌 특정 시트만을 보호한다.
② 통합 문서 보호를 설정하더라도 도형이나 차트 등을 복사하거나 이동할 수 있다.
③ 통합 문서 보호 설정 시 암호를 지정하면 워크시트에 입력된 내용을 수정할 수 없다.
④ 사용자가 워크시트를 추가, 삭제하거나 숨겨진 워크시트를 표시하지 못하도록 통합 문서의 구조를 잠글 수 있다.

05 다음 중 각 기능에 대한 설명으로 옳지 않은 것은?
① [시트 보호]를 설정하면 기본적으로 셀의 선택만 가능하다.
② 시트 보호 시 특정 셀의 내용만 수정 가능하도록 하려면 해당 셀의 [셀 서식]에서 '잠금' 설정을 해제한다.
③ [통합 문서 보호]를 설정하면 포함된 차트, 도형 등의 그래픽 개체를 변경할 수 없다.
④ [범위 편집 허용]을 이용하면 보호된 워크시트에서 특정 사용자가 범위를 편집할 수 있도록 허용할 수 있다.

정답 01 × 02 ○ 03 × 04 ③ 05 ③

POINT 24 | 셀 서식 지정

01 셀 서식

● [표시 형식] 탭

숫자	소수점 이하 자릿수, 1000 단위 구분 기호(콤마), 음수의 표기 형식을 설정하고, 음수의 경우 빨간색이나 괄호로 표시함
통화	소수점 이하 자릿수, 통화 기호, 음수의 표시 형식을 설정함
회계	소수점 이하 자릿수와 통화 기호를 설정함
분수	셀에 입력된 소수를 분수 데이터로 표시하고자 할 때 사용함
텍스트	입력한 숫자에 텍스트 서식을 적용하여 입력한 그대로 표시함
기타	우편번호, 전화번호, 주민등록번호 등에 형식에 맞게 표시함
사용자 지정	기존의 형식을 직접 수정해서 사용함

● [맞춤] 탭 – 텍스트 조정

자동 줄 바꿈	셀의 내용이 한 줄로 모두 표시되지 않을 경우 여러 줄로 나누어 표시함
셀에 맞춤	셀의 내용이 한 셀에 모두 표시되지 않는 경우 글자의 크기를 줄여 모든 내용이 셀 안에 표시되도록 설정함
셀 병합	선택한 여러 셀을 하나의 셀로 병합함. 선택한 범위의 첫 번째 셀 또는 맨 위 셀의 데이터만 남고 나머지는 모두 지워짐

● [글꼴] 탭

- 선택한 텍스트의 글꼴 종류, 스타일, 크기 및 기타 서식 옵션을 지정한다.
- [파일]–[옵션]–[일반] 탭의 새 통합 문서 만들기에서 기본 글꼴과 크기를 설정할 수 있다.

● [테두리] 탭

선택한 셀의 외곽 테두리를 지정하고 테두리 단추나 미리 설정 단추를 클릭하여 테두리를 그린다.

● [채우기] 탭

- 선택한 셀의 배경에 색 또는 무늬를 채운다.
- '배경색' 항목에서 셀의 배경에 채울 색을 선택하고 '무늬 색' 항목에서 배경 무늬 색과 스타일을 지정한다.

● [보호] 탭

- 만약 특정 셀의 내용만 수정 가능하도록 하려면 [검토]–[보호]–[시트 보호]를 실행해서 시트 보호를 하기 전에 해당 셀의 잠금을 해제해 두어야 한다.
- 만약 특정 셀의 '잠금'이 해제되었고 시트가 보호된 상태면서 '잠금'이 해제된 또 다른 셀들이 존재한다면, 특정 셀에서 Tab 을 누를 경우 잠금이 해제되지 않은 셀들은 건너뛰고 잠금이 해제된 다른 셀들로 이동한다.

02 사용자 지정 서식

- [셀 서식] 대화상자에서 기본으로 제공하는 '범주' 내용만으로는 원하는 형식을 표시할 수 없을 경우에, 서식 코드를 적절하게 활용하여 사용자가 원하는 서식 형태로 만들 수 있다.
- 사용자 지정 서식은 서식 코드(양수, 음수, 0, 텍스트)를 세미콜론(;)으로 구분된 4개의 구역으로 지정한다.

> #,###; [녹색](#,###); 0.00; @"영진출판사"
> 양수   음수   0   텍스트

- 조건이 없을 경우 양수, 음수, 0, 텍스트에 대한 서식을 각 순서대로 정의하지만 조건이 있을 경우 조건이 지정된 순서대로 정의한다.
- 2항목만 지정하게 되면 첫째 항목은 양수와 0에 대해 사용되고 둘째 항목은 음수에 대해 사용된다.
- 사용자 지정은 하나의 구역만 설정하면 양수, 음수, 0의 값에 적용되어 사용된다.
- 조건이나 글자색의 설정은 대괄호([ ])안에 입력한다.
- [검정], [파랑], [자홍], [빨강], [청록], [녹색], [흰색], [노랑]으로 색을 지정할 수 있으며, 색 코드는 구역의 첫 항목이어야 한다.

숫자 서식	• # : 해당 자릿수에 숫자가 없을 경우에는 아무것도 표시하지 않음 • 0 : 해당 자릿수에 숫자가 없을 경우에는 그 자리에 0을 표시함 • % : 입력된 숫자에 100을 곱한 후 %를 붙임 • ? : 해당 자릿수가 없을 경우에는 그 빈자리를 빈 칸으로 표시함 • , : 천 단위 구분 기호, 이후에 더 이상 기호를 표시하지 않으면 숫자를 천 단위 배수로 표시함
날짜 서식	• mmm : 월을 Jan~Dec로 표시함 • mmmm : 월을 January~December로 표시함 • ddd : 요일을 Sun~Sat로 표시함 • dddd : 요일을 Sunday~Saturday로 표시함
문자 서식	문자의 앞뒤에 다른 문자를 넣고 싶을 때 @ 기호로 연결함. @ 앞뒤로 연결시킬 문자는 큰따옴표로 묶어서 처리함
기타	• [DBNum1] : 一百二十三 • [DBNum2] : 壹百貳拾參 • [DBNum3] : 百2十3 • [DBNum4] : 일백이십삼

03 조건부 서식

- 특정한 규칙을 만족하는 셀에 대해서만 각종 서식, 테두리, 셀 배경색 등의 서식을 설정한다.
- [홈]-[스타일]-[조건부 서식]에서 선택하여 적용한다.
- 조건부 서식은 기존의 셀 서식에 우선하여 적용된다.
- 규칙에 맞는 셀 범위는 해당 규칙에 따라 서식이 지정되고 규칙에 맞지 않는 셀 범위는 서식이 지정되지 않는다.
- 여러 개의 규칙이 모두 만족될 경우 지정한 서식이 충돌하지 않으면 규칙이 모두 적용되며, 서식이 충돌하면 우선순위가 높은 규칙의 서식이 적용된다.
- 규칙으로 설정된 해당 셀의 값들이 변경되어 규칙을 만족하지 않을 경우 적용된 서식이 해제된다.
- 고유 또는 중복 값에 대해서만 서식을 지정할 수도 있다.
- 규칙의 개수에는 제한이 없다.
- 서식이 적용된 규칙으로 셀 값 또는 수식을 설정할 수 있다. 규칙을 수식으로 입력할 경우 수식 앞에 등호(=)로 시작해야 한다.
- 규칙을 만족하는 데이터가 있는 행 전체에 서식을 지정할 때는 규칙 입력 시 열 이름 앞에만 '$'를 붙인다.
- 다른 시트의 데이터를 참조하여 서식을 적용할 수 있다.

단답형 문제

01 입력된 문자열이 셀의 너비보다 클 경우 입력 문자열의 글꼴 크기를 줄여 한 줄로 셀에 표시되게 하려면 셀 서식-맞춤-텍스트 조정에서 어느 항목을 선택해야 하는가?

02 다음은 조건부 서식에 대한 설명이다.
1. 조건을 셀 값 또는 수식으로 입력할 수 있으며, 수식으로 입력할 경우 수식 앞에는 등호(=)를 입력한다. (O, ×)
2. 지정한 조건이 어느 것도 참이 아닐 경우 셀은 마지막 참 조건의 서식이 적용된다. (O, ×)
3. 다른 조건을 추가하려면 [조건부 서식 규칙 관리자] 대화상자에서 [새 규칙]을 선택하여 지정할 수 있다. (O, ×)

객관식 문제

03 다음 중 입력 데이터가 '3275860'이고 [셀 서식]의 표시 형식이 '###0,'으로 설정되었을 때 표시되는 값으로 옳은 것은?
① 3,275 ② 3275
③ 3276 ④ 3,276

04 셀의 서식은 기본 설정인 'G/표준'으로 설정되어 있다. 셀에 입력된 값이 10000을 초과하면 파랑색으로 표시하고, 음수이면 빨강색과 부호는 생략하고 괄호 안에 수치를 표시하고자 한다. 다음 중 사용자 지정 서식으로 옳은 것은?
① [파랑][>=10000]G/표준;[빨강][<0](G/표준);
② [빨강]G/표준;[파랑][>10000]G/표준
③ [파랑][>10000]G/표준;[빨강][<0](G/표준)
④ [파랑][>10000]G/표준;[빨강](G/표준)

정답 01 셀에 맞춤 02 1 O 2 × 3 O 03 ③ 04 ③

POINT 25 | 수식의 기본

01 수식의 작성

● 수식 작성 규칙

- 셀에 입력된 데이터와 상수, 연산자 등으로 계산을 수행하여 결과값을 산출하는 것을 수식이라고 한다.
- 수식은 등호(=) 또는 더하기(+) 기호로 시작해야 하며 상수, 연산자, 함수, 함수의 인수 등으로 수식을 구성한다.
- 수식에 문자열이 사용될 때에는 큰 따옴표(" ")로 묶어줘야 한다.
- 수식이 입력된 셀은 계산 결과를 표시하고, 수식 입력줄에는 입력한 수식이 나타난다. 수식이 입력된 셀을 더블클릭한 다음 수식 일부를 범위 설정하고 F9를 누르면 선택한 부분의 결과를 미리 확인할 수 있으며 수식은 결과값으로 변경된다.
- Ctrl + ~ 를 눌러 입력된 전체 수식을 볼 수 있다.

● 연산자의 종류

산술 연산자	• 숫자의 계산에 사용되는 연산자 • 곱하기(*), 나누기(/), 더하기(+), 백분율(%), 빼기(-), 지수(^)
비교 연산자	• 값을 비교하여 참(True) 또는 거짓(False)과 같은 논리값을 계산하는 연산자 • =(같음), < > (같지 않음), <=(작거나 같음), >=(크거나 같음), <(작음), >(큼)
텍스트 연산자	• 문자열을 연결할 때 사용하는 연산자 • &(문자열 연결)
참조 연산자	• 참조할 셀 영역을 지정할 때 사용하는 연산자 • 콜론(:) : 연속적인 셀 영역을 지정함 • 쉼표(,) : 연속적이지 않은 셀 영역을 지정함 • 공백 : 두 범위가 교차하는 셀 영역을 지정함

● 셀 참조

수식에서 다른 셀에 입력된 데이터를 사용할 경우 실제 데이터 대신 셀 주소를 사용한다.

상대 참조	변경된 셀에 맞게 해당 셀의 주소가 자동으로 바뀌는 것으로, 수식이 있는 셀의 상대적 위치를 기준으로 주소가 지정됨 (예) A3 상대 열과 상대 행)
절대 참조	상대 참조와 달리 셀의 변경이 있더라도 해당 셀의 주소가 변경되지 않는 것으로, 특정 셀을 고정시키고자 할 경우에 사용하는 방식으로 열 문자와 행 번호 앞에 $를 붙여 표시함 (예) $A$1 절대 열과 절대 행)
혼합 참조	행과 열 값 중 한 쪽만 바뀌는 것으로, 열이나 행만을 고정시켜 절대 주소로, 다른 하나는 상대 주소로 혼합해서 사용함 (예) $A1, A$1)
시트 간 셀 참조 및 3차원 참조	• 시트의 이름과 셀 주소 사이는 느낌표(!)로 연결하며, 시트 이름에 공백이 있을 경우에는 간접 인용 부호(' ')로 시트 이름을 묶어주어야 함 (예) =Sheet!A3) • 연속 나열된 시트의 같은 셀 주소를 참조할 경우(3차원 참조)에는 셀 주소를 한 번만 입력하면 됨 (예) =SUM(Sheet1:Sheet4!A10)) • SUM, AVERAGE, COUNTA, STDEV.S 등의 함수를 사용할 수 있지만, 배열 수식에 3차원 참조를 사용할 수 없음
통합 문서 간 셀 참조	통합 문서의 이름을 대괄호([ ])로 구분하여 표시하며, 경로가 표시될 때에는 경로를 간접 인용 부호(' ')로 묶어주어야 함 (예) ='C:\[매출상품]Sheet3')

02 이름 정의

- 셀 주소 대신 직접 셀 이름을 사용하여 수식에 적용할 수 있다.
- 셀 범위를 설정한 후 이름 상자에 작성할 이름을 입력하고 Enter 를 누르거나 [수식]-[정의된 이름]-[이름 정의]를 선택 또는 Ctrl + F3 을 눌러 [이름 관리자]를 실행한다.
- 첫 문자는 문자, 밑줄(_), 역슬래시(\)로 시작해야 하며, 이를 제외한 특수 문자는 사용할 수 없다.
- 숫자만을 단독으로 사용하거나 셀 주소 형식으로 사용할 수 없다.
- 최대 255자까지 지정할 수 있으며, 대/소문자는 구별하지 않는다.
- 상수나 수식에도 이름을 지정할 수 있고, 동일한 범위 혹은 동일한 통합 문서에서 중복된 이름은 허용되지 않는다.
- 기본적으로 절대 참조가 적용된다.
- 이름을 지정한 후에 지정된 이름을 제거할 수 있다.
- 공백을 이름의 일부로 사용할 수 없다.

03 오류 메세지

정상적인 결과를 출력할 수 없을 때 발생한다.

#####	숫자 데이터의 길이가 셀보다 길 때
#DIV/0!	수식에서 값을 0으로 나눌 때
#NAME?	인식할 수 없는 텍스트를 수식에 사용했을 때
#REF!	셀 참조가 유효하지 않을 때
#NUM!	• 수식이나 함수에 잘못된 숫자 값이 포함된 경우 • 수식 결과가 너무 크거나 작은 숫자라 Excel에 표시할 수 없는 경우
#VALUE!	수식에서 잘못된 인수나 피연산자를 사용했을 때 (수식 입력에 오류가 있거나 참조하는 셀이 잘못되었음을 알려줌)
#N/A	함수나 수식에 사용할 수 없는 값을 지정했을 때
#NULL!	교차하지 않는 두 영역의 교점을 지정했을 때

단답형 문제

01 다른 워크시트의 값을 참조하는 경우 해당 워크시트의 이름에 사이 띄우기가 포함되어 있으면 워크시트의 이름은 큰따옴표("")로 묶인다. (O, X)

02 다음은 오류값에 대한 설명이다.
   ❶ #REF! : 셀 참조가 유효하지 않을 경우 (O, X)
   ❷ #NULL! : 교차하지 않은 두 영역의 교차점을 참조 영역으로 지정하였을 경우 (O, X)
   ❸ #N/A : 함수나 수식에 사용할 수 없는 데이터를 사용하였을 경우 (O, X)

객관식 문제

03 다음 중 엑셀의 각종 데이터 입력에 관한 설명으로 옳지 않은 것은?
   ① 오늘 날짜를 간단히 입력하기 위해서는 TODAY 함수나 Ctrl + ; 을 누르면 된다.
   ② 시간 데이터는 콜론(:)으로 시, 분, 초를 구분하여 입력한다.
   ③ 수식은 반드시 등호(=) 또는 빼기(-) 기호로 시작해야 한다.
   ④ 범위를 지정하고 데이터를 입력한 후 Ctrl + Enter 를 누르면 동일한 데이터가 한꺼번에 입력된다.

04 다음 중 참조의 대상 범위로 사용하는 이름 정의 시 이름의 지정 방법에 대한 설명으로 옳지 않은 것은?
   ① 이름은 대소문자를 구분하지 않는다.
   ② 'C9'처럼 셀 주소와 같은 형태의 이름을 사용할 수 있다.
   ③ 이름 상자의 화살표 단추를 누르고 정의된 이름 중 하나를 클릭하면 해당 셀 또는 셀 범위가 선택된다.
   ④ 같은 통합 문서에서 동일한 이름을 중복하여 사용할 수 없다.

정답 01 × 02 ❶ O ❷ O ❸ O 03 ③ 04 ②

POINT 26 | 통계 함수, 수학/삼각 함수

합격 강의

01 통계 함수

함수	설명
MAX(인수1, 인수2, …)	인수 중에서 최대값을 구함(인수는 논리값과 텍스트 제외)
MAXA(인수, 인수2, …)	인수 중에서 최대값을 구함(인수에 논리값과 텍스트 포함)
MIN(인수1, 인수2, …)	인수 중에서 최소값을 구함(인수는 논리값과 텍스트 제외)
MINA(인수1, 인수2, …)	인수 중에서 최소값을 구함(인수에 논리값과 텍스트 포함)
LARGE(범위, n번째)	범위에서 n번째로 큰 값을 구함
SMALL(범위, n번째)	범위에서 n번째로 작은 값을 구함
MEDIAN(인수1, 인수2, …)	인수 중에서 중간값을 구함
MODE.SNGL(인수1, 인수2, …)	인수 중에서 가장 자주 발생한 값(최빈수)을 구함
VAR.S(인수1, 인수2, …)	인수의 분산을 구함
STDEV.S(인수1, 인수2, …)	인수의 표준 편차를 구함
RANK.EQ(인수, 범위, 정렬 방법)	• 범위에서 인수의 순위를 정렬 방법에 따라 구함 • 정렬 방법을 0이나 생략하면 내림차순, 0이 아닌 값이면 오름차순으로 순위 구함 • 범위에 중복 숫자로 인해 중복 순위가 발생하면 동일한 순위로 구함
AVERAGE(인수1, 인수2, …)	인수의 평균값을 구함
AVERAGEA(인수1, 인수2, …)	수치가 아닌 셀을 포함하는 인수의 평균값을 구함
AVERAGEIF(범위, 조건, 실제 계산 범위)	주어진 조건을 만족시키는 모든 셀의 평균을 구함
AVERAGEIFS(실제 계산 범위, 조건1 관련 범위, 조건1, 조건2 관련 범위, 조건2, …)	여러 조건(최대 127개)을 만족시키는 모든 셀의 평균을 구함
COUNT(범위)	범위에서 수치가 들어있는 셀의 개수를 구함
COUNTA(범위)	범위에서 비어있지 않은 셀의 개수를 구함
COUNTIF(범위, 조건)	범위에서 조건에 맞는 셀의 개수를 구함
COUNTIFS(조건1 관련 범위, 조건1, 조건2 관련 범위, 조건2, …)	여러 범위(최대 127개) 조건을 적용하여, 조건에 맞는 개수를 구함
COUNTBLANK(범위)	범위 중 비어있는 셀의 개수를 구함
FREQUENCY(배열1, 배열2)	배열2 범위의 간격에 해당하는 배열1 값의 빈도를 계산하여 수직 배열로 표시함
PERCENTILE.INC(범위, 인수)	범위에서 인수(0에서 1까지 범위의 백분위수 값) 번째 백분위수를 구함

02 수학/삼각 함수

함수	설명
SUM(인수1, 인수2, …)	인수의 합계를 구함
SUMIF(조건 범위, 조건, 합계 범위)	지정한 범위에서 조건에 맞는 셀에 대한 합을 구함
SUMIFS(합계 범위, 조건1 관련 범위, 조건1, 조건2 관련 범위, 조건2, …)	여러 조건(최대 127개)을 만족시키는 경우의 합계 범위를 구함
ROUND(인수, 반올림할 자릿수)	지정한 자릿수로 반올림함
ROUNDUP(인수, 올림할 자릿수)	지정한 자릿수로 올림함
ROUNDDOWN(인수, 내림할 자릿수)	지정한 자릿수로 내림함
ABS(인수)	인수의 절대값을 구함
INT(인수)	인수를 가장 가까운 정수로 내림함
MOD(인수1, 인수2)	인수1을 인수2로 나눈 나머지를 구함
RAND()	0과 1 사이의 난수를 구함
SQRT(인수)	인수의 양의 제곱근을 구함

함수	설명
POWER(수1, 수2)	수1을 수2(지수)만큼 거듭제곱한 값을 구함
PI( )	원주율 값을 입력하여 구함
EXP(인수)	e를 인수만큼 거듭제곱한 값을 구함
FACT(인수)	인수의 계승값을 구함
TRUNC(인수, 소수점 이하 자릿수)	지정한 자릿수만을 소수점 아래에 남기고, 나머지 자리는 버린 값을 구함
PRODUCT(인수1, 인수2, …)	인수를 모두 곱한 값을 구함
MDETERM(배열)	배열의 행렬식을 구함
MINVERSE(배열)	배열의 역행렬을 구함
MMULT(배열1, 배열2)	배열1과 배열2의 행렬 곱을 구함
SUMPRODUCT(배열1, 배열2, …)	배열에서 대응하는 요소를 모두 곱하고 그 곱의 합계를 계산함
SIGN(인수)	수의 부호(양수 : 1, 0 : 0, 음수 : −1)를 구함

🏁 기적의 TIP

반올림(올림, 내림) 함수

- ROUND, ROUNDUP, ROUNDDOWN 함수의 두 번째 인수는 자릿수를 나타낸다.
- 자릿수가 양수이면 반올림(올림, 내림)하여 지정한 소수 자릿수만큼 반환한다.
- 자릿수가 음수이면 소수점 왼쪽에서 반올림(올림, 내림)된다.
- 자릿수가 0이면 정수로 반올림(올림, 내림)된다.

🏛 예제

1   =ROUND(123.455, 2)

123.455를 소수점 아래 둘째 자리로 반올림한 값을 구한다. 따라서 소수점 아래 세 번째 자리의 숫자가 5이므로 반올림되어 123.460이 된다.

반올림할 자릿수
123.455 → 123.46

2   =ROUNDUP(123.454, 2)

123.454를 소수점 아래 둘째 자리로 올림한 값을 구한다. 따라서 소수점 아래 두 번째 자리의 숫자를 무조건 올림하여 123.460이 된다.

올림할 자릿수
123.454 → 123.46

3   =ROUNDDOWN(123.456, 2)

123.456을 소수점 아래 둘째 자리로 무조건 내리면 123.45가 된다.

단답형 문제

01 [A1] 셀에 =SUMPRODUCT({1,2;3,1}, {1,2;3,1})로 수식을 입력하고 Enter 를 눌렀을 때의 결과값은 ( )이다.

02 다음은 수학 함수에 대한 설명이다.
1 MMULT : 두 배열의 행렬 합을 구한다. (○, ×)
2 ABS : 절대값을 구한다. (○, ×)
3 SUMIF : 주어진 조건에 의해 지정된 셀들의 합을 구한다. (○, ×)
4 PRODUCT : 인수들의 곱을 구한다. (○, ×)

객관식 문제

03 아래 워크시트에서 평균에 대한 내림차순 순위를 구하고자 한다. [E2] 셀에 함수식을 입력한 후 채우기 핸들을 이용하여 [E3:E6] 영역에 복사하려고 할 때 입력해야 할 함수식으로 옳은 것은?

	A	B	C	D	E
1	이름	국어	수학	평균	순위
2	구연	100	94	97	
3	진아	99	88	93.5	
4	원빈	65	66	65.5	
5	이리	80	83	81.5	
6	은비	75	77	76	

① =RANK.EQ(D2,D$2:D$6,0)
② =RANK.EQ(D2,$D$2:$D$6,1)
③ =RANK.EQ(D2,$D$2:$D$6,0)
④ =RANK.EQ(D2,D$2:D$6,1)

04 다음 =ROUNDUP(324.54,1)+ABS(PRODUCT(1,−2)) 수식의 결과값으로 옳은 것은?
① 325.6
② 324.6
③ 326.6
④ 325.5

정답 01 15 02 1 × 2 ○ 3 ○ 4 ○   03 ③   04 ③

POINT 27 | 텍스트(문자열) 함수, 논리 함수, 날짜/시간 함수

01 텍스트(문자열) 함수

함수	설명
LEFT(텍스트, 개수)	텍스트의 왼쪽부터 지정된 개수만큼 표시함
RIGHT(텍스트, 개수)	텍스트의 오른쪽부터 지정된 개수만큼 표시함
MID(텍스트, 시작 위치, 개수)	텍스트 중간의 지정된 위치에서부터 지정된 개수만큼 표시함
LOWER(텍스트)	텍스트를 모두 소문자로 표시함
UPPER(텍스트)	텍스트를 모두 대문자로 표시함
PROPER(텍스트)	텍스트에 있는 각 단어의 첫 글자만 대문자로 표시함
TRIM(텍스트)	텍스트에 포함된 공백 중 단어 사이에 있는 한 칸의 공백을 제외하고 모든 공백을 삭제함
CONCAT(텍스트1, 텍스트2, …)	여러 텍스트를 한 텍스트로 합침(조인)
REPLACE(텍스트1, 시작 위치, 개수, 텍스트2)	텍스트1(문자열)의 시작 위치부터 지정된 문자 개수만큼 텍스트2(문자열)로 바꿈
SUBSTITUTE(텍스트, 인수1, 인수2)	텍스트에서 인수1을 인수2로 변경함
EXACT(텍스트1, 텍스트2)	두 텍스트를 비교하여 정확하게 일치하면 True, 아니면 False를 반환함(대/소문자 구분)
FIND(찾을 텍스트, 문자열, 검색 시작 문자)	문자열에서 '찾을 텍스트'에 해당하는 문자를 검색(대/소문자 구분)하여 나타나는 위치를 구함
REPT(텍스트, 반복 횟수)	텍스트를 '반복 횟수'만큼 반복하여 구함

02 논리 함수

함수	설명
AND(인수1, 인수2, …)	인수가 모두 참이면 TRUE를 반환하고, 인수들 중 하나라도 거짓이면 FALSE를 반환함
OR(인수1, 인수2, …)	인수 중 하나라도 참이면 TRUE를 반환하고, 모두 거짓일 때만 FALSE를 반환함
IF(조건, 인수1, 인수2)	조건이 참이면 인수1을 반환하고, 거짓이면 인수2를 반환함
IFS(조건식1, 참인 경우 값1, 조건식2, 참인 경우 값2, …)	하나 이상의 조건이 충족되는지 확인하고 첫 번째 TRUE 조건에 해당하는 값을 반환함
SWITCH(변환할 값, 일치시킬 값 1…[2-126], 일치하는 경우 반환할 값 1…[2-126], 일치하는 값이 없는 경우 반환할 값)	값의 목록에 대한 하나의 값(식)이라고 함을 계산하고 첫 번째 일치하는 값에 해당하는 결과를 반환함
IFERROR(수식, 오류 시 반환할 값)	수식에서 오류가 발생할 경우 '오류 시 반환할 값'에 지정한 값이 반환되고, 그렇지 않으면 수식의 결과를 구함

03 날짜/시간 함수

함수	설명
DATE(년, 월, 일)	년, 월, 일에 대한 일련번호를 표시함
EDATE(시작 날짜, 개월 수)	'시작 날짜' 전이나 이후의 개월 수를 나타내며, '개월 수'가 양수면 이후 날짜, 음수면 전 날짜를 표시함
DAYS(종료 날짜, 시작 날짜)	종료 날짜와 시작 날짜 사이의 일(日) 수를 구함
TIME(시, 분, 초)	인수들을 조합하여 시간을 만들어 줌
HOUR(시간)	시간에서 시(0~23)만 추출함
MINUTE(시간)	시간에서 분(0~59)만 추출함
SECOND(시간)	시간에서 초(0~59)만 추출함
NOW( )	시스템에 설정된 오늘 날짜와 현재 시간을 표시함(인수가 필요 없음)
TODAY( )	시스템에 설정된 오늘 날짜를 자동으로 삽입함(인수가 필요 없음)
YEAR(날짜)	입력된 날짜에서 연도를 구함(1900~9999년까지)
MONTH(날짜)	입력된 날짜에서 월을 구함(1~12까지)

함수	설명
EOMONTH(시작 날짜, 개월 수)	'시작 날짜' 전이나 이후 달의 마지막 날을 나타내며, '개월 수'가 양수면 이후 날짜, 음수면 전 날짜를 표시함
DAY(날짜)	입력된 날짜에서 일을 구함(1~31까지)
WEEKDAY(날짜, 유형)	• 날짜에 해당하는 요일 번호(0~7까지)를 구함 • 유형 : 1은 1(일요일)~7(토요일), 2는 1(월요일)~7(일요일), 3은 0(월요일)~6(일요일)까지의 숫자를 사용함
NETWORKDAYS (시작 날짜, 끝 날짜, 작업 제외 날짜)	시작 날짜와 끝 날짜 사이의 전체 작업 일수를 나타내며, 전체 작업 일수에서 '작업 제외 날짜'를 제외할 수 있음
WEEKNUM(날짜, 유형)	날짜가 속한 주가 일 년 중 몇 번째 주인지 나타내며, 유형이 1이면 일요일부터, 유형이 2이면 월요일부터 주가 시작됨을 의미함
WORKDAY(시작 날짜, 날짜 수, 작업 제외 날짜)	'시작 날짜' 전이나 이후 날짜 중 평일의 날짜 수만 나타내며, '작업 제외 날짜'를 제외할 수 있음

🏠 **예제**

1 IF 함수로 [A2] 셀의 값이 50 이상이면 '독도'라고 표시하고, 50 미만이면 '울릉도'라고 표시하시오.

B2	:	×	✓	fx	=IF(A2>=50,"독도","울릉도")

	A	B	C	D	E	F
1	값	표시				
2	65	독도				
3						

2 LEFT(B2,1)의 값이 1이면 '부장', 2이면 '과장', 나머지는 '대리'로 표시하시오.

• 중첩 IF문의 구조 분석

=IF(LEFT(B2,1)="1", "부장", IF(LEFT(B2, 1)="2","과장","대리"))
    ❶   ❷   ❸

❶ 조건식 : LEFT(B2,1)="1"
❷ 조건식이 참일 때 : "부장"
❸ 조건식이 거짓일 때 : IF(LEFT(B2,1)="2", "과장", "대리")
  ❸-1 조건식 : LEFT(B2,1)="2"
  ❸-2 조건식이 참일 때 : "과장"
  ❸-3 조건식이 거짓일 때 : "대리"

단답형 문제

01 수식 =DAYS(2006-5-8,2006-5-1)의 결과값은?

02 여러 텍스트 항목을 하나의 텍스트로 합칠 때 사용하는 함수는 (　　)이다.

객관식 문제

03 다음 수식의 결과값으로 옳은 것은?
① =IF(AND((B2, C2)>=40, D2>=60),"합격", "불합격")
결과 : [B2] 셀과 [C2] 셀의 값이 40 이상이고 [D2] 셀의 값이 60 이상이면 "합격"을 그렇지 않으면 "불합격"을 값으로 한다.
② =IF(OR(C2>=40, D2>=60), "합격", "불합격")
결과 : [C2] 셀의 값이 40 이상이고, [D2] 셀의 값이 60 이상이면 "합격"을 그렇지 않으면 "불합격"을 값으로 한다.
③ =IF(AND(B2>=40, C2>=40, D2>=60),"합격", "불합격")
결과 : [B2] 셀과 [C2] 셀의 값이 40 이상이고 [D2] 셀의 값이 60 이상이면 "합격"을 그렇지 않으면 "불합격"을 값으로 한다.
④ =AND(IF(B2>=40, C2>=40, D2>=60), "합격", "불합격")
결과 : [B2] 셀과 [C2] 셀의 값이 40 이상이거나 [D2] 셀의 값이 60 이상이면 "합격"을 그렇지 않으면 "불합격"을 값으로 한다.

04 [A1] 셀의 값 "TR-A-80"을 [B1] 셀에 "TR-A80"으로 바꾸어 표시하고자 할 때 다음 중 옳지 않은 결과가 나오는 식은 어느 것인가?
① =REPLACE(A1,5,1," ")
② =CONCAT(LEFT(A1,4),MID(A1,6,2))
③ =SUBSTITUTE(A1," - "," ",5)
④ =LEFT(A1,4)&RIGHT(A1,2)

정답 　01 -7　02 CONCAT　03 ③　04 ③

POINT 28 찾기/참조 함수

01 XLOOKUP 함수

=XLOOKUP(찾을 값, 찾을 범위, 반환 범위, 찾을 값 없을 때 텍스트, 일치 유형, 검색 방법)

- "찾을 값"을 "찾을 범위"에서 찾아서 "반환 범위"의 값을 반환한다.
- 반환 열이 찾는 열의 어느 쪽에 있는지와 관계없이 한 열에서 검색어를 찾고 다른 열의 동일한 행에서 결과를 반환한다.
- XLOOKUP은 VLOOKUP과는 달리 여러 항목이 있는 배열을 반환할 수 있다.

'새로' 혹은 '수직'을 뜻하는 Vertical과 '찾다'의 의미인 Lookup으로 이루어진 이름이다.

02 VLOOKUP 함수

범위의 첫 번째 열에서 찾을 값을 검색하여, 지정한 열 번호의 같은 행에 있는 데이터를 구한다.

=VLOOKUP(찾을 값, 범위, 열 번호, 옵션)

- **찾을 값** : 데이터를 검색 및 추출할 범위의 첫째 열에서 찾고자 하는 값이다.
- **범위** : 첫 열 값에는 '찾을 값'이 검색되어 존재한다.
- **열 번호** : 찾을 값과 같은 행이면서 결과값을 반환할 열의 번호로, 열 번호가 1이면 범위의 첫째 열, 2이면 범위의 둘째 열을 의미한다.

03 HLOOKUP 함수

범위의 첫 번째 행에서 찾을 값을 검색하여, 지정한 행 번호의 같은 열에 있는 데이터를 구한다.

=HLOOKUP(찾을 값, 범위, 행 번호, 옵션)

- **찾을 값** : 데이터를 검색 및 추출할 범위의 첫째 행에서 찾고자 하는 값이다.
- **범위** : 첫 행 값에는 '찾을 값'이 검색되어 존재한다.
- **행 번호** : 찾을 값과 같은 열이면서 결과값을 반환할 행의 번호로, 행 번호가 1이면 범위의 첫째 행, 2이면 범위의 둘째 행을 의미한다.

> 🏁 **기적의 TIP**
>
> **VLOOKUP/HLOOKUP 옵션**
> FALSE(또는 0)를 사용하면 찾는 값과 정확하게 일치하는 값을, 생략하거나 TRUE(또는 1)를 사용하면 근사값을 찾는다. 근사값은 정확한 값이 없을 경우 찾을 값보다 작은 값들 중에서 최대값을 의미한다.

04 CHOOSE 함수

특정한 인수 목록 중에서 찾을 인수의 위치 번호에 해당하는 값을 찾는다(값은 1부터 254까지 지정 가능).

=CHOOSE(찾을 인수의 위치 번호, 인수1, 인수2, …)

- 찾을 인수의 위치 번호에 따라서 값이 선택된다. 즉 찾을 인수의 위치 번호가 1이면 인수1을, 2이면 인수2를 찾는 방식으로 계속해서 반환한다.
- 찾을 인수의 위치 번호가 1보다 작거나 목록의 최댓값보다 크면 #VALUE! 오류값을 표시한다.
- 찾을 인수의 위치 번호가 분수이면 소수점 이하를 잘라서 정수로 변환한다.

05 INDEX 함수

범위에서 지정한 행 번호, 열 번호가 교차하는 곳의 값을 반환한다. 범위에 행이나 열이 하나만 있을 때는 행 번호나 열 번호 인수를 생략할 수 있다.

=INDEX(범위, 행 번호, 열 번호)

06 OFFSET 함수

지정한 셀(범위)에서 지정한 행과 열의 수만큼 떨어진 곳에 있는 특정 높이와 너비의 범위에 입력된 데이터를 표시한다. 행(열)의 개수가 양수이면 아래(오른쪽) 방향으로, 음수이면 위(왼쪽) 방향으로 기준을 잡는다.

=OFFSET(셀(범위), 행 수, 열 수, 행 높이, 열 너비)

	A	B	C	D	E	F
	B8		fx	=SUM(OFFSET(A1,1,1,5,1))		
1	지역코드	1사분기	2사분기			
2	A1	10	30			
3	B3	20	40			
4	A1	30	50			
5	B3	40	60			
6	A2	50	70			
7						
8	1사분기 합	150				
9						

▲ [A1] 셀을 기준으로 1행 아래, 1열 오른쪽만큼 떨어진 위치 [B2]에서 행의 높이는 5행, 열의 너비는 1열에 해당하는 범위 [B2:B6]에 있는 데이터들의 합인 '150'이 [B8] 셀에 입력된다.

07 MATCH 함수

원하는 값의 위치(상대 위치)를 파악하고자 할 때 사용한다.

=MATCH(검색값, 범위, 옵션)

옵션	내용
1	검색값보다 작거나 같은 값 중에서 최대값을 찾음 (영역은 오름차순으로 정렬)
0	검색값과 같은 첫째 값을 찾음
−1	검색값보다 크거나 같은 값 중에서 최소값을 찾음 (영역은 내림차순으로 정렬)

08 XMATCH 함수

- 배열 또는 셀 범위에서 지정된 항목을 검색한 다음 항목의 상대 위치를 반환한다.
- MATCH 함수와 기본 기능은 같으나 XMATCH 함수는 와일드카드 문자를 사용할 수 있으며 검색 방법 기능이 추가되었다.

=XMATCH(찾을 값, 찾을 범위, 일치 유형, 검색 방법)

단답형 문제

01 다음 워크시트에서 수식 =HLOOKUP(43,B1:E3,3)의 계산 결과는?

	A	B	C	D	E
1	판매수량	10	30	50	70
2	할인율	5%	6%	7%	8%
3	보너스	300	400	500	600

객관식 문제

02 [C13:D15] 영역을 참조하여 [D4] 셀에 함수를 사용하여 수당을 입력하고, [D5:D11] 영역을 채우기 핸들로 끌어 계산하고자 한다. [D4] 셀에 들어갈 가장 적절한 함수식은?

	A	B	C	D	E
1			5월 급여 현황		
2					
3	사번	직책	기본급	수당	급여총액
4	10101	과장	2,500,000		
5	10102	과장	1,900,000		
6	10103	사원	1,700,000		
7	10214	사원	1,450,000		
8	10215	과장	1,950,000		
9	10216	부장	3,000,000		
10	10315	사원	1,600,000		
11	10316	과장	2,000,000		
12					
13	직급별 수당		부장	700,000	
14			과장	500,000	
15			사원	300,000	

① =VLOOKUP(B4, $C$13:$D$15, 2, 0)
② =VLOOKUP(B4, $C$13:$D$15, 2, 1)
③ =VLOOKUP(B4, $C$13:$D$15, 1, 2)
④ =VLOOKUP(B4, $C$13:$D$15, 1, 0)

03 다음 워크시트에 [A6] 셀과 [A7] 셀에 아래와 같이 입력하였다. [A6]과 [A7]의 결과값은?

[A6] 셀 : =HLOOKUP("전기세",A1:C5,2,FALSE)
[A7] 셀 : =VLOOKUP("101−301",A2:C5,3,TRUE)

	A	B	C
1	동호수	전력사용량	전기세
2	101-201	289	32,000
3	101-202	300	34,500
4	101-301	255	29,000
5	101-302	400	58,000
6			
7			

① 255, 29000 ② 32000, 29000
③ 29000, 255 ④ 29000, 32000

정답 01 400 02 ① 03 ②

POINT 29 | 데이터베이스 함수, 재무 함수

01 데이터베이스 함수

통계 함수나 수학 함수의 이름 앞에 데이터베이스(Database)의 D가 붙어 있는 함수를 말한다.

함수	설명
DMAX(범위, 열 위치, 조건)	범위에서 조건에 맞는 필드 값의 최대값을 지정한 열 위치에서 구함
DMIN(범위, 열 위치, 조건)	범위에서 조건에 맞는 필드 값의 최소값을 지정한 열 위치에서 구함
DSUM(범위, 열 위치, 조건)	범위에서 조건에 맞는 필드 값의 합계를 지정한 열 위치에서 구함
DCOUNT(범위, 열 위치, 조건)	범위에서 조건에 맞는 필드 값의 숫자 포함 셀 개수를 지정한 열 위치에서 구함
DCOUNTA(범위, 열 위치, 조건)	범위에서 조건에 맞는 필드 값의 비어 있지 않은 셀 개수를 지정한 열 위치에서 구함
DAVERAGE(범위, 열 위치, 조건)	범위에서 조건에 맞는 필드 값의 평균을 지정한 열 위치에서 구함
DVAR(범위, 열 위치, 조건)	범위에서 조건에 맞는 필드 값의 표본 집단 분산을 지정한 열 위치에서 구함
DSTDEV(범위, 열 위치, 조건)	범위에서 조건에 맞는 필드 값의 표본 집단 표준 편차를 지정한 열 위치에서 구함
DGET(범위, 열 위치, 조건)	범위에서 조건에 맞는 필드 값이 하나인 경우 그 값을 지정한 열 위치에서 구함
DPRODUCT(범위, 열 위치, 조건)	범위에서 조건에 맞는 필드 값의 곱을 지정한 열 위치에서 구함

예제
각 계열의 모의고사 성적표에서 자연 계열의 영어 과목 성적을 DSUM 함수를 이용하여 [D10] 셀에 구하시오.

데이터베이스 범위인 모의고사 성적표 [A2:E7]에서 조건 [C9:C10]에 맞는 영어 [D2]의 총점 '169'를 구한다.

범위	A2:E7
열 위치	• D2 혹은 4 혹은 "영어" • 열 레이블의 셀 주소, 열 번호, 열 레이블 모두 가능
조건	C9:C10

02 재무 함수

대부금 상환, 투자 금액의 미래 가치나 순 현재 가치, 채권등을 결정하는 재무 관련 계산을 할 때 사용한다.

함수	설명
FV(이자, 기간, 금액, 현재 가치, 납입 시점)	일정한 금액을 일정한 이자(이율)로 일정한 기간 동안 정기적으로 적립하는 경우 얻게 되는 미래 가치를 계산함
PV(이자, 기간, 금액, 미래 가치, 납입 시점)	앞으로 지불할 금액의 현재 가치를 계산함
NPV(할인율, 금액1, 금액2, …)	할인율과 앞으로의 지출(−)과 수입(+)을 사용하여 투자의 현재 가치를 계산함
PMT(이자, 기간, 현재 가치, 미래 가치, 납입 시점)	정기적으로 불입하고 일정한 이자(이율)가 적용되는 대출에 대해 매회 불입금을 계산함

예제
만기지급액은 5년간 연이율 4%로 매월 초에 예금한 후 매월 복리로 계산되어 만기에 찾게 되는 예금액으로 만기지급액은 백의 자리까지만 표시되도록 올림하여 처리하시오. 단, 만기지급액을 [B2:B8] 영역에 계산하여 표시하시오(FV 함수 사용).

B2		× ✓ fx	=ROUNDUP(FV(4%/12,5*12,-A2,,1),-2)

	A	B
1	월불입액	만기지급액
2	112,000	₩7,450,300
3	81,300	₩5,408,100
4	113,600	₩7,556,700
5	112,000	₩7,450,300
6	73,500	₩4,889,300
7	71,400	₩4,749,600
8	69,300	₩4,609,900

만기지급액은 <u>5년간</u> <u>연이율 4%</u>로 <u>매월 초에</u>
　　　　　　　기간　　　이자　　　납입 시점

예금한 후 <u>매월 복리</u>로 계산되어 <u>만기</u>에 <u>찾게 되는</u>
　<u>지불(-)</u>　　기간　　　　　　현재 가치 없음

= FV(4%/12,5*12,-A2,,1)

- **이자/기간** : 재무 함수에서 '이자'와 '기간' 인수는 동일한 단위로 통일시켜야 한다. 매월 예금하고 매월 복리로 계산되므로 연이율 4%를 4%/12로, 5년간을 5*12로 바꾸어 "월" 단위로 통일시킨다.
- **금액** : 예금(저축금)처럼 내 주머니에서 나가는 돈은 음수로 표시하고, 배당금처럼 내 주머니로 들어오는 돈은 양수로 표시한다. 따라서 금액을 음수로 표시한다.
- **납입 시점** : 0 또는 생략이면 기말(월말), 1이면 기초(월초)를 의미하므로 1로 표시한다.

백의 자리까지만 표시되도록 올림하여 처리해야 하므로 ROUNDUP 함수를 이용한다. 백의 자리까지 표시되므로 올림할 자릿수가 −2가 된다. 따라서 「=ROUNDUP(FV(4%/12,5*12,−A2,,1),−2)」가 된다.

03 정보 함수

CELL (정보 유형, 셀 주소)	'정보 유형'에 따른 '셀 주소'의 서식, 위치 또는 내용 정보를 구하며 정보 유형에는 행 번호를 구하는 'row', 서식 코드를 구하는 'format', 내용을 보여주는 'contents', 데이터 형식을 보여주는 'type(b, l, v)' 등이 있음
TYPE(값)	'값'에 해당하는 숫자를 구하며 값이 숫자면 1, 텍스트면 2, 논리값은 4, 오류값은 16을 보여줌
ISERR(값)	#N/A를 제외한 오류값의 경우 TRUE를 반환함
ISERROR(값)	오류값의 경우 TRUE를 반환함
ISEVEN(값)	숫자가 짝수일 경우 TRUE를 반환함
ISODD(값)	숫자가 홀수일 경우 TRUE를 반환함
ISTEXT(값)	값이 텍스트일 경우 TRUE를 반환함
ISNONTEXT(값)	값이 텍스트가 아닐 경우 TRUE를 반환함
ISNUMBER(값)	값이 숫자일 경우 TRUE를 반환함
ISLOGICAL(값)	값이 논리값일 경우 TRUE를 반환함

단답형 문제

01 ISODD 함수는 숫자가 짝수이면 TRUE를 반환한다. (○, ×)

객관식 문제

02 아래의 워크시트에서 [D9] 셀에 "직급이 대리이면서 기본급이 10000 이상인 직원들의 평균 연령을 나타내고자 한다. 다음 중 [D9] 셀에 들어갈 수식으로 옳은 것은?

	A	B	C	D
1	이름	직급	기본급	나이
2	김철수	대리	8000	25
3	나운희	과장	15000	30
4	홍길동	부장	20000	46
5	정철희	대리	13000	28
6	박재성	대리	14000	29
7				
8				평균연령
9	직급	기본급		
10	대리	>=10000		

① =DAVERAGE(A1:D6, D1, A9:B10)
② =DAVERAGE(A9:B10, D1, A1:D6)
③ =DAVERAGE(A1:D6, D1, A9:A10)
④ =DAVERAGE(A9:A10, D1, A1:D6)

03 대출원금 3천만원을 연 이자율 6.5%로 3년 동안 매월 말 상환하려고 한다. 매월 불입 금액을 계산하는 함수식으로 옳은 것은?

① =PMT(6.5%/12, 3*12, −30000000)
② =PMT(6.5%, 3*12, −30000000)
③ =IPMT(6.5%/12, 3*12, 30000000)
④ =IPMT(6.5%, 3*12, −30000000)

04 연이율 5%로 3년 만기 저축을 매월 초 50,000원씩 저축, 복리 이자율로 계산하여 만기에 찾을 수 있는 금액을 구하기 위한 수식으로 적당한 것은?

① =FV(5%, 3, −50000, ,1)
② =FV(5%, 3, 50000)
③ =FV(5%/12, 3*12, −50000, ,1)
④ =FV(5%/12, 3*12, 50000)

정답 01 × 02 ① 03 ① 04 ③

POINT 30 배열 수식

01 배열 수식

- 배열 수식은 하나 이상의 값 집합에 대해 여러 가지 계산을 수행하고 하나 또는 여러 개의 결과를 반환하는 수식이다.
- 배열 수식은 배열 인수라는 두 개 이상의 값에 의해 실행되며, 각 배열의 행과 열 수는 동일해야 한다.
- 배열 수식을 입력할 때는 Ctrl + Shift + Enter 를 눌러서 입력한다. 배열로 계산된 수식은 앞, 뒤에 중괄호({ })가 표시되어 구분된다.
- 잘못된 인수나 피연산자를 사용하면 #VALUE 오류가 발생한다.
- 수식 입력줄이 활성화되면 배열식의 { }는 나타나지 않으며, 빈 칸은 0으로 계산된다.
- 여러 셀에 수식을 입력할 경우 먼저 입력될 셀의 범위를 블록 설정한 다음, 수식을 입력한다.
- 여러 셀을 범위로 설정한 후 배열 수식을 입력하면 동일한 수식으로 입력되며, 한 덩어리로 인식되므로 일부분만 편집하거나 삭제하려면 '배열의 일부를 변경할 수 없습니다.'라는 오류 창이 표시된다.

02 배열 상수

- 배열 수식에 사용되는 인수를 배열 상수라 하는데, 열은 쉼표(,), 행은 세미콜론(;)으로 구분한다.
- 배열 상수값은 수식이 아닌 상수이어야 한다.
- 배열 상수로 숫자, 텍스트, TRUE나 FALSE와 같은 논리값, #N/A와 같은 오류값 등을 사용할 수 있다.
- 배열 상수에 정수, 실수, 지수형 서식의 숫자를 사용할 수 있다.
- 같은 배열 상수에 다른 종류의 값을 사용할 수 있다. (예 {1,3,4;TRUE,FALSE,TRUE})
- $, 괄호, %, 길이가 다른 행이나 열, 셀 참조 등은 배열 상수가 될 수 없다.
- 텍스트는 "영진닷컴"과 같이 큰따옴표로 묶어야 한다.

03 배열 수식의 활용

합계 구하는 방법	=SUM((조건)*관련 범위)
	=SUM((조건1)*(조건2)*관련 범위)
	=SUM(IF(조건, 관련 범위))
	=SUM(IF((조건1)*(조건2), 관련 범위))
개수, 인원수, 횟수 구하는 방법	=SUM((조건)*1)
	=SUM((조건1)*(조건2))
	=SUM(IF(조건, 1))
	=SUM(IF((조건1)*(조건2), 1))
	=COUNT(IF(조건, 1))
	=COUNT(IF((조건1)*(조건2), 1))
평균 구하는 방법	=AVERAGE(IF(조건, 관련범위))
	=AVERAGE(IF((조건1)*(조건2), 관련범위))

예제

입사년도가 '2001년'이고 성별이 '여'인 직원들의 급여 평균을 배열 수식을 이용하여 구하시오.

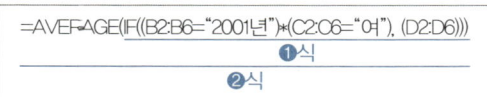

배열 수식을 쉽게 이해하고, 잘 활용하기 위해서는 딱 두 가지 사실만 알면 된다. 논리식의 결과는 TRUE(참) 또는 FALSE(거짓)이며, TRUE는 '1', FALSE는 '0'이다.
Ctrl + Shift + Enter 를 누르기 전의 수식을 살펴보자.

=AVERAGE(IF((B2:B6="2001년")*(C2:C6="여"), (D2:D6)))
　　　　　　　　　　　❶식
　　　　　　　　　❷식

- ❶식 : IF 함수를 통해서 논리식 (B2:B6="2001년")과 논리식 (C2:C6="여")의 곱이 TRUE인 경우와 FALSE인 경우를 구분하여 [D2:D6] 영역의 데이터를 배열에 저장한다.
- ❷식 : 최종적으로 AVERAGE 함수를 통해서 급여 평균을 구한다.

❶식 IF((B2:B6="2001년")*(C2:C6="여"),(D2:D6))

• B2:B6="2001년" : "2001년"과 같으면 TRUE를, 다르면 FALSE를 배열에 저장한다.

	B
2	1998년
3	2001년
4	2001년
5	2004년
6	2001년

="2001년" →

	배열
2	FALSE
3	TRUE
4	TRUE
5	FALSE
6	TRUE

• C2:C6="여" : "여"와 같으면 TRUE를, 다르면 FALSE를 배열에 저장한다.

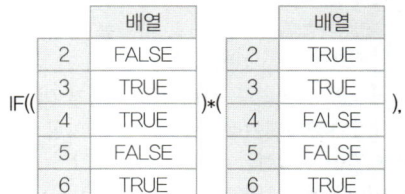

	C
2	여
3	여
4	남
5	남
6	여

="여" →

	배열
2	TRUE
3	TRUE
4	FALSE
5	FALSE
6	TRUE

• IF((B2:B6="2001년")*(C2:C6="여"), (D2:D6)) : 「B2:B6="2001년"」 식과 「C2:C6="여"」 식으로 구해진 TRUE, FALSE 값을 서로 곱하여 IF 함수의 논리식으로 하고, TRUE와 FALSE를 구분하여 [D2:D6] 영역의 데이터를 배열에 저장하게 될 것이다.

IF((
	배열
2	FALSE
3	TRUE
4	TRUE
5	FALSE
6	TRUE
)*(
	배열
2	TRUE
3	TRUE
4	FALSE
5	FALSE
6	TRUE
),

(
	D
2	200
3	180
4	180
5	150
6	190
)) →
	배열
2	FALSE
3	180
4	FALSE
5	FALSE
6	190

따라서 ❷식은 「=AVERAGE({FALSE;180;FALSE;FALSE;190})」가 되어 '185'가 구해진다(AVERAGE 함수에서 논리값은 계산되지 않음).

단답형 문제

01 배열 상수에 대한 설명이다.
  ❶ 배열 상수로 숫자, 텍스트, TRUE나 FALSE와 같은 논리값, #N/A와 같은 오류값 등을 사용할 수 있다. (O, ×)
  ❷ 열의 구분은 쉼표(,)로, 행의 구분은 세미콜론(;)으로 한다. (O, ×)

객관식 문제

02 아래의 시트에서 직책이 부장이고 기본급이 1,000,000 이상인 직원의 수를 계산하는 배열 수식으로 옳은 것은?

	A	B	C
1	이름	직책	기본급
2	김두한	과장	850,000
3	박대리	부장	950,000
4	이정수	대리	850,000
5	김한국	과장	1,005,000
6	고명국	부장	1,200,000
7	이태석	대리	830,000
8	최성국	부장	1,100,000

① {=COUNT((B2:B8="부장")*(C2:C8>=1000000))}
② ={COUNT((B2:B8="부장")*(C2:C8>=1000000))}
③ ={COUNT(IF(($B$2:$B$8="부장")*($C$2:$C$8>=1000000), 1, " "))}
④ {=COUNT(IF(($B$2:$B$8="부장")*($C$2:$C$8>=1000000), 1, " "))}

03 다음 시트에서 "판매1부"의 평균 수량을 배열 수식을 이용하여 계산하였다. [D10] 셀에 표시되는 수식으로 옳은 것은?

	A	B	C	D
1	사번	부서명	직위	수량
2	A001	판매1부	부장	150
3	A002	판매2부	과장	135
4	A003	판매3부	대리	105
5	A004	판매1부	과장	130
6	A005	판매2부	대리	115
7	A006	판매3부	부장	138
8	A007	판매1부	대리	119
9				
10	판매1부의 평균수량:			133

① {=IF(AVERAGE(C2:D8="판매1부", D2:D8))}
② {=IF(AVERAGE(B2:B8=A10, D2:D8))}
③ {=AVERAGE(IF(C2:D8="판매1부", D2:D8))}
④ {=AVERAGE(IF(B2:B8=LEFT(A10,4), D2:D8))}

정답 01 ❶ O ❷ O 02 ④ 03 ④

POINT 31 | 차트 작성

01 차트의 구성 요소

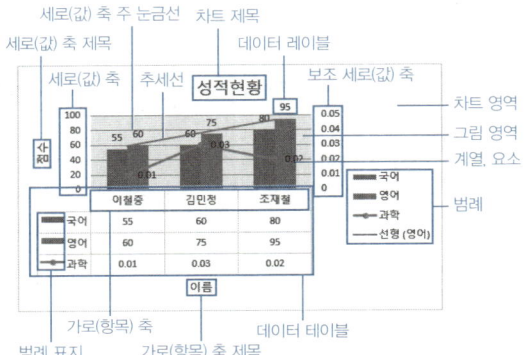

차트 영역	차트의 전체 영역을 의미하며, 차트의 모든 구성 요소를 포함함
그림 영역	가로(항목) 축과 세로(값) 축으로 형성된 영역
차트 제목	차트의 제목을 표시함
데이터 레이블	그려진 막대나 선이 나타내는 표식에 대한 데이터 요소 또는 값 등의 추가 정보를 표시함
데이터 계열	차트로 나타낼 값을 가진 항목으로 막대나 선으로 표현하며, 각 항목별 계열마다 서로 다른 색이나 무늬로 구분함(영어 계열)
데이터 요소	데이터 계열의 개별 데이터 요소를 표현(영어 계열의 조재철 요소)
가로(항목) 축	차트를 구성하는 데이터 항목을 나타냄
세로(값) 축	데이터 계열이 가진 값을 숫자로 표현
보조 세로(값) 축	데이터 계열 값의 편차가 크거나 데이터 형식이 혼합되어 있는 경우 사용됨
범례	차트를 구성하는 데이터 계열의 무늬 및 색상과 데이터 계열의 이름을 표시함
데이터 테이블	차트의 원본 데이터를 표시함
추세선	데이터의 추세를 표시하는 선으로, 데이터를 분석하고 예측하는 데 사용됨

원형(도넛형), 선버스트, 분산형(거품형), 방사형 차트에는 데이터 테이블을 표시할 수 없다.

02 차트의 특징

- 워크시트에 입력된 데이터를 막대나 선, 도형, 그림 등을 사용하여 시각적으로 표현한 것으로 데이터의 상호 관계나 경향 또는 추세를 쉽게 분석할 수 있다.
- 차트는 2차원과 3차원 차트로 구분할 수 있다. 2차원 차트는 차트의 원근감, 상하 회전(Y 회전), 좌우 회전(X 회전) 등을 변경할 수 없고, 3차원 차트는 '추세선 추가'가 불가능하다.
- '차트 이동' 기능으로 차트(Chart) 시트에 차트만 별도로 넣고 싶을 때는 '새 시트'를, 기존 워크시트에 넣고 싶을 때는 '워크시트에 삽입'을 선택하면 된다 ([차트 디자인]-[위치]-[차트 이동]).

03 차트 삽입

- 데이터 범위를 선택한 다음 [삽입]-[차트] 그룹에서 차트를 선택해 차트를 작성한다.
- 연속되지 않은 범위의 데이터로 차트를 작성하려면 Ctrl을 누르고 범위를 선택해야 한다.
- 차트를 작성할 데이터를 시트에 입력하지 않고 빈 차트를 삽입한 후 [데이터 원본 선택] 대화상자에서 직접 모든 원본 데이터를 입력할 수도 있다.
- 숨겨진 열이나 행은 차트에 표시되지 않는다.
- 원본 데이터가 바뀌면 차트에 자동으로 반영된다.
- 원본 데이터를 삭제하면 차트의 데이터 계열이 삭제되지만, 차트에서 데이터 계열을 삭제하면 원본 데이터에는 아무런 영향을 미치지 않는다.
- 차트에 두 개 이상의 차트 종류를 사용하여 혼합형 차트를 만들 수 있다.
- 차트를 선택하면 [차트 디자인], [서식] 탭이 표시된다.
- 차트 데이터 범위를 선택하고 F11을 누르면 별도의 차트(Chart) 시트에 기본 차트가 만들어지고, Alt + F1을 누르면 차트 데이터 범위가 있는 시트에 기본 차트가 만들어 진다.
- 피라미드형, 원통형, 원뿔형 막대 모양은 2차원 차트로는 만들 수 없고, 3차원 차트로만 만들 수 있다.

- 분산형 차트, 도넛형 차트, 주식형 차트는 3차원 차트로 작성할 수 없다.

04 차트 종류

세로 막대형 차트	• 시간에 따른 변화를 강조하며, 항목의 값들을 막대 길이로 비교, 분석하는 데 사용함 • 항목은 수평으로 구성되고, 값은 수직으로 구성됨
가로 막대형 차트	• 시간보다는 비교하는 개별 항목 값들을 강조하는 데 사용함 • 항목은 수직으로 구성되고, 값은 수평으로 구성됨
꺾은선형 차트	• 하나의 데이터 계열을 하나의 선으로 표현하여 시간에 따른 각 계열의 변화나 추세를 나타낼 때 사용함 • 일정 기간의 데이터 추세를 나타내며, 시간의 흐름과 변화율에 중점을 둠 • 원본 데이터 값이 빈 셀(Null 값)일 경우 해당되는 부분이 단절되어 표시됨
원형 차트	• 중요 요소를 강조하거나 각 항목의 구성 비율과 기여도를 확인할 때 사용함 • 각 항목 합계에 대한 크기 비율로 표시하며, 항상 한 개의 데이터 계열만을 가지고 있으므로 축이 없음 • 각각의 원 조각들은 모두 떼어내어 분리할 수 있음
도넛형 차트	• 원형 차트를 개선한 것으로 원형 차트는 하나의 계열을 가지는 데 비해 다중 계열을 가질 수 있음 • 원형 차트와는 달리 바깥쪽 고리의 조각만 끌어낼 수 있으며, 도넛 구멍의 크기 변경 값은 0%~90% 사이의 값임
선버스트 차트	• 계층 구조 데이터를 표시하는 데 적합 • 가장 안쪽에 있는 원이 계층 구조의 가장 높은 수준을 나타냄 • 계층 구조가 없는(하나의 범주 수준) 선버스트 차트는 도넛형 차트와 모양이 유사
분산형 차트	• XY 좌표로 된 계열로 두 개의 숫자 그룹을 표시함 • 항목의 값을 점으로 표시하여 여러 데이터 값들의 관계를 보여주는 것으로, 주로 과학, 공학용 데이터 분석에 사용함
표면형 차트	• 두 개의 데이터 집합에서 최적의 조합을 찾을 때 사용함 • 색과 무늬는 같은 값 범위에 있는 항목(영역)을 나타냄
거품형 차트	분산형 차트의 한 종류로 데이터 계열 간의 항목 비교에 유용하며, 데이터 값이 3개인 경우 사용함
주식형 차트	• 주가 흐름을 파악하고자 할 때 사용하거나, 온도 변화와 같은 과학 데이터의 입체적 표현에 사용함 • 고가, 저가, 종가 등 주식 거래 가격을 바탕으로 차트를 작성함

단답형 문제

01 다음은 차트의 종류에 대한 설명이다. 괄호 안에 설명하는 차트의 종류나 축을 기입하시오.

1 (   ) : 여러 데이터 값들의 관계를 보여 주는데 주로 과학 데이터의 차트 작성에 사용한다.

2 (   ) : 하나의 데이터 계열을 하나의 선으로 표현해 시간에 따른 각 계열의 변화나 추세를 보여 주고자 할 때 작성하며, 3차원 차트로도 작성할 수 있다.

객관식 문제

02 차트에 관한 설명으로 옳지 않은 것은?
① 차트는 차트 영역, 그림 영역, 계열, 항목 축, 값 축, 범례, 제목 등의 개체로 구성되어 있다.
② 차트를 만들 때 자주 사용하는 특정 차트는 기본 차트로 설정하여 활용할 수 있다.
③ 거품형 차트와 대부분의 3차원 차트는 콤보 차트로 만들 수 없다.
④ 기본 차트는 F11 을 누르면 현재 시트에 삽입되고, Alt + F11 을 누르면 별도의 차트 시트에 삽입된다.

03 다음 중 원형 차트에 대한 설명으로 옳지 않은 것은?
① 항목의 값들이 항목 합계의 비율로 표시되므로 중요한 요소를 강조할 때 사용한다.
② 항상 한 개의 데이터 계열만을 가지고 있으므로 축이 없다.
③ 차트의 각 조각을 분리할 수 있고, 첫째 조각의 각을 조정할 수 있다.
④ 차트 계열 요소의 값들을 '데이터 테이블'로 나타낼 수 있다.

정답 01 **1** 분산형 차트 **2** 꺾은선형 차트   02 ④   03 ④

POINT 32 | 차트 편집

01 차트 도구

◉ 차트 디자인

[차트 디자인] 탭에서 확인할 수 있다.

종류	• [추천 차트], [모든 차트] 탭에서 차트 종류 변경 • [모든 차트] 탭의 '서식 파일'에서 C:\Users\사용자\AppData\Roaming\Microsoft\Templates\Charts 경로에 있는 차트 서식 파일(crtx)을 선택할 수 있음 • [모든 차트] 탭에서 원하는 차트 선택 후 기본 차트로 설정(차트 데이터 범위 설정 후 Alt + F1 을 누르면 나오는 기본 차트)
데이터	• 행/열 전환 : 가로(X) 축의 데이터를 세로(Y) 축으로, 세로(Y) 축의 데이터를 가로(X) 축으로 옮김 • 데이터 선택 : 차트에 포함된 데이터 범위를 변경함
차트 레이아웃	• 차트 요소 추가 : 차트 제목이나 데이터 표 같은 차트 요소 추가 • 빠른 레이아웃 : 차트의 전체 레이아웃을 빠르게 변경
차트 스타일	• 색 변경 : 색상형, 단색형 중에서 사용자가 지정 • 차트 스타일 : 미리 정의된 스타일을 차트에 빠르게 적용
위치	[차트 이동]으로 차트 위치를 '새 시트'나 '워크시트'로 이동

◉ 차트 서식

[서식] 탭에서 확인할 수 있다.

현재 선택 영역	• 차트 요소를 선택한 후 [선택 영역 서식]을 누르면 나타나는 서식 작업 창에서 세밀한 설정 가능 • [스타일에 맞게 다시 설정]을 누르면 사용자 지정 서식을 지우고 차트에 적용된 전체 표시 스타일로 되돌림
정렬	• [선택 창]을 누르면 선택 창이 표시되고 모든 개체가 목록으로 나타남 • 선택 창에서 개체 선택, 순서 변경(앞으로 가져오기, 뒤로 보내기), 개체 표시, 개체 숨기기 가능 • [앞으로 가져오기], [뒤로 보내기], [개체 맞춤], [개체 그룹화], [개체 회전]
크기	도형 높이와 도형 너비 설정

02 차트 편집

◉ 차트 위치/크기 조정

- 위치 조절 : 차트를 선택하고 마우스로 드래그해서 위치를 조절할 수 있다.
- 크기 조절 : 차트를 선택하고 크기 조절 핸들을 마우스로 드래그하여 상하좌우로 크기를 조절할 수 있다.
- Alt 를 누른 상태에서 차트의 위치나 크기를 조절하면 셀 눈금선에 정확하게 맞출 수 있다.

◉ 차트 종류 변경

- 차트를 선택하고 [차트 디자인]-[종류]-[차트 종류 변경]을 선택하거나 차트 영역의 바로 가기 메뉴에서 [차트 종류 변경]을 선택한다.
- 특정한 데이터 계열을 선택하고 바로 가기 메뉴에서 '계열 차트 종류 변경'을 선택하거나 [차트 종류 변경]을 선택하면 [모든 차트] 종류 중에서 '혼합' 차트가 활성화되는데, 계열 이름을 선택하고 차트 종류를 바꿀 수 있다(보조 축 지정도 가능).

◉ 데이터 레이블 추가

차트(차트 영역)를 선택하고 [차트 디자인]-[차트 레이아웃]-[차트 요소 추가]-[데이터 레이블]에서 레이블 위치(없음, 가운데, 안쪽 끝에, 축에 가깝게, 바깥쪽 끝에, 데이터 설명선)를 설정하면 모든 계열에 데이터 레이블이 추가되고, 특정 계열에만 추가하려면 해당 계열의 바로 가기 메뉴에서 [데이터 레이블 추가]를 선택하면 된다.

- **추세선**
  - 데이터의 추세를 직선이나 곡선으로 표시하고, 예측 문제를 분석하는 데 사용된다.
  - 회귀 분석을 사용하여 추세선을 실제 데이터 범위 밖으로 확장하면 미래 값을 예측할 수 있다.
  - 하나의 데이터 계열에 두 개 이상의 추세선을 동시에 사용할 수도 있다.
  - 추세선을 나타낼 데이터 계열을 선택하고 [차트 디자인]-[차트 레이아웃]-[차트 요소 추가]-[추세선]을 선택하거나, 해당 데이터 계열의 바로 가기 메뉴에서 [추세선 추가], 혹은 차트 오른쪽 위의 ⊞ 클릭하여 추세선을 체크한다.
  - 사용된 수식을 추세선과 함께 나타나게 할 수 있다.
  - 추세선 삭제 시 삭제할 추세선을 선택하고 Delete 를 누른다.
  - 엑셀 차트에서 사용 가능한 추세선의 종류는 지수, 선형, 로그, 다항식, 거듭제곱, 이동 평균이 있다.
  - **추세선 추가 가능 차트** : 막대형, 꺾은선형, 영역형, 분산형(거품형, 3차원 거품형), 주식형 등
  - **추세선 추가 불가능 차트** : 3차원(막대 모양이 상자, 피라미드형, 원통형, 원뿔형), 원형(도넛형), 방사형, 표면형 등

03 혼합 차트

- 여러 개의 데이터 계열을 가지고 있는 차트에서 특정 데이터 계열을 다른 차트로 표시한다.
- 두 종류 이상의 차트를 사용하여 차트에 다른 정보가 들어 있음을 강조하는 경우에 사용한다.
- 거품형, 주식형, 표면형, 3차원 차트는 혼합형 차트를 만들 수 없다.

04 보조 축이 있는 차트(이중 축 차트)

- 차트에 값 축을 추가하여 이중으로 값을 표시한다.
- 특정 데이터 계열 값의 범위가 다른 데이터 계열과 현저하게 차이가 날 때 사용한다.
- 해당 데이터 계열에서 보조 축을 설정하면 오른쪽에 보조 축 눈금이 나타난다.

▶ **기적의 TIP**

보조 축
값의 차이가 많은 계열이 차트에 포함된 경우 사용되는 축을 말한다. 이중 차트에서 왼쪽 눈금이 기본 축이고, 오른쪽 눈금이 보조 축이다.

단답형 문제

01 차트 도구의 [데이터 선택]에서 [행/열 전환]을 클릭하여 가로 (항목) 축의 데이터 계열과 범례 항목(계열)을 바꿀 수 있다. (ㅇ, ×)

객관식 문제

02 다음 중 추세선에 대한 설명으로 옳지 않은 것은?
① 추세선의 종류로는 선형, 로그, 다항식, 거듭제곱, 지수, 이동 평균 등 6가지 종류로 구성되어 있다.
② 하나의 데이터 계열에 두 개 이상의 추세선을 동시에 사용할 수 있다.
③ 추세선이 추가된 계열의 차트를 3차원 차트로 바꾸어도 추세선은 그대로 표시된다.
④ 방사형, 원형, 도넛형 차트에는 추세선을 사용할 수 없다.

03 아래의 보기와 같은 두 개의 서로 다른 차트를 혼합하여 작성하려고 한다. 다음 중에서 차트의 작성이 수행되지 않는 것은?
① 영역형, 도넛형   ② 거품형, 방사형
③ 원형, 분산형   ④ 도넛형, 가로 막대형

04 다음은 보조 축을 이용하는 차트에 대한 설명이다. 설명이 잘못된 것은?
① 이중 차트는 차트에 또 하나의 값 축을 추가하여 이중으로 값을 표시하는 차트이다.
② 이중 차트에서 오른쪽에 나타나는 눈금이 기본 축이고, 왼쪽에 나타나는 눈금이 보조 축이다.
③ 이중 차트는 특정 데이터 계열 값의 범위가 다른 데이터 계열과 현저하게 차이가 날 때 사용하는 차트이다.
④ 혼합형 차트는 두 종류 이상의 차트를 사용하여 차트에 다른 정보가 들어 있음을 강조하는 경우에 사용하는 차트이다.

정답 01 ㅇ 02 ③ 03 ② 04 ②

POINT 33 | 인쇄

01 인쇄 미리 보기

- [파일]-[인쇄]의 인쇄 미리 보기 상태에서 인쇄 시 사용할 머리글, 바닥글, 여백 등을 확인할 수 있다.
- [인쇄 미리 보기] 상태에서 [여백 표시]를 선택하면 여백 경계선과 열 너비 경계선이 표시된다. 마우스로 드래그하여 여백과 열 너비를 조절할 수 있지만, 행 높이는 조절할 수 없다.
- [페이지 레이아웃] 탭의 페이지 설정 그룹 우측 하단에 있는 대화상자 표시 아이콘을 클릭하면 [페이지 설정] 대화상자가 표시된다.
- [인쇄 미리 보기] 상태에서 [페이지 확대/축소]를 클릭하면 화면이 일정한 비율로 확대되어 표시되지만 인쇄 시에 적용되는 것은 아니다.
- 차트를 선택한 후 [파일]-[인쇄]를 선택하면 차트만 인쇄 미리 보기에 나타난다.
- 인쇄 미리 보기에서 벗어나려면 인쇄 미리 보기 창의 왼쪽 위에 있는 돌아가기 화살표를 클릭하거나 Esc를 누른다.

02 페이지 설정

● [페이지 설정] 대화상자

[페이지 설정] 대화상자에서 작업한 결과물을 출력하기 전에 출력 용지나 여백 등을 설정할 수 있다.

페이지	• 용지 방향(세로, 가로), 배율(확대/축소 배율, 자동 맞춤), 용지 크기, 인쇄 품질, 시작 페이지 번호 설정 • [자동 맞춤]의 용지 너비와 용지 높이를 1로 지정하면 여러 페이지가 한 페이지에 되도록 출력될 수 있게 확대/축소 배율(10%~400%)이 자동으로 조정됨
여백	여백(상하좌우, 머리글, 바닥글)과 페이지 가운데 맞춤(가로, 세로) 설정
머리글/ 바닥글	매 페이지의 상단이나 하단에 페이지 번호, 문서의 제목, 사용자 이름, 작성 날짜 등을 설정함 예 -&[페이지 번호]& - : -1- 형태로 페이지 번호를 표시함 예 &[페이지 번호]페이지 : 1페이지 형태로 해당 페이지 수를 표시함 예 &[전체 페이지 수] 페이지 : 4 페이지 형태로 전체 페이지 수를 표시함
시트	• 인쇄 영역, 인쇄 제목(반복할 행, 반복할 열), 인쇄(눈금선, 흑백으로, 간단하게 인쇄, 행/열 머리글, 메모, 셀 오류 표시), 페이지 순서(행 우선, 열 우선) • '간단하게 인쇄'를 체크하면 셀의 테두리, 문서에 삽입된 차트, 도형, 그림 등 모든 그래픽 요소를 제외하고 텍스트만 빠르게 인쇄됨 • '메모'에서 인쇄 위치를 '없음', '시트 끝', '시트에 표시된 대로'로 설정할 수 있음

● 머리글/바닥글 편집 도구 모음

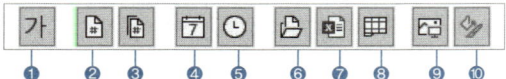

① 텍스트 서식
② 페이지 번호 삽입
③ 전체 페이지 수 삽입
④ 날짜 삽입
⑤ 시간 삽입
⑥ 파일 경로 삽입
⑦ 파일 이름 삽입
⑧ 시트 이름 삽입
⑨ 그림 삽입
⑩ 그림 서식

● 선택된 차트의 페이지 설정

- 차트를 선택한 상태에서 페이지 설정을 하면 [페이지 설정] 대화상자에서 [시트] 탭 대신 [차트] 탭이 나타난다.
- [차트] 탭에는 차트의 일부분을 인쇄하기 위한 인쇄 영역을 지정하는 기능이 없다.
- [차트] 탭에서 인쇄 품질을 '간단하게 인쇄' 또는 '흑백으로 인쇄'를 선택하여 출력을 할 수 있다.
- 머리글/바닥글을 이용하여 일반 시트 인쇄 방법과 동일하게 머리글 및 바닥글을 인쇄할 수 있다.

03 워크시트의 인쇄

● 인쇄 영역 설정

인쇄 영역을 선택한 다음 [페이지 레이아웃]-[페이지 설정]-[인쇄 영역]-[인쇄 영역 설정]을 클릭해서 인쇄 영역을 설정할 수 있다.

● 페이지 나누기 미리 보기

- [보기]-[통합 문서 보기]-[페이지 나누기 미리 보기]를 선택하여 실행하고, [보기]-[통합 문서 보기]-[기본]을 선택하여 페이지 나누기 미리 보기 상태를 해제할 수 있다.
- [페이지 나누기 미리 보기] 상태에서 데이터의 입력이나 편집을 할 수 있다.
- [페이지 나누기 미리 보기] 상태에서 페이지 나누기 선을 마우스로 드래그하면 구분선의 위치를 조절할 수 있다 (셀의 크기는 조절 안 됨).
- [페이지 나누기 미리 보기] 상태에서 [기본] 보기로 전환해도 페이지 나누기 선을 표시할 수 있다.
- [페이지 나누기 미리 보기] 상태에서 바로 가기 메뉴의 [페이지 나누기 모두 원래대로]를 이용하여 설정된 모든 페이지를 해제할 수 있다.
- 페이지 구분선을 표시하려면 [Excel 옵션]의 [고급]에서 '이 워크시트의 표시 옵션' 항목의 [페이지 나누기 표시]에 체크한다.

● 페이지 나누기

자동 페이지 나누기	• 인쇄할 데이터의 분량이 많아 한 페이지가 넘어가면 자동으로 페이지 구분선이 삽입됨 • 페이지 구분선은 인쇄 영역, 용지 크기, 여백 설정을 기준으로 만들어짐 • [페이지 레이아웃]-[페이지 설정] 그룹에서 설정한 값들이 기준이 됨
수동 페이지 나누기	• 사용자 필요에 의해 페이지 구분선을 넣는 것으로 셀 포인터 기준 위쪽과 왼쪽으로 삽입됨 • [페이지 레이아웃]-[페이지 설정]-[나누기]-[페이지 나누기 삽입]을 선택함 • [페이지 나누기 미리 보기] 상태에서 강제로 페이지를 구분하려면 페이지를 구분할 셀을 선택하고 바로 가기 메뉴에서 [페이지 나누기 삽입]을 클릭하면 됨 • [페이지 레이아웃]-[페이지 설정]-[나누기]-[페이지 나누기 제거]를 선택해서 페이지 구분선을 제거할 수 있음

단답형 문제

01 페이지 나누기 미리보기에 대한 설명이다.

1 [페이지 나누기 미리 보기] 상태에서도 데이터의 입력이나 편집을 할 수 있다. (ㅇ, ×)

2 [페이지 나누기 미리보기] 상태에서 페이지 나누기 선을 마우스로 드래그하여 이동할 수 없다. (ㅇ, ×)

3 [페이지 나누기 미리보기]에서 수동으로 삽입된 페이지 나누기는 파선으로 표시되고 자동으로 추가된 페이지 나누기는 실선으로 표시된다. (ㅇ, ×)

객관식 문제

02 다음 중 [인쇄 미리 보기] 상태에서 설정할 수 있는 기능에 대한 설명으로 옳지 않은 것은?
① '여백 표시'가 되어 있는 경우 미리 보기로 표시된 워크시트의 열 너비를 조정할 수 있다.
② [페이지 설정]에서 '인쇄 영역'을 변경하여 인쇄할 수 있다.
③ [머리글/바닥글]로 설정한 내용은 매 페이지 상단이나 하단의 별도 영역에, 인쇄 제목의 반복할 행/열은 매 페이지의 본문 영역에 반복 출력된다.
④ [페이지 설정]에서 확대/축소 배율을 10%에서 최대 400%까지 설정하여 인쇄할 수 있다.

03 다음 중 [페이지 나누기 미리 보기] 상태에서 설정할 수 있는 기능에 대한 설명으로 옳지 않은 것은?
① 행 높이와 열 너비를 변경하면 자동 페이지 나누기의 위치도 변경된다.
② 수동으로 삽입한 페이지 나누기를 제거하려면 페이지 나누기를 페이지 나누기 미리 보기 영역 밖으로 끌어다 놓는다.
③ [페이지 나누기 삽입] 기능은 선택한 셀의 아래쪽 행 오른쪽 열로 페이지 나누기를 삽입한다.
④ 수동 페이지 나누기를 모두 제거하려면 임의의 셀의 바로 가기 메뉴에서 [페이지 나누기 모두 원래대로]를 클릭한다.

정답 01 **1** ㅇ **2** × **3** × 02 ② 03 ③

◉ [인쇄]

[파일]-[인쇄]에서 인쇄와 인쇄 미리 보기를 할 수 있다 (Ctrl+P, Ctrl+F2).

인쇄	• [인쇄] 버튼을 클릭하여 준비된 프린터와 설정 값으로 인쇄함 • 몇 장씩 인쇄할 것인지 복사본을 설정할 수 있음
프린터	• 인쇄할 프린터를 직접 선택할 수 있고 [프린터 속성]을 확인할 수 있음 • '파일로 인쇄'를 선택하여 인쇄 파일을 만듦(확장자 *.prn)
설정	• 인쇄 대상과 범위 　- 활성 시트 인쇄 : 활성 시트(현재 선택한 시트)만 인쇄함 　- 전체 통합 문서 인쇄 : 현재 통합 문서 내의 모든 워크시트를 인쇄함 　- 선택 영역 인쇄 : 현재 선택한 셀 범위 영역만 인쇄함 　- 인쇄 영역 무시 : 정의된 인쇄 영역만 인쇄하지 않음 • 페이지, 위치 : 인쇄할 페이지 범위, 특정 페이지를 골라 인쇄함 • 페이지의 단면, 양면 인쇄 여부 설정 • 한 부씩 인쇄 : 복사본이 있을 때 한 부씩 인쇄할지 여부 선택

◉ 기타

- **도형을 제외한 인쇄** : 도형의 바로 가기 메뉴에서 [크기 및 속성]을 선택한 다음 도형 서식 작업 창의 [속성]에서 '개체 인쇄'를 해제한다.
- **차트만 인쇄** : 차트 선택 후 [파일]-[인쇄]를 실행한다.
- 숨기기한 행이나 열은 인쇄(표시)되지 않는다.

04 화면 제어

◉ 화면 확대/축소

- 현재 워크시트를 확대 또는 축소시킨다.
- [보기]-[확대/축소]-[확대/축소]를 실행한 후 [확대/축소] 대화상자에서 배율을 선택한다.
- '사용자 지정' 옵션을 선택하고 배율을 10~400%까지 직접 지정할 수 있다.

◉ 창 정렬

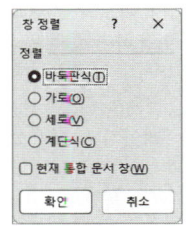

- 창 정렬은 여러 개의 통합 문서를 배열하여 비교하면서 작업할 수 있는 기능이다.
- [보기]-[창]-[모두 정렬]을 실행하여 정렬한다.
- 창을 정렬하는 방식은 4가지(바둑판식, 가로, 세로, 계단식)가 있다.

◉ 창 나누기

	A	B	C	D	E	F	G
1							
2			국어	영어	수학	과학	기술
3		유온지	80	80	70	80	90
4		임수진	70	80	90	85	80
5		장한길	60	60	50	92	60

- 창을 개별적으로 스크롤되는 여러 창으로 나누는 기능이다.
- [보기]-[창]-[나누기]를 실행하면 선택한 셀 좌측 상단을 기준으로 분할선이 표시된다.

- 현재 화면을 수평이나 수직 또는 수평/수직으로 나눈다. 최대 4개로 분할 가능하다.
- 분할선을 마우스로 드래그해서 분할된 지점을 이동할 수 있다.
- 분할선을 워크시트 바깥쪽으로 이동하거나 더블클릭하면 삭제된다.
- 창 나누기가 설정된 상태에서 [보기]-[창]-[나누기]를 선택하면 원래의 상태로 돌아간다.
- 창 나누기가 설정되어 있어도 인쇄에는 영향을 끼치지 않는다.

● 틀 고정

	A	B	C	D	E	F	G
1							
2			국어	영어	수학	과학	기술
3		유은지	80	80	70	80	90
4		임수진	70	80	90	85	80
5		장한길	60	60	50	92	60

- 워크시트에 입력된 내용이 많아 특정한 범위의 열 또는 행을 고정시켜 셀 포인터의 이동에 상관없이 항상 제목 행이나 제목 열을 화면에 표시하고자 할 때 사용한다.
- [보기]-[창]-[틀 고정]-[틀 고정]을 실행하면 선택한 셀 좌측 상단을 기준으로 행과 열을 동시에 고정시킬 수 있다.
- 틀 고정 위치는 틀 고정이 된 상태에서 수정할 수 없다. 따라서 틀 고정 위치를 변경하려면 틀 고정 취소 후 다시 설정해야 한다.
- [보기]-[창]-[틀 고정]-[틀 고정 취소]를 실행하여 원래대로 되돌릴 수 있다.
- 화면에 틀이 고정되어 있어도 인쇄에는 영향을 끼치지 않는다.

● 창 숨기기

- [보기]-[창]-[숨기기]를 실행하여 현재 통합 문서를 보이지 않게 숨긴다.
- 숨기기를 실행하면 [시트] 탭들도 모두 사라진다.
- [보기]-[창]-[숨기기 취소]를 실행하여 숨긴 문서를 열 수 있다.
- 숨기기를 실행한 상태에서 엑셀을 종료해도 되돌릴 수 있다.

단답형 문제

01 화면 확대/축소 시 사용자가 직접 10~400%까지 배율을 지정할 수 있다. (○, ×)

02 창 나누기는 워크시트를 여러 개의 창으로 분리하는 기능으로 최대 8개까지 분할할 수 있다. (○, ×)

객관식 문제

03 다음 중 워크시트에 입력된 도형만 제외하고 인쇄하려고 할 때의 방법으로 알맞은 것은?
① 입력된 도형을 선택한 후 바로 가기 메뉴에서 [크기 및 속성]을 선택하고 도형 서식 작업 창의 '속성'에서 '개체 인쇄'를 해제한다.
② [페이지 설정] 대화상자의 '시트' 탭에서 '흑백으로' 항목에 체크하고 [확인]을 클릭한다.
③ [페이지 설정] 대화상자의 '시트' 탭에서 '간단하게 인쇄' 항목에 체크하고 [확인]을 클릭한다.
④ [페이지 설정] 대화상자의 '시트' 탭에서 '시험출력' 항목에 체크하고 [확인]을 클릭한다.

04 다음 중 엑셀의 화면 설정에 대한 설명으로 옳은 것은?
① 워크시트 화면의 확대/축소 배율 지정은 모든 시트에 같은 배율로 적용된다.
② 틀 고정과 창 나누기를 동시에 수행할 수 있다.
③ 화면에 표시되는 틀 고정 형태는 인쇄 시 적용되지 않는다.
④ 틀 고정 구분 선은 마우스 드래그로 위치를 변경할 수 있다.

정답 01 ○ 02 × 03 ① 04 ③

POINT 34 | 데이터 정렬

01 정렬

- 목록의 데이터를 특정 필드의 크기 순서에 따라 재배열하는 기능이다.
- 정렬 방식에는 오름차순과 내림차순이 있으며, 셀 값에 따라 정렬이 수행된다.
- 빈 셀(공백)은 정렬 순서와 관계없이 항상 마지막으로 정렬된다.

오름차순 정렬	숫자 – 기호 문자 – 영문 소문자 – 영문 대문자 – 한글 – 빈 셀 순서로 정렬함 (단, 대/소문자 구분하도록 설정했을 때)
내림차순 정렬	한글 – 영문 대문자 – 영문 소문자 – 기호 문자 – 숫자 – 빈 셀 순서로 정렬함 (단, 대/소문자 구분하도록 설정했을 때)

- 문자와 숫자가 혼합되어 있을 경우 왼쪽부터 비교하여 정렬시킨다(예) B1, B11, B100을 오름차순으로 정렬하면 B1, B100, B11순으로 정렬됨).
- 특정한 셀 범위를 설정하고 정렬을 실행하면 해당 범위만 정렬된다.
- 셀 범위를 지정하지 않고 정렬을 실행하면 현재 셀 포인터를 기준으로 인접한 데이터를 모든 범위로 자동 지정한다.
- 정렬 대화상자에서 정렬 기준을 셀 값, 셀 색, 글꼴 색, 조건부 서식 아이콘 중에서 설정하여 정렬할 수 있다.

02 [정렬] 대화상자

[데이터]-[정렬 및 필터]-[정렬]을 선택하여 [정렬] 대화상자를 실행한다.

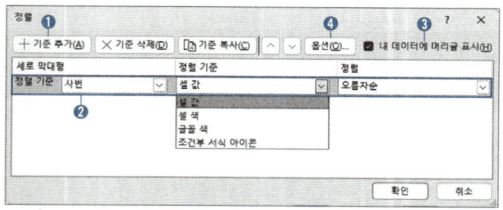

❶ 기준 추가	[기준 추가]를 통해서 정렬 조건을 최대 64개까지 지정할 수 있어 다양한 기준 설정이 가능함
❷ 정렬 기준	• 열의 정렬 기준에서 정렬할 열을 선택한 후 정렬 기준에 따라 정렬 설정 • 정렬 기준이 '셀 값'이면 정렬에 오름차순·내림차순·사용자 지정 목록이 나타나고, 정렬 기준이 셀 색·글꼴 색·조건부 서식 아이콘이면 정렬에 위에 표시·아래쪽에 표시로 나타남 • 사용자 지정 목록에 기본 제공되는 요일 또는 월을 기준으로 정렬할 수 있고 사용자가 직접 목록을 추가할 수도 있음
❸ 내 데이터에 머리글 표시	'내 데이터에 머리글 표시'에 체크하면 머리글 행(선택한 범위의 첫 행)은 정렬에서 제외됨
❹ 옵션	[옵션]을 클릭하면 [정렬 옵션] 대화상자가 표시됨. [정렬 옵션] 대화상자에서 대/소문자 구분과 정렬 방향(위쪽에서 아래쪽, 왼쪽에서 오른쪽)을 지정할 수 있음 • 위쪽에서 아래쪽 : 데이터가 열을 기준으로 행 단위로 정렬됨 • 왼쪽에서 오른쪽 : 데이터가 행을 기준으로 열 단위로 정렬됨

03 중복된 항목 제거

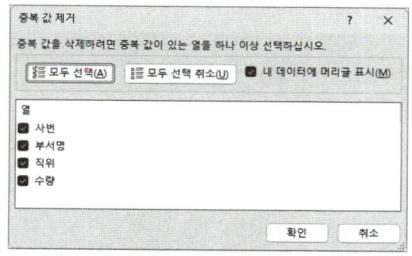

- 하나 이상의 행에 있는 모든 값이 다른 행의 모든 값과 동일한 '중복 값'을 제거한다(중복 값은 영구적으로 삭제됨).

- [데이터]-[데이터 도구]-[중복된 항목 제거]를 선택하여 실행한다.
- 개요선이나 부분합이 설정된 데이터의 중복 값은 제거할 수 없다.

04 데이터 유효성 검사

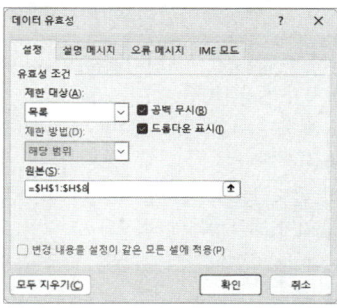

- 데이터의 형식을 제어하거나, 입력하는 값을 제어할 때 사용하는 기능이다.
- [데이터]-[데이터 도구]-[데이터 유효성 검사]를 선택하여 실행한다.
- 통합 문서를 공유하고 있거나 보호하고 있으면 데이터 유효성 검사 설정을 변경할 수 없다.
- 유효성 조건의 제한 대상에는 모든 값, 정수, 소수점, 목록, 날짜, 시간, 텍스트 길이, 사용자 지정이 있다.

[설정] 탭	유효성 조건에 '제한 대상'과 '제한 방법'을 정하고, 이에 따른 범위를 최소값, 최대값, 값, 원본, 시작 날짜, 끝 날짜, 시작 시간, 종료 시간, 수식 등으로 설정할 수 있음
[설명 메시지] 탭	해당 셀을 선택하면 나타낼 설명 메시지의 제목과 내용을 입력하고 표시할지 여부를 설정
[오류 메시지] 탭	• 유효하지 않은 데이터를 입력하면 나타낼 오류 메시지의 제목과 내용을 입력하고 이를 표시할지 여부를 설정 • 스타일을 통해 선택할 수 있는 오류 메시지 유형은 중지(다시 시도, 취소), 경고(예, 아니요, 취소), 정보(확인, 취소) 세 가지 아이콘 종류가 있음
[IME 모드] 탭	셀의 입력 모드를 지정하는 것으로 현재 상태 유지, 영문 전자, 영문, 한글 전자, 한글을 설정할 수 있음

단답형 문제

01 다음은 정렬 기능에 대한 설명이다.
 1 빈 셀(공백)의 경우 내림차순이나 오름차순으로 지정하면 항상 맨 앞에 정렬된다. (○, ×)
 2 사용자 지정 목록을 이용하면 월, 화, 수, 목, 금, 토, 일과 같은 방식으로 정렬할 수 있다. (○, ×)
 3 '내 데이터에 머리글 표시'의 체크를 해제하면, 선택한 범위의 첫 행도 정렬에 포함되며 정렬 기준이 '열A' 같은 형식으로 표시된다. (○, ×)

객관식 문제

02 다음 중 데이터를 정렬할 때 정렬 옵션에서 설정할 수 있는 사항이 아닌 것은?
① 문자/숫자 우선순위
② 대/소문자 구분 여부
③ 위쪽에서 아래쪽
④ 왼쪽에서 오른쪽

03 다음 그림과 같이 [B2:B5] 영역에 데이터 유효성 검사를 설정하였을 때 입력할 수 없는 값은?

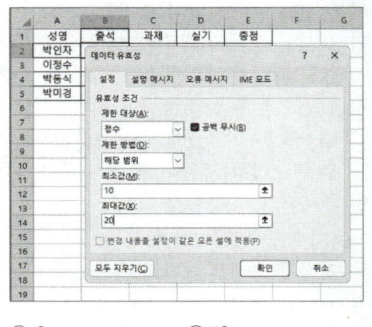

① 0
② 10
③ 15
④ 20

정답 01 **1** × **2** ○ **3** ○ 02 ① 03 ①

POINT 35 | 필터

01 자동 필터

- 자동 필터로 데이터를 빠르게 필터링하여 조건에 맞는 값을 찾아 표시하고 조건에 맞지 않는 값은 숨길 수 있다.
- 표를 선택하고 [데이터]-[정렬 및 필터]-[필터]를 클릭해서 실행한다.
- 추출 대상은 전체 필드이며, 추출 결과는 원본 데이터가 있는 위치에 표시된다.
- 열에 입력된 데이터가 숫자면 숫자 필터, 텍스트면 텍스트 필터, 날짜면 날짜 필터로 기준이 정해지며, 만약 섞여 있을 경우 가장 많은 데이터 형식의 필터로 표시된다.
- 열 머리글의 드롭다운 화살표를 누르면 해당 열에 가장 많은 데이터 형식의 필터 목록이 표시된다.
- 하나의 열에 필터가 설정되어 있는 상태에서 다른 열에 필터를 설정하면 두 열에 설정된 필터를 모두 만족하는 데이터만 표시된다.
- 두 개 이상의 필드에 조건을 설정하는 경우 필드 간에는 AND 조건으로 결합되어 필터링된다.
- 자동 필터가 설정되어 조건을 만족하는 행의 데이터만 표시된 상태(필터링된 상태)로 인쇄하면 현재 표시된(필터링된) 데이터만 인쇄된다.
- **상위 10** : 숫자 데이터에만 사용할 수 있고, 항목이나 백분율을 기준으로 상위 및 하위 500까지 표시할 수 있으며 지정한 범위 안에 들어가는 행(레코드)만 추출된다.
- **사용자 지정 필터** : 한 필드를 대상으로 두 가지 조건을 지정할 수 있다. 그리고(AND)나 또는(OR) 연산자와 비교 연산자(=, <>, >, >=, <, <=) 및 시작 문자, 제외할 시작 문자, 끝 문자, 제외할 끝 문자, 포함, 포함하지 않음 등을 사용하여 조건에 만족하는 레코드만 표시할 수 있으며, 물음표(?, 한 문자)나 별표(*, 여러 문자) 같은 와일드카드 문자를 이용하여 검색할 수 있다.
- 날짜 필터 목록의 필터링 기준에 '요일'은 없다.

02 고급 필터

◉ **고급 필터**

- 데이터를 필터링하려면 복잡한 조건이 필요한 경우 고급 필터 대화상자가 사용된다.
- 필터링할 조건이 복잡하거나 여러 필드를 결합해서 조건을 지정할 때 사용한다.
- 추출 대상을 특정 필드만으로 제한할 수 있으며, 추출 결과를 다른 셀이나 워크시트에 표시할 수 있다.
- [고급 필터]를 실행하기 전에 필터 조건을 워크시트에 먼저 입력해야 한다.
- 조건 범위에 사용되는 필드 이름은 목록 범위에 있는 필드 이름과 같아야 한다. 단, 수식의 결과값을 조건 범위에 사용해야 할 경우에는 목록 범위에 없는 필드 이름을 사용해야 한다.
- 한 필드에 3개 이상의 조건을 지정할 수 있다.
- 중복되지 않게 고유 레코드만 추출할 수 있다.
- 수식이 포함된 논리식을 이용하여 레코드를 검색한다.

◉ **[고급 필터] 대화상자**

[데이터]-[정렬 및 필터]-[고급]을 선택하여 [고급 필터] 대화상자를 실행한다.

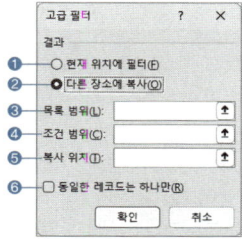

① **현재 위치에 필터** : 원본 데이터 목록에 추출된 결과를 표시(지정한 조건을 만족하지 않는 행을 숨김)한다.
② **다른 장소에 복사** : 다른 셀 범위에 추출된 결과를 표시한다.
③ **목록 범위** : 추출하려는 원본 데이터 목록의 범위를 지정한다.
④ **조건 범위** : 찾을 조건이 입력된 셀 범위를 지정한다. 이때 열 제목(레이블)도 함께 설정해야 한다.

❺ 복사 위치 : '다른 장소에 복사'를 선택했을 경우 추출된 결과가 표시될 위치를 지정한다.
❻ 동일한 레코드는 하나만 : 추출된 결과 중 같은 레코드가 있을 경우 하나만 표시한다.

◉ 고급 필터의 조건 지정

	A	B	C
1	이름	근무지역	직급
2	선풍기	서울	부장
3	세탁기	부산	과장
4	에어컨	서울	대리
5	오디오	광주	팀장
6	청소기	인천	사원
7	라디오	대전	부장
8	티브이	서울	과장
9	스피커	성남	부장
10	컴퓨터	안양	사원
11	냉장고	부천	대리

• 그리고(AND) : 지정한 모든 조건을 만족하는 데이터만 출력하며, 그리고(AND) 조건으로 지정하기 위해서는 조건 범위의 조건을 같은 행에 입력해야 한다. 예 근무지역이 서울이면서 직급이 부장인 데이터

근무지역	직급
=서울	=부장

→

이름	근무지역	직급
선풍기	서울	부장

• 또는(OR) : 지정한 조건 중 하나의 조건이라도 만족하는 데이터가 출력되며, 또는(OR) 조건으로 지정하기 위해서는 조건 범위의 조건을 다른 행에 입력해야 한다. 예 근무지역이 서울이거나 직급이 부장인 데이터

근무지역	직급
=서울	
	=부장

→

이름	근무지역	직급
선풍기	서울	부장
에어컨	서울	대리
라디오	대전	부장
티브이	서울	과장
스피커	성남	부장

• 수식의 결과값 : 수식의 결과값은 참(TRUE), 거짓(FALSE) 같은 논리값으로 나타나며, 이때 조건 범위의 열 이름은 공백으로 두거나 목록 범위에 없는 열 이름을 사용해야 한다. 예 이름이 '오'로 끝나면서 직급이 부장인 데이터

	직급
FALSE	=부장

→

이름	근무지역	직급
라디오	대전	부장

※ =서울, =부장으로 표시되었지만 셀에 실제로 입력한 값은 ="=서울", ="=부장"이다.
※ 논리값 FALSE는 =RIGHT(A2,1)="오" 수식의 결과값이다.

단답형 문제

01 자동 필터는 추출 대상을 전체 필드를 대상으로 하지만, 고급 필터는 특정 필드만으로 대상을 제한할 수 있다. (○, ×)

객관식 문제

02 아래 시트의 '판매수량'에서 '판매수량'의 평균값 이상인 데이터만을 찾기 위한 고급 필터의 조건으로 올바른 것은?

	A	B	C	D
1	상품명	지점명	판매수량	매출액
2	선풍기	동부지점	10	120000
3	세탁기	서부지점	20	36000
4	에어컨	동부지점	60	250000
5	오디오	서부지점	50	78000
6	청소기	서부지점	40	92000

①
평균판매수량
= $C$2>=AVERAGE($C$2:$C$6)

②
평균판매수량
= C$2>=AVERAGE($C$2:$C$6)

③
평균판매수량
= C2>=AVERAGE($C$2:$C$6)

④
판매수량
= C$2>=AVERAGE($C$2:$C$6)

03 다음과 같이 고급 필터의 찾을 조건이 주어졌을 경우 얻을 수 있는 결과로 옳은 것은?

매출실적	매출실적
> 3000	< 6000
< 100	

① 100 미만인 매출실적 또는 3000 초과 6000 미만의 매출실적이 표시된다.
② 100 미만인 매출실적이거나 3000 이하의 매출실적이 표시된다.
③ 100부터 6000 사이의 매출실적을 표시한다.
④ 주어진 조건 범위는 오류를 발생한다.

정답 01 ○ 02 ③ 03 ①

POINT 36 텍스트 나누기, 외부 데이터 관리

01 텍스트 나누기

◉ 텍스트 나누기

워크시트의 한 셀에 입력되어 있는 데이터를 여러 셀로 분리시키는 기능이다.

- 범위에 포함되는 행 수는 제한을 두지 않지만, 열은 반드시 하나만 포함해야 된다.
- 선택한 열의 오른쪽에는 빈 열이 한 개 이상 있어야 하며, 없는 경우 선택한 열의 오른쪽에 있는 데이터가 덮어써진다.
- 구분 기호(탭, 콜론, 세미콜론, 쉼표, 공백 등)나 일정한 너비로 분리하여 각 셀에 입력할 때 사용한다.

◉ 텍스트 마법사 실행

- 한 열의 셀(셀 범위)을 선택하고 [데이터]-[데이터 도구]-[텍스트 나누기]를 선택하면 [텍스트 마법사]가 실행된다.
- [파일]-[열기]-[찾아보기]를 선택한 후 [열기] 대화상자에서 파일 형식을 '텍스트 파일(*.prn;*.txt;*.csv)'로 선택하고 열려는 텍스트 파일을 선택한 다음 [열기]를 클릭하면 [텍스트 마법사]가 실행된다.

◉ 텍스트 마법사 실행 순서

1단계	원본 데이터 형식을 선택함(구분 기호로 분리됨, 너비가 일정함)

2단계	• 1단계에서 '구분 기호로 분리됨'을 선택한 경우
	  – 데이터의 구분 기호(탭, 세미콜론, 쉼표, 공백, 기타 사용자 설정 구분 기호)에 체크
	  – 연속된 구분 기호를 하나로 처리 : 같은 구분 기호가 중복될 경우 하나로 취급
	  – 텍스트 한정자 : 문자 데이터를 구분하기 위한 기호
	• 1단계에서 '너비가 일정함'을 선택한 경우
	  – 구분선을 넣어 필드를 지정함
	  – 분할하려는 위치를 클릭하여 구분선을 넣을 수 있음
	  – 구분선을 삭제하려면 구분선을 마우스로 두 번 클릭하면 됨
	  – 구분선을 옮기려면 선을 마우스로 클릭한 상태에서 드래그함

3단계	각 열의 데이터 서식(일반, 텍스트, 날짜 등)을 지정함 • 열 가져오지 않음(건너뜀) : 데이터 미리 보기에서 특정 열(들)을 선택하여 가져오기 결과에서 뺄 수 있음 • 대상 : 가져온 결과를 원하는 셀에 나타낼 수 있음 • 고급 : 숫자 데이터에 대해 소수 구분 기호나 1000단위 구분 기호의 표시 여부 설정 • 열 데이터 서식의 '일반' : 숫자 값은 숫자로, 날짜 값은 날짜로, 나머지는 텍스트로 변환

🏁 기적의 TIP

[열기] vs [가져오기]

[열기]로 파일을 불러오면 항상 [A1] 셀 위치를 기준으로 데이터가 들어가고 원본과 연결 고리가 없지만, [가져오기]는 최종 단계에서 데이터가 들어갈 위치를 선택할 수 있고 원본과의 연결되어 있어 원본이 변경되면 [데이터]-[쿼리 및 연결] 그룹에서 변경된 내용을 적용시킬 수 있다.

02 외부 데이터 관리

> Microsoft Office Excel 통합 문서의 외부에 존재하는 다양한 형태의 데이터를 통합 문서 안으로 불러와 사용할 수 있게 해준다.

◉ 외부 데이터 가져오기

- 데이터베이스 파일(SQL, dBASE, Access 등)이나 텍스트 파일 등을 워크시트로 가져오거나 데이터베이스 파일을 쿼리 형태로 변경하여 워크시트에서 사용할 수 있게 하는 기능이다.
- 외부 데이터를 가져온 경우 원본 데이터가 변경되면 가져온 데이터도 변경되도록 설정할 수 있다.

- 외부 데이터를 엑셀로 가져오려면 해당 데이터를 액세스할 수 있어야 한다.
- 외부 데이터베이스에서 가져올 데이터의 추출 건을 쿼리로 만들어 조건에 만족하는 데이터만 가져올 수 있다.
- 외부 데이터가 들어갈 위치를 기존에 데이터가 있는 셀로 지정할 경우 해당 셀의 데이터가 오른쪽으로 밀려난다.

◉ 데이터 원본에서 데이터 가져오기

- Access 데이터베이스의 테이블이나 쿼리 데이터를 가져올 수 있다.
- 웹 페이지에 포함된 정보를 가져올 수 있다.
- 일정한 너비나 기호로 구분된 값을 지닌 텍스트 파일을 가져올 수 있다.
- SQL SERVER에 로그온하여 테이블이나 쿼리를 가져올 수 있다.
- XML 데이터를 가져오고 매핑하여 내보내는 작업을 할 수 있다.
- '데이터 연결 마법사'를 통해 연결할 데이터 원본의 종류(Microsoft SQL Server, 데이터 피드, ODBC DSN, OLE DB Provider for Oracle)를 선택하여 연결할 수 있다.
- 'Microsoft Query'를 사용하여 필터링, 정렬, 테이블 조인 처리 후 데이터를 가져올 수 있다.
- 프로그래밍 방식(ADO) 및 함수를 사용하여 데이터를 가져올 수 있다.

◉ Microsoft Query

- [데이터]-[데이터 가져오기 및 변환]-[데이터 가져오기]-[기타 원본에서]-[Microsoft Query에서]를 선택하여 실행한다.
- 외부 데이터 원본에 연결하고, 필요한 데이터를 선택하여 워크시트로 가져온다.
- [데이터 원본 선택] 창에서 dBASE, Excel, MS Access Database, 쿼리, OLAP 큐브 등의 데이터 원본을 선택할 수 있다.
- [데이터 원본 선택] 창에서 '쿼리를 만들거나 편집할 때 쿼리 마법사 사용'에 체크하면 '쿼리 마법사'를 이용할 수 있다.
- 새 쿼리를 만들 때 통합 문서는 하나를 선택하여 만들 수 있다.

단답형 문제

01 다음 중 엑셀에서 [외부 데이터 가져오기]로 가져올 수 있는 형식의 파일을 모두 고르시오.

㉠ 쿼리 파일(.dqy)
㉡ 텍스트 파일(.txt)
㉢ 데이터베이스 파일(.accdb)
㉣ 아래아 한글 파일(.hwp)

객관식 문제

02 다음 중 워크시트의 한 열에 입력되어 있는 데이터를 구분 기호나 일정한 너비로 분리하여 각 셀에 입력할 때 사용되는 기능으로 옳은 것은?
① 그룹 및 개요 설정 ② 고급 필터
③ 텍스트 나누기 ④ 유효성 검사

03 다음 중 [데이터 가져오기 및 변환]을 통하여 읽어 들일 수 없는 데이터는 무엇인가?
① Microsoft Access 파일의 테이블에 저장된 데이터
② 쿼리에서 만들어진 질의에 대한 결과 데이터
③ Microsoft Word 파일에 저장된 표 데이터
④ 일정한 너비나 기호로 구분된 텍스트 형식의 파일에 저장된 데이터

04 다음 중 외부 데이터베이스의 데이터를 가져오기 위한 쿼리 마법사의 설명으로 옳지 않은 것은?
① 원본 데이터에서 쿼리에 포함시킬 데이터 열을 선택할 수 있다.
② 데이터를 필터할 때 포함할 행의 조건을 지정하여 필터할 수 있다.
③ 데이터의 정렬 방법도 기준을 지정하여 정렬할 수 있다.
④ 새 쿼리를 만들 때 통합 문서를 동시에 여러 개 선택하여 만들 수 있다.

정답 01 ㉠, ㉡, ㉢ 02 ③ 03 ③ 04 ④

POINT 37 | 부분합, 데이터 표, 데이터 통합

01 부분합

많은 양의 데이터 목록을 관련 있는 그룹별로 나누어 각 그룹에 대한 계산을 수행하는 기능이다.

- 첫 행에는 열 이름표가 있어야 하며, 부분합을 실행하기 전 계산하고자 하는 그룹을 기준으로 정렬(오름차순이나 내림차순)되어 있어야 한다.
- SUBTOTAL 함수를 사용하여 합계나 평균 등의 요약 함수를 계산한다.
- <u>사용할 수 있는 함수</u> : 합계, 개수, 평균, 최대값, 최소값, 곱, 숫자 개수, 표준 편차, 표본 표준 편차, 표본 분산, 분산이 있다. (백분율, 중간값, 순위는 사용할 수 없다.)
- 같은 열에 있는 자료에 대하여 여러 개의 함수를 중복 사용할 수 있다.
- 부분합을 작성하면 워크시트의 왼쪽에 부분합을 계산한 하위 그룹 단위로 개요 기호가 표시된다.
- 부분합을 제거하면 부분합과 함께 표에 삽입된 개요 및 페이지 나누기도 제거된다.
- [데이터]-[개요]-[부분합]을 선택하여 [부분합] 대화상자를 실행한다.

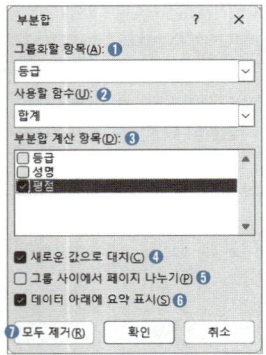

① 그룹화할 항목	다른 열 값의 부분합을 나타낼 기준이 되는 항목을 선택함(정렬된 항목)
② 사용할 함수	부분합 계산 항목에 사용할 함수를 선택함
③ 부분합 계산 항목	함수를 적용할 항목을 선택함
④ 새로운 값으로 대치	이전에 계산된 부분합을 지우고 새롭게 계산된 부분합으로 바꾸어 나타낼 경우 선택함
⑤ 그룹 사이에서 페이지 나누기	부분합이 계산된 각 그룹을 페이지 별로 분리할 경우 선택함(페이지 나누기 자동 삽입)
⑥ 데이터 아래에 요약 표시	계산된 결과를 해당 그룹 아래에 표시할지 여부를 선택함
⑦ 모두 제거	부분합의 결과를 해제하고 원래 데이터 목록을 표시함

02 데이터 표

수식의 특정 값을 변화시키면 결과값이 어떻게 변하는지를 표로 나타내는 도구이다.

- 데이터 표 기능을 이용하면 복잡한 형태의 상대 참조/혼합 참조 수식을 보다 편리하게 작성할 수 있다.
- 데이터 표를 실행한 후에 계산식이나 변화값이 바뀌면 데이터 표 내용도 갱신된다.
- 데이터 표의 결과는 일부분만 수정할 수 없다.
- [데이터]-[예측]-[가상 분석]-[데이터 표]를 선택하여 [데이터 표] 대화상자를 실행한다.

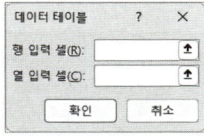

행 입력 셀	행에 입력되어 있는 변화값에 해당하는 셀 주소
열 입력 셀	열에 입력되어 있는 변화값에 해당하는 셀 주소

- 변화값 계열이 하나일 경우 행 또는 열에 하나만 입력한다.
- 계산식에 사용된 셀 주소를 입력해야 한다.

03 데이터 통합

비슷한 형식으로 입력된 여러 데이터를 하나의 표로 집계하는 기능이다.

- **사용할 수 있는 함수** : 합계, 개수, 평균, 최대값, 최소값, 곱, 숫자 개수, 표본 표준 편차, 표준 편차, 표본 분산, 분산이 있다.
- 원본 영역에서 데이터를 바꾸면 통합 영역에서도 데이터가 자동으로 고쳐지도록 설정할 수 있다.
- 데이터 통합은 다른 워크시트나 통합 문서의 데이터를 사용할 수 있으며, 통합할 문서가 열려 있지 않아도 사용할 수 있다.
- 통합할 데이터의 순서가 다르더라도 같은 이름표를 사용하는 경우 범주(항목)를 기준으로 통합할 수 있다.
- 통합할 여러 데이터의 순서와 위치가 동일할 경우 위치를 기준으로 통합할 수 있다.
- [데이터]-[데이터 도구]-[통합]을 선택하여 [통합] 대화상자를 실행한다.

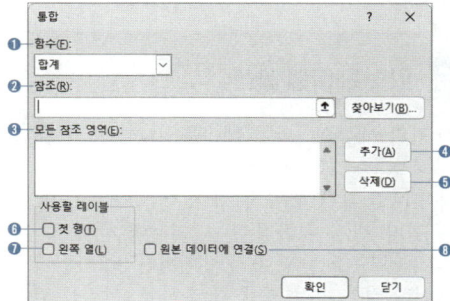

❶ 함수	사용할 함수를 선택함. 참조 영역에 대해 하나의 함수만을 적용할 수 있음
❷ 참조	통합할 데이터의 범위를 설정함
❸ 모든 참조 영역	지정한 모든 참조 영역이 표시됨
❹ 추가	'참조'에서 설정한 데이터 범위를 추가함
❺ 삭제	'모든 참조 영역'에서 범위를 선택하여 삭제함
❻ 첫 행	통합된 데이터의 '첫 행(열 이름)'으로 지정함
❼ 왼쪽 열	통합된 데이터의 '첫 열(행 이름)'로 지정함
❽ 원본 데이터에 연결	• 원본 데이터가 변경될 때 통합 테이블을 자동으로 업데이트하는 기능 • 원본 및 대상 영역이 동일한 시트에 있는 경우에는 연결을 만들 수 없음

단답형 문제

01 [데이터]-[개요]-[부분합] 선택 시 나타나는 대화상자에 대한 설명이다.

❶ 그룹화할 항목 : 그룹으로 묶을 기준이 되는 항목으로 반드시 오름차순으로 정렬되어 있어야 한다. (o, ×)

❷ 부분합 계산 항목 : 어떤 열에 대해서 함수를 적용할지를 선택하는 항목으로 여러 열을 선택할 수 있다. (o, ×)

❸ 사용할 함수 : 그룹에 적용할 함수로 합계, 평균 등이 있다. (o, ×)

❹ 데이터 아래에 요약 표시 : 그룹별로 계산된 항목을 그룹의 아래에 표시할지 위에 표시할지를 설정할 수 있다. (o, ×)

02 데이터 표 기능을 통해 입력된 셀 중에서 데이터 표 범위의 일부분만 수정할 수 있다. (o, ×)

객관식 문제

03 데이터를 분석하기 위한 방법 중 부분합에 대한 설명으로 틀린 것은?
① 부분합은 SUBTOTAL 함수를 사용하여 합계나 평균 등의 요약 함수를 계산한다.
② 첫 행에는 열 이름표가 있어야 하며 부분합을 구하려는 항목을 기준으로 정렬한다.
③ 같은 열에 있는 자료에 대하여 여러 개의 함수를 중복 사용할 수 없다.
④ 부분합을 제거하면 부분합과 함께 표에 삽입된 개요 및 페이지 나누기도 제거된다.

04 다음 중 이다정의 성적표에서 인문 과목들의 점수 변동에 따라 평균 점수의 변화를 한 번의 연산으로 빠르게 계산할 수 있는 도구로 옳은 것은?
① 목표값 찾기
② 데이터 표
③ 피벗 테이블
④ 시나리오

정답 01 ❶ × ❷ o ❸ o ❹ o 02 × 03 ③ 04 ②

POINT 38 | 피벗 테이블

01 피벗 테이블/피벗 차트 보고서

◉ 피벗 테이블

많은 양의 데이터를 한눈에 파악할 수 있도록 요약하거나 분석하여 보여주는 도구로, 피벗 차트와 함께 작성할 수 있다.

- 각 필드에 다양한 조건을 지정할 수 있으며, 일정한 그룹별로 데이터 집계가 가능하다.
- 합계, 평균, 최대값, 최소값, 표준 편차, 분산 등의 값을 구할 수 있다.
- 한번 작성된 피벗 테이블의 필드 위치를 필요에 따라 삭제하거나 이동하여 재배치할 수 있다.
- 피벗 테이블의 레이아웃은 마우스로 드래그하여 수정할 수 있다.
- 피벗 테이블의 작성 위치를 지정하지 않을 경우 '새 워크시트'에 피벗 테이블이 작성된다.
- 외부 데이터, 데이터베이스, 엑셀 목록, 다중 통합 범위 등의 데이터를 사용할 수 있다.
- 원본 데이터가 변경되면 [피벗 테이블 분석]-[데이터]-[새로 고침]을 클릭하여 피벗 테이블의 데이터도 변경할 수 있다.
- [삽입]-[표]-[피벗 테이블]을 선택하여 실행한다.
- 값 영역에 추가된 필드가 2개 이상이면 Σ 값 필드가 열 레이블 또는 행 레이블 영역에 추가된다.

◉ 피벗 차트 보고서

피벗 차트 보고서란 피벗 테이블의 데이터를 이용하여 만든 차트를 뜻한다.

- 피벗 테이블의 항목이나 필드가 변경되면 피벗 차트도 변경되며, 반대의 경우도 마찬가지다.
- 피벗 차트 작성 시 자동으로 피벗 테이블도 작성되며, 피벗 테이블을 작성하지 않고는 피벗 차트를 작성할 수 없다.
- 피벗 테이블과 피벗 차트를 함께 만든 후 피벗 테이블을 삭제하면 피벗 차트는 일반 차트로 변경된다.

02 피벗 테이블의 구성 요소

피벗 테이블은 보고서 필터 필드, 값 필드, 행 레이블, 열 레이블, 값 영역으로 구성된다.

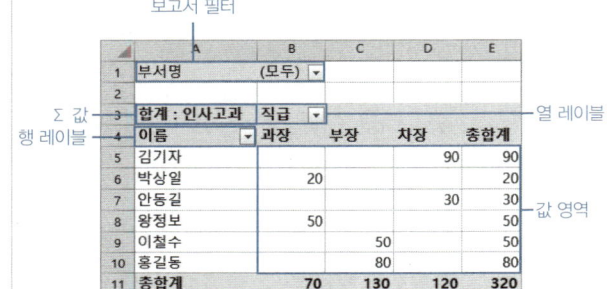

03 피벗 테이블 옵션

- 바로 가기 메뉴의 [피벗 테이블 옵션]을 선택하면 [피벗 테이블 옵션] 대화상자가 나타난다.
- '레이아웃 및 서식' 탭(오류 값 표시, 빈 셀 표시), '요약 및 필터' 탭(행 총합계 표시, 열 총합계 표시), '표시' 탭(확장/축소 단추 표시), '데이터' 탭(파일에 원본 데이터 저장, 하위 수준 표시 사용, 파일을 열 때 데이터 새로 고침), '대체 텍스트' 탭(화면 읽기 프로그램을 사용하여 문서를 보는 경우 대체 텍스트가 들림)에서 피벗 테이블 또는 피벗 차트 보고서의 관련 옵션을 설정할 수 있다.

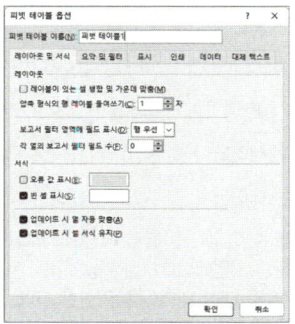

04 필드의 그룹 설정

그룹 만들기는 특정 필드를 일정한 단위로 묶어 표현할 때 사용하는 것으로 문자, 숫자, 날짜, 시간으로 된 필드에서 사용할 수 있다.

- [피벗 테이블 분석]-[그룹]이나 [데이터]-[개요]에서 그룹을 선택하고 해제할 수 있다.
- 숫자나 날짜 필드일 경우에는 [그룹화] 대화상자에서 시작, 끝, 단위를 지정한다.
- 문자 필드에서 그룹 만들기를 실행하면 그룹1, 그룹2, 그룹3, …과 같이 그룹 이름이 자동으로 만들어진다.
- 그룹을 설정하려면 그룹으로 묶고자 하는 데이터를 기준으로 먼저 정렬(오름 차순 또는 내림차순)해야 한다.
- 그룹이 설정되면 자동으로 개요 기호가 표시되며 개요 기호는 현재 보이는 데이터들의 수준을 조절하기 위해 사용된다.
- 그룹 및 개요 설정 기능은 행뿐만 아니라 열로도 그룹을 묶을 수 있다.
- 그룹을 만들려면 그룹을 지정할 필드의 바로 가기 메뉴에서 [그룹]을 선택하고, 그룹을 해제하려면 그룹으로 설정된 필드의 바로 가기 메뉴에서 [그룹 해제]를 선택한다.
- 하위 수준의 데이터 집합에도 필터와 정렬을 적용할 수 있으며, 원하는 정보만 강조하기 위해 조건부 서식도 적용할 수 있다.
- 필터링, 수준 숨기기, 수준 축소 및 확장, 필드 제거 등을 통해 피벗 테이블 보고서의 레이아웃을 변경하더라도 원본 데이터의 필드가 제거되지 않는 한 조건부 서식은 그대로 유지된다.

단답형 문제

01 피벗 테이블 필드 목록에서 '나중에 레이아웃 업데이트'에 체크를 해두고, 피벗 테이블에 추가할 필드를 선택하여 '보고서 필터', '열 레이블', '행 레이블', 'Σ 값'에 필드를 끌어다 놓으면 피벗 테이블에 작업 결과가 곧 바로 반영된다. (○, ×)

객관식 문제

02 다음 중 피벗 테이블 필드의 그룹 설정에 대한 설명으로 옳지 않은 것은?
① 그룹 만들기는 특정 필드를 일정한 단위로 묶어 표현할 때 사용하는 것으로 문자, 숫자, 날짜, 시간으로 된 필드에서 사용할 수 있다.
② 숫자 필드일 경우에는 [그룹화] 대화상자에서 시작, 끝, 단위를 지정해야 한다.
③ 문자 필드일 경우에는 [그룹화] 대화상자에서 그룹 이름을 반드시 지정해 주어야 한다.
④ 그룹을 해제하려면 그룹으로 설정된 영역의 바로 가기 메뉴에서 [그룹 해제]를 선택하여 실행할 수 있다.

03 다음 중 피벗 테이블 작성에 대한 설명으로 옳지 않은 것은?
① 피벗 차트 작성 시 피벗 테이블도 함께 작성된다.
② 작성되어 있는 피벗 테이블의 레이아웃은 마우스로 드래그하여 다시 수정할 수 있다.
③ 작성된 피벗 테이블을 삭제하면 피벗 차트도 삭제된다.
④ 피벗 테이블을 작성할 때 데이터로 외부 데이터나 다중 통합 범위를 지정할 수 있다.

정답 01 × 02 ③ 03 ③

POINT 39 | 목표값 찾기, 시나리오

목표값 찾기는 하나의 값을 조정하여 특정한 목표값을 찾을 때 유용하며,
여러 개의 값을 조정하여 특정한 목표값을 찾을 때는 해 찾기를 사용해야 한다.

01 목표값 찾기

특정한 목표값을 정한 후 목표값을 달성하기 위해 입력값을 어떻게 바꾸어야 하는지 찾아주는 기능이다.

- 목표값 찾기는 주어진 목표값에 대해 하나의 입력값만 변경할 수 있다.
- 목표값은 입력값을 참조하는 수식으로 작성되어 있어야 한다.
- [데이터]-[예측]-[가상 분석]-[목표값 찾기]를 선택하여 [목표값 찾기] 대화상자를 실행한다.

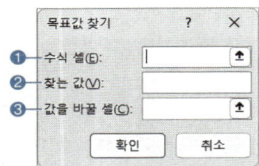

❶ 수식 셀	• 결과값이 표시되는 셀 주소로 해당 셀은 반드시 값을 바꿀 셀이 포함된 수식이어야 함 • 사용자가 직접 수식을 입력할 수 없고, 수식이 입력되어 있는 셀만 지정할 수 있음
❷ 찾는 값	• 찾는 숫자 데이터를 입력함 • 특정한 셀 주소를 지정할 수는 없고, 사용자가 특정한 값을 직접 입력해야 함
❸ 값을 바꿀 셀	• 목표값을 만들기 위해서 변경시킬 값이 있는 셀 주소를 선택함 • 수식 셀에 입력한 수식에서 참조하고 있는 셀을 지정함

예) 평균 [D2] 셀의 값을 90으로 높이려면 수학 점수 [C2]가 얼마나 올라야 하는지를 구한다는 의미이다.

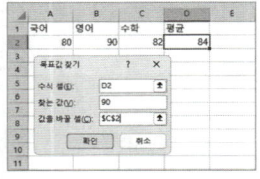

02 시나리오

⦿ 시나리오의 개요

다양한 결과값의 변화를 예측하기 위해 가상의 상황을 만들어 분석하는 도구로써 셀 값의 변동에 따른 여러 시나리오를 만들어 결과값을 예측할 수 있다.

- 결과 셀은 반드시 변경 셀을 참조하는 수식으로 입력되어야 한다.
- 하나의 시나리오에 최대 32개까지 변경 셀을 지정할 수 있다.
- 시나리오의 결과는 요약 보고서나 피벗 테이블 보고서로 작성할 수 있다.
- 여러 상황에 따른 차트를 쉽게 만들 수 있다.
- 주가 분석, 손익 분기점 분석, 원가 분석, 이자율 분석 등에 사용할 수 있다.
- 시나리오는 별도의 파일로 저장되는 것이 아니라 워크시트에 저장되며, 변경할 값을 자동으로 입력한 것이 아니라 수동으로 입력한 것이다.

⦿ [시나리오 관리자] 대화상자

[데이터]-[예측]-[가상 분석]-[시나리오 관리자] 대화상자에서 새 시나리오를 추가하거나 기존 시나리오를 편집, 삭제할 수 있다.

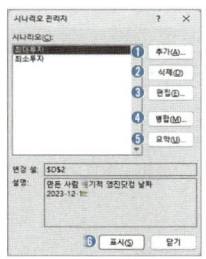

❶ **추가** : 시나리오를 추가하고 변경 셀을 입력할 수 있는 대화상자가 나타난다.
❷ **삭제** : 현재 시나리오를 삭제한다.
❸ **편집** : 선택한 시나리오를 변경할 수 있는 대화상자가 나타난다.
❹ **병합** : 열려있는 통합 문서에 선택한 워크시트의 시나리오들을 병합한다.

❺ **요약** : 시나리오 요약이나 시나리오 피벗 테이블 보고서 중에서 선택하여 워크시트에 결과를 표시한다.
❻ **표시** : 선택한 시나리오 결과값을 워크시트에 나타낸다.

◉ [시나리오 편집] 대화상자

[시나리오 관리자] 대화상자에서 [편집]을 클릭하면 [시나리오 편집] 대화상자가 나타난다.

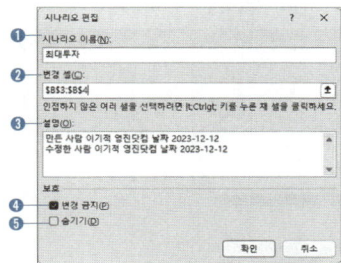

❶ **시나리오 이름** : 시나리오 이름을 입력한다.
❷ **변경 셀** : 변경할 영역을 지정한다.
❸ **설명** : 작성한 사람, 작성한 날짜가 기본으로 표시된다.
❹ **변경 금지** : 워크시트가 보호된 경우([검토]-[보호]-[시트 보호]에서 설정) 시나리오를 편집할 수 없게 한다.
❺ **숨기기** : 워크시트가 보호된 경우 시나리오가 표시되지 않도록 한다.

◉ [시나리오 요약] 대화상자

[시나리오 관리자] 대화상자에서 [요약]을 클릭하면 [시나리오 요약] 대화상자가 나타나며, 시나리오 요약 또는 피벗 테이블 보고서로 결과를 보여준다.

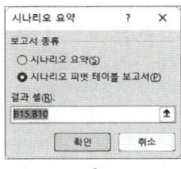

↓

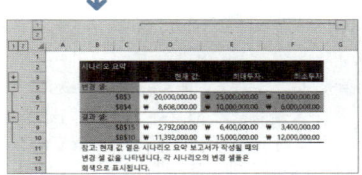

▲ 시나리오 요약을 선택한 경우

	A	B	C	D
1	$B$3:$B$4 작성자	(모두)		
2				
3	행 레이블	$B$15	$B$10	
4	최대투자	6400000	15000000	
5	최소투자	3400000	12000000	

▲ 시나리오 피벗 테이블 보고서를 선택한 경우

단답형 문제

01 목표값 찾기에서 변하는 데이터를 여러 개 지정할 수 있다. (ㅇ, ×)

02 시나리오는 별도의 파일로 저장하고 자동으로 바꿀 수 있는 값의 집합이다. (ㅇ, ×)

객관식 문제

03 아래 그림에서 상환금액(월) [B5]은 대출금 [B2], 연이율 [B3], 상환기간(개월) [B4]에 대한 계산 결과이다. 월 상환금액을 80,000원으로 하면 상환기간(개월)을 얼마나 감소/증가시킬 수 있는가를 알아보고자 한다. 목표값 찾기 대화상자의 수식 셀, 찾는 값, 값을 바꿀 셀에 들어갈 내용이 맞게 짝지어진 것은?

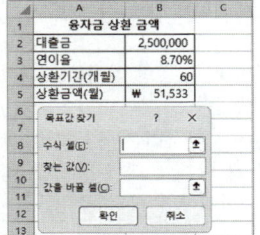

① $B$5, 80000, $B$4
② B4, 80000, B5
③ $B$5, 80000, $B$3
④ B3, 80000, B5

04 다음은 시나리오 관리자 창의 각 버튼에 대한 설명이다. 옳지 않은 것은?
① 표시 : 선택한 시나리오에 대해 결과를 표시한다.
② 편집 : 선택한 시나리오를 변경한다.
③ 병합 : 다른 워크시트의 시나리오를 통합하여 함께 관리한다.
④ 요약 : 시나리오에 대한 요약 보고서나 피벗 테이블을 작성한다.

정답 01 × 02 × 03 ① 04 ③

POINT 40 | 매크로 작성

01 매크로 개요 및 작성

매크로는 일련의 명령들을 한 명령처럼 사용할 수 있게 저장해둔 프로그램으로, 반복적으로 자주 수행하는 복잡한 작업 순서를 자동화함으로써 작업의 효율을 높일 수 있다.

- [보기]-[매크로]-[매크로 기록] 또는 [개발 도구]-[코드]-[매크로 기록]을 실행해서 이용하거나 개체에 직접 매크로를 지정할 수 있다.
- 매크로 기록 기능을 통해 작성된 매크로는 VBA(Visual Basic for Applications) 편집기에서 실행할 수 있다.
- 매크로 기록 작업 도중에 셀을 선택하면 셀은 절대 참조로 기록되지만, [상대 참조로 기록]을 선택하고 매크로를 기록하면 상대 참조로 기록된다. 상대 참조로 기록되면 현재 셀의 위치를 기준으로 상대적인 위치에서 실행된다.
- 매크로 기록을 시작하면 사용자가 일련의 명령을 수행함에 따라 각 단계에 대한 정보가 저장되며, 저장된 매크로를 실행하면 해당 명령들을 다시 수행할 수 있다.
- 매크로를 사용하면 Microsoft Excel에서 자주 수행하는 작업을 자동화할 수 있으며, 매크로는 해당 작업이 필요할 때마다 실행할 수 있도록 일련의 명령과 함수를 Microsoft Visual Basic 모듈로 저장해 놓은 것이다.
- [개발 도구]-[코드]-[Visual Basic]을 선택하거나 Alt + F11 를 눌러 나오는 Visual Basic Editor 창의 Modual(모듈)에서 매크로를 편집하고 실행하고 삭제할 수 있다.
- 작성된 매크로를 엑셀이 실행될 때마다 모든 통합 문서에서 실행할 수 있도록 하려면 매크로를 저장할 때 저장 위치를 '개인용 매크로 통합 문서'로 하여 XLSTART 폴더에 Personal.xlsb 파일로 저장한다.
- Visual Basic 편집기에서 삭제할 매크로의 코딩 부분을 범위로 지정한 뒤 Delete 를 눌러 여러 매크로를 한 번에 삭제할 수 있다.

02 [매크로 기록] 대화상자

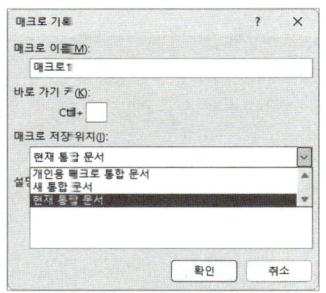

매크로 이름	• 기본적으로 '매크로1'… 등과 같이 자동으로 이름이 부여되며 사용자가 지정할 수도 있음 • 매크로 이름을 지정할 때 첫 글자는 반드시 문자로 지정해야 하고 두 번째 글자부터는 문자, 숫자 등을 사용할 수 있음 • 언더바(_)는 사용할 수 있지만 ?, -, 공백 등은 입력할 수 없음 • 서로 다른 매크로라도 하나의 통합 문서에서는 동일한 이름을 부여할 수 없음
바로 가기 키	• 영문 대/소문자로만 가능함. 꼭 설정하지 않아도 상관없음 • 영문 소문자 입력 시 Ctrl 을 누른 채 해당 영문자를 누르고, 영문 대문자 입력 시 Ctrl + Shift 를 누른 채 해당 영문자를 눌러 매크로를 실행함 • 엑셀에서 사용하는 단축키와 같은 키를 매크로 단축키로 지정하여 사용할 수 있음. 이런 경우 매크로 단축키가 우선하여 적용됨
매크로 저장 위치	• 현재 통합 문서 : 현재 작업하고 있는 통합 문서에만 적용시킬 때 사용하며, 매크로 기록 기능을 이용할 때 기본 저장 위치가 됨 • 개인용 매크로 통합 문서 : Personal.xlsb에 저장되어 엑셀을 실행시킬 때 사용할 수 있음 • 새 통합 문서 : 새로운 통합 문서에 매크로를 만들어 사용함
설명	매크로 실행과는 직접적인 관계가 없는 주석을 기록하는 곳

03 매크로 실행

리본 메뉴를 이용하여 실행할 경우에는 매크로가 들어있는 통합 문서를 연 다음 [보기]-[매크로]-[매크로 보기] 또는 [개발 도구]-[코드]-[매크로]를 선택하거나 Alt+F8을 눌러 실행할 매크로를 선택한 후 [실행]을 클릭한다.

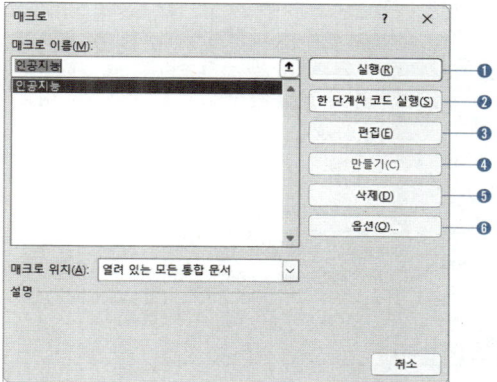

❶ **실행** : 매크로 이름에서 선택한 매크로를 실행한다.
❷ **한 단계씩 코드 실행** : 선택한 매크로의 코드를 한 번에 한 줄씩 실행한다.
❸ **편집** : 매크로 이름을 선택하고 [편집]을 클릭하면 매크로 기록 내용을 편집할 수 있는 매크로 모듈 창이 열린다(Visual Basic Editor에서 열 수 있음).
❹ **만들기** : Visual Basic Editor로 새 매크로를 생성한다(매크로 이름 상자에 새 이름을 입력해야 활성화됨).
❺ **삭제** : 매크로 이름에서 선택한 매크로를 삭제한다.
❻ **옵션** : 매크로 이름을 선택하고 [옵션]을 클릭하면 해당 매크로의 바로 가기 키나 설명을 수정할 수 있다.

단답형 문제

01 다음은 매크로 이름에 대한 설명이다.
   ❶ 기록할 매크로 이름을 지정하며, 기본적으로 매크로1과 같이 붙여진다. (O, X)
   ❷ 언더바(_)는 사용할 수 있지만 ?, -, 공백 등은 입력할 수 없다. (O, X)
   ❸ 매크로 이름을 문자와 혼합하지 않고 오직 숫자로만 작성할 수 없다. (O, X)
   ❹ 매크로 이름 지정 시 첫 글자는 반드시 문자로 작성하여야 하고, 두 번째부터 문자, 숫자, 밑줄 문자 등의 사용이 가능하다. (O, X)
   ❺ 서로 다른 매크로라면 하나의 통합 문서에서는 동일한 이름을 부여할 수 있다. (O, X)

객관식 문제

02 다음 중 [매크로 기록] 대화상자에 대한 설명으로 옳은 것은?
   ① 매크로 이름은 자동으로 지정되므로 사용자가 지정할 수 없다.
   ② 매크로 저장 위치로 현재 통합 문서, 새 통합 문서, 개인용 매크로 통합 문서가 있다.
   ③ Ctrl+3은 바로 가는 키가 된다.
   ④ 설명은 엑셀에서 기본적으로 설정해 놓았기 때문에 사용자가 임의로 수정할 수 없다.

03 다음 중 매크로 기록과 실행에 관련된 항목들의 설명으로 옳지 않은 것은?
   ① 자주 사용되는 매크로는 DEFAULT.XLSB로 저장하여 엑셀이 실행될 때 자동으로 열리도록 한다.
   ② 매크로 기록 기능을 통해 작성된 매크로는 VBA 편집기에서 실행할 수 있다.
   ③ 매크로 기록 기능을 이용할 때 기본 저장 위치는 '현재 통합 문서'가 된다.
   ④ 매크로 실행을 위한 바로 가기 키는 Ctrl과 영문자로 지정할 수 있다.

정답 01 ❶ O ❷ O ❸ O ❹ O ❺ X 02 ② 03 ①

41 프로그래밍

01 프로그래밍의 기초

● VBA(Visual Basic for Applications)의 개념

- 매크로 작업 전용 언어이며, Visual Basic 언어와 동일한 문법을 사용한다.
- VBA는 Visual Basic 언어 성격이 강하지만 엑셀의 기능을 포함하고 있어 작업 범위가 폭넓다.
- VBE(Visual Basic Editor)를 사용하여 기록한다.

● 프로그래밍 기본 개념

코드	• 프로그램을 구성하는 최소 명령 단위의 문장(들) • 프로그램을 프로그래밍 언어로 기술한 글 • 프로그래머가 편집기(에디터) 등의 개발 도구로 프로그램을 구성하는 문장을 작성한 것
프로시저	프로시저는 연산을 수행하거나 값을 계산하는 일련의 명령문과 메서드로 구성 • Sub ~ End Sub 프로시저 : 작업을 수행하지만 명령문들의 실행 결과를 반환하지 않음(이벤트 프로시저) • Function ~ End Function : 작업을 수행하고 명령문들의 실행 결과를 반환함(사용자 정의 함수)
모듈	• 여러 프로시저가 모여 하나의 모듈을 완성함 • 표준 모듈과 클래스 모듈(사용자 정의 개체를 만들 때 사용하는 폼 모듈, 보고서 모듈)로 구분
프로젝트	모듈, 폼 등 프로그램을 구성하는 구성 요소의 집합

● 프로시저 구성 요소

개체	작업 처리 시 그 대상이 되는 것으로 통합 문서, 셀, 시트, 차트 등을 의미함
속성	개체가 가진 고유의 성질 또는 특성으로 글꼴, 크기, 색 등을 의미함
메서드	개체가 실행하는 동작으로 '개체명.메서드' 형태로 표시함
이벤트	마우스 클릭이나 셀 이동과 같은 사건으로, '개체명_이벤트' 형태로 표시함

🏁 기적의 TIP

프로시저의 호출
- 프로시저에서 다른 프로시저의 이름을 입력한다.
  예 프로시저명 인수값1, 인수값2, …
- Call 명령을 이용한다.
  예 Call 프로시저명(인수값1, 인수값2, …)
- Private를 이용한 프로시저의 경우 다른 모듈에서 호출할 수 없다.

02 변수와 상수

● 변수

프로그램이 실행될 때 사용되는 값들을 임시로 저장하는 기억 장소이며 수시로 변경되는 수를 의미한다.
- 영문자나 한글로 시작해야 하며 영문자, 한글, 숫자, 밑줄(_)을 혼합하여 사용할 수 있다.
- 대/소문자를 구분하지 않지만 빈칸이나 마침표는 사용할 수 없다.
- 변수 이름의 길이는 영문 최대 255자, 한글 최대 127자이어야 한다.
- 엑셀에서 지정한 예약어는 변수 이름으로 사용할 수 없다.

종류	설명
Dim	변수가 선언된 모듈이나 프로시저 내에서만 사용할 수 있도록 함
Public	모든 모듈에서 사용할 수 있도록 변수를 선언함
Static	프로시저 내의 모든 변수가 정적 변수(프로시저 종료 후에도 값 보존)로 선언됨
Private	해당 모듈 내에서만 사용할 수 있도록 변수를 선언함

● 상수

상수란 변하지 않는 고정된 값을 의미하며, 응용 프로그램을 실행하는 동안 동일하게 값을 유지한다.
- 상수 선언 후 다시 수정하거나 새로운 값으로 지정할 수 없다.
- 내부 상수(시스템 정의 상수), 기호 상수(사용자 정의 상수), 조건부 컴파일러 상수가 있다.
- 내부 상수는 대/소문자가 혼합된 형태로 표시되며 (예) vbYesNo), 기호 상수는 Const 명령문을 이용하여 지정한다.

🏆 기적의 TIP

배열(Array)
같은 데이터 형을 가진 변수들이 연속적으로 나타나는 경우의 집합으로, ( ) 안에 그 크기를 표현한다.

배열 선언	• 배열 변수는 Index(첨자)를 사용하여 기억 공간을 구분함 • VBA에서는 60차원까지 선언할 수 있음 • Dim이나 Public을 사용하여 선언. 시작 인덱스 번호는 생략 가능함(0으로 간주) • Option Base 1 → 배열의 첨자가 1부터 시작함
배열 종류	• 정적 배열 : 배열 선언 시 크기를 지정함(예) Dim hong(20) As Integer) • 동적 배열 : 배열 선언 시 크기를 지정하지 않음

단답형 문제

01 변수는 영문자, 한글, 숫자로 시작할 수 있다. (○, ×)

02 ( )는 개체가 실행하는 동작을 의미하며 개체명 뒤에 마침표를 찍어 '개체명.( )'의 형태로 표시한다.

객관식 문제

03 다음 중 모듈에 대한 설명으로 옳지 않은 것은?
① 모듈이란 한 단위로 저장된 VBA의 선언문과 프로시저의 모음이다.
② 기본적인 모듈의 종류로는 클래스 모듈과 기본 모듈이 있으며, 모듈의 각 프로시저는 Function 프로시저나 Sub 프로시저가 될 수 있다.
③ 폼과 보고서 모듈은 특정 폼과 보고서에 관련된 기본 모듈이다.
④ 이벤트 프로시저를 사용하여 폼과 보고서의 기능뿐 아니라, 명령 단추를 마우스로 누르는 등 사용자 행동에 대한 응답을 제어할 수 있다.

04 스프레드시트 프로그래밍(VBA) 작성 시 올바른 방법이 아닌 것은?
① 주석은 홑 따옴표 기호(')에 의해 표시된다. 한 줄 전체를 모두 주석으로 사용할 수도 있고, 동일한 줄에서 명령의 뒤에 주석을 삽입할 수도 있다.
② 변수 이름은 대, 소문자로 구분하지 않고, 빈 칸이나 마침표를 사용할 수 있다.
③ 매크로와 같은 프로시저는 Sub로 시작하고 End Sub로 끝난다.
④ 사용자가 사용하는 모든 변수를 선언하도록 하면 Option Explicit를 첫 줄에 삽입하면 된다.

정답 01 × 02 메서드 03 ③ 04 ②

POINT 42 | VBA 문법 - 제어문

01 If ~ Then문

● 형식1

조건식을 만족하는 경우에만 문장을 실행한다.

```
If 조건식 Then
    문장(조건식이 참이면 처리)
End If
```

예제

두 값을 비교하여 같지 않으면 준비한 메시지를 출력하시오.

```
If 사용자입력 <> 패스워드 Then
    MsgBox "잘못된 암호입니다!"
End If
```

'사용자입력'과 '패스워드'가 같지 않으면 '잘못된 암호입니다!'를 출력한다.

● 형식2

조건식이 참일 경우 문장 1, 거짓일 경우 문장 2를 실행한다.

```
If 조건식 Then
    문장 1(조건식이 참이면 문장 1 처리)
Else
    문장 2(조건식이 거짓이면 문장 2 처리)
End If
```

예제

[A1] 셀 값이 80 이상이면 '비만' 메시지를 출력하시오.

```
If cells(1,1).Value >=80 Then
    MsgBox "비만"
Else
    MsgBox "정상"
End if
```

[A1] 셀의 값이 80 이상이면 "비만"으로 출력하고 그렇지 않으면 "정상"으로 출력한다.

● 형식3

조건식 1이 참이면 문장 1을, 조건식 1이 거짓이고 조건식 2가 참이면 문장 2, 조건식 1, 조건식 2가 모두 거짓이면 문장 3을 실행한다.

```
If 조건식 1 Then
    문장 1(조건식 1이 참이면 문장 1 처리)
ElseIf 조건식 2 Then
    문장 2(그렇지 않고 조건식 2가 참이면 문장 2 처리)
    … …
Else
    문장 3(위의 조건 모두 만족하지 않은 경우 처리)
End If
```

예제

[A1] 셀 값의 점수에 따라 급수를 출력하시오(단, 셀 값의 점수가 80 이상이면 1급, 70 이상이면 2급, 나머지는 3급으로 처리할 것).

```
If cells(1,1).Value >=80 Then
    MsgBox "1급"
ElseIf Cells(1,1).Value >=70 Then
    MsgBox "2급"
Else
    MsgBox "3급"
End if
```

[A1] 셀 값이 80 이상이면 '1급'으로 출력하고 70 이상이면 '2급'으로 출력하고, 위의 조건 모두를 만족하지 않으면(70 미만인 경우) '3급'으로 출력한다.

02 Select Case문

- 조건이 여러 개인 경우 각 조건별로 지정한 문장을 사용하여 조건을 처리한다.
- 수식의 값이 조건식 1과 같을 때는 문장 1을, 수식의 값이 조건식 2와 같을 때는 문장 2를, 수식의 값이 Case문에서 열거한 값에 없을 때는 문장 3을 실행한다.

```
Select Case 수식
        Case 조건식 1
                문장 1
        Case 조건식 2
                문장 2
        Case Else
                문장 3
End Select
```

예제

[A1] 셀 값에 따른 성적 평가를 출력하시오(단, 셀 값이 90 이상이면 '우수', 80 이상이면 '보통', 나머지는 '노력'으로 할 것).

```
Select Case Range("A1")
    Case Is >= 90
        MsgBox "우수"
    Case Is >= 80
        MsgBox "보통"
    Case Else
        MsgBox "노력"
End Select
```

[A1] 셀 값이 90 이상이면 '우수'를 출력하고 80 이상이면 '보통'을 출력하고 해당하는 값이 없을 때(80 미만인 경우)는 '노력'을 출력한다.

단답형 문제

01 다음의 If문에서 괄호 안에 들어갈 내용을 채우시오.

```
If A >= B Then
    MsgBox "True"
Else
    MsgBox "False"
(     )
```

02 조건이 True이거나 False일 경우 분기하는 조건문은 (   )이며, 하나의 식을 다른 여러 값과 비교할 때는 (   ) 조건문을 주로 사용한다.

객관식 문제

03 점수가 90 이상이면 "우수", 그렇지 않으면 "양호"의 문자열을 반환하는 사용자 정의 함수 "FUNC판정"을 작성하려고 한다. 다음의 구문에서 문법과 의미로 보았을 때 옳은 부분은?

```
Function FUNC판정(점수) → ①
    If 점수 > 90 Then → ②
        FUNC판정 = 우수
    Else If → ③
        FUNC판정 = 양호 → ④
    End If
End Function
```

- ② : If 점수 >= 90 Then
- ③ : Else
- ④ : FUNC판정 = "양호"

04 다음 제어문 중 반복문이 아닌 것은?
① Select ~ Case ~ End Select
② For ~ next
③ Do ~ Loop
④ While ~ Wend

정답 01 End if 02 If ~ Then ~ Else, Select Case
03 ① 04 ①

POINT 43 | VBA 문법 - 반복문

01 Do While ~ Loop문

- 조건식을 비교한 후 참인 동안 문장을 반복 실행한다.
- Loop에 들어가기 전에 조건을 검사한다.
- 형식

```
Do While 조건식
    문장
Loop
```

예제

두 값을 비교하여 같지 않으면 준비한 메시지를 출력하시오.

```
Sub DoWhileLoop( )
counter = 0
myNum = 9
  Do While myNum > 10
      myNum = myNum – 1
      counter = counter + 1
  Loop
MsgBox "루프를 " & counter & "번 반복"
End Sub
```

9는 10보다 작으므로 조건식이 거짓이 되며, 문장을 실행하지 않는다. 조건식이 참인 경우 문장을 반복 실행하여 주어진 메시지('루프를 0번 반복')를 출력한다.

02 Do ~ Loop While문

- 문장을 실행한 후 조건식을 비교하여 참인 동안 문장을 반복 실행한다.
- 적어도 한 번 Loop문을 실행한 후 조건을 검사한다.
- 형식

```
Do
    문장
Loop While 조건식
```

예제

두 값을 비교하여 같지 않으면 준비한 메시지를 출력하시오.

```
Sub DoLoopWhile( )
counter = 0
myNum = 9
  Do
      myNum = myNum – 1
      counter = counter + 1
  Loop While myNum > 10
MsgBox "루프를 " & counter & "번 반복"
End Sub
```

8은 10보다 작으므로 조건식은 거짓이 되며, 주어진 메시지('루프를 1번 반복')를 출력한다. 문장을 실행한 후 조건식을 비교하여 참인 경우 문장을 반복 실행한다.

03 Do Until ~ Loop문

- 조건식의 결과가 거짓인 동안 문장을 반복 실행한다.
- 조건식을 만족하면 한번도 실행되지 않는다.
- 형식

```
Do Until 조건식
    문장
Loop
```

예제

다음과 같은 제어문을 실행하였을 때 Sum의 값을 구하시오.

```
Sum = 0
n = 1
  Do Until n >= 5
      Sum = Sum + n
      n = n + 2
  Loop
```

n의 값이 5보다 크거나 같을 때까지 반복 실행하며, 수행 횟수에 따른 Sum과 n의 값을 구하되, 수행 전 Sum의 값은 0, n의 값은 1이다. 1번째 수행한 Sum과 n의 값은 1과 3, 2번째 수행한 Sum의 값은 4, n의 값은 5이므로 반복문을 벗어난다. 따라서 Sum의 값은 4이다.

04 For ~ Next문

- 정해진 문장 그룹을 지정한 횟수만큼 반복 수행하는 문법으로, 증감값에 따라 문장을 반복 횟수만큼 반복 실행한다.
- 형식

```
For 변수 = 시작값 To 최종값 Step 증감값
    문장
Next
```

예제

다음과 같은 서브 프로시저가 호출되어 수행될 때 메시지 박스에 출력되는 변수 total의 값을 구하시오.

```
Sub sum( )
Dim k, total
total = 0
    For k = 2 To 10 Step 2
        total = total + k
    Next k
MsgBox total
End Sub
```

2(시작값)에서 10(최종값)이 될 때까지 2씩(증감값) 증가한 값을 total에 더하면서 k를 반복 실행하여 total에 해당하는 값을 출력한다. 따라서 2+4+6+8+10의 값은 30이 된다.

실행 횟수	total	k	total = total + k
1	0	2	2(=0+2)
2	2	4	6(=2+4)
3	6	6	12(=6+6)
4	12	8	20(=12+8)
5	20	10	30(=20+10)

단답형 문제

01 다음과 같은 서브 프로시저가 호출되어 수행될 때 메시지 박스에 출력되는 변수 total의 값을 구하시오.

```
Sub sum( )
    Dim k, total
    total = 0
    For k = 2 To 10 Step 3
    total = total + k
    Next k
    MsgBox total
End Sub
```

실행 횟수	total	k	total=total+k
1	0	2	2(=0+2)
2	2	5	7(=2+5)
3	7	8	15(=7+8)

02 For~Next문은 지정한 횟수만큼 반복하여 실행하는 제어문이다. (○, ×)

객관식 문제

03 다음과 같은 제어문을 실행했을 때 sum의 값은 얼마인가?

```
sum = 0
n = 1
Do Until n >= 3
    sum = sum + n
    n = n + 2
Loop
```

① 0 ② 1 ③ 2 ④ 3

- 조건식 : n의 값이 3보다 크거나 같을 때까지 반복 실행
- 수행 전 sum의 값은 0, n의 값은 1
- 1번째 실행 횟수에서 n의 값이 3이 되어 조건식을 만족하여 반복문을 벗어남

실행 횟수	sum	n
1	1(0+1)	3(1+2)

정답 01 15 02 ○ 03 ②

POINT 44 | VBA의 주요 개체

01 Workbook(Workbooks) 개체

Workbook 개체는 엑셀 통합 문서를 나타내며 Workbooks컬렉션의 구성원이다.

● 주요 속성

Count	통합 문서의 개수를 반환함
Name	통합 문서 이름을 반환함
Saved	통합 문서 저장 여부를 확인함
Windows	지정한 통합 문서에 있는 모든 창을 의미함
Worksheets	지정한 통합 문서에 있는 모든 워크시트를 의미함

● 주요 메서드

Add	통합 문서를 생성함
NewWindow	통합 문서의 새 창을 생성함
Close	통합 문서 닫기
Open	통합 문서 열기
Save	통합 문서를 저장함
SaveAs	다른 이름으로 저장함

예제

```
Sub Test1( )
Workbooks.Close
End Sub
```

현재 열려 있는 통합 문서로 엑셀을 종료하지 않고, 열려 있는 모든 통합 문서를 닫는다는 의미이다.

02 Worksheet(Worksheets) 개체

Worksheet 개체는 엑셀의 워크시트를 나타내며 Worksheets컬렉션의 구성원이다.

● 주요 속성

Cells	워크시트의 모든 셀을 의미함
Columns	워크시트의 모든 열을 의미함
EntireColumn	지정된 영역이 포함된 모든 열을 의미함
Name	워크시트의 이름을 의미함
Range	워크시트의 셀이나 셀 범위를 의미함
Rows	워크시트의 모든 행을 의미함
Entirerow	지정된 영역이 포함된 모든 행을 의미함
Visible	워크시트의 표시 여부를 지정함

● 주요 메서드

Activate	해당 워크시트를 활성화함
Add	새로운 워크시트를 삽입함
Copy	워크시트를 복사함
Protect	워크시트를 보호함
Select	워크시트를 선택함
Unprotect	보호된 워크시트를 해제함

예제

```
Worksheets("sheet1").Activate
ActiveSheet.PageSetup.Orientation = xlLandscape
ActiveSheet.PrintOut
```

Sheet1을 활성화하고 활성화된 시트의 페이지 방향(Orientation)을 가로 모드(xlLandscape)로 설정한 다음, 인쇄한다는 의미이다.

03 Range 개체

Range 개체는 셀, 행, 열, 연속 셀 블록이 하나 이상 들어 있는 셀 선택 영역, 3차원 범위 등을 나타낸다.

● 주요 속성

ActiveCell	현재 셀을 의미함
Address	참조하는 셀 혹은 셀 주소를 의미함
Cells	지정된 범위의 셀 전체를 의미함
Count	지정된 범위의 셀 수를 반환함
Currentregion	데이터가 있는 인접 영역의 범위를 설정함
End	지정된 범위의 영역 끝에 있는 셀을 의미함
Item	지정된 범위 안에서 얼마 떨어진 범위인지 나타냄
Next	현재 셀의 다음 셀 현재 시트의 다음 시트를 나타냄
Offset	지정한 범위부터 얼마 떨어진 셀 주소인지 나타냄
Range	셀이나 셀 범위를 반환함
Value	지정된 셀 값을 나타냄

🗝 기적의 TIP

ActiveCell과 Offset 속성

현재 셀에서 위쪽으로는 2행, 왼쪽으로는 3열 떨어진 위치의 셀을 ActiveCell.Offset(-2, -3)으로 나타낸다.

● 주요 메서드

Find	찾기를 수행함
FindNext	다음 찾기를 수행함
Clear	전체 내용을 삭제함
ClearContents	내용만 삭제함
Select	개체를 선택함
ClearFormats	서식만 삭제함

단답형 문제

01 Workbooks("BOOK1").Activate는 열려있는 통합 문서 BOOK1.XLSX를 활성화한다. (○, ×)

02 Workbooks.Open"LARGE.XLSX"는 통합 문서 LARGE.XLSX 파일을 연다. (○, ×)

객관식 문제

03 다음 중 WorkSheets 개체의 주요 속성과 메서드에 대한 설명으로 옳지 않은 것은?
① Protect : 워크시트를 수정하지 못하도록 한다.
② Range : 워크시트에서 셀이나 셀 범위를 나타낸다.
③ Activate : 워크시트의 표시 여부를 나타낸다.
④ EntireRow : 지정한 범위에 들어 있는 행 전체를 나타낸다.

04 다음 중 매크로 코드에 대한 설명으로 잘못된 것은?
① Range("A1:A10, C1:C5") : [A1] 셀부터 [A10] 셀까지, [C1] 셀부터 [C5] 셀까지(두 개의 셀 범위)를 의미한다.
② Cell(5, 4) : 5행 4열. 즉, [D5] 셀을 의미한다.
③ ActiveCell.Offset(2, 3) : 현재 셀로부터 위쪽으로 2행 왼쪽으로 3열 떨어진 위치의 셀을 의미한다.
④ ActiveCell.Comment.Visible = True : 현재 셀의 메모가 항상 표시되는 설정을 의미한다.

정답 01 ○ 02 ○ 03 ③ 04 ③

POINT 45 | 데이터베이스의 개념과 시스템

01 데이터베이스

◉ 데이터베이스 개념

데이터베이스(DataBase)는 특정 조직 내에서 여러 사용자들이 공동으로 소유하고 활용할 수 있도록 구조적으로 통합시켜 저장해 놓은 운영 데이터의 집합체이다.

- **통합된 데이터** : 효율성 증진을 위하여 불가피하게 최소의 중복(Minimal Redundancy) 또는 통제된 중복(Controlled Redundancy)을 허용하는 데이터이다.
- **저장된 데이터** : 컴퓨터의 저장 장치에 저장된 데이터의 집합이다.
- **운용 데이터** : 실제 데이터베이스에 저장되고, 유지되고, 관리되는 말 그대로 운용할 수 있는 데이터이다.
- **공용 데이터** : 여러 사용자나 응용 프로그램들이 공동으로 소유하고 활용하는 데이터이다.

◉ 데이터베이스의 장단점

장점	• 데이터의 중복을 최소화할 수 있음 • 데이터를 공용할 수 있음 • 데이터의 일관성 및 무결성을 유지할 수 있음 • 데이터의 보안을 보장할 수 있음 • 전체 데이터의 요구 사항을 파악하여 조정할 수 있음
단점	• 가격이 상당히 비싸기 때문에 운영비가 많이 소요됨 • 데이터 처리 방법이 복잡하므로 고도의 기술이 요구됨 • 처리 절차에 변화가 생길 수 있음 • 시스템의 고장에 대한 예비 조치와 데이터 유실 시 파일 회복이 어려움

02 데이터베이스 관리 시스템(DBMS)

사용자와 데이터베이스 사이에서 사용자의 요구에 대한 연산 및 정보를 생성해 주고 데이터베이스를 관리해 주는 소프트웨어이다. 데이터베이스 관리 시스템(DBMS)의 필수 기능은 다음과 같다.

정의 기능	• 데이터베이스에 저장될 데이터의 형식이나 구조에 대한 정의, 제약 조건, 처리 방식 등을 명시함 • 다양한 형태의 데이터 요구를 지원해 줄 수 있도록 가장 적절한 데이터베이스 구조를 정의함
조작 기능	데이터베이스에 접근하여 데이터의 검색, 삽입, 삭제, 갱신 등의 연산 작업을 위해 사용자와 데이터베이스 사이의 인터페이스 수단을 제공함
제어 기능	• 데이터의 무결성이 파괴되지 않도록 하며, 데이터의 보안을 유지하고 권한을 검사함 • 데이터베이스의 처리 결과가 항상 정확성을 유지할 수 있도록 병행 제어를 수행함

03 데이터베이스 시스템의 구성

일반적으로 데이터베이스를 사용하기 위해서는 데이터베이스 외에도 스키마, DBMS, 데이터베이스 사용자, 하드웨어와 같은 구성 요소가 필요하다.

◉ **스키마** : 데이터베이스의 구조와 제약 조건에 관해 전반적인 명세를 기술한 것이다.

외부 스키마	• 일반 사용자나 응용 프로그래머 관점 • 전체 데이터베이스 중 특정 사용자나 응용 프로그램에 관련된 데이터베이스의 일부만 정의한 것
개념 스키마	• 기관이나 조직체의 관점 • 데이터베이스 전체의 논리적인 구조를 보여줌

내부 스키마	• 시스템 프로그래머나 시스템 설계자의 관점 • 데이터의 저장 또는 물리적인 표현 방법을 정의한 것

● 데이터베이스 언어(DBL)

데이터 정의어 (DDL)	• 데이터베이스나 테이블의 생성 또는 변경 등을 위해 사용되는 언어 • 데이터 구조의 삭제 또는 변경을 위해 사용되는 언어 • 데이터베이스 관리자나 설계자가 사용 • CREATE, ALTER, DROP
데이터 조작어 (DML)	• 사용자와 DBMS 사이의 인터페이스를 제공 • 사용자가 응용 프로그램을 통해 데이터베이스에 저장된 데이터를 액세스하거나 조작할 수 있도록 하는 언어 • 데이터베이스 내의 정보를 검색, 추가, 삭제, 수정할 수 있는 언어 • 절차식 데이터 조작 언어, 비절차식 데이터 조작 언어가 있음 • SELECT, UPDATE, INSERT, DELETE
데이터 제어어 (DCL)	• 데이터 보안 및 회복, 데이터 복구, 무결성 관리, 병행 수행 제어 등을 정의하는 언어 • 데이터베이스 관리자가 데이터 관리를 목적으로 주로 사용 • COMMIT, ROLLBACK, GRANT, REVOKE

● 데이터베이스 사용자

일반 사용자	단말기를 이용하여 질의어로 데이터베이스에 접근하는 사람
응용 프로그래머	• 데이터 부속어와 호스트 프로그래밍 언어를 이용하여 프로그램을 작성함 • 작성한 프로그램으로 데이터에 접근하는 사람
데이터베이스 관리자(DBA)	데이터베이스 시스템을 총체적으로 감시, 관리하는 책임관 권한을 갖는 사람 또는 그룹

단답형 문제

01 다음은 데이터베이스 언어에 대한 설명이다. 서로 관련 있는 항목끼리 연결하시오.

1 데이터 정의어 (DDL) ㉠ 데이터 보안, 데이터 무결성, 데이터 복구 등을 할 때 사용하는 언어

2 데이터 조작어 (DML) ㉡ 데이터의 삽입, 삭제, 수정 등을 할 때 사용하는 언어

3 데이터 제어어 (DCL) ㉢ 데이터베이스를 생성하거나 수정할 때 사용하는 언어

객관식 문제

02 다음 중 DBMS의 단점에 대한 설명으로 옳지 않은 것은?
① 하드웨어나 DBMS 구입 비용, 전산화 비용 등이 증가함
② DBMS와 데이터베이스 언어를 조작할 수 있는 고급 프로그래머가 필요함
③ 데이터를 통합하는 중앙 집중 관리가 어려움
④ 데이터의 백업과 복구에 많은 비용과 시간이 소요됨

03 다음 중 데이터베이스 언어에 대한 설명으로 옳지 않은 것은?
① 데이터 보안, 데이터 복구, 권한 등의 관리를 위해 사용되는 언어를 데이터 제어어(DCL)라 한다.
② 데이터베이스나 테이블의 생성 또는 변경 등을 위해 사용되는 언어를 데이터 정의어(DDL)라 한다.
③ 데이터 제어어는 주로 데이터베이스 관리자에 의해 사용된다.
④ 데이터 구조의 삭제 또는 변경을 위해 사용되는 언어를 데이터 조작어(DML)라 한다.

정답 01 **1** ㉢ **2** ㉡ **3** ㉠ 02 ③ 03 ④

POINT 46 | 키의 개념

01 관계형 데이터베이스

키(key)와 값(value)들의 관계를 테이블로 표현한 데이터베이스이다.

릴레이션의 구조

릴레이션은 관계형 데이터베이스에서 데이터들을 테이블(Table)의 형태로 표현한 것을 말한다.

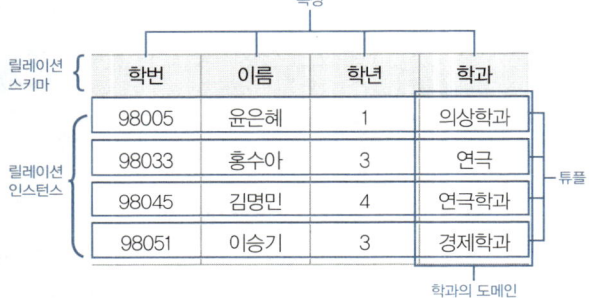

속성(Attribute) 애트리뷰트	• 데이터베이스를 구성하는 가장 작은 논리적 단위 • 파일 구조상의 데이터 필드에 해당 • 테이블에서 열을 나타내는 말로 필드와 같은 의미 • 동일한 속성명이 두 개 이상 존재할 수 없으며 한 릴레이션을 구성하는 속성(Attribute)들 사이에는 순서가 없음 • 애트리뷰트의 수를 디그리(차수, Degree)라 칭함
튜플 (Tuple)	• 한 릴레이션(Relation)에 포함된 튜플(Tuple)들은 모두 상이하며, 튜플(Tuple) 사이에는 순서가 없음 • 테이블에서 행을 나타내는 말로 레코드와 같은 의미 • 튜플(Tuple)의 수를 카디널리티(기수, Cardinality)라 칭함
도메인 (Domain)	하나의 애트리뷰트(Attribute)가 취할 수 있는 같은 타입의 원자값들의 집합

02 데이터베이스 키의 종류

기본키		대체키		외래키		
학번	이름	주민번호	학과	학번	이름	주소
101	윤상현	810304-15	경제	101	윤상현	성남
102	김명민	880501-18	연극	103	홍수아	서울
103	홍수아	890908-21	경제	103	홍수아	서울
104	윤은혜	930103-29	경제	104	윤은혜	안산
105	박보영	950605-23	음악	105	박보영	수원

▲ 〈학과〉 테이블　　　　　▲ 〈수강〉 테이블

기본키

- 레코드를 유일하게 식별할 수 있는 속성 값으로서 후보키가 두 개 이상인 경우에, 그 중 하나를 선택한 키이다.
- 널(Null) 값이나 중복 값을 입력할 수 없지만, 필드의 값은 변경할 수 있다.

> 예 〈학과〉 테이블의 학번

후보키

- 테이블을 구성하는 속성 중 레코드를 유일하게 식별할 때 사용하는 속성들의 부분 집합이다.
- 유일성과 최소성을 모두 만족한다.

> 예 〈학과〉 테이블의 학번, 주민번호
> 학번이나 주민번호는 다른 속성과 달리 유일한 값을 가지고 있다. 이름의 경우 동명이인이 있을 수 있고 학과가 같을 수도 있으나 학번과 주민번호의 경우는 중복되지 않는다. 이와 같이 각각의 튜플을 대표할 수 있는 유일한 속성을 후보키라고 한다.

대체키

후보키가 둘 이상일 때 그 중 하나를 기본키로 지정한 경우 이를 제외한 나머지 키를 의미한다.

> 예 〈학과〉 테이블의 학번이 기본키라고 했을 때 주민번호

외래키(외부키)

- 한 테이블의 속성(열)이 다른 테이블의 기본키와 일치하거나, 널(Null) 값인 키로 하나 이상의 테이블을 연결하여 사용하는 경우에 필요하다.
- 외래키 필드에는 중복된 값, 널(Null) 값이 입력될 수 있다.
- 한 테이블에 여러 개의 외래키가 존재할 수 있고 기본키와 동시에 존재할 수 있다.

> 예 〈학과〉 테이블과 〈수강〉 테이블을 연결할 수 있는 속성인 '학번'을 〈학과〉 테이블의 기본키라 했을 때 〈수강〉 테이블의 '학번'이 외래키가 된다.

슈퍼키

- 한 테이블 내에 있는 속성들의 집합으로 구성된 키이다.
- 테이블을 구성하는 모든 속성에 대한 유일성은 만족하지만 최소성은 만족하지 못한다.

> 예 〈학과〉 테이블에서 (학번, 학과) (학번, 이름) 등

개체 무결성은 기본키, 참조 무결성은 외래키와 관계된다.

03 무결성 제약 조건

개체 무결성

테이블에서 기본키를 구성하는 속성 값은 널 값이나 중복 값을 가질 수 없다.

> 예 〈학과〉 테이블에서 학번이 기본키로 지정되면 레코드를 추가할 때 이름, 주민번호 속성에는 값을 입력하지 않아도 되지만, 기본키로 지정된 학번 속성에는 반드시 값을 입력해야 한다. 또한 학번 속성에는 한 번 입력한 속성 값을 중복하여 입력할 수 없다.

참조 무결성

- 두 테이블의 연관된 레코드들 사이의 일관성을 유지하는 데 사용한다.
- 주어진 속성들의 집합에 대한 테이블의 한 값이 반드시 다른 테이블에 대한 속성 값으로 나타나도록 보장해야 한다.
- 외래키 값을 관련된 테이블의 기본키 값과 동일하게 유지해주는 제약 조건이다.

> 예 〈학과〉 테이블의 '학번'과 〈수강〉 테이블의 '학번'이 참조 무결성 관계라면 〈학과〉 테이블의 '학번'에 없는 값을 〈수강〉 테이블의 '학번'에 추가할 수 없다.

단답형 문제

01 다음은 기본키의 특징에 대한 설명이다.
1. 널 값을 입력할 수 없다. (O, ×)
2. 중복된 값을 입력할 수 없다. (O, ×)
3. 입력된 값을 변경할 수 없다. (O, ×)
4. 두 개 이상의 필드를 묶어서 기본키로 설정할 수 있다. (O, ×)

02 기본키와 외래키는 동일한 테이블에 동시에 존재할 수 있으며, 기본키는 (　　)의 제약 조건을, 외래키는 (　　)의 제약 조건을 가진다.

객관식 문제

03 다음 중 기본키(Primary Key)와 외래키(Foreign Key)에 관한 설명으로 잘못된 것은?
① 기본키와 외래키는 동일한 테이블에 동시에 존재할 수 없다.
② 참조 무결성이 유지되기 위해서는 외래키 필드의 값은 참조하는 필드 값들 중 하나와 일치하거나 널(Null)이어야 한다.
③ 기본키를 이루는 필드의 값은 Null이 될 수 없다.
④ 기본키는 개체 무결성의 제약 조건을, 외래키는 참조 무결성의 제약 조건을 가진다.

04 〈성적〉 테이블의 '과목코드' 필드와 〈과목〉 테이블의 '과목코드' 필드를 이용하여 두 테이블 간 관계가 설정되어 있다. 이때 〈성적〉 테이블의 '과목코드' 필드를 무엇이라 부르며, 두 테이블 간에 준수되어야 할 제약을 무엇이라 하는가? (단, 〈과목〉 테이블의 '과목코드' 필드는 기본키로 설정되어 있다.)
① 외래키 – 참조 무결성 제약 조건
② 외래키 – 개체 무결성 제약 조건
③ 기본키 – 참조 무결성 제약 조건
④ 기본키 – 개체 무결성 제약 조건

정답 01 ① O ② O ③ × ④ O
02 개체 무결성, 참조 무결성　03 ①　04 ①

POINT 47 | 데이터베이스 설계

01 데이터베이스 설계 순서

● 데이터베이스 설계 시 고려 사항

항목	설명
무결성	제약 조건을 만족시키는 데이터(갱신, 삽입, 삭제 등의 연산 후에도 데이터 값이 정확함)를 의미함
일관성	저장되어 있는 데이터와 질의응답이 일치하여 모순되지 않음
회복	시스템 장애 발생 이전의 원래 상태인 데이터베이스로 복구 가능함
보안	불법 접근(데이터의 변경, 손실, 노출)에 대한 보호 가능
효율성	응답 시간 단축, 저장 공간 최적화, 시스템 생산성 등을 고려함
확장성	새 데이터를 추가할 때 시스템에 영향을 주지 않아야 함

● 데이터베이스 설계 과정

요구 사항 분석 → 개념적 설계(정보 모델링) → 논리적 설계(데이터 모델링) → 물리적 설계(데이터 구조화) → 데이터베이스 구현

- **요구 사항 분석** : 데이터베이스를 구축하고자 하는 사용자들의 목적이 무엇인지 파악하는 단계이다.
- **개념적 설계(정보 모델링)** : 현실 세계에 존재하는 개체를 인간이 이해할 수 있는 정보 구조로 표현하는 과정이다.
- **논리적 설계(데이터 모델링)** : 현실 세계에 존재하는 개체를 컴퓨터 환경에 맞도록 변환하는 과정이다.
- **물리적 설계(데이터 구조화)** : 논리적 구조로 만들어진 데이터를 디스크 등에 실제로 저장할 수 있는 물리적 구조로 변환하는 과정이다.
- **데이터베이스 구현** : 논리적 설계와 물리적 설계에서 산출된 스키마를 데이터베이스 파일로 만드는 단계이다.

02 데이터 모델

● 개념적 데이터 모델

- 현실 세계에 존재하는 개체를 인간이 이해할 수 있는 정보 구조로 표현하는 과정으로 정보 모델링이라고도 한다.
- 속성들로 기술된 개체 타입과 이 개체 타입들 간의 관계를 이용하여 현실 세계를 표현하는 방법이다.
- 개체-관계(E-R) 모델이 대표적이다.

● 논리적 데이터 모델

- 개념적 모델링 과정에서 얻은 개념적 구조를 컴퓨터 환경에 맞도록 변환하는 과정이기 때문에 데이터 모델링이라고도 한다.
- 데이터 모델링은 현실 세계의 정보를 데이터베이스에 옮겨 표현하는 과정으로 현실 세계의 정보들과 데이터베이스 사이의 교량 역할을 한다.
- 데이터의 속성을 나타내는 필드(열)로 기술된 데이터 타입과 이 데이터 타입들 간의 관계를 이용하여 현실 세계를 표현하는 방법이다.

계층 데이터 모델	• 데이터베이스의 논리적 구조가 트리(Tree) 형태로 표현 • E-R 모델의 Entity(개체)를 레코드 타입으로 표현 • E-R 모델의 1:N 관계를 두 레코드 타입 간의 부모-자식 관계로 표현
네트워크 데이터 모델	• 집합(Set) 기반의 데이터 구조와 명시적 링크인 오너(Owner)와 멤버(Member) 레코드 형으로 관계를 표현 • 계층형에 비해 N:M(다 대 다) 관계 구현이 용이함

관계형 데이터 모델	• 표현하려는 Entity의 모든 데이터와 데이터 사이의 관계를 2차원의 테이블 형태로 기술한 모델 • 필요 시 테이블 사이의 연결을 통해 데이터를 생성 및 처리

03 개체-관계(E-R) 모델

- 개체-관계(E-R) 모델은 현실 세계에 존재하는 개체를 인간이 이해할 수 있는 정보 구조로 표현한 개념적 데이터 모델 중 가장 대표적인 형태다.
- 데이터를 개체, 관계, 속성으로 묘사한다.
- 개체는 개체와 개체 간의 관련성을 관계로 나타내며, 실 세계에서 개념적 또는 물리적으로 존재하는 실제 사용을 의미한다.
- 속성은 개체를 묘사하는 데 사용될 수 있는 특성을 의미한다.
- 개체-관계 모델은 일 대 일(1:1), 일 대 다(1:n), 다 대 다(n:m) 등의 관계 유형으로 표현할 수 있다.
- **개체-관계(E-R) 다이어그램 표기법** : 관계형 데이터베이스를 설계하는데 있어 주요한 기술 중 하나는 개체-관계(E-R) 모델이며, 개체-관계(E-R) 모델에 사용되는 도구 중 가장 중요한 것은 개체-관계(E-R) 다이어그램이다.

기호	기호 이름	의미
사각형	사각형	개체(Entity) 타입
타원	타원	속성(Attribute)
다이아몬드	다이아몬드 혹은 마름모	관계(Relationship) 타입
링크, 실선	링크, 실선	개체 타입과 속성 연결
밑줄 타원	밑줄 타원	기본키 속성
복수 타원	복수 타원	복합 속성 예 성명은 성, 이름으로 구성
N M 관계	관계	1:1, 1:N, N:M 등의 개체 간 관계 대응 수를 선 위에 표현

단답형 문제

01 정규화에 대한 설명이다.
1. 한 테이블이 가능한 많은 정보를 관리할 수록 데이터 조회가 편리해진다. (O, X)
2. 테이블을 정규화하는 경우 불필요한 필드의 제거로 데이터 공간의 낭비를 방지하여 검색 효율성을 높일 수 있다. (O, X)
3. 테이블의 속성들 사이의 종속성 개념에 기반을 두고 이들 종속성을 제거하는 과정이다. (O, X)

객관식 문제

02 다음 중 데이터베이스의 정규화에 관한 설명으로 가장 옳지 않은 것은?
① 테이블의 정규화는 불필요한 필드를 제거함으로써 데이터 공간의 낭비를 방지하기 위한 것이다.
② 이해하기 쉽고 확장하기 쉽도록 테이블을 구성하며, 무결성 제약 조건의 구현을 용이하게 한다.
③ 정규화는 여러 테이블에 중복적으로 존재하는 필드를 일정한 규칙에 의해 추출하여 보다 단순한 형태를 가지는 다수의 테이블로 분리하는 작업이다.
④ 정규화를 수행해도 데이터의 중복을 최소화 하는 것이지 완전히 제거할 수 있는 것은 아니다.

03 다음 중 E-R 다이어그램 표기법의 기호와 의미가 바르게 연결된 것은?
① 사각형 - 속성(Attribute) 타입
② 마름모 - 관계(Relationship) 타입
③ 타원 - 개체(Entity) 타입
④ 밑줄 타원 - 의존 개체 타입

정답 01 1 X 2 X 3 O 02 ① 03 ②

04 정규화

> 자료 저장 공간을 최소화하고, 데이터베이스 내 데이터의 불일치 위험을 최소화하기 위함이 정규화의 목적이다.

정규화란 함수적 종속성 등의 종속성 이론을 이용하여, 잘못 설계된 관계형 스키마를 더 작은 속성(Attribute)의 세트로 쪼개어 바람직한 스키마로 만드는 과정(속성(Attribute) 수가 적은 릴레이션 스키마들로 분할하는 과정)을 뜻한다.

- 여러 테이블에 중복적으로 존재하는 필드를 일정한 규칙에 의해 추출하여 보다 단순한 형태를 가지는 다수의 테이블로 분리하는 작업이다.
- 데이터를 입력 또는 삭제 시 이상(Anomaly) 현상이 일어나지 않도록 데이터베이스를 설계하기 위한 기술을 의미한다.
- 대체로 더 작은 필드를 갖는 테이블로 분해하는 과정이다(릴레이션 스키마 속성들 간의 종속성을 분석하여 바람직한 속성을 가진 릴레이션으로 분해하는 과정).
- 데이터 중복을 최소화하기 위한 작업이다.
- 테이블 간의 종속성을 제거하는 과정이다.
- 정규화는 데이터베이스의 논리적 설계 단계에서 수행한다.
- 정규형에는 제1정규형부터 제5정규형까지 있으며 단계가 높을수록 높은 수준으로 간주된다.
- 데이터베이스의 물리적 구조나 처리에 영향을 주지 않고, 논리적 처리 및 품질에 영향을 미친다.
- 좋은 데이터베이스 스키마를 생성하고 불필요한 데이터의 중복을 방지하며 쉽게 정보를 검색할 수 있도록 한다.
- 정규화를 수행해도 데이터의 중복을 완전히 제거할 수 없다.
- 데이터를 삽입할 때 테이블을 재구성할 필요성을 줄인다.
- 중복된 데이터를 제거하기 위하여 테이블을 여러 개로 나누기 때문에 테이블 크기가 작아져서 데이터 관리가 쉬워진다.
- 필드를 분리하는 것이지 필드를 제거하는 것은 아니다.
- 이해하기 쉽고 확장하기 편하도록 테이블을 구성하며 무결성 제약 조건의 구현을 용이하게 한다.

> **기적의 TIP**
>
> **릴레이션의 구성**
> - **릴레이션 스키마(Schema)** : 일정 수의 속성(Attribute)의 집합으로 정적인 성질을 갖는다.
> - **릴레이션 인스턴스(Instance)** : 어느 한 시점에 어떤 릴레이션이 가지는 튜플의 집합이며, 동적인 성질을 갖는다.

05 Access 열기 대화상자

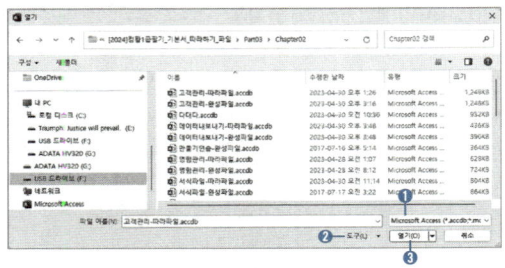

❶ 파일 형식	파일 형식에서 지정한 유형의 파일이 열기 대화상자 목록에 나열됨. Access 파일 형식 뿐만 아니라 Excel, 텍스트 파일, ODBC 데이터베이스, dBASE 형식 등을 선택할 수 있고 '모든 파일' 형식을 한꺼번에 나열할 수 있음
❷ 도구	'네트워크 드라이브 연결' 기능을 이용하여 공유 폴더나 웹 폴더, FTP 사이트 등에 연결을 만들고, 해당 연결에 Y: 또는 Z: 등의 드라이브 문자를 지정해 바로 가기 할 수 있음. 연결 후에는 언제라도 해당 폴더에 빠르게 액세스할 수 있음
❸ 열기	열기 대화상자에서 선택한 파일을 적절한 읽기/쓰기 권한으로 열어서 보여줌 • 읽기 전용으로 열기 : 파일을 변경할 수 없는 모드(원본 파일을 볼 수 있지만 변경하여 내용을 저장할 수는 없음)로 열어줌 • 단독으로 열기 : 데이터베이스가 열려 있을 때 다른 사용자가 해당 데이터베이스를 사용하지 못하도록 함 ※ 데이터베이스 암호를 설정하거나 제거하려면 데이터베이스를 단독 사용 모드로 열어야 함 • 단독 읽기 전용으로 열기 : 읽기 전용으로 열기 + 단독으로 열기

● Access 데이터베이스 암호화

• 암호를 사용하여 데이터베이스 암호화

- 암호화하려는 데이터베이스를 단독 사용 모드(단독으로 열기)로 열어야 한다.
- [파일] 탭의 정보 영역에서 [데이터베이스 암호 설정]을 클릭하면 [데이터베이스 암호 설정] 대화상자가 나타난다.
- '암호' 입력란에 암호를 입력하고 '확인' 입력란에 한 번 더 입력한 후 [확인]을 클릭한다.
- 이후 암호화된 데이터베이스는 암호 입력상자에 지정한 암호를 입력해야 열 수 있다.

• 데이터베이스에서 암호 제거

- 데이터베이스를 단독 사용 모드(단독으로 열기)로 연다.
- [파일] 탭의 정보 영역에서 [데이터베이스 암호 해독]을 클릭하면 [데이터베이스 암호 해독] 대화상자가 나타난다.
- 암호 입력란에 암호를 입력하고 [확인]을 클릭한다.

• Access 데이터베이스 파일

Access는 DBMS(데이터베이스 관리 시스템)로 한 파일에 있는 정보를 모두 관리할 수 있으며, 데이터베이스 파일은 다음과 같은 주요 요소로 구성된다.

- 레코드와 필드로 표현되며 데이터를 저장하기 위한 테이블
- 원하는 데이터만 찾고 검색하기 위한 선택 쿼리, 테이블의 데이터를 업데이트 시키는 실행 쿼리
- 테이블의 데이터를 보고 추가하고 업데이트하기 위한 폼
- 데이터를 분석하거나 특정 레이아웃으로 데이터를 인쇄하기 위한 보고서

단답형 문제

01 다음 Access에 대한 질문에 답하시오.
  1 Access 열기 모드 중 원본 파일의 열람은 가능하나 편집한 내용을 저장할 수 없는 상태로 여는 것을 '(　　)으로 열기'라 한다.
  2 Access 데이터베이스 파일을 구성하는 주요 요소 중 특정 데이터를 검색하여 찾고, 테이블에 있는 데이터를 업데이트 시키고 삭제하는 등의 작업을 가능하게 하는 요소를 (　　)라 한다.

객관식 문제

02 다음 중 Access의 열기 대화상자에 관한 설명 중 옳지 않은 것은?
  ① 특정 유형의 파일만 나열할 수 있고 다른 형식의 파일을 한꺼번에 볼 수 없다.
  ② 데이터베이스가 열려 있을 때 다른 사용자가 해당 데이터베이스를 사용하지 못하도록 하려면 단독으로 열기 모드를 선택한다.
  ③ 네트워크 드라이브 연결 기능을 통해 웹 폴더나 Y 드라이브 등으로 지정할 수 있다.
  ④ 파일을 열어서 보는 것은 가능하지만 수정한 내용을 저장할 수 없도록 하려면 읽기 전용 모드로 파일을 열어야 한다.

03 다음 중 데이터베이스인 Access에서 암호를 설정하는 방법으로 옳은 것은?
  ① [데이터베이스 압축 및 복구] 도구에서 파일 암호를 설정할 수 있다.
  ② 데이터베이스를 단독 사용 모드(단독으로 열기)로 열어야 파일 암호를 설정할 수 있다.
  ③ 데이터베이스를 MDE 형식으로 저장한 후 파일을 열어야 파일 암호를 설정할 수 있다.
  ④ [Access 옵션] 창의 보안 센터에서 파일 암호를 설정할 수 있다.

정답 01 **1** 읽기 전용 **2** 쿼리 02 ① 03 ②

POINT 48 | 테이블 작성

01 테이블 작성

액세스에서 데이터를 입력할 수 있도록 테이블 구조를 설계하는 작업이다.

- 테이블 생성 시 필드 크기, 필드의 데이터 형식, 필드 이름을 고려해야 한다.
- 데이터시트 보기, 디자인 보기, 테이블 서식 파일, 테이블 가져오기, 테이블 연결 등을 이용하여 작성할 수 있다.
- 필드 이름은 최대 64자까지 입력할 수 있다.
- 마침표(.), 악센트 기호(`), 느낌표(!), 대괄호([ ])를 제외한 특수 기호, 공백, 숫자, 문자를 조합한 모든 기호를 사용할 수 있다.
- 필드 이름의 첫 글자는 공백을 사용할 수 없다.
- 테이블 이름과 필드 이름은 같아도 무관하지만, 하나의 테이블 내에 같은 이름의 필드가 중복될 수는 없다.

02 테이블 구조 변경

필드 삽입	테이블 디자인 보기나 데이터시트 보기에서 이미 설계된 테이블에 새 필드를 추가하는 것 • [테이블 디자인]-[도구]-[행 삽입]을 선택하거나 Insert 를 누름 • 현재 선택된 필드 위에 새 필드가 삽입됨 • 여러 개의 연속된 필드를 삽입하려면 여러 개의 행 선택기를 선택하고 [행 삽입]을 실행함
필드 이동	• 이동시킬 필드를 선택한 후 새 위치로 드래그하거나 [잘라내기](Ctrl + X)와 [붙여넣기](Ctrl + V)를 실행함 • 여러 개의 연속된 필드를 이동하려면 여러 개의 행 선택기를 선택하고 이동을 실행함
필드 삭제	테이블에서 생성된 필드를 삭제하는 것 • [테이블 디자인]-[도구]-[행 삭제]를 선택하거나 Delete 를 누름 • 삭제된 필드는 다시 되살릴 수 없으며, 필드를 삭제하면 필드 내에 입력된 모든 데이터도 함께 지워짐 • 여러 개의 연속된 필드를 삭제하려면 여러 개의 행 선택기를 선택하고 [행 삭제]를 실행함

기적의 TIP

데이터시트 보기 상태에서의 삭제와 이동
- **필드 삭제** : 삭제할 필드 이름(열)을 선택하고 바로 가기 메뉴에서 [필드 삭제]를 선택한다.
- **필드 이동** : 이동할 필드를 선택하고 새 위치로 드래그한다. 데이터시트 보기에서는 [잘라내기]를 사용할 수 없다.

03 데이터 형식

데이터 형식 설정은 필드에 입력할 수 있는 데이터의 크기와 종류에 대한 정의를 하는 것이다.

- 데이터 형식에는 텍스트(짧은, 긴), 숫자, 날짜/시간, 통화, 일련번호, Yes/No, OLE 개체, 하이퍼링크, 첨부 파일, 계산, 조회 마법사(실제 데이터 형식은 아님)가 있으며 기본적으로 텍스트 형식을 지원한다.
- 지정된 데이터 형식에 따라 필드에 저장할 수 있는 값이 달라진다.

짧은 텍스트	• 전화번호처럼 계산이 필요 없는 번호나 주소처럼 텍스트와 숫자의 조합에 적합 • 255자까지 입력 가능
긴 텍스트	• 참고 내용, 설명글 등과 같은 긴 내용 입력에 적합 • 63,999자까지 입력 가능

형식	설명
숫자	• 통화 형식을 제외하고, 계산 가능한 수치 데이터가 허용됨 • 가격, 기본급 등에 사용함 • 숫자 형식에는 바이트형(1Byte), 정수형(Integer : 2Byte), 정수형(Long : 4Byte), 실수형(Single : 4Byte), 실수형(Double : 8Byte) 등이 있음
날짜/시간	• 100년에서 9999년까지의 날짜와 시간 값을 저장할 수 있음 • 생일, 졸업 날짜 등에 사용함 • 기본 필드 크기는 8Byte임
통화	• 화폐 계산에 사용되는 통화 값과 숫자 데이터에 적합하며, 기본적으로 통화 기호인 ₩, $가 붙음 • 기본 필드 크기는 8Byte임
일련번호	• 새 레코드를 시작할 때마다 설정한 번호로 자동 증가함 • 한 번 발생한 번호는 다시 발생하지 않으며, 수정도 안 됨 • 일단 레코드에 번호가 부여되면, 삭제하거나 변경할 수 없음 • 기본 필드 크기는 4Byte임
Yes/No	• Yes/No, True/False, On/Off 등의 값 중 하나만 선택하여 입력하는 경우에 사용함 • 기본 필드 크기는 1Bit임
OLE 개체	• 마이크로소프트 Word 문서, 마이크로소프트 엑셀 스프레드시트, 사진, 소리, 기타 2진 데이터 등 다른 프로그램에서 만들어진 개체를 입력할 수 있음 • 사운드, 이미지, 엑셀 등을 액세스에 연결할 수 있음 • 기본 필드 크기는 1GB임
하이퍼링크	인터넷, 인트라넷, LAN(Local Area Network) 또는 로컬 컴퓨터의 문서 또는 파일에 대한 링크 주소에 적합한 형식
첨부 파일	• 이메일 메시지에 파일을 첨부하는 것처럼 이미지, 스프레드시트 파일, 문서, 차트 및 기타 지원되는 파일 유형을 데이터베이스에 첨부함 • 첨부 파일을 여러 개 추가할 수 있음

※ 필드 크기를 지정하는 난이 없는 형식(긴 텍스트, 날짜/시간, 하이퍼링크 등)은 연결되는 값에 따라 자동으로 크기가 지정된다.

단답형 문제

01 액세스에서 데이터 형식에 대한 설명이다.

1 짧은 텍스트 : 전화번호처럼 계산이 필요 없는 숫자나 텍스트 또는 텍스트와 숫자의 조합에 적합하다. (○, ×)

2 긴 텍스트 : 255자를 초과하는 텍스트 데이터 입력에 적합하다. (○, ×)

3 Yes/No : Yes/No, True/False, On/Off와 같이 두 값 중 하나만 갖는 필드이고 크기는 1byte이다. (○, ×)

4 통화 : 산술 계산에 사용되는 소수점 한 자리에서 네 자리까지의 통화 값과 숫자 데이터에 적합하다. (○, ×)

객관식 문제

02 다음 보기에서 데이터 형식의 필드에 할당되는 크기가 큰 것부터 작은 순으로 바르게 배열된 것은?

㉮ 날짜/시간 형식
㉯ 정수(Integer) 형식
㉰ Yes/No 형식
㉱ 일련 번호(Long) 형식

① ㉮-㉱-㉯-㉰
② ㉱-㉮-㉯-㉰
③ ㉱-㉯-㉮-㉰
④ ㉮-㉱-㉰-㉯

03 다음 중 액세스의 데이터 형식이 아닌 것은?
① 짧은 텍스트
② 날짜/시간
③ CSV
④ 일련번호

정답 01 **1** ○ **2** ○ **3** × **4** ○ 02 ① 03 ③

POINT 49 | 필드 속성

01 입력 마스크

● 입력 마스크

필드나 컨트롤에 데이터를 입력할 때 입력 방식을 제시하는 것이다. 즉, 필드에 사용할 데이터에 서식을 지정하여 필드에 입력할 수 있는 데이터를 제한한다.

● 사용자 정의 입력 마스크 기호

```
(999) 999-9999 ; 0 ; *
      ❶        ❷  ❸
```

❶ 첫 번째 구역	사용자 지정 기호를 사용하여 입력 마스크를 지정함	
❷ 두 번째 구역	• 데이터를 입력할 때 -, /, =와 같은 서식 문자를 테이블에 저장할지 여부를 지정함 • '0'은 데이터에 입력 마스크 문자가 포함된 입력 형식 그대로 저장하고, '1'이나 '공백'은 입력된 값만 저장됨 • 두 번째 구역을 지정하지 않으면 입력한 값만 저장함	
❸ 세 번째 구역	• 데이터를 입력할 때 데이터가 입력되어야 하는 자리에 표시되는 문자를 저장하는 것 • " "는 공백(빈 문자열)으로 표시되며, 기본 문자는 '_'를 의미함	

예

입력 마스크	유효한 입력값 예시	
LA09?	A11, AA11, A111A	사용자 지정 기호 참고
LA09#	A상345	
>L0L L?0	H3H 가H3	
L&A	A1B	
>L<???	Sun, Moon	

● 사용자 지정 기호

기호	입력값	필수	선택
0	0~9 사이의 숫자, 덧셈 기호(+)와 뺄셈 기호(-) 허용 안 됨	○	
9	숫자나 공백, 덧셈 기호(+)와 뺄셈 기호(-) 허용 안 됨		○
#	숫자나 공백(공백은 저장할 때 제거됨), 덧셈 기호(+)와 뺄셈 기호(-) 허용됨		○
L	A~Z 사이의 영문자와 한글	○	
?	A~Z 사이의 영문자와 한글		○
A	A~Z 사이의 영문자와 한글, 숫자	○	
a	A~Z 사이의 영문자와 한글, 숫자		○
&	모든 문자나 공백	○	
C	모든 문자나 공백		○
>	모든 문자를 대문자로 변환		
<	모든 문자를 소문자로 변환		

02 기타 필드 속성

기본값	새 레코드를 만들 때 해당 필드에 자동으로 입력될 값을 지정함
필수	해당 필드에 항상 데이터를 입력할지의 여부를 지정함
빈 문자열 허용	짧은 텍스트, 긴 텍스트, 하이퍼링크 데이터 형식의 필드 속성에만 적용되는 것으로, 필드에 빈 문자열을 허용할지 여부를 지정함
유효성 검사 규칙	특정 필드에 입력될 값의 종류나 범위를 지정한 다음, 그 값 이외의 값이 입력되지 않도록 지정함
유효성 검사 텍스트	지정한 유효성 검사 규칙에 어긋나는 데이터를 입력할 경우 나타나는 메시지

― 입력 마스크= "이렇게 입력해주세요~"라는 청유형 뉘앙스가 강한 반면, 유효성 검사 규칙은 "이렇게 입력해!"라는 강제성 뉘앙스가 강한 기능이다.

03 조회 속성

● 조회

조회를 통하여 미리 입력해 놓은 데이터 목록을 선택하여 입력하는 것이다.
- 입력할 값이 미리 정해진 범위 내에 있거나, 다른 테이블에서 조회할 수 있는 값인 경우 목록 상자나 콤보 상자를 사용하여 값을 선택한다.
- 디자인 보기에서 데이터 형식의 [조회 마법사]를 이용하여 설정하거나 [조회] 탭에서 각 속성을 설정할 수 있다.

● 조회 속성

컨트롤 표시	• 필드에 데이터를 입력할 때 사용하는 컨트롤의 유형을 지정함 • 컨트롤의 유형에는 텍스트 상자, 목록 상자, 콤보 상자가 있음
행 원본 유형	• 사용할 행 원본의 형식을 지정함(테이블/쿼리, 값 목록, 필드 목록) • 콤보 상자나 목록 상자의 목록 값을 직접 입력하여 지정하려면 행 원본 형식을 값 목록으로 선택해야 함
행 원본	원본으로 사용될 데이터를 지정함
바운드 열	• 컨트롤 값으로 사용될 열의 값을 설정함 • 특정한 값을 선택했을 때 바운드된 필드에 실제로 어떤 값을 저장할 것인지를 선택할 수 있음
열 개수	콤보 상자나 목록 상자에 표시되는 열의 수를 지정함
열 이름	열 이름(머리글)의 표시 여부를 지정함
열 너비	• 열의 너비를 지정하며, 여러 열일 경우는 세미콜론(;)으로 구분함 • 열 너비를 0으로 입력하면 숨기고자 하는 필드를 숨길 수 있음
행 수	콤보 상자의 목록에 표시되는 행의 수를 지정함
목록 너비	콤보 상자에 나타나는 목록의 전체 너비를 cm와 같은 형식으로 지정함
목록 값만 허용	콤보 상자의 목록에 사용자가 입력할 수 없도록 설정함

※ 행 원본 유형, 행 원본, 바운드 열, 열 개수, 열 이름, 열 너비 속성은 콤보 상자와 목록 상자에 공통적으로 적용되는 속성이다.

※ 행 수, 목록 너비, 목록 값만 허용 속성은 콤보 상자에만 적용되는 속성이다.

단답형 문제

01 바운드 열은 특정한 값을 선택했을 때 바운드된 필드에 실제로 어떤 값을 저장할 것인지를 선택하는 것이다. (○, ×)

02 콤보 상자나 목록 상자의 목록 값을 직접 입력하여 지정하려면 행 원본 형식을 필드 목록으로 선택해야 한다. (○, ×)

객관식 문제

03 다음 중 입력 마스크를 아래와 같이 정의하고 'sun', 'moon'의 데이터를 각각 입력하였을 때 테이블에 입력된 결과는?

>L<???

① SUN, MOON   ② sun, moon
③ Sun, Moon   ④ sUN, mOOn

04 테이블 디자인의 조회 표시에서 콤보 상자를 선택하면 여러 가지 속성이 표시된다. 속성에 대한 설명 중 옳지 않은 것은?
① 행 원본 : 드롭다운 목록에 나타날 데이터의 원본을 지정한다.
② 바운드 열 : 콤보 상자의 드롭다운 목록에 나타날 열(필드)을 지정한다.
③ 행 수 : 콤보 상자의 목록에 표시되는 최대 행(레코드)의 수를 지정한다.
④ 목록 너비 : 콤보 상자 드롭다운 목록의 너비를 지정한다.

05 다음 중 특정 필드의 입력 마스크를 'LA09#'으로 설정하였을 때 입력 가능한 데이터로 옳은 것은?
① 12345
② A상345
③ A123A
④ A1BC

정답 01 ○ 02 × 03 ③ 04 ② 05 ②

POINT 50 | 기본키와 인덱스

01 기본키

● 기본키의 개요

기본키란 한 테이블 내에서 모든 레코드를 구별할 수 있는 필드나 필드의 집합을 뜻한다.

- 테이블 내에서 모든 레코드를 유일하게 구별할 수 있도록 설정해야 한다.
- 테이블의 기본키로 지정하면 기본키 필드에 중복 값이나 널(Null) 값은 입력할 수 없다.
- 테이블에 기본키를 설정하지 않을 수 있고, 기본키가 설정되지 않더라도 다른 테이블과 관계를 설정할 수 있다.
- 기본키 필드의 값이 다른 테이블에서 참조되더라도 중복 값이나 널(Null) 값이 아니라면 변경할 수 있다.
- 기본키로 설정되는 필드에 대해서는 자동으로 중복 불가능한 인덱스가 생성되어 빠르게 정보를 찾을 수 있다.
- 데이터 형식이 OLE 개체, 첨부 파일인 필드에는 기본키를 지정할 수 없다.
- 특정 필드를 기본키로 지정하면 해당 필드 이름 앞에 열쇠 모양(🔑)의 아이콘이 붙는다.
- 여러 필드를 기본키로 지정하려면 테이블 디자인 보기 모드에서 Ctrl을 누른 채 다중 선택하여 지정하면 된다.
- 데이터가 이미 입력된 필드도 중복된 데이터가 없다면 기본키로 지정할 수 있다.
- 데이터시트 보기 모드에서 새 테이블을 만들면 일련번호 데이터 형식의 기본키가 자동으로 만들어진다.
- 하나 이상의 관계가 있는 테이블의 기본키를 제거하려면 관계부터 삭제해야 한다.
- 기본키가 설정되어 있는 상태에서 다른 필드를 기본키로 지정하면 기존의 기본키는 해제된다.

● 기본키의 종류

일련번호 기본키	새 레코드를 추가할 때마다 일련번호가 자동으로 입력되는 일련번호 필드를 기본키로 지정함
단일 필드 기본키	다른 필드와 중복될 수 없는 고유 데이터가 입력된 필드를 기본키로 지정함
다중 필드 기본키	• 단일 필드가 고유한 값을 갖는다는 확신이 없을 때는 두 개 이상의 필드를 기본키로 지정함 • 다 대 다 관계에 있는 다른 두 테이블을 연결할 때 보통 다중 필드를 기본키로 지정함

02 인덱스(색인)

● 인덱스의 개요

데이터의 양이 많아질수록 데이터를 다양하고, 쉽게 효율적으로 검색하기 위해 데이터를 일정한 기준으로 정렬되도록 설정하는 것을 인덱스(색인)라고 한다.

- 데이터베이스에서 인덱스를 사용하는 목적은 레코드 검색 속도 향상이다.
- 인덱스를 지정 시 기본적으로 오름차순으로 정렬된다.
- 다중 필드 인덱스에는 필드를 최대 10개까지 포함할 수 있다.
- OLE 개체와 첨부 파일 같은 데이터 형식의 필드에 대해서는 인덱스를 설정할 수 없다.
- 데이터를 정렬해서 조회하는 시간이 단축되지만, 데이터를 갱신할 때마다 업데이트해야 하므로 갱신 속도가 느려진다.
- 인덱스를 많이 설정하면 테이블의 변경(데이터의 추가 또는 삭제) 속도가 저하될 수 있다.
- 인덱스는 테이블을 저장할 때 만들어지고, 레코드를 변경하거나 추가할 때마다 자동으로 업데이트된다.
- 인덱스를 삭제하더라도 필드나 필드 데이터가 삭제되지는 않는다.

- 테이블 디자인 보기 상태에서 인덱스를 추가하거나 삭제할 수 있다.

아니요	인덱스를 설정하지 않음(기본값)
예(중복 가능)	인덱스를 설정하되 중복된 데이터의 입력을 허용함
예(중복 불가능)	인덱스를 설정하되 중복된 데이터의 입력을 방지할 수 있음

● 인덱스의 종류

- **단일 필드 인덱스** : 하나의 필드에 인덱스를 지정하는 것으로 필드 속성 중 [일반] 탭의 인덱스 속성에서 설정한다.
- **다중 필드 인덱스** : 두 개 이상의 필드를 한 번에 검색하거나 정렬하는 경우 해당 필드를 조합하여 인덱스를 만들 수 있다. [테이블 디자인]-[표시/숨기기]-[인덱스]에서 설정하며, 각 필드의 행을 인덱스에 포함하고 인덱스 이름은 동일하게 지정하거나 첫 번째 행에만 포함해야 한다.

인덱스 속성	기본	인덱스 필드를 기본키로 지정함
	고유	인덱스 필드에 중복 값의 허용 여부를 지정함
	Null 무시	• Null 값을 갖는 레코드를 인덱스에서 제외시킬지 여부를 지정함 • Null 무시를 '예'로 지정하면 Null 값이 있는 레코드를 인덱스에서 제외하고, '아니요'로 지정하면 Null 값이 있는 레코드를 인덱스에 포함함

단답형 문제

01 다음은 액세스에서 색인(Index)에 대한 다음 설명이다.
  1 인덱스 이름을 공통적으로 부여하면 여러 개의 필드를 하나의 인덱스로 구성할 수 있다. (o, ×)
  2 OLE 개체와 첨부 파일 데이터 형식 필드는 인덱스를 설정할 수 있다. (o, ×)
  3 중복 불가능(Unique) 색인을 설정하면 중복된 자료의 입력을 방지할 수 있다. (o, ×)

객관식 문제

02 기본키로 사용되는 필드 또는 필드 집합은 몇 가지 특징이 있다. 다음 중 특징에 대한 설명으로 옳지 않은 것은?
  ① 기본키 필드는 각 행을 고유하게 식별할 수 있도록 중복된 값이 입력되어서는 안 된다.
  ② 기본키 필드는 Null 값 등이 있어서는 안 된다.
  ③ 기본키 필드의 값은 다른 테이블에서 참조될 수 있으므로 변경되어서는 안 된다.
  ④ 데이터 형식이 OLE 개체인 것은 기본키로 지정할 수 없다.

03 다음 중 인덱스에 대한 설명으로 옳지 않은 것은?
  ① 데이터의 검색 속도를 빠르게 높이기 위해 사용한다.
  ② 일련번호나 날짜/시간 데이터 형식의 필드에는 인덱스를 지정할 수 없다.
  ③ 인덱스를 설정하면 데이터를 추가, 삭제할 때 성능이 떨어질 수 있다.
  ④ 단일 필드 기본키는 인덱스 속성이 "예(중복 불가능)"로 지정되어야 한다.

정답 01 **1** o **2** × **3** o 02 ③ 03 ②

POINT 51 관계 설정

01 관계의 개요

테이블 관계 설정이란 두 테이블에 공통으로 존재하는 필드(열) 사이를 특정한 관계로 연결하는 작업을 말하며 일 대 일, 일 대 다, 다 대 다 관계가 형성된다.

- 테이블 간에 관계를 설정하는 이유는, 여러 테이블에 분산된 데이터를 연관시켜 통합적인 정보를 얻을 수 있고, 검색 성능을 향상시킬 수 있기 때문이다.
- 일 대 일(1:1)의 경우 기본 테이블과 관련 테이블의 필드는 기본키이거나 중복 불가능의 인덱스로, 일 대 다(1:n)의 경우 기본 테이블과 관련 테이블 중 한 개만 기본키이거나 중복 불가능의 인덱스로, 다 대 다(n:m)의 경우 관계를 맺을 때 사용하는 필드는 기본키이거나 중복 불가능의 인덱스로 설정되어야 한다. 기본 테이블과 관련 테이블의 두 테이블을 직접 다 대 다 관계로 정의할 수 없으므로 두 테이블의 기본키가 외래키로 구성된 제3테이블을 정의해서 설정한다.
- 테이블끼리 관계가 설정되고 나면 쿼리나 쿼리를 레코드 원본으로 삼는 폼, 보고서 등을 통해서 여러 테이블의 정보를 한 번에 표시할 수 있게 된다.

02 참조 무결성

테이블 간에 맺어진 관계를 서로 유효하게 하고, 이를 통해 사용자가 실수로 관련 데이터를 삭제하거나 변경하지 않도록 하기 위해서 액세스가 사용하는 규칙을 참조 무결성이라고 한다.

- 참조 무결성은 두 테이블의 연관된 레코드들 사이의 일관성을 유지하는 데 사용한다. 주어진 속성들의 집합에 대한 테이블의 한 값이 반드시 다른 테이블에 대한 속성 값으로 나타나도록 보장해야 한다.
- 기본 테이블('일' 쪽 테이블)의 기본키에 존재하지 않는 값을 관련 테이블('다' 쪽 테이블)의 외래키 필드에는 입력할 수 없다.
- 기본 테이블과 관련 테이블에 일치하는 레코드가 존재할 때는 기본 테이블에서 레코드를 삭제할 수 없다.
- 기본 테이블과 관련 테이블에 일치하는 레코드가 존재할 때는 기본 테이블에서 기본키를 바꿀 수 없다.
- 다른 테이블에 의해 참조되는 테이블(기본 테이블)의 레코드 수정이나 삭제 시 참조 무결성이 깨질 수 있다.
- 다른 테이블을 참조하는 테이블(관련 테이블)의 레코드 삭제 시 참조 무결성에 영향을 주지 않는다.
- 다른 테이블을 참조하는 테이블(관련 테이블)의 레코드 추가 시 참조 무결성이 깨질 수 있다.

03 [관계 편집] 대화상자

관계 창에서 수정할 테이블의 관계선을 더블클릭하여 [관계 편집] 대화상자에서 수정할 수 있다.

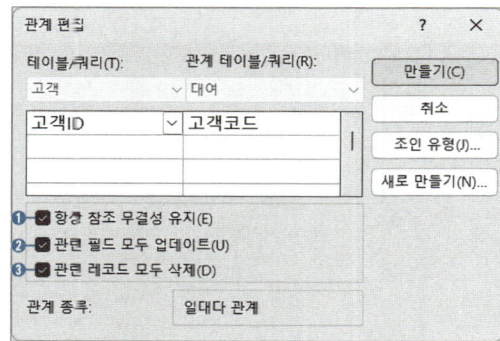

① **항상 참조 무결성 유지** : 레코드를 입력하거나 삭제할 때 테이블 간에 정의된 관계를 유지하기 위해 따르는 규칙이다. 관련 테이블(〈대여〉 테이블)의 필드에는 기본 테이블(〈고객〉 테이블)의 필드에 입력되어 있는 데이터 이외에 다른 데이터를 입력할 수 없다.

② **관련 필드 모두 업데이트** : 기본 테이블(〈고객〉)에서 기본키 필드('고객ID')의 값을 바꾸면 관련 테이블(〈대여〉)에서 해당 필드 값을 참조하는 '고객코드' 레코드 내용을 자동으로 모두 변경한다. '항상 참조 무결성 유지'가 선택되어야 활성화된다.

❸ 관련 레코드 모두 삭제 : 기본 테이블(〈고객〉)에서 레코드가 삭제되면 해당 레코드를 참조하는 관련 테이블(〈대여〉) 레코드를 모두 삭제한다. '항상 참조 무결성 유지'가 선택되어야 활성화된다.

🏠 예제

아래 [관계 편집] 대화상자를 보고 두 테이블 간의 관계가 어떻게 설정되었는지 살펴보자.

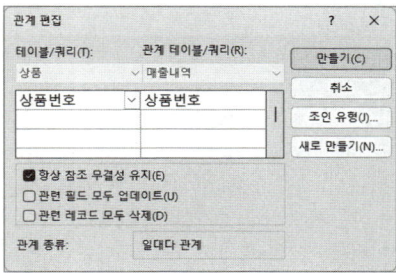

- 두 테이블은 일 대 다의 관계다. 즉 기본 테이블은 〈상품〉 테이블이고, 관련 테이블은 〈매출내역〉 테이블이다.
- 〈매출내역〉 테이블의 '상품번호' 필드는 〈상품〉 테이블의 '상품번호' 필드를 참조하고 있다.
- '항상 참조 무결성 유지'의 규칙이 부여되어 있고, '관련 필드 모두 업데이트'와 '관련 레코드 모두 삭제' 규칙은 부여되어 있지 않다.
- 참조 무결성은 기본 테이블의 기본키에 존재하지 않는 값을 관련 테이블의 외래 키 필드에 입력할 수 없음을 의미한다. 바꿔 말해 관련 테이블에서 참조하고 있는 기본 테이블의 레코드는 삭제하거나 변경할 수 없음도 해당된다.
- 〈상품〉 테이블의 '상품번호'에 존재하지 않는 값을 〈매출내역〉 테이블의 '상품번호' 필드에 입력할 수 없다.
- 〈매출내역〉 테이블의 '상품번호' 필드에서 참조하고 있는 〈상품〉 테이블의 '상품번호' 필드의 레코드를 삭제하거나 변경할 수 없다.
- 〈상품〉 테이블의 '상품번호' 필드 값이 바뀌더라도, 〈매출내역〉 테이블의 '상품번호' 필드 값은 업데이트되지 않는다.
- 〈상품〉 테이블 '상품번호' 필드의 특정 레코드가 삭제되더라도, 〈매출내역〉 테이블의 관련 '상품번호' 레코드는 삭제되지 않는다.
- 〈매출내역〉 테이블의 '상품번호' 필드가 참조하고 있지 않은 〈상품〉 테이블의 '상품번호' 필드 값(레코드)은 변경할 수 있다.

단답형 문제

01 양쪽 테이블의 연결 필드가 모두 중복 불가능의 인덱스나 기본키로 설정되어 있는 경우 일 대 일 관계가 성립한다. (ㅇ, ×)

객관식 문제

02 다음 중 두 테이블 간의 관계를 다음과 같이 설정하였을 경우에 대한 설명으로 옳은 것은?

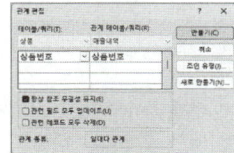

① 〈매출내역〉 테이블의 상품번호 필드에는 〈상품〉 테이블에 존재하지 않는 상품번호를 입력할 수 있다.
② 〈상품〉 테이블의 상품번호 필드 값이 바뀔 때마다 〈매출내역〉 테이블의 〈상품번호〉 필드 값이 자동으로 변경된다.
③ 〈상품〉 테이블의 특정 레코드가 삭제되면 〈매출내역〉 테이블에서 해당 상품번호를 갖고 있는 레코드가 자동적으로 삭제된다.
④ 〈상품〉 테이블에서는 〈매출내역〉 테이블에서 사용하고 있는 상품번호 필드의 값을 변경할 수 없다.

03 다음 중 외래키 값을 관련된 테이블의 기본키 값과 동일하게 유지해 주는 제약 조건은?
① 동시 제어성
② 관련성
③ 참조 무결성
④ 동일성

정답 01 ㅇ 02 ④ 03 ③

POINT 52 | 데이터 입력 및 변환

▶ 합격 강의

01 레코드 다루기

● 레코드 추가

- 테이블에 새로운 레코드를 추가하는 것으로 새로운 레코드는 마지막 레코드에 추가되며, 중간에 삽입할 수 없다.
- 두 개 이상의 레코드를 선택한 다음 한꺼번에 삽입할 수 없다.
- 데이터시트 보기 상태에서 레코드 선택기나 특정 필드의 레코드를 선택한 후 [홈]-[레코드]-[새로 만들기] 또는 바로 가기 메뉴 중 [새 레코드]를 선택하거나 Ctrl + + 를 눌러 레코드를 추가한다.

● 레코드 삭제

- 두 개 이상의 연속된 레코드를 선택한 다음 한꺼번에 삭제할 수 있다. 레코드 선택기를 드래그하여 연속된 여러 개의 레코드를 선택한 후 삭제하면 된다.
- 삭제된 레코드는 복원할 수 없다.
- 데이터시트 보기 상태에서 레코드 선택기나 특정 필드의 레코드를 선택한 후 [홈]-[레코드]-[삭제] 또는 바로 가기 메뉴 중 [레코드 삭제]를 선택하거나 Ctrl + − 를 눌러 레코드를 삭제한다.

02 데이터 찾기와 바꾸기

● 데이터 찾기

- 테이블에 입력되어 있는 데이터 중에서 원하는 데이터를 찾아준다.
- [홈]-[찾기]-[찾기]를 선택하거나 Ctrl + F 를 누르면 [찾기 및 바꾸기] 대화상자가 나타난다.

● 데이터 바꾸기

- 테이블에 입력되어 있는 데이터를 찾아 다른 단어로 바꿔준다.
- [홈]-[찾기]-[바꾸기]를 선택하거나 Ctrl + H 를 눌러 특정 값을 모두 바꾸거나 하나씩 바꿀 수 있다.

03 외부 데이터 가져오기

> 가져오기는 Windows에서 파일 복사와 같은 느낌이다.

다른 응용 프로그램의 데이터(엑셀, HTML, 텍스트 파일 등)를 액세스로 가져오는 방법으로 원본의 복사본을 만드는 작업이다.

- [외부 데이터]-[가져오기 및 연결] 그룹에서 가져올 파일 형식을 선택한다.
- 가져온 데이터의 데이터 구조가 일치할 경우 기존 테이블에 가져온 데이터를 추가할 수 있다.
- 외부의 데이터를 가져오더라도 원본 데이터는 변경되지 않으며, 가져오기한 데이터를 변경해도 원본 데이터에 영향을 미치지 않는다.
- 가져올 수 있는 외부 데이터 파일 : Access(테이블, 쿼리, 폼, 보고서, 매크로 및 모듈), Excel, 텍스트 파일, XML, ODBC 데이터베이스, SharePoint 목록, HTML, Outlook, dBASE 등이 있다.

04 연결 테이블 만들기

> 연결은 Windows의 바로 가기 아이콘 같은 의미이다.

다른 응용 프로그램의 데이터를 Microsoft Access에 연결하는 하나의 방법으로, 데이터를 직접 가져오지 않고 연결된 프로그램과 Microsoft Access 양쪽에서 데이터를 입력하거나 편집할 수 있는 작업이다.

- 연결할 수 있는 외부 데이터 파일 : Access, Excel, 텍스트 파일, ODBC 데이터베이스, SharePoint 목록, HTML, Outlook, dBASE 등이 있다.
- 연결된 테이블의 데이터를 추가하거나 수정하면 연결된 원본 데이터도 자동으로 변경되지만, 연결된 테이블의 삭제는 원본 테이블에 영향을 미치지 않는다.
- 연결된 테이블의 데이터를 삭제하려면 원본 데이터베이스에서 데이터를 삭제해야 한다. 다만 액세스 파일을 연결한 경우에는 연결되어 있는 테이블에서도 데이터를 삭제할 수 있다.
- [외부 데이터]-[가져오기 및 연결] 그룹에서 적당한 파일 형식을 선택한다.
- 연결된 테이블을 이용하여 폼이나 보고서를 생성할 수 있다.

05 데이터 내보내기

데이터베이스 개체(테이블, 쿼리, 폼, 보고서 등)를 다른 데이터베이스나 응용 프로그램 등에서 사용할 수 있도록 적합한 파일 형식으로 변경하여 출력하는 것을 뜻한다.
- [외부 데이터]-[내보내기] 그룹에서 내보낼 파일 형식을 선택한다.
- 테이블에 대한 데이터와 구조는 내보낼 수 있지만 제약조건, 관계, 인덱스 같은 속성은 내보낼 수 없다.
- 한 번에 한 개체만 내보낼 수 있다.
- 쿼리를 내보내는 경우 실행 결과가 저장된다.
- Word(서식 있는 텍스트 파일로 내보내기, rtf 파일)로 내보내기할 경우 테이블, 쿼리 및 폼의 경우 표시되는 필드 및 레코드가 Word 문서에 표로 나타나고, 보고서의 경우 보고서 데이터 및 레이아웃도 내보내기되어 Word 문서가 만들어진다.
- 개체별 내보낼 수 있는 개체 형식

테이블/쿼리	Excel, Access, 텍스트 파일, XML 파일, HTML 문서, dBASE, ODBC 데이터베이스, SharePoint 목록, PDF 또는 XPS, Word RTF 파일, Word로 병합
폼	Excel, Access, 텍스트 파일, XML 파일, HTML 문서, Word RTF 파일, PDF 또는 XPS
보고서	Excel, Access, 텍스트 파일, XML 파일, HTML 문서, Word RTF 파일, PDF 또는 XPS

단답형 문제

01 액세스에서 테이블로 가져오거나 연결할 수 있는 파일 형식으로 HTML, 텍스트 파일, 파워포인트 문서가 있다. (O, ×)

객관식 문제

02 액세스에서 작성한 보고서를 외부 파일로 내보내기를 할 때 작성할 수 없는 파일 종류는?
① 액세스 데이터베이스 파일
② 엑셀 파일
③ HTML 파일
④ 오라클 데이터베이스 파일

03 다음 중 테이블 연결을 통해 연결된 테이블과 가져오기 기능을 통해 생성된 테이블과의 차이점에 대한 설명으로 옳지 않은 것은?
① 연결된 테이블의 데이터를 삭제하면 연결되어 있는 원본 데이터베이스의 데이터도 삭제된다.
② 연결된 테이블을 삭제해도 원본 테이블은 삭제되지 않는다.
③ 가져오기 기능을 통해 생성된 테이블을 삭제해도 원본 테이블은 삭제되지 않는다.
④ 연결된 테이블을 이용하여 폼이나 보고서를 생성할 수 있다.

04 다음 중 테이블에서 내보내기가 가능한 파일 형식에 해당하지 않는 것은?
① 엑셀(Excel) 파일
② ODBC 데이터베이스
③ HTML 문서
④ VBA 코드

정답 01 × 02 ④ 03 ① 04 ④

POINT 53 | 단순 조회 질의(쿼리)

01 SELECT문의 구조

- 하나 이상의 테이블부터 검색 조건에 맞는 데이터를 선택할 때 이용한다.
- SQL문은 대/소문자를 구분하지 않는다.
- 필드 이름은 테이블에서 선택하고자 하는 필드의 이름을 적는 부분이며, 모든 필드를 선택하고 싶을 때는 *을 사용한다.
- 테이블 이름은 SELECT문에서 사용할 데이터가 들어 있는 테이블 또는 쿼리를 지정한다.
- ALL은 모든 값들을 선택할 때 지정하며(주로 생략), DISTINCT는 중복되어 나타나는 조회 결과값을 한 번만 표시한다.
- 대괄호([ ])로 묶여진 명령어들은 생략 가능하다.
- 형식

```
SELECT [ALL | DISTINCT] ← 필드(필드 이름)를 선택하라
필드 이름

FROM 테이블 이름;    ← ㅇㅇ테이블(테이블 이름)부터
```

기적의 TIP

필드의 별명(Alias)
조회 쿼리를 작성할 때 AS를 붙이는 이유는 조회 결과를 표시할 때 필드 이름을 다른 이름으로 표시하고자 할 경우에 사용한다. 일반적으로 별명을 붙인다고 말한다(예 직원 테이블에서 부서와 거주지 필드를 선택하고 거주지는 주소지로 필드 이름을 변경할 때 「SELECT 부서, 거주지 AS 주소지 FROM 직원;」라고 입력함 "거주지"라는 필드 이름을 "주소지"라는 필드 이름으로 별명을 붙인다는 뜻으로 해석하면 됨).

02 WHERE절을 이용한 조건 지정

- 조회 질의의 결과에 포함시킬 레코드를 제한하는 조건이 있을 경우 WHERE절을 이용하여 질의(쿼리)를 입력한다.
- 특정 조건에 맞는 레코드를 검색할 때 사용한다.
- 조건식을 표현할 때는 연산자(산술, 비교, 논리, BETWEEN, IN, LIKE 연산자)들을 이용할 수 있다.
- 형식

```
SELECT 필드 이름 ← 필드(필드 이름)를 선택하라
FROM 테이블 이름 ← ㅇㅇ테이블(테이블 이름)부터
             +
WHERE 조건;    ← 지정한 조건에서
```

03 ORDER BY절의 사용

- 특정 항목을 기준으로 검색 테이블의 행들을 오름차순(ASC) 또는 내림차순(DESC)으로 정렬할 때 사용된다.
- 정렬 조건을 지정하지 않으면 기본적으로 오름차순(ASC) 정렬이 수행된다.
- 형식

```
SELECT 필드 이름    ← 필드(필드 이름)를 선택하라
FROM 테이블 이름    ← ㅇㅇ테이블(테이블 이름)부터
             +
ORDER BY 정렬 조건; ← 정렬 조건에 따라
```

04 GROUP BY절의 사용

- 그룹화할 필드를 기준으로 검색할 때 사용한다.
- 지정한 필드 이름에서 동일한 값을 갖는 레코드를 하나의 레코드로 결합한다.
- SELECT문에 SUM이나 COUNT 함수 등을 사용하면 각 레코드에 대한 요약 값이 계산되지만, 함수가 없으면 요약 값이 생략된다.
- 형식

SELECT 필드 이름	← 필드(필드 이름)를 선택하라
FROM 테이블 이름	← ○○테이블(테이블 이름)부터
WHERE 조건	← 지정한 조건에서(선택 옵션)

+

GROUP BY 필드 이름;	← 그룹화할 필드 이름

05 HAVING절의 사용

- GROUP BY절로 선택한 그룹에 대해서 탐색 조건을 지정할 수 있다.
- WHERE절에서는 SUM, AVG, COUNT, MAX, MIN 등의 집계 함수와 함께 사용할 수 없지만 HAVING절에서는 일반적으로 SUM, AVG, COUNT, MAX, MIN 등의 집계 함수와 함께 사용할 수 있다.
- 형식

SELECT 필드 이름	← 필드(필드 이름)를 선택하라
FROM 테이블 이름	← ○○테이블(테이블 이름)부터
WHERE 조건	← 지정한 조건에서(선택 옵션)
GROUP BY 필드 이름	← 그룹화할 필드 이름

+

HAVING 그룹 조건식;	← GROUP BY절에 의해 선택된 그룹의 탐색 조건

단답형 문제

01 Select 문장에서 한 개 또는 그 이상의 필드를 기준으로 오름차순 또는 내림차순으로 정렬하고자 할 때 사용되는 절은 (　　)절이다.

02 〈회원〉(회원번호, 이름, 나이, 주소) 테이블에서 주소가 '인천'인 회원의 이름과 나이를 검색하되 나이가 많은 순으로 검색하는 질의문은 SELECT 이름, 나이 FROM 회원 WHERE 주소 = '인천' ORDER BY 나이 DESC;로 나타낸다. (○, ×)

03 다음과 같은 직원(사원번호, 부서명, 성명, 직급) 테이블에서 부서별 인원수가 3명 이상인 부서명을 출력하는 질의문이다. 괄호 안을 채우시오.

```
Select 부서명
From 직원
(      ) 부서명
(      ) count(*)>=3;
```

객관식 문제

04 다음 SQL문으로 알 수 있는 사항이 아닌 것은?

```
Select 학과, 이름, 데이터베이스, 운영체제, 평균 From 성적
Where 평균 >= 60
ORDER BY 학과, 평균 DESC;
```

① 성적 테이블에서 검색을 수행한다.
② 평균 60점 이상인 학생만 검색 대상이 된다.
③ 검색 결과를 학과와 평균의 내림차순으로 정렬한다.
④ 학과, 이름, 데이터베이스, 운영체제, 평균 열을 검색한다.

정답　01 Order by　02 ○　03 Group by, Having　04 ③

POINT 54 | 특수 연산자와 함수

01 특수 연산자를 이용한 질의

● IN
- 리스트에 있는 값에 포함되었는지를 확인하기 위해 사용하며, OR 연산을 수행한 결과와 같다.
- 문법 : ~ WHERE 조건(필드) IN (값1, 값2, …);

● BETWEEN
- 필드의 값이 BETWEEN 연산자의 범위로 지정된 값 이내의 레코드만 검색하고, AND 연산자를 이용하여 레코드가 비교하는 두 값의 범위 내에 해당하는지를 확인하기 위해 사용한다.
- 문법 : ~ WHERE 조건(필드) BETWEEN 값1 AND 값2;

● LIKE
- 특정 필드에 기억된 문자열의 일부를 검색 조건으로 설정할 때 사용한다.
- 데이터에 지정된 문자 혹은 문자열이 포함되어 있는지를 판별할 때 사용한다.
- 문법 : ~ WHERE 조건(필드) LIKE '문자열';

● NOT
- 다른 연산자의 앞에 위치시켜 사용하며, NOT 다음에 기술한 연산자의 결과에 포함되지 않는 레코드만 검색한다.
- 문법 : ~ WHERE 조건(필드) NOT 다른 연산자;

● DISTINCT
- 테이블에서 중복을 제거한 레코드를 검색할 때 사용한다.
- SELECT문에서 필드 이름 앞에 삽입한다.
- 문법 : SELECT DISTINCT 필드 이름 FROM 테이블 이름;

예제

〈직원〉 테이블

성명	부서	월급	거주지
김정화	기획	800000	압구정
원일빈	영업	900000	신촌
김희선	총무	850000	종로
다니엘	영업	600000	서초

1 〈직원〉 테이블에 '김희선'이나 '원일빈' 값이 목록에 있는지 여부를 체크하시오(단 성명과 부서 정보만 나타낼 것).

SELECT 성명, 부서 FROM 직원 WHERE 성명 In ("김희선", "원일빈");

성명	부서
원일빈	영업
김희선	총무

▲ 결과

2 〈직원〉 테이블에서 월급이 700000과 900000 사이인 사람의 월급과 성명을 구하시오.

SELECT 월급, 성명 FROM 직원 WHERE 월급 Between 700000 And 900000;

월급	성명
800000	김정화
900000	원일빈

▲ 결과

3 〈직원〉 테이블에서 성명이 '김' 자로 시작하는 사람의 성명과 부서를 구하시오.

SELECT 성명, 부서 FROM 직원 WHERE 성명 Like "김*";

성명	부서
김정화	기획
김희선	총무

▲ 결과

02 주요 함수

● 문자 처리 함수

LEFT	「Left(문자열, 개수)」 형식으로 왼쪽부터 지정 개수만큼 자름
RIGHT	「Right(문자열, 개수)」 형식으로 오른쪽부터 지정 개수만큼 자름
MID	「Mid(문자열, 중간 시작, 개수)」 형식으로 중간 시작부터 지정 개수만큼 자름
StrComp	「StrComp(문자열1, 문자열2, 옵션)」 형식으로 문자열1과 문자열2를 옵션에 따라 비교하여 값을 반환함 예 =StrComp("영진닷컴","영진닷컴",1), 결과 : 0(문자열1과 문자열2가 같은 경우임을 의미함)
TRIM	「Trim(문자열)」 형식으로 문자열의 앞뒤 공백을 지움
STRING	「String(숫자, 문자열)」 형식으로 동일 문자를 지정 숫자만큼 반복 표시함 예 =String(5,"영진닷컴"), 결과 : 영영영영영(문자열의 첫 번째 문자가 반복됨)
LCASE	「LCASE(문자열)」 형식으로 문자열을 모두 소문자로 변환함
UCASE	「UCASE(문자열)」 형식으로 문자열을 모두 대문자로 변환함
INSTR	• 「INSTR(문자열, 찾을 문자열, 문자열 비교)」 형식으로 문자열에서 특정한 문자 또는 문자열이 위치를 정수값으로 반환함 • 문자열 비교를 생략하면 0과 같음. 0은 이진 비교, 1은 대/소문자 구분, 2는 마이크로소프트 액세스에 한해 데이터베이스에 기록된 정보를 바탕으로 비교함
LEN	「LEN(문자열)」 형식으로 문자열의 길이를 구함
StrConv	지정한 인수 설정 값대로 값을 반환함 예 =StrConv("YJS",3), 결과 : Yjs(인수 '3'은 각 단어의 첫 글자가 대문자임을 의미함)
StrReverse	지정한 문자열을 역순으로 정렬함 예 =StrReverse("유재석"), 결과 : 석재유

단답형 문제

01 다음 문자열 함수의 결과값은?

> InStr("I Have a Dream", "A")

02 선택한 필드에서 중복되는 결과값은 한 번만 표시할 수 있도록 하는 SELECT문의 조건부로 이용하는 질의는 (　　)이다.

03 IN 연산은 OR 연산을 수행한 결과와 같고, BETWEEN 연산은 두 값의 범위를 AND 연산한 결과와 같다. (○, ×)

객관식 문제

04 다음 중 쿼리에서 사용하는 함수에 대한 설명으로 가장 옳지 않은 것은?
① select LCASE(상품명) from 출고 → 상품명에 있는 대문자를 모두 소문자로 변경하여 표시한다.
② select DATEDIFF("Y",5,DATE( )) from 출고 → 출고일 필드에서 오늘 날짜까지 경과한 일(日) 수를 표시한다.
③ select DATEADD("Y",5,DATE( )) from 출고 → 오늘 날짜에서 5년을 더한 날짜를 표시한다.
④ select count(*) from 출고 group by DATEPART("m",[입고일]) → 입고일을 월별로 그룹화하여 해당 레코드 개수를 표시한다.

05 〈회원〉 테이블에서 '등록일자' 필드에 2026년 1월 1일부터 2026년 12월 31일까지 날짜만 입력되도록 하는 유효성 검사 규칙으로 옳은 것은?
① in (#2026/01/01, #2026/12/31#)
② between #2026/01/01 and #2026/12/31#
③ in (#2026/01/01−#2026/12/31#)
④ between #2026/01/01 or #2026/12/31#

정답　01 4　02 DISTINCT　03 ○　04 ③　05 ②

● 날짜 시간 처리 함수

DATE	「Date( )」 형식으로 현재의 날짜를 표시함
NOW	「Now( )」 형식으로 현재의 날짜와 시간을 표시함
DATEDIFF	「DATEDIFF(옵션, 날짜 데이터1, 날짜 데이터2)」 형식으로 날짜와 날짜 사이의 경과 값을 표시함
DATEPART	「DATEPART(옵션, 날짜 데이터)」 형식으로 날짜 데이터에서 형식에 지정된 값만 표시함
DATEADD	「DATEADD(옵션, 더할 날짜, 날짜 데이터)」 형식으로 날짜 데이터에 년, 월, 일을 더한 날짜를 표시함
DateValue	「DateValue(날짜 문자열)」 형식으로 날짜 문자열을 날짜 형식으로 변환하여 표시함 예 =DateValue("November 17, 2013"), 결과 : 2013-11-17

기적의 TIP

DATEDIFF/DATEPART/DATEADD의 옵션
옵션이 yyyy이면 년, m이면 월, y이면 몇째 날, d이면 일로 경과 값을 표시한다.
예 DATEDIFF("d",#2026-01-27#,#2026-01-30#), 결과 : 3

● 선택 함수

IF	「IF(조건식, 출력값1, 출력값2)」 형식으로 조건이 참이면 출력값1을, 거짓이면 출력값2를 출력함
CHOOSE	「Choose(번호, 값1, 값2, …)」 형식으로 색인 번호에 따라 값 목록에서 수행할 값 또는 작업을 선택함 예 =Choose(2,"아마존","영진닷컴","페이스북"), 결과 : 영진닷컴
SWITCH	「Switch(조건1, 값1, 조건2, 값2, …)」 형식으로 조건1이 참이면 값1을, 조건2가 참이면 값2…를 출력함 예 =Switch(3>1,"1번",5=0,"2번"), 결과 : 1번

● 자료 형식 변환 함수

CDate	입력한 데이터를 날짜 데이터로 변환함
CBool	입력한 데이터를 논리값으로 변환함 예 =CBool(3=3), 결과 : -1(True)
CInt	입력한 데이터를 정수 데이터로 변환하며 가장 가까운 짝수로 반올림 함 예 =CInt(0.5)는 0, =CInt(1.5)는 2로 결과를 반환함
CStr	입력한 데이터를 문자열로 변환함

● 자료 형식 평가 함수

ISNULL	「ISNULL(인수)」 형식으로 인수로 입력한 자료가 널 값이면 -1(TRUE), 널 값이 아니면 0(FALSE)을 반환함
IsError	「IsError(인수)」 형식으로 인수로 입력한 자료(수식)가 Error이면 -1(True), Error가 아니면 0(False)을 반환함
IsNumeric	「IsNumeric(인수)」 형식으로 인수로 입력한 자료가 숫자이면 -1(True), 숫자가 아니면 0(False)을 반환함 예 =IsNumeric("123"), 결과 : -1(True) 예 =IsNumeric("123 서울"), 결과 : 0(False)

● 집계 함수

COUNT	「COUNT(필드명)」 형식으로 레코드의 수를 계산함
SUM	「SUM(필드명)」 형식으로 필드의 합계를 계산함
AVG	「AVG(필드명)」 형식으로 필드의 평균을 계산함
MAX	「MAX(필드명)」 형식으로 필드의 최대값을 구함
MIN	「MIN(필드명)」 형식으로 필드의 최소값을 구함

03 도메인 집계 함수

- 도메인 집계 함수는 "[필드]", "테이블", "조건식" 형식으로 사용되며, 엑셀의 데이터베이스 함수와 유사하다.
- 엑셀의 데이터베이스 함수처럼 조건식으로 지정한 값 집합에서 결과값을 반환한다.

DAVG	조건에 만족하는 필드의 평균을 구함
DSUM	조건에 만족하는 필드의 합을 구함
DMIN	조건에 만족하는 필드의 최소값을 구함
DMAX	조건에 만족하는 필드의 최대값을 구함
DCOUNT	조건에 만족하는 필드의 개수를 구함 예 DCOUNT("[학번]", "학생", "[점수]>=60") : 〈학생〉 테이블에서 '점수'가 60 이상인 '학번'의 개수(인원수)를 구함(단, '학번' 필드는 〈학생〉 테이블의 기본키라 가정) ※ 인수 중 "[학번]"은 '학번' 필드에서 널(NULL) 값은 제외하고 개수를 계산하며(기본키라 NULL 값은 없음), DCOUNT("*", "학생", "[점수]>=60")와 같이 별표 "*"로 처리하면 널(NULL) 값을 포함하여 총 레코드 수를 계산함
DLOOKUP	조건에 만족하는 필드 값을 구함 예 DLOOKUP("[이름]", "회원", "[번호]=1") : 〈회원〉 테이블에서 '번호'가 '1'인 '이름'을 반환함

단답형 문제

01 다음 선택 함수의 결과값은?

=Choose(2,"영진","컴퓨터")

객관식 문제

02 다음 구매(구매일자, 사번, 제품번호, 구매수량) 테이블을 레코드 원본으로 하는 폼의 바닥글에 '구매수량'의 평균이 표시되도록 하기 위한 텍스트 상자의 컨트롤 원본 속성으로 가장 옳지 않은 것은? (단, '구매수량' 필드에는 모두 값이 입력되어 있다.)

구매일자	사번	제품번호	구매수량
2023-08-03	1083201	T1001	90
2023-12-02	1026001	F1001	60
2023-12-09	1083202	T1001	80
2024-01-17	1026002	T1001	85

구매 수량 평균 : 78.75

① =Avg([구매수량])
② =Avg([구매수량])/Count([구매수량])
③ =Sum([구매수량])/Count([구매수량])
④ =Sum([구매수량])/Count(*)

03 다음 중 〈학생〉 테이블에서 '학년' 필드가 2인 레코드의 개수를 계산하고자 할 때의 수식으로 옳은 것은? (단, 〈학생〉 테이블의 '학번' 필드는 기본키이다.)

① =dlookup(*,학생,학년=2)
② =dlookup("*","학생","학년=2")
③ =dcount("*","학생","학년=2")
④ =dcount(학번,학생,학년=2)

정답 01 컴퓨터 02 ② 03 ③

POINT 55 | 다중 테이블 질의와 실행 질의

01 조인의 개념

조인(Join)이란 두 개 이상으로 나누어진 테이블의 공통적인 키를 기준으로 필드를 연결하여 한 개의 테이블처럼 사용하는 것을 의미한다.

- 조인에 사용되는 기준 필드의 데이터 형식은 동일하거나 호환되어야 하지만, 조인되는 각 테이블의 필드 수가 동일할 필요는 없다.
- 여러 개의 테이블을 조인할 경우 테이블끼리의 검색 효율을 향상시키기 위해 필드 이름 앞에 테이블 이름을 마침표(.)로 구분하여 사용한다.(예 테이블 이름.필드 이름).
- 일반적으로 두 테이블 간에 관계가 설정되어야 하지만, 관계가 설정되지 않은 두 테이블도 조인을 수행할 수 있다.

02 조인의 종류

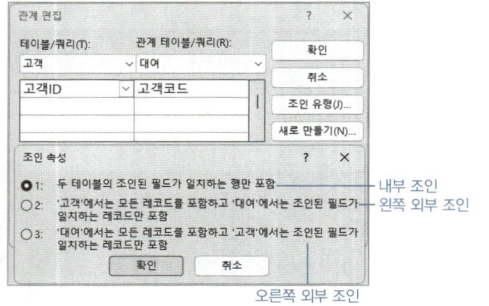

● 내부 조인(INNER JOIN)

```
SELECT 필드 이름
FROM 테이블 이름1 INNER JOIN 테이블 이름2
On 테이블 이름1.필드 이름 = 테이블 이름2.필드 이름;
```

- 가장 일반적인 조인의 형태이다.
- 관계가 설정된 두 테이블에서 연결된 필드가 일치하는 레코드만 질의를 통해 추출한다.

● 왼쪽 외부 조인(LEFT JOIN)

- 왼쪽 테이블의 레코드는 모두 포함하고, 오른쪽 테이블의 레코드에서는 일치하는 것만 포함한다.
- 왼쪽 테이블을 기준으로 오른쪽 테이블에 존재하지 않는 값은 NULL로 추출된다.

● 오른쪽 외부 조인(RIGHT JOIN)

- 오른쪽 테이블의 레코드는 모두 포함하고 왼쪽 테이블의 레코드에서는 일치하는 것만 포함한다.
- 오른쪽 테이블을 기준으로 왼쪽 테이블에 존재하지 않는 값은 NULL로 추출된다.

03 실행 질의

여러 레코드의 값을 한꺼번에 변경하거나 삭제할 때 사용하며 변경된 사항은 실행 취소할 수 없는 질의이다.

● INSERT INTO

```
INSEFT INTO 테이블 이름(필드 이름1 필드 이름2 … )
VALUES(필드값1, 필드값2 … );
```

- 기존 기본 테이블에 새로운 레코드를 삽입할 때 사용한다.
- 값을 직접 지정하거나 또는 다른 테이블의 레코드를 추출하여 추가할 수 있다.

● DELETE FROM

```
DELETE *
FROM 테이블 이름
WHERE 조건;
```

- 기존 테이블에 있는 레코드들 중에서 조건을 만족시키는 특정 레코드를 삭제할 때 사용한다.
- 조건을 지정하여 한 번에 여러 레코드를 삭제할 수 있다.
- 조건을 지정하지 않을 경우 테이블 내의 전체 레코드가 삭제된다.

● **UPDATE ~ SET**

```
UPDATE 테이블 이름
SET 필드 이름=값1, 필드 이름=값2 …
WHERE 조건;
```

- 기존 테이블에 있는 레코드들 중에서 조건을 만족시키는 특정 레코드의 내용을 변경시킬 때 사용한다.
- 조건을 지정하여 한 번에 여러 레코드의 필드 값을 변경할 수 있다.
- 조건을 지정하지 않을 경우 테이블 내의 전체 레코드가 변경된다.

  예) UPDATE 학생 SET 평점 = 평점 * 1.10 WHERE 출석 >= 40;
  〈학생〉 테이블에서 '출석'이 '40' 이상인 학생의 '평점'을 10%씩 올린다(업데이트).

04 기타 질의

크로스탭 질의	• 특정 필드의 요약 값(합계, 개수, 평균 등)을 표시하고 그 값들을 그룹별로 보여주는 것으로, 한 집합은 데이터시트의 왼쪽(행)에, 또 한 집합은 데이터시트의 위쪽(열)에 나열함 • 행 머리글로 사용될 필드는 여러 개를 지정할 수 있지만, 열 머리글로 사용할 필드는 하나만 지정함 • 스프레드시트의 피벗 테이블과 유사함
매개 변수 질의	• 실행할 때 레코드 검색 조건이나 필드에 삽입할 값 등의 정보를 대화상자로 입력받아 질의에 사용함 • 두 가지 이상의 정보를 물어보는 질의를 디자인할 수도 있음 • 쿼리 디자인 보기 모드에서는 매개 변수를 적용하려는 필드의 디자인 눈금 조건 행에 매개 변수 상자에 표시할 텍스트를 [ ](대괄호)로 묶어서 입력함
통합 (UNION) 질의	• 두 개 이상의 테이블이나 질의의 내용을 합쳐서 하나의 테이블로 만들어 질의에 사용함 • 두 테이블의 필드의 개수가 같아야 통합되며 다르면 통합되지 않음 • 중복된 레코드를 제거하여 두 개 이상의 테이블을 통합할 수도 있고(UNION), 중복된 레코드도 포함하여 통합할 수도 있음(UNION ALL) 예) SELECT A, B, C FROM TABLE1 UNION SELECT A, B, C FROM TABLE2 TABLE1과 TABLE2의 A, B, C를 하나의 테이블로 검색함

단답형 문제

01 다음은 쿼리의 유형에 대한 설명이다.
  1 크로스탭 쿼리는 테이블의 특정 필드의 요약 값(합계, 개수, 평균 등)을 표시할 수 없다. (O, X)
  2 실행 쿼리는 여러 레코드의 값을 한꺼번에 변경하거나 삭제할 수 있다. (O, X)

객관식 문제

02 다음 중 사원(사번, 성명, 근무점수, 부서명) 테이블에서 부서명이 '영업부'인 사원들의 근무점수를 15%씩 올리는 SQL문으로 옳은 것은?
  ① UPDATE 근무점수 = 근무점수 * 1.15 FROM 사원 WHERE 부서명 ='영업부';
  ② UPDATE 사원 VALUE 근무점수 = 근무점수 * 1.15 WHERE 부서명 ='영업부';
  ③ UPDATE 사원 SET 근무점수 = 근무점수 * 1.15 WHERE 부서명 ='영업부';
  ④ UPDATE 근무점수 = 근무점수 * 1.15 FROM 사원 HAVING 부서명 ='영업부';

03 영어반 테이블과 논술반 테이블의 학번, 이름, 전화번호를 하나의 테이블로 검색하려 한다. 다음 중 알맞은 질의문은?
  ① Select 학번, 이름, 전화번호 From 영어반, 논술반 Where 영어반.학번 = 논술반.학번;
  ② Select 학번, 이름, 전화번호 From 영어반 JOIN Select 학번, 이름, 전화번호 From 논술반;
  ③ Select 학번, 이름, 전화번호 From 영어반 OR Select 학번, 이름, 전화번호 From 논술반;
  ④ Select 학번, 이름, 전화번호 From 영어반 UNION Select 학번, 이름, 전화번호 From 논술반;

정답 01 **1** X **2** O 02 ③ 03 ④

POINT 56 폼 작성의 기본

01 폼 작성 및 실행

● 폼의 기본 개념

※ 폼은 레코드 원본을 바탕으로 정보를 표현한다.

폼(Form)은 테이블이나 쿼리, SQL문을 레코드 원본으로 하여 데이터 입력, 편집, 삭제 등을 편리하게 하기 위한 인터페이스로 작업 화면을 작성하는 개체이다.

- 테이블보다 폼을 이용하면 여러 가지 컨트롤을 이용하여 시각적으로 다양한 효과를 얻을 수 있고, 데이터베이스의 보안성을 높일 수 있다.
- 폼에 데이터 연결의 여부에 따라 바운드 폼(Bound Form)과 언바운드(Unbound Form) 폼으로 구분된다.

바운드 폼	• 테이블이나 쿼리에 연결된 폼 • 테이블이나 쿼리에 데이터를 입력, 편집, 수정할 수 있음
언바운드 폼	• 테이블이나 쿼리에 연결되지 않은 폼 • 사용자 편의를 위한 안내나 지시를 나타내기 위해 사용됨

- 폼은 폼 머리글, 폼 바닥글, 본문, 페이지 머리글, 페이지 바닥글 구역으로 구성되며 모든 구역을 구성할 필요는 없다.
- [양식 디자인]-[컨트롤]에서 [컨트롤 마법사 사용] 여부를 선택할 수 있다.
- [레이블] 컨트롤은 컨트롤 마법사를 이용한 만들기가 제공되지 않으며, 레이블 컨트롤을 추가한 후 내용(캡션)을 입력하지 않으면 추가된 레이블 컨트롤이 자동으로 사라진다.
- 하나의 폼 안에서 컨트롤을 지칭하는 '이름'을 중복하여 사용할 수 없다.
- [단추] 컨트롤은 명령 단추 마법사를 이용하여 레코드 탐색, 레코드 관련 작업(삭제, 인쇄, 저장 등), 폼 관련 작업(폼 닫기, 폼 열기 등), 보고서 관련 작업(보고서 열기, 보고서 미리 보기 등), 매크로 실행 등의 다양한 매크로 함수를 제공한다.
- 바운드 폼에서 연결된 테이블의 레코드를 삭제하면 되돌릴 수 없다.

- 위쪽에서 아래쪽 및 왼쪽에서 오른쪽으로 '탭 순서'를 만들려면 [양식 디자인]-[도구]-[탭 순서]의 [자동 순서]를 클릭한다.
- 폼의 레이블 컨트롤은 '탭 순서'에서 제외된다.
- 폼 마법사를 이용하여 작성된 폼도 디자인 보기에서 수정이 가능하다.
- 폼 모양에는 열 형식, 테이블 형식, 데이터시트 등이 있다.

02 폼의 구성 요소

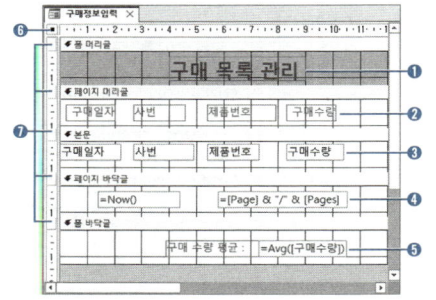

❶ 폼 머리글	• 폼 제목처럼 각 레코드에 동일하게 표시될 정보가 입력되는 구역 • 인쇄 미리 보기에서는 첫 페이지의 상단에 한 번만 표시됨
❷ 페이지 머리글	• 제목이나 날짜, 페이지 번호처럼 모든 페이지의 상단에 동일하게 표시될 정보를 입력하는 구역 • 제목이나 열 머리글과 같은 정보로 인쇄 시에 표시되며, 인쇄 미리 보기에서만 확인할 수 있음
❸ 본문 (세부 구역)	• 실제 레코드를 표시하기 위한 구역 • 하나의 레코드만 표시될 수도 있고, 연속 폼의 경우 레코드에 따라 반복적으로 표시됨
❹ 페이지 바닥글	• 날짜나 페이지 번호처럼 모든 페이지의 하단에 동일하게 표시될 정보가 입력되는 구역 • 인쇄 미리 보기에서만 확인할 수 있음

❺ 폼 바닥글	• 폼 사용에 대한 지시사항이나 명령 단추처럼 각 레코드에 동일하게 표시될 정보가 입력되는 구역 • 인쇄 미리 보기에서는 마지막 페이지 본문 다음에 한 번만 표시됨
❻ 폼 선택기	폼을 선택하거나 폼의 속성을 지정할 때 사용함
❼ 구역 선택기	각 구역을 선택하거나 구역의 속성을 지정함

03 폼 마법사를 이용한 폼 작성

[만들기]-[폼]-[폼 마법사]에서 작성 가능하며, 만약 테이블 및 쿼리 사이에 관계가 설정되어 있다면 이를 이용하여 여러 테이블 및 쿼리의 필드를 폼에 포함시킬 수 있고 '하위 폼이 있는 폼', '연결 폼' 등을 생성할 수도 있다.

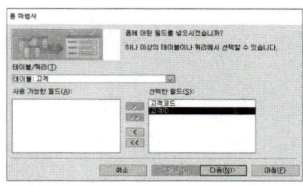

↓

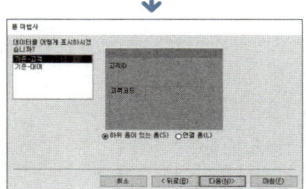

※ 지정된 관계에 따라서 하위 폼을 간편하게 삽입할 수도 있다.

● [만들기]-[폼]

폼	기본 보기가 '단일 폼'인 폼을 생성함
폼 디자인	디자인 보기 모드에서 레코드 원본 및 컨트롤 원본을 사용자가 직접 지정하여 설계하고 작성하는 방법
새 폼	컨트롤이나 형식이 없는 새로운 폼을 생성하여 필드 목록 작업 창을 통해 필드를 추가
폼 마법사	마법사 기능으로 폼을 생성함
탐색	탭 형식의 탐색 단추(Navigation Button)와 폼이나 보고서를 담은 탐색 하위 폼(Navigation Subform) 등이 가미된 양식을 생성함
기타 폼	• 여러 항목 : 기본 보기가 '연속 폼'인 폼을 생성함 • 데이터시트 : 기본 보기가 '데이터시트'인 폼을 생성함 • 폼 분할 : 기본 보기가 '분할 표시 폼'인 폼을 생성함 • 모달 대화상자 : 닫힐 때까지 포커스를 유지하는 창 모드의 폼을 생성함

단답형 문제

01 다음은 폼에 대한 설명이다.

1 테이블이나 쿼리를 원본으로 지정하여 데이터가 연결되는 폼을 언바운드 폼이라 한다. (o, ×)

2 폼이란 데이터의 입력, 편집 등의 작업을 위한 사용자와 데이터베이스 간의 인터페이스이다. (o, ×)

3 폼의 원본으로 사용할 테이블을 선택한 후 [만들기]-[폼]-[폼]을 선택하면 액세스가 자동으로 폼을 생성하고 기본 보기는 단일 폼으로 설정된다. (o, ×)

객관식 문제

02 다음 중 폼에 대한 설명으로 옳지 않은 것은?
① 폼은 데이터를 시각적으로 돋보이게 하는 역할을 한다.
② 폼은 여러 테이블이나 쿼리로부터 데이터를 편리하게 입력하고 수정하게 한다.
③ 테이블의 특정 레코드만을 대상으로 하려면 해당 필드에 연결된 컨트롤을 표시하면 된다.
④ 폼은 데이터가 연결되어 있는지에 따라 바운드 폼(Bound Form)과 언바운드 폼(Unbound Form)으로 구분한다.

03 다음 중 폼의 각 구역(Section)에 대한 설명으로 옳지 않은 것은?
① 폼 머리글은 폼의 제목 같이 모든 레코드에 대해 동일한 정보를 표시하며 인쇄할 때는 첫 페이지의 맨 위에 나타난다.
② 페이지 머리글은 제목이나 열 머리글과 같은 정보로 폼 보기 상태 및 인쇄 시에 표시된다.
③ 본문은 실제 데이터를 표시하는 부분으로 '연속 폼'의 경우 레코드에 따라 반복적으로 표시된다.
④ 페이지 바닥글은 날짜나 페이지 번호와 같은 정보가 인쇄된 모든 페이지의 아래에 표시된다.

정답 01 **1** × **2** o **3** o 02 ③ 03 ②

POINT 57 | 폼 속성

01 폼 속성

● 폼 속성

폼의 속성은 폼의 형식, 폼의 크기, 화면 위치 등과 같은 폼의 전반적인 사항을 정의하는 것이다. [형식] 탭에서는 폼 화면 자체에 대한 속성을, [데이터] 탭에서는 폼에 연결된 테이블 및 질의(쿼리)에 대해 속성을 설정한다.

● [폼 디자인 보기] 실행 방법

- 탐색 창에서 해당 폼을 선택하고 바로 가기 메뉴 중 [디자인 보기]를 선택한다.
- 탐색 창에서 해당 폼을 실행한 후 [홈]-[보기]-[디자인 보기]를 선택한다.
- '폼 선택기'를 더블클릭하면 해당 폼의 '속성 시트'를 열 수 있다.

02 폼의 주요 속성

● [형식] 탭 속성

폼의 제목 표시줄에 표시되는 제목을 변경하는 것이다.

캡션	폼 보기나 데이터시트 보기의 제목 표시줄에 표시되는 텍스트를 설정함
기본 보기	폼을 열 때 처음 열리는 상태를 지정함 • 단일 폼 : 한 번에 한 개의 레코드만을 표시하며 작성된 컨트롤을 사용하여 한 화면에서 한 개 레코드를 조회 가능함 • 연속 폼 : 현재 창을 채울 만큼 여러 개의 레코드를 표시하며 작성된 컨트롤을 사용하여 여러 레코드를 한 화면에서 조회 가능함 • 데이터시트 : 테이블 보기처럼 표시되며 컨트롤 이름이 필드 캡션으로 표시되어 여러 레코드를 조회 가능함(스프레드시트처럼 행과 열로 구성된 형태로 표시함)
폼 보기	폼 보기 상태로의 전환 여부를 설정함
레코드 선택기	레코드 선택기의 표시 여부를 설정함
탐색 단추	탐색 단추의 표시 여부를 설정함
자동 크기 조정	레코드가 모두 표시되도록 폼 창의 크기를 자동으로 조정할지 여부를 설정함
자동 가운데 맞춤	폼을 열 때 액세스 창이 가운데에 맞추어서 열릴지 여부를 설정함
컨트롤 상자	제목 표시줄에 조절 메뉴 상자와 제어 상자 표시 여부를 설정함
그림	폼의 배경으로 삽입할 그림을 설정함
그림 유형	폼의 배경으로 삽입할 그림의 저장 방식을 설정함

※ 단일 폼은 매 레코드마다 폼 머리글과 폼 바닥글이 표시된다.
※ 연속 폼은 맨 처음에 폼 머리글이, 맨 마지막에 폼 바닥글이 한 번씩만 표시된다.

기적의 TIP

기본 보기 속성의 종류

▲ 단일 폼 보기

▲ 연속 폼 보기

▲ 데이터시트 보기

● [데이터] 탭 속성

레코드 원본	폼에 연결할 데이터를 테이블 이름이나 쿼리를 입력하거나 목록에서 선택하여 설정하며 폼의 레코드 원본으로 테이블, 쿼리, SQL문을 지정할 수 있음
필터	폼 보기에서 필터링할 조건식을 설정함
정렬 기준	레코드를 정렬할 기준을 지정함
필터 사용	폼 보기에서 필터의 사용 여부를 설정함
편집 가능	폼 보기에서 레코드의 편집 여부를 설정함
삭제 가능	• 폼 보기에서 레코드의 삭제 여부를 설정함 • '아니요'로 설정되면 [홈]-[레코드]-[삭제]가 비활성화됨
추가 가능	• 폼 보기에서 레코드의 추가 여부를 설정함 • '아니요'로 설정되면 [홈]-[레코드]-[새로 만들기]가 비활성화됨
레코드 잠금	여러 사용자가 동시에 레코드를 사용할 때 잠그는 방법을 지정함(잠그지 않음, 모든 레코드, 편집한 레코드)

● [기타] 탭 속성

모달	• 폼이 열려 있는 동안 포커스를 계속 갖도록 하기 위해 설정함 • '예'를 지정하면 해당 폼이 열려 있을 경우 해당 폼을 닫기 전까지 다른 창은 선택할 수 없음

모달(Modal)이란 창이나 폼 상태를 의미하는 것이고
보통 대화상자나 오류 등을 알려주는 메시지를 모달 상태라고 할 수 있다.

단답형 문제

01 폼의 '컨트롤 원본' 속성에서 테이블명이나 쿼리 등을 지정하여 폼을 바운드할 수 있다. (○, ×)

객관식 문제

02 다음 화면에서 설정되어 있는 폼의 속성 값으로 옳지 않은 것은?

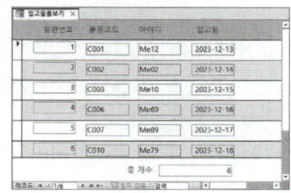

① 레코드 선택기 – 예
② 탐색 단추 – 예
③ 기본 보기 – 단일 폼
④ 캡션 – 입고물품보기

03 폼에 대한 설명으로 가장 옳지 않은 것은?
① 테이블이나 쿼리를 원본으로 지정하여 데이터가 연결된 폼을 언바운드 폼이라 한다.
② 폼이란 데이터의 입력, 편집 등의 작업을 위한 사용자와 데이터베이스 간의 인터페이스이다.
③ 폼의 형식과 원본으로 사용할 테이블만 선택하면 액세스가 자동으로 만들어 주는 폼을 자동 폼이라고 한다.
④ 폼은 레이블, 콤보 상자, 목록 상자, 명령 단추 등의 컨트롤로 구성된다.

정답 01 × 02 ③ 03 ①

POINT 58 | 컨트롤의 사용

01 컨트롤

◉ 컨트롤의 개념

- 컨트롤은 데이터를 표시하고, 매크로 함수를 실행하며, 폼이나 보고서의 모양을 만드는 폼, 보고서의 개체를 말한다.
- 폼이나 보고서의 모든 정보는 컨트롤에 들어 있다.
- 컨트롤은 폼 디자인 보기나 보고서 디자인 보기에서 컨트롤을 이용하여 작성한다.
- 컨트롤은 바운드 및 언바운드하거나, 계산할 수 있다.

바운드 컨트롤	• 테이블/쿼리의 필드가 컨트롤의 원본 데이터로 연결된 컨트롤 • 연결된 데이터를 표시하거나 입력, 수정할 수 있음
언바운드 컨트롤	• 테이블/쿼리의 필드가 컨트롤의 원본 데이터로 연결되지 않은 컨트롤 • [속성 시트] 창에서 '컨트롤 원본'을 지정하면 바운드 컨트롤로 변경됨
계산 컨트롤	컨트롤의 원본 데이터로 '='으로 시작하는 계산식을 지정함

◉ 컨트롤의 종류

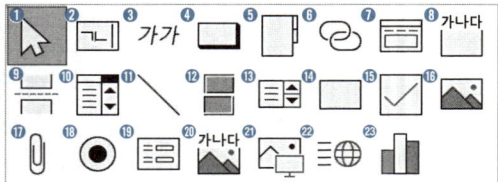

❶ 선택 ❷ 텍스트 상자 ❸ 레이블 ❹ 단추 ❺ 탭 컨트롤 ❻ 하이퍼링크 ❼ 탐색 컨트롤 ❽ 옵션 그룹 ❾ 페이지 나누기 삽입 ❿ 콤보 상자 ⓫ 선 ⓬ 토글 단추 ⓭ 목록 상자 ⓮ 사각형 ⓯ 확인란 ⓰ 언바운드 개체 틀 ⓱ 첨부 파일 ⓲ 옵션 단추 ⓳ 하위 폼/하위 보고서 ⓴ 바운드 개체 틀 ㉑ 이미지 ㉒ 웹 브라우저 컨트롤 ㉓ 차트

❷ 텍스트 상자	• 입력한 데이터의 계산 결과를 표시하거나 저장하는 컨트롤 • 바운드 텍스트 상자는 필드 목록을 이용하여 만들거나, 언바운드 텍스트 상자를 작성한 다음 컨트롤 원본 속성에 연결 필드를 지정하면 됨
❸ 레이블	• 주로 폼이나 보고서의 제목과 같이 간단한 문자열을 나타낼 때 사용하는 컨트롤로 다른 컨트롤에 덧붙일 수 있음 • 레코드 원본 속성을 지정할 수 없으므로 바운드되지 않으며, 필드나 식의 값을 표시하지 않음 • 레이블이 나타낼 문자는 캡션 속성에 지정함
❹ 단추 (명령 단추)	레이블, 텍스트 상자, 옵션 그룹, 콤보 상자, 목록 상자 컨트롤과는 달리 '레이블'이 첨부되지 않으며, 컨트롤 원본 속성을 이용하여 바운드할 수 없음
❽ 옵션 그룹	토글 단추, 옵션 단추, 확인란 등을 하나의 그룹으로 포함하여 사용하는 컨트롤이며 여러 개의 값 중 하나만 선택할 수 있음
❿ 콤보 상자	텍스트 상자와 목록 상자가 결합된 형태로 적은 공간에서 목록 값을 선택하고 새로운 값을 입력할 경우 유용함
⓬ 토글 단추	Yes나 No 값 중 하나를 선택할 수 있는 컨트롤
⓭ 목록 상자	• 콤보 상자와 비슷하며 목록 상자에 값을 직접 입력할 수는 없음 • 여러 항목 선택 속성을 '기본'이나 '확장'으로 지정하면 여러 항목을 선택할 수도 있음
⓯ 확인란	여러 값 중 하나 이상을 선택할 수 있는 컨트롤
⓲ 옵션 단추	여러 값 중 하나를 선택할 수 있는 컨트롤

02 컨트롤 다루기

선택	• 개체를 클릭하거나 컨트롤이 포함되도록 드래그하기 • 다중 선택(연속·비연속)은 [Shift] 혹은 [Ctrl]을 누른 채 선택 • 모두 선택은 [Ctrl]+[A]
이동	• 수직/수평 방향 이동 : [Shift]를 누른 채 드래그 • 미세한 이동 : [Ctrl]+방향키 • [정렬] 탭의 [이동] 그룹에서 '위로 이동', '아래로 이동'

크기 및 순서 조정	• 크기 조정 핸들을 드래그 하여 조정함
	• 수직/수평 방향 확대/축소 : [Shift]+방향키
	• 여러 컨트롤의 크기나 위치를 조정하려면 여러 컨트롤을 선택한 후 [정렬] 탭의 [이동], [위치], [크기 및 순서 조정] 그룹을 이용함
	• [크기 및 순서 조정]-[크기/공간!]
	  – 크기 : 자동, 가장 긴 길이에, 가장 짧은 길이에, 눈금에 맞춤, 가장 넓은 너비에, 가장 좁은 너비에
	  – 간격 : 가로 간격 같음, 가로 간격 넓게, 가로 간격 좁게, 세로 간격 같음, 세로 간격 넓게, 세로 간격 좁게
	  – 눈금 : 눈금, 눈금자, 눈금에 맞춤
	  – 그룹화 : 그룹, 그룹 해제
	※ 컨트롤을 그룹으로 묶으면 한꺼번에 이동시키고 크기 조정을 할 수 있어 편리함
	• [크기 및 순서 조정]-[맞춤] : 눈금에 맞춤, 왼쪽, 오른쪽, 위쪽, 아래쪽
	• 맨 앞으로 가져오기, 맨 뒤로 보내기

위치	• 여백 조정, 안쪽 여백 조정, 기준 위치 조정 • 안쪽 여백 조정은 [정렬] 탭의 [표] 그룹 중 레이아웃을 적용할 것

단답형 문제

01 레코드 원본의 데이터나 계산 컨트롤의 계산 결과를 표시해주는 컨트롤은 (　　)이다.

02 (　　)는 폼에서 적은 공간을 차지하면서 데이터 입력이나 검색에 유용하게 사용할 수 있으며 목록의 값과 일치하는 문자열만 입력하도록 제어할 수 있다.

객관식 문제

03 다음 중 폼이나 보고서에서 테이블이나 쿼리의 필드를 컨트롤 원본으로 사용하는 컨트롤을 의미하는 것은?
① 언바운드 컨트롤
② 바운드 컨트롤
③ 계산 컨트롤
④ 레이블 컨트롤

04 레이블은 폼 또는 보고서의 제목이나 글자 등 텍스트를 표시하는 컨트롤이다. 레이블에 대한 다음 설명 중 가장 옳지 않은 것은?
① 레이블은 항상 바운드 컨트롤이다.
② 레이블은 다른 컨트롤에 덧붙일 수 있다.
③ 레이블은 필드나 식의 값을 표시하지 않는다.
④ 레이블이 나타낼 문자는 캡션 속성에 지정한다.

05 작성된 컨트롤을 클릭한 후 [Shift]를 누른 상태에서 [→]을 눌렀을 때, 실행되는 작업은?
① 컨트롤 속성 대화상자가 표시된다.
② 컨트롤 복사
③ 컨트롤 이동
④ 컨트롤 크기 조정

정답 01 텍스트 상자　02 콤보 상자　03 ②　04 ①　05 ④

03 컨트롤의 주요 속성

● [형식] 탭의 속성

형식	컨트롤에 나타나는 데이터의 표시 형식을 지정함
소수 자릿수	컨트롤의 데이터(숫자 데이터의 경우)에 소수점 이하의 자릿수를 지정함
표시	화면에 컨트롤의 표시 여부를 지정함
확장 가능, 축소 가능	컨트롤을 세로로 확장하여 포함된 데이터를 모두 표시할지, 축소할지의 여부를 지정함
중복 내용 숨기기 (보고서)	컨트롤의 데이터가 이전 레코드와 동일한 경우에 이를 표시 혹은 인쇄할지의 여부를 지정함
배경색	컨트롤에 나타나는 데이터의 색을 지정함
텍스트 맞춤, 줄 간격	텍스트의 맞춤(표준, 왼쪽, 가운데, 오른쪽, 배분), 줄 간격을 지정함
열 개수, 열 너비	콤보 상자, 목록 상자 컨트롤에서 나타낼 열의 개수, 열의 너비를 지정함
캡션	레이블과 명령 단추 컨트롤에 나타나는 텍스트를 지정하며 만약 명령 단추 컨트롤에 '&문자'를 입력하면 Alt + [문자]를 눌렀을 때 해당 단추로 포커스를 이동시킴

● [데이터] 탭의 속성

컨트롤 원본	텍스트 상자(입력란), 옵션 그룹, 콤보 상자, 목록 상자 등의 컨트롤에 연결시킬 데이터를 지정함
누적 합계	보고서에서 레코드별이나 그룹별로 누계 표시 여부 및 방법(그룹, 모두)을 지정함 **예** 그룹화된 보고서 본문 영역의 텍스트 상자에 그룹별 순번(1,2,3…)을 표시하려면 컨트롤 원본 속성을 '=1'로 설정하고 누적 합계 속성을 '그룹'으로 설정하면 됨
기본값	새 레코드가 추가될 때 컨트롤에 기본으로 입력될 값을 지정함
입력 마스크	컨트롤에 입력할 값의 서식이나 형식을 지정함
유효성 검사 규칙	컨트롤에 입력할 수 있는 데이터의 사양을 지정함
사용 가능	컨트롤이 포커스를 가질 수 있는지 여부를 지정함
잠금	컨트롤에 입력된 데이터의 편집 가능 여부를 지정함
행 원본	콤보 상자나 목록 상자 컨트롤에서 사용할 데이터를 설정함
행 원본 유형	콤보 상자나 목록 상자 컨트롤의 속성 중에서 목록으로 표시할 데이터를 제공하는 방법으로 '테이블/쿼리', '값 목록', '필드 목록' 중에서 지정하게 하는 속성
바운드 열	콤보 상자나 목록 상자 컨트롤에 저장할 열을 설정함
목록 값만 허용	콤보 상자에서 설정된 목록 값만 사용할지의 여부를 설정하는 것으로 '예'로 설정하면 목록에 제공된 데이터 이외의 값을 추가할 수 없음

● [기타] 탭의 속성

이름	컨트롤의 이름을 지정함
IME 모드	컨트롤에 포커스가 들어왔을 때 입력 모드를 지정함
〈Enter〉키 기능	입력란 컨트롤에서 Enter 를 눌렀을 때 실행될 작업을 지정함
상태 표시줄 텍스트	컨트롤에 포커스가 들어왔을 때 상태 표시줄에 표시될 메시지
컨트롤 팁 텍스트	컨트롤에 마우스 포인터를 위치시킬 때 표시될 도움말
탭 정지	Tab 으로 컨트롤에 포커스를 받을지 여부를 지정함

탭 인덱스	컨트롤의 탭 순서를 지정함
여러 항목 선택	폼의 목록 상자에서 항목을 여러 개 선택할 수 있는지 여부와 여러 항목을 선택하는 방법을 지정할 수 있음

04 탭 순서

- 탭 순서는 폼이나 보고서 디자인 보기 상태에서 [양식 디자인]-[도구]-[탭 순서]를 통해 설정할 수 있으며, 폼 보기 상태에서 Tab 이나 Enter 를 눌렀을 때 컨트롤에 포커스가 이동되는 순서를 지정한다.
- 탭 순서를 명령 단추에는 설정할 수 있지만, 레이블 컨트롤, 이미지 컨트롤에는 설정할 수 없다.
- 기본적으로 컨트롤 작성 순서대로 탭 순서가 지정된다.

🎯 기적의 TIP

탭 인덱스 & 탭 정지 속성

탭 인덱스	• 폼이나 보고서에서 해당 컨트롤의 탭 순서를 지정함 • 탭 인덱스 숫자는 0부터 시작함
탭 정지	• Tab 을 눌렀을 때 포커스를 이동시킬 수 있는지 여부를 지정함 • 탭 정지 속성의 경우 Tab 을 눌러 커서를 컨트롤로 이동하려면 '예'로, Tab 을 눌러 커서를 컨트롤로 이동하지 않으려면 '아니요'로 선택함

단답형 문제

01 명령 단추 컨트롤의 ( ) 속성에 '&T'를 입력하면 Alt + T 를 눌렀을 때 해당 폼의 해당 명령 단추 컨트롤로 포커스를 이동시킬 수 있다.

02 ( ) 속성은 컨트롤에 연결할 데이터를 지정한다.

03 ( )는 폼에서 데이터를 입력받는 컨트롤의 순서를 정할 때 사용하는 속성이다.

객관식 문제

04 폼에서 특정 컨트롤의 값을 수정할 수 없도록 보호하려고 한다. 이 경우 컨트롤의 어떤 속성을 이용해야 하는가?
① 잠금(Locked)
② 컨트롤 원본(Control Source)
③ 표시(Visible)
④ 레코드 원본(Record Source)

05 다음 중 폼 작업 시 탭 순서에서 제외되는 컨트롤로 옳은 것은?
① 레이블   ② 언바운드 개체 틀
③ 명령 단추   ④ 토글 단추

06 '거래처'별로 그룹이 설정된 '매출 내역' 보고서에서 본문 영역에 있는 'txt순번' 텍스트상자 컨트롤에 해당 거래처별로 매출의 순번(1,2,3…)을 표시하려고 한다. 다음 중 'txt순번' 컨트롤의 속성 설정 방법으로 옳은 것은?
① 컨트롤 원본 속성을 '1'로 설정하고, 누적 합계 속성을 '아니요'로 설정
② 컨트롤 원본 속성을 '1'로 설정하고, 누적 합계 속성을 '예'로 설정
③ 컨트롤 원본 속성을 '=1'로 설정하고, 누적 합계 속성을 '모두'로 설정
④ 컨트롤 원본 속성을 '=1'로 설정하고, 누적 합계 속성을 '그룹'으로 설정

정답 01 캡션 02 컨트롤 원본 03 탭 순서 04 ①
05 ① 06 ④

POINT 59 | 하위 폼 / 조건부 서식

01 하위 폼의 개요

하위 폼이란 폼 안에 있는 또 하나의 폼을 의미하며, 기본(상위) 폼 안에 있는 폼을 하위 폼(폼 안에 들어가는 폼)이라고 한다.

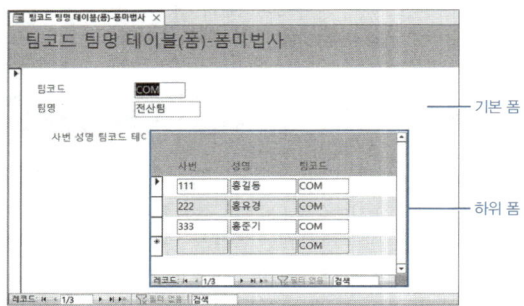

- 기본 폼은 일 대 다 관계의 '일' 쪽에 해당하는 폼이고 '다' 쪽에 해당하는 폼이 하위 폼이다.
- 폼에서 기본 폼과 하위 폼은 서로 연결되어 있기 때문에 하위 폼에는 기본 폼의 현재 레코드와 관련된 레코드만 표시된다.
- 기본 폼을 단일 폼으로 표시하더라도 하위 폼을 데이터시트로 표시하거나 단일 폼이나 연속 폼으로 표시할 수 있다.
- 기본 폼이 포함할 수 있는 하위 폼의 수는 제한이 없고, 하위 폼을 7개 수준까지 중첩시킬 수 있다.
- 기본 폼과 하위 폼에서 사용되는 테이블 간에는 관계가 설정되어 있지 않아도 하위 폼을 설정할 수 있다 (일반적으로 기본 폼과 하위 폼에는 관계가 설정되어 있어야 하지만, 기본 폼에서 기본키가 설정되어 있는 테이블을 사용하고, 하위 폼이 기본 폼의 기본키 필드와 같거나 호환되는 데이터 형식을 가진 필드가 포함되어 있는 테이블을 사용한다면 굳이 관계가 설정되어 있지 않더라도 하위 폼을 설정할 수 있음).

기적의 TIP
기본 폼과 하위 폼의 관계
기본 폼과 하위 폼은 일반적으로 테이블끼리의 일 대 다 관계를 기초로 작성된다. 따라서 관계 설정 작업이 선행되어야 제대로 된 결과를 얻을 수 있다.

02 하위 폼의 삽입 방법

- [컨트롤 마법사 사용](✻)과 [하위 폼/하위 보고서](▦)를 선택하고 들어갈 위치로부터 드래그하여 놓으면 [하위 폼 마법사]가 나타난다.
- 드래그하지 않고 적당한 위치에 클릭만 해도 삽입된다.

기적의 TIP
하위 폼 삽입 실행 순서
① 탐색 창에서 대상 폼을 선택하고, 바로 가기 메뉴에서 [디자인 보기]를 클릭한다.
② [양식 디자인]-[컨트롤]-[컨트롤 마법사 사용]이 선택된 상태에서 [하위 폼/하위 보고서]를 클릭한다.
③ 작업 대상 폼의 삽입 영역에 드래그 앤 드롭하여 위치시킨다.

03 기본 폼과 하위 폼 연결 방법

- 필드 연결 속성에 직접 입력하거나, 필드 연결 속성의 작성기 단추를 클릭하여 [하위 폼 필드 연결기] 대화상자에서 지정할 수 있다.

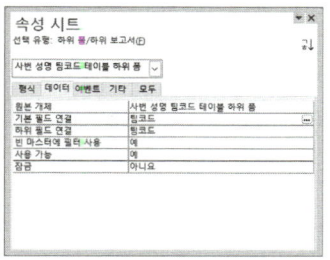

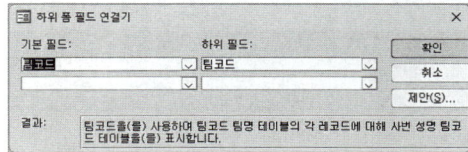

- 연결 필드의 데이터 종류는 반드시 같아야 하며, 데이터 형식이나 필드 크기도 같거나 호환되어야 한다.
- 기본 폼과 하위 폼이 자동으로 연결되지 않았을 경우 하위 폼 컨트롤의 속성 중 '기본 필드 연결'과 '하위 필드 연결'에서 사용자가 직접 설정한다.
- 여러 개의 연결 필드를 지정할 때는 필드의 이름을 세미콜론(;)으로 구분하여 입력하거나 [하위 폼 필드 연결기] 대화상자에서 여러 필드를 지정할 수 있다.
- [하위 폼 필드 연결기] 대화상자에서는 한꺼번에 기본 폼과 하위 폼의 연결 필드를 지정할 수 있다.

기적의 TIP

하위 폼/하위 보고서 속성
- **원본 개체 속성** : 삽입한 하위 폼 개체 이름이다.
- **하위 필드 연결 속성** : 원본 개체 속성에서 지정한 하위 폼의 연결 필드 이름이다.
- **기본 필드 연결 속성** : 기본 폼의 연결 필드 이름이다.

04 조건부 서식

- 특정한 조건에 만족되는 경우에만 지정한 서식을 적용하는 기능이다.
- 컨트롤을 선택한 후 폼이나 보고서의 [서식]-[컨트롤 서식]-[조건부 서식]에서 지정할 수 있다.
- 텍스트 상자와 같이 값을 표시하는 컨트롤에 대해 조건부 서식을 설정한다.
- 폼/보고서의 컨트롤에 조건부 서식을 적용해 두면 중요한 정보를 강조하여 표시할 수 있다.
- [조건부 서식 규칙 관리자] 대화상자에서 최대 50개까지 조건을 지정할 수 있으며, 조건마다 각기 다른 서식을 부여할 수 있다.
- 상수나 특정 식의 결과와 비교하는 조건식을 만들 수도 있다.
- 지정한 조건 중 두 개 이상이 참이면, 첫 번째 조건의 서식이 적용된다.

단답형 문제

01 기본 폼과 하위 폼에서 사용하는 테이블 간에는 반드시 관계가 설정되어 있어야 한다. (○, ×)

02 하위 폼은 단일 폼으로 표시되며, 연속 폼으로는 표시할 수 없다. (○, ×)

03 조건부 서식에서 지정한 조건 중 두 개 이상이 참이면, 조건이 참인 서식이 모두 적용된다. (○, ×)

객관식 문제

04 다음 중 기본 폼과 하위 폼의 연결에 관한 설명으로 옳지 않은 것은?
① 두 개 이상의 연결 필드를 지정할 때는 필드들을 콤마(,)로 구분하여 연결한다.
② 폼이 연결되면 기본 폼과 하위 폼은 동기화되므로 하위 폼에는 기본 폼과 연관된 레코드만 표시된다.
③ 기본 폼과 하위 폼을 연결할 필드의 데이터 형식은 같거나 호환되어야 한다.
④ '하위 폼 필드 연결기' 대화 상자에서 기본 폼과 하위 폼의 연결 필드를 지정할 수 있다.

05 다음 중 하위 폼에 관한 설명으로 가장 옳지 않은 것은?
① 기본 폼 안에 여러 개의 하위 폼을 배치할 수 있다.
② 기본 폼은 단일 폼과 연속 폼으로 표시할 수 있으나, 하위 폼은 단일 폼으로만 표시할 수 있다.
③ 기본 폼과 하위 폼은 서로 연결이 되어 있는 경우, 하위 폼에는 기본 폼의 현재 레코드와 관련된 레코드만 저장된다.
④ 하위 폼을 사용하면 일 대 다 관계에 있는 테이블을 효과적으로 표시할 수 있다.

정답 01 × 02 × 03 × 04 ① 05 ②

POINT 60 | 보고서 작성

01 보고서의 개념

- 보고서는 데이터베이스를 구축한 다음, 다양한 형태의 출력물로 활용하기 위하여 사용한다.
- 보고서에서는 자료별 평균, 합산과 같은 통계 자료를 인쇄할 수 있다.
- 보고서의 경우 폼과는 달리 컨트롤에 데이터를 입력할 수 없다.
- 보고서는 테이블, 쿼리, SQL문 등을 레코드 원본으로 지정할 수 있지만 보고서의 레코드 원본으로 폼이 지정될 수 없다.
- 보고서의 컨트롤에서는 컨트롤 원본을 이용하여 특정 필드에 바운드시킬 수 있다.
- 보고서도 폼과 같이 컨트롤에 이벤트를 부여하거나 함수(식)를 입력하여 원하는 작업을 부여할 수 있지만 데이터 입력, 추가, 삭제 등의 작업은 할 수 없다.

02 보고서의 구성 요소

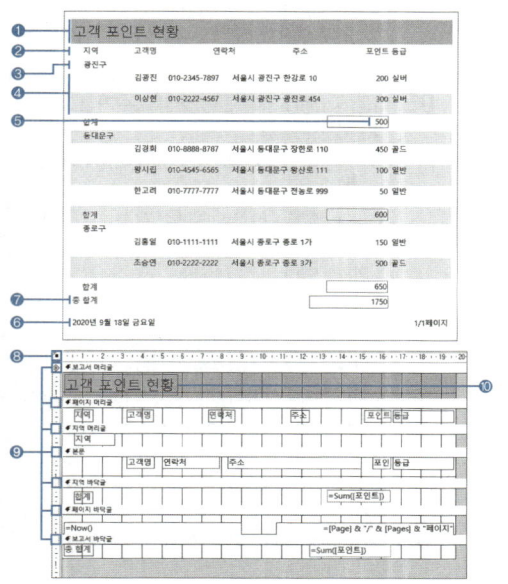

❶ 보고서 머리글	• 보고서의 첫 페이지 상단에 한 번만 표시됨 (페이지 머리글 위에 인쇄됨) • 로고, 보고서 제목, 인쇄일 등의 항목을 삽입함
❷ 페이지 머리글	• 보고서의 매 페이지의 상단에 표시됨 • 열 제목 등의 항목을 삽입함
❸ 그룹 머리글	• 그룹 설정 시 반복하여 그룹 상단에 표시됨 • 그룹명이나 요약 정보 등을 삽입함
❹ 본문(세부 구역)	• 보고서의 본문 데이터를 표시함 • 보고서가 원본으로 사용하는 레코드 원본의 각 레코드를 반복해서 표시함 • 실제 인쇄하고자 하는 부분
❺ 그룹 바닥글	• 그룹 설정 시 반복하여 그룹 하단에 표시됨 • 그룹별 요약 정보를 표시함
❻ 페이지 바닥글	• 보고서의 매 페이지의 하단에 표시됨 • 페이지 번호나 날짜 등의 항목을 삽입함
❼ 보고서 바닥글	• 보고서의 맨 마지막 페이지에 한 번만 표시됨 • 보고서 총계나 안내 문구 등의 항목을 삽입함 • 보고서 디자인의 마지막 구역이지만 인쇄된 보고서의 마지막 페이지에서 페이지 바닥글 앞에 표시됨
❽ 보고서 선택기	보고서 선택 시 검정 네모가 표시되며, 디자인 보기 상태에서만 사용할 수 있음
❾ 구역 선택기	각 구역 선택 시 구역 부분이 반전되어 표시되며, 디자인 보기 상태에서만 사용할 수 있음
❿ 컨트롤	사용한 컨트롤을 표시함

03 보고서(컨트롤)의 주요 속성

캡션	인쇄 미리 보기와 레이아웃 보기에 나타나는 제목 표시줄의 텍스트를 설정함
페이지 머리글/바닥글	페이지의 머리글/바닥글 표시할지 여부를 설정함
그룹화 기준	그룹화 기준으로 사용할 대상을 설정함

레코드 원본	보고서에 표시하는 원본을 설정하는 것으로, 사용할 레코드의 원본(테이블, 쿼리, SQL 등)을 지정함
필터	필터의 조건을 설정함
필터 사용	지정된 필터를 사용할지 여부를 설정함
정렬 기준	정렬할 기준을 설정함
레코드 잠금	원본 테이블/쿼리의 레코드 잠금을 설정함
날짜 그룹화	날짜 기준으로 묶을 날짜 형식을 설정함
중복 내용 숨기기	동일한 내용이 입력된 텍스트 상자의 표시 여부를 설정함
반복 실행 구역	그룹 머리글에만 사용하는 속성으로, 해당 머리글을 매 페이지마다 표시할지 여부를 설정함

04 보고서 만드는 방법과 종류

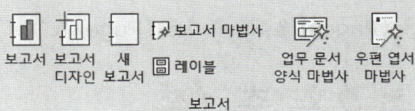

- [만들기] 탭-[보고서]

보고서	정보 입력 없이도 곧 바로 보고서가 생성되며, 탐색 창에서 보고서의 원본이 될 테이블이나 쿼리를 선택한 후 실행함
보고서 디자인	디자인 보기 모드에서 사용자가 레코드 원본을 정하고 컨트롤을 추가하여 보고서를 생성함
새 보고서	'필드 목록' 창에서 보고서에 포함시킬 필드를 끌어다 놓으면 됨
보고서 마법사	마법사의 지시에 따라 둘 이상의 테이블이나 쿼리의 필드를 사용하여(관계가 지정된 경우), 그룹화 및 정렬 방법을 정해 보고서를 생성함
레이블	표준 또는 사용자 지정 레이블을 만드는 '우편물 레이블 마법사'가 실행됨. 우편물 전용은 아니며 다양한 용도의 레이블 형식 보고서로 활용됨
업무 문서 양식 마법사/우편 엽서 마법사	업무에 관련된 양식을 갖춘 서식 파일, 우편 엽서의 양식을 갖춘 서식 파일을 선택하여 마법사의 안내에 따라 보고서를 생성함

단답형 문제

01 보고서의 레코드 원본 속성으로 (　　　), (　　　), (　　　) 등을 지정할 수 있다.

객관식 문제

02 다음 중 보고서에 관한 설명으로 옳지 않은 것은?
① 보고서는 데이터 원본으로 테이블이나 쿼리, 기존 작성된 보고서를 지정하여 사용할 수 있다.
② 보고서는 폼과는 달리 컨트롤에 데이터를 입력하거나 수정할 수 없다.
③ 데이터베이스에 저장된 테이블이나 쿼리의 내용을 화면이나 프린터로 출력하기 위한 개체이다.
④ 레코드 원본에서 SQL 명령을 입력하는 경우 그 결과로 보고서를 작성할 수 있다.

03 다음 보고서에 대한 설명으로 가장 옳지 않은 것은? (단, 이 보고서는 전체 4페이지이며, 현재 페이지는 2페이지이다.)

거래처별 제품목록				
거래처명	제품번호	제품이름	단가	재고량
(주)맑은세상	20	C-ER렌즈	₩50,000	3
	14	바슈롬렌즈	₩35,000	15
	18	아쿠아렌즈	₩50,000	22
	제품수 : 5		총재고량	108
거래처명	제품번호	제품이름	단가	재고량
참아이(주)	8	선글래스A	₩120,000	45
	7	선글래스A	₩100,000	23
	9	선글래스C	₩170,000	10
2020-12-25				2/4

① '거래처명'을 표시하는 컨트롤은 '중복 내용 숨기기' 속성이 예로 설정되어 있다.
② '거래처명'에 대한 그룹 머리글 영역이 만들어져 있고, 반복 실행 구역 속성이 '예'로 설정되어 있다.
③ '거래처명'에 대한 그룹 바닥글 영역이 설정되어 있고, 요약 정보를 표시하고 있다.
④ '거래처별 제품목록'이라는 제목은 '거래처명'에 대한 그룹 머리글 영역에 만들어져 있다.

정답 01 테이블, 쿼리(명), SQL문 02 ① 03 ④

POINT 61 | 보고서 정렬 및 그룹화

01 정렬 및 그룹화

- **정렬** : 특정 필드를 기준으로 오름차순 혹은 내림차순으로 나열하는 것이다.
- **그룹화** : 보고서에 표시되는 필드 내용을 효율적으로 전달하기 위한 기능으로, 동일한 속성을 갖고 있는 필드를 통합화하여 나열하는 것이 그룹화이다.
- 정렬할 필드나 식을 선택하면 기본적으로 정렬 순서가 오름차순으로 설정된다.
- 필드나 식을 이용하여 10개까지 그룹 및 정렬 수준을 설정할 수 있다.
- 특정 필드를 기준으로 그룹화를 하는 경우 데이터는 그 필드를 기준으로 정렬되어 표시된다.
- 그룹화를 통해서 그룹 머리글, 그룹 바닥글, 요약(합계, 개수)을 선택하여 나타낼 수 있다.
- 필드의 데이터 형식이 긴 텍스트나 하이퍼링크인 것 등은 그룹화할 수 없다.
- 두 개 이상의 필드나 식에서 그룹화하면 첫 번째 필드/식을 기준으로 그룹이 지정된 다음, 지정된 그룹에서 두 번째 필드/식을 기준으로 그룹이 지정된다.
- **그룹, 정렬 및 요약 창** : 보고서의 디자인 보기 상태에서 [보고서 디자인]-[그룹화 및 요약]-[그룹화 및 정렬]을 선택하거나 보고서 선택기의 바로 가기 메뉴에서 [정렬 및 그룹화]를 선택하여 실행한다.

기적의 TIP

그룹 머리글 및 그룹 바닥글의 활용
- 그룹 머리글/바닥글에는 보고서의 필드나 식을 입력하여 출력할 수 있다.
- 그룹 머리글에는 그룹화된 필드값이 표시된다.
- 그룹 머리글/바닥글에는 집계 함수(SUM, AVG, MAX, MIN, COUNT)를 활용하여 그룹의 집계를 출력할 수 있다.
- COUNT(*) 함수는 그룹 머리글/바닥글에서 사용하면 그룹별 레코드의 개수를 결과로 산출하고 보고서 머리글/바닥글에서 사용하면 전체 레코드의 개수를 결과로 산출한다.

02 머리글 및 바닥글 활용

● 날짜 및 페이지 번호 삽입

- 보고서에서 현재 날짜와 시간, 인쇄 페이지 수를 나타내는 것으로, 일반적으로 페이지 머리글/바닥글에 사용한다.
- [머리글/바닥글]-[페이지 번호] 또는 [머리글/바닥글]-[날짜 및 시간]을 통해 페이지 번호 및 날짜를 삽입할 수 있다.
- Pages는 전체 페이지 수를, Page는 현재 페이지 번호를, 큰따옴표(" ")는 큰따옴표 안의 내용을 그대로 보여주고, &는 식이나 문자열을 이어주는 역할을 한다.

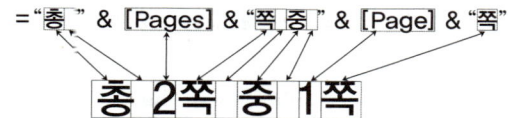

= "총 " & [Pages] & "쪽 중 " & [Page] & "쪽"
→ 총 2쪽 중 1쪽

- Format(인수, 형식) 함수로 형식을 지정하여 표시할 수 있다.

  ⓓ =Format([Page], "000") → 001, 002, 003 …로 표시
  ⓓ =Format(Date( ), "mmm") → 오늘 날짜 중에서 월을 3자리로 표시

● 집계 정보의 표시

- 보고서의 머리글이나 바닥글에 집계 함수를 이용해 보고서 전체에 대한 집계 정보를 표시할 수 있다.
- 집계 정보를 표시할 보고서를 열어 [홈]-[보기]-[보기]-[디자인 보기]를 선택한 후 보고서 머리글/바닥글에 텍스트 상자 컨트롤을 삽입하고 집계 정보를 구하는 식을 입력하면 된다.
- [보고서 디자인]-[보기]-[보기]-[인쇄 미리 보기]를 선택하면 보고서에 집계 정보가 출력된다.

● 누적 합계

- 보고서 텍스트 상자 컨트롤에만 적용되는 속성으로 보고서에서 레코드 혹은 그룹별로 누적값을 계산한다.
- 누적 합계 속성

아니요 (기본값)	현재 레코드의 원본으로 사용하는 필드의 데이터를 표시함
그룹	그룹 수준이 같은 값들의 누적 합계를 다른 그룹 수준이 나타날 때까지만 값을 더해서 표시함
모두	값의 누적 합계를 보고서가 끝날 때까지 더해서 표시함

- 컨트롤 원본을 '=1', 누적 합계 속성을 '그룹'으로 지정하면 그룹별로 순번(일련번호)을, '모두'로 지정하면 전체에 대한 순번이 구해진다.

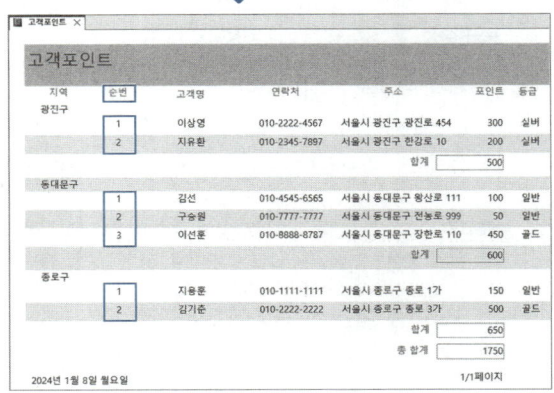

단답형 문제

01 보고서 작성 시 그룹화란 특정 필드를 기준으로 그룹화하는 경우 데이터는 그 필드를 기준으로 정렬되어 표시된다. (○, ×)

02 보고서에서 페이지 번호를 "001", "002"와 같은 형식으로 인쇄하려고 할 때 =Format([Page], "000")로 입력한다. (○, ×)

객관식 문제

03 다음 중 보고서의 그룹화에 대한 설명으로 옳지 않은 것은?
① 그룹화란 동일한 속성을 가지고 있는 필드를 통합하여 나열하는 것이다.
② 정렬 및 그룹화 창에서 그룹화하려는 필드를 선택하고, 그룹 속성에서 그룹 머리글과 그룹 바닥글을 둘 다 반드시 "예"로 선택한다.
③ 필드의 데이터 형식이 긴 텍스트 혹은 하이퍼링크인 것은 그룹화할 수 없다.
④ 보고서에서 표시되는 필드의 내용을 보다 효율적으로 전달하기 위한 기능이다.

04 Count 함수를 이용하여 회원수를 구했더니 '3'이라는 숫자만 표시되어 아래 그림과 같이 '서울 거주 회원수는 3명'과 같이 출력하려고 한다. 다음 중 작성식으로 옳은 것은?

회원명단			
주소	회원번호	이름	나이
서울	527	김혜민	29
	327	최명주	55
	120	박찬주	21
회원수 :	서울 거주 회원수는 3명		

① ="[주소] 거주 회원수는 " & Count([회원번호]) & "명"
② ="[주소] 거주 회원수는 " & Count([이름]) & "명"
③ =[주소] & " 거주 회원수는 " & Count([주소]) & "명"
④ =[주소] & " 거주 회원수는 " Sum([나이]) & "명"

정답 01 ○ 02 ○ 03 ② 04 ③

POINT 62 | 보고서 인쇄

01 페이지 설정

- 인쇄 미리 보기 상태에서 [인쇄 미리 보기]-[페이지 레이아웃]-[페이지 설정]을 선택한다.
- 보고서 디자인 보기 상태에서 [페이지 설정]-[페이지 레이아웃]-[페이지 설정]을 선택한다.

● [인쇄 옵션] 탭

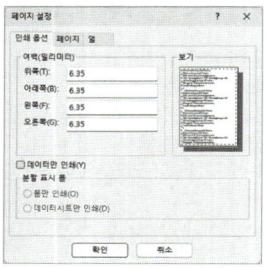

여백	밀리미터 단위로 위쪽, 아래쪽, 왼쪽, 오른쪽의 여백을 지정함
보기	지정된 여백을 미리 볼 수 있음
데이터만 인쇄	레이블과 컨트롤의 테두리, 눈금선, 선, 사각형과 같은 그래픽 요소들이 나타나지 않게 데이터만 인쇄함
분할 표시 폼	폼만 인쇄할지, 데이터시트만 인쇄할지 선택하는 것으로 보고서에서는 이 옵션을 사용할 수 없음

● [페이지] 탭

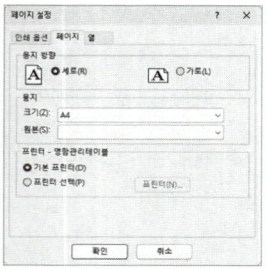

용지 방향	용지 방향을 가로나 세로로 선택함
용지	용지 크기와 용지 공급 방법을 선택함
프린터	프린터 유형을 선택하는 것으로, 기본 프린터를 선택하면 Windows 운영체제에서 기본적으로 지정한 프린터로 인쇄가 됨

● [열] 탭

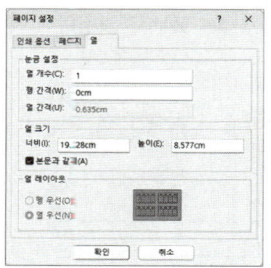

눈금 설정	여러 열로 구성된 보고서나 레이블을 인쇄할 때 눈금선 설정을 조정함 • 열 개수 : 인쇄 시 한 페이지에 사용할 열의 개수를 지정함 • 행 간격 : 레코드와 레코드 사이의 간격을 지정함 • 열 간격 : 열과 열 사이의 간격을 지정함
열 크기	• 여러 열로 구성된 보고서나 레이블을 인쇄할 때 열의 크기(너비 및 높이)를 지정함 • 본문과 같게 : 너비와 높이 상자의 값을 보고서 본문의 너비와 높이에 맞출 경우 선택함
열 레이아웃	여러 열로 구성된 보고서나 레이블을 인쇄할 때 레코드를 인쇄하는 순서를 지정함 • 행 우선 : 가장 왼쪽에 있는 열부터 다음 열로 이동하면서 레코드를 인쇄함 • 열 우선 : 첫 번째 행부터 시작하여 다음 행으로 이동하면서 레코드를 인쇄함

02 보고서 인쇄

● [인쇄] 대화상자

[파일]-[인쇄]-[인쇄]를 실행한 다음 [인쇄] 대화상자에서 여러 설정을 선택하고 [확인]을 클릭한다.

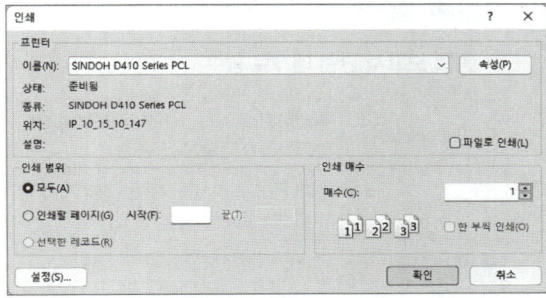

프린터	프린터 이름, 상태, 종류, 위치 정보를 표시함
속성	설치된 프린터 등록 정보를 표시함
파일로 인쇄	• 문서를 프린터로 직접 라우팅하지 않고 파일로 인쇄함 • 확장자는 *.prn으로 글꼴 선택 및 색 지정과 같은 프린터 서식이 저장됨
인쇄 범위	모두, 인쇄할 페이지(시작과 끝), 선택한 레코드 중 선택하여 설정함
인쇄 매수	인쇄할 매수를 설정함
설정	[페이지 설정] 대화상자를 표시함

● 인쇄 미리 보기로 인쇄하기

• 인쇄 미리 보기는 [파일]-[인쇄]-[인쇄 미리 보기]를 선택하거나 디자인 보기 상태에서 [보고서 디자인]-[보기]-[보기]-[인쇄 미리 보기]를 선택하여 실행한다.
• 인쇄 미리 보기의 확대/축소에서 최대 1000%까지 확대가 지원된다.
• 보고서 보기(디자인 보기 상태에서 [보고서 디자인]-[보기]-[보기]-[보고서 보기])는 인쇄 미리 보기와 비슷하지만 페이지의 구분 없이 한 화면에 보고서를 표시한다.

단답형 문제

01 '데이터만 인쇄' 항목을 선택하면 선이나 레이블과 같은 항목들은 인쇄하지 않고 데이터만을 인쇄하므로 미리 만들어진 양식 종이를 이용할 수 있다. (○, ×)

02 [페이지 설정] 대화상자의 [열] 탭의 '열 크기'에서 '본문과 같게'는 열의 너비와 높이를 보고서 본문의 너비와 높이에 맞춰 인쇄하는 것이다. (○, ×)

객관식 문제

03 보고서를 인쇄하기 위해 [페이지 설정] 대화상자의 속성들을 조정하고자 한다. 이에 대한 설명으로 옳지 않은 것은?
① [인쇄 옵션] 탭 : 용지의 여백을 설정하고 데이터만 인쇄할지의 여부를 선택한다.
② [행] 탭 : 여러 행으로 구성된 보고서의 행 레이아웃 속성을 이용해서 '행 우선' 또는 '열 우선'을 선택하여 인쇄를 지정한다.
③ [페이지] 탭 : 용지의 방향 및 크기를 지정한다.
④ [열] 탭 : 여러 열로 구성된 보고서의 열 레이아웃 속성을 이용해서 '행 우선' 또는 '열 우선'을 선택하여 인쇄를 지정한다.

04 다음 중 보고서 미리 보기의 페이지 레이아웃에서 '데이터만 인쇄' 옵션을 선택했을 때 인쇄되는 것으로 옳은 것은?
① 콤보 상자의 모양
② 선이나 사각형으로 작성한 모양
③ 레이블로 작성한 보고서의 제목
④ 텍스트 상자에서 표시하는 값

정답 01 ○ 02 ○ 03 ② 04 ④

POINT 63 | 매크로의 활용

01 매크로의 개념

매크로는 매크로 함수와 결합하여 작업을 자동화할 수 있는 독립적인 명령이다.

- 매크로 함수는 매크로 디자인 창의 매크로 함수열에서 선택할 수 있다.
- [만들기]-[매크로 및 코드]-[매크로]를 선택하면 매크로 디자인 창이 나타나고, 사용할 매크로 함수를 지정하면 된다(독립 실행형 매크로).
- 매크로를 포함하려는 폼이나 보고서의 컨트롤에, 이벤트 속성으로 '작성기 선택' 대화상자를 열고, '매크로 작성기'를 선택하여 매크로 함수를 지정하면 된다(포함된 매크로). '포함된 매크로'는 탐색 창의 매크로 개체에 표시되지 않고, '매크로를 Visual Basic으로 변환'할 수 없다.

02 그룹 매크로

그룹 매크로란 한 개의 매크로 창에서 서로 관련이 있는 여러 개의 매크로를 관리하는 것이다.

- 하나의 매크로 그룹에 여러 개의 매크로를 만들 수 있으며, 하나의 매크로에 여러 개의 매크로 함수를 지정할 수 있다.
- 그룹으로 지정된 매크로를 실행시키면 가장 먼저 지정한 매크로를 실행한 다음, 해당 그룹에 포함된 모든 매크로가 순서대로 실행한다.
- 함수 카탈로그에서 [프로그램 흐름]-[그룹]을 더블클릭하고 그룹 블록의 이름 상자에 그룹 이름을 입력한 후 '새 함수 추가' 목록에서 함수를 선택한다.
  ※ 그룹 블록은 다른 그룹 블록을 포함할 수 있으며 최대 9단계까지 중첩될 수 있다.
- 함수의 별도 집합을 정의하기 위해 하위 매크로를 사용할 수 있다. 이벤트 속성에 [매크로 이름].[하위 매크로 이름] 형식의 구문을 입력하여 사용한다.
- 특정 조건이 참인 경우에만 매크로 함수를 실행하려면 If 블록을 사용하면 된다.

03 매크로 함수의 종류와 기능

● 폼과 보고서 관련 매크로 함수

GoToControl	활성화된 폼에서 커서를 특정한 필드나 컨트롤로 이동할 수 있음
GoToPage	현재 폼에서 커서를 지정한 페이지의 첫 번째 컨트롤로 이동할 수 있음
GoToRecord	지정한 레코드로 이동할 수 있음
FindRecord	현재 폼이나 데이터시트에서 지정한 조건에 맞는 레코드를 검색할 수 있음
FindNextRecord	FindRecord 매크로 함수가 찾기 대화 상자에 설정한 조건에 맞는 바로 다음 레코드를 찾아줌
ApplyFilter	필터, 쿼리, SQL WHERE절을 테이블, 폼, 보고서에 적용하여 테이블의 레코드와 폼이나 보고서의 원본이 되는 테이블이나 쿼리의 레코드를 제한하거나 정렬할 수 있음

● 실행 관련 매크로 함수

RunMenuCommand	액세스의 기본 명령을 실행할 수 있음 (메뉴, 도구 모음, 바로 가기 메뉴에 나타나는 것들)
RunCode	Visual Basic의 Function 프로시저(함수 프로시저)를 호출할 수 있음
RunMacro	매크로를 실행할 수 있음
RunSQL	SQL문을 실행할 수 있음
OpenQuery	선택 질의 또는 크로스탭 질의를 데이터시트 보기, 디자인 보기, 인쇄 미리 보기 등으로 열거나 실행 질의를 수행할 수 있음
CancelEvent	이벤트를 취소할 수 있음
QuitAccess	액세스를 종료할 수 있음
StopMacro	현재 실행 중인 매크로를 중지할 수 있음

● 개체 조작 관련 매크로 함수

Requery	개체의 컨트롤 원본을 수정함
SelectObject	데이터베이스 개체를 선택함
OpenForm	폼을 여러 보기 모드로 열기
OpenVisualBasicModule	지정한 Visual Basic 모듈을 디자인 보기 방식으로 연 후 진행 과정을 나타냄
OpenReport	보고서를 디자인 보기 또는 미리 보기 형식으로 열거나 인쇄할 수 있음
MoveAndSizeWindow	현재 활성 창을 이동하거나 크기를 변경함
RestoreWindow	현재 활성 창을 최대화 또는 최소화된 이전 크기로 복원함

● 가져오기/내보내기 관련 매크로 함수

ImportExportData	다른 데이터베이스 파일과의 내보내기, 가져오기 등을 지원함
ImportExportSpreadsheet	스프레드시트 파일과의 내보내기, 가져오기 등을 지원함
ImportExportText	텍스트 파일과의 내보내기, 가져오기 등을 지원함
EmailDatabaseObject	데이터베이스 개체를 전자 메일로 첨부하여 전송함
ExportWithFormatting	지정한 액세스의 개체를 액세스 형식이 아닌 다른 파일 형식으로 저장함 예 데이터베이스 개체를 엑셀(xlsx), 텍스트(txt) 등으로 내보내기함

※ [매크로 디자인]-[표시/숨기기]-[모든 매크로 함수 표시]를 클릭하여 확인해야 한다.

단답형 문제

01 ExportWithFormatting, EMailDatabaseObject, GoToControl, ImportExportData 매크로 함수는 가져오기/내보내기 관련 매크로 함수이다. (ㅇ, ×)

02 액세스의 개체를 엑셀이나 텍스트 형식으로 내보내기를 하려고 한다. 이때 사용할 수 있는 가장 적절한 매크로 함수는 (   )이다.

객관식 문제

03 다음 중 매크로에 대한 설명으로 옳지 않은 것은?
① 매크로는 작업을 자동화하고 폼, 보고서 및 컨트롤에 기능을 추가하는 데 사용되는 도구이다.
② 특정 조건이 참일 때에만 매크로 함수를 실행하도록 설정할 수 있다.
③ 하나의 매크로에는 하나의 매크로 함수만 포함될 수 있다.
④ 매크로를 컨트롤의 이벤트 속성에 포함할 수 있다.

04 다음 중 매크로 함수에 대한 설명으로 옳지 않은 것은?
① FindRecord 함수는 필드, 컨트롤, 속성 등의 값을 설정한다.
② ApplyFilter 함수는 테이블이나 쿼리로부터 레코드를 필터링한다.
③ OpenReport 함수는 작성된 보고서를 호출하여 실행한다.
④ MessageBox 함수는 메시지 상자를 통해 경고나 알림 등의 정보를 표시한다.

05 폼을 디자인 보기나 데이터시트 보기로 열기 위해 사용하는 매크로 함수는?
① RunCommand   ② OpenForm
③ RunMacro   ④ RunSQL

정답 01 × 02 ExportWithFormatting 03 ③
04 ① 05 ②

POINT 64 | VBA를 이용한 모듈 작성

01 이벤트 프로시저

● 데이터의 주요 이벤트

폼이나 컨트롤에서 데이터를 입력, 수정, 삭제하거나 한 레코드에서 다른 레코드로 포커스(커서)가 이동할 때 발생한다.

이벤트	이벤트 속성	발생 시점
AfterUpdate	After Update	컨트롤이나 레코드가 바뀐 데이터로 업데이트된 후에 발생함
BeforeUpdate	Before Update	컨트롤이나 레코드가 바뀐 데이터로 업데이트되기 전에 발생함
Change	On Change	텍스트 상자나 콤보 상자의 입력란 내용이 바뀔 때 발생함
Current	On Current	포커스가 임의의 레코드로 이동되어 그 레코드가 현재 레코드가 되거나 혹은 폼이 새로 고쳐지거나 다시 질의될 때 발생함
Delete	On Delete	레코드를 삭제할 때 발생함(실제로는 삭제되기 전에 발생함)

● 마우스의 주요 이벤트

마우스 단추 클릭 등의 마우스 동작을 통해 발생한다.

이벤트	이벤트 속성	발생 시점
Click	On Click	마우스 왼쪽 단추를 클릭할 때 발생함
DblClick	On DblClick	마우스 왼쪽 단추를 두 번 클릭할 때 발생함
MouseDown	On Mouse Down	마우스 단추를 누를 때 발생함
MouseUp	On Mouse Up	마우스 단추를 눌렀다 놓을 때 발생함

● 창의 주요 이벤트

폼이나 보고서를 열거나 닫을 때나 크기를 조정할 때 발생한다.

이벤트	이벤트 속성	발생 시점
Open	On Open	보고서를 열어서 인쇄하기 전에 발생함
Close	On Close	폼이나 보고서를 닫아서 화면에서 사라질 때 발생함
Load	On Load	폼을 열어서 레코드들이 나타날 때 발생함
Resize	On Resize	폼이나 보고서의 크기를 조정 변경할 때 발생함
Unload	On Unload	폼이나 보고서를 업로드하기 전에 발생함

● 포커스의 주요 이벤트

폼이나 컨트롤이 포커스를 잃거나 얻을 때, 폼이나 보고서가 활성화되거나 비활성화될 때 발생한다.

이벤트	이벤트 속성	발생 시점
LostFocus	On Lost Focus	폼이나 컨트롤이 포커스를 잃을 때 발생함
GotFocus	On Got Focus	컨트롤이나 사용 가능한 컨트롤이 없는 폼이 포커스를 얻을 때 발생함
Activate	On Activate	폼이나 보고서가 활성화 될 때 발생함
Deactivate	On Deactivate	폼이나 보고서의 활성화가 취소될 때 발생함
Enter	On Enter	컨트롤이 처음 포커스를 가질 때 발생함(실제로는 포커스를 받기 전 발생함)
Exit	On Exit	컨트롤이 포커스를 잃었을 때 발생함(실제로는 포커스를 넘겨주기 바로 전에 발생함)

02 주요 액세스 개체

● Application 개체

- Microsoft Access 응용 프로그램을 참조하는 개체로 메서드나 속성 설정을 액세스 응용 프로그램 전체에 적용할 수 있다.
- 주요 속성 및 메서드

DoCmd	DoCmd 개체 및 관련 메서드에 액세스할 수 있음
Name	액세스의 개체 이름을 표시하는 문자열을 지정할 수 있음
Visible	폼, 보고서 등을 보이거나 숨길 수 있음
Run	지정한 액세스나 사용자 정의 함수 또는 Sub 프로시저를 수행할 수 있음

● DoCmd 개체

- Microsoft Access 매크로 함수를 실행할 수 있는 액세스 개체로 창 닫기, 폼 열기, 컨트롤 값 설정 등과 같은 액세스 매크로 함수를 실행한다.
- Visual Basic에서 Microsoft Access 매크로 함수를 실행할 수 있는 액세스 개체이다.
- 주요 메서드

OpenReport	보고서를 디자인 보기 또는 미리 보기로 열거나 인쇄할 때 매크로 함수를 수행함
OpenForm	폼 보기, 폼 디자인 보기, 인쇄 미리 보기, 데이터 시트 보기로 폼을 열어 매크로 함수를 수행함
RunSQL	해당 SQL문을 실행하는 매크로 함수를 수행함
RunCommand	액세스에서 제공하는 기본 명령을 실행하여 매크로 함수를 수행함
RunMacro	• 매크로나 매크로 그룹의 특정 매크로를 실행하는 매크로 함수를 수행함 • 인수에 "매크로그룹이름.매크로이름" 구문을 사용하여 매크로 그룹의 특정 매크로를 실행할 수 있음
OutputTo	지정한 액세스 데이터베이스 개체 데이터를 엑셀(xlsx), 텍스트(txt) 등의 파일로 출력하는 매크로 함수를 수행함
Close	지정한 액세스 창을 닫을 때 매크로 함수를 수행함
Quit	액세스를 종료하는 매크로 함수를 수행함
Requery	지정한 액세스 데이터베이스 개체 데이터를 수정한 후 그 결과를 반영하여 수행함

단답형 문제

01 텍스트 상자나 콤보 상자의 데이터가 변경될 때 실행할 매크로나 함수를 불러들이는 이벤트 속성은 (　　)이다.

객관식 문제

02 다음은 공통점이 있는 이벤트의 속성을 모아 놓은 것이다. 이 중 가장 관련이 적은 것은?
① AfterUpdate　　② On Change
③ BeforeUpdate　　④ On DblClick
On DblClick은 마우스 이벤트에 해당함

03 다음과 같은 이벤트 프로시저에 대한 설명 중 옳지 않은 것은? (단, 단추의 텍스트는 cmd정지로 표시한다.)

```
Private Sub cmd실행_Click( )
    cmd실행.Caption = "동작"
    DoCmd.OpenReport "회원보고서"
    MsgBox cmd실행.Caption & "결과 완료!!"
End Sub
```

① 이름이 'cmd실행'인 컨트롤을 클릭했을 때 이 프로시저가 수행된다.
② 'cmd실행' 컨트롤의 캡션에 "동작"이 표시된다.
③ "회원보고서"라는 보고서가 인쇄된다.
④ "회원보고서 결과 완료!!"라는 내용이 적힌 메시지 창이 나타난다.

04 다음은 score 명령 단추를 클릭하여 Employees 폼을 여는 이벤트 프로시저이다. 다음 중 메서드에 해당되는 것은?

```
Private Sub score_Click( )
    DoCmd.OpenForm "Employees"
End Sub
```

① score_Click　　② DoCmd
③ OpenForm　　④ Sub

정답 01 On Change　02 ④　03 ④　04 ③

POINT 65 | 데이터 접근 개체

01 ADO 개체

ADO(ActiveX Data Objects)란 Visual Basic을 사용해 액세스 데이터베이스 및 이와 관련한 데이터를 만들고 유지하고 관리할 수 있는 개체 모델을 의미한다.
- 데이터베이스와 데이터베이스에 포함된 데이터의 구조를 나타내는 프로그래밍 개체이다.
- OLE DB 공급자를 통해 데이터베이스 서버에 있는 데이터에 액세스하고 이를 조작할 수 있는 응용 프로그램을 작성할 수 있다.
- 데이터베이스에 접근하기 위한 개체로 사용의 용이성, 빠른 속도, 적은 메모리 오버헤드, 적은 디스크 공간을 차지한다.
- 레코드의 수정, 추가, 삭제 등 편집 작업을 할 수 있다.
- ASP를 이용하여 웹 사이트를 개발할 수 있다.

02 Connection 개체

Connection 개체는 데이터 원본에 대해 열려 있는 연결을 나타낸다.
- 개체 변수를 선언할 때는 New 키워드를 함께 선언하여 개체 변수를 선언하면서 개체 인스턴스(개체 집합의 개별적인 요소)를 만들 수 있다.

• 주요 속성

ConnectionString	데이터 원본에 연결을 구성하는 데 사용되는 문자열을 설정함
State	사용할 수 있는 개체의 열림, 닫힘 상태를 알려줌
DefaultDatabase	연결할 기본 데이터베이스를 지정함

• 주요 메서드

Open	연결된 데이터 원본 열기
Close	열려 있는 개체와 관련된 종속 개체를 모두 닫음
Execute	쿼리, SQL문, 저장 프로시저 등을 실행함

※ Close를 사용하여 개체를 닫을 수는 있지만 메모리에서 제거할 수는 없다.

03 RecordSet 개체

RecordSet 개체는 기본 테이블이나 실행된 명령 결과로부터 얻어진 데이터를 임시로 저장해 두는 레코드 집합이다.

• 주요 속성

Active-Connection	지정된 Command, Recordset 개체가 현재 속해 있는 Connection 개체를 나타냄
CursorType	개체에서 사용되는 커서의 형식을 나타냄
LockType	편집하는 동안 레코드에 지정된 잠금 형식을 나타냄
RecordCount	Recordset 개체의 현재 레코드 수를 나타냄
BOF	현재 레코드 위치가 Recordset 개체의 첫 번째 레코드 앞에 오면 True(-1) 반환
EOF	현재 레코드 위치가 Recordset 개체의 마지막 레코드 뒤에 오면 True(-1) 반환
Filter	데이터에 사용할 필터를 나타냄
Sort	정렬할 필드 이름과 정렬 순서를 설정함

• 주요 메서드

Open	Recordset 열기
Close	Recordset 닫기
AddNew	업데이트 가능한 Recordset 개체를 위한 새 레코드를 만듦
Delete	현재 선택된 레코드나 레코드 그룹을 삭제함
Update	Recordset 개체의 변경 사항을 저장함
Find	Recordset에서 정의된 기준에 맞게 레코드를 검색함
Seek	Recordset의 인덱스를 검색하여 지정하는 값과 일치하는 행을 찾고, 현재 행의 위치를 해당 행으로 변경함
Save	레코드셋을 파일에 저장함

단답형 문제

01 ADO 개체는 데이터베이스에 접근하기 위한 개체로 사용은 비교적 쉽지만 속도가 느리다. (○, ×)

객관식 문제

02 다음 중 Connection 개체와 관련된 메서드나 속성에 해당하지 않는 것은?
① Open : 데이터 원본에 대한 연결을 설정한다.
② Execute : 지정된 쿼리, SQL 구문 등을 실행한다.
③ AddNew : 새 레코드를 만든다.
④ ConnectionString : 데이터 원본을 연결할 때 사용되는 정보를 나타낸다.

AddNew는 Recordset 개체의 메서드임

03 다음 중 현재 레코드에 대한 내용을 수정하는 Recordset 개체의 메서드로 옳은 것은?
① AddNew
② Delete
③ Update
④ Insert

04 다음 중 인덱싱된 테이블 형식 Recordset 개체에서 현재 인덱스에 지정한 조건에 맞는 레코드를 검색하여 현재 레코드로 설정하는 Recordset 객체의 메서드는?
① Seek
② Move
③ Find
④ Search

정답 01 × 02 ③ 03 ③ 04 ①

이기적과 함께 또, 기적
또, 합격

이기적 강의는
무조건 0원!

이기적 영진닷컴

공부하다가
궁금한 사항은?

이기적 스터디 카페

시험 환경 100% 재현!
CBT 온라인 문제집

CBT 온라인 문제집 이용 가이드

- **STEP 1** CBT 사이트 (cbt.youngjin.com) 접속하기
- **STEP 2** 과목을 선택하고 시작하기 버튼 클릭하기
- **STEP 3** 시간에 맞춰 문제 풀고 합격 여부 확인하기
- **STEP 4** 로그인하면 MY 페이지에서 응시 결과 확인 가능

이기적 CBT

한번에 합격, 자격증은 이기적

이기적 스터디 카페

합격 전담 마크! 추가 자료부터
1:1 Q&A까지 다양한 혜택 받기

365 이벤트

매일 쏟아지는 이벤트!
기출 복원, 리뷰, 합격 후기, 정오표

100% 무료 강의

핵심만 쏙쏙 설명하는
합격 강의 100% 무료

CBT 온라인 문제집

연습도 실전처럼!
PC와 모바일로 언제든지 시험 연습

이기적 스터디 카페
홈페이지 : license.youngjin.com
질문/답변 : cafe.naver.com/yjbooks

이기적 유튜브 채널
@ydot0789 채널을 구독해 주세요!
15만 구독자와 약 10,000개의 동영상으로 합격을 준비하세요!

이기적 카카오톡 플러스친구
@이기적 친구를 추가해 주세요!
합격을 부르는 소식, 카톡으로 먼저 받아보고 혜택을 챙기세요!

이렇게 기막힌 적중률

절대족보

컴퓨터활용능력 1급 필기
2권·기출문제

홍태성, 영진정보연구소 공저

26
·2026년 수험서·
수험서 22,000원

핵심이론+기출문제+무료 강의로 초단기 합격

- 100% 무료 강의   고퀄리티 저자 직강
- CBT 온라인 문제집   시험 환경 완벽 재현
- 또기적 합격자료집   구매자 한정 특별 제공

ISBN 978-89-314-7963-8

영진닷컴

이기적 유튜브 채널

유튜브에서 **이기적 영진닷컴**을 검색해보세요!

정보처리기능사 실기 기본서 **프로그래밍 언어 활용** ▶ 무료	
교재 연계 동영상 강의	저자 직강 무료 강의

시험 관련 특별 강의	그 밖의 다양한 콘텐츠

구독자 수 약 15만 명

업로드 영상 약 9천 개

이기적 영진닷컴
@ydot0789
구독자 14.4만명 · 동영상 9천개

컴퓨터활용능력, 정보처리기사 등 다양한 수험서 및 실용서를 출간하고 있는 영진닷컴의 "이기적 수험서 공식 채널"입니다. ...더보기

license.youngjin.com 외 링크 7개

누적 조회수 약 5500만 회

이기적 영진닷컴

이렇게 기막힌 적중률

컴퓨터활용능력
1급 필기 절대족보
2권 · 기출문제

"이" 한 권으로 합격의 "기적"을 경험하세요!

차례

2권 손에 잡히는 기출문제

공부한 날짜

자주 출제되는 기출문제 120선

- 1과목 컴퓨터 일반 ·· 2-4   __월 __일
- 2과목 스프레드시트 일반 ································ 2-16   __월 __일
- 3과목 데이터베이스 일반 ································ 2-30   __월 __일

상시 기출문제

2025년 상시 기출문제 01회	2-42	__월 __일
2025년 상시 기출문제 02회	2-52	__월 __일
2025년 상시 기출문제 03회	2-63	__월 __일
2025년 상시 기출문제 04회	2-73	__월 __일
2025년 상시 기출문제 05회	2-83	__월 __일
2024년 상시 기출문제 01회	2-94	__월 __일
2024년 상시 기출문제 02회	2-104	__월 __일
2024년 상시 기출문제 03회	2-114	__월 __일
2024년 상시 기출문제 04회	2-124	__월 __일
2024년 상시 기출문제 05회	2-134	__월 __일
2023년 상시 기출문제 01회	2-145	__월 __일
2023년 상시 기출문제 02회	2-155	__월 __일
2023년 상시 기출문제 03회	2-166	__월 __일
2023년 상시 기출문제 04회	2-177	__월 __일
2023년 상시 기출문제 05회	2-187	__월 __일

정답 & 해설 ·· 2-198

PDF 또기적 합격자료집

시험장 스케치 & 스터디 플래너
시험장까지 함께 가는 핵심요약
2022년 상시 기출문제 01~05회
빈출 기출지문 OX 퀴즈(Excel 파일)

참여 방법

'이기적 스터디 카페' 검색 → 이기적 스터디카페(cafe.naver.com/yjbooks) 접속 → '구매 인증 PDF 증정' 게시판 → 구매 인증 → 메일로 자료 받기

자주 출제되는 기출문제 120선

- 1과목 컴퓨터 일반 ········· 2-4
- 2과목 스프레드시트 일반 ········· 2-16
- 3과목 데이터베이스 일반 ········· 2-30

CBT 온라인 문제집
시험장과 동일한 환경에서
문제 풀이 서비스

▶▶

❶ QR 코드 스캔(PC는 홈페이지 접속)
❷ 랜덤 모의고사 무료 응시
❸ 풀이 후 자동 채점
❹ 해설 즉시 확인 가능

자주 출제되는 기출문제 120선

과목 01 컴퓨터 일반

001 운영체제의 목적 (성능 평가 요소)

처리 능력 (Throughput)	시스템의 생산성을 나타내는 단위로, 일정 시간 동안 처리하는 일의 양
응답 시간 (Turnaround Time)	작업 의뢰 후 시스템에서 결과가 얻어질 때까지의 시간
신뢰도 (Reliability)	주어진 문제를 얼마나 정확하게 처리하는가의 정도
사용 가능도 (Availability)	시스템을 얼마나 빠르게 사용할 수 있는가의 정도

11년 10월
01 다음 중 컴퓨터에서 사용하는 운영체제의 목적으로 옳지 <u>않은</u> 것은?
① 처리 능력(Throughput) 증가
② 반환 시간(Turnaround Time) 증가
③ 신뢰도(Reliability) 증가
④ 사용 가능도(Availability) 증가

18년 3월, 13년 6월
02 운영체제는 사용자 편의성과 시스템 생산성을 높이기 위한 프로그램이다. 다음 중 운영체제의 목적으로 가장 거리가 <u>먼</u> 것은?
① 처리 능력 증대
② 신뢰도 향상
③ 응답 시간 단축
④ 파일 전송

> **기적의 TIP**
> 성능 평가 요소 중 응답 시간은 짧은 것이 운영 체제의 목적입니다. 따라서 반환 시간 증가, 응답 시간의 최대화 등에 주의하시면 됩니다.

002 바로 가기(Shortcut Key)

F2	선택한 항목 이름 바꾸기
F3	파일 탐색기에서 파일 또는 폴더 검색
F4	파일 탐색기의 주소 표시줄 목록 표시
F5	활성 창 새로 고침
F6	창이나 바탕 화면의 화면 요소들을 순환
F10	활성 앱의 메뉴 모음 활성화
Alt + F4	활성 항목을 닫거나 활성 앱을 종료
Alt + Tab	열려 있는 앱 간 전환
Alt + Esc	항목을 열린 순서대로 선택
Alt + Enter	선택한 항목의 속성 창을 표시
Ctrl + Esc	시작 화면 열기
Ctrl + Shift + Esc	작업 관리자 열기
Shift + F10	선택한 항목에 대한 바로 가기 메뉴 표시
Shift + Delete	휴지통에 버리지 않고 바로 삭제
⊞	시작 화면 열기 또는 닫기
⊞ + Pause	시스템 속성 대화상자 표시
⊞ + L	PC를 잠그거나 계정을 전환
⊞ + D	바탕 화면 표시 및 숨김
⊞ + T	작업 표시줄의 앱을 순환
⊞ + R	실행 대화상자 열기
⊞ + E	파일 탐색기 열기
Ctrl + F	파일 또는 폴더 검색

12년 3월

03 다음 중 한글 Windows에서 사용하는 바로 가기 키에 관한 설명으로 옳지 <u>않은</u> 것은?

① [Alt]+[Enter] : 선택된 개체의 속성 창을 표시한다.
② [Shift]+[F10] : 선택한 항목에 대한 바로 가기 메뉴를 표시한다.
③ [Ctrl]+[Tab] : 실행 중인 여러 프로그램에서 활성화 전환을 한다.
④ [Ctrl]+[Esc] : 시작 화면을 표시한다.

15년 6월, 11년 10월

04 다음 중 Windows에서 사용하는 바로 가기 키에 대한 설명으로 옳지 <u>않은</u> 것은?

① [⊞]+[L] : 컴퓨터 잠금
② [⊞]+[R] : 실행 대화상자 열기
③ [⊞]+[Pause] : 설정의 [시스템] 정보 표시
④ [⊞]+[E] : 장치 및 프린터 추가

> **기적의 TIP**
> Windows 로고 키()에 대한 바로 가기 키의 꾸준한 출제가 예상됩니다. 실습을 통해 각 기능에 대해 반드시 익혀 두시기 바랍니다.

12년 9월

05 다음 중 휴지통에 대한 설명으로 옳지 <u>않은</u> 것은?

① 플로피 디스크, USB 메모리, 네트워크상에서 삭제된 경우는 휴지통에 보관되지 않고 영구적으로 삭제된다.
② 하드디스크가 분할되어 있거나 컴퓨터에 여러 개의 하드디스크를 가지고 있는 경우 각 휴지통의 크기를 다르게 지정할 수 있다.
③ 휴지통 내에 보관된 파일은 바로 사용할 수 없다.
④ [Shift]+[Delete]로 파일을 삭제하면 해당하는 파일이 휴지통에 일시적으로 저장되어 복원시킬 수 있다.

15년 10월

06 다음 중 Windows에서 사용하는 [휴지통]에 대한 설명으로 옳지 <u>않은</u> 것은?

① [명령 프롬프트] 창에서 삭제한 파일은 휴지통과 관계없이 영구히 삭제된다.
② 휴지통의 크기는 각각의 드라이브마다 다르게 지정할 수 있다.
③ USB 드라이브에서 삭제한 파일은 휴지통에서 복원 메뉴로 복원할 수 있다.
④ 휴지통의 최대 크기는 [휴지통 속성] 창에서 변경할 수 있다.

> **기적의 TIP**
> 휴지통의 기능과 특징, 휴지통에 보관되지 않고 완전히 삭제되는 경우에 대해 잘 기억해 두시기 바랍니다.

---

003 휴지통

- 작업 도중 삭제된 자료들이 임시로 보관되는 장소로, 필요한 경우 복원이 가능함
- 각 드라이브마다 따로 설정이 가능
- 복원시킬 경우, 경로 지정을 하지 않아도 자동으로 원래 위치로 복원
- 휴지통 내에서의 데이터 실행 작업은 불가능
- **휴지통에 보관되지 않고 완전히 삭제되는 경우**
  - 플로피 디스크나 USB 메모리, DOS 모드, 네트워크 드라이브에서 삭제한 경우
  - 휴지통 비우기를 한 경우
  - [Shift]+[Delete]로 삭제한 경우
  - [휴지통 속성]의 [파일을 휴지통에 버리지 않고 삭제할 때 바로 제거]를 선택한 경우
  - 바로 가기 메뉴에서 [Shift]를 누른 채 [삭제]를 선택한 경우
  - 같은 이름의 항목을 복사/이동 작업으로 덮어 쓴 경우

004 설정

- **사용자 계정**

계정 유형	기능
관리자 계정	• 컴퓨터에 대한 제어 권한이 가장 많으며 소프트웨어 및 하드웨어를 설치함 • 모든 파일에 액세스할 수 있으며 다른 사용자 계정도 변경 가능함
표준 계정	• 컴퓨터에 설치된 대부분의 프로그램을 사용할 수 있고 사용자 계정에 영향을 주는 설정을 변경할 수 있음 • 일부 소프트웨어 및 하드웨어를 설치 또는 제거할 수 없고, 컴퓨터 작동에 필요한 파일은 삭제할 수 없음 • 다른 사용자나 컴퓨터 보안에 영향을 주는 설정은 변경할 수 없음

- **시스템 정보**
  - 실행 방법 : [설정]-[시스템]-[정보]를 클릭함. ⊞+X, Y
  - [정보] : PC가 모니터링되고 보호되는 상황(바이러스 및 위협 방지, 방화벽 및 네트워크 보호, 웹 및 브라우저 컨트롤, 계정 보호, 장치 보안 등)에 대해 알 수 있음
  - [장치 사양] : 디바이스 이름, 프로세서(CPU), 설치된 RAM, 장치 ID, 제품 ID, 시스템 종류(32/64비트 운영 체제), 펜 및 터치 등에 대해 알 수 있음
  - [이 PC의 이름 바꾸기] : 현재 설정되어 있는 PC의 이름을 변경할 수 있으며, 변경 후 시스템을 다시 시작해야 완전히 변경됨
  - [Windows 사양] : 에디션, 버전, 설치 날짜, OS 빌드, 경험 등을 알 수 있음
  - [제품 키 변경 또는 Windows 버전 업그레이드] : 정품 인증 및 제품 키 업데이트(제품 키 변경), Microsoft 계정 추가를 할 수 있음

15년 3월
07 다음 중 Windows에서 [사용자 계정]에 관한 설명으로 옳지 않은 것은?

① 관리자 계정은 모든 파일에 접근이 가능하다.
② 관리자 계정은 다른 사용자 계정을 변경할 수 있다.
③ 표준 사용자 계정에서 컴퓨터 작동에 필요한 파일은 삭제할 수 없다.
④ 표준 사용자 계정은 소프트웨어나 하드웨어 설치 및 보안 설정 등을 수행할 수 있다.

> 관리자 계정에서 소프트웨어나 하드웨어 설치 및 보안 설정 등을 수행할 수 있음

21년 상시, 15년 3월
08 다음 중 Windows에서 [설정]의 [시스템]-[정보]에 대한 설명으로 옳지 않은 것은?

① Windows의 버전과 CPU의 종류, RAM의 크기를 직접 변경할 수 있다.
② 현재 설정되어 있는 PC의 이름을 변경할 수 있다.
③ 컴퓨터 시스템의 종류와 제품 ID를 확인할 수 있다.
④ Windows의 정품 인증을 받을 수 있다.

> Windows의 버전과 CPU의 종류, RAM의 크기를 알 수는 있지만 직접 변경할 수는 없음

기적의 TIP

설정의 계정, 디스플레이, 시스템 정보 등은 자주 출제되는 항목이므로 기능과 특징에 대해 잘 숙지해 두셔야 합니다.

005 네트워크 명령어

- ⊞+R [실행]에서 『CMD』를 입력하여 실행
- 명령어는 대·소문자 상관없이 사용할 수 있음

명령	기능
ipconfig	사용자 자신의 컴퓨터 IP 주소를 확인하는 명령
ping	네트워크의 현재 상태나 다른 컴퓨터의 네트워크 접속 여부를 확인하는 명령
tracert	네트워크에 연결된 컴퓨터의 경로(라우팅 경로)를 추적할 때 사용하는 명령

16년 6월, 12년 6월
09 다음 중 네트워크와 관련하여 Ping 서비스에 대한 설명으로 옳은 것은?

① 인터넷의 기원, 구성, 사용 가능한 인터넷 서비스 등 기초적인 정보를 제공하는 서비스이다.
② 웹 브라우저와 웹 서버 사이의 정보 전달을 위한 인터페이스를 제공해 주는 서비스이다.
③ DNS가 가지고 있는 특정 도메인의 IP 주소를 검색해 주는 서비스이다.
④ 지정된 호스트에 대해 네트워크층의 통신이 가능한지의 여부를 확인하는 서비스이다.

23년 상시, 16년 10월, 13년 6월

10 다음 중 인터넷 서버까지의 경로를 추적하는 명령어인 'Tracert'의 실행 결과에 관한 설명으로 옳지 <u>않은</u> 것은?

① IP 주소, 목적지까지 거치는 경로의 수, 각 구간 사이의 데이터 왕복 속도를 확인할 수 있다.
② 특정 사이트가 열리지 않을 때 해당 서버가 문제인지 인터넷망이 문제인지 확인할 수 있다.
③ 인터넷 속도가 느릴 때 어느 구간에서 정체를 일으키는지 확인할 수 있다.
④ 현재 자신의 컴퓨터에 연결된 다른 컴퓨터의 IP 주소나 포트 정보를 확인할 수 있다.

> arp나 netstat 명령어를 이용하여 현재 자신의 컴퓨터에 연결된 다른 컴퓨터의 IP 주소나 포트 정보를 확인할 수 있음

기적의 TIP

네트워크 명령들의 기능을 묻는 문제가 자주 출제되므로 명령 프롬프트 창을 통한 실습으로 각 기능에 대해 잘 이해하고 숙지해 두셔야 합니다.

21년 상시, 14년 3월

11 다음 중 컴퓨터에서 데이터를 표현하기 위한 코드에 관한 설명으로 옳지 <u>않은</u> 것은?

① EBCDIC 코드는 4개의 Zone 비트와 4개의 Digit 비트로 구성되며, 256개의 문자를 표현할 수 있다.
② 표준 BCD 코드는 2개의 Zone 비트와 4개의 Digit 비트로 구성되며, 영문 대문자와 소문자를 포함하여 64개의 문자를 표현할 수 있다.
③ 해밍 코드(Hamming Code)는 잘못된 정보를 체크하고 오류를 검출하여 다시 교정할 수 있는 코드이다.
④ 유니코드는(Unicode)는 전 세계의 모든 문자를 2바이트로 표현하는 국제 표준 코드이다.

16년 10월, 12년 3월

12 다음 중 컴퓨터에서 문자를 표현하는 코드 체계에 대한 설명으로 옳지 <u>않은</u> 것은?

① BCD 코드 : 64가지의 문자를 표현할 수 있으나 영문 소문자는 표현 불가능하다.
② Unicode : 세계 각국의 언어를 4바이트 체계로 통일한 국제 표준 코드이다.
③ ASCII 코드 : 128가지의 문자를 표현할 수 있으며, 주로 데이터 통신용이나 PC에서 많이 사용된다.
④ EBCDIC 코드 : BCD 코드를 확장한 코드 체계로 256가지의 문자를 표현할 수 있다.

기적의 TIP

문자 표현 코드는 매우 잘 출제되는 문제입니다. 코드별 기능과 특징에 대해 잘 기억해 두시기 바랍니다.

---

006 문자 표현 코드

BCD 코드 (2진화 10진)	• Zone은 2비트, Digit는 4비트로 구성됨 • 6비트로 2^6=64가지의 문자 표현이 가능함 • 영문자의 대소문자를 구별하지 못함
ASCII 코드 (미국 표준)	• Zone은 3비트, Digit는 4비트로 구성됨 • 7비트로 2^7=128가지의 표현이 가능함 • 일반 PC용 컴퓨터 및 데이터 통신용 코드 • 대소문자 구별이 가능함 • 확장 ASCII 코드는 8비트를 사용하여 256가지의 문자를 표현함
EBCDIC 코드 (확장 2진화 10진)	• Zone은 4비트, Digit는 4비트로 구성됨 • 8비트로 2^8=256가지의 표현이 가능함 • 확장된 BCD 코드로 대형 컴퓨터에서 사용되는 범용 코드
유니코드 (Unicode)	• 2바이트 코드로 세계 각 나라의 언어를 표현할 수 있는 국제 표준 코드 • 한글의 경우 조합, 완성, 옛 글자 모두 표현 가능함 • 16비트이므로 2^{16}인 65,536자까지 표현 가능함

※ 해밍 코드(Hamming Code) : 에러 검출과 교정이 가능한 코드로, 최대 2비트까지 에러를 검출하고 1비트의 에러 교정이 가능한 방식

007 제어 장치

구성 장치	기능
프로그램 카운터 (Program Counter)	다음에 수행할 명령어의 번지(주소)를 기억하는 레지스터
명령 해독기 (Instruction Decoder)	수행해야 할 명령어를 해석하여 부호기로 전달하는 회로
번지 해독기 (Address Decoder)	명령 레지스터로부터 보내온 번지(주소)를 해석하는 회로
부호기(Encoder)	명령 해독기에서 전송된 명령어를 제어에 필요한 신호로 변환하는 회로
명령 레지스터 (IR : Instruction Register)	현재 수행 중인 명령어를 기억하는 레지스터
번지 레지스터(MAR : Memory Address Register)	주소를 기억하는 레지스터
기억 레지스터(MBR : Memory Buffer Register)	내용(자료)을 기억하는 레지스터

13년 10월, 11년 3월

13 다음 중 프로그램 수행에 있어서 다음 순서에 실행할 명령어의 주소를 저장하는 레지스터는?

① 주소 레지스터(MAR)
② 프로그램 카운터(PC)
③ 명령어 레지스터(IR)
④ 버퍼 레지스터(MBR)

17년 3월

14 다음 중 컴퓨터의 제어 장치에 있는 레지스터에 관한 설명으로 옳지 않은 것은?

① 다음 번에 실행할 명령어의 번지를 기억하는 프로그램 계수기(PC)가 있다.
② 현재 실행 중인 명령어를 기억하는 명령 레지스터(IR)가 있다.
③ 명령 레지스터에 있는 명령어를 해독하는 명령 해독기(Decoder)가 있다.
④ 해독된 데이터의 음수 부호를 검사하는 부호기(Encoder)가 있다.

🅕 **기적의 TIP**

제어 장치와 연산 장치의 구성 장치에 대한 구분과 기능에 관해 묻는 문제가 자주 출제됩니다. 장치별 기능을 반드시 암기해 두셔야 합니다.

008 연산 장치

구성 장치	기능
가산기(Adder)	2진수 덧셈을 수행하는 회로
보수기(Complementer)	뺄셈을 수행하기 위하여 입력된 값을 보수로 변환하는 회로
누산기(ACCumulator)	중간 연산 결과를 일시적으로 기억하는 레지스터
데이터 레지스터 (Data Register)	연산한 데이터를 기억하는 레지스터
프로그램 상태 워드(PSW : Program Status Word)	명령어 실행 중에 발생하는 CPU의 상태 정보를 저장하는 상태 레지스터(Status Register)

25년 상시, 22년 상시, 12년 3월

15 다음 중 컴퓨터의 연산 장치에 관한 설명으로 옳지 않은 것은?

① 연산 장치가 수행하는 연산에는 산술, 논리, 관계, 이동(Shift) 연산 등이 있다.
② 연산 장치에는 뺄셈을 수행하기 위하여 입력된 값을 보수로 변환하는 보수기(Complementer)와 2진수 덧셈을 수행하는 가산기(Adder)가 있다.
③ 누산기(Accmulator)는 연산된 결과를 일시적으로 저장하는 레지스터이다.
④ 연산 장치에는 다음번 연산에 필요한 명령어의 번지를 기억하는 프로그램 카운터(Program Counter)를 포함한다.

24년 상시, 13년 3월

16 다음 중 CPU가 프로그램의 명령어를 수행하는 중에 산술 및 논리 연산의 결과를 일시적으로 저장하는 레지스터로 옳은 것은?

① 주소 레지스터(MAR)
② 누산기(AC)
③ 명령어 레지스터(IR)
④ 프로그램 카운터(PC)

🅕 **기적의 TIP**

연산 장치의 기능과 역할에 관해 묻는 문제가 자주 출제됩니다. 장치별 기능을 반드시 암기해 두셔야 합니다.

009 주기억 장치

- **ROM(Read Only Memory)**
  - 한 번 기록한 정보에 대해 오직 읽기만을 허용하도록 설계된 비휘발성 기억 장치
  - 수정이 필요 없는 기본 입출력 프로그램이나 글꼴 등의 펌웨어(Firmware)를 저장
- **RAM(Random Access Memory)**
  - 실행 중인 프로그램이나 데이터를 저장하며, 자유롭게 읽고 쓰기가 가능한 주기억 장치
  - 전원이 공급되지 않으면 기억된 내용이 사라지는 휘발성(소멸성) 메모리

종류	특징
SRAM (Static RAM)	• 정적인 램으로, 전원이 공급되는 한 내용이 그대로 유지됨 • 가격이 비싸고, 용량이 적으나 속도가 빨라 캐시(Cache) 메모리 등에 이용됨
DRAM (Dynamic RAM)	• 구조는 단순하지만 가격이 저렴하고 집적도가 높아 PC의 메모리로 이용됨 • 일정 시간이 지나면 전하가 방전되므로 재충전(Refresh) 시간이 필요함

15년 3월/10월

17 다음 중 RAM(Random Access Memory)에 대한 설명으로 옳은 것은?

① 주로 펌웨어(Firmware)를 저장한다.
② 주기적으로 재충전(Refresh)이 필요한 DRAM은 주기억 장치로 사용된다.
③ 전원이 꺼져도 기억된 내용이 사라지지 않는 비휘발성 메모리로 읽기만 가능하다.
④ 컴퓨터의 기본적인 입출력 프로그램, 자가진단 프로그램 등이 저장되어 있어 부팅 시 실행된다.

25년 상시, 17년 3월

18 다음 중 컴퓨터의 내부 기억 장치에 관한 설명으로 옳은 것은?

① RAM은 일시적으로 전원 공급이 없더라도 내용은 계속 기억된다.
② SRAM이 DRAM보다 접근 속도가 느리다.
③ 주기억 장치의 접근 속도 개선을 위하여 가상 메모리가 사용된다.
④ ROM에는 BIOS, 기본 글꼴, POST 시스템 등이 저장되어 있다.

기적의 TIP

주기억 장치인 ROM과 RAM은 매우 중요합니다. 각 장치별 특징과 역할, 종류에 대해 반드시 이해하고 암기해 두셔야 합니다.

010 기타 기억 장치

- **캐시 메모리(Cache Memory)**
  - 휘발성 메모리로, 속도가 빠른 CPU와 상대적으로 속도가 느린 주기억 장치 사이에 있는 고속의 버퍼 메모리
  - 자주 참조되는 데이터나 프로그램을 메모리에 저장
  - 컴퓨터의 처리 속도를 향상시켜 메모리 접근 시간을 감소시키는 데 목적이 있음
  - 캐시 메모리는 SRAM 등이 사용되며, 주기억 장치보다 소용량으로 구성
- **버퍼 메모리(Buffer Memory)**
  - 읽거나 기록한 데이터를 일시적으로 기억할 수 있는 메모리
  - 두 개의 장치 사이에 위치하여 두 개의 장치가 데이터를 주고받을 때 생기는 속도 차이를 해결하기 위하여 중간에 데이터를 임시로 저장해 두는 공간
- **연관 메모리(Associative Memory)**
  - 저장된 내용의 일부를 이용하여 기억 장치에 접근하여 데이터를 읽어오는 기억 장치
  - 캐시 메모리에서 특정 내용을 찾는 방식 중 매핑 방식에 주로 사용됨
  - CAM(Content Addressable Memory)이라고도 함
  - 메모리에 기억된 정보를 찾는데 저장된 내용에 의하여 접근함(병렬 탐색 가능)
- **가상 메모리(Virtual Memory)**
  - 보조 기억 장치의 일부, 즉 하드디스크의 일부를 주기억 장치처럼 사용하는 메모리 사용 기법으로, 기억 장소를 주기억 장치의 용량으로 제한하지 않고, 보조 기억 장치까지 확대하여 사용함
  - 주기억 장치보다 큰 프로그램을 로드하여 실행할 경우에 유용함
  - 기억 공간의 확대에 목적이 있음(처리 속도 향상 아님)
  - 가상 기억 장치로는 임의 접근이 가능한 자기 디스크를 많이 사용함

10년 6월

19 다음 중 컴퓨터의 기억 장치에 관한 설명으로 옳지 않은 것은?

① 캐시 메모리(Cache Memory)는 CPU와 주기억 장치 사이에 위치하여 컴퓨터의 처리 속도를 향상 시키는 역할을 하며 주로 동적 램(DRAM)을 사용한다.
② 가상 메모리(Virtual Memory)는 하드디스크의 일부를 주기억 장치처럼 사용하는 것으로 주기억 장치보다 큰 프로그램을 실행시킬 수 있다.
③ 버퍼 메모리(Buffer)는 두 개의 장치가 데이터를 주고받을 때 생기는 속도 차이를 해결하기 위하여 중간에 데이터를 임시로 저장해 두는 공간이다.
④ 연관 메모리(Associative Memory)는 저장된 내용의 일부를 이용하여 기억 장치에 접근하여 데이터를 읽어 오는 기억 장치이다.

22년 상시, 16년 6월, 12년 3월

20 다음 중 컴퓨터에서 사용하는 기억 장치에 관한 설명으로 옳지 않은 것은?

① 플래시(Flash) 메모리는 비휘발성 기억 장치로 주로 디지털 카메라나 MP3, 개인용 정보 단말기, USB 드라이브 등 휴대형 기기에서 대용량 정보를 저장하는 용도로 사용된다.
② 하드디스크 인터페이스 방식은 EIDE, SATA, SCSI 방식 등이 있다.
③ 캐시(Cache) 메모리는 CPU와 주기억 장치 사이에 위치하여 두 장치 간의 속도 차이를 줄여 컴퓨터의 처리 속도를 빠르게 하기 위한 메모리이다.
④ 연관(Associative) 메모리는 보조 기억 장치를 마치 주기억 장치와 같이 사용하여 실제 주기억 장치 용량보다 기억 용량을 확대하여 사용하는 방법이다.

> **기적의 TIP**
> 각 장치의 기능에 대한 개념을 파악하고 특징과 쓰임새에 대해 반드시 숙지하여 장치의 역할을 혼동하지 않게 정리해 두셔야 합니다. 특히, 캐시 메모리는 자주 출제되는 내용이므로 주의하셔야 됩니다.

011 USB(Universal Serial Bus) 포트

- 허브(Hub)를 사용하면 최대 127개의 주변기기 연결이 가능하며, 기존의 직렬, 병렬, PS/2포트 등을 하나의 포트로 대체하기 위한 범용 직렬 버스 장치
- 직렬 포트나 병렬 포트보다 빠른 속도로 데이터를 전송함
- 핫 플러그 인, 플러그 앤 플레이를 지원함
- USB 1.0에서는 1.5Mbps, USB 1.1에서는 최대 12Mbps, USB 2.0에서는 최대 480Mbps, USB 3.0에서는 최대 5Gbps, USB 3.1에서는 최대 10Gbps로 빨라짐
- USB 2.0의 포트 색깔은 검정색 또는 흰색이며 USB 3.0의 포트 색깔은 파랑색임

14년 10월

21 다음 중 Windows에서 사용하는 USB(Universal Serial Bus)에 대한 설명으로 옳은 것은?

① USB는 범용 병렬 장치를 연결할 수 있게 해 주는 컴퓨터 인터페이스이다.
② 핫 플러그인(Hot Plug In) 기능은 지원하지 않으나 플러그 앤 플레이(Plug & Play) 기능은 지원한다.
③ USB 3.0은 이론적으로 최대 5Gbps의 전송 속도를 가지며, PC 및 연결기기, 케이블 등의 모든 USB 3.0 단자는 파란색으로 되어 있어 이전 버전과 구분이 된다.
④ 허브를 이용하여 하나의 USB 포트에 여러 개의 주변기기를 연결할 수 있으며, 최대 256개까지 연결할 수 있다.

16년 6월

22 다음 중 USB 규격의 버전별 최대 데이터 전송 속도로 옳지 않은 것은?

① USB 1.1 : 12Mbps
② USB 2.0 : 480Mbps
③ USB 3.0 : 1Gbps
④ USB 3.1 : 10Gbps

> **기적의 TIP**
> USB의 기능에 대한 이해와 최대 연결 기기 수와 버전별 속도에 대한 정확한 암기가 필요합니다.

012 저작권에 따른 소프트웨어의 구분

상용 소프트웨어 (Commercial Software)	정식 대가를 지불하고 사용하는 프로그램으로 해당 프로그램의 모든 기능을 사용할 수 있음
공개 소프트웨어 (Freeware)	개발자가 무료로 자유로운 사용을 허용한 소프트웨어
셰어웨어 (Shareware)	정식 프로그램의 구매를 유도하기 위해 기능이나 사용 기간에 제한을 두어 무료로 배포하는 프로그램
에드웨어 (Adware)	광고가 소프트웨어에 포함되어 이를 보는 조건으로 무료로 사용할 수 있는 소프트웨어
데모 버전 (Demo Version)	정식 프로그램의 기능을 홍보하기 위해 사용 기간이나 기능을 제한하여 배포하는 프로그램
트라이얼 버전 (Trial Version)	상용 소프트웨어를 일정 기간 동안 사용해 볼 수 있는 체험판 소프트웨어
알파 버전 (Alpha Version)	베타 테스트를 하기 전에 제작 회사 내에서 테스트할 목적으로 제작하는 프로그램
베타 버전 (Beta Version)	정식 프로그램을 발표하기 전에 테스트를 목적으로 일반인에게 공개하는 프로그램
패치 프로그램 (Patch Program)	이미 제작하여 배포된 프로그램의 오류 수정이나 성능 향상을 위하여 프로그램 일부를 변경해 주는 프로그램
번들 프로그램 (Bundle Program)	특정한 하드웨어나 소프트웨어를 구매하였을 때 끼워주는 소프트웨어

21년 상시, 15년 6월

23 다음 중 소프트웨어의 사용권에 따른 분류에 대한 설명으로 옳지 않은 것은?

① 애드웨어 : 배너 광고를 보는 대가로 무료로 사용하는 소프트웨어이다.
② 셰어웨어 : 정식 버전이 출시되기 전에 프로그램에 대한 일반인의 평가를 받기 위해 제작된 소프트웨어이다.
③ 번들 : 특정한 하드웨어나 소프트웨어를 구매하였을 때 포함하여 주는 소프트웨어이다.
④ 프리웨어 : 돈을 내지 않고도 사용 가능하고 다른 사람에게 전달해 줄 수 있는 소프트웨어이다.

23년 상시, 16년 3월, 13년 10월

24 다음 중 컴퓨터 소프트웨어 개발 과정에서 제작되는 알파(Alpha) 버전에 관한 설명으로 옳은 것은?

① 정식 프로그램의 기능을 홍보하기 위해 기능 및 기간을 제한하여 배포하는 프로그램이다.
② 베타 테스트를 하기 전에 제작 회사 내에서 테스트할 목적으로 제작된 프로그램이다.
③ 정식 버전을 출시하기 전에 테스트 목적으로 일반인에게 공개하는 프로그램이다.
④ 오류 수정이나 성능 향상을 위해 이미 배포된 프로그램의 일부를 변경해 주는 프로그램이다.

기적의 TIP

저작권에 따른 소프트웨어는 영어 단어가 갖는 의미대로 소프트웨어의 목적과 특징을 유추하면 쉽게 이해하고 암기하실 수 있습니다. 특히, 셰어웨어(Shareware)가 자주 출제되고 있는 점에 유의하시면 됩니다.

013 웹 프로그래밍 언어

자바(Java)	• 자바의 원시 코드를 고쳐 쓰거나 재컴파일 할 필요가 없기 때문에 기종이나 운영체제와 무관한 응용 프로그램의 개발 도구로 각광받고 있음 • 멀티스레드를 지원하고 각각의 스레드는 독립적으로 동시에 서로 다른 일을 처리함 • 특정 컴퓨터 구조와 무관한 가상 바이트 머신 코드를 사용하므로 플랫폼이 독립적임 • 바이트 머신 코드를 생성함
ASP (Active Server Page)	• Windows 환경에서 동적인 웹 페이지를 제작할 수 있는 스크립트 언어 • HTML 문서에 명령어를 삽입하여 사용하며, 자바스크립트와는 달리 서버 측에서 실행됨
PHP (Professional Hypertext Preprocessor)	웹 서버에서 작동하는 스크립트 언어로, UNIX, Linux, Windows 등의 환경에서 작동함
JSP (Java Server Page)	ASP, PHP와 동일하게 웹 서버에서 작동하는 스크립트 언어

23년 상시, 13년 3월

25 다음 중 Java 언어에 대한 설명으로 옳지 <u>않은</u> 것은?

① 객체 지향 언어로 추상화, 상속화, 다형성과 같은 특징을 가진다.
② 인터프리터를 이용한 프로그래밍 언어로 특히 인공지능 분야에서 널리 사용되고 있다.
③ 네트워크 환경에서 분산 작업이 가능하도록 설계되었다.
④ 특정 컴퓨터 구조와 무관한 가상 바이트 머신 코드를 사용하므로 플랫폼이 독립적이다.

16년 6월, 13년 10월

26 다음 중 게시판 입력, 상품 검색, 회원 가입 등과 같은 데이터베이스 처리 작업을 수행하기 위해 사용하며, 웹 서버에서 작동하는 스크립트 언어들로만 모아 놓은 것은?

① HTML, XML, SGML
② Java, Java Applet, Java Script
③ Java Script, VB Script
④ ASP, JSP, PHP

> **기적의 TIP**
>
> 웹 프로그래밍 언어는 자주 출제되는 내용이므로 각 언어별 특징과 차이점에 대한 정확한 이해가 중요합니다. 특히 자바 언어와 웹 서버에서 작동하는 스크립트 언어들이 최근 자주 출제되는 경향을 보이고 있습니다.

---

014 IPv6 주소

- 인터넷에 연결된 컴퓨터의 고유한 주소
- IPv6 주소체계는 128비트를 16비트씩 8부분으로 나누어 각 부분을 콜론(:)으로 구분함
- IPv6은 IPv4와 호환이 되며 16진수로 표기, 각 블록에서 선행되는 0은 생략할 수 있으며 연속된 0의 블록은 ::으로 한 번만 생략 가능함
- IPv6의 주소 개수는 약 43억의 네제곱임
- 주소 체계는 유니캐스트(Unicast), 애니캐스트(Anycast), 멀티캐스트(Multicast) 등 세 가지로 나뉨
- 인증 서비스, 비밀성 서비스, 데이터 무결성 서비스를 제공함으로써 보안 문제를 해결할 수 있음

18년 3월, 16년 6월

27 다음 중 인터넷에서 사용하는 IPv6에 관한 설명으로 옳지 <u>않은</u> 것은?

① IPv4와의 호환성이 우수하다.
② 128비트의 주소를 사용하며, 주소의 각 부분은 .(Period)로 구분한다.
③ 실시간 흐름 제어로 향상된 멀티미디어 기능을 지원한다.
④ 인증성, 기밀성, 데이터 무결성의 지원으로 보안 문제를 해결할 수 있다.

25년 상시, 22년 상시, 17년 3월, 10년 10월

28 다음 중 인터넷 주소 체계에서 IPv6에 대한 설명으로 옳지 <u>않은</u> 것은?

① 16비트씩 8부분으로 구성되며 각 부분은 점(.)으로 구분된다.
② 각 부분은 4자리의 16진수로 표현하며 앞자리의 0은 생략할 수 있다.
③ IPv4에 비해 등급별, 서비스별로 패킷을 구분할 수 있어 품질보장이 용이하다.
④ 유니캐스트, 애니캐스트, 멀티캐스트 형태의 유형으로 할당하기 때문에 할당된 주소의 낭비 요인을 줄이고 간단하게 주소를 결정할 수 있다.

> **기적의 TIP**
>
> IPv6의 주소 체계와 주소 개수, 목적 등에 대한 정확한 이해와 숙지가 필요합니다.

015 FTP(File Transfer Protocol)

- 파일 전송 프로토콜로, 파일을 전송하거나 받을 때 사용하는 서비스
- 바이너리(Binary) 모드는 그림 파일, 동영상 파일이나 실행 파일의 전송에 이용됨
- 아스키(ASCII) 모드는 아스키 코드의 텍스트 파일 전송에 이용됨
- 파일의 업로드나 다운로드 서비스를 제공하는 컴퓨터를 FTP 서버, 파일을 제공받는 컴퓨터를 FTP 클라이언트라고 함
- 계정(Account) 없이 FTP를 사용할 수 있는 서버를 Anonymous FTP 서버라 함
- 일반적으로 Anonymous FTP 서버의 아이디(ID)는 Anonymous이며 비밀번호는 자신의 E-Mail 주소로 설정함

24년 상시, 23년 상시, 14년 10월
29 다음 중 인터넷을 이용한 FTP(File Transfer Protocol)에 관한 설명으로 옳지 <u>않은</u> 것은?
① 멀리 떨어져 있는 컴퓨터로부터 파일을 전송받거나 전송하는 서비스를 의미한다.
② 익명의 계정을 이용하여 파일을 전송할 수 있는 서버를 Anonymous FTP 서버라고 한다.
③ FTP 서버에 계정을 가지고 있는 사용자는 FTP 서버에 있는 프로그램을 다운로드 없이 실행시킬 수 있다.
④ 일반적으로 텍스트 파일의 전송을 위한 ASCII 모드와 실행 파일의 전송을 위한 Binary 모드로 구분하여 수행한다.

21년 상시, 15년 3월
30 다음 중 인터넷 서비스와 관련하여 FTP 서비스에 관한 설명으로 옳지 <u>않은</u> 것은?
① FTP 서버에 파일을 전송 또는 수신, 삭제, 이름 바꾸기 등의 작업을 할 수 있다.
② FTP 서버에 있는 프로그램은 접속 후에 서버에서 바로 실행시킬 수 있다.
③ 익명(Anonymous) 사용자는 계정이 없는 사용자로 FTP 서비스를 이용할 수 있다.
④ 기본적으로 그림 파일은 Binary 모드로 텍스트 파일은 ASCII 모드로 전송한다.

📖 **기적의 TIP**
FTP의 사용 목적과 기능, 전송 모드 등에 대해 정확히 암기해 두셔야 합니다.

016 그래픽 데이터의 표현 방식

비트맵 (Bitmap)	• 이미지를 점(Pixel, 화소)의 집합으로 표현하는 방식 • 고해상도를 표현하는 데 적합하지만 파일 크기가 커지고, 이미지를 확대하면 계단 현상이 발생함 • 다양한 색상을 이용하기 때문에 사실적 이미지 표현이 용이함 • Photoshop, Paint Shop Pro 등이 대표적인 소프트웨어임 • 비트맵 형식으로는 BMP, JPG, PCX, TIF, PNG, GIF 등이 있음
벡터 (Vector)	• 이미지를 점과 점을 연결하는 직선이나 곡선을 이용하여 표현하는 방식 • 그래픽의 확대 · 축소 시 계단 현상이 발생하지 않지만 고해상도 표현에는 적합하지 않음 • Illustrator, CorelDraw, 플래시 등이 대표적인 소프트웨어 • 벡터 파일 형식으로는 WMF, AI, CDR 등이 있음

12년 3월
31 다음 중 컴퓨터 그래픽과 관련하여 이미지를 표현하는 방식 중 비트맵(Bitmap) 방식에 관한 설명으로 옳지 <u>않은</u> 것은?
① 점과 점을 연결하는 직선이나 곡선을 이용하여 이미지를 표현하는 방식이다.
② 다양한 색상을 이용하기 때문에 사실적 표현이 용이하다.
③ 이미지를 확대하면 테두리가 거칠게 표현된다.
④ 비트맵 파일 형식으로는 BMP, TIF, GIF, JPEG 등이 있다.

18년 3월, 16년 10월
32 다음 중 컴퓨터의 그래픽 데이터 표현에 사용되는 벡터 방식에 대한 설명으로 옳지 <u>않은</u> 것은?
① 이미지를 화소(Pixel)의 집합으로 표현하는 방식이다.
② 점과 점을 연결하는 직선과 곡선을 이용하여 이미지를 그린다.
③ 이미지를 확대하거나 축소하여도 계단 현상이 발생하지 않는다.
④ 파일 형식은 WMF, AI 등이 있다.

📖 **기적의 TIP**
비트맵과 벡터는 자주 출제되므로 특징과 쓰임새, 해당 소프트웨어, 파일 형식 확장자에 관해 혼동하지 않게 구분하여 정확히 암기해 두셔야 합니다.

017 그래픽 관련 용어

렌더링 (Rendering)	컴퓨터 그래픽에서 3차원 질감(그림자, 색상, 농도 등)을 줌으로써 사실감을 추가하는 과정
디더링 (Dithering)	표현할 수 없는 색상이 존재할 경우, 다른 색상들을 섞어서 비슷한 색상을 내는 효과
인터레이싱 (Interlacing)	화면에 이미지를 표시할 때 한 번에 표시하지 않고 천천히 표시되면서 선명해지는 효과
모핑 (Morphing)	사물의 형상을 다른 모습으로 서서히 변화시키는 기법으로 영화의 특수 효과에서 많이 사용함
모델링 (Modeling)	물체의 형상을 컴퓨터 내부에서 3차원 그래픽으로 어떻게 표현할 것인지를 정하는 과정
안티앨리어싱 (Anti-Aliasing)	3D의 텍스처에서 몇 개의 샘플을 채취해서 사물의 색상을 변경함으로써 계단 부분을 뭉개고 곧게 이어지는 듯한 화질을 형성하게 하는 것

13년 6월

33 다음 중 한 이미지가 다른 이미지로 변형되어 가는 과정을 뜻하는 그래픽 기법으로 특히 영화 산업에서 주로 사용되는 특수 효과는?

① 로토스코핑
② 셀 애니메이션
③ 모핑
④ 입자 시스템

22년 상시, 17년 3월

34 다음 중 멀티미디어 그래픽과 관련하여 렌더링(Rendering) 기법에 대한 설명으로 옳은 것은?

① 제한된 색상을 조합하여 새로운 색을 만드는 기술이다.
② 2개의 이미지를 부드럽게 연결하여 변환하는 기술이다.
③ 3차원 그래픽에서 화면에 그린 물체의 모형에 명암과 색상을 입혀 사실감을 더해주는 기술이다.
④ 그림의 경계선을 부드럽게 처리해 주는 필터링 기술이다.

> **기적의 TIP**
> 그래픽 관련 기법에 대한 처리 기술과 쓰임새, 기법별 효과에 대해 혼동하지 않도록 정확히 암기해 두시기 바랍니다.

018 네트워크 접속 장비

허브 (Hub)	네트워크에서 연결된 각 회선이 모이는 집선 장치로서 각 회선을 통합적으로 관리하는 방식
라우터 (Router)	데이터 전송을 위한 최적의 경로를 찾아 통신망에 연결하는 장치
브리지 (Bridge)	독립된 두 개의 근거리 통신망(LAN)을 연결하는 접속 장치
리피터 (Repeater)	장거리 전송을 위해 신호를 새로 재생시키거나 출력 전압을 높여 전송하는 장치
게이트웨이 (Gateway)	네트워크에서 다른 네트워크로 들어가는 관문의 기능을 수행하는 지점을 말하며, 서로 다른 프로토콜을 사용하는 네트워크를 연결할 때 사용하는 장치

12년 3월

35 다음 중 정보 통신에 사용되는 네트워크 장비인 라우터(Router)에 관한 설명으로 옳은 것은?

① 네트워크를 구성할 때 각 회선을 통합적으로 관리하여 한꺼번에 여러 대의 컴퓨터를 연결하는 장치이다.
② 디지털 신호의 장거리 전송을 위해 수신한 신호를 재생시키거나 출력 전압을 높여주는 장치이다.
③ 네트워크에서 통신을 위해 가장 최적의 경로를 설정하여 전송하고 데이터의 흐름을 제어하는 장치이다.
④ 다른 네트워크로 데이터를 보내거나 받아들이는 역할을 하는 장치이다.

24년 상시, 21년 상시, 15년 6월

36 다음 중 인터넷 통신 장비인 게이트웨이(Gateway)의 기본적인 역할에 관한 설명으로 옳은 것은?

① 현재 위치한 네트워크에서 다른 네트워크로 연결할 때 사용된다.
② 인터넷 신호를 증폭하며 먼 거리로 정보를 전달할 때 사용된다.
③ 네트워크 계층의 연동장치로 경로 설정에 사용된다.
④ 문자로 된 도메인 이름을 숫자로 이루어진 실제 IP 주소로 변환하는 데 사용된다.

> **기적의 TIP**
> 네트워크 접속 장비의 기능과 역할에 대해 구분하여 정확히 암기해 두시기 바랍니다.

019 방화벽(Firewall)

- 방화벽은 인터넷의 보안 문제로부터 특정 네트워크를 격리시키는 데 사용되는 시스템을 말함
- 내부망과 외부망 사이의 상호 접속이나 데이터 전송을 안전하게 통제하기 위한 보안 기능
- 외부의 불법 침입으로부터 내부의 정보 자산을 보호
- 외부로부터 유해 정보 유입을 차단하기 위한 정책과 이를 지원하는 하드웨어 및 소프트웨어를 총칭
- 외부에서 내부 네트워크로 들어오는 패킷은 내용을 엄밀히 체크하여 인증된 패킷만 통과시키는 구조
- 외부로부터의 침입을 막을 수는 있지만, 내부에서 일어나는 해킹은 막을 수 없음
- 역추적 기능이 있어서 외부의 침입자를 역추적하여 흔적을 찾을 수 있음

18년 3월, 15년 3월
37 다음 중 인터넷에서 방화벽을 사용하는 이유로 적절하지 <u>않은</u> 것은?

① 외부로부터 허가받지 않은 불법적인 접근이나 해커의 공격으로부터 내부의 네트워크를 효과적으로 보호할 수 있다.
② 방화벽의 접근제어, 인증, 암호화와 같은 기능으로 네트워크를 보호할 수 있다.
③ 역추적 기능이 있어서 외부의 침입자를 역추적하여 흔적을 찾을 수 있다.
④ 방화벽을 이용하면 외부의 보안이 완벽하며, 내부의 불법적인 해킹도 막을 수 있다.

17년 3월
38 다음 중 컴퓨터 보안 기법의 하나인 방화벽에 관한 설명으로 옳지 <u>않은</u> 것은?

① 전자 메일 바이러스나 온라인 피싱 등을 방지할 수 있다.
② 해킹 등에 의한 외부로의 정보 유출을 막기 위해 사용하는 보안 기법이다.
③ 외부 침입자의 역추적 기능이 있다.
④ 내부의 불법 해킹은 막지 못한다.

기적의 TIP
방화벽의 개념과 필요성에 대해 이해하고 방화벽의 역할이 무엇인지 정확히 알아 두시면 됩니다.

020 암호화 기법

비밀키 암호화 (대칭키, 단일키)	• 송신자와 수신자가 서로 동일(대칭)한 하나(단일)의 비밀키를 가짐 • 암호화와 복호화의 속도가 빠름 • 단일키이므로 알고리즘이 간단하고 파일의 크기가 작음 • 사용자가 많아지면 관리할 키의 개수가 늘어남 • 대표적인 방식은 DES가 있음
공개키 암호화 (비대칭키, 이중키)	• 암호화키와 복호화키가 서로 다른(비대칭) 두 개(이중)의 키를 가짐 • 암호화와 복호화의 속도가 느림 • 암호화는 공개키로, 복호화는 비밀키로 함 • 이중키이므로 알고리즘이 복잡하고 파일의 크기가 큼 • 암호화가 공개키이므로 키의 분배가 쉽고, 관리할 키의 개수가 줄어듦 • 대표적인 방식으로는 RSA가 있음

20년 2월, 16년 3월
39 다음 중 정보보안을 위한 비밀키 암호화 기법에 대한 설명으로 옳지 <u>않은</u> 것은?

① 비밀키 암호화 기법의 안전성은 키의 길이 및 키의 비밀성 유지 여부에 영향을 많이 받는다.
② 암호화와 복호화 시 사용하는 키가 동일한 암호화 기법이다.
③ 알고리즘이 복잡하여 암호화나 복호화를 하는 속도가 느리다는 단점이 있다.
④ 사용자의 증가에 따라 관리해야 할 키의 수가 많아진다.

16년 10월
40 다음 중 정보보안을 위해 사용하는 공개키 암호화 기법에 대한 설명으로 옳지 <u>않은</u> 것은?

① 알고리즘이 복잡하며 암호화와 복호화 속도가 느리다.
② 키의 분배가 용이하고 관리해야 할 키의 수가 적다.
③ 비대칭 암호화 기법이라고도 하며 대표적으로 DES가 있다.
④ 데이터를 암호화할 때 사용하는 키를 공개하고 복호화할 때 키는 비밀로 한다.

기적의 TIP
비밀키, 대칭키, 단일키가 같은 의미이며 공개키, 비대칭키, 이중키가 같은 의미인걸 정확히 숙지하고 암호별 특징에 대해 정확히 구분지어 혼동하지 않도록 암기해 두시면 됩니다.

과목 02 스프레드시트 일반

021 데이터 입력 방법

Enter	다음 행으로 셀 포인터를 이동
Shift + Enter	윗 행으로 셀 포인터를 이동
Esc	입력 중인 데이터를 취소
강제로 줄 바꿈	• 데이터 입력 후 Alt + Enter 를 누르면 동일한 셀에서 줄이 바뀌며, 이때 두 줄 이상의 데이터를 입력할 수 있음 • [셀 서식]의 [맞춤] 탭에서 [자동 줄 바꿈] 확인 란을 선택하면 셀 너비에 맞추어 자동으로 줄이 바뀜
동일한 데이터 입력하기	범위를 지정하고 데이터 입력 후 Ctrl + Enter 나 Ctrl + Shift + Enter 를 누르면 선택 영역에 동일한 데이터가 한꺼번에 입력됨

24년 상시, 13년 3월

41 다음 중 엑셀의 데이터 입력에 관한 설명으로 옳지 않은 것은?

① 한 셀에 여러 줄로 데이터를 입력하려면 Alt + Enter 를 누르면 된다.
② 데이터 입력 도중 입력을 취소하려면 Esc 나 [빠른 실행 도구 모음]의 [취소] 버튼을 클릭한다.
③ 여러 셀에 동일한 내용을 입력하려면 해당 셀을 범위로 지정한 후 데이터를 입력하고 Shift + Enter 를 누른다.
④ 특정 부분을 범위로 지정한 후 데이터를 입력하고 Enter 를 누르면 셀 포인터가 지정한 범위 안에서만 이동한다.

25년 상시, 17년 3월

42 다음 중 엑셀의 데이터 입력에 대한 설명으로 옳지 않은 것은?

① 한 셀에 여러 줄의 데이터를 입력하려면 Alt + Enter 를 사용한다.
② 셀에 데이터를 입력하고 Shift + Enter 를 누르면 셀 입력이 완료되고 바로 아래의 셀이 선택된다.
③ 같은 데이터를 여러 셀에 한 번에 입력하려면 Ctrl + Enter 를 사용한다.
④ 수식이 들어 있는 셀을 선택하고 채우기 핸들을 두 번 클릭하면 수식이 적용되는 모든 인접한 셀에 대해 아래쪽으로 수식을 자동 입력할 수 있다.

> **기적의 TIP**
> 데이터 입력 방법은 자주 출제되는 내용이며 기본 작업에 해당하므로 반드시 실습을 통해 익혀 두시기 바랍니다.

022 각종 데이터 입력

• 한자 입력 : 한자의 음을 한글로 입력한 다음 한자 를 누르고 목록에서 원하는 한자를 선택함
• 특수 문자 : [삽입] 탭 - [기호] 그룹 - [기호]를 실행하거나 한글 자음(ㄱ, ㄴ, ㄷ, …, ㅎ) 중의 하나를 누르고 한자 를 눌러 목록에서 원하는 특수 문자를 선택함
• 분수는 숫자와 공백으로 시작하여(한 칸 띄운 다음에) 입력(예 0 2/3)
• 숫자로만 된 데이터를 문자 데이터로 입력하려면 데이터 앞에 작은따옴표(')를 먼저 입력(예 '010, '007)

25년 상시, 21년 상시, 14년 6월

43 다음 중 자료 입력에 대한 설명으로 옳지 않은 것은?

① 한자를 입력하려면 한글을 입력한 후 키보드의 한자 를 눌러 변환한다.
② 특수 문자를 입력하려면 먼저 한글 자음을 입력한 후 키보드의 한/영 을 눌러 원하는 특수 문자를 선택한다.
③ 숫자 데이터를 문자 데이터로 입력하려면 숫자 데이터 앞에 문자 접두어(')를 입력한다.
④ 분수 앞에 정수가 없는 일반 분수를 입력하려면 '0'을 먼저 입력하고 Space Bar 를 눌러 빈 칸을 한 개 입력한 후 '3/8'과 같이 분수를 입력한다.

16년 6월

44 다음 중 데이터 입력에 대한 설명으로 옳지 않은 것은?

① 고정 소수점이 포함된 숫자를 입력하려면 [Excel 옵션]의 [고급] 편집 옵션에서 '소수점 자동 삽입' 확인란을 선택하고 소수점 위치를 설정한다.
② 셀에 입력하는 글자 중 처음 몇 자가 해당 열의 기존 내용과 일치하면 나머지 글자가 자동으로 입력되며, 텍스트나 텍스트/숫자 조합, 날짜가 입력되는 경우에만 자동으로 입력된다.
③ 두 개 이상의 셀을 선택하고 채우기 핸들을 끌 때 Ctrl 을 누르고 있으면 자동 채우기 기능을 해제할 수 있다.
④ 시간을 12시간제로 입력하려면 '9:00 pm'과 같이 시간 뒤에 공백을 입력하고 am 또는 pm을 입력한다.

날짜가 입력되는 경우는 자동으로 입력되지 않음

🎯 기적의 TIP
문자, 숫자, 날짜/시간, 수식 데이터, 한자, 특수 문자의 입력 방법을 묻는 문제는 꾸준히 출제되고 있습니다. 각 데이터의 입력 방법에 대해 정확히 숙지해 두시기 바랍니다.

---

023 사용자 지정 표시 형식

- ; : 양수, 음수, 0값을 세미콜론(;)으로 구분함
- # : 유효 자릿수만 나타내고 유효하지 않은 0은 표시하지 않음
- 0 : 유효하지 않은 자릿수를 0으로 표시함
- ? : 유효하지 않은 자릿수를 공백으로 표시함
- , : 천 단위 구분 기호로 쉼표를 삽입, ,(쉼표) 이후에 더 이상 코드가 없으면 천 단위 배수로 표시함
- [글꼴색] : 각 구역의 첫 부분에 지정하며 대괄호 안에 글꼴 색을 입력함
- [조건] : 조건과 일치하는 숫자에만 서식을 적용하고자 할 때 사용, 조건은 대괄호로 묶어 입력하며 비교 연산자와 값으로 이루어짐

24년 상시, 20년 7월, 16년 6월, 15년 10월

45 다음 중 서식 코드를 셀의 사용자 지정 표시 형식으로 설정한 경우 입력 데이터와 표시 결과가 옳지 않은 것은? (단, 열 너비는 표준 열 너비이다.)

	서식 코드	입력 데이터	표시
ⓐ	# ???/???	3.75	3 3/4
ⓑ	0,00#,	-6789	-0,007
ⓒ	*-#,##0	6789	*----6789
ⓓ	▲#;▼#;0	-6789	▼6789

① ⓐ
② ⓑ
③ ⓒ
④ ⓓ

- 셀의 빈 열 폭 만큼 원하는 문자를 넣을 때 *를 이용하여 * 다음에 원하는 문자를 위치시키므로 ⓒ의 결과는 ----6,789로 표시됨
- ⓐ : #에 의해 3이 표시되며 0.75를 분수로 나타내어 3/4가 표시됨
- ⓑ : ,(쉼표) 이후 코드가 없으므로 -6789를 천 단위 배수로 표시하여 -6이 남고 반올림되어 -0,007이 표시됨
- ⓓ : -6789가 음수이므로 ▼#이 적용되어 ▼6789가 표시됨

16년 3월

46 다음 중 아래 조건을 처리하는 셀 서식의 사용자 지정 표시 형식으로 옳은 것은?

셀의 값이 1000 이상이면 '파랑', 1000 미만 500 이상이면 '빨강', 500 미만이면 색을 지정하지 않고, 각 조건에 대해 천 단위 구분 기호(,)와 소수 이하 첫째 자리까지 표시한다.
[표시 1234.56 → 1,234.6, 432 → 432.0]

① [파랑][>=1000]#,##0.0;[빨강][>=500]#,##0.0;#,##0.0
② [파랑][>=1000]#,###.#;[빨강][>=500]#,###.#;#,###.#
③ [>=1000]〈파랑〉#,##0.0;[>=500]〈빨강〉#,##0.0;#,##0.0
④ [>=1000]〈파랑〉#,###.#;[>=500]〈빨강〉#,###.#;#,###.#

🎯 기적의 TIP
사용자 지정 표시 형식은 매우 잘 출제되는 내용으로 숫자 서식을 응용한 여러 문제를 가지고 이해를 통한 반복적 학습이 필요합니다.

024 조건부 서식

- 특정한 규칙을 만족하는 셀에 대해서만 각종 서식, 테두리, 셀 배경색 등의 서식을 설정함
- [홈] 탭-[스타일] 그룹-[조건부 서식]에서 선택하여 적용함
- 조건부 서식은 기존의 셀 서식에 우선하여 적용됨
- 여러 개의 규칙이 모두 만족될 경우 지정한 서식이 충돌하지 않으면 규칙이 모두 적용되며, 서식이 충돌하면 우선순위가 높은 규칙의 서식이 적용됨
- 규칙의 개수에는 제한이 없음
- 서식이 적용된 규칙으로 셀 값 또는 수식을 설정할 수 있음. 규칙을 수식으로 입력할 경우 수식 앞에 등호(=)를 반드시 입력해야 함

기적의 TIP
조건부 서식의 기능과 특징을 물어보는 문제에서 [수식을 사용하여 서식을 지정할 셀 결정]을 이용하는 문제까지 다양한 형태로 출제되는 경향을 보이고 있습니다. 실습을 병행한 학습이 필수입니다.

11년 3월

47 다음 중 조건부 서식에 관한 설명으로 옳지 않은 것은?

① 셀에 입력된 값에 따라 데이터 막대를 표시할 수 있다.
② 셀 값이 규칙과 일치하거나 수식의 결과가 참일 때만 지정된 서식이 적용된다.
③ 해당 셀이 여러 개의 규칙을 동시에 만족하는 경우 마지막에 지정한 규칙의 서식으로 설정된다.
④ 조건을 만족하는 데이터가 있는 행 전체에 서식을 지정할 때는 규칙 입력 시 열 이름 앞에만 '$'를 붙인다.

15년 3월/10월

48 다음 중 아래의 [A1:E5] 영역에서 B열과 D열에만 배경색을 설정하기 위한 조건부 서식의 규칙으로 옳은 것은?

	A	B	C	D	E
1	자산코드	L47C	S22C	N71E	S34G
2	비품명	디스크	디스크	디스크	모니터
3	내용연수	4	3	3	5
4	경과연수	2	1	2	3
5	취득원가	550,000	66,000	132,000	33,000

① =MOD(COLUMNS($A1),2)=1
② =MOD(COLUMNS(A$1),2)=0
③ =MOD(COLUMN($A1),2)=0
④ =MOD(COLUMN(A$1),2)=0

> COLUMN은 열 번호를 구해주며 열을 2로 나눈 나머지를 MOD 함수로 구한 결과가 0인 경우 짝수 열이므로 [A1 : E5] 영역일 경우 B열과 D열에만 배경색을 설정하기 위한 조건부 서식 규칙에 해당됨

025 수학/통계 함수

함수	설명
ABS(수)	수의 절댓값(부호 없는 수)을 구함
INT(수)	수를 가장 가까운 정수로 내린 값을 구함
SUM(수1, 수2, …)	인수로 지정한 숫자의 합계를 구함(인수는 1~255개까지 사용)
AVERAGE(수1, 수2, …)	인수로 지정한 숫자의 평균을 구함
TRUNC(수1, 수2)	• 수1을 무조건 내림하여 자릿수(수2)만큼 반환함 • 수2를 생략하면 0으로 처리됨
MOD(수1, 수2)	수1을 수2로 나눈 나머지 값(수2가 0이면 #DIV/0! 오류 발생)을 구함
POWER(수1, 수2)	수1을 수2만큼 거듭 제곱한 값을 구함
ROUND(수1, 수2)	수1을 반올림하여 자릿수(수2)만큼 반환함
SQRT(수)	수의 양의 제곱근(인수에 음수를 지정하면 #NUM! 오류 발생)을 구함
CHOOSE(인덱스 번호, 인수1, 인수2, …)	인덱스 번호에 따라 값이나 작업을 선택할 때 사용되는 인수로 254개까지 지정할 수 있음
COUNTA(인수1, 인수2, …)	공백이 아닌 인수의 개수를 구함
MAXA(수1, 수2, …)	• 인수 중에서 최대값을 구함(논리값, 텍스트로 나타낸 숫자 포함) • TRUE : 1로 계산, 텍스트나 FALSE : 0으로 계산
MINA(수1, 수2, …)	• 인수 중에서 최소값을 구함(논리값, 텍스트로 나타낸 숫자 포함) • TRUE : 1로 계산, 텍스트나 FALSE : 0으로 계산
SMALL(배열, k)	인수로 지정한 숫자 중 k번째로 작은 값을 구함
LARGE(배열, k)	인수로 지정한 숫자 중 k번째로 큰 값을 구함

11년 10월

49 다음 중 수식과 그 실행 결과값의 연결이 옳지 않은 것은?

① =ABS(INT(-7.9)) → 8
② =SUM(TRUNC(45.6), MOD(32,3)) → 47
③ =POWER(ROUND(2,3,0), SQRT(4)) → 9
④ =CHOOSE(3, SUM(10,10), INT(30.50),50) → 50

③ =POWER(ROUND(2,3,0), SQRT(4)) → 4
• ROUND(2,3,0) → 2 (반올림한 값을 구함)
• SQRT(4) → 2 (양의 제곱근을 구함)
• POWER(2,2) → 4 (거듭 제곱한 값을 구함)

23년 상시, 17년 3월, 13년 10월

50 다음 중 아래 시트에서 각 수식을 실행했을 때의 결과값으로 옳은 것은?

	A	B	C	D	E
1	이름	국어	영어	수학	평균
2	홍길동	83	90	73	82
3	이대한	65	87	91	81
4	한민국	80	75	100	85
5	평균	76	84	88	82.66667

① =SUM(COUNTA(B2:D4), MAXA(B2:D4)) → 102
② =AVERAGE(SMALL(C2:C4, 2), LARGE(C2:C4, 2)) → 75
③ =SUM(LARGE(B3:D3, 2), SMALL(B3:D3, 2)) → 174
④ =SUM(COUNTA(B2,D4), MINA(B2,D4)) → 109

③ =SUM(LARGE(B3:D3, 2), SMALL(B3:D3, 2)) → 174
• LARGE(B3 : D3, 2) → 87 (B3 : D3 범위에서 2번째로 큰 수를 구함)
• SMALL(B3 : D3, 2) → 87 (B3 : D3 범위에서 2번째로 작은 수를 구함)
• SUM(87,87) → 174 (인수로 지정한 숫자의 합계를 구함)

> **기적의 TIP**
> 수학/통계 함수는 실무에서도 많이 사용되고 시험에도 자주 출제되는 함수이므로 실습을 병행하여 이해를 통한 숙지가 중요합니다. 특히, 여러 함수가 중첩되어 결과를 묻는 문제에 잘 대비하시기 바랍니다.

---

026 논리, 텍스트 함수

• IF(조건, 참, 거짓), LEFT : 왼쪽에서 텍스트를 추출함, RIGHT : 오른쪽에서 텍스트를 추출함
• IFS : 하나 이상의 조건이 충족되는지 확인하고 첫 번째 TRUE 조건에 해당하는 값을 반환하며 여러 중첩된 IF문 대신 사용할 수 있으며 최대 127개까지 조건을 줄 수 있음
• SWITCH : 값의 목록에 대한 하나의 값(식이라고 함)을 계산하고 첫 번째 일치하는 값에 해당하는 결과를 반환함
• REPLACE : 시작 위치의 바꿀 개수만큼 텍스트1의 일부를 다른 텍스트2로 교체함
• SUBSTITUTE : 텍스트에서 찾을 위치의 텍스트를 찾아서 새로운 텍스트로 대체함
• CONCAT : 텍스트를 연결하여 나타냄

21년 상시, 12년 9월

51 [A1] 셀의 값 "TR-A-80"을 [B1] 셀에 "TR-A80"으로 바꾸어 표시하고자 할 때, 다음 수식 중 옳지 않은 결과가 나오는 것은?

① =REPLACE(A1,5,1,"")
② =CONCAT(LEFT(A1,4),MID(A1,6,2))
③ =SUBSTITUTE(A1,"-","",5)
④ =LEFT(A1,4)&RIGHT(A1,2)

③ =SUBSTITUTE(A1,"-","",5) : "TR-A-80"에서 5번째 '-'를 찾아서 공백으로 만듦. '-'는 두 개밖에 없기 때문에 5번째 '-'는 없으므로 데이터가 그대로 표시됨. 즉, SUBSTITUTE(A1,"-","",2)로 수정해야 두 번째 '-'를 찾아서 공백으로 만들어 "TR-A80"으로 표시할 수 있음

25년 상시, 22년 상시, 13년 3월

52 다음 워크시트에서 [A] 열의 사원코드 중 첫 문자가 A이면 50, B이면 40, C이면 30의 기말수당을 지급하고자 할 때 수식으로 옳은 것은?

	A	B
1	사원코드	기말수당
2	A101	50
3	B101	40
4	C101	30
5	* 수당단위는 천원임	

① =IF(LEFT(A2,1)="A",50,IF(LEFT(A2,1)="B",40,30))
② =IF(RIGHT(A2,1)="A",50,IF(RIGHT(A2,1)="B",40,30))
③ =IF(LEFT(A2,1)='A',50,IF(LEFT(A2,1)='B',40,30))
④ =IF(RIGHT(A2,1)='A',50,IF(RIGHT(A2,1)='B',40,30))

① =IF(LEFT(A2,1)="A",50,IF(LEFT(A2,1)="B",40,30)) : LA2 셀의 텍스트 데이터 "A101"의 왼쪽에서 1자리를 추출하여 "A"와 같으면 50, "B"이면 40 아니면 30을 결과로 나타냄

> **기적의 TIP**
> 논리 함수는 텍스트 함수와 중첩되어 자주 출제되며 꾸준한 출제가 예상됩니다. 함수의 기능에 대한 정확한 이해와 숙지가 필요합니다.

---

027 찾기, 참조 함수

- XLOOKUP(찾을 값, 찾을 범위, 반환 범위, 찾을 값 없을 때 텍스트, 일치 유형, 검색 방법) : "찾을 값"을 "찾을 범위"에서 찾아서 "반환 범위"의 값을 반환함
- VLOOKUP(값, 범위, 열 번호, 방법) : 범위의 첫 번째 열에서 값을 찾아 지정한 열에서 대응하는 값을 반환함
- HLOOKUP(값, 범위, 행 번호, 방법) : 범위의 첫 번째 행에서 값을 찾아 지정한 행에서 대응하는 값을 반환함
- CHOOSE(인덱스번호, 인수1, 인수2, …) : 인덱스 번호에 의해 인수를 순서대로 선택함
- CELL(정보 유형, 참조 영역) : 참조 영역의 정보 유형을 반환함
- 정보 유형 "row" : 참조 영역 안에서 셀의 행 번호를 반환함
- TYPE(숫자, 텍스트, 논리값 등) : 값의 유형을 반환함

값(Value)	TYPE 결과
숫자	1
텍스트	2
논리값	4
오류값	16
배열	64

- OFFSET(기준 셀 범위, 행 수, 열 수, 구할 셀 높이, 구할 셀 너비) : 셀 범위에서 지정한 행 수와 열 수인 범위에 대한 참조를 구함. 행 수는 양수는 아래 방향, 음수는 위 방향, 열 수는 양수는 오른쪽 방향, 음수는 왼쪽 방향을 의미 함
- INDEX(셀 범위, 행 번호, 열 번호) : 셀 범위에서 행, 열 번호 값을 산출함
- MATCH(검색 자료, 셀 범위, 검색 유형) : 셀 범위에서 검색 자료의 상대 위치(몇 번째 행) 또는 열을 표시함
- XMATCH : 배열 또는 셀 범위에서 지정된 항목을 검색한 다음 항목의 상대 위치를 반환함. MATCH 함수와 기본 기능은 같으나 XMATCH 함수는 와일드카드 문자를 사용할 수 있으며 검색 방법 기능이 추가됨

11년 3월

53 다음 시트의 데이터를 이용하여 =HLOOKUP("1분기실적", A2:C7, 3) 수식의 결과값으로 옳은 것은?

	A	B	C
1			(단위:천만원)
2	지점	1분기실적	2분기실적
3	서울	359	1,580
4	부산	1,274	982
5	인천	335	352
6	대구	294	321
7	광주	310	365

① 335 ② 1,580 ③ 1,274 ④ 982

=HLOOKUP("1분기실적", A2:C7, 3) : [A2 : C7]에서 '1분기실적'이 있는 열을 찾아 같은 열 3행의 값을 반환함 → 1,274

16년 6월

54 다음 중 아래의 워크시트에서 수식의 결과로 '부사장'을 출력하지 <u>않는</u> 것은?

	A	B	C	D
1	사원번호	성명	직함	생년월일
2	101	구민정	영업 과장	1980-12-08
3	102	강수영	부사장	1965-02-19
4	103	김진수	영업 사원	1991-08-03
5	104	박용만	영업 사원	1990-09-19
6	105	이순신	영업 부장	1971-09-20

① =CHOOSE(CELL("row",B3), C2, C3, C4, C5, C6)
② =CHOOSE(TYPE(B4), C2, C3, C4, C5, C6)
③ =OFFSET(A1:A6,2,2,1,1)
④ =INDEX(A2:D6,MATCH(A3, A2:A6, 0), 3)

- CELL("row",B3) → [B3] 셀의 행 번호는 3
- =CHOOSE(3, C2, C3, C4, C5, C6) → 3이므로 세 번째의 C4 값인 "영업 사원"이 표시됨

오답 피하기

- TYPE(B4) → B4가 "김진수", 텍스트이므로 2가 산출됨
- =CHOOSE(2, C2, C3, C4, C5, C6) → 2이므로 두 번째의 C3 값인 "부사장"이 표시됨
- =OFFSET(A1 : A6,2,2,1,1) → A1을 기준으로 아래로 2행, 오른쪽으로 2열, 셀 높이, 너비가 1이므로 "부사장"이 표시됨
- MATCH(A3, A2 : A6, 0) → A3 셀의 값 102를 A2 : A6에서 찾아서 102의 위치 2를 구함
- =INDEX(A2 : D6, 2, 3) → A2 : D6에서 2행 3열의 값이므로 "부사장"이 표시됨

기적의 TIP

찾기, 참조 함수는 이해하기 어렵고 까다로운 함수이므로 문제 예를 가지고 실습을 통해 함수의 중첩을 분리하여 결과를 확인하는 학습이 중요합니다.

---

028 D 함수

- DSUM(데이터베이스, 필드, 조건 범위) : 조건을 만족하는 필드의 합계를 구함
- DAVERAGE(데이터베이스, 필드, 조건 범위) : 조건을 만족하는 필드의 평균을 구함
- DCOUNT(데이터베이스, 필드, 조건 범위) : 조건을 만족하는 필드의 개수(수치)를 구함
- DCOUNTA(데이터베이스, 필드, 조건 범위) : 조건을 만족하는 모든 필드의 개수를 구함
- DMAX(데이터베이스, 필드, 조건 범위) : 조건을 만족하는 필드의 최대값을 구함
- DMIN(데이터베이스, 필드, 조건 범위) : 조건을 만족하는 필드의 최소값을 구함

13년 6월

55 다음 중 아래 그림에서 수식 =DMIN(A1:C6,2,E2:E3)을 실행하였을 때의 결과값으로 옳은 것은?

	A	B	C	D	E
1	이름	키	몸무게		
2	홍길동	165	67		몸무게
3	이대한	170	69		>=60
4	한민국	177	78		
5	이우리	162	58		
6	김상공	180	80		

① 165 ② 170 ③ 177 ④ 162

=DMIN(A1:C6,2,E2:E3) : D함수(데이터베이스, 필드, 조건 범위)에서 필드가 2이므로 키에 조건 범위 [E2 : E3]에 의해 몸무게가 60 이상인 경우 해당 키 중 DMIN 최소값이므로 165가 됨

24년 상시, 21년 상시, 15년 6월

56 다음 중 아래의 시트에서 수식 =DSUM(A1:D7, 4, B1:B2)을 실행했을 때의 결과값으로 옳은 것은?

	A	B	C	D
1	성명	부서	1/4분기	2/4분기
2	김남이	영업1부	10	15
3	이지영	영업2부	20	25
4	하나미	영업1부	15	20
5	임진태	영업2부	10	10
6	현민대	영업2부	20	15
7	한민국	영업1부	15	20

① 10 ② 15 ③ 40 ④ 55

=DSUM(A1:D7, 4, B1:B2) : 조건 범위가 [B1 : B2]이므로 부서가 '영업1부'인 경우 필드가 4인 2/4분기의 합을 구하므로 결과는 55가 됨 (15+20+20)

> 기적의 TIP
>
> D 함수는 데이터베이스에서 조건 범위에 따른 필드의 D 함수 결과를 얻는 개념 파악만 하시면 어렵지 않게 풀 수 있는 문제입니다.

029 배열과 배열 수식/배열 함수

- 열은 콤마(,)를 사용하여 구분하고, 행은 세미콜론(;)을 사용하여 구분함
- Ctrl + Shift + Enter 를 누르면 수식은 자동으로 중괄호({ })로 둘러싸이며 배열 수식임을 표시함
- 배열 수식은 기본적으로 행과 열이 서로 대응하는 원소끼리 수행함
- MDETERM : 배열의 행렬식을 구함
- MINVERSE : 배열로 저장된 행렬에 대한 역행렬을 구함
- MMULT : 배열의 행렬 곱을 구함
- PERCENTILE.INC : 범위에서 k번째 백분위수 값을 구함
- FREQUENCY : 값의 범위 내에서 해당 값의 발생 빈도를 계산하여 세로 배열 형태로 나타내 줌

14년 6월, 12년 9월

57 아래 시트에서 배열 수식을 이용하여 한 번에 금액 [D2:D5]을 구하려고 한다. 다음 중 [D2] 셀에 입력할 배열 수식으로 옳은 것은? (금액 = 수량 * 단가)

① {=B2*C2}
② {=B2:B5*C2:C5}
③ {=B2*C2:B5*C5}
④ {=SUMPRODUCT(B2:B5,C2:C5)}

24년 상시, 22년 상시, 16년 6월

58 다음 중 배열 수식 및 배열 함수에 대한 설명으로 옳지 <u>않은</u> 것은?

① 배열 수식에서 사용되는 배열 상수에는 숫자, 텍스트, TRUE나 FALSE 등의 논리값 또는 #N/A와 같은 오류값이 포함될 수 있다.
② MDETERM 함수는 배열로 저장된 행렬에 대한 역행렬을 산출한다.
③ PERCENTILE.INC 함수는 범위에서 k번째 백분위수 값을 구하며, 이때 k는 0에서 1까지 백분위수 값 범위이다.
④ FREQUENCY 함수는 값의 범위 내에서 해당 값의 발생 빈도를 계산하여 세로 배열 형태로 나타낸다.

> 기적의 TIP
>
> 배열과 배열 수식, 배열 함수는 1급에서 자주 출제되는 부분이므로 개념 파악과 이해가 중요합니다. 아울러 배열 함수에 대한 기능을 묻는 문제가 출제되는 경향이 있으므로 혼동하지 않게 잘 숙지해 두시기 바랍니다.

030 정렬

- 오름차순 정렬은 숫자일 경우 작은 값에서 큰 값 순서로 정렬되며, 내림차순 정렬은 그 반대로 재배열됨
- 영문 대/소문자를 구분하여 정렬하는 기능을 제공하며, 오름차순 정렬 시 소문자가 우선순위를 갖음
- 오름차순 정렬 : 숫자 – 기호 문자 – 영문 소문자 – 영문 대문자 – 한글 – 빈 셀(단, 대/소문자 구분하도록 설정했을 때)
- 내림차순 정렬 : 한글 – 영문 대문자 – 영문 소문자 – 기호 문자 – 숫자 – 빈 셀(단, 대/소문자 구분하도록 설정했을 때)
- 정렬 전에 숨겨진 행 및 열 표시 : 숨겨진 열이나 행은 정렬 시 이동되지 않음
- 최대 64개의 열을 기준으로 정렬할 수 있음

18년 3월, 14년 10월

59 다음 중 데이터 정렬 기능에 대한 설명으로 옳지 않은 것은?

① 원칙적으로 숨겨진 행이나 열에 있는 데이터는 정렬에 포함되지 않는다.
② 정렬은 기본적으로 왼쪽에서 오른쪽으로 열 단위로 정렬한다.
③ 영문자는 대/소문자를 구분하여 정렬할 수 있다.
④ 빈 셀은 오름차순/내림차순 정렬 방법에 상관없이 항상 가장 마지막으로 정렬된다.

21년 상시, 16년 3월

60 다음 중 엑셀의 정렬 기능에 대한 설명으로 옳지 않은 것은?

① 오름차순 정렬과 내림차순 정렬 모두 빈 셀은 항상 마지막으로 정렬된다.
② 영숫자 텍스트는 왼쪽에서 오른쪽 방향으로 문자 단위로 정렬된다.
③ 사용자가 [정렬 옵션] 대화상자에서 대/소문자를 구분하도록 변경하여, 오름차순으로 정렬하면 대문자가 소문자보다 우선순위를 갖는다.
④ 공백으로 시작하는 문자열은 오름차순 정렬일 때 숫자 바로 다음에 정렬되고, 내림차순 정렬일 때는 숫자 바로 앞에 정렬된다.

> **기적의 TIP**
> 정렬은 매회 출제되는 매우 중요한 내용입니다. 개념과 기능을 확실히 알아두시기 바랍니다.

---

031 필터

- 자동 필터 : 자동 필터를 이용하여 추출한 데이터는 항상 레코드(행) 단위로 표시, 같은 열에 여러 개의 항목을 동시에 선택하여 데이터를 추출할 수 있음
- 고급 필터 : 조건 범위와 복사 위치는 고급 필터 명령을 실행하기 전에 설정해 놓아야 함. 결과를 '현재 위치에 필터'로 선택한 경우 복사 위치를 지정할 필요가 없으며, [자동 필터]처럼 현재 데이터 범위 위치에 고급 필터 결과를 표시함
- 단일 조건 : 첫 행에 필드명을 입력하고, 필드명 아래에 검색할 값을 입력
- AND 조건 : 첫 행에 필드명을 나란히 입력하고, 동일한 행에 조건을 입력
- OR 조건 : 첫 행에 필드명을 나란히 입력하고, 서로 다른 행에 조건을 입력
- 복합 조건(AND, OR 결합) : 첫 행에 필드명을 나란히 입력하고, 동일한 행에 조건을 입력, 그리고 다음 동일한 행에 두 번째 조건을 입력
- 고급 필터에서 조건 범위를 만들 때 만능 문자(?, *)를 사용할 수 있음

15년 10월

61 직원현황 표에서 이름이 세 글자이면서 '이'로 시작하고 TOEIC 점수가 600점 이상 800점 미만인 직원이거나, 직급이 대리이면서 연차가 3년 이상인 직원의 데이터를 추출하고자 한다. 다음 중 이를 위한 [고급 필터]의 검색 조건으로 옳은 것은?

①
이름	TOEIC	TOEIC	직급	연차
이??	>=600	<800		
			대리	>=3

②
이름	TOEIC	TOEIC	직급	연차
이**	>=600		대리	
		<800		>=3

③
이름	TOEIC	TOEIC	직급	연차
이??	>=600		대리	
		<800		>=3

④
이름	TOEIC	TOEIC	직급	연차
이**	>=600	<800		
			대리	>=3

16년 6월

62 다음 중 자동 필터에 관한 설명으로 옳지 <u>않은</u> 것은?

① 날짜가 입력된 열에서 요일로 필터링하려면 '날짜 필터' 목록에서 필터링 기준으로 사용할 요일을 하나 이상 선택하거나 취소한다.
② 두 개 이상의 필드에 조건을 설정하는 경우 필드 간에는 AND 조건으로 결합되어 필터링된다.
③ 열 머리글에 표시되는 드롭다운 화살표에는 해당 열에서 가장 많이 나타나는 데이터 형식에 해당하는 필터 목록이 표시된다.
④ 자동 필터를 사용하면 목록 값, 서식 또는 조건 등 세 가지 유형의 필터를 만들 수 있으며, 각 셀의 범위나 표 열에 대해 한 번에 한 가지 유형의 필터만 사용할 수 있다.

'날짜 필터' 목록에서 필터링 기준으로 사용할 요일은 지원되지 않음

기적의 TIP

필터는 자동 필터와 고급 필터 모두 꾸준히 출제되고 있으며 특히, 고급 필터에서 검색 조건과 만능 문자, 수식을 이용한 조건을 사용하여 검색하는 문제가 자주 출제되고 있습니다. 실습을 통한 정확한 이해가 필요합니다.

---

032 부분합

- 워크시트에 있는 데이터를 일정한 기준으로 요약하여 통계 처리를 수행함
- 기준이 될 필드(열)로 먼저 정렬(오름차순 또는 내림차순)해야 함
- 그룹화할 항목 : 부분합을 계산할 기준 필드
- 사용할 함수 : 합계, 개수, 평균, 최대값, 최소값, 곱, 숫자 개수, 표본 표준 편차, 표준 편차, 표본 분산, 분산 등 계산 항목에서 선택한 필드를 계산할 방식을 지정함
- 새로운 값으로 대치 : 이미 부분합이 작성된 목록에서 이전 부분합을 지우고 현재 설정대로 새로운 부분합을 작성하여 삽입함
- 모두 제거 : 목록에 삽입된 부분합이 삭제되고, 원래 데이터 상태로 돌아감

24년 상시, 13년 6월

63 다음 중 부분합에 대한 설명으로 옳지 <u>않은</u> 것은?

① 부분합은 SUBTOTAL 함수를 사용하여 합계나 평균 등의 요약 값을 계산한다.
② 첫 행에는 열 이름표가 있어야 하며, 데이터는 그룹화할 항목을 기준으로 정렬되어 있어야 한다.
③ 항목 및 하위 항목별로 데이터를 요약하며, 사용자 지정 계산과 수식을 만들 수 있다.
④ 부분합을 제거하면 부분합과 함께 표에 삽입된 개요 및 페이지 나누기도 제거된다.

14년 10월, 12년 9월

64 다음 중 부분합에 대한 설명으로 옳지 <u>않은</u> 것은?

① 부분합을 작성하려면 첫 행에는 열 이름표가 있어야 하며, 그룹화할 항목을 기준으로 반드시 정렬해야 제대로 된 결과를 얻을 수 있다.
② 그룹화를 위한 데이터의 정렬을 오름차순으로 할 때와 내림차순으로 할 때의 그룹별 부분합의 결과는 서로 다르다.
③ 부분합을 제거하면 부분합과 함께 표에 삽입된 개요 및 페이지 나누기도 모두 제거된다.
④ 부분합 대화상자에서 '새로운 값으로 대치'를 해제하지 않고 부분합을 실행하면 이전에 작성한 부분합은 삭제되고 새롭게 작성한 부분합만 표시된다.

기적의 TIP

부분합은 정렬 작업이 선행되어야 하는 점에 유의하시고 부분합의 기능별 특징에 대해 정확히 숙지해 두시기 바랍니다.

033 데이터 표

- 워크시트에서 특정 데이터를 변화시켜 수식의 결과가 어떻게 변하는지 보여 주는 셀 범위를 데이터 표라고 함
- 데이터 표 범위를 지정한 다음 [데이터] 탭-[예측] 그룹-[가상 분석]을 클릭한 후 [데이터 표] 메뉴를 실행하고, '행 입력 셀'과 '열 입력 셀'을 지정하여 작성함
- 데이터 표의 수식은 데이터 표를 작성하기 위해 필요한 변수가 하나인지 두 개인지에 따라 수식의 작성 위치가 달라짐
- 데이터 표 기능을 통해 입력된 셀의 일부분만 수정하거나 삭제할 수 없음(데이터 표 범위의 전체를 수정해야 함)

11년 7월/10월

65 다음 중 데이터 표에 관한 설명으로 옳지 <u>않은</u> 것은?

① 데이터 표 기능을 통해 입력된 셀의 일부분만 수정하거나 삭제할 수 있다.
② 수식이 입력될 범위를 반드시 먼저 설정한 후 데이터 표 기능을 실행해야 올바른 결과를 얻을 수 있다.
③ 데이터 표 기능을 이용하여 계산된 결과는 참조하고 있는 셀의 데이터가 수정되면 자동으로 갱신된다.
④ '열 입력 셀'만 지정되는 경우는 수식에서 참조되어야 하는 데이터가 하나의 열에 입력되어 있는 경우이다.

24년 상시, 21년 상시, 15년 6월, 13년 10월

66 아래 시트에서 [표1]의 할인율 [B3]을 적용한 할인가 [B4]를 이용하여 [표2]의 각 정가에 해당하는 할인가 [E3:E6]를 계산하고자 한다. 다음 중 이때 가장 적합한 데이터 도구는?

▲	A	B	C	D	E
1	[표1] 할인 금액			[표2] 할인 금액표	
2	정가	₩10,000		정가	₩9,500
3	할인율	5%			₩10,000
4	할인가	₩9,500			₩15,000
5					₩24,000
6					₩30,000

① 통합
② 데이터 표
③ 부분합
④ 시나리오 관리자

> **기적의 TIP**
>
> 데이터 표는 이론적으로는 이해가 어렵기 때문에 실습을 통해 기능을 이해하시는게 좋습니다.

034 피벗 테이블/피벗 차트 보고서

- 피벗 테이블은 방대한 양의 자료를 빠르게 요약하여 보여 주는 대화형 테이블을 말함
- 피벗 테이블 보고서는 각 필드에 다양한 조건을 지정할 수 있으며, 일정한 그룹별로 데이터 집계가 가능함
- 피벗 차트 작성 시 자동으로 피벗 테이블도 함께 만들어짐. 즉, 피벗 테이블을 만들지 않고는 피벗 차트를 만들 수 없음
- 피벗 테이블과 피벗 차트를 함께 만든 후에 작성된 피벗 테이블을 삭제하면 피벗 차트는 일반 차트로 변경됨
- 데이터 새로 고침 : 피벗 테이블은 원본 데이터와 연결되어 있지만 원본 데이터가 변경될 때 자동으로 피벗 테이블 내용을 변경하지 못함

24년 상시, 20년 2월, 16년 6월

67 다음 중 피벗 테이블과 피벗 차트에 대한 설명으로 옳지 <u>않은</u> 것은?

① 새 워크시트에 피벗 테이블을 생성하면 보고서 필터의 위치는 [A1] 셀, 행 레이블은 [A3] 셀에서 시작한다.
② 피벗 테이블과 연결된 피벗 차트가 있는 경우 피벗 테이블에서 [모두 지우기] 명령을 사용하면 피벗 테이블과 피벗 차트의 필드, 서식 및 필터가 제거된다.
③ 하위 데이터 집합에도 필터와 정렬을 적용하여 원하는 정보만 강조할 수 있으나 조건부 서식은 적용되지 않는다.
④ [피벗 테이블 옵션] 대화상자에서 오류값을 빈 셀로 표시하거나 빈 셀에 원하는 값을 지정하여 표시할 수도 있다.

> 하위 데이터 집합에 대해 필터, 정렬, 그룹 및 조건부 서식을 적용하여 원하는 정보만 강조할 수 있음

23년 상시, 17년 3월

68 다음 중 피벗 차트 보고서에 대한 설명으로 옳지 않은 것은?

① 피벗 차트 보고서에 필터를 적용하면 피벗 테이블 보고서에 자동 적용된다.
② 처음 피벗 테이블 보고서를 만들 때 자동으로 피벗 차트 보고서를 함께 만들 수도 있고, 기존 피벗 테이블 보고서에서 피벗 차트 보고서를 만들 수도 있다.
③ 피벗 차트 보고서를 정적 차트로 변환하려면 관련된 피벗 테이블 보고서를 선택한 후 [피벗 테이블 분석] 탭 − [동작] 그룹의 [지우기] − [모두 지우기] 명령을 수행하여 피벗 테이블 보고서를 먼저 삭제한다.
④ 피벗 차트 보고서를 삭제해도 관련된 피벗 테이블 보고서는 삭제되지 않는다.

> **기적의 TIP**
> 피벗 테이블/피벗 차트 보고서의 개념과 구성 요소, 레이아웃, 도구 모음에 대한 전반적인 숙지가 필요합니다. 특히, 새로 고침에 대한 부분은 반드시 숙지해 두시기 바랍니다.

035 **목표값 찾기**

- 수식의 결과값은 알고 있으나 그 결과값을 얻기 위한 입력값을 모를 때 목표값 찾기 기능을 이용함
- 수식에서 참조한 특정 셀의 값을 계속 변화시켜 수식의 결과값을 원하는 값으로 찾음
- [데이터] 탭−[예측] 그룹−[가상 분석]을 클릭한 후 [목표값 찾기] 메뉴를 선택하여 수식 셀, 찾는 값, 값을 바꿀 셀을 지정함
- 찾는 값 : 수식 셀의 결과로, 원하는 특정한 값을 숫자 상수로 입력함

12년 6월

69 다음 중 목표값 찾기에 관한 설명으로 옳지 않은 것은?

① 목표값 찾기는 수식이 사용된 셀에서 수식으로 구하려는 결과값은 알고 있으나 그 결과값을 얻기 위해 필요한 수식 입력값을 모르는 경우에 사용하는 기능이다.
② 여러 개의 변수를 조정하여 특정한 목표값을 찾을 때는 '해 찾기'를 이용한다.
③ 변경할 입력값에 제한 조건을 지정하여 가장 효과적인 입력값을 구할 수 있다.
④ 목표값 찾기에서 결과값으로 사용되는 셀은 반드시 다른 셀을 참조하는 수식으로 구성되어 있어야 한다.

16년 3월

70 다음 중 아래 그림과 같이 목표값 찾기를 지정했을 때의 설명으로 옳은 것은?

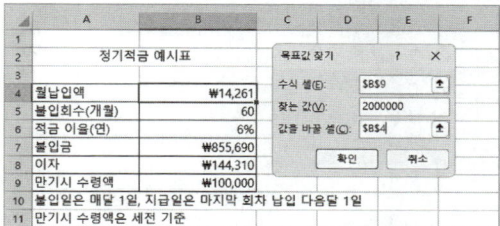

① 만기 시 수령액이 2,000,000원이 되려면 월 납입금은 얼마가 되어야 하는가?
② 만기 시 수령액이 2,000,000원이 되려면 적금 이율(연)이 얼마가 되어야 하는가?
③ 불입금이 2,000,000원이 되려면 만기 시 수령액은 얼마가 되어야 하는가?
④ 월 납입금이 2,000,000원이 되려면 만기 시 수령액은 얼마가 되어야 하는가?

기적의 TIP

목표값 찾기의 쓰임새에 대한 이해와 기능을 정확히 파악하고 찾는 값에 숫자 상수가 입력되어야 하는 점에 주의하시기 바랍니다.

---

036 시나리오

- 변경 요소가 많은 작업표에서 가상으로 수식이 참조하고 있는 셀의 값을 변화시켜 작업표의 결과를 예측하는 기능
- 변경 요소가 되는 값의 그룹을 '변경 셀'이라고 하며, 하나의 시나리오에 최대 32개까지 변경 셀을 지정할 수 있음
- 변경 셀로 지정한 셀에 계산식이 포함되어 있으면 자동으로 상수로 변경되어 시나리오가 작성됨
- '결과 셀'은 변경 셀 값을 참조하는 수식으로 입력되어야 함
- 병합 : 열려 있는 다른 통합 문서의 워크시트에서 시나리오를 가져와 현재 시트의 시나리오에 추가함

21년 상시, 15년 3월

71 다음 중 아래 [시나리오 관리자] 대화상자의 각 버튼에 대한 설명으로 옳지 않은 것은?

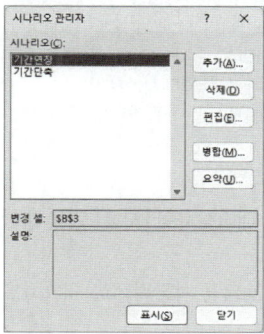

① 표시 : 선택한 시나리오에 대해 결과를 표시한다.
② 편집 : 선택한 시나리오를 변경한다.
③ 병합 : 다른 워크시트의 시나리오를 통합하여 함께 관리한다.
④ 요약 : 시나리오에 대한 요약 보고서나 피벗 테이블을 작성한다.

17년 3월

72 아래는 연이율 6%의 대출금 5,000,000원을 36개월, 60개월, 24개월로 상환 시 월상환액에 따른 시나리오 요약 보고서를 작성한 것이다. 다음 중 이에 관한 설명으로 옳지 않은 것은?

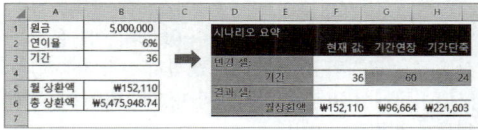

① 시나리오 추가 시 사용된 [변경 셀]은 [B3] 셀이다.
② [B3] 셀은 '기간'으로 [B5] 셀은 '월상환액'으로 이름이 정의되어 있다.
③ 일반적으로 시나리오를 만들 때 [변경 셀]에는 사용자가 값을 입력할 수는 있으나 여러 개의 셀을 참조할 수는 없다.
④ [B5] 셀은 시나리오 요약 시 [결과 셀]로 사용되었으며, 수식이 포함되어 있다.

기적의 TIP

시나리오는 사용 목적에 대해 이해하고 목표값 찾기와 혼동하지 않도록 차이점을 파악해 두시기 바랍니다.

037 페이지 설정

- [페이지] 탭에서 '자동 맞춤'의 용지 너비와 용지 높이를 각각 1로 지정하면 여러 페이지가 한 페이지에 인쇄됨
- 배율은 워크시트 표준 크기의 10%에서 400%까지 설정함
- 머리글/바닥글은 [머리글/바닥글] 탭에서 설정함
- 셀에 설정된 메모는 '시트에 표시된 대로' 인쇄할 수 있음

25년 상시, 22년 상시, 15년 3월

73 다음 중 [페이지 설정] 대화상자의 [시트] 탭에 대한 설명으로 옳지 <u>않은</u> 것은?

① 인쇄 영역을 지정하지 않으면 기본적으로 워크시트의 모든 내용을 인쇄한다.
② 반복할 행은 "$1:$3"과 같이 행 번호로 나타낸다.
③ 메모의 인쇄 방법을 '시트 끝'으로 선택하면 원래 메모가 속한 각 페이지의 끝에 모아 인쇄된다.
④ 여러 페이지가 인쇄될 경우 열 우선을 선택하면 오른쪽 방향으로 인쇄를 마친 후에 아래쪽 방향으로 진행된다.

'시트 끝'을 선택하면 각 페이지의 메모가 문서의 마지막에 한꺼번에 인쇄됨

25년 상시, 24년 상시, 22년 상시, 17년 3월, 14년 3월

74 다음 중 엑셀의 [페이지 설정] 대화상자에 대한 설명으로 옳은 것은?

① 인쇄 배율을 수동으로 설정할 수 있으며, 배율은 워크시트 표준 크기의 10%에서 200%까지 설정 가능하다.
② [시트] 탭에서 머리글/바닥글과 행/열 머리글이 인쇄되도록 설정할 수 있다.
③ [페이지] 탭에서 '자동 맞춤'의 용지 너비와 용지 높이를 각각 1로 지정하면 여러 페이지가 한 페이지에 인쇄된다.
④ 셀에 설정된 메모는 시트에 표시된 대로 인쇄할 수는 없으나 시트 끝에 인쇄되도록 설정할 수 있다.

기적의 TIP
페이지 설정의 각 탭의 기능을 묻는 문제가 자주 출제됩니다. 기능별 특징에 대해 정확히 숙지해 두시기 바랍니다.

038 차트

- **분산형(XY 차트)**
  - 데이터의 불규칙한 간격이나 묶음을 보여주는 것으로, 데이터 요소 간의 차이점보다는 큰 데이터 집합 간의 유사점을 표시하려는 경우에 사용함
  - 각 항목이 값을 점으로 표시함
  - 두 개의 숫자 그룹을 XY 좌표로 이루어진 한 계열로 표시(XY 차트라고도 함)
  - 주로 과학, 공학용 데이터 분석에서 사용함
  - 3차원 차트로 작성할 수 없음
  - 가로 축은 항목 축이 아닌 값 축 형식으로 나타남
- **주식형 차트** : 주식 가격, 온도 변화와 같은 과학 데이터를 나타내는 데 사용하며 3차원 차트로 작성할 수 없음
- **영역형 차트** : 일정한 시간에 따라 데이터의 변화 추세(데이터 세트의 차이점을 강조)를 표시, 데이터 계열값의 합계를 표시하여 전체 값에 대한 각 값의 관계를 표시함
- **방사형 차트** : 많은 데이터 계열의 합계 값을 비교할 때 사용하며 각 항목마다 가운데 요소에서 뻗어 나온 값 축을 갖고, 선은 같은 계열의 모든 값을 연결함. 3차원 차트로 작성할 수 없음

21년 상시, 17년 3월, 14년 6월, 13년 6월

75 다음 중 아래에서 설명하는 차트의 종류로 가장 적절한 것은?

- 가로 축의 값이 일정한 간격이 아닌 경우
- 가로 축의 데이터 요소 수가 많은 경우
- 데이터 요소 간의 차이점보다는 큰 데이터 집합 간의 유사점을 표시하려는 경우

① 주식형 차트　　② 분산형 차트
③ 영역형 차트　　④ 방사형 차트

17년 3월

76 다음 중 차트에서 3차원 막대그래프에 적용할 수 없는 기능은?

① 상하 회전　　② 원근감 조절
③ 추세선　　　④ 데이터 표 표시

추세선이 추가된 데이터 계열의 차트 종류를 3차원으로 바꾸면 추세선이 사라짐

> **기적의 TIP**
>
> 차트의 기본 개념과 구성 요소, 차트 종류별 사용 용도에 대해 정확히 숙지해 두셔야 합니다. 아울러 차트 선택 및 차트 도구와 추세선에 대한 부분도 자주 출제되오니 반드시 기능과 특징에 대해 파악해 두시기 바랍니다.

039 매크로

- 자주 사용하는 명령, 반복적인 작업 등을 매크로로 기록하여 해당 작업이 필요할 때마다 바로 가기 키(단축 키)나 실행 단추를 클릭하여 쉽고, 빠르게 작업을 수행할 수 있음
- 매크로는 해당 작업에 대한 일련의 명령과 함수를 Microsoft Visual Basic 모듈로 저장한 것으로 Visual Basic 언어를 기반으로 함
- 매크로 이름 : 기록할 매크로 이름을 지정하는 것으로 기본적으로는 매크로1, 매크로2와 같이 붙여짐. 첫 글자는 반드시 문자이어야 하며, 나머지는 문자, 숫자, 밑줄 등을 사용하여 입력할 수 있음
- 매크로 이름에 공백이나 #, @, $, %, & 등의 기호 문자를 사용할 수 없음
- 매크로 편집 : [Alt]+[F11]
- 한 단계씩 코드 실행 : [F8]
- 모듈 창의 커서 위치까지 실행 : [Ctrl]+[F8]
- 매크로 실행 : [F5]

22년 상시, 16년 3월

77 다음 중 아래 괄호(   )에 해당하는 바로 가기 키의 연결이 옳은 것은?

> Visual Basic Editor에서 매크로를 한 단계씩 실행하기 위한 바로 가기 키는 (㉮)이고, 모듈 창의 커서 위치까지 실행하기 위한 바로 가기 키는 (㉯)이며, 매크로를 바로 실행하기 위한 바로 가기 키는 (㉰)이다.

① ㉮-[F5] ㉯-[Ctrl]+[F5] ㉰-[F8]
② ㉮-[F5] ㉯-[Ctrl]+[F8] ㉰-[F8]
③ ㉮-[F8] ㉯-[Ctrl]+[F5] ㉰-[F5]
④ ㉮-[F8] ㉯-[Ctrl]+[F8] ㉰-[F5]

25년 상시, 23년 상시, 17년 3월

78 다음 중 매크로 편집에 사용되는 Visual Basic Editor에 관한 설명으로 옳지 <u>않은</u> 것은?

① Visual Basic Editor는 단축키 [Alt][F11]을 누르면 실행된다.
② 작성된 매크로는 한 번에 실행되며, 한 단계씩 실행될 수는 없다.
③ Visual Basic Editor는 프로젝트 탐색기, 속성 창, 모듈 시트 등으로 구성되어 있다.
④ 실행하고자 하는 매크로 구문 내에 커서를 위치시키고 [F5]를 누르면 매크로가 바로 실행된다.

[한 단계씩 코드 실행]에서 한 단계씩 실행 가능함

> **기적의 TIP**
>
> 매크로는 매회 시험에 출제되는 부분입니다. 매크로 이름과 바로 가기 키, 저장 위치, 실행, 편집 등에 대한 전반적인 학습이 필요합니다.

040 VBA 프로그래밍

- VBA 구문은 한 가지 종류의 수행, 선언, 정의 등을 표현할 수 있는 명령문을 말함
- 한 줄에 두 개 이상의 명령문을 입력할 때는 콜론(:)을 사용함
- 명령문이 길어져서 두 줄 이상 나누어 입력할 때 공백과 밑줄(_)을 줄 연속 문자로 사용함
- Range("A1").Formula = 3*4 → [A1] 셀에 3*4의 결과 12가 입력됨. 수식이 그대로 셀에 나타나려면 Range("A1").Formula = "= 3*4"로 하고 해당 셀이 텍스트 표시 형식이어야 함
- ClearFormats 메서드 : 개체의 서식을 지움
- Range.ClearFormats 메서드 : 개체의 서식을 지움
- 구문 : expression.ClearFormats → expression : Range 개체를 나타내는 변수
- 예제 : Sheet1에 있는 셀 범위 A1:C3에 적용된 모든 서식을 지우는 예제 → Worksheets("Sheet1").Range("A1:C3").ClearFormats

21년 상시, 16년 10월, 14년 6월

79 다음 중 각 VBA 코드에 대한 설명으로 옳지 <u>않은</u> 것은?

① Range("A5").Select ⇒ [A5] 셀로 셀 포인터를 이동한다.
② Range("C2").Font.Bold = "True" ⇒ [C2] 셀의 글꼴 스타일을 '굵게'로 설정한다.
③ Range("A1").Formula = 3*4 ⇒ [A1] 셀에 수식 '=3*4'가 입력된다.
④ Workbooks.Add ⇒ 새 통합 문서를 생성한다.

24년 상시, 22년 상시, 17년 3월

80 아래의 프로시저를 이용하여 [A1:C3] 영역의 서식만 지우려고 한다. 다음 중 괄호 안에 들어갈 코드로 옳은 것은?

```
Sub Procedure()
    Range("A1:C3")
    Selection.(      )
End Sub
```

① DeleteFormats
② FreeFormats
③ ClearFormats
④ DeactivateFormats

> **기적의 TIP**
> VBA에 대한 기본 내용과 프로그램의 결과를 묻는 문제가 자주 출제되고 있습니다. 기출문제를 이용하여 논리적으로 코드를 분석하고 결과를 도출할 수 있도록 학습하시기 바랍니다.

과목 03 데이터베이스 일반

041 데이터베이스의 장·단점

장점	• 중복을 최소화하여 자료의 일치를 기함 • 데이터의 물리적, 논리적 독립성을 유지함 • 단말기를 통해 요구된 내용을 즉시 처리하는 실시간 접근이 가능함 • 데이터 보안을 유지하여 데이터의 손실을 방지함 • 최신 데이터를 유지하므로 데이터의 계속적인 변화에 적응함 • 데이터의 내용에 의한 액세스를 함 • 일관성, 무결성의 유지 및 데이터의 공유와 표준화가 가능함
단점	• 운영 비용 면에서 부담이 크며, 전산 비용이 증가되고 복잡함 • 자료의 처리 방법이 복잡함 • 시스템의 취약성이 있음 • 예비(Backup)와 회복(Recovery) 기법이 어려워짐

24년 상시, 10년 6월

81 다음 중 데이터베이스를 이용하는 경우의 장점으로 가장 옳은 것은?

① 데이터 간의 종속성을 유지할 수 있다.
② 데이터 관리 비용을 절감할 수 있다.
③ 데이터의 일관성 및 무결성을 유지할 수 있다.
④ 데이터를 중복적으로 관리하므로 시스템에 문제가 발생하더라도 복구가 쉽다.

25년 상시, 21년 상시, 15년 6월

82 다음 중 DBMS의 단점에 대한 설명으로 옳지 <u>않은</u> 것은?

① 하드웨어나 DBMS 구입 비용, 전산화 비용 등이 증가함
② DBMS와 데이터베이스 언어를 조작할 수 있는 고급 프로그래머가 필요함
③ 데이터를 통합하는 중앙 집중 관리가 어려움
④ 데이터의 백업과 복구에 많은 비용과 시간이 소요됨

> **기적의 TIP**
> 데이터베이스의 정의와 개념, 장점과 단점에 대해 정확히 이해하고 숙지해 두도록 하세요.

042 데이터베이스 언어(DBL)

데이터 정의어(DDL : Data Definition Language)	• 데이터베이스 구조와 관계, 데이터베이스 이름을 정의함 • 데이터 항목, 키 값의 고정, 데이터의 형과 한계를 규정함 • 데이터 액세스 방법 등을 규정함
데이터 조작어(DML : Data Manipulation Language)	• 주 프로그램에 내장하여 데이터베이스를 실질적으로 운영 및 조작함 • 데이터의 삽입, 삭제, 검색, 변경, 연산 등의 처리를 위한 연산 집합
데이터 제어어(DCL : Data Control Language)	• 데이터베이스를 공용하기 위하여 데이터 제어를 정의 및 기술함 • 데이터 보안, 무결성, 회복, 병행 수행 등을 제어함

13년 6월

83 다음은 데이터베이스 관리 시스템(DBMS)의 기능과 각 기능에 대한 설명이다. 바르게 짝지어진 것은?

ⓐ 조작 기능	ⓑ 제어 기능	ⓒ 정의 기능
㉮ 데이터의 정확성과 보안성을 유지하기 위한 무결성, 보안 및 권한 검사, 병행 제어 등의 기능을 정의하는 기능
㉯ 데이터 형(type), 구조, 데이터를 이용하는 방식을 정의하는 기능
㉰ 데이터의 검색, 삽입, 삭제, 변경 등을 처리하기 위한 접근 수단을 정의하는 기능

① ⓐ-㉮, ⓑ-㉯, ⓒ-㉰
② ⓐ-㉰, ⓑ-㉮, ⓒ-㉯
③ ⓐ-㉮, ⓑ-㉰, ⓒ-㉯
④ ⓐ-㉯, ⓑ-㉮, ⓒ-㉰

25년 상시, 22년 상시, 20년 2월, 16년 6월, 14년 3월

84 다음 중 데이터 보안 및 회복, 무결성, 병행 수행 제어 등을 정의하는 데이터베이스 언어로 데이터베이스 관리자가 데이터 관리를 목적으로 주로 사용하는 언어는?

① 데이터 제어어(DCL)
② 데이터 부속어(DSL)
③ 데이터 정의어(DDL)
④ 데이터 조작어(DML)

기적의 TIP
데이터 정의어(DDL), 데이터 조작어(DML), 데이터 제어어(DCL)의 종류와 역할에 대하여 묻는 문제가 출제됩니다. 혼동하지 않도록 정확하게 숙지해 두시기 바랍니다.

043 키의 종류

• 후보키 : 한 테이블에서 유일성과 최소성을 만족하는 키 (예 주민번호, 사원번호 등)
• 기본키(PK : Primary Key) : 후보키 중에서 선정되어 사용되는 키(기본키는 두 개 이상의 필드에 설정할 수 있음)
• 슈퍼키 : 어떠한 열도 후보키가 없을 때 두 개 이상의 열을 복합(연결)할 경우 유일성을 만족하여 후보키가 되는 키(복합키, 연결키라고도 함)
• 외래키(FK : Foreign Key) : 외래키(FK)가 다른 참조 테이블(릴레이션)의 기본키(PK)일 때 그 속성키를 외래키라고 함

24년 상시, 12년 6월

85 다음 중 키의 개념에 대한 설명으로 옳지 <u>않은</u> 것은?

① 후보키(Candidate Key)는 유일성과 최소성을 만족한다.
② 슈퍼키(Super Key)는 유일성은 가지지만 최소성을 가지지 않는 키이다.
③ 기본키(Primary Key)로 지정된 속성은 모든 튜플에 대해 널(Null) 값을 가질 수 없다.
④ 외래키(Foreign Key)는 후보키 중에서 기본키로 정의되지 않은 나머지 후보키들을 말한다.

18년 3월, 17년 3월

86 다음 중 기본키(Primary Key)에 대한 설명으로 옳지 <u>않은</u> 것은?

① 기본키로 지정된 필드는 다른 레코드와 동일한 값을 가질 수 없다.
② 기본키 필드에 값이 입력되지 않으면 레코드가 저장되지 않는다.
③ 기본키가 설정되지 않아도 테이블은 생성된다.
④ 기본키는 하나의 필드에만 설정할 수 있다.

기적의 TIP
키의 종류와 개념, 각 키의 기능과 특징에 대해 묻는 문제가 출제됩니다. 단어가 갖는 의미대로 기능하므로 혼동되지 않게 학습해 두시기 바랍니다.

044 정규화(Normalization)

- 관계형 데이터베이스를 설계할 때 데이터의 중복 최소화와 불일치를 방지하기 위해 릴레이션 스키마를 분해해 가는 과정
- 데이터베이스의 논리적 설계 단계에서 수행됨
- 정규형(NF : Normal Form)에는 제1정규형(1NF), 제2정규형(2NF), 제3정규형(3NF), BCNF형, 제4정규형(4NF), 제5정규형(5NF) 등이 있음
- 정규화를 수행하더라도 데이터 중복의 최소화는 가능하지만 데이터의 중복을 완전히 제거할 수는 없음

23년 상시, 21년 상시, 14년 6월
87 다음 중 정규화(Normalization)의 목적에 대한 설명으로 옳지 <u>않은</u> 것은?

① 테이블의 불일치 위험을 최소화하고 데이터 구조의 안정성을 최대화한다.
② 모든 릴레이션이 데이터베이스 내에서 모든 개체 간의 관계를 표현 가능하도록 한다.
③ 간단한 관계 연산에 의해 효율적인 정보 검색과 데이터 조작이 가능하다.
④ 데이터 중복을 최소화하기 위해 데이터베이스의 물리적 설계 단계에서 수행한다.

25년 상시, 21년 상시, 17년 3월
88 다음 중 정규화에 대한 설명으로 옳지 <u>않은</u> 것은?

① 정규화를 통해 삽입, 삭제, 갱신 이상의 발생을 방지할 수 있다.
② 정규화를 통해 데이터 삽입 시 테이블 재구성의 필요성을 줄일 수 있다.
③ 정규화는 테이블 속성들 사이의 종속성을 최대한 배제하는 과정으로 볼 수 있다.
④ 정규화를 수행하여 데이터의 중복을 완전히 제거할 수 있다.

🚩 **기적의 TIP**
정규화의 목적, 설계 단계, 개념의 옳고 그름을 묻는 유형으로 출제됩니다. 중복의 최소화는 가능하지만 데이터의 완전한 중복을 제거하기는 어려운 점에 유의하시기 바랍니다.

045 데이터 형식의 종류

- 일련번호
  - 레코드 추가 시 자동으로 고유 번호를 부여할 때 사용함
  - 번호가 부여되면 변경하거나 삭제할 수 없음
  - 기본키를 설정하는 필드에서 주로 사용함
- Yes/No
  - True/False, Yes/No, On/Off처럼 두 값 중 하나만을 선택하는 경우에 사용함
  - Null 값을 허용하지 않음
  - 기본 필드 크기 : 1비트

24년 상시, 23년 상시, 13년 3월
89 다음 중 레코드가 추가될 때마다 시스템에서 자동으로 값을 입력해주며 업데이트나 수정이 불가능한 데이터 형식은?

① 짧은 텍스트
② 숫자
③ 일련번호
④ Yes/No

14년 10월
90 다음 중 테이블에서 사원들이 부모님과 함께 살고 있는지의 여부를 입력받고자 할 때, 설정할 데이터 형식으로 가장 적절한 것은?

① 긴 텍스트
② Yes/No
③ 일련번호
④ 하이퍼링크

🚩 **기적의 TIP**
데이터 형식의 종류와 각 특징에 대해 옳고 그름을 묻는 형식으로 출제됩니다. 혼동하지 않도록 학습해 두시기 바랍니다.

046 유효성 검사 규칙

- 유효성 검사 규칙은 레코드, 필드, 컨트롤 등에 입력할 수 있는 데이터 요구 사항을 지정할 수 있는 속성임
- 유효성 검사 규칙과 유효성 검사 텍스트 속성은 옵션 그룹에 있는 확인란, 옵션 단추 또는 토글 단추 컨트롤에는 적용되지 않고 옵션 그룹 자체에만 적용됨
- 일련번호나 OLE 개체에서는 유효성 검사 규칙이 지원되지 않음

22년 상시, 21년 상시, 15년 6월

91 [직원] 테이블의 '급여' 필드는 데이터 형식이 숫자이고, 필드 크기가 정수(Long)로 설정되어 있다. 다음 중 '급여' 필드에 입력 가능한 숫자를 백만원 이상, 오백만원 이하로 설정하기 위한 유효성 검사 규칙으로 옳은 것은?

① <= 1000000 Or <= 5000000
② >= 1000000 And <= 5000000
③ >= 1000000, <= 5000,000
④ 1,000,000 <= And <= 5,000,000

16년 10월

92 다음 중 〈학생〉 테이블의 '성적' 필드에 성적을 입력하는 경우 0에서 100 사이의 숫자만 입력 가능하도록 설정하기 위한 필드 속성은?

① 필드 크기
② 필수
③ 유효성 검사 규칙
④ 기본값

기적의 TIP
유효성 검사 규칙과 유효성 검사 텍스트는 자주 출제되므로 반드시 숙지해 두도록 하세요.

047 인덱스(Index)

- 인덱스는 테이블 검색 및 정렬 속도를 높여 줌
- 테이블의 기본키는 자동으로 인덱스됨
- OLE 개체 데이터 형식의 필드는 인덱스를 지정할 수 없음
- 인덱스는 테이블당 32개까지 허용됨

14년 10월

93 다음 중 테이블에서 필드 속성으로 인덱스를 지정할 수 없는 것은?

① 검색을 자주 하는 필드
② OLE 개체 형식의 필드
③ 정렬의 기준이 자주 되는 필드
④ 기본키로 설정된 필드

16년 6월

94 다음 중 데이터베이스에서 인덱스를 사용하는 목적으로 가장 적절한 것은?

① 데이터 검색 및 정렬 작업 속도 향상
② 데이터의 추가, 수정, 삭제 속도 향상
③ 데이터의 일관성 유지
④ 최소 중복성 유지

기적의 TIP
인덱스를 사용하는 목적과 인덱스로 지정할 수 없는 OLE 개체 데이터 형식에 대한 문제가 자주 출제됩니다. 아울러 인덱스의 허용 개수도 잘 알아두시기 바랍니다.

048 참조 무결성

- **참조 무결성**: 두 테이블의 연관된 레코드들 사이의 일관성을 유지하는 데 사용하고 주어진 속성들의 집합에 대한 테이블의 한 값이 반드시 다른 테이블에 대한 속성 값으로 나타나도록 보장해야 함
- **개체 무결성**: 테이블에서 기본키를 구성하는 속성(열) 값은 널 값이나 중복 값을 가질 수 없음

10년 10월

95 [성적] 테이블의 '과목코드' 필드와 [과목] 테이블의 '과목코드' 필드를 이용하여 두 테이블 간 관계가 설정되어 있다. 이때 [성적] 테이블의 '과목코드' 필드를 무엇이라 부르며, 두 테이블 간에 준수되어야 할 제약을 무엇이라 하는가? (단, [과목] 테이블의 '과목 코드' 필드는 기본키로 설정되어 있음)

① 외래키-참조 무결성
② 외래키-개체 무결성
③ 기본키-참조 무결성
④ 기본키-개체 무결성

25년 상시, 16년 6월

96 다음 중 외래 키 값을 관련된 테이블의 기본키 값과 동일하게 유지해 주는 제약 조건은?

① 동시 제어성
② 관련성
③ 참조 무결성
④ 동일성

> **기적의 TIP**
> 참조 무결성은 시험에 자주 출제되는 내용입니다. 기능을 정확히 익혀두세요.

049 SQL문-SELECT(검색문)

SELECT [ALL | DISTINCT] 열 리스트
FROM 테이블 리스트
[WHERE 조건]
[GROUP BY 열 리스트 [HAVING 조건]]
[ORDER BY 열 리스트 [ASC | DESC]];

SELECT	검색하고자 하는 열 리스트를 선택함
ALL	검색 결과값의 모든 레코드를 검색함
DISTINCT	검색 결과값 중 중복된 결과값(레코드)을 제거, 중복되는 결과값은 한 번만 표시함
FROM	대상 테이블명
WHERE	검색 조건을 기술할 때 사용함
GROUP BY	그룹에 대한 쿼리 시 사용함
HAVING	그룹에 대한 조건을 기술함(반드시 GROUP BY와 함께 사용)
ORDER BY	검색 결과에 대한 정렬을 수행함
ASC	오름차순을 의미하며 생략하면 기본적으로 오름차순임
DESC	내림차순을 의미함

14년 10월

97 [평균성적] 테이블에서 '평균' 필드 값이 90 이상인 학생들을 검색하여 '학년' 필드를 기준으로 내림차순, '반' 필드를 기준으로 오름차순 정렬하여 표시하고자 한다. 다음 중 아래 SQL문의 각 괄호 안에 넣을 예약어로 옳은 것은?

> SELECT 학년, 반, 이름
> FROM 평균성적
> WHERE 평균 >= 90 (㉠) 학년 (㉡) 반 (㉢);

① ㉠ GROUP BY ㉡ DESC ㉢ ASC
② ㉠ GROUP BY ㉡ ASC   ㉢ DESC
③ ㉠ ORDER BY ㉡ DESC ㉢ ASC
④ ㉠ ORDER BY ㉡ ASC   ㉢ DESC

16년 10월

98 다음 중 〈사원〉 테이블에서 주소가 '서울'인 사원의 이름과 부서를 입사년도가 오래 된 사원부터 최근인 사원의 순서로 검색하기 위한 SQL문으로 옳은 것은?

① SELECT 이름, 부서 FROM 사원 ORDER BY 주소='서울' ASC WHERE 입사년도;
② SELECT 이름, 부서 FROM 사원 ORDER BY 입사년도 DESC WHERE 주소='서울';
③ SELECT 이름, 부서 FROM 사원 WHERE 입사년도 ORDER BY 주소='서울' DESC;
④ SELECT 이름, 부서 FROM 사원 WHERE 주소='서울' ORDER BY 입사년도 ASC;

기적의 TIP

SELECT문은 매회 출제되므로 명령 구문에 대한 완벽한 학습이 필수입니다. 명령이 갖는 사전적 의미가 명령의 역할이자 기능임에 유의해서 공부하시면 기억하는 데 좋습니다.

050 연산자의 사용

- BETWEEN 〈값1〉 AND 〈값2〉 : 〈값1〉 이상, 〈값2〉 이하의 조건을 검색함
- IN(〈값1〉, 〈값2〉, …) : IN 연산자 뒤에 이어지는 값들의 목록 안에 들어 있는 결과를 검색함
- LIKE 〈값1〉* : 〈값1〉로 시작하는 결과를 검색함
- INSTR : 문자열을 검색하여 위치한 자릿수를 구함

21년 상시, 14년 3월

99 다음 중 도서명에 '액세스'라는 단어가 포함된 도서 정보를 검색하려고 할 때, 아래 SQL문의 WHERE절에 들어갈 조건으로 옳은 것은?

```
SELECT 도서명, 저자, 출판연도, 가격
FROM 도서
WHERE _____;
```

① 도서명 = "*액세스*"
② 도서명 IN "*액세스*"
③ 도서명 BETWEEN "*액세스*"
④ 도서명 LIKE "*액세스*"

16년 3월, 13년 10월

100 다음 중 쿼리 작성 시 사용하는 특수 연산자와 함수에 대한 설명으로 옳지 <u>않은</u> 것은?

① YEAR(DATE()) → 시스템의 현재 날짜 정보에서 연도 값만을 반환한다.
② INSTR("KOREA","R") → 'KOREA'라는 문자열에서 'R'의 위치 '3'을 반환한다.
③ RIGHT([주민번호],2)="01" → [주민번호] 필드에서 맨 앞의 두 자리가 '01'인 레코드를 추출한다.
④ LIKE "[ㄱ-ㄷ]*" → 'ㄱ'에서 'ㄷ' 사이에 있는 문자로 시작하는 필드 값을 검색한다.

기적의 TIP

연산자의 사용 방법과 결과를 묻는 문제가 자주 출제됩니다. 연산자의 기능에 대해 정확히 익혀두시면 됩니다.

051 INSERT문

- 삽입문 : 테이블에 새로운 데이터(행)를 삽입하며, IN-SERT-INTO-VALUES의 유형을 가짐
- 형식

  INSERT INTO 테이블명(필드이름1, 필드이름2, …)
  VALUES (값1, 값2, …)

11년 10월

101 다음 SQL문의 INSERT를 이용해서 [학생] 테이블에 학번 : "200878", 이름 : "정몽주", 학년 : "1"인 자료를 삽입하려고 한다. (ⓐ) 안에 들어갈 내용으로 옳은 것은?

```
INSERT INTO 학생(학번,이름,학년) ( ⓐ ) ("200878","정몽주","1");
```

① VALUES
② INTO
③ WHERE
④ FROM

21년 상시, 16년 3월, 14년 6월

102 다음 중 실행 쿼리의 삽입(INSERT)문에 대한 설명으로 옳지 <u>않은</u> 것은?

① 한 개의 INSERT문으로 여러 개의 레코드를 여러 개의 테이블에 동일하게 추가할 수 있다.
② 필드 값을 직접 지정하거나 다른 테이블의 레코드를 추출하여 추가할 수 있다.
③ 레코드의 전체 필드를 추가할 경우 필드 이름을 생략할 수 있다.
④ 하나의 INSERT문을 이용해 여러 개의 레코드와 필드를 삽입할 수 있다.

🏁 기적의 TIP

INSERT 구문의 형식과 기능에 대해 정확히 기억해 두셔야 합니다. 기출문제를 활용하시면 학습하는 데 도움이 됩니다.

---

052 UPDATE문

- 갱신문 : 테이블에 저장되어 있는 데이터를 갱신하며, UPDATE–SET–WHERE의 유형을 가짐
- 형식

  ```
  UPDATE 테이블명
  SET 필드이름1=값1, 필드이름2=값2, …
  WHERE 조건
  ```

14년 6월

103 다음 중 사원 테이블(사원번호, 이름, 직급, 급여, 부서명)에서 직급이 관리자인 사원의 급여를 20%씩 인상하는 SQL문으로 옳은 것은?

① update from 사원 set 급여=급여*1.2 where 직급='관리자'
② update 사원 set 급여=급여*1.2 where 직급='관리자'
③ update 급여 set 급여*1.2 from 사원 where 직급='관리자'
④ update 급여=급여*1.2 set 사원 where 직급='관리자'

25년 상시, 23년 상시, 22년 상시, 17년 3월, 14년 3월

104 다음 중 사원 테이블에서 호봉이 6인 사원의 연봉을 3% 인상된 값으로 수정하는 실행 쿼리를 작성하고자 할 때, 아래의 각 괄호에 넣어야 할 구문을 순서대로 나열한 것은?

```
UPDATE 사원
(          ) 연봉 = 연봉*1.03
(          ) 호봉 = 6;
```

① FROM, WHERE ② SET, WHERE
③ VALUE, SELECT ④ INTO, VALUE

🏁 기적의 TIP

UPDATE 구문의 형식과 기능에 대해 정확히 기억해 두셔야 합니다. 형식 자체를 그대로 묻는 문제가 출제됩니다.

---

053 폼의 개념

- 폼은 테이블이나 쿼리를 레코드 원본으로 사용하는 개체를 말함
- 폼은 테이블이나 쿼리 데이터의 입력, 수정 및 편집 작업을 편리하고 쉽게 할 수 있도록 도와주는 개체임
- 폼에서 데이터를 입력 및 수정할 경우 연결된 테이블이나 쿼리에 그 변경된 내용이 반영됨
- 폼은 보고서, 매크로, 모듈 등과 연결시켜 해당 작업을 자동화할 수 있음
- 폼은 데이터베이스의 보안성을 높여줌
- 폼은 테이블이나 쿼리와는 달리 이벤트를 설정할 수 있음
- 폼은 테이블이나 쿼리의 데이터와 연결되어 있는 바운드 폼(Bound Form)과 그렇지 않은 언바운드 폼(Unbound Form)으로 나눔
- 바운드 컨트롤 : 테이블이나 쿼리의 필드를 데이터 원본으로 사용하는 컨트롤로 데이터베이스에 있는 필드의 값(짧은 텍스트, 날짜, 숫자, Yes/No 값, 그림 또는 그래프)을 표시할 수 있음
- 언바운드 컨트롤 : 데이터 원본(⑪ 필드 또는 식)이 없는 컨트롤로 정보, 그림, 선 또는 직사각형을 표시할 때 사용함
- 계산 컨트롤 : 필드 대신 식을 데이터 원본으로 사용하는 컨트롤로 식을 정의하여 컨트롤의 데이터 원본으로 사용할 값을 지정함
- 레이블 컨트롤 : 제목이나 캡션 등의 설명 텍스트를 표시할 때 사용하는 컨트롤로 필드나 식의 값을 표시할 수 없음

12년 9월

105 다음 중 폼에 대한 설명으로 옳지 않은 것은?

① 입력 및 편집 작업을 위한 인터페이스이다.
② 폼을 작성하기 위한 원본으로는 테이블만 가능하다.
③ 폼을 이용하면 여러 개의 테이블에 데이터를 한 번에 입력할 수 있다.
④ 바운드(Bound) 폼과 언바운드(Unbound) 폼이 있다.

25년 상시, 23년 상시, 21년 상시, 17년 3월

106 다음 중 폼이나 보고서에서 테이블이나 쿼리의 필드를 컨트롤 원본으로 사용하는 컨트롤을 의미하는 것은?

① 언바운드 컨트롤
② 바운드 컨트롤
③ 계산 컨트롤
④ 레이블 컨트롤

🚩 **기적**의 TIP

폼의 개념을 이해하고, 바운드와 언바운드의 차이점에 대해 익혀두시기 바랍니다. 특히, 폼의 구성 요소와 폼의 종류, 폼의 속성에 대한 전반적인 학습이 필요합니다.

---

054 탭 순서

- 탭 순서는 폼 보기에서 Tab 이나 Enter 를 눌렀을 때 각 컨트롤 사이에 이동되는 순서를 설정함
- 탭 순서는 폼에 컨트롤을 추가하여 작성한 순서대로 설정됨
- 탭 정지 속성의 기본값은 '예'이며, '아니요'를 선택하면 Tab 을 눌러도 커서가 오지 않음
- 단, 레이블 컨트롤과 이미지 컨트롤은 탭 순서에서 제외되며, 탭 정지 속성이 지원되지 않음

24년 상시, 21년 상시, 12년 3월

107 다음 중 폼 작업 시 탭 순서에서 제외되는 컨트롤로 옳은 것은?

① 레이블
② 언바운드 개체 틀
③ 명령 단추
④ 토글 단추

14년 10월

108 다음 중 폼에서의 탭 순서(Tab Order) 지정에 관한 설명으로 옳지 않은 것은?

① 폼 보기에서 Tab 이나 Enter 를 눌렀을 때 포커스(Focus)의 이동 순서를 지정하는 것이다.
② 키보드를 이용하여 컨트롤 간 이동을 신속하게 할 수 있는 기능이다.
③ 레이블 컨트롤을 포함한 모든 컨트롤에 탭 순서를 지정할 수 있다.
④ 해당 컨트롤의 '탭 정지' 속성을 '아니요'로 지정하면 탭 순서에서 제외된다.

🚩 **기적**의 TIP

탭의 필요성과 개념에 대해 이해하고 제외되는 컨트롤에 대해 반드시 기억해 두시기 바랍니다.

---

055 하위 폼

- 하위 폼은 폼 안에 들어 있는 또 하나의 폼을 말함
- 폼/하위 폼의 조합을 계층형 폼 또는 마스터 폼/세부 폼, 상위/하위 폼이라고도 함
- 하위 폼을 사용하면 일 대 다 관계에 있는 테이블이나 쿼리 데이터를 효과적으로 표시할 수 있음
- 기본 폼은 관계의 '일'쪽에 있는 데이터를 표시하며, 하위 폼은 관계의 '다'쪽에 있는 데이터를 표시함
- 기본 폼은 단일 폼으로만 표시할 수 있지만, 하위 폼은 데이터시트로 표시하거나 단일 폼 또는 연속 폼으로 표시할 수 있음
- 기본 폼이 포함할 수 있는 하위 폼의 수에는 제한이 없음. 또한 하위 폼을 7개 수준까지 중첩시킬 수도 있음

24년 상시, 13년 3월

109 다음 중 하위 폼에서 새로운 레코드를 추가하려고 할 때 설정해야 할 폼 속성은?

① '필터 사용'을 예로 설정한다.
② '추가 가능'을 예로 설정한다.
③ '편집 가능'을 예로 설정한다.
④ '삭제 가능'을 예로 설정한다.

16년 10월

110 다음 중 기본 폼과 하위 폼을 연결하기 위한 기본 조건에 대한 설명으로 옳지 않은 것은?

① 기본 필드와 하위 필드의 데이터 형식과 필드의 크기는 같거나 호환되어야 한다.
② 중첩된 하위 폼은 최대 2개 수준까지 만들 수 있다.
③ 테이블 간에 관계가 설정되어 있지 않은 경우에도 하위 폼으로 연결할 수 있다.
④ 하위 폼의 '기본 필드 연결' 속성은 기본 폼을 하위 폼에 연결해 주는 기본 폼의 필드를 지정하는 속성이다.

> **기적의 TIP**
> 하위 폼의 개념 및 용도와 특징을 잘 익혀두세요. 자주 시험에 출제됩니다.

23년 상시, 22년 상시, 21년 상시, 15년 6월

112 폼 바닥글에 [사원] 테이블의 '직급'이 '과장'인 레코드들의 '급여' 합계를 구하고자 한다. 다음 중 폼 바닥글의 텍스트 상자 컨트롤에 입력해야 할 식으로 옳은 것은?

① =DHAP("[사원]", "[급여]", "[직급]='과장'")
② =DHAP("[급여]", "[사원]", "[직급]='과장'")
③ =DSUM("[사원]", "[급여]", "[직급]='과장'")
④ =DSUM("[급여]", "[사원]", "[직급]='과장'")

> **기적의 TIP**
> 도메인 함수는 조건에 맞는 함수 사용 예의 구분을 묻는 문제가 출제됩니다. 함수 형식과 각 함수의 역할에 대해 잘 기억해 두세요.

056 도메인 함수

- 테이블이나 쿼리, SQL 식에 의해 정의된 레코드 집합을 이용하여 통계 계산을 구할 때 사용하는 함수
- 도메인 계산 함수는 폼이나 보고서의 계산 컨트롤, 쿼리 조건식, 매크로, 모듈에서 사용할 수 있음
- = 도메인 계산 함수(인수, 도메인, 조건식)
- DSum(합계), DAvg(평균), DCount(개수), DMin(최소값), DMax(최대값), DLookUp(특정 필드값) 등

24년 상시, 23년 상시, 22년 상시, 13년 6월

111 다음 중 [학생] 테이블에서 '점수'가 60 이상인 학생들의 인원수를 구하는 식으로 옳은 것은? (단, '학번' 필드는 [학생] 테이블의 기본키이다.)

① =DCount("[학생]", "[학번]", "[점수]>= 60")
② =DCount("[학번]", "[학생]", "[점수]>= 60")
③ =DLookUp("[학생]", "[학번]", "[점수]>= 60")
④ =DLookUp("*", "[학생]", "[점수]>= 60")

057 보고서

- 보고서는 데이터베이스에 저장된 테이블이나 쿼리의 내용을 화면이나 프린터로 출력하기 위한 개체를 말함
- 보고서는 데이터 원본으로 테이블, 쿼리, SQL문을 사용하며 제목이나 날짜, 페이지 번호 같은 나머지 정보는 보고서 디자인에 저장됨
- 보고서는 폼과는 달리 컨트롤에 데이터를 입력하거나 수정할 수 없음
- 보고서는 그룹과 페이지에 데이터별 평균, 합계와 같은 요약 정보를 인쇄할 수 있음

24년 상시, 13년 3월

113 다음 중 보고서의 원본으로 사용할 수 없는 것은?

① 폼
② 쿼리
③ 테이블
④ SQL 구문

15년 6월

114 다음 중 Access의 보고서 개체에 대한 설명으로 옳지 않은 것은?

① 보고서는 테이블이나 쿼리의 내용을 화면이나 프린터로 인쇄하기 위한 개체이다.
② 보고서의 레코드 원본으로 테이블, 쿼리, SQL문을 사용한다.
③ 보고서에도 조건부 서식을 적용할 수 있다.
④ 보고서의 컨트롤을 이용하여 레코드 원본으로 사용된 테이블에 데이터를 입력하거나 수정할 수 있다.

> 📋 **기적의 TIP**
>
> 보고서를 만드는 방법과 종류에 대한 문제가 출제되므로 실습을 통해 정확히 학습해 두시기 바랍니다.

---

058 보고서의 구성

- 보고서는 보고서 머리글/바닥글, 페이지 머리글/바닥글, 그룹 머리글/바닥글, 본문 등의 여러 구역으로 구성됨
- 보고서의 머리글/바닥글, 페이지의 머리글/바닥글 구역은 숨기거나 나타낼 수 있으며, 그룹이 설정되어 있는 경우 그룹 머리글과 그룹 바닥글이 표시됨

23년 상시, 14년 10월

115 다음 중 보고서의 각 구역에 대한 설명으로 옳지 않은 것은?

① '페이지 머리글'은 인쇄 시 모든 페이지의 맨 위에 출력되며, 모든 페이지에 특정 내용을 반복하려는 경우 사용한다.
② '보고서 머리글'은 보고서의 맨 앞에 한 번 출력되며, 일반적으로 그룹별 요약 정보를 표시할 때 사용한다.
③ '그룹 머리글'은 각 새 레코드 그룹의 맨 앞에 출력되며, 그룹 이름이나 그룹별 계산 결과를 표시할 때 사용한다.
④ '본문'은 레코드 원본의 모든 행에 대해 한 번씩 출력되며, 보고서의 본문을 구성하는 컨트롤이 추가된다.

> 보고서 머리글은 보고서의 첫 페이지 상단에 한 번만 표시되며(페이지 머리글 위에 인쇄됨), 로고, 보고서, 제목, 인쇄일 등의 항목을 삽입함. 그룹별 요약 정보는 그룹 바닥글을 사용함

22년 상시, 21년 상시, 15년 3월

116 다음 중 보고서의 각 구역에 관한 설명으로 옳지 않은 것은?

① 보고서 머리글은 보고서의 맨 앞에 한 번 출력되며, 일반적으로 로고나 제목 및 날짜와 같이 표지에 나타나는 정보를 추가한다.
② 그룹 머리글은 각 새 레코드 그룹의 맨 앞에 출력되며, 그룹 이름을 출력하려는 경우에 사용한다.
③ 본문은 레코드 원본의 모든 행에 대해 한 번씩 출력되며, 보고서의 본문을 구성하는 컨트롤이 여기에 추가된다.
④ 보고서 바닥글은 모든 페이지의 맨 끝에 출력되며, 페이지 번호 또는 페이지별 정보를 표시하려는 경우에 사용한다.

- 페이지 바닥글 : 보고서의 매 페이지의 하단에 표시됨. 페이지 번호나 날짜 등의 항목을 삽입함
- 보고서 바닥글 : 보고서의 맨 마지막 페이지에 한 번만 표시됨. 보고서 총계나 안내 문구 등의 항목을 삽입함. 보고서 디자인의 마지막 구역이지만 인쇄된 보고서의 마지막 페이지에서 페이지 바닥글 앞에 표시됨

> 📋 **기적의 TIP**
>
> 보고서의 영역은 매 번 출제되는 매우 중요한 내용입니다. 각 구역별 기능을 정확히 이해하고, 사용되는 용도를 반드시 알아 두세요.

---

059 페이지 번호 출력

- =[Page] → 1, 2
- =[Page] & "페이지" → 1페이지, 2페이지
- =[Page] & "/" & [Pages] & "페이지" → 1/10페이지, 2/10페이지
- =[Pages] & "페이지 중" & [Page] & "페이지" → 10페이지 중 1페이지, 10페이지 중 2페이지
- =Format([Page],"000") → 001, 002

24년 상시, 22년 상시, 13년 3월

117 다음과 같이 페이지 번호를 출력하고자 할 때의 수식으로 옳은 것은?

7 페이지 중 1

① =[Page]& 페이지 중& [Pages]
② =[Pages]& 페이지 중& [Page]
③ =[Page]& "페이지 중" & [Pages]
④ =[Pages]& "페이지 중" & [Page]

15년 6월

118 다음 중 보고서 페이지 번호를 표시하는 컨트롤에 입력된 컨트롤 원본과 그 결과가 맞게 연결된 것을 모두 고른 것은? (단, 전체 페이지는 5페이지임)

	컨트롤 원본	결과
ⓐ	="Page" & [Page] & "/" & [Pages]	1/5 Page
ⓑ	=[Page] & "페이지"	1페이지
ⓒ	=[Page] & "/" & [Pages] & "Page"	Page1/5
ⓓ	=Format([Page], "00")	01

① ⓐ, ⓑ, ⓒ
② ⓑ, ⓒ, ⓓ
③ ⓐ, ⓒ
④ ⓑ, ⓓ

> **기적의 TIP**
> 페이지 번호 출력은 결과를 묻는 유형으로 자주 출제되고 있습니다. 페이지 식의 결과를 정확히 구할 수 있도록 공부해 두세요.

060 매크로

- 매크로(Macro)는 여러 개의 명령문을 하나로 묶어서 일련의 절차를 미리 정의하는 기능을 의미함
- 반복적으로 수행되는 작업을 자동화하기 위한 것
- 매크로 함수를 이용하면 작업 순으로 묶어 하나의 명령어로 저장할 수 있으므로 반복 작업을 쉽게 처리할 수 있음
- 엑셀은 매크로 기록 기능이 지원되지만, 액세스는 매크로 기록 기능이 지원되지 않음

10년 6월

119 다음 중 액세스에서의 매크로 기능에 대한 설명으로 가장 옳지 않은 것은?

① 엑셀에서와 같이 사용자가 수행하는 작업에 대한 매크로를 자동적으로 기록해 준다.
② 액세스에서 제공하는 기본적인 매크로 함수를 이용하여 매크로를 작성한다.
③ 데이터베이스 파일을 열 때 매크로를 자동으로 실행시키려면 매크로 이름을 'AutoExec'로 작성한다.
④ 매크로 이름 열에 지정한 바로 가기 키를 이용하여 매크로를 실행할 수 있다.

20년 2월, 16년 3월

120 다음 중 액세스의 매크로에 대한 설명으로 옳지 않은 것은?

① 반복적으로 수행되는 작업을 자동화하여 간단히 처리할 수 있도록 하는 기능이다.
② 매크로 함수 또는 매크로 함수 집합으로 구성되며, 각 매크로 함수의 수행 방식을 제어하는 인수를 추가할 수 있다.
③ 매크로를 이용하여 폼을 열고 닫거나 메시지 박스를 표시할 수도 있다.
④ 매크로는 주로 컨트롤의 이벤트에 연결하여 사용하며, 폼 개체 내에서만 사용할 수 있다.

> 매크로는 일반적으로 컨트롤의 이벤트에 연결하여 사용하며, 작업을 자동화하고 폼, 보고서 및 컨트롤에 기능을 추가하는 데 사용되는 도구임

> **기적의 TIP**
> 매크로의 개념과 주요 매크로 함수의 종류 및 기능을 묻는 문제가 출제됩니다. 매크로 함수는 단어의 사전적 의미대로 기능을 하므로 사전적 의미를 연관지어 학습하시면 기억하는 데 좋습니다.

상시 기출문제

2025년 상시 기출문제 01회 ……… 2-42	2024년 상시 기출문제 04회 ……… 2-124
2025년 상시 기출문제 02회 ……… 2-52	2024년 상시 기출문제 05회 ……… 2-134
2025년 상시 기출문제 03회 ……… 2-63	2023년 상시 기출문제 01회 ……… 2-145
2025년 상시 기출문제 04회 ……… 2-73	2023년 상시 기출문제 02회 ……… 2-155
2025년 상시 기출문제 05회 ……… 2-83	2023년 상시 기출문제 03회 ……… 2-166
2024년 상시 기출문제 01회 ……… 2-94	2023년 상시 기출문제 04회 ……… 2-177
2024년 상시 기출문제 02회 ……… 2-104	2023년 상시 기출문제 05회 ……… 2-187
2024년 상시 기출문제 03회 ……… 2-114	

자동 채점 서비스

문제 풀이 후
인터넷 이용 채점 가능

❶ 상단 QR 코드 스캔
❷ 오픈된 답안 표기란에 정답 체크
❸ 입력 후 X 클릭, '답안 제출'
❹ 자동 채점과 해설까지 즉시 제공

2025년 상시 기출문제 01회

- 제한시간 : 60분
- 소요시간 :   시간   분
- 전체 문항 수 : 60문항
- 맞힌 문항 수 :   문항

과목 01 컴퓨터 일반

01 다음 중 1992년 닐 스티븐슨이 출간한 소설 『스노 크래시』에서 사용한 인터넷 신조어로 실제 생활과 연결된 3차원의 가상 세계나 현실감 있는 4차원 가상 시공간을 의미하며, 가상 자아인 아바타(Avatar)를 사용하는 것은?

① 블록체인(Blockchain)
② 핀테크(FinTech)
③ Chat GPT
④ 메타버스(Metaverse)

02 다음 중 그래픽 데이터의 벡터 방식에 대한 설명으로 옳지 않은 것은?

① 그래픽의 확대/축소 시 계단 현상이 발생하지 않지만, 고해상도 표현에는 적합하지 않다.
② 점과 점을 연결하는 직선이나 곡선을 이용하여 이미지를 표현하므로 이미지를 확대하여도 테두리가 매끄럽게 표현된다.
③ 벡터 방식은 수학적 개념이 포함되므로 비트맵 방식과 비교하여 기억 공간을 많이 차지한다.
④ 벡터 파일 형식으로는 WMF, AI, CDR 등이 있다.

03 다음 중 아래의 기능을 수행하는 기억 장치로 옳은 것은?

- 하드디스크의 일부를 주기억 장치처럼 사용한다.
- 프로그램을 크기가 일정한 페이지로 사용하는 페이징 기법과 일정하지 않은 크기로 사용하는 세그멘테이션 기법이 있다.
- 기억 공간을 확대하여 사용하기 위한 목적이다.

① 가상 메모리(Virtual Memory)
② 플래시 메모리(Flash Memory)
③ 연관 메모리(Associative Memory)
④ 캐시 메모리(Cache Memory)

04 다음 중 Windows의 보조프로그램 중 [명령 프롬프트]에 관한 설명으로 옳지 않은 것은?

① MS-DOS 명령 및 기타 컴퓨터 명령을 텍스트 기반으로 실행한다.
② [명령 프롬프트] 창에서 표시되는 텍스트를 복사하여 메모장에 붙여 넣을 수 있다.
③ [실행]에서 'taskmgr'을 입력하면 [명령 프롬프트] 창이 표시된다.
④ [명령 프롬프트] 창에서 'exit'를 입력하여 종료할 수 있다.

05 다음 중 레지스터의 특징으로 옳지 않은 것은?

① 중앙 처리 장치(CPU)에서 명령이나 연산 결과값을 일시적으로 저장하는 임시 기억 장소이다.
② 레지스터의 크기는 한 번에 처리 가능한 데이터의 크기로 워드(Word) 크기 및 메모리 용량과 관계가 있다.
③ 기본 소자인 플립플롭(Flip-Flop)이나 플립플롭의 기본 구성 요소인 래치(Latch)를 직렬이나 병렬로 연결한 구조이다.
④ 메모리 중에서 레지스터가 가장 속도가 빠르며 저장된 내용이 지워지지 않는 비휘발성 메모리의 특징을 지닌다.

06 다음 중 언어 번역 및 컴파일러의 특징이 아닌 것은?

① 컴파일러는 목적 프로그램을 생성한다.
② 인터프리터와 비교하여 번역 속도와 실행 속도가 모두 빠른 장점이 있다.
③ 번역 전의 입력되는 프로그램을 원시 프로그램이라 한다.
④ C, C++, JAVA 등의 고급 언어가 컴파일 언어에 해당한다.

07 다음 중 한글 Windows에서 사용하는 연결 프로그램에 대한 설명으로 옳지 않은 것은?

① 응용 프로그램의 파일 확장자에 의해 연결 프로그램이 결정된다.
② 연결 프로그램이 지정되어 있는 파일에 대해 열기를 선택하거나 더블클릭하면 자동으로 해당 연결 프로그램이 실행된다.
③ 연결 프로그램이 지정되어 있지 않은 확장자를 갖는 파일을 열기 위해서는 바로 가기 메뉴의 [연결 프로그램]이나 [속성]에서 어떤 응용 프로그램을 사용할 것인가를 설정해야 한다.
④ 서로 다른 확장자를 갖는 파일은 반드시 서로 다른 연결 프로그램이 지정되어야 한다.

08 다음 중 아래의 기능을 수행하는 코드로 옳은 것은?

가. Zone은 3비트, Digit는 4비트로 구성된다.
나. 일반 PC용 컴퓨터 및 데이터 통신용 코드로 사용된다.
다. 128개의 문자를 표현할 수 있다.
라. 7비트로 구성되어 있으나 실제 사용은 패리티 체크 비트를 포함한 8비트로 사용한다.

① ASCII
② 유니코드
③ BCD
④ EBCDIC

09 다음 중 크라임웨어(Crimeware)가 아닌 것은?

① 키로거(Keylogger)
② DNS
③ 브라우저 하이재커(Browser Hijacker)
④ 피싱(Phishing)

10 다음의 네트워크 구성에 대한 설명 중 스타형으로 옳은 것은?

① 한 통신 회선에 여러 대의 단말기가 접속되는 형태로 회선 길이에 제한이 있으며, 구조가 간단하며 단말기의 추가 및 제거가 쉽다.
② 컴퓨터와 단말기들을 서로 이웃하는 것끼리만 연결한 형태로 LAN에서 가장 많이 사용한다.
③ 모든 단말기와 단말기들을 통신 회선으로 연결한 형태로 노드의 연결성이 뛰어나므로 응답 시간이 빠르다.
④ 중앙에 컴퓨터와 단말기들이 1:1로 연결된 형태로, 네트워크 구성의 가장 기본적인 형태이다.

11 다음 중 아래의 기능을 수행하는 것으로 옳은 것은?

> • 오류를 스스로 검출하여 교정이 가능한 코드이다.
> • 2비트의 오류를 검출할 수 있고 1비트의 오류를 교정할 수 있다.

① 유니코드
② 해밍 코드
③ 아스키 코드
④ 패리티 체크 비트

12 다음 중 컴퓨터의 저장 장치에서 동일한 디스크 시스템을 하나 더 운영하여 하나의 디스크 시스템에서 오류가 발생하였을 경우 다른 디스크 시스템으로 신속하게 전환함으로써 시스템 장애 시간을 최소화하는 기법을 의미하는 용어는?

① 미러링(Mirroring)
② 스풀링(Spooling)
③ 멀티태스킹(Multitasking)
④ 버퍼링(Buffering)

13 다음 중 컴퓨터에서 사용하는 멀티미디어의 특징에 대한 설명으로 옳지 않은 것은?

① 디지털화 : 다양한 아날로그 데이터를 디지털 데이터로 변환하여 통합 처리한다.
② 양방향성 : 정보 제공자와 사용자 간의 소통을 통한 상호 작용에 의해 데이터가 전달된다.
③ 정보의 통합성 : 텍스트, 그래픽, 사운드, 동영상, 애니메이션 등의 여러 미디어를 통합하여 처리한다.
④ 선형성 : 데이터가 일정한 방향으로 처리되고 순서에 관계 없이 원하는 부분을 선택적으로 처리한다.

14 다음 중 프로그램 언어의 번역 및 오류 처리와 관련된 용어의 설명으로 옳지 않은 것은?

① 버그(Bug)는 소프트웨어나 하드웨어의 오류나 결함을 의미한다.
② 링커(Linker)는 원시 프로그램의 오류를 찾아 수정하는 것을 의미한다.
③ 덤프(Dump)는 프로그램의 오류를 체크하기 위해 필요한 데이터 내용을 그대로 출력하는 것을 의미한다.
④ 로더(Loader)는 로드 모듈 프로그램을 주기억 장치 내로 옮겨서 실행해 주는 소프트웨어이다.

15 다음 중 CPU의 구성 요소 중에서 제어 장치의 구성 요소로 옳지 않은 것은?

① 메모리 주소 레지스터(Memory Address Register)와 메모리 버퍼 레지스터(Memory Buffer Register)
② 명령 레지스터(Instruction Register)와 명령 해독기(Instruction Decoder)
③ 누산기(Accumulator)와 보수기(Complementor)
④ 명령 계수기(Program Counter)와 부호기(Encoder)

16 다음 중 한글 Windows의 [휴지통 속성] 창에서 수행할 수 있는 작업으로 옳지 않은 것은?

① 각 드라이브의 휴지통 최대 크기(MB) 설정
② 휴지통의 바탕 화면 표시 설정
③ 삭제 확인 대화상자의 표시 설정
④ 파일을 휴지통에 버리지 않고 바로 삭제하는 기능 설정

17 다음 중 저작권에 대한 설명으로 가장 적절하지 않은 것은?

① 저작 재산권은 저작자가 생존하는 동안과 저작 시점에 따라 사망 후 70년 동안 존속한다.
② 저작권은 저작자의 권리를 보호함을 목적으로 한다.
③ 영리를 목적으로 하지 않는 공연 또는 방송인 경우 저작 재산권을 제한할 수 있다.
④ 프로그램을 작성하기 위하여 사용하고 있는 프로그램 언어, 규약 및 해법에도 저작권이 적용된다.

18 다음 중 정보 전송 방식에 대한 설명으로 옳지 않은 것은?

① 전송 방향은 무지향, 양방향, 스테레오 방식이 있다.
② 라디오, TV 방송 등은 단방향(Simplex) 방식에 해당한다.
③ 무전기는 동시 전송이 불가능한 반이중(Half Duplex) 방식에 해당한다.
④ 전화는 전이중(Full Duplex) 방식에 해당한다.

19 다음 중 네트워크 장비와 기능에 대한 연결이 옳게 짝지어진 것은?

ⓐ 디지털 신호를 아날로그 신호로 변환하는 변조 과정과 아날로그 신호를 디지털 신호로 변환하는 복조 과정을 수행하는 장치
ⓑ 독립된 두 개의 근거리 통신망(LAN)을 연결하는 접속 장치

① ⓐ 브리지, ⓑ 모뎀
② ⓐ 모뎀, ⓑ 브리지
③ ⓐ 허브, ⓑ 라우터
④ ⓐ 라우터, ⓑ 허브

20 다음 중 인터넷을 이용한 전자우편에 관한 설명으로 옳지 않은 것은?

① 보내기, 받기, 첨부, 전달, 답장 등의 기능이 있다.
② 전자우편 주소는 '사용자@호스트' 형식으로 표현한다.
③ 기본적으로 16비트의 유니코드를 사용하여 메시지를 전달한다.
④ SMTP, POP3, MIME 등의 프로토콜을 사용한다.

과목 02 스프레드시트 일반

21 다음 중 엑셀의 정렬 기능에 대한 설명으로 옳지 않은 것은?

① 정렬 방식에는 오름차순과 내림차순이 있으며, 오름차순과 내림차순 정렬 모두 공백(빈 셀)은 맨 나중에 정렬된다.
② 셀 값에 따라 정렬이 수행되며, 기본적으로 열 단위로 정렬된다.
③ 정렬 범위를 별도로 설정하지 않고 표 범위 내에 셀 포인터를 두고 정렬을 실행하면 표 범위 전체가 정렬 범위로 자동으로 설정된다.
④ 영문자 대/소문자를 구분하여 정렬할 수 있는 기능을 제공하며, 오름차순 시 소문자가 우선순위를 갖는다.

22 다음 중 워크시트에서 [B9] 셀에 아래의 수식을 입력했을 때의 결과로 옳은 것은?

=INDEX(A1:C7,MATCH(LARGE(C2:C7,2),C1:C7,0),2)

	A	B	C
1	부서명	성명	실적
2	인사부	홍길동	6,550,000
3	홍보부	이대한	5,500,000
4	인사부	한상공	4,800,000
5	홍보부	이다정	2,985,000
6	상담부	정혜진	1,900,000
7	상담부	김선이	8,900,000

① 홍길동 ② 한상공
③ 이다정 ④ 김선이

23 다음 중 매크로 기록 시 [매크로 기록] 대화상자에서 사용자가 설정할 수 있는 항목으로 옳지 않은 것은?

① 매크로 이름
② 매크로 보안
③ 매크로 저장 위치
④ 바로 가기 키

24 다음 중 차트를 작성할 때 2개의 데이터 계열을 가지고 작성할 수 없는 차트는?

① 방사형 차트
② 영역형 차트
③ 원형 차트
④ 세로 막대형 차트

25 다음 중 Excel의 리본 메뉴에 대한 설명으로 옳지 않은 것은?

① 리본 메뉴의 키 팁을 켜거나 끄기 위해서 Alt 나 F10을 누른다.
② 리본 메뉴는 탭, 그룹 및 명령의 세 요소로 구성되어 있다.
③ 리본 메뉴를 축소하거나 원래 상태로 되돌리려면 Ctrl + F10을 누른다.
④ 리본 메뉴를 빠르게 축소하려면 [파일] 탭을 제외한 활성 탭의 이름을 두 번 클릭하고 리본 메뉴를 원래 상태로 되돌리려면 탭을 다시 두 번 클릭한다.

26 다음 중 50,000,000원을 5년간 대출할 때 연 4.8%의 이자율이 적용된다면 매월 초 상환해야 할 불입액을 구하기 위한 수식으로 옳은 것은?

① =PMT(4.8%, 5, -50000000)
② =PMT(4.8%*12, 5/12, -50000000)
③ =PMT(4.8%, 5*12, -50000000,0,1)
④ =PMT(4.8%/12, 5*12, -50000000,0,1)

27 다음 중 [인쇄 미리 보기] 상태에서 설정할 수 있는 기능에 대한 설명으로 옳지 않은 것은?

① '여백 표시'가 되어 있는 경우 미리 보기로 표시된 워크시트의 열 너비를 조정할 수 있다.
② [페이지 설정]에서 '인쇄 영역'을 변경하여 인쇄할 수 있다.
③ [머리글/바닥글]로 설정한 내용은 매 페이지 상단이나 하단의 별도 영역에, 인쇄 제목의 반복할 행/열은 매 페이지의 본문 영역에 반복 출력된다.
④ [페이지 설정]에서 확대/축소 배율을 10%에서 최대 400%까지 설정하여 인쇄할 수 있다.

28 다음 중 아래 워크시트에서 [A1:C5] 영역에 [A8:C10] 영역을 조건 범위로 설정하여 고급 필터를 실행할 경우 필드명을 제외한 결과 행의 개수는?

	A	B	C
1	성명	거주지	마일리지
2	이다정	서울	2000
3	김지현	경기	2500
4	홍길동	경기	1700
5	박동현	충남	3000
6			
7			
8	성명	거주지	마일리지
9	박*		
10		경기	>2000

① 1개
② 2개
③ 3개
④ 4개

29 다음 중 워크시트상에서 매크로를 연결할 수 없는 양식 컨트롤의 유형은?

① 레이블
② 단추
③ 확인란
④ 텍스트 필드

30 다음 중 아래 시트처럼 선택된 범위의 셀에서 [A5] 셀까지 Ctrl 을 누른 채 채우기 핸들을 이용하여 자동 채우기를 실행했을 때 [A5] 셀에 표시되는 값으로 옳은 것은?

	A	B
1		
2	2025-03-14	
3	2025-03-15	
4		
5		
6		

① 2025-03-14
② 2025-03-15
③ 2025-03-16
④ 2025-03-17

31 다음 중 정보 함수에 대한 설명으로 옳은 것은?

① ISBLANK 함수 : 값이 '0'이면 TRUE를 반환한다.
② ISERR 함수 : 값이 #N/A를 제외한 오류값이면 TRUE를 반환한다.
③ ISODD 함수 : 숫자가 짝수이면 TRUE를 반환한다.
④ TYPE 함수 : 값의 데이터 형식을 나타내는 문자를 반환한다.

32 다음 중 개요에 대한 설명으로 옳지 않은 것은?

① 개요 기호를 설정하면 그룹의 요약 정보만 또는 필요한 그룹의 데이터만 확인할 수 있어 편리하다.
② 그룹별로 요약된 데이터에서 [개요 지우기]를 실행하면 설정된 개요 기호와 함께 개요 설정에 사용된 요약 정보도 함께 제거된다.
③ [부분합]을 실행하면 각 정보 행 그룹의 바로 아래나 위에 요약 행이 삽입되고, 개요가 자동으로 만들어진다.
④ 그룹화하여 요약하려는 데이터 목록이 있는 경우 데이터에 최대 8개 수준의 개요를 설정할 수 있으며 한 수준은 각 그룹에 해당한다.

33 다음 중 [데이터]-[데이터 가져오기 및 변환]에서 가져올 수 없는 파일 형식은?

① Access(*.mdb)
② 웹(*.htm)
③ XML 데이터(*.xml)
④ MS-Word(*.doc)

34 다음 중 데이터 통합에 대한 설명으로 옳지 않은 것은?

① 데이터 통합은 여러 셀 범위를 통합하여 합계, 평균, 최대값, 최소값, 표준편차 등을 계산할 수 있는 기능이다.
② 서로 다른 통합 문서에 분산 입력된 데이터를 통합하기 위해서는 모든 통합 문서를 열어 놓고 실행해야 한다.
③ 참조 영역의 범위에 열 이름표와 행 이름표를 복사할 것인지를 설정하려면 '사용할 레이블'에서 옵션을 체크한다.
④ '원본 데이터에 연결' 옵션을 선택하면 원본 데이터의 변경이 통합된 데이터에 즉시 반영된다.

35 아래의 프로시저를 이용하여 [A1:A10] 영역에 입력되어 있는 데이터를 적용된 서식과 내용은 그대로 두고 메모만 지우려고 한다. 다음 중 괄호 안에 들어갈 코드로 옳은 것은?

```
Sub test()
Range("a1:a10").Select
Selection.(    )
End Sub
```

① Clear
② ClearFormats
③ ClearContents
④ ClearComments

36 다음 중 시트 그룹 설정에 대한 설명으로 옳지 않은 것은?

① 시트 그룹 설정 시 비연속적인 시트의 선택은 Ctrl 을 사용한다.
② 입력이 그룹 전체 시트에 반영된다.
③ 글꼴이 그룹 전체 시트에 반영된다.
④ Esc 를 2번 누르면 그룹이 해제된다.

37 다음 중 아래의 시트와 같이 [A1:A3] 셀에 입력된 문자열을 [A4] 셀에 직접 입력하지 않고 목록으로 표시하여 입력하기 위한 기능인 [드롭다운 목록에서 선택]의 바로 가기 키로 옳은 것은?

	A	B
1	컴퓨터일반	
2	스프레드시트	
3	데이터베이스	
4		
5	데이터베이스	
6	스프레드시트	
	컴퓨터일반	
7		

① Shift + ↓
② Tab + ↓
③ Alt + ↓
④ Ctrl + ↓

38 성명 필드에 아래와 같이 [사용자 지정 자동 필터]의 조건을 설정하였다. 다음 중 결과로 표시되는 성명으로 옳지 않은 것은?

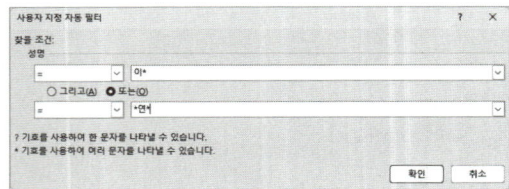

① 남이수
② 이연
③ 연지혜
④ 홍지연

39 다음 중 아래의 워크시트에서 표준편차가 8이 되려면 엑셀 점수가 몇 점이 되어야 하는지 알고 싶을 때 사용할 수 있는 기능은?

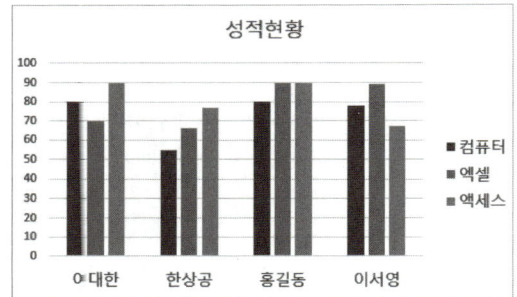

① 부분합
② 목표값 찾기
③ 데이터 표
④ 피벗 테이블

40 아래의 차트에서 범례의 "컴퓨터, 엑셀, 액세스"를 "액세스, 엑셀, 컴퓨터" 순으로 변경하고자 할 때 사용하는 것은?

① 그림 영역 서식
② 차트 영역 서식
③ 데이터 선택
④ 범례 서식

과목 03 데이터베이스 일반

41 다음 중 데이터를 입력 또는 삭제 시 이상(Anomaly) 현상이 일어나지 않도록 데이터베이스를 설계하기 위한 기술을 의미하는 용어는?

① 자동화
② 정규화
③ 순서화
④ 추상화

42 다음 중 테이블에서 필드의 데이터 형식에 대한 설명으로 옳지 않은 것은?

① 데이터 형식이 날짜/시간인 경우 자세한 날짜나 간단한 시간으로 설정할 수 있다.
② 데이터 형식이 숫자인 경우 숫자가 입력된 필드라도 데이터 형식을 짧은 텍스트로 변경할 수 있다.
③ 필드 크기가 기존 크기보다 작게 변경되면 데이터의 손실이 발생한다.
④ 데이터 형식이 숫자인 경우 필드에 정수 데이터를 입력한 후 데이터 형식을 일련번호로 바꿀 수 있다.

43 다음 중 특정 컨트롤로 포커스를 이동하고자 할 때 사용하는 매크로 함수로 옳은 것은?

① GoToRecord
② RunCode
③ GoToControl
④ SetValue

44 다음 중 릴레이션에서 기본키(PK)로 사용하기에 가장 적절한 것은?

① 변경 빈도가 자주 발생하는 필드
② 필드 특성상 Null 값이 발생하는 필드
③ 특정 레코드를 유일하게 구별할 수 있는 필드
④ 중복된 값이 발생하는 필드

45 다음 중 문자열 처리 함수 instr의 식이 아래와 같을 때, 결과값으로 옳은 것은?

=InStr(7,"Artificial","i")+InStr("intelligence","i")

① 8
② 9
③ 10
④ 11

46 다음 중 아래의 속성 시트에서 읽기 전용 폼을 만들기 위한 폼과 컨트롤의 속성 설정이 옳지 않은 것은?

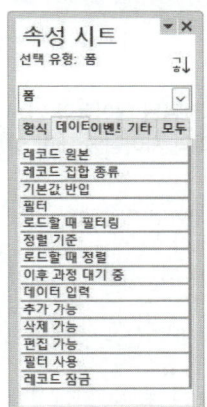 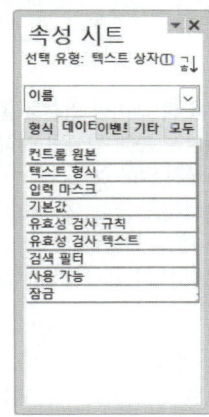

① [편집 가능] 속성을 '아니요'로 설정한다.
② [삭제 가능] 속성을 '아니요'로 설정한다.
③ [잠금] 속성을 '아니요'로 설정한다.
④ [추가 가능] 속성을 '아니요'로 설정한다

47 다음 중 회원(회원번호, 이름, 나이, 주소) 테이블에서 회원수가 몇 명인가를 알아보기 위한 질의문으로 옳은 것은?

① select sum(*) as 회원수 from 회원
② select count(*) as 회원수 from 회원
③ insert count(*) as 회원수 from 회원
④ insert sum(*) as 회원수 from 회원

48 다음 중 아래의 [폼] 그룹에서 폼을 작성할 때 레코드 원본으로 사용할 수 없는 것은?

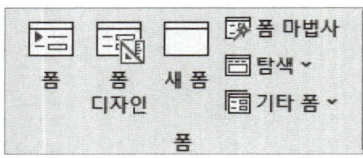

① 테이블
② 쿼리
③ SQL문
④ 매크로

49 다음 중 테이블 연결을 통해 연결된 테이블과 가져오기 기능을 통해 생성된 테이블과의 차이점에 대한 설명으로 옳지 않은 것은?

① 연결된 테이블의 데이터를 삭제하면 연결되어 있는 원본 데이터베이스의 데이터도 삭제된다.
② 연결된 테이블을 삭제해도 원본 테이블은 삭제되지 않는다.
③ 가져오기 기능을 통해 생성된 테이블을 삭제해도 원본 테이블은 삭제되지 않는다.
④ 연결된 테이블을 이용하여 폼이나 보고서를 생성할 수 있다.

50 다음 중 인덱스(Index)에 대한 설명으로 옳지 않은 것은?

① 일반적으로 검색을 자주하는 필드에 대해 인덱스를 설정하는 것이 바람직하다.
② 인덱스를 설정하면 레코드의 조회는 물론 레코드의 갱신 속도가 빨라진다.
③ 한 테이블에서 여러 개의 인덱스를 생성할 수 있다.
④ 중복 불가능한 인덱스를 생성하면 동일한 값이 중복적으로 입력될 수 없다.

51 다음 중 특정 필드의 입력 마스크를 'LA09#'으로 설정하였을 때 입력이 가능한 데이터로 옳은 것은?

① 12345
② A상345
③ A123A
④ A1BCD

52 다음 중 테이블에서 내보내기가 가능한 파일 형식에 해당하지 않는 것은?

① 엑셀(Excel) 파일
② ODBC 데이터베이스
③ HTML 문서
④ VBA 코드

53 다음 중 현재 폼에서 'cmd숨기기' 단추를 클릭하는 경우, DateDue 컨트롤이 표시되지 않도록 하기 위한 이벤트 프로시저로 옳은 것은?

① Private Sub cmd숨기기_Click( )
　Me.[DateDue]!Visible = False
　End Sub
② Private Sub cmd숨기기_DblClick( )
　Me!DateDue.Visible = True
　End Sub
③ Private Sub cmd숨기기_Click( )
　Me![DateDue].Visible = False
　End Sub
④ Private Sub cmd숨기기_DblClick( )
　Me.DateDue!Visible = True
　End Sub

54 다음 중 개체-관계 모델의 E-R 다이어그램에서 속성을 의미하는 것은?

① 직사각형
② 타원
③ 마름모
④ 삼각형

55 다음 중 릴레이션(Relation)에 대한 설명으로 옳지 않은 것은?

① 한 릴레이션에 포함된 튜플(Tuple)의 수를 인스턴스(Instance)라 한다.
② 연관된 속성의 집합으로 관계형 모델에서의 테이블(Table)을 의미한다.
③ 한 릴레이션을 구성하는 속성(Attribute)들 사이에는 순서가 없다.
④ 한 릴레이션에 포함된 튜플을 유일하게 식별하기 위한 속성들의 부분 집합을 키(Key)로 설정한다.

56 다음 중 외래키 값을 관련된 테이블의 기본키 값과 동일하게 유지해 주는 제약 조건은?

① 동시 제어성
② 관련성
③ 참조 무결성
④ 동일성

57 부서별 제품별 영업 실적을 관리하는 테이블에서 부서별로 영업 실적이 1억 원 이상인 제품의 합계를 구하고자 한다. 다음 중 이를 위한 SQL문에서 반드시 사용해야 할 구문에 해당하지 않는 것은?

① SELECT문
② GROUP BY절
③ HAVING절
④ ORDER BY절

58 다음 중 그룹화된 보고서의 그룹 머리글과 그룹 바닥글에 대한 설명으로 옳지 않은 것은?

① 그룹 머리글은 각 그룹의 첫 번째 레코드 위에 표시된다.
② 그룹 바닥글은 각 그룹의 마지막 레코드 아래에 표시된다.
③ 그룹 머리글에 계산 컨트롤을 추가하여 전체 보고서에 대한 요약값을 계산할 수 있다.
④ 그룹 바닥글은 그룹 요약과 같은 항목을 나타내는 데 효과적이다.

59 다음 보기에서 데이터 형식의 필드에 할당되는 크기가 큰 것부터 작은 순으로 옳은 것은?

가. 정수(Integer) 형식
나. 날짜/시간 형식
다. Yes/No 형식
라. 일련번호 형식

① 나-라-가-다
② 가-나-다-라
③ 다-가-라-나
④ 라-다-나-가

60 다음 중 아래의 프로그램을 수행한 후 변수 Sum의 값으로 옳은 것은?

```
Sum = 0
For i = 1 to 20
Select Case (i Mod 4)
Case 0
Sum = Sum + i
Case 1, 2, 3
End Select
Next
```

① 45
② 55
③ 60
④ 70

2025년 상시 기출문제 02회

- 제한시간 : 60분
- 소요시간 :   시간   분
- 전체 문항 수 : 60문항
- 맞힌 문항 수 :   문항

과목 01 컴퓨터 일반

01 다음 중 핀테크(FinTech)에 대한 설명으로 옳지 않은 것은?

① 핀테크는 Finance(금융)와 Technology(기술)의 합성어이다.
② SNS나 모바일 플랫폼, 빅 데이터 등의 IT를 토대로 하는 금융 서비스를 의미한다.
③ 실생활에서 핀테크의 활용 분야는 모바일 뱅킹이나 앱 카드, 다수의 개인으로부터 자금을 모으는 크라우드 펀딩(Crowd Funding), 투자 자문을 수행하는 로보어드바이저(RoboAdvisor) 등이 있다.
④ '공공 거래 장부'로 불리며 임의로 수정이 불가능한 분산 컴퓨터 기반의 기술이다.

02 다음 중 Windows의 바로 가기 키에 대한 기능으로 옳은 것은?

① Alt + Print Screen : 현재 활성화된 창을 인쇄한다.
② Alt + Enter : 선택된 항목의 속성 창을 표시한다.
③ Ctrl + Esc : 열려 있는 창을 닫는다.
④ Alt + F4 : 시작 메뉴를 표시한다.

03 다음 중 프로그램에 대해 직접 감염시키지는 않으나 그 프로그램의 시작 위치를 바이러스의 시작 위치로 변경하여 프로그램을 실행하면 바이러스가 대신 실행되는 바이러스는?

① 산란형 바이러스
② 연결형 바이러스
③ 기생형 바이러스
④ 겹쳐쓰기형 바이러스

04 다음 중 데이터베이스와 통신 기술, GPS를 이용하여 주변의 위치 및 위치와 관련된 부가 서비스를 제공하는 기술로 옳은 것은?

① 빅 데이터(Big Data)
② 위치 기반 서비스(LBS)
③ 시맨틱 웹(Semantic Web)
④ 사물 인터넷(IoT)

05 다음 중 OLED(Organic Light Emitting Diodes)에 대한 설명으로 옳지 않은 것은?

① 자체 발광의 차세대 디스플레이로 형광성 유기화합물을 기반으로 한 발광 소자의 일종이다.
② 액정과 달리 자체적으로 빛을 발산하기 때문에 백라이트가 필요 없으나 스마트폰이나 태블릿 수준의 작은 화면에서 고전력으로 작동한다는 단점이 있다.
③ 백라이트가 없으므로 제품을 더욱 얇게 제작할 수 있으며, 플라스틱이나 특수 유리 등을 이용해 휘거나 구부릴 수 있는 디스플레이 기기도 만들 수 있다.
④ 수동형 구동 방식과 능동형 구동 방식으로 구분한다.

06 다음 중 인터럽트가 발생하는 원인으로 가장 옳지 않은 것은?

① 정전이나 기계적인 장애나 문제가 생겼을 때 발생한다.
② SVC(Supervisor Call) 명령을 수행한 경우에 발생한다.
③ 불법적인 명령 수행을 수행한 경우에 발생한다.
④ 프로그램 실행에 따라 부프로그램을 호출한 경우에 발생한다.

07 다음 중 컴퓨터 기억 장치와 관련하여 캐시 메모리(Cache Memory)에 대한 설명으로 옳지 않은 것은?

① 속도가 빠른 중앙 처리 장치와 상대적으로 속도가 느린 주기억 장치 사이에 위치하며 컴퓨터 처리의 속도를 향상시키는 역할을 한다.
② 캐시 메모리는 DRAM보다 접근 속도가 빠른 SRAM 등이 사용되며 주기억 장치보다 소용량으로 구성된다.
③ 컴퓨터의 CPU 내부에 비휘발성 메모리로 구성되며 고속의 액세스가 가능한 기억 장치이다.
④ 캐시 메모리의 효율성은 적중률(Hit Ratio)로 나타낼 수 있으며, 적중률이 높을수록 시스템의 전체적인 속도가 향상된다.

08 다음 아래의 내용에서 괄호 안에 알맞은 것은?

- 하드디스크는 하나의 디스크를 여러 개의 분할 영역으로 설정할 수 있는데, 이렇게 분할된 (　　)는(은) 포맷을 해야 사용할 수 있다.
- 운영체제에서는 (　　)개(이) 하나의 드라이브로 인식된다.

① Registry
② File System
③ Zip Drive
④ Partition

09 다음 중 컴퓨터의 연산 장치에 관한 설명으로 옳지 않은 것은?

① 연산 장치가 수행하는 연산에는 산술, 논리, 관계, 이동(Shift) 연산 등이 있다.
② 연산 장치에는 뺄셈을 수행하기 위하여 입력된 값을 보수로 변환하는 보수기(Complementor)와 2진수 덧셈을 수행하는 가산기(Adder)가 있다.
③ 누산기(Accumulator)는 연산된 결과를 일시적으로 저장하는 레지스터이다.
④ 연산 장치에는 다음번 연산에 필요한 명령어의 번지를 기억하는 프로그램 카운터(Program Counter)를 포함한다.

10 다음 중 멀티미디어에 관련된 설명으로 옳지 않은 것은?

① 웹에서 멀티미디어 데이터를 다운로드하면서 동시에 재생해 주는 기술을 스트리밍 기술이라고 한다.
② 멀티미디어 데이터의 전송 및 보관을 위해 대용량의 동영상 및 사운드 파일을 압축하거나 압축을 푸는 데 사용되는 모든 기술, 도구 등을 통칭하여 코덱(CODEC)이라 한다.
③ 텍스트, 그래픽, 사운드, 동영상, 애니메이션 등의 여러 미디어를 통하여 처리하는 멀티미디어의 특징을 비선형성(Non-Linear)이라 한다.
④ 정보 제공자와 사용자 간의 상호 작용에 의해 데이터가 전달되는 쌍방향성의 특징이 있다.

11 다음 중 E-Mail을 통해 수신자의 컴퓨터를 감염시키는 악성 컴퓨터 바이러스로, 첨부된 파일을 실행하지 않고 메일을 보기만 해도 자동으로 감염되는 바이러스이며 시스템의 실행 속도가 느려지고 원격으로 컴퓨터 시스템을 조정할 수 있게 되는 바이러스는?

① Nimda
② Love
③ Melisa
④ 부트 바이러스

12 다음 중 IoT(사물 인터넷) 디바이스에서 사용되는 저전력 광역 무선 네트워크 기술로 소량의 데이터를 장거리로 전송할 수 있는 기술은?

① LTE
② LPWA
③ WiFi
④ USN

13 다음 중 한글 Windows의 레지스트리(Registry)에 대한 설명으로 옳지 않은 것은?

① 한글 Windows에서 레지스트리를 편집하기 위한 명령은 'regedit.exe'이다.
② 레지스트리는 Windows의 구성 정보를 담고 있는 데이터베이스이다.
③ 레지스트리의 정보는 컴퓨터가 부팅(Booting)될 때만 참조한다.
④ 레지스트리를 잘못 변경하면 시스템 불안정성, 애플리케이션 오류, Windows 시작 방지 등의 중요한 문제가 발생할 수 있다.

14 다음 중 저작권법에 대한 설명으로 가장 옳지 않은 것은?

① 저작자의 권리와 이에 인접하는 권리를 보호하고 저작물의 공정한 이용을 도모함으로써 문화 및 관련 산업의 향상 발전에 이바지함을 목적으로 한다.
② 원저작물을 번역, 편곡, 변형, 각색, 영상 제작 그 밖의 방법으로 작성한 창작물은 2차적 저작물이라 하며 독자적인 저작물로서 보호되지 않는다.
③ 컴퓨터 프로그램을 제작하기 위해 사용하는 프로그램 언어와 헌법, 법률, 조약, 명령, 조례 및 규칙법 등은 저작권으로 보호되지 않는다.
④ 상용 소프트웨어를 복사하여 개인적인 금전 취득을 위해 판매하는 경우 저작권법에 저촉된다.

15 다음 중 아래의 내용에 해당하는 것은?

> 인터넷 사용자의 PC에 잠입하여 내부 파일(문서나 이미지 파일, 스프레드시트 파일 등)을 암호화하여 파일들의 확장자를 변경하고 파일이 열리지 않도록 한 다음 해독용 키 프로그램의 전송을 빌미로 금전 등을 요구하는 악성 프로그램이다.

① 내그웨어(Nagware)
② 스파이웨어(Spyware)
③ 애드웨어(Adware)
④ 랜섬웨어(Ransomware)

16 다음 보기 중 전자우편을 위한 프로토콜만으로 바르게 짝지어진 것은?

> ⓐ SMTP　　ⓑ POP3　　ⓒ FTP
> ⓓ MIME　　ⓔ DNS　　ⓕ IMAP

① ⓐ, ⓑ, ⓒ, ⓓ
② ⓐ, ⓑ, ⓓ, ⓕ
③ ⓑ, ⓒ, ⓓ, ⓔ
④ ⓒ, ⓓ, ⓔ, ⓕ

17 다음 보기의 내용에 적합한 기억 소자로 옳은 것은?

> • 전원이 계속 공급되더라도 주기적으로 재충전 되어야 기억된 내용을 유지할 수 있는 기억 소자이며, 회로가 비교적 간단하고 가격이 저렴하다.
> • 집적도가 높기 때문에 대용량의 기억 장치에 주로 사용된다.

① SRAM(Static RAM)
② DRAM(Dynamic RAM)
③ PROM(Programmable ROM)
④ EPROM(Erasable ROM)

18 다음 중 사물 인터넷에 대한 설명으로 옳지 않은 것은?

① IoT(Internet of Things)라고도 하며 각종 사물에 센서와 통신 기능을 내장하여 인터넷에 연결하는 기술이다.
② 사물 인터넷 기반 서비스는 개방형 아키텍처를 필요로 하기 때문에 정보 공유에 대한 부작용을 최소화하기 위한 정보 보안 기술의 적용이 중요하다.
③ 사물들은 자신을 구별할 수 있는 유일한 IP를 가지고 스마트 센싱 기술과 무선 통신 기술을 융합하여 실시간으로 데이터를 주고받는 기술이다.
④ 사물과 공간, 데이터 등을 이더넷으로 서로 연결시켜 주는 것으로 사물 인터넷은 사람을 제외한 사물과 사물 간의 통신 기술이다.

19 다음 중 아래의 내용에 해당하는 정보 처리 방식으로 옳은 것은?

- 하나의 시스템을 여러 사용자가 공유하여 동시에 대화식으로 작업을 수행할 수 있다.
- 시스템은 일정 시간 단위로 CPU 사용을 한 사용자에서 다음 사용자로 신속하게 전환한다.
- 사용자들은 실제로 자신만이 컴퓨터를 사용하고 있는 것처럼 보이는 처리 방식이다.

① 오프라인 시스템(Off-Line System)
② 일괄 처리 시스템(Batch Processing System)
③ 시분할 시스템(Time Sharing System)
④ 분산 시스템(Distributed System)

20 한글 Windows의 파일 탐색기에서 바탕 화면에 선택된 폴더나 파일에 대한 바로 가기를 만들기 위해 폴더나 파일을 드래그할 때 사용하는 바로 가기 키로 옳은 것은?

① Ctrl + Alt
② Ctrl + Shift
③ Shift + Alt
④ Shift

과목 02 스프레드시트 일반

21 아래 시트의 〈조건〉처럼 택배사의 고객별 이용 횟수에 따라 택배 비용을 책정하고자 한다. [C2] 셀에 입력할 수식으로 옳지 않은 것은? (단, [C2] 셀의 수식을 [C6] 셀까지 채우기 핸들로 복사함)

〈조건〉

횟수	택배 비용
5회 이하	5,000원
10회 이하	10,000원
10회 초과	무료

	A	B	C
1	고객명	이용횟수	택배비용
2	한상공	12	무료
3	이대한	9	10000
4	홍길동	5	5000
5	이다정	10	10000
6	이서연	3	5000

① =IF(B2>10,"무료",IF(B2>5,10000,5000))
② =IF(B2<=5,5000,IF(B2<=10,10000,"무료"))
③ =IF(B2<=5,5000,IF(AND(B2>5,B2<=10),10000,"무료"))
④ =IF(B2<=5,5000,IF(OR(B2>5,B2<=10),10000,"무료"))

22 다음 중 아래 설명에 해당하는 차트 종류는?

- 항목의 값을 점으로 표시한다.
- 두 개의 값 축, 즉 가로(x) 및 세로(y) 값 축이 있다.
- 일반적으로 과학, 통계 및 공학 데이터와 같은 숫자 값을 표시하고 비교하는 데 사용된다.
- 가로축의 값이 일정한 간격이 아닌 경우에 사용된다.
- 가로축의 데이터 요소 수가 많은 경우에 사용된다.
- 기본적으로 5개의 하위 차트 종류가 제공되며, 3차원 차트로 작성할 수 없다.

① 분산형 차트
② 도넛형 차트
③ 방사형 차트
④ 혼합형 차트

23 다음 중 워크시트 이름으로 사용할 수 있는 것은?

① 판매*현황:
② [판매현황]
③ 판매₩현황
④ 판매$현황

24 다음 중 영문 대/소문자를 구분하도록 설정했을 때 오름차순 정렬의 순서로 옳은 것은?

① A − a − @ − 5 − 3
② 3 − 5 − @ − a − A
③ a − A − @ − 5 − 3
④ 3 − 5 − @ − A − a

25 다음 중 아래의 수식을 [A7] 셀에 입력한 경우 표시되는 결과값으로 옳은 것은?

=IFERROR(VLOOKUP(A6,$A$1:$B$4,2),"입력 오류")

	A	B	C
1	0	미흡	
2	10	분발	
3	20	적정	
4	30	우수	
5			
6	-5		
7			
8			

① 미흡
② 분발
③ 입력 오류
④ #N/A

26 다음의 시트처럼 범위를 설정한 경우 셀 포인터의 이동이 옳지 않은 것은?

① [B3] 셀에서 Shift + Enter 를 누르면 셀 포인터는 [C6] 셀로 이동한다.
② [B3] 셀에서 Ctrl + Enter 를 누르면 셀 포인터는 [C6] 셀로 이동한다.
③ [B3] 셀에서 Enter 를 3번 누르면 셀 포인터는 [B6] 셀로 이동한다.
④ [B3] 셀에서 Enter 를 4번 누르면 셀 포인터는 [C3] 셀로 이동한다.

27 다음 중 엑셀에서 사용하는 바로 가기 키와 같은 키로 매크로의 바로 가기 키를 지정했을 경우, 해당 바로 가기 키를 눌렀을 때 실행되는 것은?

① 충돌하므로 오류 메시지가 표시된다.
② 매크로의 바로 가기 키가 동작한다.
③ 엑셀의 바로 가기 키가 동작한다.
④ 아무런 동작도 수행되지 않는다.

28 다음 워크시트에서 지급액(B2:B5)을 현재의 값에 '추가지급분(D2)'을 더한 값으로 변경하고자 할 때 필요한 기능을 순서대로 바르게 나열한 것은?

	A	B	C	D	E
1	지점명	지급액		추가지급분	
2	서울	100000		5000	
3	용인	150000			
4	인천	180000			
5	부산	160000			
6					

① [홈]-[클립보드]-[복사], [홈]-[클립보드]의 [선택하여 붙여넣기]
② [홈]-[클립보드]-[복사], [홈]-[클립보드]의 [붙여넣기]
③ [홈]-[클립보드]-[잘라내기], [홈]-[클립보드]의 [붙여넣기]
④ [홈]-[클립보드]-[잘라내기], [홈]-[클립보드]의 [선택하여 붙여넣기]

29 다음 중 워크시트에 입력된 차트, 도형, 그림, 워드아트, 클립아트, 괘선 등 모든 그래픽 요소를 제외하고 텍스트만 빠르게 출력하려고 할 때 설정해야 할 항목으로 옳은 것은?

① [페이지 설정] 대화상자의 [시트] 탭에서 [간단하게 인쇄] 항목
② [페이지 설정] 대화상자의 [시트] 탭에서 [인쇄 영역 설정] 항목
③ [인쇄] 대화상자의 [인쇄 대상]에서 [인쇄 영역 설정] 항목
④ [인쇄] 대화상자의 [인쇄 대상]에서 [간단하게 인쇄] 항목

30 '=A20*B21'이나 '...입니까?'와 같이 곱셈 수식이나 의문문을 *와 ?의 기호를 이용하여 검색하고자 할 때 아래 그림의 [찾을 내용]에 입력해야 할 방법으로 옳은 것은?

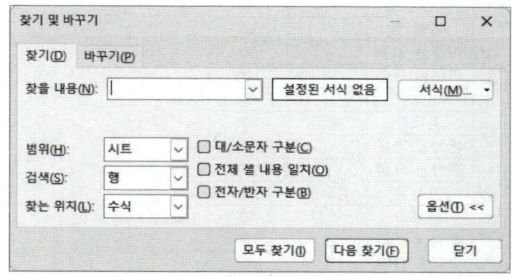

① '의 기호 뒤에 * 혹은 ?를 붙인다.
② ~의 기호 뒤에 * 혹은 ?를 붙인다.
③ "의 기호 뒤에 * 혹은 ?를 붙인다.
④ * 혹은 ? 기호만 입력한다.

31 다음 중 메모에 대한 설명으로 옳지 않은 것은?

① 새 메모를 작성하려면 바로 가기 키 Shift+F2를 누르거나 [검토] 탭-[메모] 그룹에서 '새 메모'를 클릭한다.
② 셀을 이동하면 메모를 제외한 수식, 결과값, 셀 서식 등이 이동된다.
③ 한 시트에 여러 개의 메모가 삽입되어 있는 경우 [검토] 탭-[메모] 그룹의 '이전' 또는 '다음'을 이용하여 메모들을 탐색할 수 있다.
④ 통합 문서에 포함된 메모를 시트에 표시된 대로 인쇄하거나 시트 끝에 인쇄할 수 있다.

32 다음 중 부분합 실행 결과에 대한 설명으로 옳지 않은 것은?

	A	B	C	D
1	성명	과목	점수	
2	전체 평균		84	
3	총합계		504	
4	이대한 평균		90	
5	이대한 요약		180	
6	이대한	컴퓨터	80	
7	이대한	엑셀	100	
8	한상공 평균		78.5	
9	한상공 요약		157	
10	한상공	컴퓨터	89	
11	한상공	엑셀	68	
12	홍길동 평균		83.5	
13	홍길동 요약		167	
14	홍길동	컴퓨터	77	
15	홍길동	엑셀	90	
16				

① 성명을 기준으로 항목이 그룹화되었다.
② 점수에 대해 평균을 구한 다음 합계를 구하였다.
③ 부분합 개요 기호 지우기가 실행되었다.
④ 데이터 아래에 요약 표시가 해제되었다.

33 다음 중 [페이지 설정]-[머리글/바닥글] 탭에서 '머리글 편집' 및 '바닥글 편집' 시 사용하는 단추의 기능과 표시되는 값으로 옳지 않은 것은?

① 🗐 : 페이지 번호 삽입, &[페이지 번호]
② 🗐 : 시트 이름 삽입, &[탭]
③ 🗐 : 파일 경로 삽입, &[경로]&[파일]
④ 🗐 : 그림 삽입, &[그림]

34 다음 중 이다정의 성적표에서 인문 과목들의 점수 변동에 따라 평균 점수의 변화를 한 번의 연산으로 빠르게 계산할 수 있는 도구로 옳은 것은?

① 목표값 찾기
② 데이터 표
③ 피벗 테이블
④ 시나리오

35 다음 중 윗주의 기능에 대한 설명으로 옳지 않은 것은?

① 셀 데이터를 삭제하면 윗주도 함께 삭제된다.
② 데이터가 입력되지 않은 셀에 윗주를 삽입할 수 없다.
③ 숫자가 입력된 셀에 윗주를 삽입하면 화면에 윗주가 표시된다.
④ 윗주는 셀에 대한 주석을 설정하는 것이다.

36 다음 중 차트에 그려진 데이터는 분포 내의 빈도를 나타내며, 계급 구간이라고 하는 차트의 각 열을 변경하여 데이터를 더 세부적으로 분석할 수 있는 차트는?

① 트리맵 차트
② 폭포 차트
③ 히스토그램 차트
④ 상자 수염 차트

37 다음 중 아래 수식의 결과와 동일한 결과를 반환하는 수식으로 옳은 것은?

=SUMPRODUCT((A1:A100=C1)*(B1:B100=D1))

① =SUMIFS(A1:A100,C1,B1:B100,D1)
② =COUNTIFS(A1:A100,C1,B1:B100,D1)
③ =AVERAGEIFS(A1:A100,C1,B1:B100,D1)
④ =SUBTOTAL(SUM,A1:A100,B1:B100)

38 다음 중 데이터의 필터 기능에 대한 설명으로 옳지 않은 것은?

① 필터 기능은 조건을 기술하는 방법에 따라 자동 필터와 고급 필터로 구분할 수 있다.
② 자동 필터에서 조건 지정 시 각 열에 설정된 조건들은 OR 조건으로 묶여 처리된다.
③ 필터 기능은 많은 양의 자료에서 설정된 조건에 맞는 자료만을 추출하여 나타내는 기능이다.
④ 고급 필터를 이용하면 조건에 맞는 행에서 원하는 필드만 선택하여 다른 영역에 복사할 수 있다.

39 다음 중 워크시트를 보호하기 위한 [시트 보호] 대화상자에서 '워크시트에서 허용할 내용'으로 지정할 수 있는 내용이 아닌 것은?

① 하이퍼링크 삽입
② 자동 필터 사용
③ 시나리오 편집
④ 시트 이름 바꾸기

40 다음 중 엑셀의 오차 막대에 대한 설명으로 옳지 않은 것은?

① 3차원 차트는 오차 막대를 표시할 수 없다.
② 차트에 고정값, 백분율, 표준 편차, 표준 및 오차, 사용자 지정 중 선택하여 오차량을 표시할 수 있다.
③ 오차 막대를 화면에 표시하는 방법에는 2가지로 양의 값, 음의 값이 있다.
④ 차트에 오차 막대를 추가하려면 데이터 계열을 선택한 후 [차트 디자인]-[차트 레이아웃]-[차트 요소 추가]-[오차 막대]를 클릭한다.

과목 03 데이터베이스 일반

41 다음 중 데이터베이스의 정규형 중 하나로 릴레이션에 속한 모든 도메인이 원자값으로 구성되어야 하고 중복되는 항목이 없어야 하는 정규형은?

① 제1정규형
② 제2정규형
③ 제3정규형
④ 제4정규형

42 다음 중 업데이트 쿼리의 기능에 대한 설명으로 옳지 않은 것은?

① 레코드의 모든 데이터를 변경할 수 있다.
② 기존 데이터의 값을 널(Null) 값으로 변경할 수 있다.
③ 여러 테이블의 값을 한 번에 변경할 수 있다.
④ 테이블에 새로운 데이터(행)를 삽입할 수 있다.

43 다음 중 Access의 DoCmd 개체의 메서드가 아닌 것은?

① SetValue
② OpenReport
③ GoToRecord
④ RunCode

44 다음 중 1, 2,…, 99까지 입력되어 있는 회원번호 필드(데이터 형식 : 짧은 텍스트)의 값을 001, 002,…, 099와 같이 3자리의 문자 형태로 변경하려고 할 때 SQL문으로 옳은 것은?

① update 회원 set 회원번호 = right("00"& 회원번호,3)
② update 회원 set 회원번호 = left("00"& 회원번호,3)
③ update 회원 set 회원번호 = right(회원번호& "00",3)
④ update 회원 set 회원번호 = left(회원번호& "00",3)

45 다음 중 〈지점관리〉 테이블에 입력된 지점명 필드의 데이터를 이용하여 아래의 SQL문을 실행한 결과로 옳은 것은?

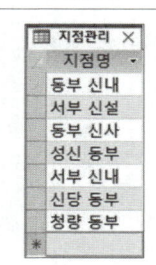

```
SELECT count(*)
FROM 지점관리
WHERE 지점명 Like "동부*";
```

① 2
② 3
③ 5
④ 7

46 다음 중 입사일이 '2004-10-01'인 사원의 현재까지 근무한 연수를 출력하기 위한 SQL문으로 옳은 것은?

① select dateadd("yyyy",date( ),'2004-10-01');
② select datediff("yyyy",'2004-10-01',date( ));
③ select datevalue("yy",'2004-10-01',date( ));
④ select datediff("yy",'2004-10-01',date( ));

47 다음 중 입력 마스크를 아래와 같이 정의하고 'sunny', 'moon'의 데이터를 각각 입력했을 때 테이블에 입력된 결과로 옳은 것은?

>L<???

① SUNNY, MOON
② sunny, moon
③ Sunn, Moon
④ sUNN, mOON

48 인덱스(Index)를 사용하면 찾기 및 정렬 속도가 빨라진다. 다음 중 테이블에서 필드 속성으로 인덱스를 지정할 수 없는 것은?

① 일련번호
② Yes/No
③ 짧은 텍스트
④ OLE 개체

49 〈구매〉 테이블은 '고객번호'와 '구매내역' 필드로 구성되고 〈고객〉 테이블은 '고객번호'와 '고객명'으로 구성되어 있다. 다음 아래의 [관계 편집]과 [조인 속성] 대화상자처럼 〈구매〉 테이블의 모든 레코드는 표시하고, 〈고객〉 테이블에서는 '구매.고객번호' 필드와 일치하는 레코드만 표시하는 조인으로 옳은 것은?

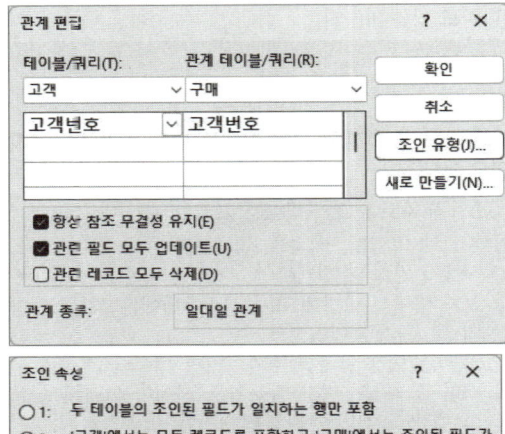

① 카테션 조인
② 내부 조인
③ 왼쪽 외부 조인
④ 오른쪽 외부 조인

50 다음 중 액세스의 데이터 형식이 아닌 것은?

① 짧은 텍스트
② 날짜/시간
③ CSV
④ 일련번호

51 다음 중 폼 작성 시 속성 설정에 대한 설명으로 옳지 않은 것은?

① 폼은 데이터의 입력, 편집 작업 등을 위한 사용자와의 인터페이스로 테이블, 쿼리, SQL문 등을 '레코드 원본' 속성으로 지정할 수 있다.
② 폼의 제목 표시줄에 표시되는 텍스트는 '이름' 속성을 이용하여 변경할 수 있다.
③ 폼의 보기 형식은 '기본 보기' 속성에서 단일 폼, 연속 폼, 데이터시트, 피벗 테이블, 피벗 차트, 분할 표시 폼 중 선택할 수 있다.
④ 이벤트의 작성을 위한 작성기는 식 작성기, 매크로 작성기, 코드 작성기 중 선택할 수 있다.

52 다음 중 릴레이션(Relation)에 대한 설명으로 옳지 않은 것은?

① 한 릴레이션에 포함된 튜플(Tuple)의 수를 인스턴스(Instance)라 한다.
② 연관된 속성의 집합으로 관계형 모델에서의 테이블(Table)을 의미한다.
③ 한 릴레이션을 구성하는 속성(Attribute)들 사이에는 순서가 없다.
④ 한 릴레이션에 포함된 튜플을 유일하게 식별하기 위한 속성들의 부분 집합을 키(Key)로 설정한다.

53 다음 중 데이터베이스인 Access에서 암호를 설정하는 방법으로 옳은 것은?

① [데이터베이스 압축 및 복구] 도구에서 파일 암호를 설정할 수 있다.
② 데이터베이스를 단독 사용 모드(단독으로 열기)로 열어야 파일 암호를 설정할 수 있다.
③ 데이터베이스를 MDE 형식으로 저장한 후 파일을 열어야 파일 암호를 설정할 수 있다.
④ [Access 옵션] 창의 보안 센터에서 파일 암호를 설정할 수 있다.

54 다음 중 테이블의 특정 필드에서 엑셀 파일을 삽입하려고 할 때 가장 적절한 데이터 형식으로 옳은 것은?

① 하이퍼링크
② 일련번호
③ 긴 텍스트
④ 첨부 파일

55 다음 중 보고서에 관한 설명으로 옳지 않은 것은?

① 보고서는 데이터 원본으로 테이블이나 쿼리, 기존 작성된 보고서를 지정하여 사용할 수 있다.
② 보고서는 폼과는 달리 컨트롤에 데이터를 입력하거나 수정할 수 없다.
③ 데이터베이스에 저장된 테이블이나 쿼리의 내용을 화면이나 프린터로 출력하기 위한 개체이다.
④ 레코드 원본에서 SQL 명령을 입력하는 경우 그 결과로 보고서를 작성할 수 있다.

56 다음 중 기본 폼과 하위 폼의 연결에 관한 설명으로 옳지 않은 것은?

① 두 개 이상의 연결 필드를 지정할 때는 필드들을 콤마(,)로 구분하여 연결한다.
② 폼이 연결되면 기본 폼과 하위 폼은 동기화되므로 하위 폼에는 기본 폼과 연관된 레코드만 표시된다.
③ 기본 폼과 하위 폼을 연결할 필드의 데이터 형식은 같거나 호환되어야 한다.
④ '하위 폼 필드 연결기' 대화상자에서 기본 폼과 하위 폼의 연결 필드를 지정할 수 있다.

57 다음 중 액세스에서 매크로에 대한 설명으로 옳지 않은 것은?

① 하나의 매크로 그룹에 여러 개의 매크로를 만들 수 있다.
② 하나의 매크로에 여러 개의 매크로 함수를 지정할 수 있다.
③ AutoExec이라는 특수한 매크로 이름을 사용하면 테이블이 열릴 때마다 자동으로 실행된다.
④ 매크로 실행 시에 필요한 정보, 즉 인수를 지정할 수 있다.

58 다음 중 SQL문의 각 예약어에 대한 설명으로 옳지 않은 것은?

① SQL문에서 검색 결과가 중복되지 않게 표시하기 위해서 'DISTINCT'를 입력한다.
② ORDER BY문을 사용할 때는 HAVING절을 사용하여 조건을 지정한다.
③ FROM절에는 SELECT문에 나열된 필드를 포함하는 테이블이나 쿼리를 지정한다.
④ 특정 필드를 기준으로 그룹화하여 검색할 때는 GROUP BY문을 사용한다.

59 다음 중 액세스를 이용하여 테이블을 작성할 때 고려하지 않아도 될 사항은?

① 필드 크기
② 필드 이름
③ 필드의 데이터 형식
④ 레코드 수

60 다음 중 〈과목코드〉 테이블의 '과목코드' 필드에 대한 속성에 관한 설명으로 옳지 않은 것은?

필드 이름	데이터 형식
과목코드	짧은 텍스트
과목명	짧은 텍스트

필드 속성

일반 | 조회

필드 크기	255
형식	
입력 마스크	
캡션	
기본값	0
유효성 검사 규칙	<=99
유효성 검사 텍스트	
필수	예
빈 문자열 허용	예
인덱스	예(중복 불가능)
유니코드 압축	아니요
IME 모드	한글
문장 입력 시스템 모드	없음
텍스트 맞춤	일반

① 과목코드 필드에서 입력 가능한 숫자는 255까지 가능하다.
② 과목코드는 반드시 입력해야 한다.
③ 과목코드는 중복될 수 없다.
④ 새 레코드 생성 시 0이 자동으로 입력된다.

빠르게 정답 확인하기!

스마트폰으로 QR 코드를 스캔해 보세요.
정답표를 통해 편리하게 채점할 수 있습니다.

2025년 상시 기출문제 03회

- 제한시간 : 60분
- 소요시간 :   시간   분
- 전체 문항 수 : 60문항
- 맞힌 문항 수 :   문항

과목 01 컴퓨터 일반

01 다음 중 인터넷이 가능한 스마트폰을 모뎀처럼 통신 중계기 역할로 사용하는 방법으로 PC나 노트북, 태블릿 등의 IT 기기를 스마트폰에 연결하여 무선 인터넷 사용이 가능하고 모바일 데이터 연결을 공유하는 기능은?

① 테더링(Tethering)
② 와이파이(WiFi)
③ 블루투스(Bluetooth)
④ 와이브로(Wibro)

02 다음 중 프린터의 스풀(Spool) 기능에 관련된 설명으로 옳은 것은?

① 스풀 기능은 인쇄할 내용을 직접 프린터로 전송하여 속도가 빠르다.
② 스풀 기능은 문서 전체 단위로 실행된다.
③ 프린터가 인쇄 중이라도 다른 응용 프로그램을 실행할 수 있다.
④ 저속 프린터의 경우 스풀을 사용하면 컴퓨터 전체 효율이 현저하게 낮아진다.

03 다음 중 Windows에서 디스크의 사용 가능한 공간을 늘리기 위하여 인터넷 관련 캐시 파일, 휴지통의 파일, 임시 파일 등 불필요한 파일들을 삭제하는 작업은?

① 디스크 검사
② 디스크 정리
③ 디스크 포맷
④ 드라이브 조각 모음 및 최적화

04 다음 중 인터넷 익스플로러처럼 인터넷을 사용하기 위한 웹 브라우저가 아닌 것은?

① 크롬(Chrome)
② 마이크로소프트 엣지(Microsoft Edge)
③ 파이어폭스(Firefox)
④ 안드로이드(Android)

05 다음 중 네트워크와 관련하여 OSI 7계층 참조 모델에서 각 계층의 대표적인 장비로 옳지 않은 것은?

① 트랜스포트 계층(Transport Layer) – 허브(Hub)
② 네트워크 계층(Network Layer) – 라우터(Router)
③ 데이터링크 계층(Data-link Layer) – 브리지(Bridge)
④ 물리 계층(Physical Layer) – 리피터(Repeater)

06 다음 중 정보를 전송하기 위하여 송·수신기가 같은 상태를 유지하도록 하는 프로토콜의 기능을 의미하는 것은?

① 연결 제어
② 흐름 제어
③ 오류 제어
④ 동기화

07 다음 중 정보 보안의 기밀성을 침해하는 것으로 옳은 것은?

① 스푸핑(Spoofing)
② 스니핑(Sniffing)
③ 백도어(Back Door)
④ 웜(Worm)

08 다음 중 PnP 기능에 대한 설명으로 옳은 것은?

① 파일을 전송하는 프로토콜이다.
② 하나의 CPU로 여러 개의 프로그램을 동시에 처리하는 기법이다.
③ 인터넷상에서 개인끼리 파일을 공유하는 기술이나 행위를 의미한다.
④ 새로운 하드웨어를 장착하고 시스템을 가동하면 자동으로 하드웨어를 인식하고 실행하는 기능이다.

09 다음 중 아래의 화면은 명령 프롬프트에서 어떤 명령을 실행한 결과인가?

```
127.0.0.1 32바이트 데이터 사용:
127.0.0.1의 응답: 바이트=32 시간<1ms TTL=128
127.0.0.1의 응답: 바이트=32 시간<1ms TTL=128
127.0.0.1의 응답: 바이트=32 시간<1ms TTL=128
127.0.0.1의 응답: 바이트=32 시간<1ms TTL=128

127.0.0.1에 대한 Ping 통계:
    패킷: 보냄 = 4, 받음 = 4, 손실 = 0 (0% 손실),
왕복 시간(밀리초):
    최소 = 0ms, 최대 = 0ms, 평균 = 0ms
```

① ping
② ipconfig
③ tracert
④ nslookup

10 다음 중 한글 Windows의 [작업 표시줄 및 시작 메뉴]에 대한 설명으로 옳지 않은 것은?

① 작업 표시줄에서 PC에 설치된 모든 프로그램이나 앱을 실행할 수 있다.
② 화면에서 작업 표시줄의 위치는 사용자가 지정할 수 있다.
③ 작업 표시줄은 작업 시 필요에 의해 숨기기할 수 있다.
④ 시작 메뉴는 Ctrl + Esc 로 호출할 수 있다.

11 다음 중 패치 프로그램에 대한 설명으로 옳은 것은?

① 프로그램의 오류 수정이나 성능 향상을 위해 프로그램의 일부를 변경해 주는 프로그램으로 Windows의 업데이트가 이에 해당한다.
② 컴퓨터 하드웨어 및 소프트웨어 성능을 비교 평가하는 프로그램이다.
③ 베타 테스트를 하기 전에 프로그램 개발사 내부에서 미리 평가하고 오류를 찾아 수정하기 위해 시험해 보는 프로그램이다.
④ 정식으로 프로그램을 공개하기 전에 한정된 집단 또는 일반인에게 공개하여 기능을 시험하는 프로그램이다.

12 다음 주어진 〈보기〉 중에서 가장 작은 컴퓨터 정보 표현 단위로 표현 가능한 정보의 개수는?

〈보기〉

바이트(Byte), 워드(Word), 레코드(Record), 니블(Nibble)

① 4
② 16
③ 32
④ 256

13 다음 중 정보 통신을 위한 디지털 방식의 통신 선로에서 전송 신호를 증폭하거나 재생하고 전달하는 중계 장치로 옳은 것은?

① 게이트웨이(Gateway)
② 모뎀(Modem)
③ 리피터(Repeater)
④ 라우터(Router)

14 다음 중 인터넷 주소 체계에서 IPv6에 대한 설명으로 옳지 않은 것은?

① 16비트씩 8부분으로 구성되며, 각 부분은 점(.)으로 구분한다.
② 각 부분은 4자리의 16진수로 표현하며, 앞자리의 0은 생략할 수 있다.
③ IPv4에 비해 등급별, 서비스별로 패킷을 구분할 수 있어 품질 보장이 용이하다.
④ 유니캐스트, 애니캐스트, 멀티캐스트 형태의 유형으로 할당하기 때문에 할당된 주소의 낭비 요인을 줄이고 간단하게 결정할 수 있다.

15 다음 중 한글 Windows의 [설정]-[개인 설정]-[테마]의 '관련 설정'에서 '바탕 화면 아이콘 설정'을 이용하여 지정이 가능한 아이콘의 종류가 아닌 것은?

① 컴퓨터
② 즐겨찾기
③ 문서
④ 네트워크

16 다음 중 시스템 소프트웨어에 관한 설명으로 옳지 않은 것은?

① 일반적으로 시스템 소프트웨어는 운영체제가 대표적인 시스템 소프트웨어이다.
② 시스템 소프트웨어는 제어 프로그램과 처리 프로그램으로 구성된다.
③ 컴퓨터 시스템의 각종 하드웨어적인 자원과 소프트웨어적인 자원을 효율적으로 운영, 관리한다.
④ 회사 내의 특정 업무를 처리하기 위해 개발된 소프트웨어이다.

17 'Malware'는 사용자가 원하지 않는 악의적인 동작을 하도록 제작된 프로그램 또는 코드를 의미한다. 다음 중 'Malware'에 속하지 않는 것은?

① 컴퓨터 바이러스
② 방화벽
③ 인터넷 웜
④ 트로이 목마

18 다음 중 데이터 보안 침해 형태 중 위협 보안 요건으로 옳은 것은?

① 가로막기(Interruption) : 정보의 기밀성(Secrecy) 저해
② 가로채기(Interception) : 정보의 무결성(Integrity) 저해
③ 변조/수정(Modification) : 정보의 무결성(Integrity) 저해
④ 위조(Fabrication) : 정보의 가용성(Availability) 저해

19 다음 중 컴퓨터의 수 연산에서 사용되는 보수(Complement)에 대한 설명으로 옳지 않은 것은?

① 보수는 컴퓨터 연산에서 덧셈 연산을 이용하여 뺄셈을 수행하기 위해 사용한다.
② N진법에는 N의 보수와 N-1의 보수가 존재한다.
③ 2진수 1010의 1의 보수는 0을 1로, 1을 0으로 바꾼 0101에 1을 더한 것이다.
④ 2진수 10101의 2의 보수는 01011이다.

20 다음 중 한글 Windows의 파일 탐색기에서 파일이나 폴더를 선택하는 방법으로 옳지 않은 것은?

① 비연속적인 파일이나 폴더를 선택하고자 할 때에는 Ctrl과 함께 클릭한다.
② 연속적인 파일이나 폴더를 선택하고자 할 때에는 Shift와 함께 클릭한다.
③ 여러 개의 파일을 한꺼번에 선택할 경우에는 마우스를 사용하여 사각형 모양으로 드래그한다.
④ 모든 파일과 하위 폴더를 한꺼번에 선택하려면 Alt + A를 사용한다.

과목 02 스프레드시트 일반

21 다음 중 아래 워크시트를 이용한 수식의 실행 결과가 나머지 셋과 다른 것은?

	A	B
1	결과	
2	33	
3	TRUE	
4	55	
5	#REF!	
6	88	
7	#N/A	
8		

① =IFERROR(ISLOGICAL(A3), "ERROR")
② =IFERROR(ISERR(A7), "ERROR")
③ =IFERROR(ISERROR(A7), "ERROR")
④ =IF(ISNUMBER(A4), TRUE, "ERROR")

22 다음 중 엑셀의 데이터 입력에 대한 설명으로 옳지 않은 것은?

① 한 셀에 여러 줄의 데이터를 입력하려면 Alt + Enter 를 사용한다.
② 셀에 데이터를 입력하고 Shift + Enter 를 누르면 셀 입력이 완료되고 바로 아래의 셀이 선택된다.
③ 같은 데이터를 여러 셀에 한 번에 입력하려면 Ctrl + Enter 를 사용한다.
④ 수식이 들어 있는 셀을 선택하고 채우기 핸들을 두 번 클릭하면 수식이 적용되는 모든 인접한 셀에 대해 아래쪽으로 수식을 자동 입력할 수 있다.

23 다음 중 셀 영역을 선택한 후 상태 표시줄의 바로 가기 메뉴인 [상태 표시줄 사용자 지정]에서 선택할 수 있는 자동 계산에 해당하지 않는 것은?

① 선택한 영역 중 숫자 데이터가 입력된 셀의 수
② 선택한 영역 중 데이터가 입력된 셀의 수
③ 선택한 영역 중 문자 데이터가 입력된 셀의 수
④ 선택한 영역의 합계, 평균, 최소값, 최대값

24 다음 중 수식에서 발생하는 각 오류에 대한 원인으로 옳지 않은 것은?

① #NULL! – 배열 수식이 들어 있는 범위와 행 또는 열 수가 같지 않은 배열 수식의 인수를 사용하는 경우
② #VALUE! – 수식에서 잘못된 인수나 피연산자를 사용한 경우
③ #NUM! – 수식이나 함수에 잘못된 숫자 값이 포함된 경우
④ #NAME? – 수식에서 이름으로 정의되지 않은 텍스트를 큰따옴표로 묶지 않고 입력한 경우

25 다음 중 [페이지 나누기 미리 보기] 상태에서 설정할 수 있는 기능에 대한 설명으로 옳지 않은 것은?

① 행 높이와 열 너비를 변경하면 자동 페이지 나누기의 위치도 변경된다.
② 수동으로 삽입한 페이지 나누기를 제거하려면 페이지 나누기를 페이지 나누기 미리 보기 영역 밖으로 끌어다 놓는다.
③ [페이지 나누기 삽입] 기능은 선택한 셀의 아래쪽 행 오른쪽 열로 페이지 나누기를 삽입한다.
④ 수동 페이지 나누기를 모두 제거하려면 임의의 셀의 바로 가기 메뉴에서 [페이지 나누기 모두 원래대로]를 클릭한다.

26 다음 중 매크로 편집에 사용되는 Visual Basic Editor에 관한 설명으로 옳지 않은 것은?

① Visual Basic Editor는 바로 가기 키 Alt + F11 을 누르면 실행된다.
② 작성된 매크로는 한 번에 실행되며, 한 단계씩 실행될 수는 없다.
③ Visual Basic Editor는 프로젝트 탐색기, 속성 창, 모듈 시트 등으로 구성되어 있다.
④ 실행하고자 하는 매크로 구문 내에 커서를 위치시키고 F5 를 누르면 매크로가 바로 실행된다.

27 다음 중 [인쇄 미리 보기] 화면에서 설정할 수 없는 기능은?

① 상하좌우의 여백 조정
② 머리글과 바닥글의 여백 조정
③ 셀의 행 높이 조정
④ 셀의 열 너비 조정

28 다음 중 아래의 워크시트에서 '황영철' 사원의 근속 연수를 오늘 날짜를 기준으로 구하고자 할 때, [D8] 셀에 입력할 수식으로 옳은 것은?

	A	B	C	D
1	사원명	입사일자	부서	연봉
2	홍길동	2010-12-12	영업부	4000만원
3	이다정	1999-12-01	연구소	6000만원
4	황영철	2005-10-05	총무부	4000만원
5	한은영	2010-10-08	경리부	3800만원
6	장인선	2022-02-04	기획실	2700만원
7				
8	사원명	황영철	근속년수	

① =YEAR(TODAY( ))−YEAR(HLOOKUP(B8,A2:D6,2,0))
② =YEAR(TODAY( ))−YEAR(HLOOKUP(B8,A2:D6,2,1))
③ =YEAR(TODAY( ))−YEAR(VLOOKUP(B8,A2:B6,2,0))
④ =YEAR(TODAY( ))−YEAR(VLOOKUP(B8,A2:B6,2,1))

29 다음 중 아래 차트와 같이 X축을 위쪽에 표시하기 위한 방법으로 옳은 것은?

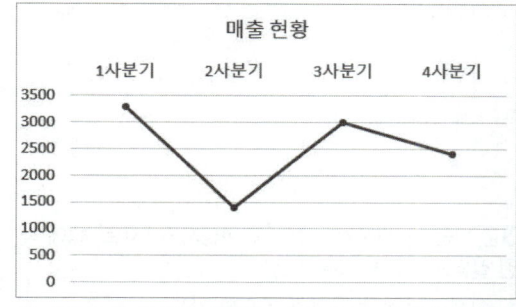

① 가로축을 선택한 후 [축 서식]의 축 옵션에서 세로 축 교차를 '최대 항목'으로 설정한다.
② 가로축을 선택한 후 [축 서식]의 축 옵션에서 '항목을 거꾸로'를 설정한다.
③ 세로축을 선택한 후 [축 서식]의 축 옵션에서 가로 축 교차를 '축의 최대값'으로 설정한다.
④ 세로축을 선택한 후 [축 서식]의 축 옵션에서 '값을 거꾸로'를 설정한다.

30 다음 중 아래의 워크시트에서 작성한 수식으로 결과값이 다른 것은?

	A	B	C	D
1	1	30		
2	2	20		
3	3	10		
4				
5				
6				

① {=SUM((A1:A3*B1:B3))}
② {=SUM(A1:A3*{30;20;10})}
③ {=SUM(A1:A3*{30,20,10})}
④ =SUMPRODUCT(A1:A3, B1:B3)

31 다음 중 날짜 데이터의 자동 채우기 옵션에 포함되지 않는 내용은?

① 일 단위 채우기
② 주 단위 채우기
③ 월 단위 채우기
④ 평일 단위 채우기

32 다음 중 [페이지 설정] 대화상자의 [시트] 탭에 대한 설명으로 옳지 않은 것은?

① 인쇄 영역을 지정하지 않으면 기본적으로 워크시트의 모든 내용을 인쇄한다.
② 반복할 행은 "$1:$3"과 같이 행 번호로 나타낸다.
③ 메모의 인쇄 방법을 '시트 끝'으로 선택하면 원래 메모가 속한 각 페이지의 끝에 모아 인쇄된다.
④ 여러 페이지가 인쇄될 경우 열 우선을 선택하면 오른쪽 방향으로 인쇄를 마친 후에 아래쪽 방향으로 진행된다.

33 다음 중 참조의 대상 범위로 사용하는 이름 정의 시 이름의 지정 방법에 대한 설명으로 옳지 않은 것은?

① 이름은 대소문자를 구분하지 않는다.
② 'C9'처럼 셀 주소와 같은 형태의 이름을 사용할 수 있다.
③ 이름 상자의 화살표 단추를 누르고 정의된 이름 중 하나를 클릭하면 해당 셀 또는 셀 범위가 선택된다.
④ 같은 통합 문서에서 동일한 이름을 중복하여 사용할 수 없다.

34 아래 워크시트에서 매출액[B3:B9]을 이용하여 매출 구간별 빈도수를 [F3:F6] 영역에 계산하고자 한다. 다음 중 이를 위한 배열 수식으로 옳은 것은?

	A	B	C	D	E	F	G
1							
2		매출액		매출구간		빈도수	
3		75		0	50	1	
4		93		51	100	2	
5		130		101	200	3	
6		32		201	300	1	
7		123					
8		257					
9		169					
10							

① {=PERCENTILE.INC(B3:B9,E3:E6)}
② {=PERCENTILE.INC(E3:E6,B3:B9)}
③ {=FREQUENCY(B3:B9,E3:E6)}
④ {=FREQUENCY(E3:E6,B3:B9)}

35 다음 중 아래 워크시트의 [A1] 셀에 사용자 지정 표시 형식 '#,###,'을 적용했을 때 표시되는 값은?

	A	B
1	2451648.81	
2		

① 2,451   ② 2,452
③ 2   ④ 2.4

36 다음 중 엑셀의 화면 설정에 대한 설명으로 옳은 것은?

① 워크시트 화면의 확대/축소 배율 지정은 모든 시트에 같은 배율로 적용된다.
② 틀 고정과 창 나누기를 동시에 수행할 수 있다.
③ 화면에 표시되는 틀 고정 형태는 인쇄 시 적용되지 않는다.
④ 틀 고정 구분 선은 마우스 드래그로 위치를 변경할 수 있다.

37 다음 중 VBA의 프로시저(Procedure)에 관한 설명으로 옳지 않은 것은?

① 프로시저는 특정한 기능을 수행하는 명령문들의 집합이다.
② 사용자가 직접 기록한 매크로도 프로시저로 기록된다.
③ 모듈은 하나 이상의 프로시저들을 이용하여 구성할 수 있다.
④ Sub ~ End Sub 프로시저는 명령문들의 실행 결과를 반환한다.

38 다음 중 하이퍼링크를 삽입할 때 연결 대상이 될 수 없는 것은?

① 기존 파일/웹 페이지
② 현재 문서
③ 전자 메일 주소
④ 매크로 바로 가기 키

39 다음 중 원형 차트에 대한 설명으로 옳지 않은 것은?

① 항상 한 개의 데이터 계열만을 가지고 있으므로 축이 없다.
② 차트 계열 요소의 값들을 '데이터 테이블'로 나타낼 수 있다.
③ 차트의 각 조각을 분리할 수 있고, 첫째 조각의 각을 조정할 수 있다.
④ 항목의 값들이 항목 합계의 비율로 표시되므로 중요한 요소를 강조할 때 사용한다.

40 다음 중 피벗 차트 보고서에 대한 설명으로 옳지 않은 것은?

① 피벗 차트 보고서에 필터를 적용하면 피벗 테이블 보고서에 자동 적용된다.
② 피벗 차트 보고서는 주식형, 분산형, 거품형, 트리맵, 선버스트 등 다양한 차트로 변경할 수 있다.
③ 피벗 차트에는 표준 차트와 마찬가지로 데이터 계열, 범주, 데이터 표식, 축이 표시된다.
④ 피벗 차트 보고서를 삭제해도 관련된 피벗 테이블 보고서는 삭제되지 않는다.

과목 03 데이터베이스 일반

41 다음 중 DBMS의 단점에 대한 설명으로 옳지 않은 것은?

① 하드웨어나 DBMS 구입 비용, 전산화 비용 등이 증가함
② DBMS와 데이터베이스 언어를 조작할 수 있는 고급 프로그래머가 필요함
③ 데이터를 통합하는 중앙 집중 관리가 어려움
④ 데이터의 백업과 복구에 많은 비용과 시간이 소요됨

42 다음 중 성적(학번, 이름, 학과, 점수) 테이블의 레코드 수가 10개, 평가(학번, 전공, 점수) 테이블의 레코드 수가 5개일 때, 아래 SQL의 결과에 대한 설명으로 옳은 것은?

```
SELECT 학번, 학과, 점수 FROM 성적 UNION ALL
SELECT 학번, 전공, 점수 FROM 평가 ORDER BY 학번
```

① 쿼리 실행 결과의 필드 수는 모든 테이블의 필드를 더한 개수만큼 검색된다.
② 쿼리 실행 결과의 총 레코드 수는 15개이다.
③ 쿼리 실행 결과의 필드는 평가.학번, 평가.전공, 평가.점수이다.
④ 쿼리 실행 결과는 학번의 내림차순으로 정렬되어 표시된다.

43 폼의 머리글에 아래와 같은 도메인 함수 계산식을 사용하는 컨트롤을 삽입하였다. 다음 중 계산 결과값에 대한 설명으로 옳은 것은?

=DLOOKUP("성명", "사원", "[사원번호] = 1")

① 성명 테이블에서 사원 번호가 1인 데이터의 성명 필드에 저장되어 있는 값
② 성명 테이블에서 사원 번호가 1인 데이터의 사원 필드에 저장되어 있는 값
③ 사원 테이블에서 사원 번호가 1인 데이터의 성명 필드에 저장되어 있는 값
④ 사원 테이블에서 사원 번호가 1인 데이터의 사원 필드에 저장되어 있는 값

44 다음 중 아래 그림과 같이 '성명' 필드가 'txt검색' 컨트롤에 입력된 문자를 포함하는 레코드만을 표시하도록 하는 프로시저의 코드로 옳은 것은?

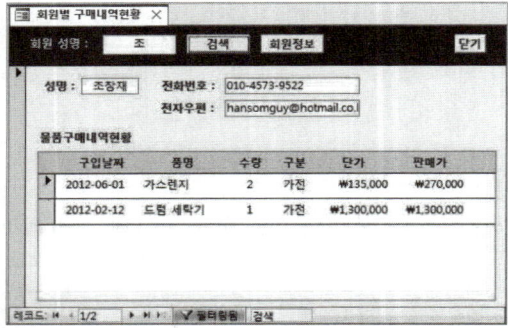

① Me.Filter = "성명 = '*' & txt검색 & '*'"
　Me.FilterOn = True
② Me.Filter = "성명 = '*' & txt검색 & '*'"
　Me.FilterOn = False
③ Me.Filter = "성명 like '*' & txt검색 & '*'"
　Me.FilterOn = True
④ Me.Filter = "성명 like '*' & txt검색 & '*'"
　Me.FilterOn = False

45 다음 중 후보키(Candidate Key)가 만족해야 할 두 가지 성질로 가장 타당한 것은?

① 유일성과 최소성
② 유일성과 무결성
③ 독립성과 최소성
④ 독립성과 무결성

46 다음 중 VBA 코드로 작성한 모듈에서 txt날짜_DblClick인 프로시저가 실행되는 시점으로 옳은 것은?

① 다른 프로시저에서 이 프로시저를 호출해야 실행된다.
② 해당 폼을 열면 폼에 속해 있는 모든 프로시저가 실행된다.
③ txt날짜 컨트롤이 더블클릭될 때 실행된다.
④ 해당 폼의 txt날짜 컨트롤에 값이 입력되면 실행된다.

47 다음 중 개체-관계(E-R) 모델에 대한 설명으로 옳지 않은 것은?

① 1976년 P. Chen이 제안한 모델이다.
② 개체 타입과 이들 간의 관계 타입을 이용해서 현실 세계를 개념적으로 표현하는 방법이다.
③ E-R 모델의 기본적인 아이디어를 시각적으로 가장 잘 나타낸 것이 E-R 다이어그램이다.
④ E-R 다이어그램은 개체 타입을 직사각형, 관계 타입을 다이아몬드, 속성을 화살표로 표현한다.

48 회원목록 보고서는 '지역' 필드를 기준으로 정렬되어 있다. 다음 중 동일한 지역인 경우 지역명이 맨 처음에 한 번만 표시되도록 하기 위한 속성으로 옳은 것은?

① [확장 가능] 속성을 '아니요'로 설정
② [누적 합계] 속성을 '예'로 설정
③ [중복 내용 숨기기] 속성을 '예'로 설정
④ [표시] 속성을 '아니요'로 설정

49 다음 중 각 데이터 형식에 대한 설명으로 옳지 않은 것은?

① 조회 마법사는 필드에 값을 직접 입력하지 않고 다른 테이블에서 값을 선택할 때 사용한다.
② Yes/No 형식은 Yes/No, True/False, On/Off 등 두 값 중 하나만 입력하는 경우에 사용하는 것으로 기본 필드 크기는 1비트이다.
③ 설명, 참고 사항 등 255자를 초과해서 저장할 때는 긴 텍스트 데이터 형식을 사용한다.
④ 일련번호는 번호가 부여된 후 변경하거나 삭제할 수 있으며 크기는 2바이트이다.

50 다음 중 아래의 SQL 명령에서 BETWEEN 연산의 의미와 동일한 것은?

```
SELECT *
FROM 성적
WHERE (점수 BETWEEN 90 AND 95) AND 학과 = "컴퓨터공학과"
```

① 점수 >= 90 AND 점수 <= 95
② 점수 > 90 AND 점수 < 95
③ 점수 > 90 AND 점수 <= 95
④ 점수 >= 90 AND 점수 < 95

51 다음 중 테이블에 데이터가 입력되는 방식을 제어하기 위한 방법으로 적절하지 않은 것은?

① 유효성 검사 규칙을 설정하여 필드에 입력되는 데이터 값의 범위를 설정한다.
② 입력 마스크를 이용하여 필드의 각 자리에 입력되는 값의 종류를 제한한다.
③ 색인(index)을 이용하여 해당 필드에 중복된 값이 입력되지 않도록 설정한다.
④ 기본키(Primary Key) 속성을 이용하여 레코드 추가 시 기본으로 입력되는 값을 설정한다.

52 다음 중 데이터베이스의 설계 단계로 옳은 것은?

① 요구 조건 분석 단계 → 개념적 설계 단계 → 논리적 설계 단계 → 물리적 설계 단계 → 구현
② 개념적 설계 단계 → 논리적 설계 단계 → 물리적 설계 단계 → 구현 → 요구 조건 분석 단계
③ 논리적 설계 단계 → 물리적 설계 단계 → 구현 → 요구 조건 분석 단계 → 개념적 설계 단계
④ 피드백 분석 단계 → 개념적 설계 단계 → 논리적 설계 단계 → 물리적 설계 단계 → 개선 단계

53 다음 중 SQL문에 대한 설명으로 옳지 않은 것은?

① INSERT 명령을 사용하여 조건에 맞는 레코드를 삽입할 수 있다.
② DROP 명령을 사용하여 조건에 맞는 레코드를 삭제할 수 있다.
③ UPDATE 명령을 사용하여 조건에 맞는 레코드를 갱신할 수 있다.
④ SELECT 명령을 사용하여 조건에 맞는 레코드를 검색할 수 있다.

54 다음 중 폼에 삽입된 텍스트 상자 컨트롤의 이름을 변경하는 방법으로 옳은 것은?

① 텍스트 상자 컨트롤의 바로 가기 메뉴에서 '변경'을 선택한 후 이름을 입력한다.
② 텍스트 상자 컨트롤에 연결된 레이블 컨트롤에 이름을 입력한다.
③ 텍스트 상자 컨트롤의 속성 창을 열고 이름 항목에 입력한다.
④ 텍스트 상자 컨트롤을 클릭한 다음 컨트롤 안에 이름을 입력한다.

55 다음 중 매크로에 대한 설명으로 옳지 않은 것은?

① 매크로는 작업을 자동화하고 폼, 보고서 및 컨트롤에 기능을 추가하는 데 사용되는 도구이다.
② 특정 조건이 참일 때에만 매크로 함수를 실행하도록 설정할 수 있다.
③ 하나의 매크로에는 하나의 매크로 함수만 포함될 수 있다.
④ 매크로를 컨트롤의 이벤트 속성에 포함할 수 있다.

56 다음 중 데이터베이스의 3단계 구조 중 하나로 데이터베이스 전체의 논리적인 구조를 보여주는 스키마는?

① 외부 스키마
② 개념 스키마
③ 서브 스키마
④ 내부 스키마

57 다음 중 정규화에 대한 설명으로 옳지 않은 것은?

① 한 테이블에 너무 많은 정보를 포함해서 발생하는 이상 현상을 제거한다.
② 정규화를 실행하면 모든 테이블의 필드 수가 같아진다.
③ 정규화를 실행하면 테이블이 나누어져 최종적으로는 일관성을 유지하게 된다.
④ 정규화를 실행하는 목적 중 하나는 데이터 중복의 최소화이다.

58 다음 중 폼에 관련된 설명으로 옳지 않은 것은?

① 폼을 구성하는 컨트롤들은 마법사를 이용하여 손쉽게 작성할 수도 있다.
② 모달 폼은 다른 폼 안에 컨트롤로 삽입되어 연결된 폼을 의미한다.
③ 폼은 매크로나 이벤트 프로시저를 이용하여 작업을 자동화할 수 있다.
④ 폼의 디자인 작업 시 눈금과 눈금자는 필요에 따라 표시하거나 숨길 수 있다.

59 다음 중 문자열 함수의 실행 결과로 옳지 않은 것은?

① =Instr("Blossom","son") = Null
② =Left("Blossom",3) = Blo
③ =Mid("Blossom", 3, 3) = oss
④ =Len("Blossom") = 7

60 다음 중 아래 <학생> 테이블에 대한 SQL문의 실행 결과로 옳은 것은?

학번	전공	학년	나이
1002	영문	SO	19
1004	통계	SN	23
1005	영문	SN	21
1008	수학	JR	20
1009	영문	FR	18
1010	통계	SN	25

```
SELECT AVG([나이]) FROM 학생
WHERE 학년="SN" GROUP BY 전공
HAVING COUNT(*) >= 2;
```

① 21
② 22
③ 23
④ 24

2025년 상시 기출문제 04회

- 제한시간 : 60분
- 소요시간 :   시간   분
- 전체 문항 수 : 60문항
- 맞힌 문항 수 :   문항

과목 01 컴퓨터 일반

01 다음 중 한글 Windows 10에서의 프린터 스풀 기능에 대한 설명으로 가장 옳지 않은 것은?

① 스풀링은 인쇄할 내용을 하드디스크를 거치지 않고 프린터로 전송하기 때문에 효율적이다.
② 프린터가 인쇄 중이라도 다른 응용 프로그램을 실행할 수 있다.
③ 한 페이지 단위로 스풀링하여 인쇄하는 방법과 인쇄할 문서 전부를 한 번에 스풀링한 후 프린터로 전송하여 인쇄하는 방법이 있다.
④ 프린터와 같은 저속의 입출력 장치를 CPU와 병행하여 작동시켜 컴퓨터의 전체 효율을 향상시켜 준다.

02 다음 중 보안 기법에 대한 설명으로 옳지 않은 것은?

① 사용자 인증은 사용자를 식별하고 정상적인 사용자인지를 검증함으로써 허가되지 않은 사용자의 접근을 차단하는 방법이다.
② 방화벽 보안 시스템은 외부로부터 들어오는 불법적 해킹은 차단되나 내부의 불법적 해킹은 차단하지 못한다.
③ 암호화 방법은 동일한 키로 데이터를 암호화하고 복호화하는 공개키 암호화 기법과 서로 다른 키로 데이터를 암호화하고 복호화하는 비밀키 암호화 기법이 있다.
④ 전자우편에서 사용되는 대표적인 보안 방법은 PGP와 PEM이다.

03 다음 중 인터넷에서 사용하는 URL에 관한 설명으로 옳지 않은 것은?

① 인터넷상에 존재하는 각종 자원의 위치를 나타내는 표준 주소 체계이다.
② URL의 일반적인 형식은 '프로토콜://호스트주소[:포트번호][/파일경로]'이다.
③ 계정이 있는 FTP의 경우 'http://사용자이름[:비밀번호]@서버이름:포트번호' 형식으로 사용한다.
④ mailto 프로토콜은 IP 정보 없이 받는 사람의 이메일 주소만 나타내면 된다.

04 다음 중 컴퓨터의 정상적인 작동을 방해하여 운영체제나 저장된 데이터에 손상을 입힐 수 있는 보안 위협의 종류는?

① 바이러스
② 키로거
③ 애드웨어
④ 스파이웨어

05 다음 중 한글 Windows의 [폴더 옵션] 대화상자에 있는 [일반] 탭에서 설정할 수 있는 항목으로 옳지 않은 것은?

① 연결 프로그램의 변경
② 한 번 클릭해서 열기
③ 새 창에서 폴더 열기
④ 같은 창에서 폴더 열기

06 다음 중 컴퓨터 소프트웨어의 개발을 위한 객체 지향 언어에 관한 설명으로 옳지 않은 것은?

① 데이터와 그 데이터를 처리하는 함수를 객체로 묶어서 문제를 해결하는 언어이다.
② 상속, 캡슐화, 추상화, 다형성 등을 지원한다.
③ 시스템의 확장성이 높고 정보 은폐가 용이하다.
④ 대표적인 객체 지향 언어로는 BASIC, Pascal, C 언어 등이 있다.

07 다음 중 Windows의 [글꼴]에 대한 설명으로 옳지 않은 것은?

① C:₩Windows₩Fonts 폴더에 설치된다.
② 텍스트의 가독성을 높여 주는 ClearType 사용이 가능하다.
③ 현재 설치된 글꼴을 미리 보거나 삭제하고 표시하거나 숨길 수 있다.
④ 글꼴 파일의 확장자는 jpg, png, bmp 등이 있다.

08 다음 중 컴퓨터의 처리 시간 단위가 빠른 것에서 느린 순서로 바르게 나열된 것은?

① ps − as − fs − ns − ms − μs
② as − fs − ps − ns − μs − ms
③ ms − μs − ns − ps − fs − as
④ fs − ns − ps − μs − as − ms

09 다음 중 컴퓨터에서 부동 소수점 연산을 위하여 사용되는 자료 표현에 관한 내용으로 옳지 않은 것은?

① 정규화(Normalization) 과정을 통하여 지수부와 가수부로 구성된다.
② 고정 소수점보다 간단하고 실행 시간이 적게 걸리며 아주 큰 수나 작은 수의 표현이 가능하다.
③ 부호 비트는 양수는 0, 음수는 1로 표현한다.
④ 실수 데이터의 표현과 연산에 사용된다.

10 다음 중 일반적으로 RAID(Redundant Array of Inexpensive Disk)를 사용하는 목적으로 볼 수 없는 것은?

① 전송 속도 향상
② 한 개의 대용량 디스크를 여러 개의 디스크처럼 나누어 관리
③ 안정성 향상
④ 데이터 복구의 용이성

11 다음 중 IoT에 대한 설명으로 옳지 않은 것은?

① IoT에 연결되는 사물들은 인터넷 IP를 가지고 있다.
② 각종 사물에 무선 통신 기능과 센서 기술을 융합한 것으로 실시간으로 데이터를 주고받을 수 있다.
③ 통계 및 수학적 기법을 적용한 인공지능(AI)을 이용하여 대량의 데이터로부터 통계적 패턴이나 규칙을 탐색 및 분석하여 활용 가능한 유용한 정보를 추출하는 기술이다.
④ 모든 사물은 해킹의 대상이 되므로 보안의 적용과 중요성이 강조된다.

12 다음 중 컴퓨터 처리에서 고급 언어로 작성된 프로그램을 다른 고급 언어로 번역해 주는 프로그램으로 프로그램의 조건에 맞추기 위한 사전 처리나 사전 준비적인 계산 또는 편성을 행하는 프로그램으로 매크로 확장, 기호 변환 등의 작업을 수행하는 것은?

① 컴파일러(Compiler)
② 인터프리터(Interpreter)
③ 어셈블러(Assembler)
④ 프리프로세서(Preprocessor)

13 다음 중 컴퓨터에서 사용하는 소프트웨어에 대한 설명으로 옳지 않은 것은?

① 소프트웨어는 컴퓨터를 이용하기 위해 필요한 일련의 명령어들의 집합이다.
② 소프트웨어는 시스템 소프트웨어와 응용 소프트웨어로 분류할 수 있다.
③ 응용 소프트웨어란 사용자가 실제 업무를 처리할 수 있도록 개발된 프로그램을 말한다.
④ Windows, Unix, Linux는 대표적인 응용 소프트웨어이다.

14 다음 중 무선 네트워크를 이용한 해킹 수법으로 차량을 이용하여 이동하면서 타인의 무선 구내 정보 통신망에 무단으로 접속하여 트래픽을 가로채는 행위를 무엇이라고 하는가?

① Hacking
② War Driving
③ Cheating
④ Stealing

15 다음 중 블루투스에 대한 설명으로 옳은 것은?

① IEEE 802.15.1 규격을 사용하는 PANs(Personal Area Networks)의 산업 표준이다.
② 컴퓨터 주변기기에 다양한 규격의 커넥터들을 사용할 때 커넥터 간 호환되지 않는 문제를 해결하고자 개발되었다.
③ 기존의 통신 기기, 가전 및 사무실 기기들의 종류에 상관없이 하나의 표준 접속을 통하여 다양한 기능을 수행하기 위해 개발되었다.
④ 기존의 전화선을 이용한 고속 디지털 전송 기술 중 하나이다.

16 다음 중 데이터 통신에 대한 설명으로 바르지 않은 것은?

① 패킷은 전송할 데이터를 일정한 크기로 나누어서 전송에 필요한 정보와 합쳐 하나의 묶음으로 만든 것이다.
② 클라이언트/서버 방식은 분산 처리 환경과 밀접한 관계를 가진 통신망의 형태이다.
③ 프로토콜은 컴퓨터 간에 데이터를 전송할 때 사용하는 통신 규약을 의미한다.
④ 패리티 비트란 데이터 전송 시 버퍼를 사용하여 전송 속도의 흐름을 조절하기 위한 기능이다.

17 다음 중 제한된 색상을 조합하여 새로운 색을 만드는 작업을 뜻하는 그래픽 기법으로 옳은 것은?

① 렌더링(Rendering)
② 디더링(Dithering)
③ 모델링(Modeling)
④ 리터칭(Retouching)

18 다음 중 니블(Nibble)에 대한 설명으로 옳은 것은?

① 필드가 모여 니블을 구성한다.
② 중앙 처리 장치가 한 번에 처리하는 명령 단위이다.
③ 자료와 문자를 표현하는 최소 단위이다.
④ 1Byte의 크기를 2로 나눈 비트로 구성된다.

19 사용자가 방문했던 내용을 담고 있는 캐시 서버로 방화벽의 기능까지 지원하는 것은?

① Client Server
② WebServer
③ Proxy Server
④ TCP/IP

20 다음 중 Windows의 [휴지통]에 관한 설명으로 옳지 않은 것은?

① 휴지통에 지정된 최대 크기를 초과하면 보관된 파일 중 가장 용량이 큰 파일부터 자동 삭제된다.
② 휴지통에 보관한 실행 파일은 복원은 가능하지만 휴지통에서 실행하거나 이름을 변경할 수는 없다.
③ 휴지통 속성에서 파일이나 폴더가 삭제될 때마다 삭제 확인 대화상자가 표시되지 않도록 설정할 수 있다.
④ 휴지통의 파일이 실제 저장된 폴더 위치는 일반적으로 C:₩$Recycle.Bin이다.

과목 02 스프레드시트 일반

21 다음 중 엑셀에서 열려 있는 다른 엑셀 통합 문서로 작업 화면을 전환할 때 사용되는 바로 가기 키로 옳은 것은?

① Shift + Tab
② Ctrl + Tab
③ Ctrl + Enter
④ Alt + ↓

22 다음 중 한자의 특수 문자 입력에 대한 설명으로 옳지 않은 것은?

① 한글 자음(ㄱ, ㄴ, …, ㅎ) 중 하나를 입력한 후 한자를 누르면 화면에 특수 문자 목록이 표시된다.
② '국'과 같이 한글 한 글자를 입력한 후 한자를 누르면 화면에 해당 한글에 대한 한자 목록이 표시된다.
③ 한글 쌍자음 'ㄸ'을 입력한 후 한자를 누르면 화면에 어떤 목록도 표시되지 않는다.
④ 각각의 한글 자음에 따라서 화면에 표시되는 특수 문자가 다르다.

23 다음 중 배열 수식과 배열 상수에 대한 설명으로 옳지 않은 것은?

① 배열 수식에서 잘못된 인수나 피연산자를 사용할 경우 '#VALUE!'의 오류값이 발생한다.
② 배열 상수는 숫자, 논리값, 텍스트, 오류값 외에 수식도 사용할 수 있다.
③ 배열 상수에서 다른 행의 값은 세미콜론(;), 다른 열의 값은 쉼표(,)로 구분한다.
④ Ctrl + Shift + Enter 키를 누르면 중괄호({ }) 안에 배열 수식이 표시된다.

24 다음 중 여러 워크시트를 선택하여 그룹으로 설정한 경우에 대한 설명으로 옳지 않은 것은?

① 엑셀 창의 맨 위 제목 표시줄에 [그룹]이라고 표시된다.
② 그룹 상태에서 도형이나 차트 등의 그래픽 개체는 삽입되지 않는다.
③ 그룹으로 설정된 임의의 시트에서 입력하거나 편집한 데이터는 그룹으로 설정된 모든 시트에 반영된다.
④ 그룹 상태에서 여러 개의 시트에 정렬 및 필터 기능을 수행할 수 있다.

25 다음 중 수식 작성 과정에 대한 설명으로 옳지 않은 것은?

① 셀 범위를 참조할 때는 시작 셀 이름과 마지막 셀 이름 사이에 콜론(:)이 입력된다.
② 다른 워크시트의 값을 참조하는 경우 해당 워크시트의 이름에 사이 띄우기가 포함되어 있으면 워크시트의 이름은 큰따옴표(" ")로 묶인다.
③ 수식에 숫자를 입력할 때 화폐 단위나 천 단위 구분 기호와 같은 서식 문자는 입력하지 않는다.
④ 외부 참조를 하는 경우 통합 문서의 이름과 경로가 포함되어야 한다.

26 다음 중 수학식 $\sqrt{16} \times (|-2|+2^3)$을 엑셀 수식으로 바르게 표현한 것은?

① =POWER(16)*(ABS(-2)+SQRT(2,3))
② =SQRT(16)*(ABS(-2)+POWER(3,2))
③ =SQRT(16)*(ABS(-2)+POWER(2,3))
④ =POWER(16)*(ABS(-2)+SQRT(3,2))

27 다음 프로시저가 실행된 후 Total 값으로 옳은 것은?

```
Sub PTotal()
  For j = 1 To 10 Step 3
    Total = Total + j
  Next j
  MsgBox "총 " & Total & "입니다."
End Sub
```

① 17
② 22
③ 12
④ 10

28 다음 중 데이터 정렬에 관한 설명으로 옳지 않은 것은?

① 대/소문자를 구분하여 정렬할 수 있다.
② 표 안에서 다른 열에는 영향을 주지 않고 선택한 하나의 열 내에서만 정렬하도록 할 수 있다.
③ 정렬 기준으로 '셀 아이콘'을 선택한 경우 기본 정렬 순서는 '위에 표시'이다.
④ 행을 기준으로 정렬하려면 [정렬] 대화상자의 [옵션]에서 정렬 옵션의 방향을 '위쪽에서 아래쪽'으로 선택한다.

29 다음 중 항목의 구성비를 표현하는 데 적합한 차트인 원형 차트 및 도넛형 차트에 대한 설명으로 옳지 않은 것은?

① 원형 차트의 모든 조각을 차트 중심에서 끌어낼 수 있다.
② 도넛형 차트는 원형 차트와 마찬가지로 전체에 대한 각 부분의 구성비를 보여 주지만 데이터 계열이 두 개 이상 포함될 수 있다는 점이 다르다.
③ 원형 차트는 첫째 조각의 각을 0도에서 360도 사이의 값을 이용하여 회전시킬 수 있으나 도넛형 차트는 첫째 조각의 각을 회전시킬 수 없다.
④ 도넛형 차트의 도넛 구멍 크기는 0%에서 90% 사이의 값으로 변경할 수 있다.

30 다음 중 매크로에 대한 설명으로 옳지 않은 것은?

① ActiveCell.Interior.ColorIndex=3 → 액티브 셀(개체)의 채우기(속성)를 빨간색으로 지정
② WorkSheets.Add → 새로운 워크시트를 삽입
③ Range("A5").Select → [A5] 셀로 셀 포인터 이동
④ Range("A1").Formula="3*4" → [A1] 셀에 3*4를 계산한 값 12 입력

31 다음 중 셀에 입력된 데이터에 사용자 지정 표시 형식을 설정한 후의 표시 결과로 옳은 것은?

① 0.25 → 0#.#% → 0.25%
② 0.57 → #.# → 0.6
③ 90.86 → #,##0.0 → 90.9
④ 100 → #,###;@"점" → 100점

32 다음 중 조건부 서식 설정을 위한 [새 서식 규칙] 대화상자의 '규칙 유형 선택' 항목에 해당하지 않는 것은?

① 임의의 날짜를 기준으로 셀의 서식 지정
② 셀 값을 기준으로 모든 셀의 서식 지정
③ 다음을 포함하는 셀만 서식 지정
④ 고유 또는 중복값만 서식 지정

33 다음 중 개요에 대한 설명으로 옳지 않은 것은?

① 개요 기호를 설정하면 그룹의 요약 정보만 또는 필요한 그룹의 데이터만 확인할 수 있어 편리하다.
② 그룹별로 요약된 데이터에서 [개요 지우기]를 실행하면 설정된 개요 기호와 함께 개요 설정에 사용된 요약 정보도 함께 제거된다.
③ [부분합]을 실행하면 각 정보 행 그룹의 바로 아래나 위에 요약 행이 삽입되고, 개요가 자동으로 만들어진다.
④ 그룹화하여 요약하려는 데이터 목록이 있는 경우 데이터에 최대 8개 수준의 개요를 설정할 수 있으며 한 수준은 각 그룹에 해당한다.

34 데이터 관리 기능 중 조건에 만족하는 데이터만 추출해서 특정 위치에 표시할 수 있는 기능은?

① 자동 필터
② 고급 필터
③ 정렬
④ 부분합

35 엑셀에서 데이터를 정렬하려는데 다음과 같은 정렬 경고 대화상자가 표시되었다. 다음 중 옳지 않은 것은?

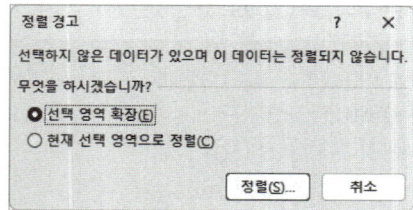

① 이 정렬 경고 대화상자는 표 범위에서 하나의 열만 범위로 선택한 경우에 발생한다.
② 인접한 데이터를 포함하기 위해 선택 영역을 늘리려면 '선택 영역 확장'을 선택한다.
③ 이 정렬 경고 대화상자는 셀 포인터가 표 범위 내에 있지 않기 때문에 발생한다.
④ '현재 선택 영역으로 정렬'을 선택하면 현재 설정된 열만을 정렬 대상으로 선택한다.

36 다음 시트에서 [A2:A7] 영역의 이름이 '대표'로 정의되었을 때 [A8] 영역에 =MATCH("김영희",대표,0) 수식을 입력한다면 결과값으로 옳은 것은?

	A	B
1	대표	거래처명
2	홍길동	인천직물
3	김영희	서울통상
4	김선주	중동무역
5	나대리	하나무역
6	김영희	나루교역
7	이연수	서울통상

① 서울통상
② 1
③ 2
④ 김영희

37 다음 중 차트의 편집에 대한 설명으로 옳지 않은 것은?

① 차트와 연결된 워크시트의 데이터에 열을 추가하면 차트에 자동으로 반영되지 않는다.
② 차트 크기를 조정하면 새로운 크기에 가장 적합하도록 차트 내의 텍스트의 크기 등이 자동으로 조정된다.
③ 차트에 적용된 원본 데이터의 행이나 열을 숨겨도 차트에는 반영되지 않는다.
④ 데이터 계열의 순서가 변경되면 범례의 순서도 자동으로 변경된다.

38 다음 중 메모에 대한 설명으로 옳지 않은 것은?

① 피벗 테이블의 셀에 메모를 삽입한 경우 데이터를 정렬하면 메모도 데이터와 함께 정렬된다.
② 작성된 메모가 표시되는 위치를 자유롭게 지정할 수 있고, 메모가 항상 표시되도록 설정할 수 있다.
③ 새 메모를 작성하려면 바로 가기 키 [Shift]+[F2]를 누른다.
④ 메모의 텍스트 서식을 변경하거나 메모 크기를 메모에 입력된 텍스트에 맞도록 자동으로 조정할 수 있다.

39 다음 중 통합 문서를 열 때마다 특정 작업이 자동으로 수행되는 매크로를 작성하려고 할 때 사용해야 할 매크로 이름으로 옳은 것은?

① Auto_Open
② Auto_Exec
③ Auto_Macro
④ Auto_Start

40 다음 중 아래 시트에서 입사 연도가 '2026년'이고 성별이 '여'인 직원들의 급여 평균을 구하는 배열 수식으로 옳은 것은?

	A	B	C	D
1	성명	입사년도	성별	급여
2	이대한	2020년	남	3,600,000
3	김혜민	2026년	여	2,500,000
4	김준이	2026년	여	2,500,000
5	한상공	2026년	남	2,700,000
6	이다정	2022년	여	3,100,000

① {=AVERAGE((B2:B6="2026년")*(C2:C6 ="여")*(D2:D6))}
② {=AVERAGE(IF((B2:B6="2026년")*(C2:C6="여"), (D2:D6)))}
③ {=AVERAGE((B2:B6="2026년"), (C2:C6="여"), (D2:D6))}
④ {=AVERAGE(IF((B2:B6="2026년"), (C2:C6="여"), (D2:D6)))}

과목 03 데이터베이스 일반

41 다음 중 관계형 데이터베이스에서 사용되는 용어에 대한 설명으로 옳은 것은?

① 도메인(Domain) : 테이블에서 행을 나타내는 말로 레코드와 같은 의미
② 튜플(Tuple) : 하나의 속성이 취할 수 있는 값의 집합
③ 속성(Attribute) : 테이블에서 열을 나타내는 말로 필드와 같은 의미
④ 차수(Degree) : 한 릴레이션에서의 튜플 개수

42 다음 중 쿼리에 대한 설명으로 옳지 않은 것은?

① 쿼리는 테이블의 데이터를 이용하여 사용자가 원하는 형식으로 가공하여 보여줄 수 있다.
② 테이블이나 다른 쿼리를 이용하여 새로운 쿼리를 생성할 수 있다.
③ 쿼리는 단순한 조회 이외에도 데이터의 추가, 삭제, 수정 등을 수행할 수 있다.
④ 쿼리를 이용하여 추출한 결과는 폼에서만 사용할 수 있다.

43 다음 중 서로 관계를 맺고 있는 릴레이션 R1과 R2에서 릴레이션 R2의 한 속성이나 속성의 조합이 릴레이션 R1의 기본키인 것을 무엇이라고 하는가?

① 대체키(Alternate Key)
② 슈퍼키(Super Key)
③ 후보키(Candidate Key)
④ 외래키(Foreign Key)

44 다음 중 데이터 보안 및 회복, 무결성, 병행 수행 제어 등을 정의하는 데이터베이스 언어로 데이터베이스 관리자가 데이터 관리를 목적으로 주로 사용하는 언어는?

① 데이터 제어어(DCL)
② 데이터 부속어(DSL)
③ 데이터 정의어(DDL)
④ 데이터 조작어(DML)

45 다음 중 릴레이션의 특징으로 옳지 않은 것은?

① 릴레이션의 모든 속성값은 원자값이다.
② 릴레이션에서 속성은 그 순서가 존재한다.
③ 릴레이션에서 튜플은 유일성이다.
④ 릴레이션에서 튜플은 무순서이다.

46 다음 중 아래의 이벤트 프로시저에서 [Command1] 단추를 클릭했을 때의 실행 결과로 옳은 것은?

```
Private Sub Command1_Click()
DoCmd.OpenForm "사원정보", acNormal
DoCmd.GoToRecord , , acNewRec
End Sub
```

① [사원정보] 테이블이 열리고, 가장 마지막 행의 새 레코드에 포커스가 표시된다.
② [사원정보] 폼이 열리고, 첫 번째 레코드의 가장 왼쪽 컨트롤에 포커스가 표시된다.
③ [사원정보] 폼이 열리고, 마지막 레코드의 가장 왼쪽 컨트롤에 포커스가 표시된다.
④ [사원정보] 폼이 열리고, 새 레코드를 입력할 수 있도록 비워진 폼이 표시된다.

47 다음 중 정규화에 대한 설명으로 옳지 않은 것은?

① 정규화를 통해 삽입, 삭제, 갱신 이상의 발생을 방지할 수 있다.
② 정규화를 통해 데이터 삽입 시 테이블 재구성의 필요성을 줄일 수 있다.
③ 정규화는 테이블 속성들 사이의 종속성을 최대한 배제하는 과정으로 볼 수 있다.
④ 정규화를 수행하여 데이터의 중복을 완전히 제거할 수 있다.

48 다음 중 인덱스에 대한 설명으로 옳지 않은 것은?

① 데이터의 검색 속도를 빠르게 높이기 위해 사용한다.
② 일련번호나 날짜/시간 데이터 형식의 필드에는 인덱스를 지정할 수 없다.
③ 인덱스를 설정하면 데이터를 추가, 삭제할 때 성능이 떨어질 수 있다.
④ 단일 필드 기본키는 인덱스 속성이 "예(중복 불가능)"로 지정되어야 한다.

49 다음 중 Access에서 데이터를 찾거나 바꿀 때 사용하는 만능 문자를 사용한 결과에 대한 설명으로 옳지 않은 것은?

① 1#3 → 103, 113, 123 등 검색
② 소?ㅈ → 소비자, 소유자, 소개자 등 검색
③ 소[!비유]자 → 소비자와 소개자 등 검색
④ b[a-ㄷ]d → bad와 bbd 등 검색

50 다음 중 주어진 [Customer] 테이블을 참조하여 아래의 SQL문을 실행한 결과로 옳은 것은?

```
SELECT Count(*)
FROM (SELECT Distinct City From Customer);
```

City	Age	Hobby
부산	30	축구
서울	26	영화감상
부산	45	낚시
서울	25	야구
대전	21	축구
서울	19	음악감상
광주	19	여행
서울	38	야구
인천	53	배구
*		0

① 3 ② 5
③ 7 ④ 9

51 다음 중 보고서에서 [페이지 번호] 대화상자를 이용한 페이지 번호 설정에 대한 설명으로 옳지 않은 것은?

① 첫 페이지에만 페이지 번호가 표시되거나 표시되지 않도록 설정할 수 있다.
② 페이지 번호의 표시 위치를 '페이지 위쪽', '페이지 아래쪽', '페이지 양쪽' 중 선택할 수 있다.
③ 페이지 번호의 형식을 'N 페이지'와 'N/M 페이지' 중 선택할 수 있다.
④ [페이지 번호] 대화상자를 열 때마다 페이지 번호 표시를 위한 수식이 입력된 텍스트 상자가 자동으로 삽입된다.

52 회원(회원번호, 이름, 나이, 주소) 테이블에서 주소가 '인천'인 회원의 이름, 나이 필드만 검색하되, 나이가 많은 순으로 검색하는 질의문으로 옳은 것은?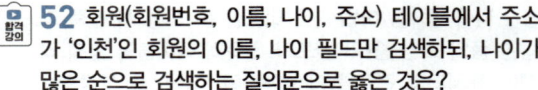

① SELECT 이름, 나이 FROM 회원 ORDER BY 나이 WHERE 주소 = '인천'
② SELECT 이름, 나이 FROM 회원 WHERE 주소 = '인천' ORDER BY 나이 ASC
③ SELECT 이름, 나이 FROM 회원 WHERE 주소 = '인천' ORDER BY 나이 DESC
④ SELECT 이름, 나이 FROM 회원 ORDER BY 나이 DESC WHERE 주소 = '인천'

53 [수강] 테이블의 '수강학생' 필드는 [학생] 테이블의 '학번' 필드를 참조할 때 다음 중 참조 무결성 규칙을 위반한 작업으로 옳은 것은?

[학생] 테이블

학번	성명
123	홍길동
246	김갑동
357	박동식

[수강] 테이블

번호	수강학생	수강과목
1	123	영어회화
2	246	미적분학
3	123	일반화학
4	123	컴퓨터개론
5	246	전기회로

① [학생] 테이블에 '학번'과 '성명'이 각각 '468'과 '김해성'을 추가했다.
② [수강] 테이블의 '수강학생' 필드에 '987', '수강과목' 필드에 '물리실험'을 추가했다.
③ [수강] 테이블에서 첫 번째 레코드의 '수강학생' 필드값을 '123'에서 '357'로 변경했다.
④ [학생] 테이블의 '학번' 필드 '357'에 해당하는 레코드에서 '성명' 필드의 '박동식'을 '이황'으로 변경했다.

54 다음 중 데이터 중복성이 일으킬 수 있는 문제점으로 적절하지 않은 것은?

① 여러 개의 데이터가 모두 하나의 사실을 나타낸다면 논리적으로 그 내용이 같아야 하나, 실제로 중복이 있게 되면 그 동일성을 유지하기가 어렵다.
② 논리적으로 같은 데이터에 대해서는 동일한 수준의 보안이 유지되어야 하나, 여러 곳에 중복되어 있을 경우 모두 같은 수준의 보안을 유지하기가 어렵다.
③ 데이터가 중복 저장되면 제어가 분산되게 되어 데이터의 무결성, 즉 데이터의 정확성을 유지하기가 어렵다.
④ 데이터가 중복 저장되면 데이터 항목이 하나 첨가되는 경우 전체 레코드의 길이가 달라지기 때문에 이 파일에 접근하는 모든 응용 프로그램이 수정되어야 한다.

55 다음 중 폼에 대한 설명으로 옳지 않은 것은?

① 폼은 데이터를 시각적으로 돋보이게 하는 역할을 한다.
② 폼은 여러 테이블이나 쿼리로부터 데이터를 편리하게 입력하고 수정하게 한다.
③ 테이블의 특정 레코드만을 대상으로 하려면 해당 필드에 연결된 컨트롤을 표시하면 된다.
④ 폼은 데이터가 연결되어 있는지에 따라 바운드 폼(Bound Form)과 언바운드 폼(Unbound Form)으로 구분한다.

56 보고서의 모든 페이지마다 같은 내용을 인쇄하려고 한다. 다음 중 보고서의 어떤 영역에 넣어야 하는가?

① 보고서 머리글 영역
② 본문 영역
③ 그룹 머리글 영역
④ 페이지 머리글 영역

57 다음 중 하위 폼에 대한 설명으로 옳지 않은 것은?

① 기본 폼과 하위 폼을 연결할 필드의 데이터 형식은 같거나 호환되어야 한다.
② 본 폼 내에 삽입된 다른 폼을 하위 폼이라 한다.
③ 일 대 다 관계가 설정되어 있는 테이블들을 효과적으로 표시하기 위해 사용된다.
④ '폼 분할' 도구를 이용하여 폼을 생성하면 하위 폼 컨트롤이 자동으로 삽입된다.

58 프로시저는 연산을 수행하거나 값을 계산하는 일련의 명령문과 메서드로 구성된다. 다음 예제 중 메서드에 해당하는 것은?

```
Private Sub OpenOrders_Click( )
DoCmd.OpenForm "Orders"
End Sub
```

① OpenOrders
② DoCmd
③ OpenForm
④ Orders

59 성적(학번, 이름, 과목, 점수) 테이블에서 점수 필드에 0 이상 100 이하의 값이 입력되도록 범위를 지정하고자 할 때 사용되는 필드 속성은?

① 입력 마스크
② 기본값
③ 캡션
④ 유효성 검사 규칙

60 다음 중 [폼 마법사]를 이용한 폼 작성 시 선택 가능한 폼의 모양 중 각 필드가 왼쪽의 레이블과 함께 각 행에 표시되고 컨트롤 레이아웃이 자동으로 설정되는 것은?

① 열 형식
② 테이블 형식
③ 데이터시트
④ 맞춤

빠르게 정답 확인하기!

스마트폰으로 QR 코드를 스캔해 보세요.
정답표를 통해 편리하게 채점할 수 있습니다.

2025년 상시 기출문제 05회

자동 채점 서비스

합격 강의

- 제한시간 : 60분
- 소요시간 :   시간   분
- 전체 문항 수 : 60문항
- 맞힌 문항 수 :   문항

과목 01 컴퓨터 일반

01 다음 중 운영체제의 기능에 대한 설명으로 옳지 않은 것은?

① 데이터 및 자원 공유 기능을 제공한다.
② 사용자들 간의 하드웨어 공동 사용 및 자원의 스케줄링을 수행한다.
③ 컴퓨터와 같은 정보기기를 사용하기 위해서 반드시 설치되어야 하는 프로그램으로 가장 대표적인 시스템 소프트웨어이다.
④ 운영체제는 시스템을 실시간으로 감시하여 바이러스 침입을 방지하는 기능을 제공한다.

02 다음 중 사물 인터넷에 대한 설명으로 옳지 않은 것은?

① IoT(Internet of Things)라고도 하며 개인 맞춤형 스마트 서비스를 지향한다.
② 사람을 제외한 사물과 공간, 데이터 등을 이더넷으로 서로 연결시켜 주는 무선 통신 기술을 의미한다.
③ 스마트 센싱 기술과 무선 통신 기술을 융합하여 실시간으로 데이터를 주고받는 기술이다.
④ 사물 인터넷 기반 서비스는 개방형 아키텍처를 필요로 하므로 정보 공유에 대한 부작용을 최소화하기 위한 정보 보안 기술의 적용이 중요하다.

03 다음 중 인터넷과 관련하여 WWW(World Wide Web)에 관한 설명으로 옳지 않은 것은?

① 멀티미디어 형식의 정보를 제공하여 줄 수 있다.
② 하이퍼텍스트를 기반으로 하는 HTTP 프로토콜을 사용한다.
③ 웹 페이지는 서버에서 정보를 제공하여 주고, 클라이언트에서는 웹 브라우저를 통해 정보를 검색하고 제공받는다.
④ 멀티미디어 정보의 송수신 에러를 제어하기 위해 SMTP 프로토콜을 사용한다.

04 다음 중 컴퓨터 그래픽과 관련하여 벡터(Vector) 이미지에 관한 설명으로 옳지 않은 것은?

① 이미지의 크기를 확대하여도 화질에 손상이 없다.
② 점과 점을 연결하는 직선이나 곡선을 이용하여 이미지를 구성한다.
③ 대표적으로 WMF 파일 형식이 있다.
④ 픽셀로 이미지를 표현하며 래스터(Raster) 이미지라고도 한다.

05 다음 중 컴퓨터의 연산 장치에 있는 레지스터에 관한 설명으로 옳지 않은 것은?

① 2진수 덧셈을 수행하는 가산기(Adder)가 있다.
② 뺄셈을 수행하기 위해 입력된 값을 보수로 변환하는 보수기(Complementor)가 있다.
③ 연산 결과를 일시적으로 저장하는 누산기(Accumulator)가 있다.
④ 연산에 사용될 데이터를 기억하는 상태 레지스터(Status Register)가 있다.

06 다음 중 컴퓨터에서 사용하는 자료의 표현에 관한 설명으로 옳지 않은 것은?

① 실수형 데이터는 정해진 크기에 부호(1bit)와 가수부(7bit)로 구분하여 표현한다.
② 2진 정수 데이터는 실수 데이터보다 표현할 수 있는 범위가 작으며 연산 속도는 빠르다.
③ 숫자 데이터 표현 중 10진 연산을 위하여 '팩(Pack)과 언팩(Unpack)' 표현 방식이 사용된다.
④ 컴퓨터에서 뺄셈을 수행하기 위해서는 보수와 덧셈 연산을 이용한다.

07 다음 중 Windows에서 하드디스크의 용량 부족 문제가 발생하였을 때의 해결 방법으로 적절하지 않은 것은?

① 사용 빈도가 낮은 파일은 백업한 후 하드디스크에서 삭제한다.
② 바이러스에 감염된 파일을 모두 삭제한다.
③ 사용하지 않는 Windows 구성 요소를 제거한다.
④ 디스크 정리를 수행하여 불필요한 파일을 삭제한다.

08 다음 중 공개키 암호 기법의 설명으로 옳지 못한 것은?

① 메시지를 암호화할 때와 복호화할 때 사용되는 키가 서로 다르다.
② 복호화할 때 사용되는 키는 공개하고 암호키는 비공개한다.
③ 비대칭키 또는 이중키 암호 기법이라고도 한다.
④ 많이 사용되는 기법은 RSA 기법이다.

09 다음 중 정보 전송 방식에 대한 설명으로 옳지 않은 것은?

① 전송 모드는 병렬과 직렬 전송이 있다.
② 단방향 방식은 라디오나 TV 방송 등이 해당한다.
③ 정보의 전송 방식은 전송 방향, 전송 모드, 전송 동기에 따라 구분된다.
④ 전이중 방식은 동시 전송이 불가능한 무전기가 해당한다.

10 다음 중 컴퓨터의 내부 기억 장치에 관한 설명으로 옳은 것은?

① RAM은 일시적으로 전원 공급이 없더라도 내용은 계속 기억된다.
② SRAM이 DRAM보다 접근 속도가 느리다.
③ 주기억 장치의 접근 속도 개선을 위하여 가상 메모리가 사용된다.
④ ROM에는 BIOS, 기본 글꼴, POST 시스템 등이 저장되어 있다.

11 다음 중 한글 Windows에서 사용할 수 있는 USB 포트에 관한 설명으로 옳지 않은 것은?

① USB를 사용하면 컴퓨터를 종료하거나 다시 시작하지 않아도 장치를 연결하거나 연결을 끊을 수 있다.
② 플러그 앤 플레이 설치를 지원하는 외부 버스이다.
③ 한 번에 8비트씩 전송하여 매우 빠른 전송 속도를 가진 병렬 포트이다.
④ 주변 장치를 최대 127개까지 연결할 수 있다.

12 다음 중 Windows의 레지스트리에 관한 설명으로 옳지 않은 것은?

① 컴퓨터에 설치된 모든 하드웨어와 소프트웨어의 실행 정보를 관리하는 데이터베이스이다.
② 레지스트리 정보는 Windows가 작동하는 동안 지속적으로 참조된다.
③ Windows에 탑재된 레지스트리 편집기는 'reg.exe'이다.
④ 레지스트리에 문제가 발생하면 시스템 부팅이 안 될 수도 있다.

13 다음 중 여러 대의 컴퓨터를 일제히 동작시켜 대량의 데이터를 한 곳의 서버 컴퓨터에 집중적으로 전송시킴으로써 특정 서버가 정상적으로 동작하지 못하게 하는 공격 방식은?

① 스니핑(Sniffing)
② 분산 서비스 거부(DDoS)
③ 백도어(Back Door)
④ 해킹(Hacking)

14 다음 중 운영체제를 구성하는 제어 프로그램의 종류에 해당하지 않는 것은?

① 감시 프로그램
② 언어 번역 프로그램
③ 작업 관리 프로그램
④ 데이터 관리 프로그램

15 다음 중 Windows 10에서 [표준 계정]의 사용자가 할 수 있는 작업으로 옳지 않은 것은?

① 사용자 자신의 암호를 변경할 수 있다.
② 마우스 포인터의 모양을 변경할 수 있다.
③ 관리자가 설정해 놓은 프린터를 프린터 목록에서 제거할 수 있다.
④ 사용자의 사진으로 자신만의 바탕 화면을 설정할 수 있다.

16 다음 중 전자우편에서 사용하는 POP3 프로토콜에 관한 설명으로 옳은 것은?

① 사용자가 작성한 이메일을 다른 사람의 계정으로 전송해 주는 역할을 한다.
② 메일 서버의 이메일을 사용자의 컴퓨터로 가져올 수 있도록 메일 서버에서 제공하는 프로토콜이다.
③ 멀티미디어 전자우편을 주고받기 위한 인터넷 메일의 표준 프로토콜이다.
④ 웹 브라우저에서 제공하지 않는 멀티미디어 파일을 확인하여 실행시켜 주는 프로토콜이다.

17 다음 중 컴퓨터에서 하드디스크를 연결하는 SATA 방식에 관한 설명으로 옳지 않은 것은?

① 직렬 인터페이스 방식을 사용한다.
② PATA 방식보다 데이터 전송 속도가 빠르다.
③ 핫 플러그 인 기능을 지원한다.
④ EIDE는 일반적으로 SATA를 의미한다.

18 다음 중 멀티미디어에서 사용되는 그래픽 기법에 관한 설명으로 옳지 않은 것은?

① 렌더링(Rendering)은 3차원 애니메이션을 만드는 작업의 일부이다.
② 모핑(Morphing)은 두 개의 이미지를 부드럽게 연결하여 변화하거나 통합하는 작업이다.
③ 앨리어싱(Aliasing)은 이미지 표현에 계단 현상을 제거하는 작업이다.
④ 디더링(Dithering)은 제한된 색상을 조합하여 새로운 색을 만드는 작업이다.

19 다음 중 정보 통신과 관련하여 OSI 7계층 모델에서 Telnet, FTP, E-Mail 등의 프로토콜을 포함하는 계층으로 옳은 것은?

① 트랜스포트(Transport) 계층
② 데이터링크(Data Link) 계층
③ 응용(Application) 계층
④ 물리(Physical) 계층

20 다음 중 아날로그 컴퓨터와 비교하여 디지털 컴퓨터의 특징으로 옳지 않은 것은?

① 데이터의 자리마다 0 혹은 1의 비트로 표현한 이산적인 데이터를 처리한다.
② 데이터 처리를 위한 명령어들로 구성된 프로그램에 의해 동작한다.
③ 온도, 전압, 진동 등과 같이 연속적으로 변하는 데이터를 효율적으로 처리할 수 있다.
④ 산술 및 논리 연산을 처리하는 회로에 기반을 둔 범용 컴퓨터로 사용된다.

과목 02 스프레드시트 일반

21 다음 중 데이터 유효성 검사에 대한 설명으로 옳지 않은 것은?

① 목록의 값들을 미리 지정하여 데이터 입력을 제한할 수 있다.
② 입력할 수 있는 정수의 범위를 제한할 수 있다.
③ 목록으로 값을 제한하는 경우 드롭다운 목록의 너비를 지정할 수 있다.
④ 유효성 조건 변경 시 변경 내용을 범위로 지정된 모든 셀에 적용할 수 있다.

22 다음 중 오류값 '#VALUE!'가 발생하는 원인으로 옳은 것은?

① 수식에서 값을 0으로 나누려고 할 경우
② 잘못된 인수나 피연산자를 사용했을 경우
③ 함수나 수식에 사용할 수 없는 값을 지정했을 경우
④ 셀 참조가 유효하지 않을 경우

 23 아래의 왼쪽 워크시트에서 성명 데이터를 오른쪽 워크시트와 같이 성과 이름 두 개의 열로 분리하기 위해 [텍스트 나누기] 기능을 사용하고자 한다. 다음 중 [텍스트 나누기]의 분리 방법으로 가장 적절한 것은?

	A
1	이다정
2	홍길동
3	김혜민
4	한상공

➡

	A	B
1	이	다정
2	홍	길동
3	김	혜민
4	한	상공

① 열 구분선을 기준으로 내용 나누기
② 구분 기호를 기준으로 내용 나누기
③ 공백을 기준으로 내용 나누기
④ 탭을 기준으로 내용 나누기

24 다음 중 [셀 서식] 대화상자의 [맞춤] 탭에 '텍스트 방향'에서 설정할 수 없는 항목은?

① 텍스트 방향대로
② 텍스트 반대 방향으로
③ 왼쪽에서 오른쪽
④ 오른쪽에서 왼쪽

25 아래의 시트에서 [A2:A4] 영역의 값에 대하여 [B2:B4] 영역과 같이 표시되도록 하기 위한 사용자 지정 서식으로 옳은 것은?

	A	B
1	금액	금액
2	50,000	伍萬
3	18,963	壹萬八阡九百六拾參
4	69,010	六萬九阡壹拾

① [DBNum1]#,###
② [DBNum2]#,###
③ [DBNum1]G/표준
④ [DBNum2]G/표준

26 다음 중 [B6] 셀에 다음과 같이 입력된 수식의 결과값은?

```
=VLOOKUP(150000,A2:B5,2,1)
```

	A	B
1	매출액	수수료
2	50,000	5,000
3	100,000	10,000
4	200,000	20,000
5	300,000	30,000

① 5,000
② 10,000
③ 20,000
④ 30,000

27 다음 차트에 대한 설명으로 옳지 않은 것은?

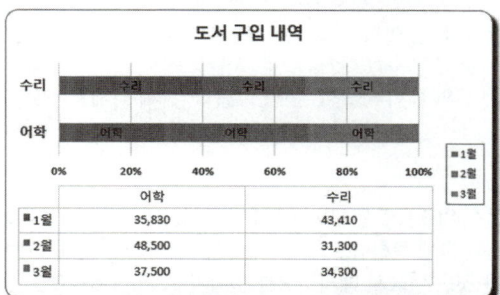

① 차트 영역에 그림자가 설정되어 있고 테두리의 모서리가 둥글게 설정되어 있다.
② 데이터 테이블과 범례가 표시되어 있다.
③ 차트의 제목은 '도서 구입 내역'으로 설정되어 있다.
④ 데이터 레이블로 '값'이 표시되어 있다.

28 다음 중 자료 입력에 대한 설명으로 옳지 않은 것은?

① 한자를 입력하려면 한글을 입력한 후 키보드의 [한자]를 눌러 변환한다.
② 특수 문자를 입력하려면 먼저 한글 자음을 입력한 후 키보드의 [한/영]을 눌러 원하는 특수 문자를 선택한다.
③ 숫자 데이터를 문자 데이터로 입력하려면 숫자 데이터 앞에 문자 접두어(')를 입력한다.
④ 분수 앞에 정수가 없는 일반 분수를 입력하려면 '0'을 먼저 입력하고 [Space Bar]를 눌러 빈칸을 한 개 입력한 후 '3/8'과 같이 분수를 입력한다.

29 고급 필터에서 다음과 같은 조건을 설정하였을 때, 이 조건에 의해 선택되는 데이터들로 옳은 것은?

임금	연도	인원
<220	2026	
		>=1000

① 인원이 1000 이상인 데이터 중에서 임금이 220 미만이거나 연도가 2026인 데이터
② 임금이 220 미만인 데이터 중에서 연도가 2026이고 인원이 1000 이상인 데이터
③ 임금이 220 미만이고 연도가 2026인 데이터이거나 인원이 1000 이상인 데이터
④ 임금이 220 미만이거나 연도가 2026인 데이터 모두와 인원이 1000 이상인 데이터

30 다음 워크시트에서 [A] 열의 사원코드 중 첫 문자가 A이면 50, B이면 40, C이면 30의 기말수당을 지급하고자 할 때 수식으로 옳은 것은?

	A	B
1	사원코드	기말수당
2	A101	50
3	B101	40
4	C101	30
5	*수당 단위는 천원임	

① =IF(LEFT(A2,1)="A",50,IF(LEFT(A2,1)="B",40,30))
② =IF(RIGHT(A2,1)="A",50,IF(RIGHT(A2,1)="B",40,30))
③ =IF(LEFT(A2,1)='A',50,IF(LEFT(A2,1)='B',40,30))
④ =IF(RIGHT(A2,1)='A',50,IF(RIGHT(A2,1)='B',40,30)).

31 다음 중 피벗 테이블에 대한 설명으로 옳지 않은 것은?

① 피벗 테이블 보고서를 작성한 후 원본 데이터를 수정하면 수정된 내용이 피벗 테이블 보고서에 자동으로 반영된다.
② 피벗 테이블 필드 목록에서 보고서에 추가할 필드로 데이터 형식이 텍스트와 논리값인 것을 선택하면 '행 레이블' 영역으로 옮겨진다.
③ 값 영역에 추가된 필드가 2개 이상이 되면 값 필드가 열 레이블 또는 행 레이블 영역에 표시된다.
④ 행 레이블 또는 열 레이블에 표시된 값 필드가 값 영역에 추가된 필드의 표시 방향을 결정한다.

32 다음 중 엑셀에서 날짜 데이터의 입력 방법을 설명한 것으로 옳지 않은 것은?

① 날짜 데이터는 하이픈(-)이나 슬래시(/)를 이용하여 년, 월, 일을 구분한다.
② 날짜의 연도를 생략하고 월과 일만 입력하면 자동으로 올해의 연도가 추가되어 입력된다.
③ 날짜의 연도를 두 자리로 입력할 때 연도가 30 이상이면 1900년대로 인식하고, 29 이하면 2000년대로 인식한다.
④ 오늘의 날짜를 입력하고 싶으면 [Ctrl]+[Shift]+[;] (세미콜론)을 누르면 된다.

33 다음 중 윗주에 대한 설명으로 옳지 않은 것은?

① 윗주는 셀에 대한 주석을 설정하는 것으로 문자열 데이터가 입력된 셀에만 표시할 수 있다.
② 윗주는 삽입해도 바로 표시되지 않고 [홈]-[글꼴]-[윗주 필드 표시]를 선택해야만 표시된다.
③ 윗주에 입력된 텍스트 중 일부분의 서식을 별도로 변경할 수 있다.
④ 셀의 데이터를 삭제하면 윗주도 함께 삭제된다.

34 워크시트 인쇄 시 매 페이지 상단에 '작성 일 : 오늘 날짜'를 출력하려고 한다. 다음 중 머리글의 내용으로 옳은 것은? (표시 예시 : 오늘 날짜가 2026-06-20인 경우 → 작성 일 : 2026-06-20)

① "작성 일 : "&[날짜]
② 작성 일 : &[날짜]
③ "작성 일 : "&[DATE]
④ 작성 일 : &[DATE]

35 다음 중 아래 그림과 같은 시나리오 요약 보고서에 대한 설명으로 옳지 않은 것은?

시나리오 요약			
	현재 값:	호황	불황
변경 셀:			
냉장고판매	2%	4%	-2%
세탁기판매	3%	6%	-3%
$C$5	5%	10%	-5%
결과 셀:			
예상판매금액	516,600,000	533,200,000	483,400,000

① '호황'과 '불황' 두 개의 시나리오로 작성한 시나리오 요약 보고서는 새 워크시트에 표시된다.
② 원본 데이터에 '냉장고판매', '세탁기판매', '예상 판매금액'으로 이름을 정의한 셀이 있다.
③ 원본 데이터에서 변경 셀의 현재 값을 수정하면 시나리오 요약 보고서가 자동으로 업데이트된다.
④ 시나리오 요약 보고서 내의 모든 내용은 수정 가능하며, 자동으로 설정된 윤곽도 지울 수 있다.

36 다음 중 엑셀의 [페이지 설정] 대화상자에 대한 설명으로 옳은 것은?

① 인쇄 배율을 수동으로 설정할 수 있으며, 배율은 워크시트 표준 크기의 10%에서 200%까지 설정 가능하다.
② [페이지] 탭에서 '자동 맞춤'의 용지 너비와 용지 높이를 각각 1로 지정하면 여러 페이지가 한 페이지에 인쇄된다.
③ [시트] 탭에서 머리글/바닥글과 행/열 머리글이 인쇄되도록 설정할 수 있다.
④ 셀에 설정된 메모는 시트에 표시된 대로 인쇄할 수는 없으나 시트 끝에 인쇄되도록 설정할 수 있다.

37 다음 중 아래 시트에서 사원명이 두 글자이면서 실적이 전체 실적의 평균을 초과하는 데이터를 검색할 때, 고급 필터의 조건으로 옳은 것은?

	A	B
1	사원명	실적
2	유민	15,030,000
3	오성준	35,000,000
4	김근태	18,000,000
5	김원	9,800,000
6	정영희	12,000,000
7	남궁정훈	25,000,000
8	이수	30,500,000
9	김용훈	8,000,000

①
사원명	실적조건
="=??"	=$B2>AVERAGE($B$2:$B$9)

②
사원명	실적
="=??"	=$B2&">AVERAGE($B$2:$B$9)"

③
사원명	실적
=LEN($A2)=2	=$B2>AVERAGE($B$2:$B$9)

④
사원명	실적조건
="=**"	=$B2>AVERAGE($B$2:$B$9)

38 데이터를 분석하기 위한 방법 중 부분합에 대한 설명으로 틀린 것은?

① 부분합은 SUBTOTAL 함수를 사용하여 합계나 평균 등의 요약함수를 계산한다.
② 첫 행에는 열 이름표가 있어야 하며 부분합을 구하려는 항목을 기준으로 정렬한다.
③ 같은 열에 있는 자료에 대하여 여러 개의 함수를 중복 사용할 수 없다.
④ 부분합을 제거하면 부분합과 함께 표에 삽입된 윤곽 및 페이지 나누기도 제거된다.

39 다음 중 매크로 기록 및 실행과 관련된 설명으로 옳지 않은 것은?

① Excel을 실행할 때마다 매크로를 사용하려면 매크로 저장 위치를 개인용 매크로 통합 문서로 지정한다.
② '상대 참조로 기록'을 클릭하면 Excel을 종료하거나 '상대 참조로 기록'을 다시 클릭할 때까지 상대 참조로 매크로가 기록된다.
③ 매크로를 실행할 때 선택한 셀의 위치를 무시하고 매크로가 셀을 선택하도록 하려면, 절대 참조로 기록하도록 매크로 기록기를 설정한다.
④ 매크로를 실행할 때 셀을 선택하면 매크로는 절대 참조로 기록하므로 기록할 때 선택한 셀은 무시하고 현재 선택한 셀을 이용한다.

40 다음 중 아래 데이터를 차트로 작성하여 사원별로 각 분기의 실적을 비교, 분석하려는 경우 가장 비효율적인 차트는?

사원	1분기	2분기	3분기	4분기
김수정	75	141	206	185
박덕진	264	288	383	353
이미영	305	110	303	353
구본후	65	569	227	332
안정인	246	583	120	204
정주리	209	59	137	317
유경철	230	50	116	239

① 누적 세로 막대형 차트
② 표식이 있는 꺾은선형 차트
③ 원형 대 가로 막대형 차트
④ 묶은 가로 막대형 차트

과목 03 데이터베이스 일반

41 다음 중 같은 데이터가 여러 파일에 중복되어 있어서 발생하는 문제점에 해당하지 않는 것은?

① 데이터의 일관성 유지가 어렵다.
② 읽기 전용 트랜잭션에 대한 데이터의 가용도가 감소한다.
③ 갱신 비용이 많이 든다.
④ 데이터의 무결성 유지가 어렵다.

42 다음 중 매크로 함수에 대한 설명으로 옳지 않은 것은?

① FindRecord 함수는 필드, 컨트롤, 속성 등의 값을 설정한다.
② ApplyFilter 함수는 테이블이나 쿼리로부터 레코드를 필터링한다.
③ OpenReport 함수는 작성된 보고서를 호출하여 실행한다.
④ MessageBox 함수는 메시지 상자를 통해 경고나 알림 등의 정보를 표시한다.

43 다음 중 테이블의 '디자인 보기'에서 필드마다 [한/영] 키를 사용하지 않고도 데이터 입력 시의 한글이나 영문 입력 상태를 정할 수 있는 필드 속성은?

① 캡션
② 문장 입력 시스템 모드
③ IME 모드
④ 스마트 태그

44 다음 중 '거래처' 별로 그룹이 설정된 '매출 내역 보고서'에서 본문 영역에 있는 'txt순번' 텍스트 상자 컨트롤에 해당 거래처별로 매출의 순번(1,2,3,…)을 표시하려고 할 때, 'txt순번' 컨트롤의 속성 설정 방법으로 옳은 것은?

① 컨트롤 원본 속성을 '1'로 설정하고, 누적 합계 속성을 '아니오'로 설정
② 컨트롤 원본 속성을 '1'로 설정하고, 누적 합계 속성을 '예'로 설정
③ 컨트롤 원본 속성을 '=1'로 설정하고, 누적 합계 속성을 '모두'로 설정
④ 컨트롤 원본 속성을 '=1'로 설정하고, 누적 합계 속성을 '그룹'으로 설정

45 다음 중 사원 테이블에서 호봉이 6인 사원의 연봉을 3% 인상된 값으로 수정하는 실행 쿼리를 작성하고자 할 때, 아래의 괄호에 넣어야 할 용어를 순서대로 나열한 것은?

```
UPDATE 사원
  (   ) 연봉=연봉*1.03
  (   ) 호봉=6;
```

① FROM – WHERE
② SET – WHERE
③ VALUE – SELECT
④ INTO – VALUE

46 다음 중 데이터베이스의 정규화에 관한 설명으로 옳지 않은 것은?

① 정규화를 수행해도 데이터의 중복을 완전히 제거할 수 있는 것은 아니다.
② 테이블의 크기가 작아지므로 관리하기가 쉬워진다.
③ 한 테이블이 가능한 많은 정보를 관리하여 데이터 조회가 편리하다.
④ 정규화는 중복되는 값을 일정한 규칙에 따라 추출하여 더 단순한 형태를 가지는 다수의 테이블로 데이터를 분리하는 작업을 의미한다.

47 다음 중 기본키(Primary Key)에 대한 설명으로 옳은 것은?

① 데이터가 이미 입력된 필드도 기본키로 지정할 수 있다.
② 액세스에서는 단일 필드 기본키와 일련번호 기본키만 정의 가능하다.
③ 테이블에 기본키를 반드시 설정해야 한다.
④ 여러 개의 필드를 합쳐 기본키로 지정할 수 없다.

48 다음 중 폼이나 보고서에서 테이블이나 쿼리의 필드를 컨트롤 원본으로 사용하는 컨트롤을 의미하는 것은?

① 언바운드 컨트롤
② 바운드 컨트롤
③ 계산 컨트롤
④ 레이블 컨트롤

49 다음 중 특정 필드의 입력 마스크를 'LA09#'으로 설정하였을 때 입력 가능한 데이터로 옳은 것은?

① 12345
② A상345
③ A123A
④ A1BCD

50 다음 중 '연결 테이블(Linked Table)'에 대한 설명으로 가장 옳지 않은 것은?

① 외부 데이터를 사용하는 방법 중에 하나이다.
② 연결된 테이블에서 데이터를 수정하면 원래의 데이터도 함께 수정된다.
③ 연결된 테이블을 삭제하면 원본에 해당하는 테이블도 함께 삭제된다.
④ 연결된 테이블에서 레코드를 추가하면 원래의 데이터에도 함께 추가된다.

51 다음 중 E-R 다이어그램 표기법의 기호와 의미가 바르게 연결된 것은?

① 사각형 – 속성(Attribute) 타입
② 마름모 – 관계(Relationship) 타입
③ 타원 – 개체(Entity) 타입
④ 밑줄 타원 – 의존 개체 타입

52 다음 중 <학생> 테이블의 '나이' 필드에 유효성 검사 규칙을 아래와 같이 지정한 경우 데이터 입력 상황에 대한 설명으로 옳은 것은?

유효성 검사 규칙	>20
유효성 검사 테스트	숫자는 >20으로 입력합니다.

① 데이터를 입력하려고 하면 항상 '숫자는 >20으로 입력합니다.'라는 메시지가 먼저 표시된다.
② 20을 입력하면 '숫자는 >20으로 입력합니다.'라는 메시지가 표시된 후 입력값이 정상적으로 저장된다.
③ 20을 입력하면 '숫자는 >20으로 입력합니다.'라는 메시지가 표시되며, 값을 다시 입력해야만 한다.
④ 30을 입력하면 '유효성 검사 규칙에 맞습니다.'라는 메시지가 표시된 후 입력값이 정상적으로 저장된다.

53 '갑' 테이블의 속성 A가 1, 2, 3, 4, 5의 도메인을 가지고 있고, '을' 테이블의 속성 A가 0, 2, 3, 4, 6의 도메인을 가지고 있다고 가정할 때 다음 SQL 구문의 실행 결과는?

SELECT A FROM 갑 UNION SELECT A FROM 을;

① 2, 3, 4
② 0, 1, 2, 3, 4, 5, 6
③ 1, 5, 6
④ 0

54 다음 아래의 보고서 마법사에서 모양으로 지정할 옵션으로 올바르게 짝지어진 것은?

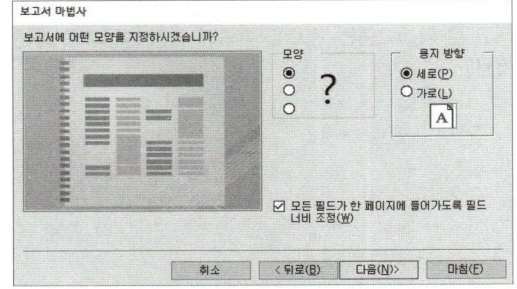

① 열 형식, 테이블 형식, 맞춤
② 열 형식, 데이터시트, 크로스 형식
③ 행 형식, 열 형식, 행/열 형식
④ 행 형식, 필드 형식, 분할

55 다음 중 아래의 설명에 해당하는 컨트롤로 옳은 것은?

- 그룹 틀, 확인란, 옵션 단추, 토글 단추 등으로 구성
- 필드 크기가 정수인 숫자 데이터 형식이나 'Yes/No'로 설정된 필드에 설정
- 원하는 값을 클릭하여 쉽게 내용을 선택
- 몇 개의 컨트롤을 그룹으로 하여 제한된 선택 조합을 표시할 때 사용

① 옵션 그룹
② 콤보 상자
③ 목록 상자
④ 명령 단추

56 부서별 제품별 영업 실적을 관리하는 테이블에서 부서별로 영업 실적이 1억 원 이상인 제품의 합계를 구하고자 한다. 다음 중 이를 위한 SQL문에서 반드시 사용해야 할 구문에 해당하지 않는 것은?

① SELECT문
② GROUP BY절
③ HAVING절
④ ORDER BY절

57 다음 중 아래 VBA 코드를 실행했을 때 MsgBox에 표시되는 값은?

```
Dim i As Integer
Dim Num As Integer
For i = 0 To 7 Step 2
Num = Num + i
Next i
MsgBox Str(Num)
```

① 7
② 12
③ 24
④ 28

58 다음 중 보고서에서 페이지 번호를 표시하는 컨트롤 원본과 그 표시 결과가 옳은 것은? (단, 현재 페이지는 1페이지이고, 전체 페이지는 5페이지임)

① ="Page" & [Page] & "/" & [Pages] → 1/5 Page
② =[Page] & "페이지" → 5페이지
③ =[Page] & "/" & [Pages] & " Page" → Page1/5
④ =Format([Page], "00") → 01

59 다음 데이터베이스 관련 용어 중에서 성격이 다른 것은?

① DBA
② DDL
③ DML
④ DCL

60 다음 중 주어진 [학생] 테이블을 참조하여 아래의 SQL문을 실행한 결과로 옳은 것은?

```
SELECT AVG(나이) FROM 학생
WHERE 전공 NOT IN ('수학', '회계');
```

[학생] 테이블

학번	전공	학년	나이
100	국사	4	21
150	회계	2	19
200	수학	3	30
250	국사	3	31
300	회계	4	25
350	수학	2	19
400	국사	1	23

① 25
② 23
③ 21
④ 19

2024년 상시 기출문제 01회

- 제한시간 : 60분
- 소요시간 :   시간   분
- 전체 문항 수 : 60문항
- 맞힌 문항 수 :   문항

자동 채점 서비스

합격 강의

과목 01 컴퓨터 일반

01 다음 중 전자우편에서 스팸(SPAM) 메일에 대한 설명으로 옳지 않은 것은?

① 다수의 불특정인에게 보내는 광고성 메일이나 메시지를 의미한다.
② 바이러스를 유포시켜 개인 정보를 탈취하거나 데이터를 파괴하는 행위이다.
③ 일반적으로 상업용을 목적으로 발송된다.
④ 요청에 의한 것이 아닌 대량으로 전송되는 모든 형태의 통신이다.

02 다음 중 한글 Windows 10의 시스템이 종료되었을 때 저장된 정보가 없어지는 기억 장치로 옳은 것은?

① HDD
② SSD
③ DVD
④ RAM

03 다음 중 아래에서 설명하는 통신망으로 옳은 것은?

- 단일 회사의 사무실 공간이나 건물 내에 설치되어 패킷 지연이 최소화된다.
- 설치 이후 확장성이 좋으며 재배치가 용이하다.
- 낮은 에러율로 정보 전송에 있어서 신뢰성이 확보된다.
- 네트워크 내의 모든 정보 기기와 통신이 가능하다.

① 부가가치통신망(VAN)
② 종합정보통신망(ISDN)
③ 근거리 통신망(LAN)
④ 광대역통신망(WAN)

04 변조는 데이터 전송 시 사용되는 기능이다. 다음 중 변조의 필요성에 대한 설명으로 옳은 것은?

① 변조란 데이터를 전송하기 위한 반송파를 발생시키는 것이다.
② 변조는 근거리 전송에만 사용되며, 장거리 전송에는 사용되지 않는다.
③ 변조는 데이터를 손실 없이 가능하면 멀리 전송하기 위한 것이다.
④ 변조는 수신된 데이터를 원래의 데이터로 복원시키는 기능이다.

05 다음 중 한글 Windows 10에서 컴퓨터에 설치된 디바이스 하드웨어를 확인하거나 설정 및 디바이스 사용 안 함, 디바이스 제거, 드라이버의 업데이트 등 드라이버 소프트웨어를 관리할 수 있는 곳은?

① 시스템 정보
② 작업 관리자
③ 장치 관리자
④ 레지스트리 편집기

06 다음 중 인터프리터의 특징으로 옳지 않은 것은?

① 인터프리터는 실행할 때마다 한 줄씩 소스 코드를 기계어로 번역하는 방식이다.
② 인터프리터 언어의 실행 속도는 컴파일러 언어보다 느리다.
③ 인터프리터 언어는 프로그램 수정이 간단하나 소스 코드가 쉽게 공개된다.
④ 인터프리터 언어는 Python, SQL, Ruby, R, JavaScript, Scratch, C, C++, C# 등이 있다.

07 다음 중 Windows 10의 기본 프린터 설정에 관한 설명으로 옳지 않은 것은?

① 기본 프린터는 해당 프린터 아이콘에 체크 표시가 추가된다.
② 기본 프린터는 한 대만 지정할 수 있다.
③ 인쇄 시 특정 프린터를 지정하지 않으면 기본 프린터로 인쇄된다.
④ 네트워크 프린터를 제외한 로컬 프린터만 기본 프린터로 지정할 수 있다.

08 다음 중 보기에서 설명하는 컴퓨터의 하드디스크 연결 방식으로 옳은 것은?

- 직렬(Serial) 인터페이스 방식이다.
- 핫 플러그인(Hot Plug In)을 지원한다.
- 데이터 선이 얇아 내부의 통풍이 잘된다.
- 데이터 전송 속도가 빠르다.

① IDE
② EIDE
③ SCSI
④ SATA

09 다음 중 64가지의 각기 다른 자료를 나타내려고 하면 최소한 몇 개의 비트(Bit)가 필요한가?

① 1 ② 3
③ 5 ④ 6

10 다음 중 인터넷 관련 캐시 파일, 휴지통의 파일, 임시 파일 등을 삭제하여 하드디스크의 공간을 늘리는 역할을 하는 것은?

① 백업
② 디스크 정리
③ 디스크 조각 모음
④ 압축

11 다음 중 웹 프로그래밍 언어인 JSP에 대한 설명으로 옳지 않은 것은?

① 웹 서버에서 동적으로 웹 브라우저를 관리하는 스크립트 언어이다.
② 웹 환경에서 작동되는 웹 어플리케이션을 개발할 수 있다.
③ JAVA 언어를 기반으로 하여 윈도우즈 운영체제에서만 실행이 가능하다.
④ HTML 문서 내에서는 <% … %>와 같은 형태로 작성된다.

12 다음 중 파일의 성격 유형 분류에 해당하는 확장자의 종류로 옳지 않은 것은?

① 실행 파일 : COM, EXE, ZIP
② 그림 파일 : BMP, JPG, GIF
③ 사운드 파일 : WAV, MP3, MID
④ 동영상 파일 : MPG, AVI, MOV

13 다음 중 한글 Windows 10의 파일 삭제에 대한 설명으로 옳지 않은 것은?

① 삭제할 파일을 선택한 다음 Shift와 Delete를 함께 누르면 휴지통에 저장되지 않고 영구히 삭제된다.
② 명령 프롬프트 창에서 삭제한 파일은 휴지통에 보관한다.
③ Shift를 누른 상태에서 삭제할 파일을 마우스 왼쪽 버튼으로 드래그하여 바탕 화면의 휴지통 아이콘에 올려놓으면 휴지통에 보관되지 않고 영구적으로 삭제된다.
④ 하드디스크 드라이브마다 휴지통 크기를 다르게 설정할 수 있다.

14 다음 중 한글 Windows에서 시스템에 설치되어 있는 [글꼴]에 대한 설명으로 옳지 않은 것은?

① 글꼴 파일은 png 또는 txt의 확장자를 가지고 있다.
② C:\Windows\Fonts 폴더에 글꼴이 설치되어 있다.
③ 설치되어 있는 글꼴을 폴더에서 제거할 수 있다.
④ 트루타입 글꼴 파일도 있고 여러 가지 트루타입의 글꼴을 모아놓은 글꼴 파일도 있다.

15 다음 중 컴퓨터 시스템에서 사용하는 채널(Channel)에 관한 설명으로 옳지 않은 것은?

① 주변 장치에 대한 제어 권한을 CPU로부터 넘겨받아 CPU 대신 입출력을 관리한다.
② 입출력 작업이 끝나면 CPU에게 인터럽트 신호를 보낸다.
③ CPU와 주기억 장치의 속도차를 해결하기 위하여 사용된다.
④ 채널에는 셀렉터(Selector), 멀티플렉서(Multi-plexer), 블록 멀티플렉서(Block Multiplexer) 등이 있다.

16 다음 중 PC에서 CMOS 셋업 시의 비밀번호를 잊어버린 경우에 해결 방법으로 가장 옳은 것은?

① 컴퓨터의 하드디스크를 포맷하고, 운영체제를 다시 설치하여야 한다.
② 시동 디스크를 이용하여 컴퓨터를 다시 부팅한다.
③ 컴퓨터 본체의 리셋 버튼을 눌러 다시 부팅한다.
④ 메인 보드에 장착되어 있는 배터리를 뽑았다가 다시 장착한다.

17 다음 중 컴퓨터에서 사용하는 유니코드(Unicode)에 대한 설명으로 옳지 않은 것은?

① 세계 각국의 언어를 통일된 방법으로 표현할 수 있게 제안된 국제적인 코드 규약의 이름이다.
② 8비트 문자코드인 아스키(ASCII) 코드를 32비트로 확장하여 전 세계의 모든 문자를 표현하는 표준코드이다.
③ 한글은 조합형, 완성형, 옛글자 모두를 표현할 수 있다.
④ 최대 65,536자의 글자를 코드화할 수 있다.

18 다음 중 디지털 콘텐츠의 제작 및 유통, 보안 등의 모든 과정을 관리할 수 있게 하는 기술 표준을 제시한 MPEG의 종류로 옳은 것은?

① MPEG-3
② MPEG-4
③ MPEG-7
④ MPEG-21

19 다음 멀티미디어 용어 중 선택된 두 개의 이미지에 대해 하나의 이미지가 다른 이미지로 자연스럽게 변화하도록 하는 특수 효과를 뜻하는 것은?

① 렌더링(Rendering)
② 안티앨리어싱(Anti-Aliasing)
③ 모핑(Morphing)
④ 블러링(Blurring)

20 다음 중 정보 보안을 위한 비밀키 암호화 기법의 설명으로 옳지 않은 것은?

① 서로 다른 키로 데이터를 암호화하고 복호화한다.
② 암호화와 복호화의 속도가 빠르다.
③ 알고리즘이 단순하고 파일의 크기가 작다.
④ 사용자의 증가에 따라 관리해야 할 키의 수가 상대적으로 많아진다.

과목 02 스프레드시트 일반

21 다음 아래의 시트에서 [B1] 셀에 '=MID(CONCAT(LEFT(A1,3),RIGHT(A1,3)),3,3)' 수식을 입력한 결과로 옳은 것은?

	A	B
1	가나다라마바사	
2		

① 마바사
② 다라마
③ 가나다
④ 다마바

22 다음 중 셀 포인터의 이동 작업에 사용되는 바로 가기 키의 기능으로 옳은 것은?

① Ctrl + Shift + Home : [A1] 셀로 이동한다.
② Ctrl + Page Down : 한 화면을 오른쪽으로 이동한다.
③ Alt + Page Down : 다음 시트로 이동한다.
④ Shift + Tab : 셀 포인터가 왼쪽으로 이동한다.

23 다음 아래의 삭제 대화상자는 [홈] 탭−[셀] 그룹−[삽입]에서 [셀 삽입]을 클릭했을 때 나타나는 대화상자이다. 바로 가기 키로 옳은 것은?

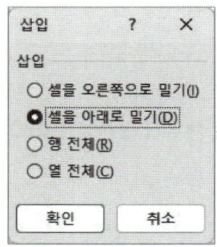

① Alt + + 를 누른다.
② Alt + − 를 누른다.
③ Ctrl + + 를 누른다.
④ Ctrl + − 를 누른다.

24 다음 중 아래 워크시트의 [A1] 셀에 '#,###,,'처럼 사용자 지정 표시 형식을 설정했을 때의 결과로 옳은 것은?

	A	B
1	343899.89	
2		

① 3
② 3,438
③ 4
④ 아무것도 표시되지 않음

25 다음 중 차트의 오차 막대에 관한 설명으로 옳지 않은 것은?

① 데이터 계열의 각 데이터 표식에 대한 오류 가능성이나 불확실성의 정도를 표시한다.
② 3차원 세로 막대형 차트에서 사용 가능하다.
③ 고정값, 백분율, 표준 편차, 표준 오차 등으로 설정할 수 있다.
④ 분산형과 거품형 차트에 X 값, Y 값 또는 이 두 값 모두에 대한 오차 막대를 나타낼 수 있다.

26 다음 중 셀에 수식을 입력하는 방법에 대한 설명으로 옳지 않은 것은?

① 수식에서 통합 문서의 여러 워크시트에 있는 동일한 셀 범위 데이터를 이용하려면 3차원 참조를 사용한다.
② 계산할 셀 범위를 선택하여 수식을 입력한 다음 Ctrl + Enter 를 누르면 동일한 수식을 선택한 범위의 모든 셀에 빠르게 입력할 수 있다.
③ 수식을 입력한 후 결과값이 수식이 아닌 상수로 입력되게 하려면 수식을 입력한 후 바로 Alt + F9 를 누른다.
④ 배열 상수에는 숫자나 텍스트 외에 'TRUE', 'FALSE' 등의 논리값 또는 '#N/A'와 같은 오류값도 포함될 수 있다.

27 다음 중 셀 서식 관련 바로 가기 키에 대한 설명으로 옳지 않은 것은?

① Ctrl + 1 : 셀 서식 대화상자가 표시된다.
② Ctrl + 2 : 선택한 셀에 글꼴 스타일 '굵게'가 적용되며, 다시 누르면 적용이 취소된다.
③ Ctrl + 3 : 선택한 셀에 밑줄이 적용되며, 다시 누르면 적용이 취소된다.
④ Ctrl + 5 : 선택한 셀에 취소선이 적용되며, 다시 누르면 적용이 취소된다.

28 다음 아래의 내용에 해당하는 차트로 옳은 것은?

- 일반적으로 과학, 통계 및 공학 데이터와 같은 숫자 값을 표시하고 비교하는 데 사용된다.
- 워크시트의 여러 열과 행에 있는 데이터를 XY 차트로 그릴 수 있다.
- x 값을 한 행이나 열에 두고 해당 y 값을 인접한 행이나 열에 입력한다.
- 두 개의 값 축, 즉 가로(x) 및 세로(y) 값 축이 있다.
- x 및 y의 값이 단일 데이터 요소로 결합되어 일정하지 않은 간격이나 그룹으로 표시된다.

① 표면형 차트
② 분산형 차트
③ 꺾은선형 차트
④ 방사형 차트

29 다음 중 시트 보호 설정 시 '워크시트에서 허용할 내용'으로 옳지 않은 것은?

① 셀 서식, 열 서식, 행 서식
② 행 삽입, 열 삽입, 하이퍼링크 삽입
③ 열 삭제, 행 삭제, 정렬, 자동 필터 사용
④ 시트 이름 바꾸기, 탭 색 변경하기

30 다음 중 아래의 시트처럼 코드별 해당 과일을 표시하기 위해 [B2] 셀에 입력할 수식으로 옳은 것은? (단, [B2] 셀의 수식을 [B6] 셀까지 복사한다.)

	A	B	C
1	코드	과일	
2	A	사과	
3	B	바나나	
4	O	오렌지	
5	S	딸기	
6	X	없음	
7			

① =CHOOSE(A2,"사과","바나나","오렌지","딸기","없음")
② =IF(A2="A","사과",A2="B","바나나", A2="O","오렌지",A2="S","딸기","없음")
③ =IFS(A2="A","사과",A2="B","바나나",A2="O","오렌지",A2="S","딸기","없음")
④ =IFS(A2="A","사과",A2="B","바나나",A2="O","오렌지",A2="S","딸기",TRUE,"없음")

31 다음 중 상품 가격이 200,000원인 물품의 총판매액이 15,000,000원이 되려면 판매 수량이 몇 개가 되어야 하는지 알고 싶을 때 사용하는 기능은?

① 통합
② 부분합
③ 목표값 찾기
④ 시나리오 관리자

32 다음 중 날짜 데이터의 자동 채우기 옵션에 포함되지 않는 내용은?

① 주 단위 채우기
② 일 단위 채우기
③ 월 단위 채우기
④ 평일 단위 채우기

33 다음 중 엑셀의 참조에 대한 설명으로 옳지 않은 것은?

① 참조는 워크시트의 셀이나 셀 범위를 나타내며 수식에 사용할 값이나 데이터를 찾을 수 있다.
② 문자(총 16,384개의 열에 대해 A부터 XFD까지)로 열을 참조하고 숫자(1부터 1,048,576까지)로 행을 참조하는 A1 참조 스타일이 기본적으로 사용된다.
③ 통합 문서의 여러 워크시트에 있는 동일한 셀 데이터나 셀 범위 데이터를 분석하려면 2차원 참조 스타일인 R1C1 참조 스타일을 사용한다.
④ R1C1 참조 스타일은 워크시트의 행과 열 모두에 번호가 매겨지는 참조 스타일을 사용할 수도 있다.

34 다음 중 아래의 빈칸 ㉠과 ㉡에 들어갈 내용으로 옳은 것은?

(㉠)와/과 (㉡)은/는 엑셀의 연산이나 기타 기능에 상관없이 사용자에게 셀에 입력된 데이터의 추가정보를 제공하기 위해서 사용하는 것이다. 셀의 데이터를 삭제할 때 (㉠)은/는 함께 삭제되지 않으며, (㉡)은/는 함께 삭제된다.

① ㉠ : 메모 ㉡ : 윗주
② ㉠ : 윗주 ㉡ : 메모
③ ㉠ : 메모 ㉡ : 회람
④ ㉠ : 회람 ㉡ : 메모

35 다음 중 다양한 상황과 변수에 따른 여러 가지 결과 값의 변화를 가상의 상황을 통해 예측하여 분석할 수 있는 도구는?

① 시나리오 관리자
② 목표값 찾기
③ 부분합
④ 통합

36 다음 중 아래의 괄호 안에 들어갈 단추명이 바르게 연결된 것은?

매크로 대화상자의 (㉮) 단추는 바로 가기 키나 설명을 변경할 수 있고, (㉯) 단추는 매크로 이름이나 명령 코드를 수정할 수 있다.

① ㉮ - 옵션, ㉯ - 편집
② ㉮ - 편집, ㉯ - 옵션
③ ㉮ - 매크로, ㉯ - 보기 편집
④ ㉮ - 편집, ㉯ - 매크로 보기

37 다음 중 입력 데이터가 '3275860'이고 [셀 서식]의 표시 형식이 '###0,'으로 설정되었을 때 표시되는 값으로 옳은 것은?

① 3,275
② 3275
③ 3276
④ 3,276

38 다음 아래의 시트처럼 홀수 열에만 서식을 적용하는 조건부 서식의 수식으로 옳은 것은?

	A	B	C	D	E
1	지점명	1사분기	2사분기	3사분기	4사분기
2	동부	10	20	30	40
3	서부	15	30	45	60
4	남부	20	30	40	50
5	북부	25	30	35	40

① =ISODD(ROW())
② =ISEVEN(ROW())
③ =ISODD(COLUMN())
④ =ISEVEN(COLUMN())

39 다음 중 [B7] 셀에 '한상공'을 입력하면 [B8] 셀에 해당하는 ⓐ'직급'과 [B9] 셀에 해당하는 ⓑ'합계'를 구하는 수식으로 옳게 짝지어진 것은?

	A	B	C	D	E	F
1	사원번호	직급	근무평가	연수점수	합계	성명
2	23A001	과장	88	90	178	이대한
3	02B222	대리	75	60	135	한상공
4	12A333	사원	86	80	166	이기적
5	20C444	부장	90	100	190	김선
6						
7	성명	한상공				
8	직급	ⓐ				
9	합계	ⓑ				

① ⓐ =VLOOKUP(B7,F2:F5,B2:B5),
　ⓑ =HLOOKUP(B7,F2:F5,E2:E5)
② ⓐ =VLOOKUP(B7,F2:F5,B2:B5),
　ⓑ =VLOOKUP(B7,F2:F5,E2:E5)
③ ⓐ =HLOOKUP(B7,F2:F5,B2:B5),
　ⓑ =HLOOKUP(B7,F2:F5,E2:E5)
④ ⓐ =XLOOKUP(B7,F2:F5,B2:B5),
　ⓑ =XLOOKUP(B7,F2:F5,E2:E5)

40 다음 중 문서를 인쇄했을 때 문서의 위쪽에 "-1 Page-" 형식으로 페이지 번호를 표시하는 방법으로 옳은 것은?

① -#[페이지 번호] Page-
② #-[페이지 번호] Page-
③ -&[페이지 번호] Page-
④ &-[페이지 번호] Page

과목 03 데이터베이스 일반

41 다음 중 액세스에서 테이블의 필드 이름을 지정하는 방법으로 옳지 않은 것은?

① 필드 이름은 공백을 포함하여 64자까지 지정할 수 있지만, 공백으로 시작하는 필드 이름은 줄 수 없다.
② 필드 이름 첫 글자는 숫자로 시작할 수 있다.
③ 필드 이름과 테이블 이름은 동일하게 지정할 수 없다.
④ 테이블 내에서 필드 이름이 중복될 수는 없다.

42 다음 중 테이블에서 이미 작성된 필드의 순서를 변경하려고 할 때 옳지 않은 것은?

① 데이터시트 보기에서 이동시킬 필드를 선택한 후 새로운 위치로 드래그 앤 드롭하여 필드를 이동시킬 수 있다.
② 디자인 보기에서 이동시킬 필드를 선택한 후 새로운 위치로 드래그 앤 드롭하여 필드를 이동시킬 수 있다.
③ 디자인 보기에서 한 번에 여러 개의 필드를 선택한 후 이동시킬 수 있다.
④ 데이터시트 보기에서 「잘라내기」와 「붙여넣기」를 이용하여 필드를 이동시킬 수 있다.

43 다음 중 하나의 테이블로만 구성되어 있는 데이터베이스에서 사용할 수 없는 쿼리 마법사는?

① 단순 쿼리 마법사
② 중복 데이터 검색 쿼리 마법사
③ 크로스탭 쿼리 마법사
④ 불일치 검색 쿼리 마법사

44 다음 중 SQL 명령 중 DDL에 해당하는 것으로만 옳게 짝지어진 것은?

① CREATE, ALTER, SELECT
② CREATE, ALTER, DROP
③ CREATE, UPDATE, DROP
④ DELETE, ALTER, DROP

45 다음의 데이터베이스 설계 단계 중 가장 먼저 행해지는 것은?

① 물리 설계
② 논리 설계
③ 개념 설계
④ 요구 분석

46 다음 중 일반적으로 보고서의 시작 부분에 한 번만 표시하는 회사의 로고나 보고서 제목, 인쇄일 등을 표시하는 구역으로 옳은 것은?

① 그룹 머리글
② 그룹 바닥글
③ 보고서 머리글
④ 페이지 머리글

47 다음은 학생이라는 개체의 속성을 나타내고 있다. 여기서 '학과'를 기본키로 사용하기 곤란한 이유로 가장 타당한 것은?

> 학생(학과, 성명, 학번, 세부전공, 주소, 우편번호)

① 학과는 기억하기 어렵다.
② 동일한 학과명을 가진 학생이 두 명 이상 존재할 수 있다.
③ 학과는 기억 공간을 많이 필요로 한다.
④ 학과는 정렬하는 데 많은 시간이 소요된다.

48 다음 중 테이블의 '디자인 보기'에서 필드마다 [한/영] 키를 사용하지 않고도 데이터 입력 시의 한글이나 영문 입력 상태를 정할 수 있는 필드 속성은?

① 캡션
② 기본 값
③ IME 모드
④ 인덱스

49 다음 중 쿼리를 실행할 때마다 아래처럼 메시지 상자를 표시하여 사용자에게 조건 값을 입력받아 쿼리를 실행하는 유형은?

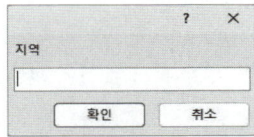

① 크로스탭 쿼리
② 매개 변수 쿼리
③ 통합 쿼리
④ 실행 쿼리

50 다음 중 [속성 시트] 창에서 하위 폼의 제목(레이블)을 변경하기 위한 방법으로 옳은 것은?

① [형식] 탭의 '캡션'을 수정한다.
② [데이터] 탭의 '표시'를 수정한다.
③ [이벤트] 탭의 '제목'을 수정한다.
④ [기타] 탭의 '레이블'을 수정한다.

51 다음 중 외래키 값이 참조하는 테이블의 기본키 값과 동일하게 유지해 주는 제약 조건은?

① 동일성
② 관련성
③ 참조 무결성
④ 동시 제어성

52 다음 중 관계형 데이터베이스에서 사용되는 용어에 대한 설명으로 옳은 것은?

① 도메인(Domain) : 테이블에서 행을 나타내는 말로 레코드와 같은 의미
② 튜플(Tuple) : 하나의 속성이 취할 수 있는 값의 집합
③ 속성(Attribute) : 테이블에서 열을 나타내는 말로 필드와 같은 의미
④ 차수(Degree) : 한 릴레이션에서의 튜플의 개수

53 〈고객포인트〉 폼에서 '등급'을 임의로 수정할 수 없도록 설정하는 방법은?

① '표시' 속성을 '아니요'로 설정한다.
② '사용 가능' 속성을 '아니요'로 설정한다.
③ '잠금' 속성을 '예'로 설정한다.
④ '탭 정지' 속성을 '아니요'로 설정한다.

54 다음 중 보고서의 원본으로 사용할 수 없는 것은?

① 폼
② 쿼리
③ 테이블
④ SQL 구문

55 다음 아래의 [찾기 및 바꾸기] 대화상자에서 와일드 카드를 사용하고자 할 때 옳지 않은 것은?

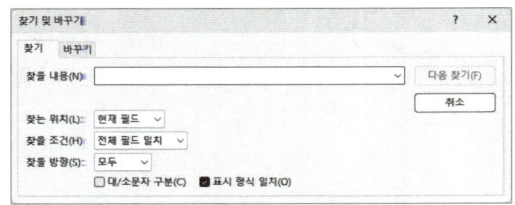

① a[b-c]d : abc, acd 등을 찾는다.
② 소?자 : 소유자, 소개자, 소비자를 찾는다.
③ 1#3 : 103, 113, 123 등을 찾는다.
④ 소[!ㅌㅠ]자 : 소유자, 소개자, 소비자 등을 찾는다.

56 다음 중 함수에 대한 설명으로 옳지 않은 것은?

① ROUND() : 인수로 입력한 숫자를 지정한 자릿수로 반올림해 준다.
② VALUE() : 문자열에 포함된 숫자를 적절한 형식의 숫자값으로 반환한다.
③ INSTR() : 문자열에서 특정한 문자 또는 문자열이 존재하는 위치를 구해 준다.
④ DSUM() : 지정된 레코드 집합에서 해당 필드 값의 합계를 계산할 수 있다.

57 다음 중 특정 필드에 입력 마스크를 '09#L'로 설정하였을 때의 입력 데이터로 옳은 것은?

① 123A
② A124
③ 12A4
④ 12AB

58 다음과 같이 페이지 번호를 출력하고자 할 때의 수식으로 옳은 것은?

10 페이지 중 1

① =[Page]& 페이지 중& [Pages]
② =[Pages]& 페이지 중& [Page]
③ =[Page]& " 페이지 중 "& [Pages]
④ =[Pages]& " 페이지 중 "& [Page]

59 다음 중 아래의 기능을 가진 컨트롤은?

- 좁은 공간에서 효율적으로 사용할 수 있다.
- 직접 입력하거나 목록에서 선택할 수 있다.
- 테이블 또는 쿼리를 목록의 값 원본으로 지정할 수도 있다.
- 목록에 있는 값만 입력하도록 설정할 수 있다.

① 텍스트 상자
② 콤보 상자
③ 확인란
④ 토글 단추

60 다음 중 프로시저에 대한 설명으로 옳지 않은 것은?

① 프로시저는 연산을 수행하거나 값을 계산하는 일련의 명령문과 메서드로 구성된다.
② 명령문은 대체로 프로시저나 선언 구역에서 한 줄로 표현되며 명령문의 끝에는 세미콜론(;)을 찍어 구분한다.
③ 이벤트 프로시저는 특정 객체에 해당 이벤트가 발생하면 자동적으로 실행되나 다른 프로시저에서도 이를 호출하여 실행할 수 있다.
④ Function 프로시저는 Function문으로 함수를 선언하고 End Function문으로 함수를 끝낸다.

2024년 상시 기출문제 02회

자동 채점 서비스

합격 강의

- 제한시간 : 60분
- 소요시간 :   시간   분
- 전체 문항 수 : 60문항
- 맞힌 문항 수 :   문항

과목 01 컴퓨터 일반

01 다음 중 컴퓨터에서 사용하는 캐시 메모리에 관한 설명으로 옳은 것은?

① 중앙 처리 장치와 주기억 장치 사이에 위치하여 컴퓨터의 처리 속도를 향상시키는 역할을 한다.
② RAM의 종류 중 DRAM이 캐시 메모리로 사용된다.
③ 보조 기억 장치의 일부를 주기억 장치처럼 사용하는 메모리이다.
④ 주기억 장치의 용량보다 큰 프로그램을 로딩하여 실행시킬 때 사용된다.

02 다음 중 전송 오류 검출 방식이 아닌 것은?

① CRC(순환 중복 검사) 방식
② 패리티 검사 방식
③ 정마크 부호 방식
④ CSMA/CD(매체 접근 제어) 방식

03 다음 중 컴퓨터 통신과 관련하여 P2P 방식에 관한 설명으로 옳은 것은?

① 인터넷에서 이루어지는 개인 대 개인의 파일 공유를 위한 기술이다.
② 인터넷을 통해 MP3를 제공해 주는 기술 및 서비스이다.
③ 인터넷을 통해 동영상을 상영해 주는 기술 및 서비스이다.
④ 여러 사용자가 동시에 온라인 게임을 할 수 있도록 제공해 주는 기술이다.

04 다음 중 사물 인터넷에 대한 설명으로 옳지 않은 것은?

① IoT(Internet of Things)라고도 하며 개인 맞춤형 스마트 서비스를 지향한다.
② 사람을 제외한 사물과 공간, 데이터 등을 이더넷으로 서로 연결시켜주는 무선 통신 기술을 의미한다.
③ 스마트센싱기술과 무선 통신 기술을 융합하여 실시간으로 데이터를 주고받는 기술이다.
④ 사물 인터넷 기반 서비스는 개방형 아키텍처를 필요로 하기 때문에 정보 공유에 대한 부작용을 최소화하기 위한 정보 보안 기술의 적용이 중요하다.

05 다음 중 프로그래밍 언어에 대한 설명으로 옳지 않은 것은?

① HTML5는 액티브X나 플러그인 등의 프로그램 설치 없이 동영상이나 음악 재생을 실행할 수 있는 웹 표준 언어이다.
② 자바(Java)는 HTML 문서 속에 내장시켜서 사용할 수 있다.
③ ASP는 Windows 환경에서 동적인 웹 페이지를 제작할 수 있는 스크립트 언어이다.
④ WML은 무선 접속을 통하여 웹 페이지의 텍스트와 이미지 부분이 표시될 수 있도록 해 주는 웹 프로그래밍 언어이다.

06 한글 Windows에서 LNK 확장자를 갖는 파일에 대한 다음 설명 중 옳지 않은 것은?

① 바로 가기 아이콘과 관계가 있다.
② 시스템에 여러 개 존재할 수 있다.
③ 연결 대상 파일의 위치 정보를 가지고 있다.
④ 연결 정보를 가지고 있으므로 삭제하면 연결 프로그램에 중요한 영향을 끼친다.

07 다음 중 방화벽(Firewall)에 대한 설명으로 옳지 않은 것은?

① 보안이 필요한 네트워크의 통로를 단일화하여 관리한다.
② 내부 네트워크에서 외부로 나가는 패킷을 체크하여 인증된 패킷만 통과시킨다.
③ 역추적 기능으로 외부 침입자의 흔적을 찾을 수 있다.
④ 방화벽은 외부 네트워크와 내부 네트워크 사이에 위치한다.

08 다음 중 3D 프린터에 대한 설명으로 옳지 않은 것은?

① 입력한 도면을 바탕으로 3차원의 입체적인 공간에 물품을 만들어 내는 프린터이다.
② 2D 이미지를 인쇄하는 잉크젯 프린터의 인쇄 원리와 같으며 제작 방식에 따라 층(레이어)으로 겹겹이 쌓아 입체 형상을 만들어내는 적층형과 큰 덩어리를 조각하듯이 깎아내는 절삭형으로 나뉜다.
③ 기계, 건축, 예술, 우주 등 많은 분야에서 응용되고 있으며, 의료 분야에서도 활발히 활용되고 있다.
④ 출력 속도의 단위는 LPM, PPM, IPM 등이 사용된다.

09 다음 중 운영체제에서 관리하는 가상 메모리는 실제로 어떤 장치에 존재하는가?

① 하드디스크 장치
② 주기억 장치
③ 프로세서 장치
④ 캐시 기억 장치

10 다음 중 32비트 및 64비트 버전의 Windows OS에 관한 설명으로 옳지 않은 것은?

① 64비트 버전의 Windows에서는 대용량 RAM을 32비트 시스템보다 효과적으로 처리한다.
② 64비트 버전의 Windows을 설치하려면 64비트 버전의 Windows를 실행할 수 있는 CPU가 필요하다.
③ 64비트 버전의 Windows에서 하드웨어 장치가 정상적으로 동작하려면 64비트용 장치 드라이버가 필요하다.
④ 앱이 64비트 버전의 Windows용으로 설계된 경우 호환성 유지를 위해 32비트 버전의 Windows에서도 작동되도록 설계되어 있다.

11 다음 중 인터넷 통신 장비인 게이트웨이(Gateway)의 기본적인 역할에 관한 설명으로 옳은 것은?

① 현재 위치한 네트워크에서 다른 네트워크로 연결할 때 사용된다.
② 인터넷 신호를 증폭하며 먼 거리로 정보를 전달할 때 사용된다.
③ 네트워크 계층의 연동 장치로 경로 설정에 사용된다.
④ 문자로 된 도메인 이름을 숫자로 이루어진 실제 IP 주소로 변환하는 데 사용된다.

12 다음 중 한글 Windows의 [보조프로그램]의 [그림판]에 관한 설명으로 옳지 않은 것은?

① [그림판]으로 작성된 파일의 형식은 BMP, JPG, GIF 등으로 저장할 수 있다.
② 레이어 기능으로 그림의 작성과 편집 과정을 편리하게 하여 준다.
③ 배경색을 설정하려면 [홈] 탭의 [색] 그룹에서 색2를 클릭한 다음 원하는 색 사각형을 클릭한다.
④ 정원 또는 정사각형을 그리려면 타원이나 직사각형을 선택한 후에 Shift 를 누른 상태로 그리면 된다.

13 다음 중 쿠키에 대한 설명으로 옳은 것은?

① 특정 웹 사이트 접속 시 반복적으로 사용되는 접속 정보를 가지고 있는 파일이다.
② 인터넷 사용 시 네트워크에 접속하기 위한 프로그램이다.
③ 웹 브라우저에서 기본으로 제공하지 않는 기능을 부가적으로 설치하여 구현되도록 한다.
④ 자주 사용하는 사이트의 자료를 저장한 후 다시 동일한 사이트 접속 시 자동으로 자료를 불러온다.

14 다음 중 텔레매틱스(Telematics)에 대한 설명으로 옳지 않은 것은?

① 통신(Telecommunication)과 정보과학(Informatics)의 합성어이다.
② 차량에 장착된 특수한 장치와 노변의 장치를 이용하여 안전하게 차량을 제어하는 시스템이다.
③ 다양한 멀티미디어 서비스를 제공하며 여러 IT 기술을 차량에 접목하여 새로운 부가 가치를 창출한다.
④ 자동차에 무선 통신 기술을 접목한 것으로 '차량 무선 인터넷 서비스'라고 한다.

15 7bit ASCII 코드에 1bit 짝수 패리티(Even Parity) 비트를 첨부하여 데이터를 송신하였을 경우 수신된 데이터에 에러가 발생하는 것은 어느 것인가? (단, 우측에서 첫 번째 비트가 패리티 비트이다.)

① 10101100
② 01110111
③ 10101011
④ 00110101

16 다음 중 다양한 정보의 데이터베이스를 구축하여 사용자가 요구하는 정보를 원하는 시간에 서비스 받을 수 있는 멀티미디어 서비스를 무엇이라 하는가?

① 폴링(Polling)
② P2P(Peer-to-Peer)
③ VCS(Video Conference System)
④ VOD(Video On Demand)

17 다음 중 Windows의 [폴더 옵션] 창에서 설정할 수 있는 작업으로 옳지 않은 것은?

① 탐색 창, 미리 보기 창, 세부 정보 창의 표시 여부를 선택할 수 있다.
② 숨김 파일이나 폴더의 표시 여부를 지정할 수 있다.
③ 폴더에서 시스템 파일을 검색할 때 색인의 사용 여부를 선택할 수 있다.
④ 알려진 파일 형식의 파일 확장명을 숨기도록 설정할 수 있다.

18 다음 중 인터넷에서 사용하는 표준 주소 체계인 URL(Uniform Resource Locator)의 4가지 구성 요소를 순서대로 옳게 나열한 것은?

① 프로토콜, 서버 주소, 포트 번호, 파일 경로
② 서버 주소, 프로토콜, 포트 번호, 파일 경로
③ 프로토콜, 서버 주소, 파일 경로, 포트 번호
④ 포트 번호, 프로토콜, 서버 주소, 파일 경로

19 다음 중 PC의 CMOS에서 설정 가능한 항목으로 옳지 않은 것은?

① 시스템 날짜와 시간
② 부팅 순서
③ Windows 로그인 암호 변경
④ 칩셋 설정

20 다음 중 이미지 데이터의 표현 방식에서 벡터(Vector) 방식에 관한 설명으로 옳지 않은 것은?

① 벡터 방식의 그림 파일 형식에는 wmf, ai 등이 있다.
② 이미지를 점과 선을 이용하여 표현하는 방식이다.
③ 그림을 확대하거나 축소할 때 계단 현상이 발생하지 않는다.
④ 포토샵, 그림판 등의 소프트웨어로 그림을 편집할 수 있다.

과목 02 스프레드시트 일반

21 다음 중 자동 필터에 관한 설명으로 옳지 않은 것은?

① 데이터에 필터를 적용하면 지정한 조건에 맞는 행만 표시되고 나머지 행은 숨겨지며, 필터링된 데이터는 다시 정렬하거나 이동하지 않고도 복사, 찾기, 편집 및 인쇄를 할 수 있다.
② '상위 10 자동 필터'는 숫자 데이터 필드에서만 설정 가능하고, 텍스트 데이터 필드에서는 사용할 수 없다.
③ 한 열에 숫자 입력 셀이 5개 있고, 텍스트 입력 셀이 3개 있는 경우 자동 필터는 셀의 수가 적은 '텍스트 필터' 명령으로 표시된다.
④ 날짜 데이터는 연, 월, 일의 계층별로 그룹화되어 계층에서 상위 수준을 선택하거나 선택을 취소하는 경우 해당 수준 아래의 중첩된 날짜가 모두 선택되거나 선택 취소된다.

22 다음 중 데이터 입력에 대한 설명으로 옳은 것은?

① [Ctrl]+[E]는 값을 자동으로 채워주는 [빠른 채우기]의 바로 가기 키이다.
② 데이터를 입력하는 도중에 입력을 취소하려면 [Tab]을 누른다.
③ 텍스트, 텍스트/숫자 조합, 날짜, 시간 데이터는 셀에 입력하는 처음 몇 자가 해당 열의 기존 내용과 일치하면 자동으로 입력된다.
④ 여러 셀에 동일한 데이터를 입력하려면 해당 셀을 범위로 지정하여 데이터를 입력한 후 [Alt]+[Enter]를 누른다.

23 다음 중 [페이지 설정] 대화상자에 대한 설명으로 옳지 않은 것은?

① 인쇄 배율을 수동으로 설정할 수 있으며, 배율은 워크시트 표준 크기의 10%에서 400%까지 설정할 수 있다.
② [시트] 탭에서 머리글/바닥글과 행/열 머리글이 인쇄되도록 설정할 수 있다.
③ [페이지] 탭에서 '자동 맞춤'의 용지 너비와 용지 높이를 각각 1로 지정하면 여러 페이지가 한 페이지에 인쇄된다.
④ 셀에 설정된 메모는 '시트에 표시된 대로'나 '시트 끝'에 인쇄되도록 설정할 수 있다.

24 다음 중 항목의 구성비를 표현하는 데 적합한 차트인 원형 차트 및 도넛형 차트에 대한 설명으로 옳지 않은 것은?

① 원형 차트의 모든 조각을 차트 중심에서 끌어낼 수 있다.
② 도넛형 차트는 원형 차트와 마찬가지로 전체에 대한 각 부분의 구성비를 보여 주지만 데이터 계열이 두 개 이상 포함될 수 있다는 점이 다르다.
③ 원형 차트는 첫째 조각의 각을 0도에서 360도 사이의 값을 이용하여 회전시킬 수 있으나 도넛형 차트는 첫째 조각의 각을 회전시킬 수 없다.
④ 도넛형 차트의 도넛 구멍 크기는 0%에서 90% 사이의 값으로 변경할 수 있다.

25 다음 중 아래의 차트에 대한 설명으로 옳지 않은 것은?

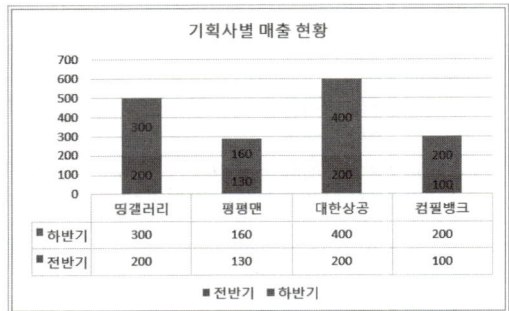

① 레이블 내용으로 값이 표시되어 있다.
② 범례 표지를 포함한 데이터 테이블이 나타나도록 설정되어 있다.
③ 범례는 아래쪽으로 설정되어 있다.
④ 누적 트리맵 차트로 데이터를 계층 구조 보기로 제공하므로 다른 범주 수준을 비교하는 간편한 방법으로 사용된다.

26 다음 중 [셀 서식]-[맞춤] 탭의 '텍스트 방향'에서 설정할 수 없는 항목은?

① 텍스트 방향대로
② 텍스트 반대 방향으로
③ 왼쪽에서 오른쪽
④ 오른쪽에서 왼쪽

27 다음 중 화면 제어에 관한 설명으로 옳지 않은 것은?

① 틀 고정은 행 또는 열, 열과 행으로 모두 고정이 가능하다.
② 창 나누기는 워크시트를 여러 개의 창으로 분리하는 기능으로 최대 4개까지 분할할 수 있다.
③ [창] 그룹-[틀 고정]을 실행하면 현재 셀의 위쪽과 왼쪽에 틀 고정선이 나타난다.
④ 틀 고정선은 마우스를 드래그하여 위치를 변경할 수 있다.

28 다음 중 수식에 잘못된 인수나 피연산자를 사용할 때 표시되는 오류 메시지로 옳은 것은?

① #DIV/0!
② #NUM!
③ #NAME?
④ #VALUE!

29 아래 시트에서 [표1]의 할인율 [B3]을 적용한 할인가 [B4]를 이용하여 [표2]의 각 정가에 해당하는 할인가 [E3:E6]을 계산하고자 한다. 다음 중 가장 적합한 데이터 도구는?

	A	B	C	D	E	F
1	[표1] 할인 금액			[표2] 할인 금액표		
2	정가	₩10,000		정가	₩9,500	
3	할인율	5%		₩10,000		
4	할인가	₩9,500		₩15,000		
5				₩24,000		
6				₩30,000		
7						

① 통합
② 데이터 표
③ 부분합
④ 시나리오 관리자

30 다음 중 10,000,000원을 2년간 연 5.5%의 이자율로 대출할 때, 매월 말 상환해야 할 불입액을 구하기 위한 수식으로 옳은 것은?

① =PMT(5.5%/12, 24, -10000000)
② =PMT(5.5%, 24, -10000000)
③ =PMT(5.5%, 24, -10000000, 0, 1)
④ =PMT(5.5%/12, 24, -10000000, 0, 1)

31 다음 배열 수식 및 배열 함수에 대한 설명으로 옳지 않은 것은?

① 배열 수식에서 사용되는 배열 상수의 숫자로는 정수, 실수, 지수 형식의 숫자를 사용할 수 있다.
② MDETERM 함수는 배열로 저장된 행렬에 대한 역행렬을 산출한다.
③ PERCENTILE.INC 함수는 범위에서 k번째 백분위수 값을 구하며, 이때 k는 0에서 1까지 백분위수 값 범위이다.
④ FREQUENCY 함수는 값의 범위 내에서 해당 값의 발생 빈도를 계산하여 세로 배열 형태로 나타낸다.

32 다음 중 부분합에 관한 설명으로 옳지 않은 것은?

① 여러 함수를 이용하여 부분합을 작성하려면 두 번째부터 실행하는 [부분합] 대화상자에서 '새로운 값으로 대치'가 반드시 선택되어 있어야 한다.
② 부분합을 작성한 후 개요 기호를 눌러 특정한 데이터가 표시된 상태에서 차트를 작성하면 화면에 표시된 데이터만 차트에 표시된다.
③ 부분합을 실행하기 전에 그룹화하고자 하는 필드를 기준으로 정렬되어 있어야 올바른 결과를 얻을 수 있다.
④ 그룹별로 페이지를 달리하여 인쇄하기 위해서는 [부분합] 대화상자에서 '그룹 사이에서 페이지 나누기'를 선택한다.

33 다음 중 [Excel 옵션]-[고급]에서 [소수점 자동 삽입]의 [소수점 위치]를 -2로 설정한 다음 시트에서 1을 입력하는 경우의 결과로 옳은 것은?

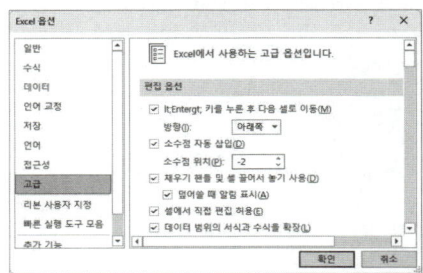

① 0.01
② 0.001
③ 100
④ 1000

34 다음 중 피벗 테이블에 대한 설명으로 옳지 않은 것은?

① 피벗 차트 보고서는 피벗 테이블 보고서를 만들지 않고는 만들 수 없으며, 피벗 테이블과 피벗 차트를 함께 만든 후 피벗 테이블을 삭제하면 피벗 차트는 일반 차트로 변경된다.
② 피벗 테이블 보고서에서 필드 단추를 다른 열이나 행의 위치로 끌어다 놓으면 데이터 표시 형식이 달라진다.
③ 피벗 테이블 보고서는 엑셀에서 작성된 데이터를 대상으로 새로운 대화형 테이블을 만드는 데 사용하며 외부 액세스 데이터베이스에서 만들어진 데이터는 호환되지 않으므로 사용할 수 없다.
④ 피벗 테이블 보고서를 이용하면 필터, 정렬, 그룹 및 조건부 서식을 적용하여 가장 유용한 하위 데이터 집합에서 원하는 정보만 강조할 수 있다.

35 다음 중 아래 시트에서 사원명이 두 글자이면서 실적이 전체 실적의 평균을 초과하는 데이터를 검색할 때, 고급 필터의 조건으로 옳은 것은?

	A	B
1	사원명	실적
2	유민	15,030,000
3	오성준	35,000,000
4	김근태	18,000,000
5	김원	9,800,000
6	정영희	12,000,000
7	남궁정훈	25,000,000
8	이수	30,500,000
9	김용훈	8,000,000

①

사원명	실적조건
="=??"	=$B2>AVERAGE($B$2:$B$9)

②

사원명	실적
="=??"	=$B2&">AVERAGE($B$2:$B$9)"

③

사원명	실적
=LEN($A2)=2	=$B2>AVERAGE($B$2:$B$9)

④

사원명	실적조건
="=**"	=$B2>AVERAGE($B$2:$B$9)

36 매출액 [B3:B9]을 이용하여 매출 구간별 빈도수를 [F3:F6] 영역에 계산한 후 그 값만큼 "★"을 반복하여 표시하고자 한다. 다음 중 [F3] 셀에 입력될 수식으로 옳은 것은?

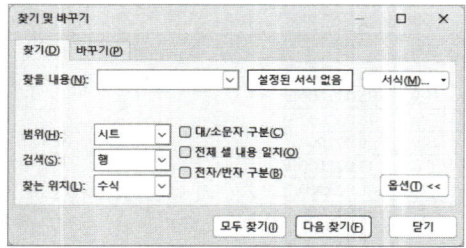

① =REPT("★",FREQUENCY(B3:B9))
② =REPT("★",FREQUENCY(E3:E6))
③ =REPT("★",FREQUENCY(E3:E6,B3:B9))
④ =REPT("★",FREQUENCY(B3:B9,E3:E6))

37 다음 중 [찾기 및 바꾸기] 대화상자에 대한 설명으로 옳지 않은 것은?

① 문서에서 '찾을 내용'에 입력한 내용과 일치하는 이전 항목을 찾으려면 Shift 를 누른 상태에서 [다음 찾기] 단추를 클릭한다.
② '찾을 내용'에 입력한 문자만 있는 셀을 검색하려면 '전체 셀 내용 일치'를 선택한다.
③ 별표(*), 물음표(?) 및 물결표(~) 등의 문자가 포함된 내용을 찾으려면 '찾을 내용'에 작은따옴표(') 뒤에 해당 문자를 붙여 입력한다.
④ 찾을 내용을 워크시트에서 검색할지 전체 통합 문서에서 검색할지 등을 선택하려면 '범위'에서 '시트' 또는 '통합 문서'를 선택한다.

38 통합 문서를 열 때마다 특정 작업이 자동으로 수행되는 매크로를 작성하려고 한다. 이때 사용해야 할 매크로 이름으로 옳은 것은?

① Auto_Open
② Auto_Exec
③ Auto_Macro
④ Auto_Start

39 다음 중 인쇄 시 테두리나 그래픽 등을 생략하고 데이터만 인쇄하려고 할 때 설정해야 할 것으로 올바른 것은?

① 눈금선
② 행/열 머리글
③ 간단하게 인쇄
④ 흑백으로

40 다음 중 1부터 10까지의 합을 구하는 VBA 모듈로 옳지 않은 것은?

①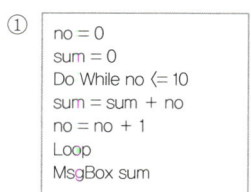
②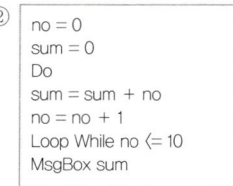
③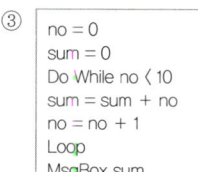
④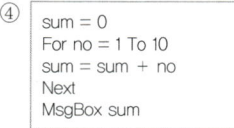

과목 03 데이터베이스 일반

41 다음 중 특정 컨트롤로 포커스를 이동시킬 때 사용하는 매크로 함수는?

① GoToRecord ② GoToControl
③ SetValue   ④ RunCode

42 다음 중 현재 폼에서 활성화되어 있는 ShipForm 폼의 DateDue 컨트롤의 Visible 속성을 참조하는 방법으로 옳은 것은?

① Forms![ShipForm]![DateDue].Visible
② Forms.[ShipForm]![DateDue].Visible
③ Forms![ShipForm].[DateDue]!Visible
④ Forms.[ShipForm].[DateDue].Visible

43 다음 중 레코드가 추가될 때마다 시스템에서 자동으로 값을 입력해 주며 업데이트나 수정이 불가한 데이터 형식은?

① 짧은 텍스트 ② 숫자
③ 일련번호   ④ Yes/No

44 다음 중 아래 그림과 같은 결과를 표시하는 쿼리로 옳은 것은?

영화명	감독	장르	제작년도
베테랑	백감독	멜로	2013
베테랑	류승완	액션	2015
퇴마전	김휘	스릴러	2014
Mother	난니 모레티	멜로	2015

① SELECT * FROM movie ORDER BY 영화명, 장르;
② SELECT * FROM movie ORDER BY 영화명 DESC, 장르 DESC;
③ SELECT * FROM movie ORDER BY 제작년도, 장르 DESC;
④ SELECT * FROM movie ORDER BY 감독, 제작년도;

45 [직원] 테이블의 '급여' 필드는 데이터 형식이 숫자이고, 필드 크기가 정수(Long)로 설정되어 있다. 다음 중 '급여' 필드에 입력이 가능한 숫자를 백만 원 이상, 오백만 원 이하로 설정하기 위한 유효성 검사 규칙으로 옳은 것은?

① <= 1000000 Or <= 5000000
② >= 1000000 And <= 5000000
③ >= 1000000, <= 5000,000
④ 1,000,000 <= And <= 5,000,000

46 다음 중 [학생] 테이블에서 '점수'가 60 이상인 학생들의 인원수를 구하는 식으로 옳은 것은? (단, '학번' 필드는 [학생] 테이블의 기본키이다.)

① =DCount("[학생]","[학번]","[점수]>= 60")
② =DCount("[학번]","[학생]","[점수]>= 60")
③ =DLookUp("[학생]","[학번]","[점수]>= 60")
④ =DLookUp("*","[학생]","[점수]>= 60")

47 다음은 색인(Index)에 대한 설명이다. 가장 옳지 않은 것은?

① 하나의 필드나 필드 조합에 인덱스를 만들어 레코드 찾기와 정렬을 효율적으로 수행할 수 있게 한다.
② 색인을 많이 설정하면 테이블의 변경 속도가 저하될 수 있다.
③ 인덱스를 삭제하면 필드나 필드 데이터도 함께 삭제된다.
④ 레코드를 변경하거나 추가할 때마다 자동으로 업데이트된다.

48 회원(회원번호, 이름, 나이, 주소) 테이블에서 회원번호가 555인 회원의 주소를 '부산'으로 변경하는 질의문으로 옳은 것은?

① UPGRAGE 회원 set 회원번호=555 where 주소='부산'
② UPGRAGE 회원 set 주소='부산' where 회원번호=555
③ UPDATE 회원 set 회원번호=555 where 주소='부산'
④ UPDATE 회원 set 주소='부산' where 회원번호=555

49 다음 중 다양한 사용자의 요구 사항을 분석하여 정보 구조를 표현한 관계도(ERD)를 생성하는 데이터베이스 설계 단계는?

① 요구 조건 분석
② 개념적 설계
③ 논리적 설계
④ 물리적 설계

50 다음 중 아래와 같이 표시된 폼의 탐색 단추에 대한 설명으로 옳지 않은 것은?

① ㉠ 첫 레코드로 이동한다.
② ㉡ 이전 레코드로 이동한다.
③ ㉢ 마지막 레코드로 이동한다.
④ ㉣ 이동할 레코드 번호를 입력하여 이동한다.

51 다음 중 기본 폼과 하위 폼에 대한 설명으로 옳지 않은 것은?

① '일 대 다' 관계일 때 하위 폼에는 '일'에 해당하는 데이터가 표시되며, 기본 폼에는 '다'에 해당하는 데이터가 표시된다.
② 하위 폼은 연속 폼의 형태로 표시할 수 있지만 기본 폼은 연속 폼의 형태로 표시할 수 없다.
③ 기본 폼 내에 포함시킬 수 있는 하위 폼의 개수는 제한이 없으며, 최대 7 수준까지 하위 폼을 중첩시킬 수 있다.
④ 테이블, 쿼리나 다른 폼을 이용하여 하위 폼을 작성할 수 있다.

52 다음 중 아래의 탭 순서 대화상자에 대한 설명으로 옳지 않은 것은?

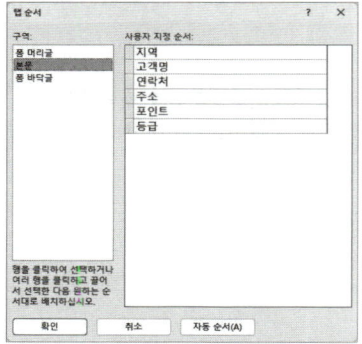

① 폼 보기에서 Tab 이나 Enter 를 눌렀을 때 포커스(Focus)의 이동 순서를 지정하는 것이다.
② 키보드를 이용하여 컨트롤 간 이동을 신속하게 할 수 있는 기능이다.
③ 레이블 컨트롤을 포함한 모든 컨트롤에 탭 순서를 지정할 수 있다.
④ 해당 컨트롤의 '탭 정지' 속성을 '아니요'로 지정하면 탭 순서에서 제외된다.

53 다음 데이터베이스 관련 용어 중에서 성격이 다른 것은?

① DDL
② DBA
③ DML
④ DCL

54 폼이나 보고서의 특정 컨트롤에서 '=[단가]*[수량]*(1-[할인율])'과 같은 계산식을 사용하고자 한다. 이때 계산 결과를 소수점 이하 첫째 자리까지 표시하기 위한 함수는?

① Clng( )　　② Val( )
③ Format( )　　④ DLookUp( )

55 다음 중 데이터를 입력 또는 삭제 시 이상(Anomaly) 현상이 일어나지 않도록 데이터베이스를 설계하기 위한 기술을 의미하는 용어는?

① 자동화　　② 정규화
③ 순서화　　④ 추상화

56 다음 중 각 데이터 형식에 대한 설명으로 옳지 않은 것은?

① 조회 마법사는 필드에 값을 직접 입력하지 않고 다른 테이블에서 값을 선택할 때 사용한다.
② Yes/No 형식은 Yes/No, True/False, On/Off 등 두 값 중 하나만 입력하는 경우에 사용하는 것으로 기본 필드 크기는 1비트이다.
③ 설명, 참고 사항 등 255자를 초과해서 저장할 때는 긴 텍스트 데이터 형식을 사용한다.
④ 일련번호는 번호가 부여된 후 변경하거나 삭제할 수 있으며 크기는 2바이트이다.

57 다음 중 <학생> 테이블의 '나이' 필드에 유효성 검사 규칙을 아래와 같이 지정한 경우 데이터 입력 상황에 대한 설명으로 옳은 것은?

유효성 검사 규칙	>20
유효성 검사 테스트	숫자는 >20으로 입력합니다.

① 데이터를 입력하려고 하면 항상 '숫자는 >20으로 입력합니다.'라는 메시지가 먼저 표시된다.
② 20을 입력하면 '숫자는 >20으로 입력합니다.'라는 메시지가 표시된 후 입력값이 정상적으로 저장된다.
③ 20을 입력하면 '숫자는 >20으로 입력합니다.'라는 메시지가 표시되며, 값을 다시 입력해야만 한다.
④ 30을 입력하면 '유효성 검사 규칙에 맞습니다.'라는 메시지가 표시된 후 입력값이 정상적으로 저장된다.

58 다음 중 아래 VBA 코드를 실행했을 때 MsgBox에 표시되는 값은?

```
Dim i As Integer
Dim Num As Integer
For i = 0 To 7 Step 2
Num = Num+i
Next i
MsgBox Str(Num)
```

① 7
② 12
③ 24
④ 28

59 다음 중 각 연산식에 대한 결과값이 옳지 않은 것은?

① IIF(1,2,3) → 결과값 : 2
② MID("123456",3,2) → 결과값 : 34
③ "A" & "B" → 결과값 : "AB"
④ 4 MOD 2 → 결과값 : 2

60 다음 중 보고서의 그룹 바닥글 구역에 '=COUNT(*)'를 입력했을 때 출력되는 결과로 옳은 것은?

① Null 필드를 포함한 그룹별 레코드 개수
② Null 필드를 포함한 전체 레코드 개수
③ Null 필드를 제외한 그룹별 레코드 개수
④ Null 필드를 제외한 전체 레코드 개수

2024년 상시 기출문제 03회

- 제한시간 : 60분
- 소요시간 :   시간   분
- 전체 문항 수 : 60문항
- 맞힌 문항 수 :   문항

과목 01 컴퓨터 일반

01 다음 중 한글 Windows의 실행 대화상자에서 [시스템 구성] 대화상자를 열 수 있는 명령어로 옳은 것은?

① ipconfig
② tracert
③ ping
④ msconfig

02 다음 중 기억된 정보의 일부분을 이용하여 원하는 정보가 기억된 위치를 알아낸 후 그 위치에서 나머지 정보에 접근하는 기억 장치를 무엇이라 하는가?

① 캐시 메모리(Cache Memory)
② 주기억 장치(Main Memory)
③ 가상 기억 장치(Virtual Memory)
④ 연관 메모리(Associative Memory)

03 둘 이상의 프로세스들이 자원을 점유한 상태에서 서로 다른 프로세스가 점유하고 있는 자원을 서로 사용하기를 원해서 시스템이 정지되는 상황을 무엇이라 부르는가?

① LOCK
② DEADLOCK
③ UNLOCK
④ BLOCK

04 다음 중 컴퓨터에서 정상적인 프로그램을 처리하고 있는 도중에 특수한 상태가 발생했을 때 현재 실행하고 있는 프로그램을 일시 중단하고, 그 특수한 상태를 처리한 후 다시 원래의 프로그램을 처리하는 과정을 무엇이라 하는가?

① 채널(Channel)
② 인터럽트(Interrupt)
③ 데드락(Deadlock)
④ 스풀(Spool)

05 컴퓨터 내부에서 중앙 처리 장치와 메모리 사이의 데이터 전송에 사용되는 통로를 버스(Bus)라고 한다. 다음 중 이 버스에 해당하지 않는 것은?

① 제어 버스(Control Bus)
② 프로그램 버스(Program Bus)
③ 데이터 버스(Data Bus)
④ 주소 버스(Address Bus)

06 다음 중 AVI, MPEG-1, MPEG-4, ASF(Advanced Stream Format) 파일 형식의 공통점은 무엇인가?

① 텍스트 파일 형식
② 오디오 파일 형식
③ 이미지 파일 형식
④ 비디오 파일 형식

07 다음 중 한글 Windows에서 하드디스크에 저장된 파일을 다시 정렬하는 단편화 제거 과정을 통해 디스크의 파일 읽기/쓰기 성능을 향상시키는 프로그램으로 옳은 것은?

① 디스크 검사
② 디스크 정리
③ 디스크 포맷
④ 드라이브 조각 모음 및 최적화

08 다음 중 한글 Windows 10의 작업 표시줄에 대한 설명으로 옳지 않은 것은?

① 작업 표시줄은 현재 실행되고 있는 프로그램 단추와 프로그램을 빠르게 실행하기 위해 등록한 고정 프로그램 단추 등이 표시되는 곳이다.
② 작업 표시줄은 위치를 변경하거나 크기를 조절할 수 있으며, 크기는 화면의 1/4까지만 늘릴 수 있다.
③ '작업 표시줄 잠금'이 지정된 상태에서는 작업 표시줄의 크기나 위치 등을 변경할 수 없다.
④ 작업 표시줄은 기본적으로 바탕 화면의 맨 아래쪽에 있다.

09 다음 중 아래의 기능을 수행하는 코드로 옳은 것은?

- 에러 검출과 교정이 가능한 코드로, 최대 2비트까지 에러를 검출하고 1비트의 에러 교정이 가능한 방식
- 일반적으로 8421코드에 3비트의 짝수 패리티를 추가해서 구성함

① 해밍 코드
② 패리티 체크 비트
③ 순환 중복 검사
④ 정 마크 부호 방식

10 운영체제가 응용 프로그램의 상태에 의존하지 않고 강제로 작업을 변경함으로써 하나의 응용 프로그램에 문제가 발생해도 다른 응용 프로그램에 영향을 주지 않도록 하는 제어 방식을 무엇이라 하는가?

① 비선점형 멀티태스킹
② 선점형 멀티태스킹
③ 플러그 앤 플레이
④ 멀티 프로그래밍

11 다음 중 비트맵 방식에 대한 설명으로 옳지 않은 것은?

① 픽셀 단위로 표현한다.
② 저장 공간을 많이 차지한다.
③ 비트맵 방식의 그래픽 프로그램으로는 코렐드로, 일러스트레이터가 있다.
④ 확대하거나 축소하면 이미지가 손상된다.

12 다음 중 송신자의 송신 여부와 수신자의 수신 여부를 확인하는 기능으로 송·수신자가 송수신 사실을 부정하지 못하도록 하는 보안 기능은?

① 인증
② 접근 제어
③ 부인 방지
④ 기밀성

13 다음 중 디지털 컴퓨터의 특징으로만 짝지어진 것은?

| ⓐ 증폭 회로 | ⓑ 논리 회로 | ⓒ 부호화된 문자, 숫자 |
| ⓓ 프로그래밍 | ⓔ 연속적인 물리량 | ⓕ 범용성 |

① ⓐ, ⓑ, ⓒ, ⓓ
② ⓑ, ⓒ, ⓓ, ⓕ
③ ⓒ, ⓓ, ⓔ, ⓕ
④ ⓐ, ⓑ, ⓒ, ⓕ

14 다음 중 일반적으로 URL로 표시된 주소의 프로토콜과 기본 포트 번호가 관련이 없는 것은?

① [http://www.korcham.net] 포트 번호 : 80
② [ftp://ftp.korcham.net] 포트 번호 : 22
③ [telnet://home.chollian.net] 포트 번호 : 23
④ [gopher://gopher.ssu.org] 포트 번호 : 70

15 다음 중 하이퍼미디어에 관한 설명으로 옳지 않은 것은?

① 특정 텍스트나 이미지 등의 다양한 미디어를 클릭하면 연결된 문서로 이동하는 문서 형식이다.
② 문서와 문서가 연결된 형식으로 문서를 읽는 순서가 결정되는 선형 구조를 가지고 있다.
③ 하이퍼미디어는 하이퍼텍스트와 멀티미디어를 합한 개념이다.
④ 하나의 데이터를 여러 사용자가 서로 다른 경로를 통해 검색할 수 있다.

16 다음 중 IPv6에 해당하는 내용으로만 올바르게 짝지어진 것은?

ⓐ 32비트, ⓑ 64비트, ⓒ 128비트, ⓓ 10진수로 표현, ⓔ 16진수로 표현, ⓕ 각 부분을 콜론(:)으로 구분, ⓖ 각 부분을 점(.)으로 구분

① ⓐ, ⓓ, ⓖ
② ⓒ, ⓔ, ⓕ
③ ⓑ, ⓓ, ⓕ
④ ⓒ, ⓓ, ⓖ

17 다음 중 영상 신호와 음향 신호를 압축하지 않고 통합하여 전송하는 고선명 멀티미디어 인터페이스로 S-비디오, 컴포지트 등의 아날로그 케이블보다 고품질의 음향 및 영상을 감상할 수 있는 것은?

① DVI
② HDMI
③ USB
④ IEEE 1394

18 다음 중 소스 코드까지 제공되어 사용자들이 자유롭게 수정하거나 변경할 수 있는 소프트웨어를 의미하는 것은?

① 오픈 소스 소프트웨어(Open Source Software)
② 주문형 소프트웨어(Customized Software)
③ 쉐어웨어(Shareware)
④ 프리웨어(Freeware)

19 다음 중 Windows에서 에어로 쉐이크(Aero Shake)와 같은 기능을 하는 바로 가기 키로 옳은 것은?

① ⊞ + E
② ⊞ + X
③ ⊞ + U
④ ⊞ + Home

20 다음 중 운영체제의 발달 과정이 올바르게 나열된 것은?

① 다중 프로그래밍 → 시분할 처리 → 다중 처리 → 분산 처리 → 일괄 처리 → 실시간 처리
② 실시간 처리 → 다중 프로그래밍 → 시분할 처리 → 다중 처리 → 분산 처리 → 일괄 처리
③ 일괄 처리 → 실시간 처리 → 다중 프로그래밍 → 시분할 처리 → 다중 처리 → 분산 처리
④ 시분할 처리 → 다중 처리 → 분산 처리 → 일괄 처리 → 실시간 처리 → 다중 프로그래밍

과목 02 스프레드시트 일반

21 아래 시트에서 [D1] 셀을 선택한 상태에서 수식 입력 줄의 (B1+C1)을 선택하고 F9를 누르면 나타나는 현상에 대한 설명으로 옳은 것은?

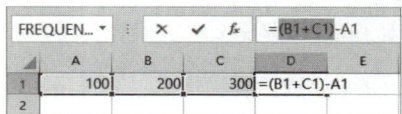

① 선택된 수식이 계산되어 500이 표시된다.
② 선택된 해당 셀의 값이 표기되어 (200+300)이 표시된다.
③ 수식 입력 줄의 모든 수식이 계산되어 400이 표시된다.
④ 수식 입력 줄의 셀의 값이 표기되어 (200+300)-100이 표시된다.

22 다음 중 아래 워크시트에서 [A1:D1] 영역을 선택한 후 채우기 핸들을 이용하여 [D4] 셀까지 드래그했을 때 [A4] 셀, [B4] 셀, [C4] 셀, [D4] 셀의 값으로 옳은 것은?

	A	B	C	D
1	AAA-000	1989-06-03	Excel-A	1-A
2				
3				
4				

① DDD-003, 1992-06-03, Excel-D, 4-A
② DDD-000, 1989-09-03, Excel-A, 1-D
③ AAA-333, 1992-09-03, Excel-4, 4-A
④ AAA-003, 1989-06-06, Excel-A, 4-A

23 다음 수식의 결과값으로 옳은 것은?

=ROUNDDOWN(165.657,2) - ABS(POWER(-2,3))

① 156.65   ② 157.65
③ 156.66   ④ 157.66

24 다음 중 데이터 통합에 대한 설명으로 옳지 않은 것은?

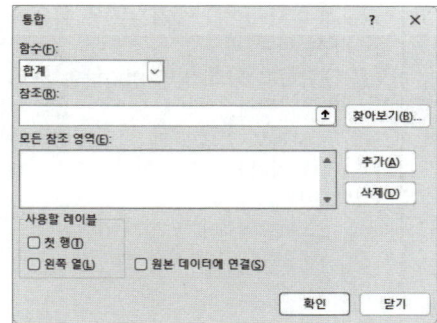

① 데이터 통합은 여러 셀 범위를 통합하여 합계, 평균, 최대값, 최소값, 표준 편차 등을 계산할 수 있는 기능이다.
② 서로 다른 통합 문서에 분산 입력된 데이터를 통합하기 위해서는 모든 통합 문서를 열어 놓고 실행해야 한다.
③ 참조 영역의 범위에 열 이름표와 행 이름표를 복사할 것인지를 설정하려면 '사용할 레이블'에서 옵션을 체크한다.
④ '원본 데이터에 연결' 옵션을 선택하면 원본 데이터의 변경이 통합된 데이터에 즉시 반영된다.

25 다음에서 설명하는 기능으로 옳은 것은?

- 선택한 셀의 모든 데이터가 열에 맞게 표시되도록 글꼴의 문자 크기를 줄임
- 열 너비를 변경하면 문자 크기가 자동으로 조정됨
- 적용된 글꼴 크기는 바뀌지 않음

① 자동 줄 바꿈
② 셀 병합
③ 텍스트 방향
④ 셀에 맞춤

26 다음 중 엑셀에서 날짜 데이터의 입력 방법에 대한 설명으로 옳지 않은 것은?

① 날짜 데이터는 하이픈(-)이나 슬래시(/)를 이용하여 년, 월, 일을 구분한다.
② 날짜의 연도를 생략하고 월과 일만 입력하면 자동으로 현재 연도가 추가된다.
③ 날짜의 연도를 두 자리로 입력할 때 연도가 30 이상이면 1900년대로 인식하고, 29 이하이면 2000년대로 인식한다.
④ Ctrl + Shift + ; 을 누르면 오늘 날짜가 입력된다.

27 다음 중 조건부 서식 설정을 위한 [새 서식 규칙] 대화상자의 '규칙 유형 선택' 항목에 해당하지 않는 것은?

① 임의의 날짜를 기준으로 셀의 서식 지정
② 셀 값을 기준으로 모든 셀의 서식 지정
③ 다음을 포함하는 셀만 서식 지정
④ 고유 또는 중복 값만 서식 지정

28 다음 중 [상태 표시줄 사용자 지정]에서 선택할 수 있는 자동 계산으로 옳은 것은?

① 특수 기호 셀 수 : 선택한 영역 중 특수 기호 데이터가 입력된 셀의 수
② 숫자 셀 수 : 선택한 영역 중 숫자 데이터가 입력된 셀의 수
③ 문자 셀 수 : 선택한 영역 중 문자 데이터가 입력된 셀의 수
④ 수식 셀 수 : 선택한 영역 중 수식 데이터가 입력된 셀의 수

29 다음 중 카메라 기능에 대한 설명으로 옳지 않은 것은?

① 카메라 기능은 특정한 셀 범위를 그림으로 복사하여 붙여넣는 기능이다.
② 카메라 기능을 이용하여 셀 범위를 복사한 경우 그림으로 복사한 셀에 입력된 내용이 변경되면 그림에 표시되는 텍스트도 자동으로 변경된다.
③ 카메라 기능을 이용하여 복사된 그림은 일반 그림과 같이 취급하여 그림자 효과를 줄 수 있다.
④ 카메라 기능을 이용하려면 [삽입] 탭-[일러스트레이션] 그룹에서 [카메라] 버튼을 클릭하여 실행한다.

30 다음 중 수식의 결과가 나머지 셋과 다른 것은?

① =ABS(INT(-3/2))
② =MOD(-3,2)
③ =ROUNDUP(RAND(),0)
④ =FACT(1.9)

31 다음 중 데이터를 분석하기 위한 부분합에 대한 설명으로 옳지 않은 것은?

① 부분합은 SUBTOTAL 함수를 사용하여 합계나 평균 등의 요약 함수를 계산한다.
② 첫 행에는 열 이름표가 있어야 하며 부분합을 구하려는 항목을 기준으로 정렬한다.
③ 부분합을 제거하면 부분합과 함께 표에 삽입된 개요 및 페이지 나누기도 제거된다.
④ 같은 열에 있는 자료에 대하여 여러 개의 함수를 중복하여 사용할 수 없다.

32 다음 중 시나리오에 대한 설명으로 옳지 않은 것은?

① 시나리오는 별도의 파일로 저장하고 자동으로 바꿀 수 있는 값의 집합이다.
② 시나리오를 사용하여 워크시트 모델의 결과를 예측할 수 있다.
③ 여러 시나리오를 비교하기 위해 시나리오를 한 페이지의 피벗 테이블로 요약할 수 있다.
④ 시나리오 피벗 테이블 보고서에는 결과 셀이 반드시 있어야 한다.

33 다음 중 데이터를 정렬할 때 정렬 옵션으로 설정할 수 있는 사항이 아닌 것은?

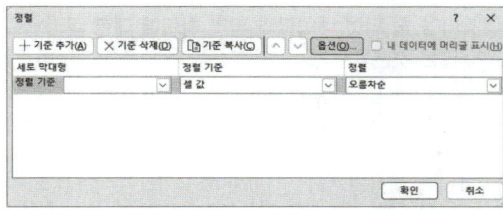

① 문자/숫자 우선순위
② 대/소문자 구분 여부
③ 정렬 방향 : 위쪽에서 아래쪽
④ 정렬 방향 : 왼쪽에서 오른쪽

34 다음 중 괄호( ) 안에 해당하는 바로 가기 키로 옳은 것은?

> 통합 문서 내에서 (ㄱ)키는 다음 워크시트로 이동, (ㄴ)키는 이전 워크시트로 이동할 때 사용된다.

① (ㄱ) [Home], (ㄴ) [Ctrl]+[Home]
② (ㄱ) [Ctrl]+[Page Down], (ㄴ) [Ctrl]+[Page Up]
③ (ㄱ) [Ctrl]+[←], (ㄴ) [Ctrl]+[→]
④ (ㄱ) [Shift]+[↑], (ㄴ) [Shift]+[↓]

35 다음 중 아래의 예처럼 천 단위 데이터를 빠르게 입력하기 위해 [Excel 옵션]-[고급]에서 설정해야 하는 작업으로 옳은 것은?

> 예) 1을 입력하면 1000, 2를 입력하면 2000, 3을 입력하면 3000, 11을 입력하면 11000, 22를 입력하면 22000으로 표시된다.

① 자동 % 입력 사용
② 소수점 자동 삽입
③ 셀에서 직접 편집
④ 셀 내용을 자동 완성

36 다음 중 엑셀에서 특수 문자나 한자를 입력하는 경우 그에 대한 설명으로 틀린 것은?

① 특수 문자는 한글 자음 중 하나를 입력한 후 [한자]를 누르면 하단에 특수 문자 목록이 표시된다.
② 한글 자음 모두 하단에 표시되는 특수 문자가 동일하므로 아무 자음을 입력해도 된다.
③ "한"과 같이 한자의 음이 되는 글자를 한 글자 입력한 후 [한자]를 누르면 하단에 해당 글자에 대한 한자 목록이 표시된다.
④ "대한민국"을 입력한 후 바로 마우스로 블록을 설정하고 [한자]를 누르면 [한글/한자 변환] 대화상자가 나타나며 "大韓民國"을 선택하여 한 번에 변환시킬 수 있다.

37 아래 시트에서 주민등록번호의 여덟 번째 문자가 '1' 또는 '3'이면 '남', '2' 또는 '4'이면 '여'로 성별 정보를 알 수 있다. 다음 중 성별을 계산하기 위한 [D2] 셀의 수식으로 옳지 않은 것은? (단, [F2:F5] 영역은 숫자 데이터임)

	A	B	C	D	E	F	G
1	번호	성명	주민등록번호	성별		코드	성별
2	1	이경훈	940209-1******	남		1	남
3	2	서정연	920305-2******	여		2	여
4	3	이정재	971207-1******	남		3	남
5	4	이준호	990528-1******	남		4	여
6	5	김지수	001128-4******	여			

① =IF(OR(MID(C2, 8, 1)="2", MID(C2, 8, 1)="4"), "여", "남")
② =CHOOSE(VALUE(MID(C2, 8, 1)), "남", "여", "남", "여")
③ =VLOOKUP(VALUE(MID(C2, 8, 1)), $F$2:$G$5, 2, 0)
④ =IF(MOD(VALUE(MID(C2, 8, 1)), 2)=0, "남", "여")

38 다음 중 아래 차트에 대한 설명으로 옳지 않은 것은?

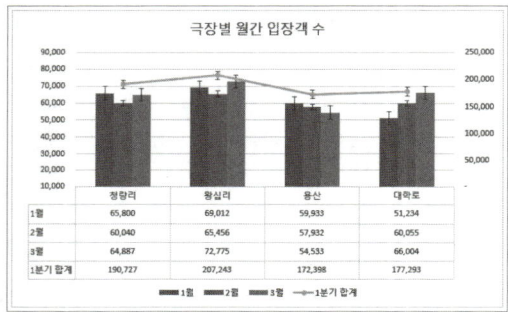

① 계열 옵션에서 '간격 너비'가 0%로 설정되어 있다.
② 범례 표지 없이 데이터 테이블이 표시되어 있다.
③ '1월', '2월', '3월' 계열에 오차 막대가 표시되어 있다.
④ '1분기 합계' 계열은 '보조 축'으로 지정되어 있다.

39 다음 중 서식 코드를 셀의 사용자 지정 표시 형식으로 설정한 경우 입력 데이터와 표시 결과가 옳지 않은 것은?

	서식 코드	입력 데이터	표시
ⓐ	# ???/???	3.75	3 3/4
ⓑ	0,00#,	-6789	-0,007
ⓒ	*-#,##0	6789	*----6789
ⓓ	▲#;▼#;0	-6789	▼6789

① ⓐ
② ⓑ
③ ⓒ
④ ⓓ

40 다음 중 피벗 테이블과 피벗 차트에 대한 설명으로 옳지 않은 것은?

① 새 워크시트에 피벗 테이블을 생성하면 보고서 필터의 위치는 [A1] 셀, 행 레이블은 [A3] 셀에서 시작한다.
② 피벗 테이블과 연결된 피벗 차트가 있는 경우 피벗 테이블에서 [피벗 테이블 분석]의 [모두 지우기] 명령을 사용하면 피벗 테이블과 피벗 차트의 필드, 서식 및 필터가 제거된다.
③ 하위 데이터 집합에도 필터와 정렬을 적용하여 원하는 정보만 강조할 수 있으나 조건부 서식은 적용되지 않는다.
④ [피벗 테이블 옵션] 대화상자에서 오류값을 빈 셀로 표시하거나 빈 셀에 원하는 값을 지정하여 표시할 수도 있다.

과목 03 데이터베이스 일반

41 다음 중 주어진 [학생] 테이블을 참조하여 아래의 SQL문을 실행한 결과로 옳은 것은?

```
SELECT AVG(나이) FROM 학생
WHERE 전공 NOT IN ('수학', '회계');
```

[학생] 테이블

학번	전공	학년	나이
100	국사	4	21
150	회계	2	19
200	수학	3	30
250	국사	3	31
300	회계	4	25
350	수학	2	19
400	국사	1	23

① 25　② 23
③ 21　④ 19

42 다음 중 Access 파일에 암호를 설정하는 방법으로 옳은 것은?

① [데이터베이스 압축 및 복구] 도구에서 파일 암호를 설정할 수 있다.
② 데이터베이스를 단독 사용 모드(단독으로 열기)로 열어야 파일 암호를 설정할 수 있다.
③ 데이터베이스를 MDE 형식으로 저장한 후 파일을 열어야 파일 암호를 설정할 수 있다.
④ [Access 옵션] 창의 보안 센터에서 파일 암호를 설정할 수 있다.

43 다음 중 테이블에서의 필드 이름 지정 규칙에 대한 설명으로 옳은 것은?

① 필드 이름의 첫 글자는 숫자로 시작할 수 없다.
② 테이블 이름과 동일한 이름을 필드 이름으로 지정할 수 없다.
③ 한 테이블 내에 동일한 이름의 필드를 2개 이상 지정할 수 없다.
④ 필드 이름에 문자, 숫자, 공백, 특수 문자를 조합한 모든 기호를 포함할 수 있다.

44 다음 중 테이블 간의 관계 설정에서 일 대 일 관계가 성립하는 것은?

① 양쪽 테이블의 연결 필드가 모두 중복 불가능한 인덱스나 기본키로 설정되어 있는 경우
② 어느 한쪽의 테이블의 연결 필드가 중복 불가능의 인덱스나 기본키로 설정되어 있는 경우
③ 오른쪽 관련 테이블의 연결 필드가 중복 가능한 인덱스나 후보키로 설정되어 있는 경우
④ 양쪽 테이블의 연결 필드가 모두 중복 가능한 인덱스나 후보키로 설정되어 있는 경우

45 다음 중 읽기 전용 폼을 만들기 위한 폼과 컨트롤의 속성 설정이 옳지 않은 것은?

① [편집 가능] 속성을 '아니오'로 설정한다.
② [삭제 가능] 속성을 '아니오'로 설정한다.
③ [잠금] 속성을 '아니오'로 설정한다.
④ [추가 가능] 속성을 '아니오'로 설정한다.

46 다음 중 보고서의 그룹화 및 정렬에 대한 설명으로 옳지 않은 것은?

① '그룹'은 머리글과 같은 소개 및 요약 정보와 함께 표시되는 레코드의 모음으로 그룹 머리글, 세부 레코드 및 그룹 바닥글로 구성된다.
② 그룹화할 필드가 날짜 데이터이면 전체 값(기본), 일, 주, 월, 분기, 연도 중 선택한 기준으로 그룹화할 수 있다.
③ Sum 함수를 사용하는 계산 컨트롤을 그룹 머리글에 추가하면 현재 그룹에 대한 합계를 표시할 수 있다.
④ 필드나 식을 기준으로 최대 5단계까지 그룹화할 수 있으며, 같은 필드나 식은 한 번씩만 그룹화할 수 있다.

47 다음 중 '영동1단지'에서 숫자로 된 단지 정보 '1'을 추출하기 위한 함수로 옳은 것은?

① left("영동1단지", 3)
② right("영동1단지", 3)
③ mid("영동1단지", 3, 1)
④ instr("영동1단지", 3, 1)

48 [성적] 테이블에서 '수행' 필드와 '지필' 필드를 더한 후 합계라는 이름으로 표시하고자 한다. 다음 중 SQL문의 괄호 안에 들어갈 내용으로 옳은 것은?

SELECT 수행+지필 (   ) FROM 성적;

① NAME IS 합계
② ALIAS 합계
③ AS 합계
④ TO 합계

49 다음 중 서류 봉투에 초대장을 넣어 발송하려는 경우 우편물에 사용할 수신자의 주소를 프린트하기에 가장 적합한 보고서는?

① 업무 문서 양식 보고서
② 우편 엽서 보고서
③ 레이블 보고서
④ 크로스탭 보고서

50 다음 중 SQL문의 각 예약어에 대한 설명으로 옳지 않은 것은?

① SQL문에서 검색 결과가 중복되지 않게 표시하기 위해서 'DISTINCT'를 입력한다.
② ORDER BY문을 사용할 때에는 HAVING절을 사용하여 조건을 지정한다.
③ FROM절에는 SELECT문에 나열된 필드를 포함하는 테이블이나 쿼리를 지정한다.
④ 특정 필드를 기준으로 그룹화하여 검색할 때에는 GROUP BY문을 사용한다.

51 다음 중 테이블의 필드 속성에서 인덱스를 지정할 수 없는 데이터 형식은?

① 짧은 텍스트
② OLE 개체
③ Yes/No
④ 숫자

52 다음 중 키의 개념에 대한 설명으로 옳지 않은 것은?

① 후보키(Candidate Key)는 유일성과 최소성을 만족한다.
② 슈퍼키(Super Key)는 유일성은 가지지만 최소성을 가지지 않는 키이다.
③ 기본키(Primary Key)로 지정된 속성은 모든 튜플에 대해 널(Null) 값을 가질 수 없다.
④ 외래키(Foreign Key)는 후보키 중에서 기본키로 정의되지 않은 나머지 후보키들을 말한다.

53 아래와 같이 조회할 고객의 최소 나이를 입력받아 검색하는 매개 변수 쿼리를 작성하려고 한다. 다음 중 '나이' 필드의 조건식으로 옳은 것은?

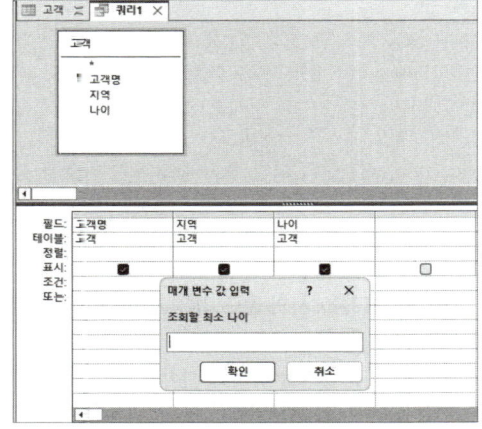

① >={조회할 최소 나이}
② >="조회할 최소 나이"
③ >=[조회할 최소 나이]
④ >=(조회할 최소 나이)

54 다음 두 개의 테이블 사이에서 외래키(Foreign Key)는 무엇인가? (단, 밑줄은 각 테이블의 기본키를 표시함)

| 직원(<u>사번</u>, 성명, 부서명, 주소, 전화, 이메일) |
| 부서(<u>부서명</u>, 팀장, 팀원수) |

① 직원 테이블의 사번
② 부서 테이블의 팀원수
③ 직원 테이블의 부서명
④ 부서 테이블의 팀장

55 다음 중 테이블에서 입력 마스크를 "LA09?"로 설정한 경우 입력할 수 없는 값은?

① AA111
② A11
③ AA11
④ A111A

56 폼의 머리글에 아래와 같은 도메인 함수 계산식을 사용하는 컨트롤을 삽입하였다. 다음 중 계산 결과값에 대한 설명으로 옳은 것은?

= DLOOKUP("성명", "사원", "[사원번호] = 1")

① 성명 테이블에서 사원 번호가 1인 데이터의 성명 필드에 저장되어 있는 값
② 성명 테이블에서 사원 번호가 1인 데이터의 사원 필드에 저장되어 있는 값
③ 사원 테이블에서 사원 번호가 1인 데이터의 성명 필드에 저장되어 있는 값
④ 사원 테이블에서 사원 번호가 1인 데이터의 사원 필드에 저장되어 있는 값

57 다음 중 외부 데이터 가져오기 기능을 이용하여 액세스로 가져올 수 없는 데이터 형식은?

① Excel
② HTML
③ HWP 파일
④ 텍스트 파일

58 다음 중 선택 쿼리에서 사용자가 지정한 패턴과 일치하는 데이터를 찾고자 할 때 사용되는 연산자는?

① Match
② Some
③ Like
④ Any

59 다음 중 개체 관계 모델(Entity Relationship Model)에 관한 설명으로 옳지 않은 것은?

① 개념적 설계에 가장 많이 사용되는 모델로 개체 관계도(ERD)가 가장 대표적이다.
② 개체집합과 관계집합으로 나누어서 개념적으로 표시하는 방식으로 특정 데이터베이스 관리 시스템(DBMS)을 고려한 것은 아니다.
③ 데이터를 개체(Entity), 관계(Relationship), 속성(Attribute)과 같은 개념으로 표시한다.
④ 개체(Entity)는 가상의 객체나 개념을 의미하고, 속성(Attribute)은 개체를 묘사하는 데 사용될 수 있는 특성을 의미한다.

60 다음 중 보고서에서 순번 항목과 같이 그룹 내의 데이터에 대한 일련번호를 표시하기 위해 텍스트 상자 컨트롤의 속성을 설정하는 방법으로 옳은 것은?

① 텍스트 상자의 컨트롤 원본을 '=1'로 지정하고, 누적 합계 속성을 '그룹'으로 지정한다.
② 텍스트 상자의 컨트롤 원본을 '+1'로 지정하고, 누적 합계 속성을 '그룹'으로 지정한다.
③ 텍스트 상자의 컨트롤 원본을 '+1'로 지정하고, 누적 합계 속성을 '모두'로 지정한다.
④ 텍스트 상자의 컨트롤 원본을 '=1'로 지정하고, 누적 합계 속성을 '모두'로 지정한다.

빠르게 정답 확인하기!

스마트폰으로 QR 코드를 스캔해 보세요.
정답표를 통해 편리하게 채점할 수 있습니다.

2024년 상시 기출문제 04회

- 제한시간 : 60분
- 소요시간 :   시간   분
- 전체 문항 수 : 60문항
- 맞힌 문항 수 :   문항

과목 01 컴퓨터 일반

01 다음 내용이 설명하는 운영체제의 운영 방식으로 옳은 것은?

> 지역적으로 여러 개의 컴퓨터를 연결해서 작업을 분담 처리하는 시스템으로 컴퓨터의 부담을 줄이며 일부의 시스템 고장 시에도 운영이 가능한 방식이다.

① 분산 처리 시스템
② 시분할 시스템
③ 다중 처리 시스템
④ 다중 프로그래밍 시스템

02 다음 중 한글 Windows 10에서 파일이나 폴더 또는 프린터의 공유 기능에 관한 설명으로 옳지 않은 것은?

① 공유된 폴더의 아이콘에는 손 모양의 그림이 추가로 표시된다.
② 공유된 폴더에 대한 공유 이름을 부여할 수 있다.
③ 프린터는 네트워크 프린터의 경우에만 공유를 설정할 수 있다.
④ 네트워크 설정 마법사를 사용하여 자동으로 파일 및 프린터를 공유하거나 공유하지 않을 수 있다.

03 다음 중 호스트나 라우터의 오류 상태 통지 및 예상치 못한 상황에 대한 정보를 제공할 수 있게 하는 인터넷 프로토콜로 옳은 것은?

① ICMP
② ARP
③ RARP
④ IP

04 다음 중 데이터 분산 처리 기술을 이용한 '공공 거래 장부'로 비트코인, 이더리움 같은 가상 암호 화폐가 탄생한 기반 기술이며 거래할 때 발생할 수 있는 불법적인 해킹을 막는 기술로 옳은 것은?

① 핀테크(FinTech)
② 블록체인(Block Chain)
③ 전자봉투(Digital Envelope)
④ 암호화 파일 시스템(Encrypting File System)

05 다음 중 프로그램 카운터(PC)의 기능에 대한 설명으로 옳은 것은?

① 수행해야 할 명령어를 해석하여 부호기로 전달하는 회로이다.
② 다음에 수행할 명령어의 번지(주소)를 기억하는 레지스터이다.
③ 현재 수행 중인 명령어를 기억하는 레지스터이다.
④ 중간 연산 결과를 일시적으로 기억하는 레지스터이다.

06 다음 중 클럭 주파수에 대한 설명으로 옳지 않은 것은?

① 컴퓨터는 전류가 흐르는 상태(ON)와 흐르지 않는 상태(OFF)가 반복되어 작동하는데, ON/OFF의 전류 흐름에 의해 CPU는 작동한다. 이 전류의 흐름을 클럭 주파수(Clock Frequency)라 하고, 줄여서 클럭(Clock)이라고 한다.
② 클럭의 단위는 MHz를 사용하는데 1MHz는 1,000,000Hz를 의미하며, 1Hz는 1초 동안 1,000번의 주기가 반복되는 것을 의미한다.
③ CPU가 기본적으로 클럭 주기에 따라 명령을 수행한다고 할 때, 이 클럭 값이 높을수록 CPU는 빠르게 일을 하고 있는 것으로 볼 수 있다.
④ 클럭 주파수를 높이기 위해 메인보드로 공급되는 클럭을 CPU 내부에서 두 배로 증가시켜 사용하는 클럭 더블링(Clock Doubling)이란 기술이 486 이후부터 사용되었다.

07 다음 중 컴퓨터에서 사용하는 모니터에 관한 설명으로 옳지 않은 것은?

① 모니터 해상도는 픽셀(Pixel) 수에 따라 결정된다.
② 모니터 크기는 화면의 가로와 세로 길이를 더한 값이다.
③ 재생률(Refresh Rate)이 높을수록 모니터의 깜박임이 줄어든다.
④ 플리커프리(Flicker Free)가 적용된 모니터의 경우 눈의 피로를 줄일 수 있다.

08 다음 중 컴퓨터에서 사용하는 캐시 메모리에 관한 설명으로 옳은 것은?

① 중앙 처리 장치와 주기억 장치 사이에 위치하여 컴퓨터의 처리 속도를 향상시킨다.
② 주로 DRAM이 캐시 메모리로 사용된다.
③ 보조 기억 장치의 일부를 주기억 장치처럼 사용하는 메모리이다.
④ 주기억 장치의 용량보다 큰 프로그램을 로딩하여 실행할 경우에 사용된다.

09 다음 중 인터넷 주소 체계에서 IPv6에 대한 설명으로 옳지 않은 것은?

① 16비트씩 8부분으로 구성되며 총 128비트이다.
② IPv4의 주소 부족 문제를 해결하기 위해서 개발되었다.
③ 16진수의 숫자를 콜론(:)으로 구분하여 표시한다.
④ 웹 캐스팅이나 모바일 IP로 사용이 어렵다.

10 다음 중 한글 Windows의 실행 창에서 실행되는 프로그램으로 옳게 짝지어진 것은?

① explorer : 엣지
② msconfig : 시스템 구성 유틸리티
③ taskmgr : 시스템 정보
④ msinfo32 : 작업 관리자

11 다음 중 하드웨어나 소프트웨어를 비교, 검사하여 성능을 평가하기 위해 실제로 사용되는 조건과 같은 환경에서 처리 능력을 테스트하는 것은?

① 베타 버전 ② 알파 버전
③ 벤치마크 ④ 번들

12 다음 중 데이터 보안 침해 형태 중 위협 보안 요건으로 옳은 것은?

① 가로막기(Interruption) : 정보의 기밀성(Secrecy) 저해
② 가로채기(Interception) : 정보의 무결성(Integrity) 저해
③ 변조/수정(Modification) : 정보의 무결성(Integrity) 저해
④ 위조(Fabrication) : 정보의 가용성(Availability) 저해

13 다음 중 입력 장치에 대한 설명으로 옳은 것은?

① MICR : 자성 재료의 미립자를 함유한 특수 잉크로 기록된 숫자나 기호를 감지하여 판독하는 장치로, 수표나 어음 등에 이용한다.
② OMR : 문서에 인자된 문자를 광학적으로 판독하는 장치로, 공공요금 청구서 등에 이용된다.
③ OCR : 카드나 용지의 특정 장소에 연필이나 펜 등으로 표시한 것을 직접 광학적으로 판독하는 장치로, 시험 답안용, 설문지용으로 이용된다.
④ BCR : 백화점, 쇼핑 센터 등의 공공장소에 설치된 무인 자동화 정보 안내 시스템으로 터치 스크린 방식을 이용한다.

14 다음 중 방화벽(Firewall)에 대한 설명으로 옳지 않은 것은?

① 권한이 없는 사용자가 네트워크를 통해 컴퓨터에 액세스하는 것을 방지한다.
② 해킹에 의한 외부로의 정보 유출을 막기 위해 사용한다.
③ 특정 프로그램에 대하여 연결 차단을 해제하기 위해 예외를 둘 수 있다.
④ 방화벽은 외부로부터의 불법적인 침입을 차단하고 내부의 해킹을 완전하게 막을 수 있다.

15 다음 중 멀티미디어 자료를 인터넷에서 실시간으로 전송받으면서 보거나 들을 수 있는 방식이 아닌 것은?

① 스트림웍스(Streamworks)
② 리얼 오디오(Real Audio)
③ 비디오 라이브(VDO Live)
④ 드림위버(Dreamweaver)

16 다음 중 컴퓨터 프로그래밍 언어와 관련하여 객체 지향 언어의 특징으로 옳지 않은 것은?

① 은닉화(Encapsulation)
② 구조화(Structured)
③ 상속(Inheritance)
④ 자료 추상화(Data Abstraction)

17 다음 중 CD, HDTV 등에서 동영상을 표현하기 위한 국제 표준 압축 방식은?

① MPEG   ② JPEG
③ GIF   ④ PNG

18 다음 중 컴퓨터에서 사용하는 자료의 표현에 관한 설명으로 옳지 않은 것은?

① 보수는 컴퓨터에서 기본적으로 사용하는 덧셈 연산을 이용하여 뺄셈을 수행하기 위하여 사용한다.
② 실수 데이터는 정해진 크기에 부호, 지수부, 가수부 등으로 구분하여 표현한다.
③ 2진 정수 데이터는 실수 데이터보다 표현할 수 있는 범위가 크기 때문에 연산 속도가 빠르다.
④ 10진 연산을 위하여 언팩(Unpack)과 팩(Pack) 표현이 사용된다.

19 다음 중 터치 스크린(Touch Screen)의 작동 방식으로 옳지 않은 것은?

① 저항식
② 정전식
③ 광학식
④ 래스터 방식

20 다음 중 한글 Windows 10의 레지스트리(Registry)에 대한 설명으로 가장 옳지 않은 것은?

① Windows에서 사용하는 환경 설정 및 각종 시스템과 관련된 정보가 저장되어 있는 데이터베이스이다.
② 레지스트리에 이상이 있을 경우 Windows 운영체제에 치명적인 손상이 생길 수 있다.
③ 레지스트리 파일은 Windows의 부팅 관련 파일과 시스템 관련 프로그램의 설정 파일로 구성되어 있다.
④ [실행]에서 "regedit" 명령으로 레지스트리 편집기를 실행할 수 있다.

과목 02 스프레드시트 일반

21 다음 중 근무시간의 합계를 구하기 위해 [C7] 셀에 적용해야 할 사용자 지정 셀 서식으로 올바른 것은?

	A	B	C
1	사원명	날짜	근무시간
2	김선	2024-07-01	10:00
3		2024-07-02	10:00
4		2024-07-03	12:00
5		2024-07-04	8:00
6		2024-07-05	2:00
7	합계		42:00

① h:mm　　② [h]:mm
③ hh:mm　　④ h:mm;@

22 다음 중 시나리오에 대한 설명으로 옳지 않은 것은?

① 시나리오 관리자에서 시나리오를 삭제하면 시나리오 요약 보고서의 해당 시나리오도 자동으로 삭제된다.
② 특정 셀의 변경에 따라 연결된 결과 셀의 값이 자동으로 변경되어 결과값을 예측할 수 있다.
③ 여러 시나리오를 비교하기 위해 시나리오를 피벗 테이블로 요약할 수 있다.
④ 변경 셀과 결과 셀에 이름을 지정한 후 시나리오 요약 보고서를 작성하면 결과에 셀 주소 대신 지정한 이름이 표시된다.

23 다음 중 윗주 기능에 대한 설명으로 옳지 않은 것은?

① 워크시트에 여러 개의 윗주가 있는 경우 임의의 윗주가 있는 셀에서 [윗주 필드 표시]를 설정하면 모든 윗주가 표시된다.
② 윗주는 [윗주 설정]에서 글꼴, 글꼴 스타일, 크기, 색을 변경할 수 있다.
③ 윗주는 셀에 입력된 문자열 데이터에 대한 뜻을 쉽게 표현하는 주석 기능을 한다.
④ 윗주가 있는 셀의 데이터를 삭제하면 윗주도 함께 삭제된다.

24 다음 중 수식의 결과가 옳지 않은 것은?

① =ROUNDDOWN(89.6369,2) → 89.63
② =SQRT(9)*(INT(-2)+POWER(2,2)) → 6
③ =SUMPRODUCT({1,2,3},{4,5,6}) → 126
④ =DAYS("2024-1-1","2024-12-31") → -365

25 다음은 매크로를 Visual Basic Editor로 본 것이다. 이 매크로에 대한 설명으로 옳지 않은 것은?

```
Selection.Font.Italic = True
With Selection
    .VerticalAlignment = xlCenter
    .WrapText = False
    .Orientation = 0
    .AddIndent = True
    .IndentLevel = 2
    .ShrinkToFit = False
    .MergeCells = True
End With
With Selection.Font
    .Name = "돋움"
    .Size = 14
    .Strikethrough = False
    .Superscript = False
    .Subscript = False
    .Outline = False
    .Shadow = False
    .Underline = xlUnderlineStyleNone
    .ColorIndex = xlAutomatic
End With
```

① 여러 개의 셀을 선택하고 매크로를 실행하면 선택된 셀들이 하나로 병합된다.
② 글꼴 스타일은 기울임꼴로 설정된다.
③ 매크로 실행 후 셀의 가로 텍스트 맞춤은 가운데로 정렬된다.
④ 글꼴 크기는 14로 설정된다.

26 다음 중 원형 차트에 대한 설명으로 옳은 것은?

① 원형 대 꺾은선형 차트 형식을 지원한다.
② 원형 차트는 쪼개진 원형으로 표시할 수 있다.
③ 원형 차트는 데이터 테이블을 표시할 수 있다.
④ 원형 차트는 하나의 축으로 표시할 수 있다.

27 다음 중 '#VALUE!' 오류가 발생하는 원인으로 옳은 것은?

① 0으로 나누기 연산을 시도한 경우
② 셀 참조를 잘못 사용한 경우
③ 찾기 함수에서 결과값을 찾지 못한 경우
④ 수식에서 잘못된 인수나 피연산자를 사용한 경우

28 다음 중 아래 워크시트처럼 [B2:B4] 영역의 전자우편 주소에서 '@' 앞의 아이디(ID)를 추출하여 대문자로 표시하고자 할 때 [C2] 셀에 입력할 수식으로 옳은 것은?

	A	B	C
1	성명	전자우편	아이디(ID)
2	김선	sun@naver.com	SUN
3	이대한	daehan@youngjin.com	DAEHAN
4	한상공	sanggong@youngjin.com	SANGGONG

① =UPPER(LEFT(B2,SEARCH(B2,"@")-1))
② =UPPER(MID(B2,SEARCH(B2,"@")-1))
③ =UPPER(LEFT(B2,SEARCH("@",B2)-1))
④ =UPPER(MID(B2,SEARCH("@",B2)-1))

29 다음 중 부분합에 대한 설명으로 옳지 않은 것은?

① 항목 및 하위 항목별로 데이터를 요약하며, 사용자 지정 계산과 수식을 만들 수 있다.
② 첫 행에는 열 이름표가 있어야 하며, 데이터는 그룹화할 항목을 기준으로 정렬되어 있어야 한다.
③ 부분합은 SUBTOTAL 함수를 사용하여 합계나 평균 등의 요약 값을 계산한다.
④ 부분합을 제거하면 부분합과 함께 표에 삽입된 개요 및 페이지 나누기도 제거된다.

30 다음 중 두 개의 데이터 집합에서 최적의 조합을 찾고자 할 때 유용한 차트는?

① ②

③ ④

31 다음 중 [매크로 기록] 대화상자에서 설정할 수 있는 기능으로 옳지 않은 것은?

① 매크로 이름
② 바로 가기 키
③ 매크로 저장 위치
④ 매크로 보안

32 다음의 워크시트는 [데이터 표]를 이용하여 가중치에 따라 성적을 계산하는 것이다. [C4:C8] 셀에 데이터를 채우려고 할 때 아래 [데이터 테이블] 대화상자에서 입력되어야 할 값과 실행 결과 [C4:C8] 셀에 설정된 배열 수식이 모두 올바르게 짝지어진 것은? (단, [C3] 셀에는 수식 '=D2*A2'가 입력되어 있으며, [B3:C8] 셀을 지정한 후 [데이터 표] 메뉴를 실행한다.)

	A	B	C	D
1		가중치에 따른 성적 계산		
2			성적	90
3			0	
4		10%		
5		20%		
6	가중치	30%		
7		40%		
8		50%		

① 입력값 : [행 입력 셀] → $A$2,
　　설정값 → {=TABLE(A2,)}
② 입력값 : [열 입력 셀] → $A$2,
　　설정값 → {=TABLE(,A2)}
③ 입력값 : [행 입력 셀] → $D$2,
　　설정값 → {=TABLE(D2,)}
④ 입력값 : [행 입력 셀] → $A$2,
　　[열 입력 셀] → $A$2,
　　설정값 → {=TABLE(A2,A2)}

33 다음 시나리오 요약에 대한 설명으로 옳지 않은 것은?

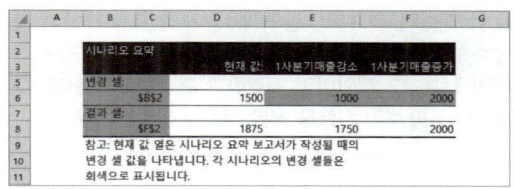

① [B2] 셀의 값이 변경될 때 변경되는 [F2] 셀의 값을 예측할 수 있다.
② 하나의 시나리오에 최대 64개까지 변경 셀을 지정할 수 있다.
③ [F2] 셀은 계산식이어야 하고, 변경되는 [B2] 셀은 반드시 계산식에 포함되어 있어야 한다.
④ 시나리오 보고서는 자동으로 다시 계산되지 않는다. 시나리오의 값을 변경하는 경우 이러한 변경 내용은 기존 요약 보고서에 표시되지 않지만 새 요약 보고서를 만들면 표시된다.

34 다음과 같이 통합 문서 보호를 설정했을 때 이에 대한 설명으로 옳지 않은 것은?

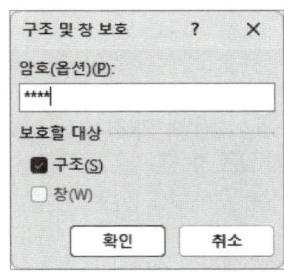

① 시트의 삽입이나 삭제 작업을 할 수 없다.
② 시트의 이동이나 복사 작업을 할 수 없다.
③ 코드 보기와 시트 보호 작업을 할 수 없다.
④ 모든 시트 선택 작업을 할 수 있다.

35 다음 중 페이지 레이아웃 및 인쇄 관련 설정에 대한 설명으로 옳지 않은 것은?

① [인쇄 미리 보기] 상태에서는 마우스를 이용하여 페이지 여백을 조정할 수 있다.
② [페이지 설정] 대화상자의 [페이지] 탭에서 확대/축소 배율을 지정할 수 있다.
③ [보기] 탭-[통합 문서 보기] 그룹의 '페이지 나누기 미리 보기'를 클릭하면 머리글 및 바닥글을 쉽게 삽입할 수 있다.
④ '페이지 나누기 삽입'은 새 페이지가 시작되는 위치를 지정하는 것으로 선택 영역의 위쪽과 왼쪽에 페이지 나누기가 삽입된다.

36 다음 중 셀에 입력한 자료를 숨기고자 할 때의 사용자 지정 표시 형식으로 옳은 것은?

① 000　　　　② ;;;
③ @@@　　　④ ### 00

37 아래 시트에서 '김지현'의 근속년수를 2024년을 기준으로 구하고자 한다. 다음 중 [B11] 셀에 입력할 수식으로 옳은 것은?

	A	B	C
1	성명	입사일	부서
2	김선	2000-01-01	상담부
3	차재영	2014-11-01	인사부
4	이규리	2010-05-05	상담부
5	김지현	2004-11-01	인사부
6	이대한	2017-07-07	홍보부
7	한상공	2021-03-15	인사부
8	지예원	2023-06-09	홍보부
9			
10	성명	김지현	
11	근속년수		

① =2024+YEAR(HLOOKUP(B10,$A$2:$B$8,2,0))
② =2024−YEAR(HLOOKUP(B10,$A$2:$B$8,2,0))
③ =2024+YEAR(VLOOKUP(B10,$A$2:$B$8,2,0))
④ =2024−YEAR(VLOOKUP(B10,$A$2:$B$8,2,0))

38 다음 중 아래 시트에서 [D2] 셀에 수식 =SUM(B2:D2)를 입력할 경우 발생하는 오류에 대한 설명으로 옳은 것은?

	A	B	C	D
1	성명	근무평점	연수점수	합계
2	이대한	80	90	
3	한상공	88	99	

① [D1] 셀에 #DIV/0! 오류 표시
② [D1] 셀에 #REF! 오류 표시
③ [D1] 셀에 #NUM! 오류 표시
④ 순환 참조 경고 메시지 창 표시

39 다음 중 셀에 수식을 입력하는 방법에 대한 설명으로 옳지 않은 것은?

① 통합 문서의 여러 워크시트에 있는 동일한 셀 범위 데이터를 이용하려면 수식에서 3차원 참조를 사용한다.
② 계산할 셀 범위를 선택하여 수식을 입력한 후 Ctrl + Enter 를 누르면 선택한 영역에 수식을 한 번에 채울 수 있다.
③ 수식을 입력한 후 결과값이 상수로 입력되게 하려면 수식을 입력한 후 바로 Alt + F9 를 누른다.
④ 배열 상수에는 숫자나 텍스트 외에 'TRUE', 'FALSE' 등의 논리값 또는 '#N/A'와 같은 오류값도 포함될 수 있다.

40 다음 중 피벗 테이블 보고서와 피벗 차트 보고서에 대한 설명으로 옳지 않은 것은?

① 피벗 테이블 보고서에서는 값 영역에 표시된 데이터 일부를 삭제하거나 추가할 수 없다.
② 피벗 차트 보고서를 만들 때마다 동일한 데이터로 관련된 피벗 테이블 보고서가 자동으로 생성된다.
③ 피벗 차트 보고서는 분산형, 주식형, 거품형 등 다양한 차트 종류로 변경할 수 있다.
④ 행 또는 열 레이블에서의 데이터 정렬은 수동(항목을 끌어 다시 정렬), 오름차순, 내림차순 중 선택할 수 있다.

과목 03 데이터베이스 일반

41 [매출 실적 관리] 폼의 'txt평가' 컨트롤에는 'txt매출수량' 컨트롤의 값이 1,000 이상이면 우수, 500 이상이면 보통, 그 미만이면 저조라고 표시하고자 한다. 다음 중 'txt평가'의 컨트롤 원본으로 옳지 않은 것은?

① =IIf([txt매출수량]<500,"저조",IIf(txt매출수량>=1000,"우수","보통"))
② =IIf([txt매출수량]<500,"저조",IIf(txt매출수량>=500,"보통","우수"))
③ =IIf([txt매출수량]>=1000,"우수",IIf([txt매출수량]>=500,"보통","저조"))
④ =IIf([txt매출수량]>=500,IIf([txt매출수량]<1000,"보통","우수"),"저조")

42 다음 중 SQL문에 대한 설명으로 옳지 않은 것은?

① Select 질의 시 정렬 순서의 기본 값은 오름차순이다.
② 여러 줄에 나누어 입력할 수 있다.
③ 문장 끝에는 콜론(:)을 붙인다.
④ 비절차적 언어로 프로그램에 처리 방법을 기술하지 않아도 된다.

43 다음 중 기본키(Primary Key)와 외래키(Foreign Key)에 관한 설명으로 옳지 않은 것은?

① 기본키와 외래키는 동일한 테이블에 동시에 존재할 수 없다.
② 참조무결성이 유지되기 위해서는 외래키 필드의 값은 참조하는 필드 값들 중 하나와 일치하거나 널(Null)이어야 한다.
③ 기본키를 이루는 필드의 값은 Null이 될 수 없다.
④ 기본키는 개체 무결성의 제약 조건을, 외래키는 참조 무결성의 제약 조건을 가진다.

44 다음 중 아래의 SQL문에 대한 설명으로 옳지 않은 것은?

```
SELECT 사원명, 나이, 급여
FROM 사원
WHERE 부서='상담부' OR 부서='홍보부'
ORDER BY 나이 DESC;
```

① ORDER BY절의 DESC는 내림차순으로 정렬하라는 것이다.
② [사원] 테이블에서 부서가 상담부이거나 홍보부인 사원의 사원명, 나이, 급여를 검색한 후 나이를 기준으로 내림차순 정렬된 결과를 조회한다.
③ WHERE절은 WHERE 부서 IN ('상담부', '홍보부')와 같이 지정해도 동일한 결과를 조회한다.
④ [사원] 테이블에서 상담부와 홍보부를 제외한 사원의 사원명, 나이, 급여를 검색한 후 나이를 기준으로 오름차순 정렬된 결과를 조회한다.

45 다음 중 [페이지 설정] 대화상자에서 설정할 수 있는 기능으로 옳지 않은 것은?

① 머리글/바닥글
② 용지 방향
③ 인쇄 여백
④ 프린터 선택

46 다음 중 E-R 다이어그램 표기법의 기호와 의미가 바르게 연결된 것은?

① 사각형 - 속성(Attribute) 타입
② 마름모 - 관계(Relationship) 타입
③ 타원 - 개체(Entity) 타입
④ 밑줄 타원 - 의존 개체 타입

47 다음 중 입력 마스크 설정에 사용하는 사용자 정의 입력 마스크 기호에 대한 설명으로 옳은 것은?

① L : 영문자와 한글만 입력받도록 설정
② 9 : 소문자로 변환
③ > : 숫자나 공백을 입력받도록 설정
④ < : 영문 대문자로 변환하여 입력받도록 설정

48 다음 중 데이터를 입력 또는 삭제 시 이상(Anomaly) 현상이 일어나지 않도록 데이터베이스를 설계하기 위한 기술을 의미하는 용어는?

① 정규화　　② 자동화
③ 순서화　　④ 추상화

49 다음과 같은 보고서를 작성하기 위해서 가장 적절한 정렬 및 그룹화 기준은?

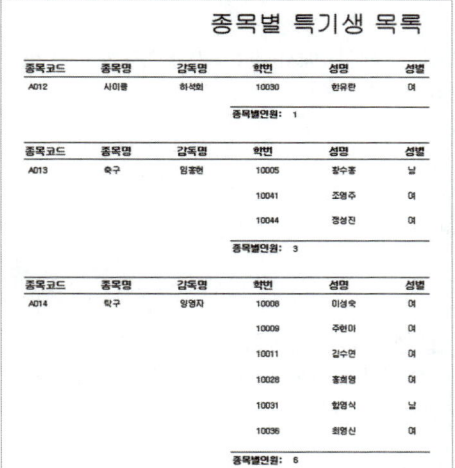

① 종목코드와 성명을 기준으로 오름차순으로 정렬하고 종목코드를 기준으로 그룹화한다.
② 성명과 종목코드를 기준으로 오름차순으로 정렬하고 성명을 기준으로 그룹화한다.
③ 종목명과 학번을 기준으로 오름차순으로 정렬하고 학번을 기준으로 그룹화한다.
④ 종목명과 학번을 기준으로 오름차순으로 정렬하고 종목명을 기준으로 그룹화한다.

50 다음 중 필드의 각 데이터 형식에 대한 설명으로 옳지 않은 것은?

① 날짜/시간 형식의 기본 필드 크기는 8바이트이다.
② 일련번호 형식은 1비트로 새 레코드를 만들 때 1부터 시작하는 실수가 자동 입력된다.
③ Yes/No 형식은 Yes/No, True/False, On/Off 등과 같이 두 값 중 하나만 입력하는 경우에 사용하는 것으로 기본 필드 크기는 1비트이다.
④ 짧은 텍스트 형식은 최대 255자까지 저장된다.

51 다음 중 테이블에서 내보내기가 가능한 파일 형식으로 옳지 않은 것은?

① Excel
② 텍스트 파일
③ XML
④ Outlook

52 다음 중 하위 폼에서 새로운 레코드를 추가하려고 한다. 이때 설정해야 하는 폼의 속성으로 옳은 것은?

① '추가 가능'을 예로 설정한다.
② '필터 사용'을 예로 설정한다.
③ '편집 가능'을 예로 설정한다.
④ '삭제 가능'을 예로 설정한다.

53 다음 중 폼의 모달 속성에 관한 설명으로 옳지 않은 것은?

① 폼이 열려 있는 경우 다른 화면을 선택할 수 있다.
② VBA 코드를 이용하여 대화상자의 모달 속성을 지정할 수 있다.
③ 폼이 모달 대화상자이면 디자인 보기로 전환 후 데이터 시트 보기로 전환이 가능하다.
④ 사용자 지정 대화상자의 작성이 가능하다.

54 다음 중 테이블에 잘못된 데이터가 입력되어 이후 문제가 발생하는 경우를 해결하기 위한 방안으로, 점검을 필요로 하는 필드에 요구 사항이나 조건 또는 입력이 가능한 데이터 등을 미리 지정한 후 데이터 입력 시 이를 점검하도록 하는 기능은 어느 것인가?

① 기본 값
② 필수 여부
③ 빈문자열 허용
④ 유효성 검사 규칙

55 다음 중 보고서 작성 시 사용되는 마법사 중 아래의 출력물처럼 작성하기에 가장 적합한 것은?

동대문구 왕산로 100 상공주식회사	서울시 강동구 길동 2757호 길동전자
강남구 일원동 123호 부자상사	강남구 강남대로 89-63 선킴(주)

① 보고서 마법사
② 레이블 마법사
③ 업무 문서 양식 마법사
④ 우편 엽서 마법사

56 다음 중 데이터베이스를 이용하는 경우의 장점으로 가장 옳은 것은?

① 데이터 간의 종속성을 유지할 수 있다.
② 데이터 관리 비용을 절감할 수 있다.
③ 데이터의 일관성 및 무결성을 유지할 수 있다.
④ 데이터를 중복적으로 관리하므로 시스템에 문제가 발생하더라도 복구가 쉽다.

57 다음 중 제공된 항목에서만 값을 선택할 수 있으며 직접 입력할 수는 없는 컨트롤은?

① 텍스트 상자
② 레이블
③ 콤보 상자
④ 목록 상자

58 다음 중 컴퓨터 시스템의 저장 장치에 저장하기 위한 구조와 접근 방법 및 경로 등을 설계하는 단계는?
① 요구 조건 분석 단계
② 개념적 설계
③ 논리적 설계
④ 물리적 설계

59 아래 내용 중 하위 폼에 대한 설명으로 옳게 짝지어진 것은?

> ⓐ 하위 폼에는 기본 폼의 현재 레코드와 관련된 레코드만 표시된다.
> ⓑ 하위 폼은 단일 폼으로 표시되며 연속 폼으로는 표시될 수 없다.
> ⓒ 기본 폼과 하위 폼을 연결할 필드의 데이터 형식은 같거나 호환되어야 한다.
> ⓓ 여러 개의 연결 필드를 지정하려면 콜론(:)으로 필드명을 구분하여 입력한다.

① ⓐ, ⓑ, ⓒ
② ⓐ, ⓒ
③ ⓑ, ⓒ, ⓓ
④ ⓑ, ⓓ

60 다음 중 데이터베이스에서 인덱스를 사용하는 목적으로 가장 적절한 것은?
① 레코드 검색 속도 향상
② 데이터 독립성 유지
③ 중복성 제거
④ 일관성 유지

2024년 상시 기출문제 05회

- 제한시간 : 60분
- 소요시간 :   시간   분
- 전체 문항 수 : 60문항
- 맞힌 문항 수 :   문항

과목 01 컴퓨터 일반

01 다음 중 모바일 인터넷에 접속하여 각종 음악 파일이나 음원을 제공받는 주문형 음악 서비스로 스트리밍 기술 등을 이용하여 음악을 실시간으로도 들을 수 있는 것은?

① VOD
② VDT
③ PDA
④ MOD

02 다음 중 CPU와 GPU에 대한 설명으로 옳지 않은 것은?

① CPU는 중앙 처리 장치이고, GPU는 컴퓨터 그래픽을 처리하는 장치이다.
② GPU는 비메모리 분야 반도체로서 CPU보다 비싸다.
③ CPU는 병렬 처리 방식이고, GPU는 직렬 처리 방식이다.
④ GPU는 영상 편집이나 게임 등의 멀티미디어 작업에서부터 인공지능(AI)의 핵심 부품으로 각광을 받고 있다.

03 다음 중 인터넷을 이용할 때 자주 방문하게 되는 웹 사이트로 전자우편, 뉴스, 쇼핑, 게시판 등 다양한 서비스를 통합하여 제공하는 사이트는?

① 미러 사이트
② 포털 사이트
③ 커뮤니티 사이트
④ 멀티미디어 사이트

04 다음 중 인터넷 통신 장비인 게이트웨이(Gateway)의 기본적인 역할에 관한 설명으로 옳은 것은?

① 현재 위치한 네트워크에서 다른 네트워크로 연결할 때 사용된다.
② 인터넷 신호를 증폭하며 먼 거리로 정보를 전달할 때 사용된다.
③ 네트워크 계층의 연동장치로 경로 설정에 사용된다.
④ 문자로 된 도메인 이름을 숫자로 이루어진 실제 IP 주소로 변환하는 데 사용된다.

05 다음 중 한글 Windows 10에서 사용하는 바로 가기 키에 대한 설명으로 옳지 않은 것은?

① ⊞+P : 프레젠테이션 표시 모드 선택
② ⊞+I : 설정 열기
③ ⊞+V : 클립보드 열기
④ ⊞+X : 접근성 센터 열기

06 다음 중 CPU가 프로그램의 명령어를 수행하는 중에 산술 및 논리 연산의 결과를 일시적으로 저장하는 레지스터로 옳은 것은?

① 주소 레지스터(MAR)
② 누산기(AC)
③ 명령어 레지스터(IR)
④ 프로그램 카운터(PC)

07 다음 중 이미지 표현 방식에 대한 설명으로 옳지 않은 것은?

① 비트맵 방식은 그림을 픽셀(Pixel)이라고 하는 여러 개의 점으로 표시하는 방식이다.
② 비트맵 방식으로 저장된 이미지는 벡터 방식에 비해 메모리를 적게 차지하며, 화면에 보여주는 속도가 느리다.
③ 벡터 방식은 점과 점을 연결하는 직선이나 곡선을 이용하여 이미지를 표현하는 방식이다.
④ 벡터 방식은 그림을 확대 또는 축소할 때 화질의 손상이 거의 없다.

08 다음 중 비밀키 암호화 기법에 해당하지 않는 것은?

① 사용자의 증가에 따라 관리해야 하는 키의 수가 상대적으로 많아진다.
② 대표적으로 DES(Data Encryption Standard) 방식이 있다.
③ 암호화와 복호화의 속도가 빠르다.
④ 이중키 방식이므로 알고리즘이 복잡하다.

09 다음 중 멀티미디어에 대한 설명으로 옳지 않은 것은?

① 멀티미디어와 관련된 표준안은 그래픽, 오디오, 문서 등 매우 다양하다.
② 대표적인 정지화상 표준으로는 손실, 무손실 압축 기법을 다 사용할 수 있는 JPEG과 무손실 압축 기법을 사용하는 GIF가 있다.
③ MPEG은 Intel사가 개발한 동영상 압축 기술로 용량이 작고, 음질이 뛰어나다.
④ 스트리밍이 지원되는 파일 형식은 ASF, WMV, RAM 등이 있다.

10 다음 컴퓨터의 기본 기능 중에서 제어 기능에 대한 설명으로 옳은 것은?

① 자료와 명령을 컴퓨터에 입력하는 기능
② 입출력 및 저장, 연산 장치들에 대한 지시 또는 감독 기능을 수행하는 기능
③ 입력된 자료들을 주기억 장치나 보조 기억 장치에 기억하거나 저장하는 기능
④ 산술적/논리적 연산을 수행하는 기능

11 다음 중 한글 Windows 10에서의 인쇄 작업에 대한 설명으로 옳지 않은 것은?

① 프린터 추가에 의해 가장 먼저 설치된 프린터가 공유된다.
② 이미 설치한 프린터를 다른 이름으로 다시 설치할 수 있다.
③ 네트워크 프린터를 사용할 때는 프린터의 공유 이름과 프린터가 연결되어 있는 컴퓨터의 이름을 알아야 한다.
④ 기본 프린터란 인쇄 명령 수행 시 특정 프린터를 지정하지 않을 경우 자동으로 인쇄 작업이 전달되는 프린터로 하나만 지정할 수 있다.

12 다음 중 mp3 파일의 크기를 결정하는 요소에 해당하지 않는 것은?

① 표본 추출률(Hz)
② 샘플 크기(Bit)
③ 재생 방식(Mono, Stereo)
④ 프레임 너비(Pixel)

13 다음 중 사용자가 눈으로 보는 현실 화면이나 실제 영상에 문자나 그래픽과 같은 가상의 3차원 정보를 실시간으로 겹쳐 보여주는 새로운 멀티미디어 기술을 의미하는 용어로 옳은 것은?

① 가상 장치 인터페이스(VDI)
② 가상 현실 모델 언어(VRML)
③ 증강현실(AR)
④ 주문형 비디오(VOD)

14 다음 중 인터넷을 이용한 FTP(File Transfer Protocol)에 관한 설명으로 옳지 않은 것은?

① 멀리 떨어져 있는 컴퓨터로부터 파일을 전송받거나 전송하는 서비스를 의미한다.
② 익명의 계정을 이용하여 파일을 전송할 수 있는 서버를 Anonymous FTP 서버라고 한다.
③ FTP 서버에 계정을 가지고 있는 사용자는 FTP 서버에 있는 프로그램을 다운로드 없이 실행시킬 수 있다.
④ 일반적으로 텍스트 파일의 전송을 위한 ASCII 모드와 실행 파일의 전송을 위한 Binary 모드로 구분하여 수행한다.

15 다음 중 바이러스에 대한 설명으로 옳지 않은 것은?

① 바이러스는 컴퓨터 하드웨어와는 상관없이 소프트웨어의 성능에만 영향을 미친다.
② 디스크의 부트 영역이나 프로그램 영역에 숨어 있다.
③ 자신을 복제할 수 있으며, 다른 프로그램을 감염시킬 수 있다.
④ 인터넷과 같은 통신 매체를 이용하는 전자우편이나 파일 다운로드 등을 통한 감염 외에도 USB 메모리 등을 통해서도 감염된다.

16 다음 중 한글 Windows 10에서 바로 가기 아이콘의 [속성] 창에 대한 설명으로 옳지 않은 것은?

① 대상 파일이나 대상 형식, 대상 위치 등에 관한 연결된 항목의 정보를 확인할 수 있다.
② 연결된 항목을 바로 열 수 있는 바로 가기 키를 지정할 수 있다.
③ 연결된 항목의 디스크 할당 크기를 확인할 수 있다.
④ 바로 가기 아이콘을 만든 날짜와 수정한 날짜, 액세스한 날짜 등을 확인할 수 있다.

17 다음 중 패치(Patch) 버전 소프트웨어에 관한 설명으로 옳은 것은?

① 정식으로 대가를 지불하고 사용하는 소프트웨어이다.
② 홍보용으로 사용 기간이나 기능에 제한을 둔 소프트웨어이다.
③ 오류 수정이나 성능 향상을 위해 프로그램 일부를 변경해 주는 소프트웨어이다.
④ 정식 프로그램 출시 전에 테스트용으로 제작되어 일반인에게 공개하는 소프트웨어이다.

18 다음 중 TCP/IP 프로토콜에서 IP 프로토콜의 개요 및 기능에 관한 설명으로 옳은 것은?

① 메시지를 송/수신자의 주소와 정보로 묶어 패킷 단위로 나눈다.
② 패킷 주소를 해석하고 경로를 결정하여 다음 호스트로 전송한다.
③ 전송 데이터의 흐름을 제어하고 데이터의 에러를 검사한다.
④ OSI 7계층에서 전송 계층에 해당한다.

19 다음 중 XML(eXtensible Markup Language) 문서에 설명으로 거리가 먼 것은?

① 태그(Tag)와 속성을 사용자가 정의할 수 있으며 문서의 내용과 이를 표현하는 방식이 독립적이다.
② HTML과는 달리 DTD(Document Type Declaration)가 고정되어 있지 않으므로 논리적 구조를 표현할 수 있는 유연성을 가진다.
③ XML은 HTML에 사용자가 새로운 태그(Tag)를 정의할 수 있는 기능이 추가되었다.
④ 확장성 생성 언어라는 뜻으로 기존의 HTML의 단점을 보완하여 비구조화 문서를 기술하기 위한 국제 표준 규격이다.

20 다음 중 스마트폰을 모뎀처럼 활용하는 방법으로, 컴퓨터나 노트북 등의 IT 기기를 스마트폰에 연결하여 무선 인터넷을 사용할 수 있게 하는 기능은?

① 와이파이(WiFi)
② 블루투스(Bluetooth)
③ 테더링(Tethering)
④ 와이브로(WiBro)

과목 02 스프레드시트 일반

21 다음 중 새 매크로를 기록할 때의 작성 과정으로 설명이 옳지 않은 것은?

① 매크로 이름에는 공백이 포함될 수 없으며 항상 문자로 시작하여야 한다.
② 절대 참조로 기록된 매크로를 실행하면, 현재 셀의 위치에 따라 매크로가 적용되는 셀이 달라진다.
③ '개인용 매크로 통합 문서'로 매크로 저장 위치를 설정하면 엑셀을 실행할 때마다 매크로를 항상 실행할 수 있다.
④ 엑셀에서 사용하고 있는 바로 가기 키를 매크로의 바로가기 키로 지정하면 엑셀에서 사용하던 바로 가기 키는 사용할 수 없다.

22 다음 중 데이터 입력에 대한 설명으로 옳지 않은 것은?

① 동일한 문자를 여러 개의 셀에 입력하려면 셀에 문자를 입력한 후 채우기 핸들을 드래그한다.
② 숫자 데이터의 경우 두 개의 셀을 선택하고 채우기 핸들을 선택 방향으로 드래그하면 두 값의 차이만큼 증가/감소하며 자동 입력된다.
③ 일정 범위 내에 동일한 데이터를 한 번에 입력하려면 범위를 지정하여 데이터를 입력한 후 바로 이어서 Shift + Enter 를 누른다.
④ 사용자 지정 연속 데이터 채우기를 사용하여 데이터를 입력하는 경우 사용자 지정 목록에는 텍스트나 텍스트/숫자 조합만 포함될 수 있다.

23 다음 프로시저를 실행한 결과에 대한 설명으로 옳은 것은?

```
Sub EnterValue()
    Worksheets("Sales").Cells(6,1).Value= "korea"
End Sub
```

① Sales 시트의 [A1] 셀에 korea를 입력한다.
② Sales 영역의 [A1:A6] 셀에 korea를 입력한다.
③ Sales 시트의 [A6] 셀에 korea를 입력한다.
④ Sales 시트의 [F1] 셀에 korea를 입력한다.

24 다음 중 셀 스타일에 대한 설명으로 옳지 않은 것은?

① 셀 스타일은 글꼴과 글꼴 크기, 숫자 서식, 셀 테두리, 셀 음영 등의 정의된 서식의 집합으로 셀 서식을 일관성 있게 적용하는 경우 편리하다.
② 기본 제공 셀 스타일을 수정하거나 복제하여 사용자 지정 셀 스타일을 직접 만들 수 있다.
③ 사용 중인 셀 스타일을 수정한 경우 해당 셀에는 셀 스타일을 다시 적용해야 수정한 서식이 반영된다.
④ 특정 셀을 다른 사람이 변경할 수 없도록 셀을 잠그는 셀 스타일을 사용할 수도 있다.

25 아래의 프로시저를 이용하여 [A1:A10] 영역에 입력되어 있는 데이터를 적용된 서식은 그대로 두고 내용만 지우려고 한다. 다음 중 괄호 안에 들어갈 코드로 옳은 것은?

```
Sub test()
Range("a1:a10").Select
Selection.(        )
End Sub
```

① Delete
② Clear
③ ClearFormats
④ ClearContents

26 다음 중 [셀 서식] 대화상자에서 '텍스트 맞춤'의 '가로'에 대한 설명으로 옳지 않은 것은?

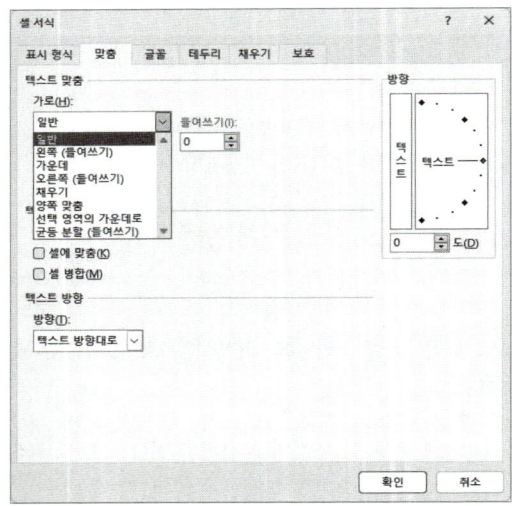

① 일반 : 입력된 데이터에 따라 텍스트는 왼쪽, 숫자는 오른쪽, 논리값과 오류값은 가운데로 맞춰진다.
② 양쪽 맞춤 : 셀 안에서 여러 줄로 나누고 단어 사이 공간을 조절하여 셀 양쪽에 가지런하게 맞춰진다.
③ 선택 영역의 가운데로 : 선택 영역의 왼쪽 셀 내용이 선택 영역의 가운데 표시된다.
④ 채우기 : 선택된 영역의 가장 왼쪽 셀의 내용을 반복해서 채우며 다른 나머지 셀의 내용은 모두 삭제한다.

27 다음 중 바닥글 영역에 페이지 번호를 인쇄하도록 설정된 여러 개의 시트를 출력하면서 전체 출력물의 페이지 번호가 일련번호로 이어지게 하는 방법으로 옳지 않은 것은?

① [인쇄] 대화상자에서 '인쇄 대상'을 '전체 통합 문서'로 선택하여 인쇄한다.
② 전체 시트를 그룹으로 설정한 후 인쇄한다.
③ 각 시트의 [페이지 설정] 대화상자에서 '일련번호로 출력'을 선택한 후 인쇄한다.
④ 각 시트의 [페이지 설정] 대화상자에서 '시작 페이지 번호'를 일련번호에 맞게 설정한 후 인쇄한다.

28 다음 중 자동 필터와 고급 필터에 대한 설명으로 옳은 것은?

① 자동 필터는 각 열에 입력된 데이터의 종류가 혼합되어 있는 경우 날짜, 숫자, 텍스트 필터가 모두 표시된다.
② 고급 필터는 조건을 수식으로 작성할 수 있으며, 조건의 첫 셀은 반드시 필드명으로 입력해야 한다.
③ 자동 필터에서 여러 필드에 조건을 설정한 경우 필드 간은 OR 조건으로 처리되어 결과가 표시된다.
④ 고급 필터는 필터링한 결과를 원하는 위치에 별도의 표로 생성할 수 있다.

29 텍스트 파일의 데이터를 워크시트로 가져올 때 사용하는 [텍스트 마법사]에서 각 필드의 너비(열 구분선)를 지정하는 단계에 대한 설명으로 옳지 않은 것은?

① 앞 단계에서 원본 데이터 형식을 '구분 기호로 분리됨'을 선택한 경우 열 구분선을 지정할 수 없다.
② 구분선을 넣으려면 원하는 위치를 마우스로 클릭한다.
③ 열 구분선을 옮기려면 구분선을 삭제한 후 다시 넣어야 한다.
④ 구분선을 삭제하려면 구분선을 마우스로 두 번 클릭한다.

30 다음 중 아래 시트의 [A9] 셀에 수식 '=OFFSET(B3, -1,2)'을 입력한 경우의 결과값은?

	A	B	C	D	E
1	학번	학과	학년	성명	주소
2	12123	국문과	2	박태훈	서울
3	15234	영문과	1	이경섭	인천
4	20621	수학과	3	윤혜주	고양
5	18542	국문과	1	민소정	김포
6	31260	수학과	2	함경표	부천
7					
8					
9					

① 윤혜주　② 서울
③ 고양　④ 박태훈

31 다음 중 조건부 서식에 대한 설명으로 옳지 않은 것은?

① 조건부 서식의 수식은 등호(=)로 시작해야 하며 TRUE(1) 또는 FALSE(0)의 논리 값을 반환해야 한다.
② 이동 옵션 명령을 사용하여 특정 조건부 서식이 적용된 셀만 찾거나 조건부 서식이 있는 셀을 모두 찾을 수 있다.
③ 한 워크시트에서 또는 다른 워크시트에서 셀을 직접 선택하여 수식에 셀 참조를 입력할 수 있으며, 셀을 선택하면 상대 셀 참조가 삽입된다.
④ 두 개의 조건부 서식 규칙이 서로 충돌하는 경우 목록에서 순서가 더 높은 규칙이 적용되고 목록에서 순서가 더 아래에 있는 규칙은 적용되지 않는다.

32 다음 중 아래의 기능을 수행하는 차트로 옳은 것은?

- 도수분포표를 그래프로 표시하며, 데이터는 분포 내의 빈도를 나타낸다.
- 계급구간이라고 하는 차트의 각 열을 변경하여 데이터를 더 세부적으로 분석할 수 있다.

① 선버스트
② 히스토그램
③ 트리맵
④ 상자 수염

33 다음 중 통합에 대한 설명으로 옳지 않은 것은?

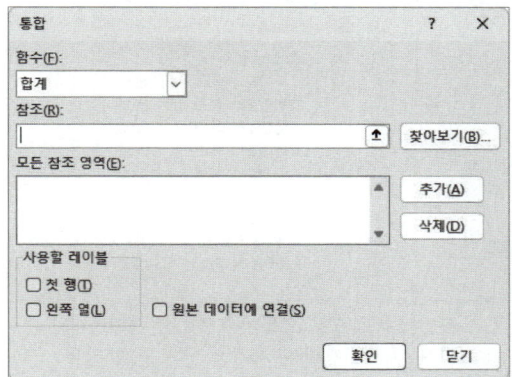

① 함수 : 합계, 개수, 평균, 최대, 최소, 곱, 숫자 개수, 표본 표준 편차, 표준 편차, 표본 분산, 분산 등을 사용할 수 있다.
② 모든 참조 영역 : 참조에서 범위를 지정하고 [추가]를 클릭하면 여기에 원본 목록이 나타나며, 지정한 모든 참조 영역이 표시된다.
③ 사용할 레이블 : '첫 행', '왼쪽 열'은 원본 데이터에 표시된 순서와는 상관없이 통합을 실행하는 경우 사용한다.
④ 원본 데이터에 연결 : 원본 및 대상 영역이 동일한 시트에 있는 경우에는 연결을 만들 수 있다.

34 다음 중 아래의 워크시트처럼 [A1:C1] 영역을 마우스로 드래그하여 범위를 설정한 다음 채우기 핸들을 [F1] 셀까지 드래그했을 때 결과값으로 옳은 것은?

	A	B	C	D	E	F	G
1	5		1				
2							

① -3
② -7
③ -11
④ -15

35 다음 중 부분합의 실행 결과에 대한 설명으로 옳지 않은 것은?

1 2 3 4		A	B	C	D
	1	사원명	부서명	매출	
	4		영업1부 최소	1500	
	5		영업1부 최대	2100	
	8		영업2부 최소	1100	
	9		영업2부 최대	1800	
	12		영업3부 최소	990	
	13		영업3부 최대	3300	
	14		전체 최소값	990	
	15		전체 최대값	3300	
	16				

① 부서명을 기준으로 오름차순으로 정렬되었다.
② 데이터 아래에 요약 표시가 설정된 상태이다.
③ 개요 기호 3 이 선택된 상태이다.
④ 매출의 최소를 구한 다음 최대를 구한 상태이다.

36 다음 중 '선택하여 붙여넣기' 기능에 대한 설명으로 옳지 않은 것은?

① 선택하여 붙여넣기 명령을 사용하면 워크시트에서 클립보드의 특정 셀 내용이나 수식, 서식, 메모 등을 복사하여 붙여 넣을 수 있다.
② 선택하여 붙여넣기의 바로 가기 키는 Ctrl + Alt + V 이다.
③ 잘라 낸 데이터 범위에서 서식을 제외하고 내용만 붙여 넣으려면 '내용 있는 셀만 붙여넣기'를 선택한다.
④ '연결하여 붙여넣기'를 선택하면 원본 셀의 값이 변경되었을 때 붙여넣기 한 셀의 내용도 자동 변경된다.

37 다음 워크시트에서 1학년 학생들의 헤어 평균을 구하려고 할 때 수식으로 옳지 않은 것은?

	A	B	C	D	E
1	학년	성명	헤어	피부	네일
2	1학년	김선	80	88	76
3	2학년	홍길동	80	92	90
4	1학년	차재영	50	77	71
5					
6	1학년 헤어 평균				

① =AVERAGE(IF(A2:A4="1학년",C2:C4))
② =AVERAGE((A2:A4="1학년")*(C2:C4))
③ =AVERAGEIF(A2:A4,"1학년",C2:C4)
④ =AVERAGEIFS(C2:C4,A2:A4,"1학년")

38 다음 VBA 배열 선언문에 대한 설명으로 옳지 않은 것은?

```
Option Base 1
Dim No(3, 4, 2) As Integer
```

① 배열은 3차원 배열이고, 요소는 모두 24개이다.
② 배열의 첫 번째 요소는 No(0, 0, 0)이다.
③ 배열 요소의 데이터 형식은 모두 Integer이다.
④ 배열은 4행 2열의 테이블이 3면으로 되어 있다.

39 다음 중 아래의 시트에서 수식 =DSUM(A1:D7, 4, B1:B2)을 실행했을 때의 결과값으로 옳은 것은?

	A	B	C	D
1	성명	부서	1/4분기	2/4분기
2	김희준	영업1부	20	25
3	지유환	영업2부	10	14
4	김혜빈	영업1부	15	10
5	이상영	영업2부	20	15
6	김나운	영업1부	10	20
7	엄지홍	영업2부	18	30

① 40
② 45
③ 50
④ 55

40 다음 중 엑셀의 데이터 입력에 관한 설명으로 옳지 않은 것은?

① 자동 줄 바꿈으로 데이터를 입력하려면 Alt + Enter 를 누르면 된다.
② 여러 셀에 동일한 내용을 입력하려면 해당 셀을 범위로 지정한 후 데이터를 입력하고 Shift + Enter 를 누른다.
③ 데이터 입력 도중 입력을 취소하려면 Esc 를 누른다.
④ 특정 부분을 범위로 지정한 후 데이터를 입력하고 Enter 를 누르면 셀 포인터가 지정한 범위 안에서만 이동한다.

과목 03 데이터베이스 일반

41 다음 중 다른 테이블을 참조하는 외래키(FK)에 대한 설명으로 가장 적합한 것은?

① 외래키 필드의 값은 유일해야 하므로 중복된 값이 입력될 수 없다.
② 외래키 필드의 값은 널(Null) 값일 수 없으므로, 값이 반드시 입력되어야 한다.
③ 한 테이블에서 특정 레코드를 유일하게 구별할 수 있는 속성이다.
④ 하나의 테이블에는 여러 개의 외래키가 존재할 수 있다.

42 다음 중 관계형 데이터베이스에서 사용되는 용어에 대한 설명으로 옳지 않은 것은?

① 튜플(Tuple)은 테이블에서 행을 나타내는 말로 레코드와 같은 의미이다.
② 애트리뷰트(Attribute)는 데이터베이스를 구성하는 가장 작은 논리적 단위이며, 파일 구조상의 데이터 필드에 해당된다.
③ 테이블(Table)은 하나의 애트리뷰트(Attribute)가 취할 수 있는 같은 타입의 원자값들의 집합이다.
④ 튜플(Tuple)의 수를 카디널리티(Cardinality), 애트리뷰트(Attribute)의 수를 디그리(Degree)라고 한다.

43 Select 문자에서 한 개 또는 그 이상의 필드를 기준으로 오름차순 또는 내림차순으로 정렬하고자 할 때 사용되는 절로 옳은 것은?

① having절
② group by절
③ order by절
④ where절

44 다음 중 폼 작업 시 탭 순서에서 제외되는 컨트롤로 옳은 것은?

① 레이블
② 언바운드 개체 틀
③ 명령 단추
④ 토글 단추

45 다음 중 데이터 조작어(DML : Data Manipulation Language)의 특징으로 옳지 않은 것은?

① 데이터 처리를 위하여 사용자와 DBMS 사이의 인터페이스를 제공한다.
② 데이터 처리를 위한 연산의 집합으로 데이터의 검색, 삽입, 삭제, 변경 등 데이터 조작을 제공하는 언어이다.
③ 절차적 조작 언어와 비절차적 조작 언어로 구분된다.
④ 데이터 보안(Security), 무결성(Integrity), 회복(Recovery) 등에 관련된 사항을 정의한다.

46 다음 중 SQL문에 대한 설명으로 옳지 않은 것은?

① SELECT 명령을 이용하여 조건에 맞는 레코드를 검색할 수 있다.
② INSERT 명령을 이용하여 조건에 맞는 레코드를 추가할 수 있다.
③ DROP 명령을 이용하여 조건에 맞는 레코드를 삭제할 수 있다.
④ UPDATE 명령을 이용하여 조건에 맞는 레코드를 수정할 수 있다.

47 다음 중 분할 표시 폼에 대한 설명으로 옳지 않은 것은?

① 분할된 화면에서 데이터를 [폼 보기]와 [데이터시트 보기]로 동시에 볼 수 있다.
② 폼의 두 보기 중 하나에서 필드를 선택하면 다른 보기에서도 동일한 필드가 선택된다.
③ 데이터 원본을 변경하는 경우 데이터시트 보기에서만 데이터를 변경할 수 있다.
④ 데이터시트가 표시되는 위치를 폼의 위쪽, 아래쪽, 왼쪽, 오른쪽 중에서 선택할 수 있다.

48 다음 중 아래 보고서에 대한 설명으로 옳지 않은 것은?

대리점명: 서울지점				
순번	모델명	판매날짜	판매량	판매단가
1	PC4203	2018-07-31	7	₩1,350,000
2		2018-07-23	3	₩1,350,000
3	PC4204	2018-07-16	4	₩1,400,000
		서울지점 소계 :		₩19,100,000

대리점명: 충북지점				
순번	모델명	판매날짜	판매량	판매단가
1	PC3102	2018-07-13	6	₩830,000
2		2018-07-12	4	₩830,000
3	PC4202	2018-07-31	4	₩1,300,000
4		2018-07-07	1	₩1,300,000
		충북지점 소계 :		₩14,800,000

① '모델명' 필드를 기준으로 그룹이 설정되어 있다.
② '모델명' 필드에는 '중복 내용 숨기기' 속성을 '예'로 설정하였다.
③ 지점별 소계가 표시된 텍스트 상자는 그룹 바닥글에 삽입하였다.
④ 순번은 컨트롤 원본을 '=1'로 입력한 후 '누적 합계' 속성을 '그룹'으로 설정하였다.

49 다음 페이지 번호식을 이용하여 출력되는 예로 옳은 것은? (단, 현재 페이지는 12이고, 전체 페이지 수는 50이다.)

=[page] & 'pages'

① 12 & 50
② 1250
③ 12pages
④ 50pages

50 회원 중에서 가입일이 2024년 6월 3일 이전인 준회원을 정회원으로 변경하고자 할 때 SQL문으로 옳은 것은? (단, 회원 테이블에는 회원번호, 성명, 가입일, 연락처, 등급 등의 필드가 있으며, 회원의 등급은 '등급' 필드에 저장되어 있다.)

① update 회원 set 등급 = '정회원' where 가입일 <= #2024-6-3# and 등급 = '준회원'
② update 회원 set 등급 = '정회원' where 가입일 <= "2024-6-3" and 등급 = '준회원'
③ update 회원 set 등급 = '정회원' where 가입일 <= #2024-6-3#
④ update 회원 set 등급 = '정회원' where 가입일 <= "2024-6-3"

51 다음 중 액세스의 매크로에 대한 설명으로 옳지 않은 것은?

① 하나의 매크로 그룹에 여러 개의 매크로를 만들 수 있다.
② 하나의 매크로에 여러개의 매크로 함수를 지정할 수 있다.
③ AutoExec이라는 특수한 매크로 이름을 사용하면 테이블이 열릴 때 마다 자동으로 실행된다.
④ 매크로 실행 시에 필요한 정보, 즉 인수를 지정할 수 있다.

52 다음과 같은 'STUDENT(SNO, SNAME, YEAR, DEPT)' 테이블에서 아래 〈쿼리 결과〉와 같은 내용을 얻어내기 위한 쿼리문으로 가장 옳은 것은?

〈STUDENT〉 테이블

SNO	SNAME	YEAR	DEPT
111	김나운	4	컴퓨터
222	이상영	3	전기
333	김혜빈	1	컴퓨터
444	지유환	4	컴퓨터
555	김희준	2	산공

〈쿼리 결과〉

SNO	SNAME
111	김나운
444	지유환

① SELECT SNO, SNAME FROM STUDENT WHERE DEPT ="컴퓨터" OR YEAR = 4;
② SELECT SNO, SNAME AS 4 FROM STUDENT GROUP BY SNO
③ SELECT SNO, SNAME AS SNO FROM STUDENT GROUP BY SNAME;
④ SELECT SNO, SNAME FROM STUDENT WHERE DEPT="컴퓨터" AND YEAR = 4

53 다음 중 보고서의 작성 시에 사용하는 속성에 관한 설명으로 가장 옳지 않은 것은?

① 반복 실행 구역 : 해당 구역이 페이지 머리글처럼 매 페이지에도 나타나도록 설정하는 속성으로 그룹 머리글에서만 사용할 수 있다.
② 레코드 원본 : 다양한 데이터로 조회하는 SQL문을 속성 값으로 지정하여 그 결과를 보고서에 표시할 수 있다.
③ 편집 가능 : 보고서나 컨트롤의 속성으로 보고서의 데이터를 수정할 수 있도록 하기 위해서는 이 속성 값을 '예'로 지정한다.
④ 중복 내용 숨기기 : 텍스트 상자와 같은 컨트롤의 속성으로 이전 레코드와 동일한 값을 갖는 경우에는 컨트롤을 표시하지 않도록 설정한다.

54 하위 폼은 주로 '일 대 다' 관계가 설정되어 있는 테이블을 효과적으로 표시하기 위해 사용된다. 이때 하위 폼은 어느 쪽 테이블을 원본으로 하는 것이 가장 적절한가?

① '일'쪽 테이블
② '다'쪽 테이블
③ '일'쪽 테이블과 '다'쪽 테이블을 모두 보여주는 쿼리
④ '일'쪽 테이블로부터 만든 쿼리

55 다음 중 아래 〈고객〉과 〈구매리스트〉 테이블 관계에 참조 무결성이 항상 유지되도록 설정할 수 없는 경우는?

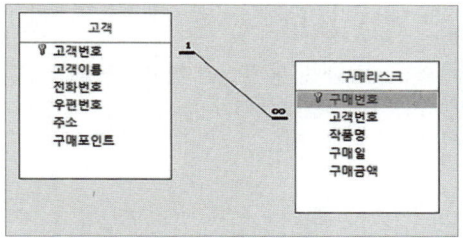

① 〈고객〉 테이블의 '고객번호' 필드 값이 〈구매리스트〉 테이블의 '고객번호' 필드에 없는 경우
② 〈고객〉 테이블의 '고객번호' 필드 값이 〈구매리스트〉 테이블의 '고객번호' 필드에 하나만 있는 경우
③ 〈구매리스트〉 테이블의 '고객번호' 필드 값이 〈고객〉 테이블의 '고객번호' 필드에 없는 경우
④ 〈고객〉 테이블의 '고객번호' 필드 값이 〈구매리스트〉 테이블의 '고객번호' 필드에 두 개 이상 있는 경우

56 다음 설명에 해당하는 폼의 속성으로 옳은 것은?

> 폼 보기의 제목 표시줄에 나타나는 텍스트를 설정한다.

① 기본 보기
② 캡션
③ 레코드 원본
④ 레코드 잠금

57 다음 중 이벤트 프로시저에서 쿼리를 실행 모드로 여는 명령은?

① DoCmd.OpenQuery
② DoCmd.SetQuery
③ DoCmd.QueryView
④ DoCmd.QueryTable

58 다음 중 테이블 연결을 통해 연결된 테이블과 가져오기 기능을 통해 생성된 테이블과의 차이점에 대한 설명으로 옳지 않은 것은?

① 연결된 테이블의 데이터를 삭제하면 연결되어 있는 원본 데이터베이스의 데이터도 삭제된다.
② 연결된 테이블을 삭제해도 원본 테이블은 삭제되지 않는다.
③ 가져오기 기능을 통해 생성된 테이블을 삭제해도 원본 테이블은 삭제되지 않는다.
④ 연결된 테이블을 이용하여 폼이나 보고서를 생성할 수 있다.

59 다음 중 폼을 열자마자 'txt조회' 컨트롤에 커서(포커스)를 자동적으로 위치하게 하는 이벤트 프로시저는?

① Private Sub txt조회_Click()
    txt조회.AutoTab = True
  End Sub
② Private Sub txt조회_Click()
    txt조회.SetFocus
  End Sub
③ Private Sub Form_Load()
    txt조회.AutoTab = True
  End Sub
④ Private Sub Form_Load()
    txt조회.SetFocus
  End Sub

60 연수(사번, 사원명, 평가항목, 점수) 테이블에서 점수 필드에 100 이상 1000 이하의 값이 입력되도록 범위를 지정하고자 할 때 사용되는 필드 속성은?

① 입력 마스크
② 유효성 검사 규칙
③ 캡션
④ 기본 값

2023년 상시 기출문제 01회

- 제한시간 : 60분
- 소요시간 :   시간   분
- 전체 문항 수 : 60문항
- 맞힌 문항 수 :   문항

과목 01 컴퓨터 일반

01 다음 중 컴퓨터가 현재 실행하고 있는 명령을 끝낸 후 다음에 실행할 명령의 주소를 기억하고 있는 레지스터는?

① 명령 레지스터(Instruction Register)
② 프로그램 계수기(Program Counter)
③ 부호기(Encoder)
④ 명령 해독기(Instruction Decoder)

02 다음 중 〈표1〉과 〈표2〉에 표시된 용어 간 관련성이 높은 것끼리 연결한 것으로 옳은 것은?

〈표1〉
㉮ 멀티프로세싱(Multiprocessing)
㉯ 멀티프로그래밍(Multiprogramming)
㉰ 가상 기억 장치(Virtual Memory)
㉱ 파일 압축(File Compression)
㉲ 응답 시간(Response Time)

〈표2〉
ⓐ 페이지 테이블(Page Table)
ⓑ 여러 개의 CPU
ⓒ 시분할(Time Sharing)
ⓓ 유틸리티 프로그램(Utility Program)
ⓔ 시스템 성능 측정(System Performance)

① ㉮↔ⓑ, ㉯↔ⓒ, ㉰↔ⓐ, ㉱↔ⓓ, ㉲↔ⓔ
② ㉮↔ⓑ, ㉯↔ⓒ, ㉰↔ⓐ, ㉱↔ⓔ, ㉲↔ⓓ
③ ㉮↔ⓒ, ㉯↔ⓑ, ㉰↔ⓐ, ㉱↔ⓓ, ㉲↔ⓔ
④ ㉮↔ⓒ, ㉯↔ⓑ, ㉰↔ⓓ, ㉱↔ⓐ, ㉲↔ⓔ

03 다음 중 한글 Windows에서 파일의 검색 기능을 향상시키기 위해 사용하는 기능은?

① 복원
② 색인
③ 압축
④ 백업

04 다음 중 반도체를 이용한 컴퓨터 보조 기억 장치로 크기가 작고 충격에 강하며, 소음 발생이 없는 대용량 저장 장치에 해당하는 것은?

① HDD(Hard Disk Drive)
② DVD(Digital Versatile Disk)
③ SSD(Solid State Drive)
④ CD-RW(Compact Disc Rewritable)

05 다음 내용은 무엇에 대한 설명인가?

- 시스템의 전원을 켜는 순간부터 Windows가 시작되기까지 부팅 과정을 이끄는 역할을 담당
- 하드웨어와 소프트웨어 사이의 연결과 번역 기능을 담당하는 인터페이스
- 루틴, 서비스 처리 루틴, 하드웨어 인터럽트 처리 루틴으로 구성
- 개발한 회사에 따라 AWARD(어워드), AMI(아미), PHONIX(피닉스) 등이 있음

① BIOS
② LOCAL BUS
③ MAINBOARD
④ BIU(Bus Interface Unit)

06 다음 중 한글 Windows의 스풀(SPOOL) 기능에 관한 설명으로 옳지 않은 것은?

① 컴퓨터 내부 장치에 비해 상대적으로 처리 속도가 느린 프린터 작업을 효율적으로 처리하기 위하여 사용하는 기능이다.
② 인쇄할 내용을 하드디스크 장치에 임시로 저장한 후에 인쇄 작업을 수행한다.
③ 스풀 기능을 설정하면 보다 인쇄 속도가 빨라지고 동시 작업 처리도 가능하다.
④ 스풀 기능을 선택하면 문서 전체 또는 일부를 스풀 한 다음 인쇄를 시작할 수 있게 하는 기능을 선택할 수 있다.

07 다음 중 멀티미디어 그래픽과 관련하여 비트맵(Bitmap) 방식에 관한 설명으로 옳지 않은 것은?

① 비트맵은 실물 사진이나 복잡하고 세밀한 이미지 표현에 적합하다.
② 픽셀(Pixel) 단위의 단순한 매트릭스로 구성되어 있는 이미지를 표현하는 방식이다.
③ 벡터(Vector) 방식의 이미지를 저장했을 때보다 많은 메모리를 차지한다.
④ 비트맵 방식의 이미지를 확대하면 테두리가 거칠어지는 현상이 없이 매끄럽게 이미지를 표현할 수 있다.

08 다음 중 자료의 구성 단위에 대한 설명으로 옳지 않은 것은?

① 1바이트(Byte)는 8비트(Bit)로 구성된다.
② 문자를 표현하는 최소 단위는 워드(Word)가 사용된다.
③ 레코드(Record)는 하나 이상의 필드들이 모여서 구성된 자료 처리 단위이다.
④ 파일(File)은 여러 개의 레코드가 모여 구성되며, 디스크의 저장 단위로 사용된다.

09 다음 중 컴퓨터 소프트웨어 개발 과정에서 제작되는 알파(Alpha) 버전에 관한 설명으로 옳은 것은?

① 정식 프로그램의 기능을 홍보하기 위해 기능 및 기간을 제한하여 배포하는 프로그램이다.
② 베타 테스트를 하기 전에 제작 회사 내에서 테스트 할 목적으로 제작된 프로그램이다.
③ 정식 버전을 출시하기 전에 테스트 목적으로 일반인에게 공개하는 프로그램이다.
④ 오류 수정이나 성능 향상을 위해 이미 배포된 프로그램의 일부를 변경해 주는 프로그램이다.

10 다음 중 외부로부터의 데이터 침입 행위에 관한 유형의 위조(Fabrication)에 대한 설명으로 옳은 것은?

① 자료가 수신 측으로 전달되는 것을 방해하는 행위
② 전송한 자료가 수신지로 가는 도중에 몰래 보거나 도청하는 행위
③ 원래의 자료를 다른 내용으로 바꾸는 행위
④ 자료가 다른 송신자로부터 전송된 것처럼 꾸미는 행위

11 다음 중 Java 언어에 대한 설명으로 옳지 않은 것은?

① 특정 컴퓨터 구조와 무관한 가상 바이트 머신 코드를 사용하므로 플랫폼이 독립적이다.
② 인터프리터를 이용한 프로그래밍 언어로 특히 인공지능 분야에서 널리 사용되고 있다.
③ 객체 지향 언어로 추상화, 상속화, 다형성과 같은 특징을 가진다.
④ 네트워크 환경에서 분산 작업이 가능하도록 설계되었다.

12 다음 중 용어에 대한 설명으로 옳지 않은 것은?

① Ubiquitous : 시간과 장소에 상관없이 자유롭게 네트워크에 접속할 수 있는 정보 통신 환경
② Wibro : 고정된 장소에서 초고속 인터넷을 이용할 수 있는 무선 휴대 인터넷 서비스
③ VoIP : 음성 데이터를 인터넷 프로토콜 데이터 패킷으로 변화하여 일반 데이터망에서 통화를 가능하게 해주는 통신 서비스 기술
④ RFID : 전파를 이용해 정보를 인식하는 기술로 출입 관리, 주차 관리에 주로 사용

13 컴퓨터는 취급하는 데이터에 따라 디지털 컴퓨터, 아날로그 컴퓨터, 하이브리드 컴퓨터로 나눌 수 있다. 다음 중 아날로그 컴퓨터에서 사용되는 주요 구성 회로는?

① 연산 회로　　　② 논리 회로
③ 플립플롭 회로　④ 증폭 회로

14 다음 중 인터넷 주소 체계에서 IPv6에 대한 설명으로 옳지 않은 것은?

① 32비트를 8비트씩 4부분으로 나누어 각 부분을 점(.)으로 구분한다.
② 등급별, 서비스별로 패킷을 구분할 수 있어서 품질 보장이 용이하다.
③ 실시간으로 흐름을 제어하므로 향상된 멀티미디어 기능이 지원된다.
④ 주소의 개수는 약 43억×43억×43억×43억 개다.

15 다음 중 사용자가 눈으로 보는 현실 화면이나 실제 영상에 문자나 그래픽과 같은 가상의 3차원 정보를 실시간으로 겹쳐 보여주는 새로운 멀티미디어 기술을 의미하는 용어로 옳은 것은?

① 가상 장치 인터페이스(VDI)
② 가상 현실 모델 언어(VRML)
③ 증강현실(AR)
④ 주문형 비디오(VOD)

16 다음 중 OSI 7계층 중 종점 호스트 사이의 데이터 전송을 다루는 계층으로 종점 간의 연결 관리, 오류 제어와 흐름 제어 등을 수행하는 계층은?

① 응용 계층
② 전송 계층
③ 프리젠테이션 계층
④ 물리 계층

17 다음 중 7개의 데이터 비트(Data Bit)와 1개의 패리티 비트(Parity Bit)를 사용하며, 128개의 문자를 표현할 수 있는 코드로 옳은 것은?

① BCD 코드
② ASCII 코드
③ EBCDIC 코드
④ UNI 코드

18 다음 중 호스트의 IP 주소를 호스트와 연결된 네트워크 접속장치의 물리적 주소로 번역해 주는 프로토콜로 옳은 것은?

① TCP　　　② UDP
③ IP　　　　④ ARP

19 다음 중 한글 Windows에서 프린터 설치에 관한 설명으로 옳지 않은 것은?

① [프린터 추가 마법사]를 실행하여 새로운 프린터를 설치할 수 있다.
② 새로운 프린터를 설치하는 과정에서 네트워크 프린터를 기본 프린터로 설정하려면 반드시 스풀링의 설정이 필요하다.
③ 여러 대의 프린터를 한 대의 컴퓨터에 설치할 수 있고, 한 대의 프린터를 네트워크로 공유하여 여러 대의 컴퓨터에서 사용할 수 있다.
④ 기본 프린터는 한 대만 지정할 수 있으며, 기본 프린터로 설정된 프린터도 삭제할 수 있다.

20 다음 중 SRAM과 DRAM에 대한 설명으로 옳은 것은?

① SRAM의 소비전력이 DRAM보다 낮다.
② DRAM은 SRAM에 비해 속도가 빠르다.
③ DRAM의 가격이 SRAM보다 고가이다.
④ SRAM은 재충전이 필요 없는 메모리이다.

과목 02 스프레드시트 일반

21 다음 중 메모에 대한 설명으로 옳지 않은 것은?

① 메모를 삽입할 때 바로 가기 키인 Shift + F2 를 사용하거나 [검토] 탭의 [메모] 그룹에서 [새 메모]를 클릭한다.
② 피벗 테이블에서 메모를 삽입한 경우 데이터를 정렬하면 메모는 함께 정렬되지 않는다.
③ 입력된 텍스트의 크기에 맞게 메모 크기를 자동으로 조정하려면 [Excel 옵션]-[고급]의 [메모가 있는 셀 표시]에서 '자동 크기'를 설정한다.
④ [메모 서식]에서 메모의 글꼴, 텍스트 맞춤(가로, 세로), 방향, 채우기 색, 선의 종류 및 색을 설정할 수 있다.

22 [홈] 탭-[맞춤] 그룹의 [자동 줄 바꿈]은 길이가 매우 긴 텍스트를 여러 줄로 줄 바꿈 처리하여 모든 내용이 표시되도록 하는 기능이다. 다음 중 [자동 줄 바꿈] 기능의 다른 방법으로 옳지 않은 것은?

① 셀을 선택한 다음 Alt + H + W 를 누른다.
② 셀을 선택한 다음 F2 를 누른 후 셀에서 선을 끊을 위치를 클릭하고 Alt + Enter 를 클릭한다.
③ Ctrl + 1 을 누른 후 [셀 서식] 대화상자의 [맞춤] 탭-[텍스트 조정]에서 '자동 줄 바꿈'을 클릭하여 설정한다.
④ [보기] 탭의 [표시] 그룹에서 'Wrap Text'를 클릭하여 설정한다.

 23 다음 중 아래의 워크시트처럼 셀 구분 선과 행/열 머리글을 그대로 인쇄하기 위한 설정 방법으로 옳은 것은?

	A	B	C	D
1	컴퓨터활용능력		컴퓨터활용능력	
2		컴퓨터활용능력		
3	컴퓨터활용능력		컴퓨터활용능력	
4				
5				

① 페이지 설정 대화상자의 [페이지] 탭에서 '눈금선'과 '행/열 머리글'을 선택한다.
② 페이지 설정 대화상자의 [여백] 탭에서 '눈금선'과 '행/열 머리글'을 선택한다.
③ 페이지 설정 대화상자의 [머리글/바닥글] 탭에서 '눈금선'과 '행/열 머리글'을 선택한다.
④ 페이지 설정 대화상자의 [시트] 탭에서 '눈금선'과 '행/열 머리글'을 선택한다.

24 다음 중 문서를 인쇄했을 때 문서의 위쪽에 "-1 Page-" 형식으로 페이지 번호를 표시하는 방법으로 옳은 것은?

① -#[페이지 번호] Page-
② #-[페이지 번호] Page-
③ -&[페이지 번호] Page-
④ &-[페이지 번호] Page-

25 통합 문서의 첫 번째 시트 뒤에 새로운 시트를 추가하는 프로시저를 작성하려고 한다. 다음 중 괄호( ) 안에 해당하는 인수로 옳은 것은?

Worksheets.Add ( ):=Sheets(1)

① Left
② Right
③ After
④ Before

26 다음 중 아래 그림에서 수식 =DMAX(A1:C6,2, E1:E2)를 실행하였을 때의 결과값으로 옳은 것은?

	A	B	C	D	E
1	성명	키	체중		체중
2	홍길동	167	88		>=70
3	이기적	178	67		
4	최영진	174	69		
5	한민국	162	58		
6	홍범도	180	80		

① 167
② 174
③ 178
④ 180

27 다음 중 아래의 워크시트처럼 [D1:D5] 범위를 선택하고 [데이터] 탭-[정렬 및 필터] 그룹에서 [정렬]을 클릭했을 때의 결과로 옳은 것은?

① 점수를 기준으로 오름차순 또는 내림차순 정렬을 선택하는 정렬 대화상자가 나타난다.
② 선택하지 않은 나머지 데이터를 자동으로 선택하여 영역을 확장한다.
③ 현재 선택된 영역을 기준으로 기본 내림차순 정렬이 실행된다.
④ '선택하지 않은 데이터가 있으며 이 데이터는 정렬되지 않습니다.'라는 정렬 경고 대화상자가 표시된다.

28 다음 중 배열 수식의 입력 및 변경 규칙에 대한 설명으로 옳지 않은 것은?

① 배열 수식을 입력하거나 편집할 때에는 Ctrl + Shift + Enter 를 눌러야 수식이 올바르게 실행된다.
② 수식에 사용되는 배열 인수들은 각각 동일한 개수의 행과 열을 가져야 한다.
③ 배열 수식의 일부만을 이동하거나 삭제할 수는 있으나 전체 배열 수식을 이동하거나 삭제할 수는 없다.
④ 배열 상수는 중괄호를 직접 입력하여 상수를 묶어야 한다.

29 다음 아래의 삭제 대화상자는 [홈] 탭-[셀] 그룹-[삭제]에서 [셀 삭제]를 클릭했을 때 나타나는 대화상자이다. 바로 가기 키로 옳은 것은?

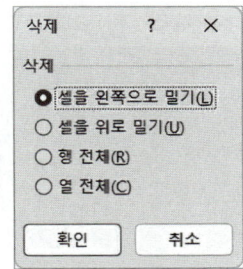

① Alt + + 를 누른다.
② Alt + - 를 누른다.
③ Ctrl + + 를 누른다.
④ Ctrl + - 를 누른다.

30 다음 중 연이율 4.5%로 2년 만기로 매월 말 400,000원씩 저축할 경우, 복리 이자율로 계산하여 만기에 찾을 수 있는 금액을 구하기 위한 수식으로 옳은 것은?

① =FV(4.5%/12,2*12,-400000)
② =FV(4.5%/12,2*12,-400000,,1)
③ =FV(4.5%,2*12,-400000,,1)
④ =FV(4.5%,2*12,-400000)

31 다음 중 작업에 필요한 여러 개의 통합 문서를 한 화면에 함께 표시하여 비교하면서 작업하기에 편리한 기능은?

① 창 나누기
② 창 정렬
③ 틀 고정
④ 페이지 나누기

32 다음 설명하는 차트의 종류로 옳은 것은?

- 과학, 통계 및 공학 데이터와 같은 숫자 값을 표시하고 비교하는 데 주로 사용
- 두 개의 숫자 그룹을 XY 좌표로 이루어진 하나의 계열로 표시하기에 적합
- 가로축의 값이 일정한 간격이 아닌 경우
- 가로축의 데이터 요소 수가 많은 경우
- 데이터 요소 간의 차이점보다는 데이터 집합 간의 유사점을 표시하려는 경우

① 주식형 차트
② 분산형 차트
③ 영역형 차트
④ 방사형 차트

33 다음 중 수식에서 발생하는 각 오류에 대한 원인으로 옳지 않은 것은?

① #NULL! – 배열 수식이 들어 있는 범위와 행 또는 열 수가 같지 않은 배열 수식의 인수를 사용하는 경우
② #VALUE! – 수식에서 잘못된 인수나 피연산자를 사용한 경우
③ #NUM! – 수식이나 함수에 잘못된 숫자 값이 포함된 경우
④ #NAME? – 수식에서 이름으로 정의되지 않은 텍스트를 큰따옴표로 묶지 않고 입력한 경우

34 다음 중 아래 시트에서 각 수식을 실행했을 때의 결과값으로 옳은 것은?

	A	B	C	D	E
1	이름	국어	영어	수학	평균
2	홍길동	83	90	73	82
3	이대한	65	87	91	81
4	한민국	80	75	100	85
5	평균	76	84	88	82.66667

① =SUM(COUNTA(B2:D4), MAXA(B2:D4)) → 102
② =AVERAGE(SMALL(C2:C4, 2), LARGE(C2:C4, 2)) → 75
③ =SUM(LARGE(B3:D3, 2), SMALL(B3:D3, 2)) → 174
④ =SUM(COUNTA(B2,D4), MINA(B2,D4)) → 109

35 다음 중 여러 워크시트를 선택하여 그룹으로 설정한 경우에 대한 설명으로 옳지 않은 것은?

① 엑셀 창의 맨 위 제목 표시줄에 [그룹]이라고 표시된다.
② 그룹 상태에서 도형이나 차트 등의 그래픽 개체는 삽입되지 않는다.
③ 그룹으로 설정된 임의의 시트에서 입력하거나 편집한 데이터는 그룹으로 설정된 모든 시트에 반영된다.
④ 그룹 상태에서 여러 개의 시트에 정렬 및 필터 기능을 수행할 수 있다.

36 다음 중 가상 분석 도구인 [데이터 표]에 대한 설명으로 옳지 않은 것은?

① 테스트할 변수의 수에 따라 변수가 한 개이거나 두 개인 데이터 표를 만들 수 있다.
② 데이터 표를 이용하여 입력된 데이터는 부분적으로 수정 또는 삭제할 수 있다.
③ 워크시트가 다시 계산될 때마다 데이터 표도 변경 여부와 관계없이 다시 계산된다.
④ 데이터 표의 결과값은 반드시 변화하는 변수를 포함한 수식으로 작성해야 한다.

37 다음 중 데이터 입력에 대한 설명으로 옳지 않은 것은?

① `Ctrl`+`E`는 값을 자동으로 채워주는 빠른 채우기의 바로 가기 키이다.
② 데이터를 입력하는 도중에 입력을 취소하려면 `Esc`를 누른다.
③ 텍스트, 텍스트/숫자 조합, 날짜, 시간 데이터는 셀에 입력하는 처음 몇 자가 해당 열의 기존 내용과 일치하면 자동으로 입력된다.
④ 여러 셀에 동일한 데이터를 입력하려면 해당 셀을 범위로 지정하여 데이터를 입력한 후 `Ctrl`+`Enter`를 누른다.

38 다음 중 피벗 테이블에 대한 설명으로 옳지 않은 것은?

① 피벗 차트 보고서는 피벗 테이블 보고서를 만들지 않고는 만들 수 없으며, 피벗 테이블과 피벗 차트를 함께 만든 후 피벗 테이블을 삭제하면 피벗 차트는 일반 차트로 변경된다.
② 피벗 테이블 보고서에서 필드 단추를 다른 열이나 행의 위치로 끌어다 놓으면 데이터 표시 형식이 달라진다.
③ 피벗 테이블 보고서는 엑셀에서 작성된 데이터를 대상으로 새로운 대화형 테이블을 만드는 데 사용하며 외부 액세스 데이터베이스에서 만들어진 데이터는 호환되지 않으므로 사용할 수 없다.
④ 피벗 테이블 보고서를 이용하면 가장 유용하고 관심이 있는 하위 데이터 집합에 대해 필터, 정렬, 그룹 및 조건부 서식을 적용하여 원하는 정보만 강조할 수 있다.

39 다음 중 작성된 매크로를 실행하는 방법으로 옳지 않은 것은?

① 매크로 대화상자에서 매크로를 선택하여 실행한다.
② 매크로를 작성할 때 지정한 바로 가기 키를 이용하여 실행한다.
③ 매크로를 지정한 도형을 클릭하여 실행한다.
④ 매크로가 적용되는 셀의 바로 가기 메뉴를 이용하여 실행한다.

40 다음 중 차트의 데이터 계열 서식에 대한 설명으로 옳지 않은 것은?

① 계열 겹치기 수치를 양수로 지정하면 데이터 계열 사이가 벌어진다.
② 차트에서 데이터 계열의 간격을 넓게 또는 좁게 지정할 수 있다.
③ 특정 데이터 계열의 값이 다른 데이터 계열의 값과 차이가 많이 나거나 데이터 형식이 혼합되어 있는 경우 보조 세로(값) 축에 하나 이상의 데이터 계열을 나타낼 수 있다.
④ 보조 축에 해당되는 데이터 계열을 구분하기 위하여 보조 축의 데이터 계열만 선택하여 차트 종류를 변경할 수 있다.

과목 03 데이터베이스 일반

41 다음 중 개체 관계 모델(Entity Relationship Model)에 관한 설명으로 옳지 않은 것은?

① 개념적 설계에 가장 많이 사용되는 모델로 개체 관계도(ERD)가 가장 대표적이다.
② 개체집합과 관계집합으로 나누어서 개념적으로 표시하는 방식으로 특정 데이터베이스 관리 시스템(DBMS)을 고려한 것은 아니다.
③ 데이터를 개체(Entity), 관계(Relationship), 속성(Attribute)과 같은 개념으로 표시한다.
④ 개체(Entity)는 가상의 객체나 개념을 의미하고, 속성(Attribute)은 개체를 묘사하는 데 사용될 수 있는 특성을 의미한다.

42 다음 중 관계형 데이터베이스에서 사용되는 용어에 대한 설명으로 옳은 것은?

① 도메인(Domain) : 테이블에서 행을 나타내는 말로 레코드와 같은 의미
② 튜플(Tuple) : 하나의 속성이 취할 수 있는 값의 집합
③ 속성(Attribute) : 테이블에서 열을 나타내는 말로 필드와 같은 의미
④ 차수(Degree) : 한 릴레이션에서의 튜플의 개수

43 다음 중 관계를 맺고 있는 릴레이션 R1, R2에서 릴레이션 R1이 참조하고 있는 릴레이션 R2의 기본키와 같은 R1 릴레이션의 속성을 무엇이라 하는가?

① 후보키(Candidate Key)
② 외래키(Foreign Key)
③ 슈퍼키(Super Key)
④ 대체키(Alternate Key)

44 다음 중 E-R 다이어그램에서 개체를 의미하는 기호는?

① 사각형
② 오각형
③ 삼각형
④ 타원

45 다음 중 전체 페이지가 5페이지이고 현재 페이지가 2페이지인 보고서에서 표시되는 식과 결과가 옳지 않은 것은?

① 식 =[Page] → 결과 2
② 식 =[Page] & "페이지" → 결과 2페이지
③ 식 =[Page] & "중 " & [Page] → 결과 5중 2
④ 식 =Format([Page], "000") → 결과 002

46 사원관리 데이터베이스에는 [부서정보] 테이블과 실적 정보를 포함한 [사원정보] 테이블이 관계로 연결되어 있다. 다음 중 아래의 SQL문의 실행 결과에 대한 설명으로 옳은 것은? (단, 부서에는 여러 사원이 있으며, 한 사원은 하나의 부서에 소속되는 1 대 다 관계임)

SELECT 부서정보.부서번호, 부서명, 번호, 이름, 실적 FROM 부서정보
RIGHT JOIN 사원정보 ON 부서정보.부서번호 = 사원정보.부서번호;

① 두 테이블에서 부서번호가 일치되는 레코드의 부서번호, 부서명, 번호, 이름, 실적 필드를 표시한다.
② [부서정보] 테이블의 레코드는 모두 포함하고, [사원정보] 테이블에서는 실적이 있는 레코드만 포함하여 결과를 표시한다.
③ [부서정보] 테이블의 레코드는 [사원정보] 테이블의 부서번호와 일치되는 것만 포함하고, [사원정보] 테이블에서는 실적이 있는 레코드만 포함하여 결과를 표시한다.
④ [부서정보] 테이블의 레코드는 [사원정보] 테이블의 부서번호와 일치되는 것만 포함하고, [사원정보] 테이블에서는 모든 레코드가 포함하여 결과를 표시한다.

47 폼 바닥글에 [사원] 테이블의 '직급'이 '과장'인 레코드들의 '급여' 합계를 구하고자 한다. 다음 중 폼 바닥글의 텍스트 상자 컨트롤에 입력해야 할 식으로 옳은 것은?

① =DHAP("[사원]", "[급여]", "[직급]='과장'")
② =DHAP("[급여]", "[사원]", "[직급]='과장'")
③ =DSUM("[사원]", "[급여]", "[직급]='과장'")
④ =DSUM("[급여]", "[사원]", "[직급]='과장'")

48 다음 중 폼이나 보고서에서 테이블이나 쿼리의 필드를 컨트롤 원본으로 사용하는 컨트롤을 의미하는 것은?

① 언바운드 컨트롤
② 바운드 컨트롤
③ 계산 컨트롤
④ 레이블 컨트롤

49 테이블에서 이미 작성된 필드의 순서를 변경하려고 할 때 옳지 않은 것은?

① 데이터시트 보기에서 이동시킬 필드를 선택한 후 새로운 위치로 드래그 앤 드롭하여 필드를 이동시킬 수 있다.
② 디자인 보기에서 이동시킬 필드를 선택한 후 새로운 위치로 드래그 앤 드롭 하여 필드를 이동시킬 수 있다.
③ 디자인 보기에서 한번에 여러 개의 필드를 선택한 후 이동시킬 수 있다.
④ 데이터시트 보기에서 「잘라내기」와 「붙여넣기」를 이용하여 필드를 이동시킬 수 있다.

50 다음 중 쿼리를 실행할 때마다 메시지 상자를 표시하여 사용자에게 조건 값을 입력받아 쿼리를 실행하는 유형은?

① 크로스탭 쿼리
② 매개 변수 쿼리
③ 통합 쿼리
④ 실행 쿼리

51 다음 중 Access의 테이블 디자인에서 필드 속성의 입력 마스크가 'L&A'로 설정되어 있을 때 입력할 수 있는 데이터는?

① 123
② 1AB
③ AB
④ A1B

52 다음 중 위쪽 구역에 데이터시트를 표시하는 열 형식의 폼을 만들고, 아래쪽 구역에 선택한 레코드에 대한 정보를 수정하거나 입력할 수 있는 데이터시트 형식의 폼을 자동으로 만들어 주는 도구는?

① 폼
② 폼 분할
③ 여러 항목
④ 폼 디자인

53 다음 중 프로시저에 대한 설명으로 옳지 않은 것은?

① 프로시저는 연산을 수행하거나 값을 계산하는 일련의 명령문과 메서드로 구성된다.
② 명령문은 대체로 프로시저나 선언 구역에서 한 줄로 표현되며 명령문의 끝에는 세미콜론(;)을 찍어 구분한다.
③ 이벤트 프로시저는 특정 객체에 해당 이벤트가 발생하면 자동으로 실행되나 다른 프로시저에서도 이를 호출하여 실행할 수 있다.
④ Function 프로시저는 Function문으로 함수를 선언하고 End Function문으로 함수를 끝낸다.

54 다음 중 회원(회원번호, 성명, 연락처, 회원사진) 테이블에서 회원사진 필드에 회원의 사진을 저장하려고 한다. 가장 적합한 데이터 형식으로 옳은 것은?

① 일련번호
② 긴 텍스트
③ 첨부 파일
④ 하이퍼링크

55 아래는 쿼리의 '디자인 보기'이다. 다음 중 아래 쿼리의 실행 결과로 옳은 것은?

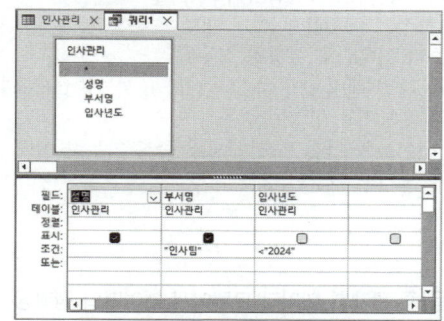

① 2024년 전에 입사했거나 부서명이 인사팀인 직원의 성명과 부서명을 표시
② 2024년 전에 입사하여 부서명이 인사팀인 직원의 성명과 부서명을 표시
③ 2024년 전에 입사했거나 부서명이 인사팀인 직원의 성명, 부서명, 입사년도를 표시
④ 2024년 전에 입사하여 부서명이 인사팀인 직원의 성명, 부서명, 입사년도를 표시

56 다음 중 보고서의 각 구역에 대한 설명으로 옳지 않은 것은?

① 보고서 바닥글 영역에는 로고, 보고서 제목, 날짜 등을 삽입하며, 보고서의 모든 페이지에 출력된다.
② 페이지 머리글 영역에는 열 제목 등을 삽입하며, 모든 페이지의 맨 위에 출력된다.
③ 그룹 머리글/바닥글 영역에는 일반적으로 그룹별 이름, 요약 정보 등을 삽입한다.
④ 본문 영역은 실제 데이터가 레코드 단위로 반복 출력되는 부분이다.

57 다음 중 아래처럼 테이블 간의 관계 설정에서 일 대 일 관계가 성립하는 것은?

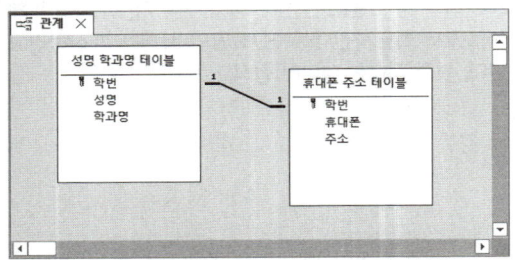

① 양쪽 테이블의 연결 필드가 모두 중복 불가능의 인덱스나 기본키로 설정된 경우
② 어느 한쪽의 테이블의 연결 필드가 중복 불가능의 인덱스나 기본키로 설정된 경우
③ 오른쪽 관련 테이블의 연결 필드가 중복 가능한 인덱스나 후보키로 설정된 경우
④ 양쪽 테이블의 연결 필드가 모두 중복 가능한 인덱스나 후보키로 설정된 경우

58 다음 중 관계형 데이터 모델에서 데이터의 정확성과 일관성을 보장하기 위한 것은?

① 릴레이션
② 관계 연산자
③ 무결성 제약 조건
④ 속성의 집합

59 다음 중 사원 테이블에서 호봉이 33인 사원의 연봉을 3% 인상된 값으로 수정하는 실행 쿼리를 작성하고자 할 때, 아래의 각 괄호에 넣어야 할 구문을 순서대로 나열한 것은?

```
UPDATE 사원
(    ) 연봉 = 연봉 * 1.03
(    ) 호봉 = 33;
```

① FROM, WHERE
② SET, WHERE
③ VALUE, SELECT
④ INTO, VALUE

60 다음 데이터베이스 관련 용어 중에서 성격이 다른 것은?

① DDL
② DBA
③ DML
④ DCL

2023년 상시 기출문제 02회

- 제한시간 : 60분
- 소요시간 :   시간   분
- 전체 문항 수 : 60문항
- 맞힌 문항 수 :   문항

과목 01 컴퓨터 일반

01 다음 중 통신 기술과 GPS, 실시간으로 사용할 수 있는 데이터베이스와의 연동으로 주변의 위치 정보 서비스와 그에 따른 기타 부가 서비스를 제공하는 기술은?
① 빅 데이터(Big Data)
② 사물 인터넷(IoT)
③ 위치 기반 서비스(LBS)
④ 시멘틱 웹(Semantic Web)

02 다음 〈보기〉에서 설명하는 기억 장치로 옳은 것은?

〈보기〉
- 기억 공간의 확대에 목적이 있다.
- 운영체제에서 소프트웨어적으로 사용한다.
- 보조 기억 장치인 하드디스크 일부를 주기억 장치처럼 사용한다.
- 주기억 장치보다 큰 프로그램을 로드하여 실행할 때 유용하다.
- 페이징 기법(동일한 크기의 블록)과 세그멘테이션(가변적 크기의 블록) 기법이 있다.

① 연관 메모리(Associative Memory)
② 캐시 메모리(Cache Memory)
③ 가상 메모리(Virtual Memory)
④ 플래시 메모리(Flash Memory)

03 다음 중 멀티미디어 그래픽 데이터의 벡터 방식에 대한 설명으로 옳지 않은 것은?
① 좌표 개념을 사용하여 이동 회전 등의 변형이 쉽다.
② 이미지를 확대하여도 테두리가 매끄럽게 표현된다.
③ 점과 점을 연결하는 직선이나 곡선을 이용하여 이미지를 표현한다.
④ 비트맵 방식과 비교하여 기억 공간을 많이 차지한다.

04 다음 중 컴퓨터에서 메모리가 정상적으로 인식되지 않을 때에 해결 대책으로 옳지 않은 것은?
① CMOS 셋업에서 캐시 항목이 Enable로 설정되어 있는지 확인한다.
② CMOS 셋업에서 RAM의 속도를 임의로 변경하지 않았는지 확인한다.
③ 메인보드에서 지원하는 RAM을 사용했는지 확인한다.
④ RAM 소켓에 RAM이 올바르게 꽂혀있는지 확인한다.

05 다음 중 〈보기〉에 해당하는 프로그래밍 언어는?

〈보기〉
- 미국의 선 마이크로시스템즈에서 개발한 객체 지향적 프로그래밍 언어이다.
- 처음에는 가전제품 내에 탑재해 동작하는 프로그램을 위해 개발했다.
- 현재 웹 어플리케이션 개발에 가장 많이 사용하는 언어 가운데 하나이다.
- 모바일 기기용 소프트웨어 개발에도 널리 사용하고 있는 언어이다.
- 네트워크 분산 처리 환경에서 사용하기 때문에 보안성이 좋다.
- 컴파일한 코드는 클래스(Class)로 제공되므로 다른 운영체제에서 사용할 수 있다.

① JAVA
② C++
③ LISP
④ SNOBOL

06 다음 중 한글 Windows에서 사용하는 [휴지통]에 대한 설명으로 옳은 것은?

① USB 메모리에 있는 파일을 선택한 후 Delete 를 눌러 삭제하면 휴지통으로 가지 않고 완전히 지워진다.
② 지정된 휴지통의 용량을 초과하면 가장 최근에 삭제된 파일부터 자동으로 지워진다.
③ 삭제할 파일을 선택하고 Shift + Delete 를 누르면 해당 파일이 휴지통으로 이동한다.
④ 휴지통의 크기는 사용자가 원하는 크기를 KB 단위로 지정할 수 있다.

07 다음 중 HTTP 프로토콜에 대한 설명으로 옳지 않은 것은?

① 파일 전송 프로토콜로, 파일을 전송하거나 받을 때 사용한다.
② HTTPS는 HTTP의 보안이 강화된 버전이다.
③ HTTP가 사용하는 포트는 80번 포트이다.
④ 인터넷에서 하이퍼텍스트(Hypertext) 문서를 전송하기 위한 용도로 사용되는 통신규약이다.

08 다음 중 공격 유형 중 마치 다른 송신자로부터 정보가 수신된 것처럼 꾸미는 것으로, 시스템에 불법적으로 접근하여 오류의 정보를 정확한 정보인 것처럼 속이는 행위를 뜻하는 것은?

① 차단(Interruption)
② 변조(Modification)
③ 위조(Fabrication)
④ 가로채기(Interception)

09 다음 중 대칭형 암호화 방식에 대한 설명으로 옳지 않은 것은?

① 처리 속도가 빠르다.
② RSA와 같은 키 교환 방식을 사용한다.
③ 키의 교환 문제가 발생한다.
④ 단일키이므로 알고리즘이 간단하고 파일의 크기가 작다.

10 다음 중 한글 Windows에서 인터넷을 사용하기 위하여 해당 컴퓨터의 IP 주소를 동적으로 구성할 때 사용하는 프로토콜로 옳은 것은?

① PCP3
② FTP
③ DHCP
④ SMTP

11 다음 〈보기〉 중 디지털 컴퓨터의 특징으로만 짝지어진 것은?

〈보기〉

ⓐ 증폭 회로	ⓑ 논리 회로
ⓒ 부호화된 문자, 숫자	ⓓ 프로그래밍
ⓔ 연속적인 물리량	ⓕ 범용성

① ⓐ, ⓑ, ⓒ, ⓓ
② ⓑ, ⓒ, ⓓ, ⓕ
③ ⓒ, ⓓ, ⓔ, ⓕ
④ ⓐ, ⓑ, ⓒ, ⓕ

12 다음 중 컴퓨터에서 중앙 처리 장치와 입출력 장치 사이의 속도 차이로 인한 문제점을 해결해 주는 장치는?

① 레지스터(Register)
② 인터럽트(Interrupt)
③ 콘솔(Console)
④ 채널(Channel)

13 다음 중 시퀀싱(Sequencing)에 대한 설명으로 옳은 것은?

① 컴퓨터를 이용하여 오디오 파일이나 여러 연주, 악기 소리 등을 프로그램에 입력하여 녹음하는 방법으로 음악을 제작, 녹음, 편집하는 작업을 의미한다.
② 전자 악기 사이의 데이터 교환을 위한 규약으로 음의 강도, 악기 종류 등과 같은 정보를 기호화하여 코드화한 방식이다.
③ 아날로그 신호를 디지털화하여 나타내는 것으로, 소리의 파장이 그대로 저장되며, 자연의 음향과 사람의 음성 표현이 가능하다.
④ 오디오 데이터 압축 파일 형식으로 무손실 압축 포맷이며 원본 오디오의 음원 손실이 없다.

14 다음 중 한쪽의 CPU가 가동 중일 때, CPU가 고장이 나거나 장애가 발생하면 즉시 예비로 대기 중인 다른 CPU가 작동되도록 운영하는 것으로 시스템의 안정성을 고려한 방식은?

① 다중 처리 시스템
② 듀얼 시스템(Dual System)
③ 분산 처리 시스템
④ 듀플렉스 시스템(Duplex System)

15 다음 중 인터넷의 보안 문제로부터 특정 네트워크를 격리하는 데 사용되는 것으로 보안이 필요한 네트워크의 통로를 단일화하여 이 출입구를 관리함으로써 외부로부터의 불법적인 접근을 많은 부분 막을 수 있는 시스템은?

① 방화벽(Firewall)
② 해킹(Hacking)
③ 펌웨어(Firmware)
④ 데이터 디들링(Data Diddling)

16 다음 중 인터넷에 대한 설명으로 옳지 않은 것은?

① 인터넷에서 사용할 수 있는 서비스로 E-mail, FTP, Telnet 등이 있다.
② URL이란 인터넷상에서 각종 자원이 있는 위치를 나타낸다.
③ IPv4는 16비트 주소 체계를 가지고 있으며 IPv6는 32비트 주소 체계를 가지고 있다.
④ HTTP는 WWW를 이용할 때 서버와 클라이언트 간의 정보교환 프로토콜이다.

17 다음 중 전송 오류 검출 방식이 아닌 것은?

① CRC(순환 중복 검사) 방식
② 패리티 검사 방식
③ 정마크 부호 방식
④ CSMA/CD(매체 접근 제어) 방식

18 다음 중 CISC와 RISC의 차이를 대비한 것으로 옳지 않은 것은?

① CISC : 복잡한 주소지정 방식, RISC : 간단한 주소지정 방식
② CISC : 복잡하고 기능이 많은 명령어, RISC : 간단한 명령어
③ CISC : 많은 수의 레지스터, RISC : 적은 수의 레지스터
④ CISC : 다양한 사이즈의 명령어, RISC : 동일한 사이즈의 명령어

19 다음 중 컴파일러(Compiler) 언어와 인터프리터(Interpreter) 언어의 차이점에 대한 설명으로 옳지 않은 것은?

① 인터프리터는 번역 과정을 따로 거치지 않고 각 명령문을 디코딩(Decoding)을 거쳐 직접 처리한다.
② 인터프리터 언어는 대화식 처리가 가능하나, 컴파일러 언어는 일반적으로 불가능하다.
③ 컴파일러 언어는 목적 프로그램이 있는 반면, 인터프리터 언어는 일반적으로 없다.
④ 인터프리터 언어가 컴파일러 언어보다 일반적으로 실행 속도가 빠르다.

20 다음 〈보기〉는 전자 메일에 사용되는 프로토콜에 대한 설명이다. ( ) 안에 들어갈 프로토콜을 순서대로 올바르게 나열한 것은?

〈보기〉

(ⓐ)는 사용자의 컴퓨터에서 작성된 메일을 받아서 다른 사람의 계정이 있는 곳으로 전송해 주는 역할에 사용되며, (ⓑ)는 전송받은 메일을 저장하고 있다가 사용자가 메일 서버에 접속하면 이를 보내 주는 역할에 사용된다.

① ⓐ SNMP, ⓑ TCP
② ⓐ POP3, ⓑ SMTP
③ ⓐ TCP, ⓑ SNMP
④ ⓐ SMTP, ⓑ POP3

과목 02 스프레드시트 일반

21 다음 중 [찾기 및 바꾸기] 대화상자에 대한 설명으로 옳지 않은 것은?

① [찾기]의 바로 가기 키는 Ctrl + F , [바꾸기]의 바로 가기 키는 Ctrl + H 를 사용한다.
② [찾기] 탭에서 찾는 위치는 '수식, 값, 메모'를 사용할 수 있고, [바꾸기] 탭에서는 '수식'만 사용할 수 있다.
③ [범위]에서 행 방향을 우선하여 찾을 것인지 열 방향을 우선하여 찾을 것인지를 지정할 수 있다.
④ [서식] 단추를 이용하면 특정 셀의 서식을 선택하여 동일한 셀 서식이 적용된 셀을 찾을 수도 있다.

22 다음 중 아래 그림의 리본 메뉴에 대한 설명으로 옳지 않은 것은?

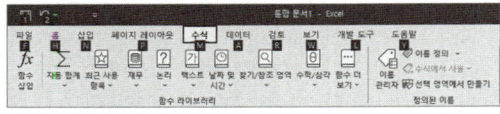

① 그림과 같이 리본 메뉴에 바로 가기 키를 나타내려면 Alt 나 / 를 누른다.
② 오른쪽 방향키(→)를 누르면 활성화된 탭이 [수식] 탭에서 [데이터] 탭으로 변경된다.
③ [빠른 실행 도구 모음]에 명령이 추가되면 일련 번호로 바로 가기 키가 부여된다.
④ [탭] 및 [명령] 간에 이동할 때도 키보드를 사용할 수 있으며, 그림과 같은 상태에서 W 를 누르면 [수학/삼각 함수]로 변경된다.

23 다음 수식의 결과로 옳지 않은 것은?

① =REPLACE("December",SEARCH("E","korea"),4,"") → Dec
② =CHOOSE(MOD(-11,2),1,2,3) → 1
③ =EOMONTH("2024-6-3",2) → 2024-8-31
④ =FIXED(3.141592) → 3.14

24 다음 중 부분합에 대한 설명으로 옳은 것은?

① 부분합은 [데이터] 탭-[예측] 그룹-[가상 분석]에서 실행할 수 있다.
② 부분합에서 그룹으로 사용할 데이터는 반드시 내림차순으로 정렬된 상태에서만 실행할 수 있다.
③ 부분합에서 데이터 아래에만 요약을 표시할 수 있다.
④ 부분합은 그룹 사이에서 페이지를 나눌 수 있다.

25 다음 중 아래의 워크시트에서 평균 점수가 85점이 되려면 영어 점수가 몇 점이 되어야 하는지 알고 싶을 때 사용할 수 있는 기능은?

	A	B	C
1	성명	김선	
2	국어	80	
3	영어	60	
4	수학	90	
5	정보	90	
6			
7	평균	80	
8			

① 부분합　　　　② 목표값 찾기
③ 데이터 표　　　④ 피벗 테이블

26 다음과 같은 시트에서 [D5] 셀에 아래의 수식을 입력했을 때 계산 결과로 올바른 것은?

=COUNT(OFFSET(D4,-2,-2,3,3))

	A	B	C	D
1	성명	컴일반	엑셀	액세스
2	홍범도	90	100	80
3	이상공	67	68	69
4	진선미	80	80	90

① 3　　　　② 9
③ 68　　　 ④ 90

27 다음 아래의 시트처럼 메일주소에서 ID와 도메인을 분리하는 패턴으로 만들기 위한 바로 가기 키로 옳은 것은?

	A	B	C
1	메일주소	ID	도메인
2	com@korcham.net	com	korcham.net
3	abc@naver.com		
4	sunny@gmail.com		
5	excel@daum.net		

① Ctrl + Shift + L　　② Ctrl + E
③ Ctrl + F　　　　　　④ Ctrl + T

28 다음 〈보기〉 중 시트의 계산을 원하는 셀 영역을 선택한 후 상태 표시줄의 바로 가기 메뉴인 [상태 표시줄 사용자 지정]에서 선택할 수 있는 자동 계산에 해당하지 않는 것으로 옳게 짝지어진 것은?

〈보기〉

ⓐ 합계,	ⓑ 평균,	ⓒ 개수,	ⓓ 숫자 셀 수,
ⓔ 최대값,	ⓕ 최소값,	ⓖ 최빈수,	ⓗ 중위수

① ⓐ, ⓑ
② ⓒ, ⓓ
③ ⓔ, ⓕ
④ ⓖ, ⓗ

29 다음 중 〈보기〉에 해당하는 경우 사용할 수 있는 차트로 옳은 것은?

〈보기〉

- 데이터 계열이 하나만 있는 경우
- 데이터에 음수 값이 없는 경우
- 데이터의 값 중 0 값이 거의 없는 경우
- 항목의 수가 7개 이하이며 이 항목이 모두 전체 이 차트의 일부분을 나타내는 경우

① 세로 막대형 차트
② 영역형 차트
③ 원형 차트
④ 방사형 차트

30 다음 중 아래와 같이 [통합 문서 보호]를 설정했을 경우에 대한 설명으로 옳지 않은 것은?

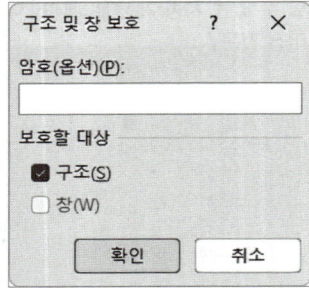

① [검토] 탭–[보호] 그룹의 [통합 문서 보호]를 클릭하여 실행한다.
② 워크시트의 추가나 삭제 작업을 실행할 수 없다.
③ 워크시트의 이동이나 복사, 이름 수정, 코드 보기, 시트 보호, 모든 시트 선택을 실행할 수 없다.
④ 암호는 반드시 입력하지 않아도 된다.

31 다음 중 윗주에 대한 설명으로 옳은 것은?
① 윗주의 서식은 변경할 수 없다.
② 윗주는 데이터를 삭제하면 같이 삭제된다.
③ 문자, 숫자 데이터 모두 윗주를 표시할 수 있다.
④ 윗주 필드 표시는 인쇄 미리 보기에서는 표시되지만 인쇄할 때는 같이 인쇄되지 않는다.

32 다음 중 아래의 프로시저에서 1부터 100까지 홀수의 평균을 구하기 위해서 입력될 코드로 옳지 않은 것은?

```
Public Sub OddAvg()
  Dim i As Integer
  Dim sum As Double
  Dim count As Integer
  i=1
  sum=0
  count=0
  While i<=100
    If ( ① ) Then
    sum=( ② )
    count=( ③ )
    End If
    i=i+1
  Wend
  MsgBox "1부터 100까지 홀수의 평균 : " & ( ④ )
End Sub
```

① i Mod 2=1   ② sum+i
③ count+1   ④ count/sum

33 다음 중 아래의 차트에 대한 설명으로 옳은 것은?

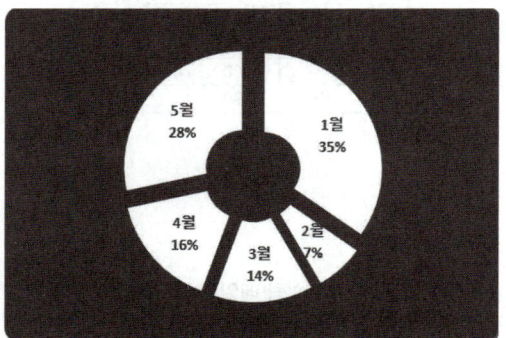

① 차트의 종류는 전체에서 차지하는 비율을 보여주는 원형 대 원형 차트이다.
② 계열1 요소인 1월의 첫째 조각의 각은 200°가 설정된 상태이다.
③ 쪼개진 정도는 10%가 설정된 상태이다.
④ 차트 가운데 구멍의 크기는 0%가 설정된 상태이다.

34 다음 중 아래의 시트에서 [A1:E7] 범위만 선택하는 방법으로 옳지 않은 것은?

	A	B	C	D	E	F
1	성명	헤어미용	피부미용	메이크업	네일아트	
2	전세현	80	90	100	88	
3	임하림	100	98	77	59	
4	송학사	56	72	40	90	
5	안예희	60	60	71	63	
6	이새솔	77	88	43	99	
7	장유리	69	79	89	99	
8						

① [A1] 셀을 클릭하고 선택 영역 확장키인 F8을 누른 뒤에 → 방향키를 4번 눌러 E열까지 이동한 후 ↓ 방향키를 6번 눌러 7행까지 선택한다.
② [A1] 셀을 클릭한 후 Ctrl + A 를 누른다.
③ [A1] 셀을 클릭한 후 Shift 를 누른 채 [E7] 셀을 클릭한다.
④ [모두 선택] 단추(　)를 클릭한다.

35 다음 아래의 그림에 대한 설명으로 옳지 않은 것은?

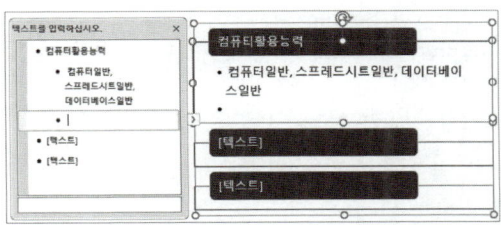

① [삽입] 탭-[일러스트레이션] 그룹의 [SmartArt]를 실행하여 [SmartArt 그래픽 선택] 대화상자에서 목록형의 세로 상자 목록형을 실행한 결과이다.
② 세로 상자 목록형은 여러 정보 그룹, 특히 수준 2 텍스트가 많이 있는 그룹을 표시하고 정보의 글머리 기호 목록을 사용하는 경우 적합하다.
③ 텍스트 창에서 수식을 입력할 경우 계산된 수식의 결과값이 SmartArt에 표시되며 입력 데이터가 변경되면 자동으로 그 결과값이 변경된다.
④ 텍스트 창에서 텍스트를 입력한 후 텍스트를 수정하면 SmartArt에서도 자동으로 변경된다.

36 다음 중 화면 제어에 대한 설명으로 옳지 않은 것은?

① 틀 고정을 위한 구분선은 마우스를 드래그하여 변경할 수 있다.
② 화면에 틀이 고정되어 있어도 인쇄에는 영향을 끼치지 않는다.
③ 창 나누기는 [실행 취소] 명령으로 나누기를 해제할 수 없다.
④ 창 나누기는 셀 포인터의 위치를 기준으로 2개 또는 4개로 나눌 수 있다.

37 다음 중 아래의 워크시트에서 사원번호의 첫 번째 문자가 'S'인 매출액[B2:B6]의 합계를 구하는 배열 수식으로 옳은 것은?

	A	B
1	사원번호	매출액
2	S0603	12500
3	F2005	7500
4	S0117	30000
5	F1233	56450
6	T3211	17990

① ={SUM(LEFT($A$2:$A$6,1="S")*$B$2:$B$6)}
② ={SUM((LEFT($A$2:$A$6,1)="S"),$B$2:$B$6)}
③ {=SUM(LEFT($A$2:$A$6,1="S"),$B$2:$B$6)}
④ {=SUM((LEFT($A$2:$A$6,1)="S")*$B$2:$B$6)}

38 다음 중 매크로 기록에 관한 설명으로 옳지 않은 것은?

① 매크로에서 지정한 바로 가기 키와 엑셀에서 사용하는 바로 가기 키가 같을 경우 엑셀 고유 기능의 바로 가기 키가 우선 적용된다.
② 매크로를 기록하는 경우 기본적으로 절대 참조로 기록되며, 상대 참조로 기록을 해야 할 경우는 '상대 참조로 기록'을 클릭하여 선택한 다음 매크로 기록을 실행한다.
③ 매크로 저장 위치를 '개인용 매크로 통합 문서'에 저장하면 엑셀 실행 시 자동으로 로드되고 다른 통합 문서에서도 실행할 수 있다.
④ 매크로 기록 시 리본 메뉴의 탐색은 기록에 포함되지 않는다.

39 다음 중 아래의 시트에서 조건([E1:F3])을 이용하여 고급 필터를 실행한 결과에 해당하는 성명이 아닌 것은?

	A	B	C	D	E	F	G
1	성명	직급	호봉		성명	호봉	
2	홍길동	과장	33		홍*	<=30	
3	지용훈	대리	30		지*	>=30	
4	홍범도	부장	30				
5	이상영	대리	23				
6	지유환	차장	44				
7							

① 홍길동
② 지용훈
③ 홍범도
④ 지유환

40 다음 중 아래 시트의 [1학년]과 [2학년] 강의 시간표를 [1, 2학년] 강의 시간표처럼 하나로 합치는 수식으로 옳은 것은?

① =SUM(AND(B10:F13,I10:M13))
② =SUBSTITUTE(B10:F13,I10:M13)
③ =REPLACE(B10:F13,I10:M13)
④ =(B10:F13)&(I10:M13)

과목 03 데이터베이스 일반

41 다음 〈보기〉 중 데이터 조작어(DML : Data Manipulation Language)의 특징으로 옳지 않은 것은?

〈보기〉

가. 데이터 처리를 위하여 사용자와 DBMS 사이의 인터페이스를 제공한다.
나. 데이터 처리를 위한 연산의 집합으로 데이터의 검색, 삽입, 삭제, 변경 등 데이터 조작을 제공하는 언어이다.
다. SELECT, INSERT, UPDATE, DELETE가 DML 명령에 해당한다.
라. 데이터 보안(Security), 무결성(Integrity), 회복(Recovery) 등에 관련된 사항을 정의한다.

① 가
② 나
③ 다
④ 라

42 다음 중 관계형 데이터베이스 관리 시스템(RDBMS)의 종류에 해당하지 않는 것은?

① MS-SQL Server
② 오라클(ORACLE)
③ MY-SQL
④ 파이썬(Python)

43 다음 중 폼에 연결할 데이터의 테이블 이름이나 쿼리를 입력하여 설정할 폼의 속성으로 옳은 것은?

① 캡션
② 레코드 원본
③ 기본 보기
④ 레코드 잠금

44 다음 중 보고서의 각 부분에 대한 설명으로 옳은 것은?

① 보고서 머리글 : 보고서의 모든 페이지 상단에 표시된다.
② 구역 선택기 : 보고서를 선택하거나 보고서의 속성을 지정할 때 사용한다.
③ 페이지 머리글 : 실제 데이터가 반복적으로 표시되는 부분이다.
④ 그룹 바닥글 : 그룹별 요약 정보를 각 그룹의 하단에 표시한다.

45 다음 중 폼을 작성할 수 있는 [만들기] 탭의 [폼] 그룹에서 선택 가능한 명령에 해당하지 않는 것은?

① 폼 디자인
② 여러 항목
③ 매크로
④ 모달 대화상자

46 [매출] 테이블에서 '전반기' 필드와 '하반기' 필드를 더한 후 '총매출'이라는 이름으로 표시하고자 한다. 다음 중 SQL문의 (   ) 안에 들어갈 내용으로 옳은 것은?

```
SELECT 전반기+하반기 (        ) FROM 매출;
```

① NAME IS 총매출
② ALIAS 총매출
③ AS 총매출
④ TO 총매출

47 다음 중 '코참패스2024'에서 '2024'를 추출하기 위한 함수로 옳은 것은?

① left("코참패스2024", 8)
② rigth("코참패스2024", 2024)
③ mid("코참패스2024", 5, 4)
④ instr("코참패스2024", 5, 4)

48 [학과] 테이블의 '학과코드'는 기본키로 설정되어 있고, [학생] 테이블의 '학과코드' 필드는 [학과] 테이블의 '학과코드'를 참조하고 있는 외래키(FK)이다. 다음 중 [학과] 테이블과 [학생] 테이블에 아래와 같이 데이터가 입력되어 있을 때의 설명으로 옳지 않은 것은?

[학과] 테이블

학과코드	학과명
A	인공지능학과
E	영어영문학과
C	컴퓨터공학과

[학생] 테이블

학번	성명	학과코드
2401	이선훈	A
2402	이상영	C
2403	홍범도	A
2404	지유환	null

① 현재 각 테이블에 입력된 데이터 상태는 참조 무결성이 유지되고 있다.
② [학과] 테이블에서 학과코드 'E'를 삭제하면 참조 무결성이 유지되지 않는다.
③ [학생] 테이블에서 학번이 2402인 이상영 학생을 삭제해도 참조 무결성이 유지된다.
④ [학생] 테이블에서 학번이 2404인 지유환 학생의 '학과코드'를 'B'로 입력하면 참조 무결성이 유지되지 않는다.

49 다음 중 아래와 같은 폼을 작성하려고 할 때 [만들기] 탭-[폼] 그룹에서 사용하는 폼 작성 도구는 무엇인가?

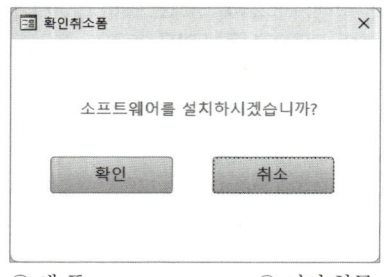

① 새 폼
② 여러 항목
③ 모달 대화상자
④ 폼 분할

50 다음 중 액세스의 보고서 작성에 대한 설명으로 옳지 않은 것은?

① 보고서를 작성해 놓으면 데이터가 변경된 경우 새로운 보고서를 작성할 필요없이 해당 데이터에 대한 보고서를 다시 출력하면 된다.
② 엑셀 데이터와 같은 외부 데이터를 연결한 테이블을 이용하여 보고서를 작성할 수도 있다.
③ 표나 레이블이 미리 인쇄되어 있는 양식 종이를 이용하여 보고서를 인쇄하는 경우 [페이지 설정] 대화상자에서 '데이터만 인쇄'를 선택한다.
④ 텍스트 상자나 콤보 상자와 같은 컨트롤을 이용하는 경우 보고서에서 테이블의 데이터를 수정할 수 있다.

51 다음 중 쿼리에 대한 설명으로 옳지 않은 것은?

① 쿼리는 테이블의 데이터를 이용하여 사용자가 원하는 형식으로 가공하여 보여줄 수 있다.
② 쿼리를 이용하여 추출한 결과는 폼에서만 사용할 수 있다.
③ 쿼리는 단순한 조회 이외에도 데이터의 추가, 삭제, 수정 등을 수행할 수 있다.
④ 테이블이나 다른 쿼리를 이용하여 새로운 쿼리를 생성할 수 있다.

52 다음 중 SQL문에서 HAVING문을 사용하여 조건을 설정할 수 있는 것은?

① WHERE절
② LIKE절
③ GROUP BY절
④ ORDER BY절

53 다음 보고서에 대한 설명으로 옳지 않은 것은? (단, 보고서는 전체 7페이지이며, 현재 페이지는 4페이지이다.)

제품별 납품 현황						
제품코드	제품명	납품일자	거래처명	납품단가	납품수량	납품금액
D5	커플러	2010-10-12	구리전기	35	45	1,575
		2003-10-19	의정부전기	35	94	3,290
		2003-10-09	호주전기	35	31	1,085
납품건수 : 7						
제품코드	제품명	납품일자	거래처명	납품단가	납품수량	납품금액
D6	PCB	2003-08-12	강화전기	65	23	1,495
		2003-12-20	산본전기	65	34	2,210
		2003-08-22	금촌전기	65	42	2,730
납품건수 : 3						
제품코드	제품명	납품일자	거래처명	납품단가	납품수량	납품금액
D7	와이어	2003-08-21	정화전기	40	31	1,240
						4/7

① '제품별 납품 현황'을 표시하는 제목은 보고서 머리글에 작성하였다.
② '그룹화 및 정렬' 옵션 중 '같은 페이지에 표시 안함'을 설정하였다.
③ '제품코드'에 대한 그룹 머리글과 그룹 바닥글을 모두 만들었다.
④ '제품코드'와 '제품명'을 표시하는 컨트롤의 '중복 내용 숨기기' 속성을 '예'로 설정하였다.

54 다음 중 [성적] 테이블에서 '점수'가 90 이상인 학생들의 인원수를 구하는 식으로 옳은 것은? (단, '학번' 필드는 [성적] 테이블의 기본키이다.)

① =DCount("[성적]","[학번]","[점수]>=90")
② =DCount("[학번]","[성적]","[점수]>=90")
③ =DLookUp("[성적]","[학번]","[점수]>=90")
④ =DLookUp("*","[성적]","[점수]>= 90")

55 다음 중 기관이 필요로 하는 정보를 생성하기 위한 모든 데이터 객체들에 대한 정의뿐만 아니라 데이터베이스 접근 권한, 보안 정책, 무결성 규칙에 대한 명세를 기술한 것은?

① 외부 스키마 ② 개념 스키마
③ 내부 스키마 ④ 서브 스키마

56 다음 중 SQL 명령 중 DDL에 해당하는 것으로만 짝지어진 것은?

① SELECT, INSERT, UPDATE
② UPDATE, DROP, INSERT
③ ALTER, DROP, UPDATE
④ CREATE, ALTER, DROP

57 총 10개의 튜플을 갖는 EMPLOYEE 테이블에서 DEPT_ID 필드의 값은 "D1"이 4개, "D2"가 4개, "D3"가 2개로 구성되어 있다. 다음 SQL문 ㉠, ㉡의 실행 결과 튜플 수로 옳은 것은?

㉠ SELECT DEPT_ID FROM EMPLOYEE;
㉡ SELECT DISTINCT DEPT_ID FROM EMPLOYEE;

① ㉠ 1, ㉡ 10   ② ㉠ 3, ㉡ 10
③ ㉠ 10, ㉡ 1   ④ ㉠ 10, ㉡ 3

58 다음 중 한 릴레이션의 기본키를 구성하는 어떠한 속성값도 널(Null) 값이나 중복 값을 가질 수 없다는 것을 의미하는 것은?

① 참조 무결성 제약 조건
② 주소 무결성 제약 조건
③ 원자값 무결성 제약 조건
④ 개체 무결성 제약 조건

59 다음 〈보기〉에 해당하는 컨트롤은?

〈보기〉
- 적은 공간에서 목록값을 선택하며 새로운 값을 입력할 경우 유용하다.
- 드롭다운 화살표를 클릭 전까지는 목록이 숨겨져 있으며, 클릭하면 목록이 표시된다.
- 목록에 없는 값을 직접 입력하거나 선택할 수 있다.
- 목록에 있는 값만 입력하도록 설정할 수 있다.

① 콤보 상자   ② 텍스트 상자
③ 명령 단추   ④ 옵션 그룹

60 다음 아래의 조인 속성 대화상자처럼 '동아리코드' 테이블의 레코드는 모두 포함하고, '학번성명동아리코드' 테이블에서는 '동아리코드' 필드가 일치하는 레코드만 포함하는 조인 형식으로 옳은 것은?

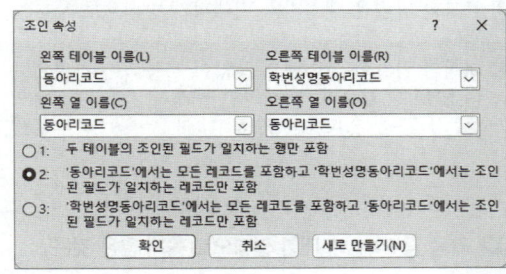

① 교차 조인(Cross Join)
② 내부 조인(Inner Join)
③ 왼쪽 외부 조인(Left Join)
④ 오른쪽 외부 조인(Right Join)

2023년 상시 기출문제 03회

- 제한시간 : 60분
- 소요시간 :   시간   분
- 전체 문항 수 : 60문항
- 맞힌 문항 수 :   문항

과목 01 컴퓨터 일반

01 다음 중 데이터 보안의 암호화에 대한 설명으로 옳지 않은 것은?

① 데이터를 보낼 때 송신자가 지정한 수신자 이외에는 그 내용을 알 수 없도록 데이터를 암호화하여 안전하게 전송할 수 있다.
② 복호화(Decryption)란 암호화된 데이터를 원상으로 복구하는 것이다.
③ 암호화 방법은 대칭키와 비대칭키 방식으로 구분이 된다.
④ 대칭키 암호화 시스템으로 많이 사용되는 기법으로는 RSA가 있으며, 대표적인 공개키 암호 시스템으로는 DES가 있다.

02 다음 중 DMA에 대한 설명으로 옳지 않은 것은?

① DMA가 입출력 처리를 하는 동안 CPU는 정지 상태에 들어간다.
② DMA가 메모리에 접근하기 위해서는 Cycle Steal을 한다.
③ 전송이 끝나면 DMA 제어기는 CPU를 인터럽트(Interrupt) 한다.
④ CPU의 계속적인 관여 없이 데이터를 메모리와 주변 장치 사이에 전송하게 한다.

03 다음 중 아래 설명에 해당하는 네트워크 구성 장비는?

- 두 개의 근거리 통신망(LAN) 시스템을 이어주는 접속 장치이다.
- 양쪽 방향으로 데이터의 전송만 해줄 뿐 프로토콜 변환 등 복잡한 처리는 불가능하다.
- 네트워크 프로토콜과는 독립적으로 작용하므로 네트워크에 연결된 여러 단말들의 통신 프로토콜을 바꾸지 않고도 네트워크를 확장할 수 있다.

① 라우터   ② 스위칭 허브
③ 브리지   ④ 모뎀

04 한글 Windows에서 LNK 확장자를 갖는 파일에 대한 다음 설명 중 옳지 않은 것은?

① 바로 가기 아이콘과 관계가 있다.
② 시스템에 여러 개 존재할 수 있다.
③ 연결 대상 파일의 위치 정보를 가지고 있다.
④ 연결 정보를 가지고 있으므로 삭제하면 연결 프로그램에 중요한 영향을 끼친다.

05 다음 중 파일의 성격 유형 분류에 해당하는 확장자의 종류로 옳지 않은 것은?

① 실행 파일 : COM, EXE, ZIP
② 그림 파일 : BMP, JPG, GIF
③ 사운드 파일 : WAV, MP3, MID
④ 동영상 파일 : MPG, AVI, MOV

06 한글 Windows의 메모장에서 저장된 문서를 열 때마다 현재의 시간과 날짜를 삽입하기 위해서 문서의 처음에 삽입하는 문자열은?

① .DATE ② .LOG
③ .TIME ④ .DIARY

07 다음 중 통신 사업자로부터 통신 회선을 빌려 판매하는 통신망으로 패킷 교환 방식을 사용하는 통신망은?

① MAN ② LAN
③ VAN ④ WAN

08 다음 중 GIF 파일 형식에 대한 설명으로 옳지 않은 것은?

① 비트맵 방식이다.
② 최대 256개의 색으로 제한된 이미지 압축 형식이다.
③ 애니메이션 파일 형식으로 움직이지 않는 이미지는 나타낼 수 없다.
④ 웹 문서에서 사용될 수 있는 형식이다.

09 TCP/IP 프로토콜에서 네트워크상의 수많은 컴퓨터를 구분하기 위하여 IPv4를 사용하고 있다. 다음 중에서 IPv4 주소의 부족 현상을 해소하기 위한 IP 주소 체계는 무엇인가?

① 64비트의 IPv5 ② 128비트의 IPv5
③ 64비트의 IPv6 ④ 128비트의 IPv6

10 한글 Windows에서 윈도우 호환 키보드를 사용하는 경우에 ⊞와 추가키를 함께 사용하였을 때 나타나는 현상으로 옳지 않은 것은?

① ⊞+D : 바탕 화면 표시 및 숨기기
② ⊞+R : 실행 대화상자
③ ⊞+U : 설정 실행
④ ⊞+Break : 시스템 속성 대화상자

11 다음 중 전원이 공급되지 않아도 내용이 지워지지 않아서 디지털 카메라의 보조 저장 장치로 사용되는 기억 장치는 어느 것인가?

① DRAM
② SRAM
③ Flash Memory
④ ROM

12 다음 중 정보 보안 시스템에서 사용될 수 있는 사용자 인증 방법으로 가장 거리가 먼 것은?

① 홍채 인증
② 지문 인증
③ 나이 인증
④ 음성 인증

13 다음 중 화면상에 픽셀의 색상을 트루컬러(True Color)로 표현하고자 할 때 필요한 비트 수는?

① 1
② 8
③ 16
④ 24

14 다음 중 쿠키에 대한 설명으로 옳은 것은?

① 인터넷 사용 시 네트워크에 접속하기 위한 프로그램이다.
② 특정 웹 사이트 접속 시 반복적으로 사용되는 접속 정보를 가지고 있는 파일이다.
③ 웹 브라우저에서 기본으로 제공하지 않는 기능을 부가적으로 설치하여 구현되도록 한다.
④ 자주 사용하는 사이트의 자료를 저장한 후 다시 동일한 사이트 접속 시 자동으로 자료를 불러온다.

15 다음 중 인터넷 서버까지의 경로를 추적하는 명령어인 'Tracert'의 실행 결과에 관한 설명으로 옳지 않은 것은?

① IP 주소, 목적지까지 거치는 경로의 수, 각 구간 사이의 데이터 왕복 속도를 확인할 수 있다.
② 특정 사이트가 열리지 않을 때 해당 서버가 문제인지 인터넷망이 문제인지 확인할 수 있다.
③ 인터넷 속도가 느릴 때 어느 구간에서 정체를 일으키는지 확인할 수 있다.
④ 현재 자신의 컴퓨터에 연결된 다른 컴퓨터의 IP 주소나 포트 정보를 확인할 수 있다.

16 다음 중 한글 Windows에서 하드디스크의 여유 공간이 부족할 경우의 해결 방법으로 옳지 않은 것은?

① [휴지통 비우기]를 수행한다.
② [디스크 정리]를 통해 임시 파일들을 지운다.
③ 시스템에서 사용하지 않는 응용 프로그램을 삭제한다.
④ [디스크 조각 모음]을 수행하여 하드디스크의 단편화를 제거한다.

17 다음 중 컴퓨터의 연산 장치에 관한 설명으로 옳지 않은 것은?

① 연산 장치가 수행하는 연산에는 산술, 논리, 관계, 이동(Shift) 연산 등이 있다.
② 연산 장치에는 뺄셈을 수행하기 위하여 입력된 값을 보수로 변환하는 보수기와 2진수 덧셈을 수행하는 가산기(Adder)가 있다.
③ 누산기(Accumulator)는 연산된 결과를 일시적으로 저장하는 레지스터이다.
④ 연산 장치에는 다음 번 연산에 필요한 명령어의 번지를 기억하는 프로그램 카운터(Program Counter)를 포함한다.

18 다음 중 디지털 콘텐츠의 제작 및 유통, 보안 등의 모든 과정을 관리할 수 있게 하는 기술 표준을 제시한 MPEG의 종류로 옳은 것은?

① MPEG-3
② MPEG-4
③ MPEG-7
④ MPEG-21

19 다음 중 〈보기〉의 특성을 갖는 통신망의 구조는 어느 것인가?

〈보기〉
- 모든 노드가 중앙 노드에 연결되어 있다.
- 통신망의 처리 능력 및 신뢰성은 중앙 노드의 제어 장치에 의해 제어된다.

① 링(Ring)형
② 버스(Bus)형
③ 트리(Tree)형
④ 스타(Star)형

20 다음 중 실제로는 악성코드로 행동하지 않으면서 겉으로는 악성코드인 것처럼 가장하여 행동하는 소프트웨어를 무엇이라고 하는가?

① 혹스(Hoax)
② 드롭퍼(Dropper)
③ 백도어(Back Door)
④ 스니핑(Sniffing)

과목 02 스프레드시트 일반

21 다음 아래의 워크시트에서 [B12:D13] 범위에 성별, 분류별 포인트의 합계를 함수가 아닌 분석 도구를 사용하여 계산하고자 한다. 가장 적합한 도구는 무엇인가?

	A	B	C	D
1	성명	성별	분류	포인트
2	이대한	남성	우수	25,000
3	한상공	남성	보통	10,000
4	안지현	여성	보통	18,000
5	홍성욱	여성	우수	22,000
6	이예린	여성	VIP	50,000
7	조명섭	남성	보통	10,000
8	정훈희	여성	우수	20,000
9				
11		VIP	보통	우수
12	남성		20000	25000
13	여성	50000	18000	42000

① 시나리오 관리자
② 목표값 찾기
③ 데이터 표
④ 피벗 테이블

22 다음 중 피벗 테이블 보고서와 피벗 차트 보고서에 대한 설명으로 옳지 않은 것은?

① 피벗 테이블 보고서에서는 값 영역에 표시된 데이터 일부를 삭제하거나 추가할 수 없다.
② 피벗 차트 보고서를 만들 때마다 동일한 데이터로 관련된 피벗 테이블 보고서가 자동으로 생성된다.
③ 피벗 차트 보고서는 분산형, 주식형, 거품형 등 다양한 차트 종류로 변경할 수 있다.
④ 행 또는 열 레이블에서의 데이터 정렬은 수동(항목을 끌어 다시 정렬), 오름차순, 내림차순 중 선택할 수 있다.

23 다음 중 워크시트의 이름 작성에 관한 설명으로 옳은 것은?

① 시트 이름 입력 시 : ₩ / ? * [ ] 등의 기호는 입력되지 않는다.
② 시트 이름으로 영문을 사용할 때 대소문자를 구분한다.
③ 하나의 통합 문서 안에서는 동일한 시트 이름을 지정할 수 있다.
④ 시트 탭의 시트 이름을 클릭하여 이름을 수정할 수 있다.

24 아래 그림과 같이 조건부 서식의 수식을 사용하여 표의 짝수 행마다 배경색을 노란색으로 채우고자 한다. 다음 중 조건부 서식에서 작성해야 할 수식으로 옳은 것은?

	A	B	C	D
1	성명	부서명	직급	근속년수
2	한대한	인사팀	대리	7
3	이상공	홍보팀	과장	10
4	홍범도	인사팀	부장	18
5	정훈희	홍보팀	사원	2
6	송유리	영업팀	부장	20
7	이예지	영업팀	과장	12
8	안유진	홍보팀	대리	6

① =MOD(COLUMN(),2)=1
② =MOD(ROW(),2)=0
③ =COLUMN()/2=1
④ =ROW()/2=1

25 다음 중 아래 그림과 같이 [목표값 찾기]를 실행했을 때 이에 대한 의미로 옳은 것은?

① 평균이 800000이 되려면 1사분기의 수출량은 얼마가 되어야 하는가?
② 1사분기 수출량이 800000이 되려면 평균은 얼마가 되어야 하는가?
③ 평균이 800000이 되려면 2사분기의 수출량은 얼마가 되어야 하는가?
④ 1사분기 수출량이 800000이 되려면 4사분기의 수출량은 얼마가 되어야 하는가?

26 다음 중 [페이지 나누기 미리 보기] 기능에 대한 설명으로 옳지 않은 것은?

① 수동으로 삽입한 페이지 나누기는 실선으로 표시되고, 자동으로 추가된 페이지 나누기는 파선으로 표시된다.
② 자동 페이지 나누기 구분선을 이동하면 수동 페이지 나누기로 바뀐다.
③ 행 높이와 열 너비를 변경하여도 자동 페이지 나누기는 영향을 받지 않고 원래대로 유지된다.
④ 수동으로 삽입한 페이지 나누기를 제거하려면 페이지 나누기를 페이지 나누기 미리 보기 영역 밖으로 끌어 놓는다.

27 다음 중 아래와 같이 워크시트에 데이터가 입력된 경우, 보기의 수식과 그 결과값으로 옳지 않은 것은?

① =MID(A5,SEARCH(A1,A5)+5,3) → '설악산'
② =REPLACE(A5,SEARCH("한",A2),5,"") → '설악산'
③ =MID(A2,SEARCH(A4,A3),2) → '대한'
④ =REPLACE(A3,SEARCH(A4,A3),2,"명세서") → '분기명세서'

28 다음 중 통합 문서에 대한 설명으로 옳지 않은 것은?

① 시트 보호는 통합 문서 전체가 아닌 특정 시트만을 보호한다.
② 공유된 통합 문서는 여러 사용자가 동시에 변경 및 병합할 수 있다.
③ 통합 문서 보호 설정 시 암호를 지정하면 워크시트에 입력된 내용을 수정할 수 없다.
④ 사용자가 워크시트를 추가, 삭제하거나 숨겨진 워크시트를 표시하지 못하도록 통합 문서의 구조를 잠글 수 있다.

29 다음 중 셀 서식의 표시 형식 기호가 "₩#,###;-₩###0"으로 설정된 셀에 -8963.633을 입력하였을 때의 표시 결과로 옳은 것은?

① ₩8964
② ₩8,964
③ -₩8964
④ -₩8,964

30 다음 배열 수식 및 함수에 대한 설명으로 옳지 않은 것은?

① 배열에서 열은 콤마(,)를 사용하여 구분하고, 행은 세미콜론(;)을 사용하여 구분한다.
② MINVERSE 함수는 배열로 저장된 행렬에 대한 역행렬을 구해준다.
③ MMULT 함수는 배열의 행렬 곱을 구해준다.
④ FREQUENCY 함수는 범위에서 k번째 백분위수 값을 구하며, 이때 K는 0에서 1까지 백분위수 값 범위이다.

31 다음 중 〈보기〉의 내용에 해당하는 차트는 무엇인가?

〈보기〉
- 두 데이터 집합 간의 최적 조합을 찾을 때 유용함
- 데이터 계열이 두 개 이상일 때만 작성이 가능함
- 이 차트는 항목과 데이터 계열이 모두 숫자 값인 경우에 만들 수 있음

①   ②
③   ④

32 다음 프로그램의 실행 결과 변수 test의 값으로 올바른 것은?

```
Sub 예제()
    test = 0
    Do Until test < 99
        test = test + 1
    Loop
    MsgBox test
End Sub
```

① 0
② 98
③ 99
④ 100

33 다음 중 매크로 기록 대화상자에 대한 설명으로 옳은 것은?

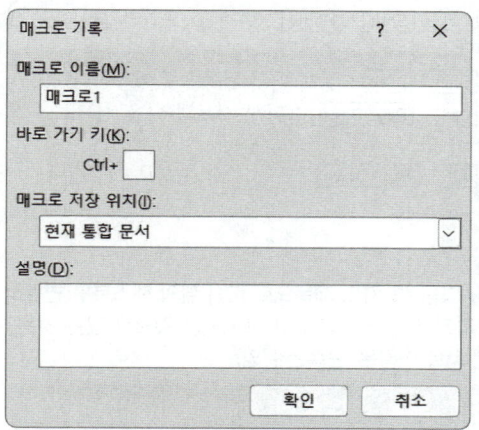

① Ctrl + 1 로 바로 가기 키를 설정할 수 있다.
② 매크로 저장 위치를 현재 통합 문서, 새 통합 문서, 개인용 매크로 통합 문서 중에서 선택할 수 있다.
③ 매크로 이름은 자동으로 지정되므로 사용자가 지정할 수 없다.
④ 설명은 엑셀에서 기본적으로 설정해 놓았기 때문에 사용자가 임의로 수정할 수 없다.

34 다음 중 엑셀의 각종 데이터 입력에 관한 설명으로 옳지 않은 것은?

① TODAY 함수의 결과는 Ctrl + ; 을 누른 결과와 같다.
② Esc 를 누르면 입력 중인 데이터를 취소할 수 있다.
③ 시간 데이터는 콜론(:)으로 시, 분, 초를 구분하여 입력한다.
④ 범위를 지정하고 데이터를 입력한 후 Alt + Enter 를 누르면 동일한 데이터가 한꺼번에 입력된다.

35 다음 중 셀 포인터의 이동 방법으로 옳지 않은 것은?

① `Ctrl` + `Shift` + `Home` : 현재 셀 포인터부터 [A1] 셀까지 범위가 설정된다.
② `Shift` + `Tab` : 현재 셀의 왼쪽으로 이동한다.
③ `Ctrl` + `Page Down` : 활성 시트의 다음 시트로 이동한다.
④ `Alt` + `Page Down` : 다음 통합 문서로 이동한다.

36 다음 중 차트 제목으로 [B1] 셀의 텍스트를 연결하는 과정과 수식 입력 줄에 표시되는 것으로 옳은 것은? (단, 시트 이름은 '근속년수'임)

① 과정 : 차트의 차트 제목을 클릭한 후 등호(=)를 입력한 후 [B1] 셀을 선택한다.
  표시 : "근속년수"=$B$1!
② 과정 : 차트의 차트 제목을 클릭한 후 수식 입력 줄에서 등호(=)를 입력한 후 [B1] 셀을 선택한다.
  표시 : =근속년수!$B$1
③ 과정 : 차트의 차트 제목을 클릭한 후 수식 입력 줄에서 [B1] 셀을 선택한다.
  표시 : '$B$1'
④ 과정 : 차트의 차트 제목을 클릭한 후 수식 입력 줄에서 '=TEXT(B1)'을 입력한다.
  표시 : $B$1

37 다음 중 시나리오에 대한 설명으로 옳지 않은 것은?

① 시나리오는 별도의 파일로 저장하고 자동으로 바꿀 수 있는 값의 집합이다.
② 시나리오를 사용하여 워크시트 모델의 결과를 예측할 수 있다.
③ 여러 시나리오를 비교하기 위해 시나리오를 한 페이지의 피벗 테이블로 요약할 수 있다.
④ 시나리오 피벗 테이블 보고서에는 결과 셀이 반드시 있어야 한다.

38 다음 중 채우기 핸들에 대한 설명으로 옳은 것은?

① 문자와 숫자가 혼합된 셀의 채우기 핸들을 `Ctrl`을 누른 채 드래그하면 동일한 내용으로 복사된다.
② 숫자가 입력된 첫 번째 셀과 두 번째 셀을 범위로 설정한 후 채우기 핸들을 드래그하면 두 번째 셀의 값이 복사된다.
③ 숫자가 입력된 셀에서 `Ctrl`을 누른 채 채우기 핸들을 오른쪽으로 드래그하면 숫자가 1씩 감소한다.
④ 사용자 정의 목록에 정의된 목록 데이터의 첫 번째 항목을 입력하고 `Ctrl`을 누른 채 채우기 핸들을 드래그하면 목록 데이터가 입력된다.

39 다음 중 [페이지 설정] 대화상자에서 워크시트에 포함된 메모의 인쇄 여부 및 인쇄 위치를 지정하기 위해 선택해야 할 탭은?

① [페이지] 탭
② [여백] 탭
③ [머리글/바닥글] 탭
④ [시트] 탭

40 다음 중 아래 시트에서 부서별 인원수[H3:H6]를 구하기 위하여 [H3] 셀에 입력되는 배열 수식으로 옳지 않은 것은?

	A	B	C	D	E	F	G	H
1								
2		사원명	부서명	직위	급여		부서별 인원수	
3		홍길동	개발1부	부장	3500000		개발1부	3
4		이대한	영업2부	과장	2800000		개발2부	1
5		한민국	영업1부	대리	2500000		영업1부	1
6		이겨레	개발1부	과장	3000000		영업2부	2
7		김국수	개발1부	부장	3700000			
8		박미나	개발2부	대리	2800000			
9		최신호	영업2부	부장	3300000			
10								

① {=SUM(($C$3:$C$9=G3)*1)}
② {=DSUM(($C$3:$C$9=G3)*1)}
③ {=SUM(IF($C$3:$C$9=G3,1))}
④ {=COUNT(IF($C$3:$C$9=G3,1))}

과목 03 데이터베이스 일반

41 다음 중 후보키(Candidate Key)가 만족해야 할 두 가지 성질과 예로 모두 옳게 짝지어진 것은?

① 성질 : 유일성과 무결성, 예 : 물품코드, 물품가격
② 성질 : 유일성과 최소성, 예 : 주민등록번호, 사원번호
③ 성질 : 독립성과 최소성, 예 : 학번, 동아리코드
④ 성질 : 독립성과 무결성, 예 : 직급, 호봉

42 다음 중 관계 데이터 모델에서 하나의 애트리뷰트가 취할 수 있는 같은 타입의 원자(Atomic) 값들의 집합을 무엇이라 하는가?

① 튜플
② 속성
③ 도메인
④ 테이블

43 다음 두 릴레이션 간의 관계에서 교수 릴레이션에 존재하는 외래키는? (단, 교수 릴레이션의 기본키는 교수번호이고 학과 릴레이션의 기본키는 학과번호이다.)

교수(교수번호, 교수이름, 학과번호, 직급)
학과(학과번호, 학과이름, 학과장 교수번호, 학생수)

① 교수이름
② 학과번호
③ 학과장 교수번호
④ 학과이름

44 데이터베이스 질의를 사용할 때 다양한 특수 연산자가 있어 매우 유용하게 이용되고 있다. 특수 연산자에 대한 설명으로 가장 잘못된 것은?

① in 연산은 or 연산을 수행한 결과와 같다.
② between 연산은 and 연산을 수행한 결과와 같다.
③ like 연산자를 사용하면 특정한 문자로 시작하는 결과를 검색할 수 있다.
④ where 번호 between 1 and 3하면 1은 포함되고 3은 포함되지 않는다.

45 다음 중 폼 마법사를 이용하여 폼을 작성할 때 지정할 수 있는 폼의 모양으로 옳지 않은 것은?

① 열 형식
② 행 형식
③ 테이블 형식
④ 데이터시트

46 다음 쿼리문에 대한 설명으로 가장 옳지 않은 것은?

```
DELETE * FROM 회원 WHERE 회원번호=300
```

① [회원] 테이블에서 회원번호가 300인 레코드를 삭제한다.
② WHERE절 이하 부분이 없으면 아무 레코드도 삭제하지 않는다.
③ 레코드를 삭제한 다음에는 삭제한 내용은 되돌릴 수 없다.
④ 질의문을 실행하는 경우 레코드 수에는 변화가 있을 수 있지만 필드 수에는 변화가 없다.

47 폼이나 보고서의 특정 컨트롤에서 '=[단가]*[수량]*(1-[할인률])'과 같은 계산식을 사용하고자 한다. 이때 계산 결과를 소수점 이하 첫째 자리까지 표시하기 위한 함수는?

① CIng()
② Val()
③ Format()
④ DLookUp()

48 다음 중 학생과 학교 개체 간의 학적관계를 E-R 다이어그램으로 옳게 표현한 것은?

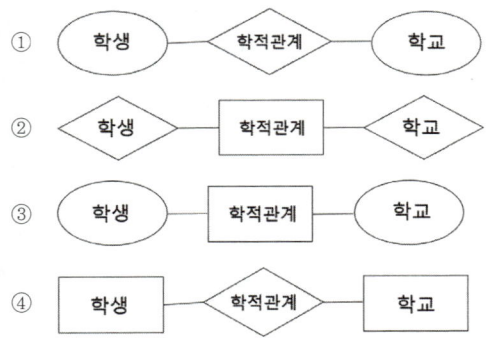

49 다음 중 보고서에서 순번 항목과 같이 그룹 내의 데이터에 대한 일련번호를 표시하기 위해 텍스트 상자 컨트롤의 속성을 설정하는 방법으로 옳은 것은?

① 텍스트 상자의 컨트롤 원본을 '=1'로 지정하고, 누적 합계 속성을 '그룹'으로 지정한다.
② 텍스트 상자의 컨트롤 원본을 '+1'로 지정하고, 누적 합계 속성을 '그룹'으로 지정한다.
③ 텍스트 상자의 컨트롤 원본을 '+1'로 지정하고, 누적 합계 속성을 '모두'로 지정한다.
④ 텍스트 상자의 컨트롤 원본을 '=1'로 지정하고, 누적 합계 속성을 '모두'로 지정한다.

50 다음 쿼리문에 대한 설명으로 옳은 것은?

```
SELECT 학과명, COUNT(*) AS [휴학자수] FROM 학생
GROUP BY 학과명 HAVING [재학구분]="휴학중"
```

① 구문의 오류로 인해 실행될 수 없는 쿼리이다.
② 쿼리를 실행하면 5개의 필드가 출력된다.
③ 학과명별로 휴학 중인 학생들의 인원수를 표시한다.
④ 휴학 중인 학생 수가 가장 많은 학과를 표시한다.

51 다음 중 입력 마스크를 '>L0L L?0'로 지정했을 때 유효한 입력값은?

① a9b M
② M3F A07
③ H3H 가H3
④ 9Z3 3?H

52 다음 〈견적〉 테이블에 대한 함수의 결과로 옳지 않은 것은?

〈견적〉

품명	수량	단가
노트북	5	1000000
모니터	10	500000
키보드	20	30000
마우스	10	15000
프린터	Null	650000

① 함수 =Max([단가]) 결과 : 1000000
② 함수 =Sum([수량]) 결과 : 45
③ 함수 =Avg([수량]) 결과 : 9
④ 함수 =Count([단가]) 결과 : 5

53 다음 중 폼 만들기 도구로 빈 양식의 폼에서 사용자가 직접 텍스트 상자, 레이블, 단추 등의 필요한 컨트롤들을 삽입하여 작성해야 하는 것은?

① 폼
② 폼 분할
③ 여러 항목
④ 폼 디자인

54 다음 중 〈인사〉 테이블에 있는 '고과점수' 필드를 참조하려고 할 때 참조 형식으로 옳은 것은?

① (Forms)!(인사)!(고과점수)
② [Forms]![인사]![고과점수]
③ {Forms}!{인사}&{고과점수}
④ 〈Forms〉&〈인사〉!〈고과점수〉

55 다음 두 테이블 J와 K에 대한 아래 SQL문의 실행 결과로 옳은 것은?

J

A	B
1	A
2	B
3	C

K

A	C
2	X
3	Y
4	X

```
SELECT A FROM J
UNION
SELECT A FROM K;
```

① 23
② 123
③ 234
④ 1234

56 다음 중 보고서 인쇄 미리 보기에서의 [페이지 설정] 대화상자에 대한 설명으로 옳지 않은 것은?

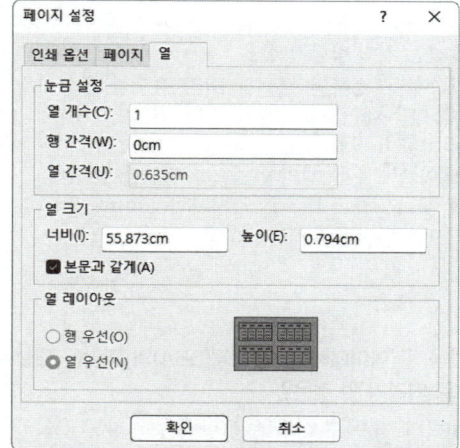

① [열] 탭의 '열 크기'에서 '본문과 같게'는 열의 너비와 높이를 보고서 본문의 너비와 높이에 맞춰 인쇄하는 것이다.
② [열] 탭에서 지정한 '눈금 설정'과 '열 크기'에 비해 페이지의 가로 크기가 작은 경우 자동으로 축소하여 인쇄되지 않는다.
③ [인쇄 옵션] 탭에서 레이블 및 컨트롤의 테두리, 눈금선 등의 그래픽은 인쇄하지 않고 데이터만 인쇄되도록 설정할 수 있다.
④ [인쇄 옵션] 탭에서는 인쇄할 용지의 크기, 용지 방향, 프린터를 지정할 수 있다.

57 다음 중 폼을 열자마자 'txt조회' 컨트롤에 커서(포커스)를 자동적으로 위치하게 하는 이벤트 프로시저는?

① Private Sub txt조회_Click()
　　txt조회.AutoTab = True
　End Sub
② Private Sub txt조회_Click()
　　txt조회.SetFocus
　End Sub
③ Private Sub Form_Load()
　　txt조회.AutoTab = True
　End Sub
④ Private Sub Form_Load()
　　txt조회.SetFocus
　End Sub

58 다음 중 인덱스(Index)에 대한 설명으로 옳지 않은 것은?

① 일반적으로 검색을 자주하는 필드에 대해 인덱스를 설정하는 것이 바람직하다.
② 인덱스를 설정하면 검색과 쿼리 속도를 향상시킬 수 있지만 데이터를 추가하거나 업데이트할 때는 속도가 느려진다.
③ 한 테이블에서 한 개의 인덱스만 생성할 수 있다.
④ 중복 불가능한 인덱스를 생성하면 동일한 값이 중복적으로 입력될 수 없다.

59 다음 중 데이터베이스관리자(DBA)의 역할에 대한 설명으로 거리가 먼 것은?

① 데이터의 저장 구조와 접근 방법을 결정하는 역할을 한다.
② 시스템의 보안성과 무결성을 검사하는 기능을 결정하는 역할을 한다.
③ 데이터 부속어와 호스트 프로그래밍 언어를 이용하여 프로그램을 작성한다.
④ 데이터베이스에 대한 백업과 회복을 위한 적절한 방법을 선택하는 역할을 한다.

60 폼의 머리글에 아래와 같은 도메인 함수 계산식을 사용하는 컨트롤을 삽입하였다. 다음 중 계산 결과값에 대한 설명으로 옳은 것은?

= DLOOKUP("성명", "사원", "[사원번호]=1")

① 성명 테이블에서 사원번호가 1인 데이터의 성명 필드에 저장된 값
② 성명 테이블에서 사원번호가 1인 데이터의 사원 필드에 저장된 값
③ 사원 테이블에서 사원번호가 1인 데이터의 성명 필드에 저장된 값
④ 사원 테이블에서 사원번호가 1인 데이터의 사원 필드에 저장된 값

빠르게 정답 확인하기!

스마트폰으로 QR 코드를 스캔해 보세요.
정답표를 통해 편리하게 채점할 수 있습니다.

2023년 상시 기출문제 04회

- 제한시간 : 60분
- 소요시간 :　시간　분
- 전체 문항 수 : 60문항
- 맞힌 문항 수 :　문항

과목 01 컴퓨터 일반

01 다음 중 〈보기〉의 기능을 수행하는 것으로 옳은 것은?

〈보기〉
- 에러 검출과 교정이 가능하다.
- 최대 2비트까지 에러를 검출하고 1비트의 에러 교정이 가능한 방식이다.
- 8421코드에 3비트의 짝수 패리티를 추가해서 구성한다.

① CSMA/CD(매체 접근 제어) 방식
② 패리티 검사 방식
③ CRC(순환 중복 검사) 방식
④ 해밍 코드(Hamming Code)

02 다음 중 컴퓨터에서 사용하는 마이크로프로세서(Microprocessor)에 관한 설명으로 옳지 않은 것은?

① 제어 장치, 연산 장치, 주기억 장치가 하나의 반도체 칩에 내장된 장치이다.
② 클럭 주파수와 내부 버스의 Bit 수로 성능을 평가한다.
③ 트랜지스터의 집적도에 따라 기본적인 처리 속도가 결정된다.
④ 현재는 작은 규모의 임베디드 시스템이나 휴대용 기기에서부터 메인 프레임이나 슈퍼컴퓨터까지 사용된다.

03 다음 중 컴퓨터 프로그래밍 언어와 관련하여 객체 지향 언어의 특징으로 옳지 않은 것은?

① 은닉화
② 구조화
③ 상속
④ 자료 추상화

04 다음 중 비밀키 암호화 기법에 해당하지 않는 것은?

① 사용자의 증가에 따라 관리해야 하는 키의 수가 상대적으로 많아진다.
② 대표적으로 DES(Data Encryption Standard) 방식이 있다.
③ 암호화와 복호화의 속도가 빠르다.
④ 이중키 방식이므로 알고리즘이 복잡하다.

05 다음 중 운영체제의 성능 평가 요소로 가장 거리가 먼 것은?

① 신뢰도 향상
② 앱 번역 및 생성
③ 응답 시간 단축
④ 처리 능력 증대

06 다음 중 XML(eXtensible Markup Language) 문서에 대한 설명으로 옳지 않은 것은?

① 태그(Tag)와 속성을 사용자가 정의할 수 있으며 문서의 내용과 이를 표현하는 방식이 독립적이다.
② HTML과는 달리 DTD(Document Type Declaration)가 고정되어 있지 않으므로 논리적 구조를 표현할 수 있는 유연성을 가진다.
③ XML은 HTML에 사용자가 새로운 태크(Tag)를 정의할 수 있는 기능이 추가되었다.
④ 확장성 생성 언어라는 뜻으로 기존의 HTML의 단점을 보완하여 비구조화 문서를 기술하기 위한 국제 표준 규격이다.

07 다음 중 아래의 내용이 의미하는 것으로 옳은 것은?

> • CPU의 간섭 없이 주기억 장치와 입출력 장치 사이에서 직접 전송이 이루어지는 방법
> • 고속으로 대량의 데이터를 전송하여 입출력이 이루어짐

① 교착상태(DeadLock)
② DMA(Direct Memory Access)
③ 인터럽트(Interrupt)
④ IRQ(Interrupt ReQuest)

08 다음 중 인터넷상에서 접속이 너무 많거나 너무 원격지일 경우 과부하나 속도 저하를 막기 위해 동일한 사이트를 여러 곳에 복사해 놓는 것을 의미하는 것은?

① 포털 사이트(Portal Site)
② 미러 사이트(Mirror Site)
③ 인트라넷(Intranet)
④ 엑스트라넷(Extranet)

09 다음 중 한글 Windows 10에서 사용되는 [휴지통]에 관한 설명으로 옳지 않은 것은?

① 하드디스크의 파일이나 폴더를 Delete 를 눌러서 삭제하면 [휴지통]에 넣어지며, [휴지통] 아이콘은 빈 휴지통에서 가득 찬 휴지통 아이콘으로 바뀐다.
② [휴지통]에 보관된 실행형 파일은 복원할 수 있으며 복원하기 전에도 실행시킬 수 있다.
③ Windows에서는 각각의 파티션이나 하드디스크에 [휴지통]을 하나씩 할당한다.
④ [휴지통]에 있는 항목은 사용자가 컴퓨터에서 영구적으로 삭제하기 전까지 휴지통에 그대로 있으며, 사용자가 삭제를 취소하거나 원래 위치로 복원할 수 있다.

10 다음 중 컴퓨터 그래픽과 관련하여 〈보기〉에서 설명하고 있는 그래픽 파일의 형식은?

〈보기〉
> • 비손실 압축 방법을 사용한다.
> • 애니메이션을 표현할 수 있다.
> • 8비트 컬러 사용으로 256가지 색을 표현할 수 있다.
> • 비손실 압축이므로 이미지의 손상은 없지만, 압축률이 좋지 않다.

① GIF   ② JPG
③ PNG   ④ BMP

11 다음 중 컴퓨터 소프트웨어 개발 과정에서 제작되는 알파(Alpha) 버전에 관한 설명으로 옳은 것은?

① 정식 프로그램의 기능을 홍보하기 위해 기능 및 기간을 제한하여 배포하는 프로그램이다.
② 베타 테스트를 하기 전에 제작 회사 내에서 테스트할 목적으로 제작된 프로그램이다.
③ 정식 버전을 출시하기 전에 테스트를 목적으로 일반인에게 공개하는 프로그램이다.
④ 오류 수정이나 성능 향상을 위해 이미 배포된 프로그램 일부를 변경해 주는 프로그램이다.

12 다음 중 서로 독립되어 컴파일된 여러 개의 목적 프로그램을 하나의 실행 가능한 로드 모듈로 만드는 기능을 하는 프로그램은 무엇인가?

① 정렬/합병 프로그램
② 언어 번역 프로그램
③ 다중 프로그램
④ 연계 편집 프로그램

13 10진수 1,024(=2^{10})를 이진수로 올바르게 표현한 것은?

① 10000000000
② 1111111111
③ 11111111111
④ 1000000000

14 다음 중 컴퓨터 통신과 관련하여 P2P 방식에 관한 설명으로 옳은 것은?

① 인터넷에서 이루어지는 개인 대 개인의 파일 공유를 위한 기술이다.
② 인터넷을 통해 MP3를 제공해 주는 기술 및 서비스이다.
③ 인터넷을 통해 동영상을 상영해 주는 기술 및 서비스이다.
④ 여러 사용자가 동시에 온라인 게임을 할 수 있도록 제공해 주는 기술이다.

15 다음 중 레지스터(Register)에 대한 설명으로 옳지 않은 것은?

① CPU 내부에서 처리할 명령어나 연산 결과값을 일시적으로 저장하는 기억 장치이다.
② 레지스터의 크기는 컴퓨터가 한 번에 처리할 수 있는 데이터의 크기를 나타낸다.
③ 펌웨어(Firmware)를 저장하는 비휘발성 메모리로 액세스 속도가 가장 빠른 기억 장치이다.
④ 구조는 플립플롭(Flip-Flop)이나 래치(Latch)를 직렬 또는 병렬로 연결한다.

16 다음 중 한글 Windows 10에서 사용하는 바로 가기 키의 기능으로 옳지 않은 것은?

① ■+X : 빠른 링크 메뉴 열기
② ■++ : 돋보기를 이용한 확대
③ ■+Tab : PC 잠금 또는 계정 전환
④ ■+Ctrl+Enter : 내레이터 열기

17 다음 중 인터넷 연결을 위하여 TCP/IP 프로토콜을 설정할 때 네트워크 ID와 호스트 ID를 구분해 주는 역할을 하며, 대부분 255.255.255.0의 C 클래스(Class)로 정의되는 것은?

① IP 주소
② 기본 게이트웨이
③ DNS(Domain Name System)
④ 서브넷 마스크(Subnet Mask)

18 다음 중 가로 200 픽셀, 세로 400 픽셀 크기의 256 색상으로 표현된 정지 영상을 10:1로 압축하여 JPG 파일로 저장하였을 때 이 파일의 크기는 얼마인가?

① 6KB
② 7KB
③ 8KB
④ 9KB

19 다음 중 업무 처리의 신뢰도를 높이기 위해 2개의 CPU가 같은 업무를 동시에 처리하여 그 결과를 상호 점검하면서 운영하는 것으로 컴퓨터 고장으로 인한 작업 중단에 대비하는 시스템은?

① 듀플렉스 시스템
② 클러스터링 시스템
③ 듀얼 시스템
④ 다중 처리 시스템

20 다음 중 Windows의 [설정]-[장치]-[마우스]에서 설정 가능한 기능으로 옳지 않은 것은?

① 기본 단추 선택은 왼쪽과 오른쪽 중에서 선택할 수 있다.
② Alt 를 눌러 포인터의 위치를 표시할 수 있다.
③ 커서 속도를 조절할 수 있다.
④ 마우스 휠을 돌릴 때 스크롤할 양을 조절할 수 있다.

과목 02 스프레드시트 일반

21 다음 중 아래의 함수식 결과가 올바르게 짝지어진 것은? (단, 함수식의 결과가 날짜로 표시된 경우 셀의 표시 형식은 '날짜'로 설정된 것으로 함)

```
가. =EDATE("2024-6-3", 6)
나. =EOMONTH("2024-1-1", 11)
```

① 가. 2024-6-9, 나. 2024-1-12
② 가. 2024-12-31, 나. 2024-12-3
③ 가. 2030-6-3, 나. 2035-12-31
④ 가. 2024-12-3, 나. 2024-12-31

22 다음 프로시저가 실행된 후 ⓐ Sum과 ⓑ k 값으로 옳게 짝지어진 것은?

```
Sub Hap()
    For k = 1 To 20 Step 5
        Sum = Sum + k
    Next
    MsgBox Sum
    MsgBox k
End Sub
```

① ⓐ 17, ⓑ 20
② ⓐ 34, ⓑ 21
③ ⓐ 50, ⓑ 20
④ ⓐ 210, ⓑ 21

23 다음 중 아래의 워크시트에서 사원번호의 3번째 문자가 "K"에 해당하는 사원의 실적[B2:B7]의 합계를 구하는 배열 수식은?

	A	B
1	사원번호	실적
2	04K001	1,000
3	17C021	3,500
4	07K111	2,000
5	20C033	4,500
6	23K222	7,000
7	20C089	6,500

① =SUM(MID($A$2:$A$7="K")*$B$2:$B$7)
② =SUM((MID($A$2:$A$7,1="K"),$B$2:$B$7)
③ =SUM(MID($A$2:$A$7,3="K"),$B$2:$B$7)
④ =SUM((MID($A$2:$A$7,3,1)="K")*$B$2:$B$7)

24 다음 〈보기〉의 정렬에 대한 설명 중 맞는 것만으로 옳게 짝지어진 것은?

〈보기〉
ⓐ 머리글 행이 없는 데이터도 원하는 기준으로 정렬이 가능하다.
ⓑ 영숫자 텍스트는 왼쪽에서 오른쪽으로 정렬된다.
ⓒ 영문자의 경우 대/소문자를 구분하여 정렬할 수 있으며, 오름차순으로 정렬하면 대문자가 우선순위를 갖는다.
ⓓ 글꼴에 지정된 색을 기준으로 정렬하려면 정렬 기준을 '셀 색'으로 설정한다.
ⓔ 빈 셀(공백)은 정렬 순서와 관계없이 항상 가장 마지막으로 정렬된다.

① ⓐ, ⓑ, ⓒ
② ⓐ, ⓑ, ⓔ
③ ⓑ, ⓒ, ⓓ
④ ⓒ, ⓓ, ⓔ

25 다음 중 작성된 매크로를 실행하는 방법으로 옳지 않은 것은?

① 매크로를 지정한 도형을 클릭하여 실행한다.
② 매크로를 작성할 때 지정한 바로 가기 키를 이용하여 실행한다.
③ 매크로가 적용되는 셀의 바로 가기 메뉴를 이용하여 실행한다.
④ 매크로 대화상자에서 매크로를 선택하여 실행한다.

26 다음 중 [데이터]-[데이터 가져오기 및 변환]에서 가져올 수 없는 파일 형식은?

① 웹(*.html)
② MS-Word(*.docx)
③ 텍스트/CSV(*.txt, *.csv)
④ Access(*.mdb, *.accdb)

27 다음 아래의 차트에 대한 설명으로 옳지 않은 것은?

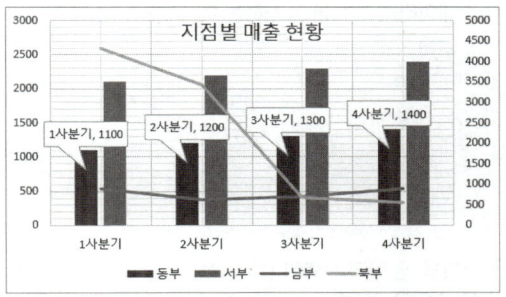

① 묶은 세로 막대형-꺾은선형, 보조 축이 적용된 차트이다.
② 차트 제목 "지점별 매출 현황"은 '차트 위'가 설정되어 있다.
③ 데이터 레이블은 동부 지점에 대해 '데이터 설명선'이 적용되어 있다.
④ 눈금선은 기본 주 가로, 기본 주 세로, 기본 보조 가로, 기본 보조 세로가 적용되어 있다.

28 다음 중 아래와 같이 '김선'의 성적 변화([D3:D8])에 따른 평균의 변화([E3:E8])를 표의 형태로 표시하기 위한 [데이터 표] 작업에 대한 설명으로 옳지 않은 것은?

	A	B	C	D	E	F
1	성명	점수		김선	평균	
2	이대한	68			75.2	
3	한상공	79		50	68.7	
4	왕예린	56		60	70.3	
5	차은서	69		70	72.0	
6	김선	89		80	73.7	
7	최지선	90		90	75.3	
8	평균	75.2		100	77.0	
9						

① [데이터 표]의 결과값은 반드시 변화하는 '김선'의 성적을 포함한 수식으로 작성되어야 한다.
② 평균의 변화 값을 구하는 [데이터 표]이므로 평균 [B8] 셀의 수식을 그대로 [E2] 셀에 입력한다.
③ [D2:E8] 영역을 선택하고, [데이터]-[예측]-[가상 분석]-[데이터 표]를 선택하여 실행한다.
④ [데이터 표] 대화상자에서 '행 입력 셀'에 [B6]을 입력한다.

29 국어, 영어, 수학의 각 점수가 70, 80, 90일 때, 평균이 90이 되기 위한 국어 점수를 구하고자 한다. 다음 중 어떤 기능을 이용하는 것이 가장 적절한가?

① 목표값 찾기
② 시나리오 분석
③ 데이터 통합
④ 부분합

30 다음 중 피벗 차트 보고서에 대한 설명으로 옳지 않은 것은?

① 피벗 차트 보고서에 필터를 적용하면 피벗 테이블 보고서에 자동 적용된다.
② 처음 피벗 테이블 보고서를 만들 때 자동으로 피벗 차트 보고서를 함께 만들 수도 있고, 기존 피벗 테이블 보고서에서 피벗 차트 보고서를 만들 수도 있다.
③ 피벗 차트 보고서를 정적 차트로 변환하려면 관련된 피벗 테이블 보고서를 선택한 후 [피벗 테이블 분석] 탭 [동작] 그룹의 [지우기]-[모두 지우기] 명령을 수행하여 피벗 테이블 보고서를 먼저 삭제한다.
④ 피벗 차트 보고서를 삭제해도 관련된 피벗 테이블 보고서는 삭제되지 않는다.

31 다음 아래의 [머리글/바닥글] 편집 단추의 기능에 따른 삽입 코드로 옳지 않은 것은?

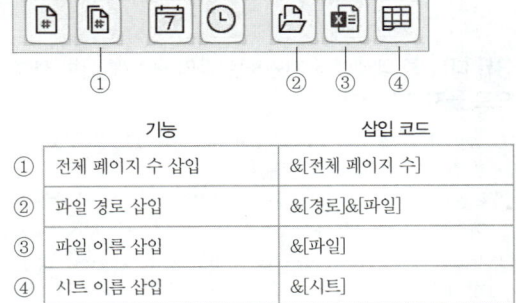

	기능	삽입 코드
①	전체 페이지 수 삽입	&[전체 페이지 수]
②	파일 경로 삽입	&[경로]&[파일]
③	파일 이름 삽입	&[파일]
④	시트 이름 삽입	&[시트]

32 다음 중 시트 전체를 범위로 선택하는 방법으로 옳지 않은 것은?

① 시트의 임의의 셀에서 [Ctrl]+[A]를 누른다.
② 시트 전체 선택 단추(■)를 클릭한다.
③ 하나의 열이 선택된 상태에서 [Shift]+[Space Bar]를 누른다.
④ 하나의 행이 선택된 상태에서 [Shift]+[Space Bar]를 누른다.

33 통합 문서를 열 때마다 특정 작업이 자동으로 수행되는 매크로를 작성하려고 한다. 이때 사용해야 할 매크로 이름으로 옳은 것은?

① Auto_Open   ② Auto_Exec
③ Auto_Macro   ④ Auto_Start

34 다음 중 아래의 수학식을 엑셀의 해당 함수를 이용하여 수식으로 바르게 표현한 것은?

$$\sqrt{89} \times (|-63|+6^3)$$

① =POWER(89)*(ABS(-63)+SQRT(6,3))
② =SQRT(89)*(EXP(-63)+POWER(6,3))
③ =SQRT(89)*(ABS(-63)+POWER(6,3))
④ =POWER(89)*(ABS(63)+SQRT(3,6))

35 다음 중 엑셀에서 지원하는 파일 형식에 대한 설명으로 옳지 않은 것은?

① 통합 문서에 매크로나 VBA 코드가 없으면 '*.xlsx' 파일 형식으로 저장한다.
② Excel 2003 파일을 Excel 2021에서 열어 작업하면 파일은 자동으로 Excel 2021 형식으로 저장된다.
③ 통합 문서를 서식 파일로 사용하려면 '*.xltx' 파일 형식으로 저장한다.
④ 이전 버전의 Excel에서 만든 파일을 Excel 2021 파일로 저장하면 새로운 Excel 기능을 모두 사용할 수 있다.

36 다음 중 항목 레이블이 월, 분기, 연도와 같이 일정한 간격의 값을 나타낼 때 적합한 차트로 일정 간격에 따라 데이터의 추세를 표시하는 데 유용한 것은?

① 분산형 차트
② 원형 차트
③ 꺾은선형 차트
④ 방사형 차트

37 다음 중 워크시트의 [틀 고정] 기능에 관한 설명으로 옳지 않은 것은?

① 워크시트에서 화면을 스크롤할 때 행 또는 열 레이블이 계속 표시되도록 설정하는 기능이다.
② 화면에 표시되는 틀 고정 형태는 인쇄 시에도 그대로 적용되어 출력된다.
③ [틀 고정] 기능에는 현재 선택 영역을 기준으로 하는 '틀 고정' 외에도 '첫 행 고정', '첫 열 고정' 등의 옵션이 있다.
④ 행과 열을 모두 잠그려면 창을 고정할 위치의 오른쪽 아래 셀을 클릭한 후 '틀 고정'을 실행한다.

38 다음 중 매크로 편집에 사용되는 Visual Basic Editor에 관한 설명으로 옳지 않은 것은?

① Visual Basic Editor는 바로 가기 키인 [Alt]+[F11]을 누르면 실행된다.
② 작성된 매크로는 한 번에 실행되며, 한 단계씩 실행될 수는 없다.
③ Visual Basic Editor는 프로젝트 탐색기, 속성 창, 모듈 시트 등으로 구성되어 있다.
④ 실행하고자 하는 매크로 구문 내에 커서를 위치시키고 [F5]를 누르면 매크로가 바로 실행된다.

39 다음 중 고급 필터 실행을 위한 조건 지정 방법에 대한 설명으로 옳지 않은 것은?

① 함수나 식을 사용하여 조건을 입력하면 셀에는 비교되는 현재 대상의 값에 따라 TRUE나 FALSE가 표시된다.
② 함수를 사용하여 조건을 입력하는 경우 원본 필드명과 동일한 필드명을 조건 레이블로 사용해야 한다.
③ 다양한 함수와 식을 혼합하여 조건을 지정할 수 있다.
④ 텍스트 데이터를 필터링할 때 대/소문자는 구분되지 않으나 수식으로 대/소문자를 구분하여 검색할 수 있다.

40 다음 아래의 시트처럼 짝수 행에만 서식을 적용하는 조건부 서식의 수식으로 옳은 것은?

	A	B	C	D	E
1	성명	컴일반	엑셀	액세스	평균
2	왕예린	90	80	70	80
3	김서연	100	67	89	85
4	이세현	50	60	70	60
5	정하림	44	55	66	55

① =ISODD(ROW())
② =ISEVEN(ROW())
③ =ISODD(COLUMN())
④ =ISEVEN(COLUMN())

과목 03 데이터베이스 일반

41 다음 중 관계형 데이터베이스 관리 시스템(RDBMS)의 종류에 해당하지 않는 것은?

① MS-SQL Server
② 오라클(ORACLE)
③ MY-SQL
④ 파이썬(Python)

42 [사원] 테이블에서 '사번' 필드를 기본키로 설정하려 하였더니 다음과 같은 내용의 오류 메세지가 나타났다. 중복된 사번을 찾는 쿼리로 가장 적절한 것은?

> 인덱스, 기본키 또는 관계에서 중복된 값을 만들었기 때문에 테이블에 요청된 변경 사항이 적용되지 않았습니다. 필드의 데이터 또는 중복 데이터가 있는 필드를 변경하거나 인덱스를 제거하거나 중복이 가능한 인덱스로 다시 정의하여 다시 시도하십시오.

① Select 사번 From 사원 Having Count(*) 〉 1
② Select 사번 From 사원 Group by 사번 Where Count(*) 〉 1
③ Select 사번 From 사원 Where Count(*) 〉 1 Group by 사번
④ Select 사번 From 사원 Group by 사번 Having Count(*) 〉 1

43 다음 중 다양한 사용자의 요구사항을 분석하여 정보 구조를 표현한 관계도(ERD)를 생성하는 데이터베이스 설계 단계는?

① 데이터베이스 기획
② 개념적 설계
③ 논리적 설계
④ 물리적 설계

44 다음 SQL문에 의해서 조회되는 CNO 목록으로 가장 적절한 것은?

```
SELECT CNO
FROM COURSE
WHERE CNO LIKE 'K?'
```

단, [COURSE] 테이블의 CNO 필드에는 다음과 같은 값들이 입력되어 있다.

K5, KBO, KO, KOREA, K82, OK, SKC

① K5, KBO, KO, KOREA, K82
② K5, KBO, KO, KOREA, K82, OK, SKC
③ K5, KO
④ K5, KO, K82, OK, SKC

45 다음 중 액세스에서 색인(Index)에 대한 설명으로 가장 옳지 않은 것은?

① 테이블의 내용을 검색할 때 그 속도를 높이기 위해서 이용한다.
② OLE 개체 데이터 형식의 필드는 인덱스를 사용할 수 없다.
③ 인덱스의 종류는 단일 필드 인덱스와 다중 필드 인덱스가 있다.
④ 인덱스를 설정하면 조회 및 정렬 속도는 느려지지만, 업데이트 속도는 빨라진다.

46 다음 중 관계형 데이터베이스에서 사용되는 용어로 옳지 않게 짝지어진 것은?

ⓐ 도메인(Domain), ⓑ 튜플(Tuple), ⓒ 차수(Degree), ⓓ 기수(Cardinality)
가. 하나의 속성이 취할 수 있는 값의 집합이다. 나. 테이블에서 행을 나타내는 말로 레코드와 같은 의미이다. 다. 한 릴레이션(테이블)에서 속성(필드=열)의 개수이다. 라. 테이블에서 열을 나타내는 말로 필드와 같은 의미이다.

① ⓐ-가.
② ⓑ-나.
③ ⓒ-다.
④ ⓓ-라.

47 다음의 수식을 보고서를 이용하여 인쇄할 경우 표시되는 결과로 옳은 것은?

=Right("서울특별시 중구 세종대로 39 상공회의소회관", InStr("서울특별시 중구", "시"))

① 서울특별시
② 시 중구 세
③ 상공회의소
④ 회의소회관

48 다음 중 다른 테이블을 참조하는 외래키에 대한 설명으로 옳은 것은?

① 외래키 필드의 값은 유일해야 하므로 중복된 값이 입력될 수 없다.
② 외래키 필드의 값은 Null 값일 수 없으므로, 값이 반드시 입력되어야 한다.
③ 한 테이블에서 특정 레코드를 유일하게 구별할 수 있는 속성이다.
④ 하나의 테이블에는 여러 개의 외래키가 존재할 수 있다.

49 [성적] 테이블의 점수 필드의 속성을 아래와 같이 설정한 경우, 입력값에 대한 결과가 옳지 않은 것은?

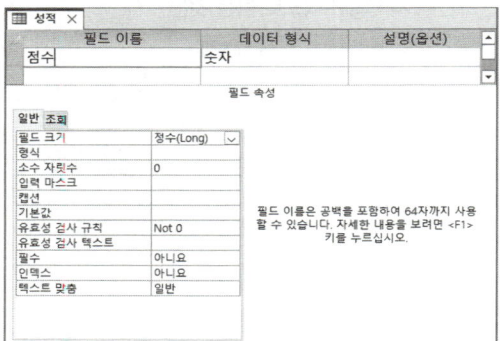

① 1.3를 입력하면 1의 값이 저장된다.
② 0.3를 입력하면 0의 값이 저장된다.
③ 8963을 입력하면 8963이 된다.
④ 8,963을 입력하면 8963이 된다.

50 다음 쿼리문에 대한 설명으로 가장 옳지 않은 것은?

```
DELETE * FROM 고객 WHERE 고객번호=123
```

① 쿼리문을 실행하는 경우 레코드 수에는 변화가 있을 수 있지만 필드 수에는 변화가 없다.
② 레코드를 삭제한 다음에는 삭제한 내용은 되돌릴 수 없다.
③ WHERE절 이하 부분이 없으면 아무 레코드도 삭제하지 않는다.
④ [고객] 테이블에서 고객번호가 123인 레코드를 삭제한다.

51 다음 중 아래 <고객>과 <구매리스트> 테이블 관계에 참조 무결성이 항상 유지되도록 설정할 수 없는 경우는?

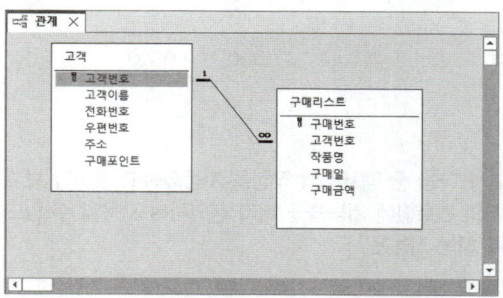

① <고객> 테이블의 '고객번호' 필드 값이 <구매리스트> 테이블의 '고객번호' 필드에 없는 경우
② <고객> 테이블의 '고객번호' 필드 값이 <구매리스트> 테이블의 '고객번호' 필드에 하나만 있는 경우
③ <고객> 테이블의 '고객번호' 필드 값이 <구매리스트> 테이블의 '고객번호' 필드에 두 개 이상 있는 경우
④ <구매리스트> 테이블의 '고객번호' 필드 값이 <고객> 테이블의 '고객번호' 필드에 없는 경우

52 다음 중 보고서의 각 구역에 대한 설명으로 옳지 않은 것은?

① '페이지 머리글'은 인쇄 시 모든 페이지의 맨 위에 출력되며, 모든 페이지에 특정 내용을 반복하려는 경우 사용한다.
② '보고서 머리글'은 보고서의 맨 앞에 한 번 출력되며, 함수를 이용한 집계 정보를 표시할 수 없다.
③ '그룹 머리글'은 각 새 레코드 그룹의 맨 앞에 출력되며, 그룹 이름이나 그룹별 계산 결과를 표시할 때 사용한다.
④ '본문'은 레코드 원본의 모든 행에 대해 한 번씩 출력되며, 보고서의 본문을 구성하는 컨트롤이 추가된다.

53 다음 중 폼의 레코드 원본으로 사용할 수 없는 것은?

① 테이블   ② 쿼리
③ SQL문   ④ 매크로

54 다음 중 아래와 같은 <고객> 테이블에서 필드의 순서를 변경하기 위한 방법으로 옳지 않은 것은?

고객번호	고객명	주소	취미	전화
0001	정하림	서울시	독서	010-1111-2222
0002	이세현	구리시	게임	010-2222-3333

① 디자인 보기에서 <주소> 필드를 선택한 후 이동할 위치로 끌어다 놓는다.
② 디자인 보기에서 <주소> 필드를 선택한 후 Shift를 누른 상태에서 <전화> 필드를 선택하여 이동할 위치로 끌어다 놓으면 <주소, 취미, 전화> 필드가 이동된다.
③ 데이터시트 보기에서 <전화> 필드를 선택한 후 이동할 위치로 끌어다 놓는다.
④ 데이터시트 보기에서 <주소> 필드명을 선택한 후 Ctrl을 누른 상태에서 <전화> 필드를 선택하여 이동할 위치로 끌어다 놓으면 <주소, 전화> 필드만 이동된다.

55 다음 중 하위 폼에 대한 설명으로 옳지 않은 것은?
① 하위 폼은 테이블, 쿼리나 다른 폼을 이용하여 작성할 수 있다.
② 연결된 기본 폼과 하위 폼 모두 연속 폼의 형태로 표시할 수 있다.
③ 사용할 수 있는 하위 폼의 개수에는 제한이 없으나, 하위 폼의 중첩은 7개 수준까지만 가능하다.
④ 기본 폼과 하위 폼을 연결할 필드의 데이터 형식은 같거나 호환되어야 한다.

56 다음 중 함수에 대한 설명으로 옳지 않은 것은?
① ROUND() : 인수로 입력한 숫자를 지정한 자릿수로 반올림해 준다.
② DSUM() : 지정된 레코드 집합에서 해당 필드 값의 합계를 계산할 수 있다.
③ INSTR() : 문자열에서 특정한 문자 또는 문자열이 존재하는 위치를 구해준다.
④ VALUE() : 문자열에 포함된 숫자를 적절한 형식의 숫자 값으로 반환한다.

57 다음 중 레코드가 추가될 때마다 시스템에서 자동으로 값을 입력해 주며 업데이트나 수정이 불가능한 데이터 형식은?
① 짧은 텍스트
② 숫자
③ 일련번호
④ Yes/No

58 다음 중 테이블 간의 관계 설정에서 일 대 일 관계가 성립하는 것은?
① 양쪽 테이블의 연결 필드가 모두 중복 불가능의 인덱스나 기본키로 설정된 경우
② 어느 한쪽 테이블의 연결 필드가 중복 불가능의 인덱스나 기본키로 설정된 경우
③ 오른쪽 관련 테이블의 연결 필드가 중복 가능한 인덱스나 후보키로 설정된 경우
④ 양쪽 테이블의 연결 필드가 모두 중복 가능한 인덱스나 후보키로 설정된 경우

59 다음 중 전체 페이지가 10페이지이고 현재 페이지가 5페이지인 보고서에서 표시되는 식과 결과가 올바른 것은?
① =[Pages] & "중" & [Page] → 5중 10
② =[Pages] & "Page" → 5Page
③ =[Pages] → 5/10
④ =Format([Pages], "0000") → 0010

60 다음 중 액세스의 작업을 자동화하고 폼이나 보고서의 컨트롤에 기능들을 미리 정의하여 사용할 수 있도록 하는 기능은?
① 매크로
② 응용 프로그램 요소
③ 업무 문서 양식 마법사
④ 성능 분석 마법사

2023년 상시 기출문제 05회

• 제한시간 : 60분   • 소요시간 :   시간   분   • 전체 문항 수 : 60문항   • 맞힌 문항 수 :   문항

과목 01 컴퓨터 일반

01 다음 중 방화벽(Firewall)에 대한 설명으로 옳지 않은 것은?

① 방화벽은 외부 네트워크와 내부 네트워크 사이에 위치한다.
② 내부 네트워크에서 외부로 나가는 패킷을 체크하여 인증된 패킷만 통과시킨다.
③ 역추적 기능으로 외부 침입자의 흔적을 찾을 수 있다.
④ 보안이 필요한 네트워크의 통로를 단일화하여 관리한다.

02 다음 중 바탕 화면에 바로 가기 아이콘을 만들기 위한 방법으로 옳지 않은 것은?

① [파일 탐색기]에서 파일을 Ctrl 을 누른 채 드래그하여 바탕 화면에 놓는다.
② 파일에서 마우스 오른쪽 버튼을 누른 채 빈 곳으로 드래그한 후 [여기에 바로 가기 만들기] 메뉴를 선택한다.
③ 바탕 화면의 빈 곳에서 마우스 오른쪽 버튼을 눌러 [새로 만들기]-[바로 가기] 메뉴를 선택한다.
④ 파일을 Ctrl + C 로 복사한 후 바탕 화면의 빈 곳에서 마우스 오른쪽 버튼을 눌러 [바로 가기 붙여넣기] 메뉴를 선택한다.

03 다음 중 〈보기〉에서 설명하는 코드로 옳은 것은?

〈보기〉
• 세계 각 나라의 언어를 표현할 수 있는 국제 표준 코드이다.
• 코드의 크기는 2바이트이다.
• 표현 가능한 문자수는 65,536자이다.
• 한글의 경우 조합, 완성, 옛 글자 모두 표현 가능하다.

① ASCII 코드
② BCD 코드
③ 유니코드(Unicode)
④ EBCDIC 코드

04 다음 중 컴퓨터의 정상적인 작동을 방해하여 운영체제나 저장된 데이터에 손상을 입힐 수 있는 보안 위협의 종류는?

① 바이러스   ② 키로거
③ 애드웨어   ④ 스파이웨어

05 다음 중 인터넷에서 사용하는 표준 주소 체계인 URL(Uniform Resource Locator)의 4가지 구성 요소를 순서대로 옳게 나열한 것은?

① 서버 주소, 프로토콜, 포트 번호, 파일 경로
② 프로토콜, 서버 주소, 포트 번호, 파일 경로
③ 프로토콜, 서버 주소, 파일 경로, 포트 번호
④ 포트 번호, 프로토콜, 서버 주소, 파일 경로

06 다음 중 인터넷을 이용한 FTP(File Transfer Protocol)에 관한 설명으로 옳지 않은 것은?

① 멀리 떨어져 있는 컴퓨터로부터 파일을 전송받거나 전송하는 서비스를 의미한다.
② 익명의 계정을 이용하여 파일을 전송할 수 있는 서버를 Anonymous FTP 서버라고 한다.
③ 일반적으로 텍스트 파일의 전송을 위한 ASCII 모드와 실행 파일의 전송을 위한 Binary 모드로 구분하여 수행한다.
④ FTP 서버에 계정을 가지고 있는 사용자는 FTP 서버에 있는 프로그램을 다운로드 없이 실행시킬 수 있다.

07 다음 중 〈보기〉의 네트워크 명령에 따른 수행 기능으로 옳지 않게 짝지어진 것은?

〈보기〉

가. ipconfig	나. ping	다. tracert	라. finger

ⓐ URL 주소로 IP 주소를 확인하는 명령이다.
ⓑ 네트워크에 연결된 컴퓨터의 경로(라우팅 경로)를 추적할 때 사용하는 명령이다.
ⓒ 네트워크의 현재 상태나 다른 컴퓨터의 네트워크 접속 여부를 확인하는 명령이다.
ⓓ 사용자 자신의 컴퓨터 IP 주소를 확인하는 명령이다.

① 가. - ⓓ
② 나. - ⓒ
③ 다. - ⓑ
④ 라. - ⓐ

08 다음 〈보기〉는 컴퓨터 그래픽과 관련된 내용이다. 이를 표현 방식으로 나눌 때 같은 방식의 특징에 해당되지 않은 것은?

〈보기〉

가. BMP, TIF, GIF, JPEG 등이 있다.
나. 이미지를 확대하면 테두리가 거칠게 표현된다.
다. 다양한 색상을 이용하기 때문에 사실적 표현이 용이하다.
라. 점과 점을 연결하는 직선이나 곡선을 이용하여 이미지를 표현하는 방식이다.

① 가.
② 나.
③ 다.
④ 라.

09 다음 중 하드디스크에서 기억 영역을 효율적으로 관리하기 위해 여러 개의 섹터를 하나로 묶는 단위로 사용되며 크기가 늘어나면 검색 속도는 느려지는 것은?

① 로더(Loader)
② 클러스터링(Clustering)
③ PnP(Plug & Play)
④ 채널(Channel)

10 다음 중 아날로그 컴퓨터와 비교하여 디지털 컴퓨터의 특징으로 옳지 않은 것은?

① 산술 및 논리 연산을 처리하는 회로에 기반을 둔 범용 컴퓨터로 사용된다.
② 온도, 전압, 진동 등과 같이 연속적으로 변하는 데이터를 효율적으로 처리할 수 있다.
③ 데이터 처리를 위한 명령어들로 구성된 프로그램에 의해 동작된다.
④ 데이터의 각 자리마다 0 혹은 1의 비트로 표현한 이산적인 데이터를 처리한다.

11 다음 컴파일러 기법의 특징으로 틀린 것은?

① 정적 자료 구조
② 효율성을 강조한 처리
③ 기억 장소가 많이 필요
④ 명령 단위별로 번역하여 즉시 실행

12 다음 중 다양한 정보의 데이터베이스를 구축하여 사용자가 요구하는 정보를 원하는 시간에 서비스받을 수 있는 멀티미디어 서비스를 무엇이라 하는가?

① 폴링(Polling)
② P2P(Peer to Peer)
③ VCS(Video Conference System)
④ VOD(Video On Demand)

13 영상(Image)은 화소(Pixel)의 2차원 배열로 구성된다. 이때 한 화소가 8비트를 사용한다면 한 화소가 표현할 수 있는 컬러 수는 몇 개인가?

① 16
② 32
③ 64
④ 256

14 다음 중 오디오 압축 방식에 대한 설명으로 옳지 않은 것은?

① WAV(Waveform Audio Format)는 비압축 오디오 포맷으로 MS사의 Windows의 오디오 파일 포맷 표준으로 사용되는 무손실 음원이다.
② ALAC(Apple Lossless Audio Codec)는 애플사에서 만든 오디오 코덱으로 디지털 음악에 대한 무손실 압축을 지원한다.
③ AIFF(Audio Interchange File Format)는 오디오 파일 형식으로 비압축 무손실 압축 포맷이며 고품질의 오디오 CD를 만들 수 있고 애플사의 매킨토시에서 사용된다.
④ FLAC(Free Lossless Audio Codec)는 오디오 파일이나 여러 연주, 악기 소리 등을 프로그램에 입력하여 녹음하는 방법으로 음의 수정이나 리듬 변형 등의 여러 편집 작업이 가능하다.

15 다음은 데이터 통신 시스템에서 사용되는 데이터의 흐름을 나타낸 것이다. 괄호 안에 들어갈 용어로 옳게 짝지어진 것은?

변조 - (ⓐ) - (ⓑ) - 병렬화

① ⓐ 직렬화, ⓑ 복조
② ⓐ 복조, ⓑ 직렬화
③ ⓐ 샘플링, ⓑ 동조
④ ⓐ 동조, ⓑ 샘플링

16 컴퓨터 시스템 보안 등급에 대한 설명 중 올바른 것은?

① 미국 국방성에서 만든 컴퓨터 시스템 보안 평가 기준으로 5등급으로 세분화하였다.
② 운영체제의 보안 등급은 Unix, Windows NT, MS-DOS 중 MS-DOS가 가장 높다.
③ B1 등급은 모든 데이터가 각각 보안 등급을 갖고 있어서 보안 권한이 있는 사람만이 접근할 수 있다.
④ D 등급은 최상위 보안 등급으로 개인용 운영체제가 이에 속한다.

17 다음 중 제한된 색상을 조합하여 새로운 색을 만드는 작업을 뜻하는 그래픽 기법으로 옳은 것은?

① 렌더링(Rendering)
② 디더링(Dithering)
③ 모델링(Modelling)
④ 리터칭(Retouching)

18 다음 중 사물 인터넷에 대한 설명으로 가장 옳지 않은 것은?

① 개인별 맞춤형 스마트 서비스를 지향하며 정보 보안 기술의 적용이 중요하다.
② 개방형 아키텍처로 스마트 센싱 기술과 무선 통신 기술을 융합한 실시간 송수신 서비스가 제공된다.
③ 사물 인터넷은 LBS라고도 하며 위치 기반 맞춤형 스마트 서비스를 지향한다.
④ 인간 대 사물, 사물 대 사물 간에 인터넷으로 연결되어 정보의 소통이 가능한 기술이다.

19 다음 중 와이파이(Wi-Fi)에 대한 설명으로 옳지 않은 것은?

① IEEE 802.11 기술 규격으로 IEEE 802.11b 규격은 최대 11Mbps, IEEE 802.11g 규격은 최대 54Mbps의 속도를 지원한다.
② 인프라스트럭쳐(Infrastructure) 모드는 AP(Access Point)를 통해 데이터를 송수신하는 방식이다.
③ Wi-Fi는 Wireless Fidelity의 약어로 장소와 환경에 따라 전혀 영향을 받지 않으며 사용 거리에 제한을 두지 않는다.
④ 다중 접속 환경에 최적화된 Wi-Fi 6은 공공 와이파이 환경에서도 최상의 품질을 제공한다.

20 다음 중 핫 스왑(Hot Swap)에 대한 설명으로 옳은 것은?

① 사용을 위해 요구된 만큼 프로그램의 필요한 부분을 메모리에 적재하는 것
② 전원을 끄지 않고도 컴퓨터에 장착된 장비를 제거하거나 교환할 수 있는 기능
③ 응용 프로그램이 운영체제의 서비스를 요구할 때 사용하는 기능
④ 필요한 만큼의 공간을 만들기 위해 메모리로부터 불필요한 부분을 삭제하는 것

과목 02 스프레드시트 일반

21 셀의 서식은 기본 설정인 'G/표준'으로 설정되어 있다. 셀에 입력된 값이 10000을 초과하면 파란색으로 표시하고, 음수이면 빨간색과 부호는 생략하고 괄호 안에 수치를 표시하고자 한다. 다음 중 사용자 지정 서식으로 옳은 것은?

① [파랑][>=10000]G/표준;[빨강][<0](G/표준);
② [빨강]G/표준;[파랑][>10000]G/표준
③ [파랑][>10000]G/표준;[빨강][<0](G/표준)
④ [파랑][>10000]G/표준;[빨강](G/표준)

22 다음 아래의 시트처럼 [A1] 셀에 입력된 문자열이 셀의 너비보다 클 경우 [B1] 셀처럼 입력 문자열의 글꼴 크기를 줄여 한 줄로 셀에 표시되게 하려면 셀 서식에서 어느 항목을 선택해 주어야 하는가?

	A	B	C
1	대한상공회의소		
2	대한상공회의소		
3			

① 자동 줄 바꿈
② 셀에 맞춤
③ 셀 병합
④ 균등 분할

23 다음 중 [A1] 셀을 [D1] 셀까지 채우기 핸들을 이용하여 드래그했을 때 표시되는 값으로 옳은 것은?

	A	B	C	D
1	89.63			
2				

① 89.63   ② 90.63
③ 91.63   ④ 92.63

24 다음 중 연속적인 위치에 데이터가 입력된 여러 개의 셀을 범위로 설정한 후, 셀 병합을 실행하였을 때의 결과에 대한 설명으로 옳은 것은?

① 데이터가 들어 있는 여러 셀은 셀 보호가 자동으로 설정되어 병합할 수 없다.
② 가장 위쪽 또는 왼쪽의 셀 데이터만 남고 나머지 셀 데이터는 모두 지워진다.
③ 가장 아래쪽 또는 오른쪽의 셀 데이터만 남고 나머지 셀 데이터는 모두 지워진다.
④ 기존에 입력되어 있던 데이터들이 한 셀에 모두 표시된다.

25 회사에서 업무를 위해 사용하는 기계나 물건, 설비 등은 사용되면서 소모가 되어 그 가치가 떨어지는데 그만큼의 감소분을 보전하기 위한 비용을 감가상각액이라 한다. 다음 중 감가상각액을 구하기 위한 함수로 옳게 짝지어진 것은?

ⓐ FV, ⓑ PV, ⓒ NPV, ⓓ PMT, ⓔ SLN, ⓕ SYD

① ⓐ, ⓑ
② ⓒ, ⓓ
③ ⓔ, ⓕ
④ ⓐ, ⓑ, ⓒ, ⓓ

26 다음 중 [시나리오 관리자]의 실행 단추에 대한 설명으로 잘못된 것은?

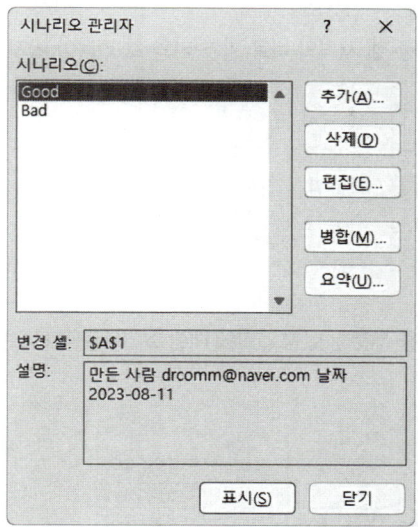

① [삭제] 단추는 선택한 시나리오를 제거할 때 사용하는 것으로, '실행 취소' 단추를 이용하여 삭제된 시나리오를 복원할 수 있다.
② [편집] 단추는 선택한 시나리오를 수정할 때 사용하는 것으로, 시나리오 이름과 대상 셀의 범위를 수정할 수 있다.
③ [병합] 단추는 다른 시트에 있는 시나리오를 불러와서 추가할 때 사용하는 것이다.
④ [요약] 단추는 선택한 시나리오의 요약보고서나 시나리오 피벗 테이블 보고서를 작성할 때 사용하는 것이다.

27 다음 중 주 근무 시간의 합계를 구하기 위해 [C9] 셀에 적용해야 할 사용자 지정 셀 서식으로 올바른 것은?

	A	B	C	D	E
1		주 근무 시간			
2					
3	성명	요일	근무시간		
4	왕예린	월요일	5:20		
5		화요일	4:40		
6		수요일	5:00		
7		목요일	5:30		
8		금요일	4:30		
9		합계	25:00		
10					

① h:mm
② [h]:mm
③ hh:mm
④ #h:mm

28 다음 중 수식과 그 실행 결과값의 연결이 옳지 않은 것은?

① =SUM(MEDIAN(1,2,3,4,5),MODE.SNGL(1,2,3,4,5,5)) → 8
② =SUM(INT(-4.9),TRUNC(14.3)) → 9
③ =CHOOSE(MOD(101,3),POWER(3,2),FACT(3),INT(89.63)) → 6
④ =POWER(SQRT(4),2^2) → 8

29 다음 중 Excel 2021의 리본 메뉴에 대한 설명으로 옳지 않은 것은?

① 리본의 활성 탭을 선택하고 액세스 키를 활성화하려면 Alt 나 F10 을 누른다.
② 리본 메뉴를 빠르게 최소화하려면 활성 탭의 이름을 두 번 클릭하고 리본 메뉴를 원래 상태로 되돌리려면 탭을 다시 두 번 클릭한다.
③ 리본 메뉴는 탭, 그룹 및 명령의 세 요소로 구성되어 있다.
④ 리본 메뉴를 최소화하거나 원래 상태로 되돌리려면 Ctrl + F10 을 누른다.

30 다음 〈보기〉에서 설명하는 차트로 옳은 것은?

〈보기〉
- 계층적 데이터를 표시하는 데 이상적이며 계층 구조 내에 빈(공백) 셀이 있을 때 그릴 수 있다.
- 하나의 고리 또는 원이 계층 구조의 각 수준을 나타내며 가장 안쪽에 있는 원이 계층 구조의 가장 높은 수준을 나타낸다.
- 계층 구조가 없는(하나의 범주 수준) 이 차트는 도넛형 차트와 모양이 유사하다.
- 범주 수준이 여러 개인 이 차트는 외부 고리와 내부 고리의 관계를 보여준다.

① 히스토그램 차트
② 상자 수염 차트
③ 트리맵 차트
④ 선 버스트 차트

31 다음 중 [셀 서식] 대화상자의 [맞춤] 탭의 '텍스트 방향'에서 설정할 수 없는 항목은?

① 텍스트 방향대로
② 텍스트 반대 방향으로
③ 왼쪽에서 오른쪽
④ 오른쪽에서 왼쪽

32 다음 중 아래 프로시저의 실행 결과로 옳은 것은?

```
Sub loopTest()
    Dim k As Integer
    Do while k < 3
        [A1].offset(k,1)=10
        k = k + 2
    Loop
End Sub
```

① [A2] 셀에 10이 입력된다.
② [A1] 셀과 [A3] 셀에 10이 입력된다.
③ [B2] 셀에 10이 입력된다.
④ [B1] 셀과 [B3] 셀에 10이 입력된다.

33 다음 중 아래의 시트에서 수식 =DSUM(A1:D7, 4,B1:B2)를 실행했을 때의 결과값으로 옳은 것은?

	A	B	C	D
1	성명	부서명	상반기	하반기
2	이대한	영업1부	15	30
3	한상공	영업2부	20	27
4	이상영	영업1부	30	60
5	지유환	영업2부	40	44
6	이선훈	영업2부	27	37
7	김선	영업1부	89	110

① 87　　② 108
③ 134　　④ 200

34 다음 중 셀 서식의 바로 가기 키와 그 기능이 옳지 않은 것은?

① Ctrl + 1 : 셀 서식
② Ctrl + 2 : 굵게 적용 및 취소
③ Ctrl + 3 : 기울임꼴 적용 및 취소
④ Ctrl + 4 : 취소선 적용 및 취소

35 다음 중 부분합 실행 결과에 대한 설명으로 옳지 않은 것은?

1 2 3		A	B	C	D
	1	사원명	구분	실적	
	2	이대한	상반기	1,500,000	
	3	이대한	하반기	5,600,000	
	4	이대한 평균		3,550,000	
	5	한상공	상반기	2,300,000	
	6	한상공	하반기	2,000,000	
	7	한상공 평균		2,150,000	
	8	황영철	하반기	680,000	
	9	황영철	상반기	457,000	
	10	황영철 평균		568,500	
	11	전체 평균		2,089,500	
	12				

① 상반기와 하반기를 기준으로 항목이 그룹화되었다.
② 실적에 대하여 평균 함수가 사용되었다.
③ 데이터 아래에 요약 표시가 선택되었다.
④ 부분합 개요 기호를 사용할 수 있다.

36 다음 중 작업에 필요한 여러 개의 통합 문서를 한 화면에 함께 표시하여 비교하면서 작업하기에 편리한 기능은?

① 창 나누기
② 창 정렬
③ 틀 고정
④ 페이지 구분선

37 다음 중 데이터의 자동 필터 기능에 대한 설명으로 옳지 않은 것은?

① 같은 열에서 여러 개의 항목을 동시에 선택하여 데이터를 추출할 수 있다.
② 숫자로만 구성된 하나의 열에서는 색 기준 필터와 숫자 필터를 동시에 적용할 수 없다.
③ 필터를 이용하여 추출한 데이터는 항상 레코드(행) 단위로 표시된다.
④ 같은 열에 날짜, 숫자, 텍스트가 섞여 있으면 항상 텍스트 필터가 기본으로 적용된다.

38 다음 중 피벗 테이블에 대한 설명으로 옳지 않은 것은?

① 피벗 테이블 필드 목록에서 보고서에 추가할 필드로 데이터 형식이 텍스트와 논리값인 것을 선택하면 '행 레이블' 영역으로 옮겨진다.
② 피벗 테이블 보고서를 작성한 후 원본 데이터를 수정하면 수정된 내용이 피벗 테이블 보고서에 자동으로 반영된다.
③ 값 영역에 추가된 필드가 2개 이상이 되면 값 필드가 열 레이블 또는 행 레이블 영역에 표시된다.
④ 행 레이블 또는 열 레이블에 표시된 값 필드가 값 영역에 추가된 필드의 표시 방향을 결정한다.

39 다음 중 아래 그림의 [매크로 기록] 대화상자에 대한 설명으로 옳지 않은 것은?

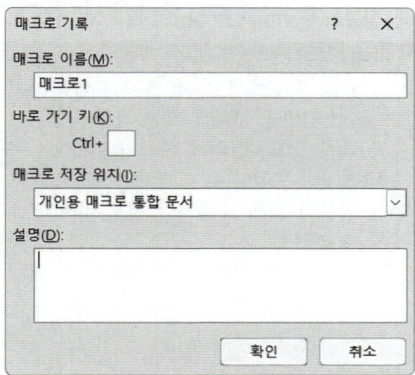

① 매크로 이름의 첫 글자는 문자, 숫자, 밑줄 등을 사용할 수 있으며, 공백은 사용할 수 없다.
② 바로 가기 키 상자에 사용할 문자는 @나 #과 같은 특수 문자와 숫자는 사용할 수 없으며, 영문 대소문자는 모두 입력할 수 있다.
③ 개인용 매크로 통합 문서에 저장된 매크로는 엑셀을 시작할 때마다 모든 통합 문서에서 사용할 수 있다.
④ 설명란에 매크로에 관한 설명을 입력할 수 있으며, 입력된 내용은 매크로 실행에 영향을 주지 않는다.

40 다음 중 [찾기 및 바꾸기] 대화상자에 대한 설명으로 옳지 않은 것은?

① Ctrl+F : [바꾸기] 탭이 선택된 [찾기 및 바꾸기] 대화상자를 표시한다.
② 찾기 방향은 오른쪽이나 아래쪽으로 진행되지만, Shift를 누른 상태에서 [다음 찾기]를 클릭하면 왼쪽이나 위쪽 방향(역순)으로 찾기가 진행된다.
③ 영문자의 경우 대/소문자를 구분하여 찾을 수 있다.
④ 찾는 위치를 수식, 값, 메모 중에서 선택하여 지정할 수 있다.

과목 03 데이터베이스 일반

41 다음 중 정규화(Normalization)의 목적에 대한 설명으로 옳지 않은 것은?

① 데이터의 중복을 최소화하고, 불일치를 방지하기 위해 릴레이션 스키마를 분해해 가는 과정이다.
② 데이터 중복을 최소화하기 위해 데이터베이스의 물리적 설계 단계에서 수행한다.
③ 간단한 관계 연산에 의해 효율적인 정보 검색과 데이터 조작이 가능하다.
④ 모든 릴레이션이 데이터베이스 내에서 모든 개체 간의 관계를 표현 가능하도록 한다.

42 입력 모드를 '한글' 또는 '영문' 입력 상태로 지정할 때 사용하는 속성으로 폼에서 '성명' 컨트롤에 데이터를 입력할 때 사용할 수 있는 것은?

① 〈Enter〉키 기능
② IME Mode
③ 탭 인덱스
④ 상태 표시줄 텍스트

43 다음 SQL 명령 중 DML에 해당하는 것으로만 옳게 짝지어진 것은?

① CREATE, ALTER, DROP
② CREATE, ALTER, SELECT
③ CREATE, UPDATE, DROP
④ DELETE, UPDATE, SELECT

44 다음 중 Peter Chen이 제안한 것으로 현실 세계에 존재하는 객체들을 개념적으로 표현하고 그들 간의 관계를 사람이 이해하기 쉽게 표현하는 모델로 옳은 것은?

① 네트워크 데이터 모델
② 관계 데이터 모델
③ 개체-관계(E-R) 모델
④ 계층 데이터 모델

45 다음 〈보기〉처럼 관계형 데이터 모델에서 하나의 애트리뷰트(Attribute)가 취할 수 있는 모든 원자 값들의 집합을 무엇이라고 하는가?

〈보기〉

성별 : 남, 여 / 월 : 1월~12월 / 요일 : 월요일~일요일

① 도메인
② 스키마
③ 튜플
④ 차수

46 다음 중 기본 폼과 하위 폼을 연결하는 방법에 대한 설명으로 가장 적절하지 않은 것은?

① 한 테이블을 기본으로 해서 또 다른 테이블의 작업을 동시에 할 수 있도록 한다.
② 기본 폼과 하위 폼을 연결할 필드의 데이터 형식은 같거나 호환되어야 한다.
③ 기본 폼과 하위 폼을 연결할 필드 이름을 지정한다.
④ 2개 이상의 연결 필드를 지정할 때는 필드 이름을 기호 "&"로 구분한다.

47 다음 쿼리에 대한 설명으로 올바른 것은?

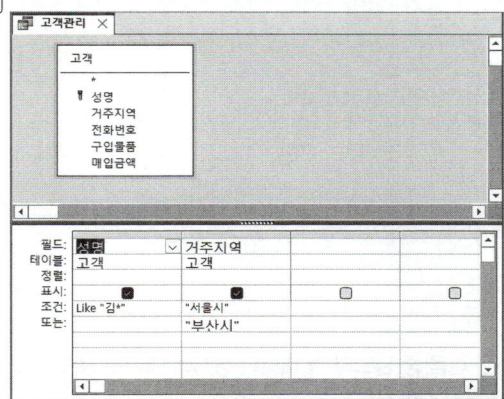

① 성명이 '김'으로 시작하는 레코드 중 거주지역이 '서울시' 또는 '부산시'인 레코드 검색
② 성명이 '김'으로 시작하거나 거주지역이 '서울시' 이거나 '부산시'인 레코드 검색
③ 성명이 '김'으로 시작하는 레코드 중 거주지역이 '서울시'이거나 성명과 관계없이 거주지역이 '부산시'인 레코드 검색
④ 성명이 '김'으로 시작하는 레코드 중 거주지역이 '부산시'는 제외하고 '서울시'인 레코드 검색

48 다음 〈보기〉의 작업을 수행하기 위한 SQL 명령으로 옳은 것은?

〈보기〉

사원 테이블에서 사번이 "8963"인 사원의 호봉을 "10"으로 수정

① UPDATE 호봉="10" FROM 사원 WHERE 사번="8963";
② UPDATE 호봉="10" SET 사원 WHEN 사번="8963";
③ UPDATE FROM 사원 SET 호봉="10" WHERE 사번="8963";
④ UPDATE 사원 SET 호봉="10" WHERE 사번="8963"

49 다음 중 하위 보고서에 대한 설명으로 옳지 않은 것은?

① 관계 설정에 문제가 있을 경우, 하위 보고서가 제대로 표시되지 않을 수 있다.
② 디자인 보기 상태에서 하위 보고서의 크기 조절 및 이동이 가능하다.
③ 테이블, 쿼리, 폼 또는 다른 보고서를 이용하여 하위 보고서를 작성할 수 있다.
④ 하위 보고서에는 그룹화 및 정렬 기능을 설정할 수 없다.

50 다음 아래의 〈물품 주문 내역〉 폼에서 '주문개수' 필드의 합계를 계산하여 표시하는 컨트롤에 대한 설명으로 옳지 않은 것은?

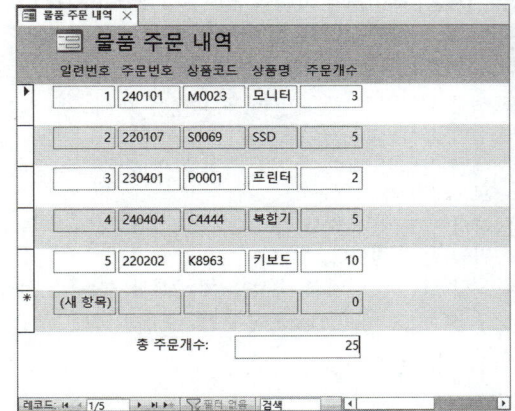

① 컨트롤의 이름은 주문개수의 합 결과에 영향을 미치지 않는다.
② 컨트롤은 텍스트 상자를 사용한다.
③ 컨트롤은 폼 바닥글 영역에 위치한다.
④ 컨트롤의 원본 속성을 '=Sum([총 주문개수])로 설정한다.

51 'cmb조회' 명령 단추를 클릭하면 '고객코드' 필드의 값과 'txt조회' 컨트롤에 입력된 값이 일치하는 레코드만 표시되도록 하기 위한 이벤트 프로시저를 작성하고자 한다. 빈칸에 알맞은 코드는?

```
Private Sub cmb조회_Click()
Me.Filter:="고객코드='" & txt조회 & "'"

End Sub
```

① Me.Show
② Me.HiddenOff
③ Me.FilterOn=True
④ Me.FilterOn=False

52 [제품] 테이블의 '제품명' 필드는 기본키(PK)가 아니면서도 동일한 값이 두 번 이상 입력되지 않도록 설정하고자 한다. 다음 중 가장 옳은 방법은?

① 해당 필드의 '빈 문자열 허용' 속성을 '아니오'로 설정한다.
② 해당 필드의 '입력 마스크' 속성을 '예(중복 불가능)'로 설정한다.
③ 해당 필드에 '유효성 검사 규칙' 속성을 '예(중복 불가능)'로 지정한다.
④ 해당 필드의 '인덱스' 속성을 '예(중복 불가능)'로 설정한다.

53 다음 중 일반적으로 보고서의 시작 부분에 한 번만 표시하는 회사의 로고나 보고서 제목, 인쇄일 등을 표시하는 구역으로 옳은 것은?

① 그룹 머리글
② 그룹 바닥글
③ 보고서 머리글
④ 페이지 머리글

54 다음 중 〈보기〉의 기능을 수행하기 위한 컨트롤로 옳은 것은?

〈보기〉
• 계산된 값을 표시할 수 있다.
• 폼, 보고서에서 레코드 원본의 데이터를 나타낼 때 사용한다.

55 다음 중 필드의 각 데이터 형식에 대한 설명으로 옳지 않은 것은?

① '조회 마법사' 형식은 조회를 수행하는 데 사용되는 기본키 필드와 동일한 크기로, 일반적으로 4바이트의 크기를 가진다.
② 'Yes/No' 형식은 Yes/No, True/False, On/Off 등 두 값 중 하나만 입력하는 경우에 사용하는 것으로 기본 필드 크기는 1비트이다.
③ '일련번호' 형식은 테이블에 새 레코드가 추가될 때마다 Microsoft Access에서 할당하는 고유한 순차적(1씩 증가) 숫자이며, 일련번호 필드는 항상 업데이트를 할 수 있고 크기는 8바이트이다.
④ 레거시 버전의 '메모' 형식은 Microsoft Access 2021에서는 '긴 텍스트'로 사용되며 설명, 참고 사항 등 255자를 초과해서 저장할 때는 '긴 텍스트' 데이터 형식을 사용한다.

56 다음 중 테이블 간의 관계 설정에서 일 대 일 관계가 성립하는 것은?

① 어느 한쪽 테이블의 연결 필드가 중복 불가능의 인덱스나 기본키로 설정된 경우
② 양쪽 테이블의 연결 필드가 모두 중복 불가능의 인덱스나 기본키로 설정된 경우
③ 오른쪽 관련 테이블의 연결 필드가 중복 가능한 인덱스나 후보키로 설정된 경우
④ 양쪽 테이블의 연결 필드가 모두 중복 가능한 인덱스나 후보키로 설정된 경우

57 다음 중 〈보기〉는 '개체 무결성 제약 조건'에 대한 설명이다. 괄호 안에 들어갈 용어로 옳은 것은?

〈보기〉

한 릴레이션의 기본키를 구성하는 어떠한 속성값도 (　　) 값이나 중복값을 가질 수 없다는 것을 의미한다.

① 튜플(Tuple)
② 도메인(Domain)
③ 대체키(Alternate Key)
④ 널(Null)

58 다음 중 학과별 자격 취득자수를 집계하는 SQL 명령으로 옳은 것은? (단, [자격취득] 테이블은 (취득일, 학번, 학과명, 자격증코드, 자격증명)으로 구성되어 있음)

① Select 학과별, 취득자수 From 자격취득
② Select 학과별, Count(*) as 취득자수 From 자격취득
③ Select 학과명, Total(*) as 취득자수 Having 학과별 From 자격취득
④ Select 학과명, Count(*) as 취득자수 From 자격취득 Group by 학과명

59 다음 중 두 테이블에서 조인(Join)된 필드가 일치하는 레코드만 결합하는 조인일 때, 괄호 안에 알맞은 것은?

SELECT 필드목록 FROM 테이블1 (　　) JOIN 테이블2 ON 테이블1.필드=테이블2.필드;

① INNER
② OUTER
③ LEFT
④ RIGHT

60 다음 중 아래의 폼에서 '종목코드'의 내용을 수정할 수 없도록 설정하기 위한 방법으로 옳은 것은?

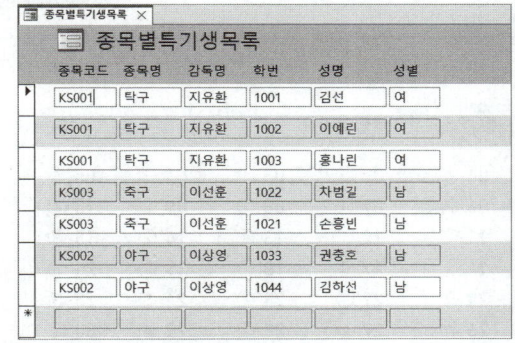

① 폼의 '기본값' 속성을 '예(중복 불가)'로 설정한다.
② 종목코드의 '탭 정지' 속성을 '예'로 설정한다.
③ 종목코드의 '입력 마스크' 속성을 '예'로 설정한다.
④ 종목코드의 '잠금' 속성을 '예'로 설정한다.

상시 기출문제 정답 & 해설

2025년 상시 기출문제 01회   2-42P

01 ④	02 ③	03 ①	04 ③	05 ④
06 ②	07 ④	08 ①	09 ②	10 ④
11 ②	12 ①	13 ④	14 ②	15 ③
16 ②	17 ④	18 ①	19 ②	20 ③
21 ②	22 ①	23 ②	24 ③	25 ③
26 ④	27 ②	28 ②	29 ④	30 ②
31 ②	32 ③	33 ①	34 ②	35 ③
36 ④	37 ③	38 ②	39 ②	40 ③
41 ②	42 ④	43 ③	44 ③	45 ②
46 ③	47 ②	48 ④	49 ①	50 ②
51 ②	52 ④	53 ③	54 ②	55 ①
56 ③	57 ④	58 ③	59 ①	60 ②

과목 01 컴퓨터 일반

01 ④

오답 피하기

- 블록체인(Blockchain) : 분산 컴퓨팅 기술을 기반으로 데이터의 위변조를 방지하기 위한 분산 원장 기술
- 핀테크(FinTech) : 금융(Finance)과 기술(Technology)의 합성어로, IT의 첨단 기술을 기반으로 하는 금융 서비스로 모바일 결제, 송금, 크라우드 펀딩 등이 있음
- Chat GPT : OpenAI에서 개발한 대화형 인공 지능 서비스

02 ③

벡터(Vector) 방식 : 고해상도 표현에 적합하지 않으므로 기억 공간을 많이 차지하지 않음

오답 피하기

비트맵(Bitmap) : 고해상도를 표현하므로 파일 크기가 크고 기억 공간을 많이 차지함

03 ①

오답 피하기

- 플래시 메모리(Flash Memory) : EEPROM의 일종으로, PROM 플래시라고도 하며, 전기적으로 내용을 변경하거나 일괄 소거도 가능
- 연관 메모리(Associative Memory) : 저장된 내용 일부를 이용하여 기억 장치에 접근하여 데이터를 읽어오는 기억 장치
- 캐시 메모리(Cache Memory) : 휘발성 메모리로, 속도가 빠른 CPU와 상대적으로 속도가 느린 주기억 장치 사이에 있는 고속의 버퍼 메모리

04 ③

[실행]에서 'taskmgr'을 입력하면 작업 관리자가 실행됨

05 ④

중앙 처리 장치(CPU)에서 명령이나 연산 결과값을 일시적으로 저장하는 임시 기억 장소이므로 휘발성의 특징이 있음

06 ②

컴파일러의 번역 속도는 전체를 번역하므로 느림

오답 피하기

인터프리터는 행 단위로 번역하므로 번역 속도가 빠름

07 ④

서로 다른 확장명의 파일들이 하나의 연결 프로그램으로 지정될 수 있고, 필요에 따라 연결 프로그램을 바꿀 수 있음

08 ①

오답 피하기

- 유니코드 : 2바이트 코드로 세계 각 나라의 언어를 표현할 수 있는 국제 표준 코드
- BCD : 2진화 10진 코드로 Zone은 2비트, Digit는 4비트로 구성되며 6비트이므로 64가지의 문자 표현이 가능함
- EBCDIC : 확장 2진화 10진 코드로 Zone은 4비트, Digit는 4비트로 구성되며 8비트이므로 256가지의 표현이 가능함

09 ②

크라임웨어(Crimeware) : 범죄용 프로그램으로 인터넷상에서 불법 범죄 활동을 하기 위해 만들어진 프로그램이며 키로거, 브라우저 하이재커, 피싱, 스파이웨어 등이 있음

> 오답 피하기

DNS(Domain Name System) : 문자 형태로 된 도메인 네임(Domain Name)을 컴퓨터가 인식할 수 있는 숫자로 된 IP 어드레스(IP Address)로 변환해 주는 컴퓨터 체계

10 ④

스타(Star)형
- 중앙에 컴퓨터와 단말기들이 1:1(Point-To-Point)로 연결된 형태로, 네트워크 구성의 가장 기본적인 형태
- 모든 통신 제어가 중앙의 컴퓨터에 의해 행해지는 중앙 집중 방식
- 일반적인 온라인 시스템의 전형적 방식으로, 회선 교환 방식에 적합함

> 오답 피하기

- ① : 버스(Bus)형
- ② : 링(Ring)형(=루프(Loop)형)
- ③ : 망(Mesh)형

11 ②

> 오답 피하기

- 유니코드 : 2바이트 코드로 세계 각 나라의 언어를 표현할 수 있는 국제 표준 코드, 한글의 경우 조합, 완성, 옛 글자 모두 표현이 가능함
- 아스키 코드 : 7비트 코드로 일반 PC용 컴퓨터 및 데이터 통신용으로 사용됨
- 패리티 체크 비트 : 원래 데이터 1비트를 추가하여 에러 발생 여부를 검사하는 체크 비트

12 ①

미러링(Mirroring) 방식 : 거울 저장 방식으로 같은 자료를 2개의 디스크에 동일하게 기록하므로 장애 시 복구가 쉬우며 읽는 속도가 빠름 (RAID 1)

> 오답 피하기

- 스풀링(Spooling) : 장치의 이용 효율을 높이기 위해 중앙 처리 장치(CPU)의 처리 동작과 저속의 입출력 장치의 동작이 동시에 이루어지도록 하는 처리 방식
- 멀티태스킹(Multitasking) : Windows에서 한 번에 2가지 이상의 일을 동시에 처리하는 것으로 다중 작업이라 함
- 버퍼링(Buffering) : 두 개의 장치 사이에 위치하여 두 개의 장치가 데이터를 주고받을 때 생기는 속도 차이를 해결하기 위하여 중간에 데이터를 임시로 저장해 두는 방식

13 ④

사용자의 선택에 따라 정보를 처리하므로 멀티미디어는 비선형성의 특징을 지님

14 ②

디버깅(Debugging) : 에러가 발생한 부분을 찾아내서 바르게 수정하는 과정

> 오답 피하기

링커(Linker) : 목적 프로그램을 실행 가능한 프로그램으로 만드는 과정(연계 편집기)

15 ③

누산기(Accumulator)와 보수기(Complementor) : 연산 장치의 구성 요소

16 ②

[설정]-[개인 설정]-[테마]의 관련 설정에서 [바탕 화면 아이콘 설정]을 사용하여 바탕 화면에 표시할 아이콘(컴퓨터, 휴지통, 문서, 제어판, 네트워크)을 선택할 수 있음

17 ④

프로그램을 작성하기 위하여 사용하고 있는 프로그램 언어, 규약 및 해법은 저작권이 적용되지 않음

18 ①

전송 방향에 따라 단방향(Simplex) 방식, 반이중(Half Duplex) 방식, 전이중(Full Duplex) 방식 등이 있음

19 ②

> 오답 피하기

- 허브 : 네트워크에서 연결된 각 회선이 모이는 집선 장치로서 각 회선을 통합적으로 관리하는 방식
- 라우터 : 데이터 전송을 위한 최적의 경로를 찾아 통신망에 연결하는 장치

20 ③

전자우편은 기본적으로 7비트의 ASCII 코드를 사용하여 전송함

과목 02 스프레드시트 일반

21 ②

기본적으로 행 단위로 정렬됨

22 ①

- LARGE(C2:C7,2) : [C2:C7] 범위에서 2번째로 큰 수를 구함 → 6550000
- MATCH(6550000,C1:C7,0) : [C1:C7] 범위에서 6550000과 첫 번째로 일치하는 위치값을 구함 → 1
- INDEX(A1:C7,1,2) : [A1:C7] 범위에서 1행, 2열의 값을 구함 → 홍길동

23 ②

매크로 보안 : [개발 도구] 탭-[코드] 그룹의 [매크로 보안]에서 설정함

24 ③

원형 차트
- 워크시트의 한 열이나 행에 있는 데이터를 원형 차트로 그릴 수 있음
- 원형 차트에서는 데이터 계열 하나에 있는 항목의 크기가 항목 합계에 비례하여 표시됨
- 원형 차트의 데이터 요소는 원형 전체에 대한 백분율로 표시됨

오답 피하기
- 방사형 차트 : 워크시트의 여러 열이나 행에 있는 데이터를 방사형 차트로 그릴 수 있으며 항목마다 가운데 요소에서 뻗어 나온 값 축을 갖고, 선은 같은 계열의 모든 값을 연결함
- 영역형 차트 : 일정한 시간에 따라 데이터의 변화 추세(데이터 세트의 차이점을 강조)를 표시함
- 세로 막대형 차트 : 각 항목 간의 값을 비교하는 데 사용함

25 ③

리본 메뉴 축소 : Ctrl + F1

오답 피하기
Ctrl + F10 : 선택한 통합 문서 창을 최대화하거나 복원함

26 ④

PMT 함수(PayMenT)
- 정기적으로 지불하고 일정한 이자율이 적용되는 대출에 대해 매회 지급액을 구하는 함수
- 형식 : =PMT(rate, nper, pv, fv, type)
- rate(이율) → 4.8%/12, nper(횟수) : 5*12, pv(현재 가치) : -50000000(결과를 양수로 나오도록 하기 위해 - 사용), fv(미래 가치) → 0(대출금의 미래 가치는 0, 생략 가능), type(납입 시점) → 0 또는 생략(기말), 1(기초)
- =PMT(4.8%/12, 5*12, -50000000, 0, 1) → 935,246

27 ②

[인쇄 미리 보기] 상태에서 [페이지 설정]-[시트] 탭의 '인쇄 영역'은 반전되어 사용할 수 없음

28 ②

- 조건 범위 : 다른 행의 경우 OR(또는), 같은 행의 경우 AND(그리고)

성명	거주지	마일리지
박*		
	경기	>2000

- 박* : 성명이 박으로 시작하거나(OR) 거주지가 '경기'이면서(AND) 마일리지가 2000보다 큰 경우이므로 '김지현', '박동현'이 필터링되어 결과 행은 2가 됨

29 ④

양식 컨트롤 중 텍스트 필드, 콤보 목록, 콤보 드롭다운은 매크로를 연결할 수 없음

30 ②

Ctrl 을 누른 채 채우기 핸들을 이용하여 자동 채우기를 실행하면 복사됨

31 ②

오답 피하기
- ISBLANK 함수 : 값이 빈 셀을 참조하는 경우 TRUE를 반환함
- ISODD 함수 : 숫자가 홀수이면 TRUE를 반환함
- TYPE 함수 : 값의 데이터 형식을 나타내는 숫자를 반환함

32 ②

그룹별로 요약된 데이터에서 [개요 지우기]를 실행하면 설정된 개요 기호가 지워지지만, 개요 설정에 사용된 요약 정보는 제거되지 않음

33 ④

MS-Word(*.doc)는 워드프로세서 문서로 '외부 데이터 가져오기'를 할 수 없음

34 ②

통합할 다른 문서가 열려있지 않더라도 데이터 통합 작업을 할 수 있음. [통합] 대화상자에서 [찾아보기] 단추를 클릭하여 열리지 않은 통합 문서도 불러올 수 있음

35 ④

ClearComments : 메모를 지움

오답 피하기
- Clear : 내용과 서식을 지움
- ClearFormats : 서식을 지움
- ClearContents : 내용을 지움

36 ④

[Esc]를 2번 누르면 그룹이 해제되지 않음

오답 피하기

시트 탭에서 마우스 오른쪽 단추를 누른 후 바로 가기 메뉴에서 '시트 그룹 해제'를 클릭함

37 ③

[Alt]+[↓] : 드롭다운 목록에서 선택

38 ①

오답 피하기
- =이* : 성명이 '이'로 시작하는 경우 → 이연
- 또는 : 두 조건 중 하나라도 만족하는 경우 필터링
- =*연* : 성명에 '연'이 들어가 있는 경우 → 연지혜, 홍지연

39 ②

목표값 찾기 : 수식의 결과값은 알고 있으나 그 결과값을 얻기 위한 입력값을 모를 때 목표값 찾기 기능을 이용함

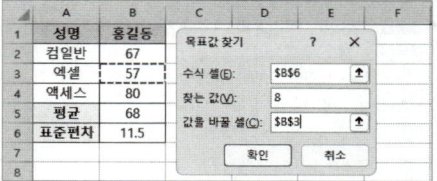

40 ③

차트를 클릭하여 선택한 다음 [차트 디자인] 탭-[데이터] 그룹-[데이터 선택]에서 범례 항목(계열)의 위로 이동, 아래로 이동 단추를 이용하여 변경할 수 있음

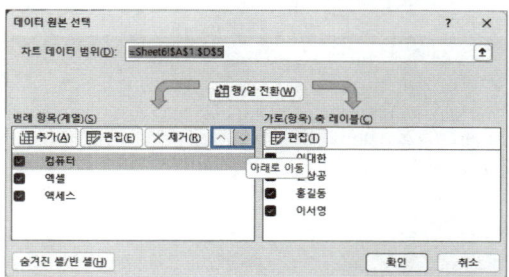

과목 03 데이터베이스 일반

41 ②

- 정규화(Normalization) : 관계형 데이터베이스 설계 시 데이터의 중복과 불일치를 최소화/방지하여 이상(Anomaly) 현상이 발생하지 않도록 하기 위한 것으로, 릴레이션 스키마를 분해해 나가는 과정
- 이상(Anomaly) 현상 : 관계형 데이터베이스의 릴레이션을 조작할 때 발생하는 현상으로 삽입 이상, 삭제 이상, 갱신 이상 등이 있음

42 ④

데이터 형식이 숫자인 경우 필드에 정수 데이터를 입력한 후 데이터 형식을 일련번호로 바꿀 수 없음

43 ③

GoToControl : 특정 컨트롤로 포커스를 이동

오답 피하기
- GoToRecord : 지정한 레코드로 이동
- RunCode : 프로시저를 실행
- SetValue : 필드나 속성, 컨트롤의 값을 설정

44 ③

기본키(PK : Primary Key)
- 후보키 중에서 선정되어 사용되는 키(❶ 사원번호, 주민번호 등)
- 기본키는 널(Null)이 될 수 없으며 중복될 수 없음
- 특정 레코드를 유일하게 구별할 수 있는 필드

45 ②

- InStr : 문자열을 검색하여 위치한 자릿수를 구함
- InStr(7,"Artificial","i") : 시작 위치가 7이므로 7번째 위치부터 "i"를 찾으므로 위치값이 8이 됨
- InStr("intelligence","i") : 시작 위치가 생략되어 있으므로 처음부터 "i"를 찾으므로 위치값이 1이 됨
- =InStr(7,"Artificial","i")+InStr("intelligence","i") → 8+1이므로 결과는 9가 됨

46 ③

[잠금] 속성을 '예'로 설정해야 함

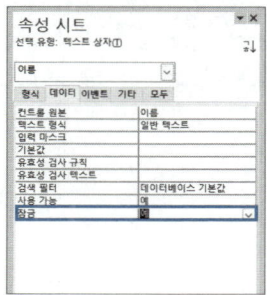

47 ②
- select : 검색문
- count(*) : 행을 카운트함
- as 회원수 : 필드명을 '회원수'라는 이름으로 지정함
- from 회원 : 회원 테이블

48 ④
매크로는 폼 작성 시 폼의 레코드 원본으로 사용할 수 없음

49 ①
테이블 연결은 연결된 테이블의 내용을 변경하면 그 원본 내용도 함께 변경되며, 연결된 테이블을 삭제하면 Access 테이블을 여는 데 사용하는 정보만 삭제하므로 원본 테이블은 삭제되지 않음

50 ②
인덱스를 설정하면 검색과 쿼리 속도를 향상시킬 수 있지만 데이터를 추가하거나 업데이트할 때는 속도가 느려짐

51 ②
- L : 필수 요소, A부터 Z까지의 영문자나 한글을 입력함 → A
- A : 필수 요소, 영문자나 한글, 숫자를 입력함 → 상
- 0 : 필수 요소, 0~9까지의 숫자를 입력함 → 3
- 9 : 선택 요소, 숫자나 공백을 입력함(덧셈, 뺄셈 기호 사용할 수 없음) → 4
- # : 선택 요소, 숫자나 공백을 입력함(덧셈, 뺄셈 기호 사용할 수 있음) → 5

오답 피하기
- ① : 12345 → 첫 번째 데이터 1이 영문자나 한글이 아님[L]
- ③ : A123A → 다섯 번째 데이터 A가 숫자나 공백이 아님[#]
- ④ : A1BCD → 세 번째 데이터 B가 숫자가 아님[0], 네 번째 데이터 C가 숫자나 공백이 아님[9], 다섯 번째 데이터 D가 숫자나 공백이 아님[#]

52 ④
[외부 데이터] 탭-[내보내기] 그룹에서 VBA 코드로 내보내는 기능은 지원되지 않음

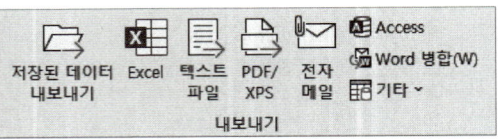

53 ③
- 실행 중인 폼이나 보고서 또는 컨트롤을 참조하기 위해서는 느낌표(!) 연산자를 사용함
- 테이블이나 쿼리, 폼, 보고서, 필드, 컨트롤의 이름은 대괄호([ ])로 묶어서 표현함
- 폼, 보고서, 컨트롤의 속성을 참고할 때는 점(.) 연산자를 사용함
- Me : 현재 실행 중인 폼
- Private Sub cmd숨기기_Click() : 'cmd숨기기' 단추를 클릭(Click)하는 경우
- Me![DateDue].Visible = False : [DateDue] 컨트롤이 표시(Visible)되지 않도록(False) 함

54 ②
타원은 개체-관계 모델의 E-R 다이어그램에서 속성을 의미함

오답 피하기
- 직사각형 : 개체
- 마름모 : 관계

55 ①
기수(Cardinality) : 한 릴레이션(테이블) 내에서 튜플(Tuple)의 개수

56 ③
참조 무결성
- 참조 무결성은 참조하고 참조되는 테이블 간의 참조 관계에 아무런 문제가 없는 상태를 의미함
- 다른 테이블을 참조하는 테이블, 즉 외래키 값이 있는 테이블의 레코드를 삭제해도 참조 무결성은 위배되지 않음
- 다른 테이블을 참조하는 테이블의 레코드 추가 시 외래키 값이 널(Null)인 경우에는 참조 무결성이 유지됨
- 다른 테이블에 의해 참조되는 테이블에서 레코드를 추가하는 경우에는 참조 무결성이 유지됨

57 ④
ORDER BY절 : 검색 결과에 대한 정렬(오름차순, 내림차순)을 수행하는 명령으로 정렬에 대한 제시가 없으므로 해당하지 않음

오답 피하기
- ① SELECT문 : 검색하고자 하는 열 리스트 → "제품의 합계"
- ② GROUP BY절 : 그룹에 대한 쿼리 시 사용함 → "부서별로"
- ③ HAVING절 : 그룹에 대한 조건을 기술함 → "영업 실적이 1억 원 이상"

58 ③
전체 보고서에 대한 요약값은 보고서 머리글이나 보고서 바닥글에 계산 컨트롤을 추가하여 계산할 수 있음

59 ①
- 나. 날짜/시간 형식 : 8바이트
- 라. 일련번호 형식 : 4바이트
- 가. 정수(Integer) 형식 : 2바이트
- 다. Yes/No 형식 : 1비트

60 ③

1부터 20까지(For i = 1 to 20) 4로 나눈 나머지가(i Mod 4) 0인 경우(Case 0)의 합(Sum = Sum + i)을 구함(결과는 60)

2025년 상시 기출문제 02회 2-52P

01 ④	02 ②	03 ②	04 ②	05 ②
06 ④	07 ③	08 ④	09 ④	10 ③
11 ①	12 ②	13 ③	14 ②	15 ④
16 ②	17 ②	18 ④	19 ③	20 ②
21 ④	22 ①	23 ④	24 ②	25 ②
26 ④	27 ②	28 ①	29 ①	30 ②
31 ④	32 ②	33 ②	34 ②	35 ③
36 ③	37 ②	38 ②	39 ④	40 ②
41 ①	42 ④	43 ①	44 ①	45 ②
46 ②	47 ③	48 ④	49 ④	50 ③
51 ②	52 ①	53 ②	54 ④	55 ①
56 ①	57 ③	58 ②	59 ④	60 ①

과목 01 컴퓨터 일반

01 ④

'공공 거래 장부'로 불리며 임의로 수정 불가능한 분산 컴퓨터 기반의 기술은 블록체인(Blockchain)에 대한 설명임

02 ②

Alt + Enter : 선택된 항목의 속성 창을 표시함

오답 피하기
- ① Alt + Print Screen : 현재 활성화된 창을 클립보드로 복사함
- ③ Ctrl + Esc : 시작 메뉴를 표시함
- ④ Alt + F4 : 열려 있는 창을 닫음

03 ②

오답 피하기
- 산란형 바이러스 : 확장자가 EXE인 실행 파일의 감염 없이 확장자가 COM인 같은 이름의 파일을 생성(산란시키는 바이러스로 COM이 먼저 실행되어 바이러스가 실행됨
- 기생형 바이러스 : 프로그램의 손상 없이 프로그램의 앞·뒤 부분에 위치(기생)하는 바이러스
- 겹쳐쓰기형 바이러스 : 프로그램의 일부분에 겹쳐 쓰기 되어 원본 파일을 파괴하는 바이러스

04 ②

오답 피하기

- 빅 데이터(Big Data) : 수치나 문자, 영상 등 다양한 형태의 데이터로 생성 주기가 짧은 방대한 규모의 디지털 데이터
- 시맨틱 웹(Semantic Web) : '의미론적인 웹'이라는 뜻으로 사람 대신 개인 맞춤형의 새로운 정보를 생성, 제공할 수 있도록 이해하기 쉬운 의미를 가진 웹 3.0의 차세대 지능형 웹
- 사물 인터넷(IoT) : 사람과 사물, 공간, 데이터 등을 이더넷으로 서로 연결해 주는 무선 통신 기술로 스마트 센싱 기술과 무선 통신 기술을 융합하여 실시간으로 데이터를 주고받는 기술

05 ②

스마트폰이나 태블릿 수준의 작은 화면에서 저전력으로 높은 휘도의 빛을 얻어 작동함

06 ④

인터럽트(Interrupt)는 프로그램 처리 중 특수한 상태가 발생, 처리를 중지하고 특수한 상태를 처리한 후 다시 정상적인 처리를 하는 것으로 프로그램 실행에 따라 부프로그램을 호출하는 경우에는 발생하지 않음

07 ③

캐시 메모리(Cache Memory)는 휘발성 메모리로 구성됨

08 ④

파티션(Partition)
- 하드디스크를 분할하는 기능으로, 포맷을 해야 사용할 수 있음
- 파티션을 나누어 하나 이상의 운영체제를 사용할 수 있으며, 파티션마다 운영체제를 달리 사용할 수 있음
- 운영체제에서는 파티션이 하나의 드라이브로 인식됨

09 ④

프로그램 카운터(Program Counter)는 제어 장치의 구성 요소임

10 ③

여러 미디어를 통하여 처리하는 멀티미디어의 특징은 통합성을 의미함

오답 피하기

비선형성(Non-Linear) : 사용자의 선택에 따라 정보를 처리함

11 ①

오답 피하기

- Love : 웜(Worm)의 일종으로 전자우편을 통해 전파되며 감염된 파일을 실행하면 윈도우 시작 시 실행되도록 시스템의 레지스트리를 변경함
- Melisa : 전자우편으로 첨부된 파일을 클릭하는 순간 시스템이 감염되는 워드 매크로 바이러스
- 부트 바이러스 : 하드디스크의 부트 섹터에 감염되는 바이러스

12 ②

LPWA(Low Power Wide Area) : 저전력 광역 통신 기술이라고 하며 사물 인터넷 분야에서 사용하는 기술로, 소량의 데이터를 저비용, 저전력을 기반으로 안정적인 무선 통신을 통해 장거리까지 전송이 가능한 IoT 기술

오답 피하기

- LTE : 3G 이동 통신 기술을 오랫동안 진화(Evolution)시킨 기술
- WiFi : 일정 영역의 공간에서 무선 인터넷의 사용이 가능한 근거리 무선 통신 기술
- USN : 유비쿼터스 센서 네트워크 기술

13 ③

레지스트리의 정보는 컴퓨터가 실행 중인 동안 참조함

14 ②

2차적 저작물도 독자적인 저작물로서 보호됨

15 ④

오답 피하기

- 내그웨어(Nagware) : 사용하는 프로그램에 대해 비용을 지불하여 사용자 등록을 하도록 주기적으로 요구하는 소프트웨어
- 스파이웨어(Spyware) : 컴퓨터 시스템에 몰래 설치되어 악의적으로 개인 정보를 수집하는 소프트웨어
- 애드웨어(Adware) : 광고를 보는 조건으로 사용하는 소프트웨어

16 ②

- ⓐ SMTP : 사용자의 컴퓨터에서 작성한 메일을 다른 사람의 계정이 있는 곳으로 전송해 주는 전자우편을 송신하기 위한 프로토콜
- ⓑ POP3 : 메일 서버에 도착한 E-mail을 사용자 컴퓨터로 가져오기 위한 프로토콜이며, 전자우편을 수신하기 위한 프로토콜
- ⓓ MIME : 전자우편으로 멀티미디어 정보를 전송할 수 있도록 해주는 멀티미디어 지원 프로토콜임
- ⓕ IMAP : 사용자가 메일 서버에서 메일을 관리하고 수신하기 위한 프로토콜로 전자우편의 헤더(머리글) 부분만 수신함

오답 피하기

- ⓒ FTP : 파일 전송 프로토콜
- ⓔ DNS : 도메인 네임과 IP 주소를 대응(Mapping)시켜 주는 역할을 담당하는 분산 네이밍 시스템

17 ②

DRAM(Dynamic RAM)
- 구조는 단순하지만 가격이 저렴하고 집적도가 높아 PC의 메모리로 이용됨
- 일정 시간 후 전하가 방전되므로 재충전(Refresh) 시간이 필요함

오답 피하기
- SRAM(Static RAM) : 정적인 램으로, 전원이 공급되는 한 내용이 그대로 유지됨
- PROM(Programmable ROM) : 사용자가 ROM Writer를 이용하여 한 번에 한해 기록(쓰기)이 가능한 ROM
- EPROM(Erasable ROM) : 기록된 내용을 자외선을 이용하여 반복해서 여러 번 정보를 기록할 수 있는 ROM

18 ④

사물 인터넷의 주체는 사람이므로 사람을 포함한 사물과 사물 간의 통신 기술임

19 ③

오답 피하기
- 오프라인 시스템(Off-Line System) : 중앙 처리 장치와 입출력 장치가 통신 회선으로 연결되지 않은 처리 방식
- 일괄 처리 시스템(Batch Processing System) : 발생된 자료를 일정 기간 모아 두었다가 한꺼번에 처리하는 방식
- 분산 시스템(Distributed System) : 지역별로 발생된 자료를 분산 처리하는 방식

20 ②

[파일 탐색기]에서 바로 가기를 만들 항목을 Ctrl + Shift 를 누른 상태로 바탕 화면으로 드래그 앤 드롭함

과목 02 스프레드시트 일반

21 ④

④의 수식에서 OR 함수는 조건 중 어느 하나라도 참이면 참이 되며, 수식 B2>5에서 이용 횟수 12가 5를 초과, 참이 되어 택배 비용이 10,000이 되어 "무료"가 나오지 않음

22 ①

오답 피하기
- 도넛형 차트 : 전체 합계에 대한 각 항목의 구성 비율을 표시하며, 원형 차트와 비슷하지만 여러 데이터 계열을 표시할 수 있다는 점이 다름
- 방사형 차트 : 각 항목마다 가운데 요소에서 뻗어나온 값 축을 갖고, 선은 같은 계열의 모든 값을 연결함(가로, 세로축 없음)
- 혼합형 차트 : 여러 열과 행에 있는 데이터를 혼합 차트로 그릴 수 있으며, 특히 데이터 범위가 광범위한 경우 데이터를 쉽게 이해할 수 있도록 만들기 위해 두 개 이상의 차트 종류를 결합함

23 ④

워크시트 이름에 : ₩ / . ? * [ ] 기호는 사용할 수 없음

24 ②

오름차순 정렬 : 숫자(3, 5) – 기호 문자(@) – 영문 소문자(a) – 영문 대문자(A)

25 ③

- VLOOKUP(A6,$A$1:$B$4,2) : [A6] 셀의 값 -5를 [$A$1:$B$4] 범위의 첫 열에서 찾아서 2번째 열의 값을 가져오는데 값이 없어서 #N/A가 발생함
- IFERROR(수식, 오류 발생 시 표시값) : 수식의 결과가 오류값일 때 다른 값(공백 등)으로 표시함
- =IFERROR(#N/A,"입력 오류")이므로 결과는 "입력 오류"가 됨

26 ②

[B3] 셀에서 Ctrl + Enter 를 누르면 셀 포인터는 [C6] 셀로 이동하지 않음

27 ②

엑셀에서 사용하는 바로 가기 키와 같은 키로 매크로의 바로 가기 키를 지정했을 경우 매크로의 바로 가기 키가 동작함

28 ①

[D6] 셀을 클릭하여 선택한 다음 [홈]-[클립보드]-[복사]를 누른 후 [B2:B5] 범위를 드래그하여 선택하고, [홈]-[클립보드]의 [선택하여 붙여넣기]를 클릭, '연산'에서 '더하기'를 선택하고 [확인]을 누름

29 ①

[페이지 설정] 대화상자의 [시트] 탭에서 [간단하게 인쇄] : 테두리, 그래픽 등을 인쇄하지 않음

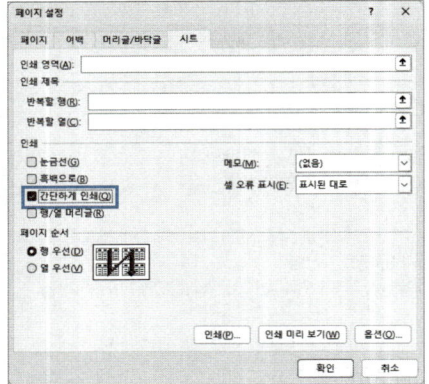

30 ②

*와 ?의 기호를 이용하여 검색하고자 할 때는 ~의 기호 뒤에 * 혹은 ?를 붙임

31 ②

셀을 이동하면 메모도 이동됨

32 ②

나중에 구한 함수가 위에 위치하므로 합계를 먼저 구하고 평균을 나중에 구한 결과임

33 ②

🗎 : 파일 이름 삽입, &[파일]

오답 피하기

▦ : 시트 이름 삽입, &[탭]

34 ②

워크시트에서 특정 데이터를 변화시켜 수식의 결과가 어떻게 변하는지 보여주는 셀 범위를 데이터 표라고 하며, 데이터 표를 사용하여 여러 결과를 계산할 때 사용함

오답 피하기

- 목표값 찾기 : 수식의 결과값은 알고 있으나 그 결과값을 얻기 위한 입력값을 모를 때 목표값 찾기 기능을 이용함
- 피벗 테이블 : 엑셀의 레코드 목록, 외부 데이터, 다중 통합 범위, 다른 피벗 테이블을 바탕으로 한 새로운 형태의 통계 분석표를 작성함
- 시나리오 : 변경 요소가 많은 작업표에서 가상으로 수식이 참조하고 있는 셀의 값을 변화시켜 작업표의 결과를 예측하는 기능

35 ③

숫자가 입력된 셀에 윗주를 삽입하면 화면에 윗주가 표시되지 않음

36 ③

오답 피하기

- 트리맵 차트 : 데이터를 계층 구조 보기로 제공하고 다른 범주 수준을 비교하는 간편함
- 폭포 차트 : 값을 더하거나 뺄 때 재무 데이터의 누적 합계를 보여줌
- 상자 수염 차트 : 데이터 분포를 사분위수로 나타내며 평균 및 이상값을 강조하여 표시함

37 ②

- =SUMPRODUCT : 범위의 대응되는 값끼리 곱해서 그 합을 구해 줌
- =SUMPRODUCT((A1:A100=C1)*(B1:B100=D1)) : 각 범위 같은 행에서 C1, D1인 경우 TRUE(1)*TRUE(1), 즉 1이 되고 아니면 0이 되어 둘 다 만족하는 1의 값이 더해짐
- =COUNTIFS(A1:A100,C1,B1:B100,D1) : 조건이 여러 개인 경우 각 범위 내에서 주어진 조건이 모두 맞는 셀의 개수를 구하므로 각 범위에서 C1, D1인 경우의 수를 구함

38 ②

자동 필터에서 조건 지정 시 각 열에 설정된 조건들은 AND 조건으로 묶여 처리됨

39 ④

시트 이름 바꾸기는 '워크시트에서 허용할 내용'으로 지원되지 않음

40 ③

오차 막대를 화면에 표시하는 방법에는 3가지로 모두, 음의 값, 양의 값이 있음

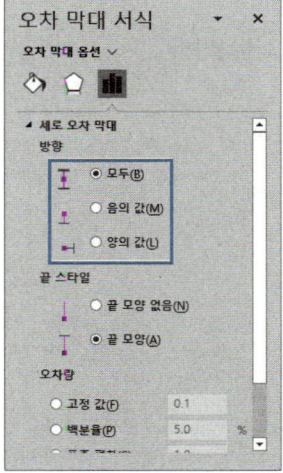

과목 03 데이터베이스 일반

41 ①
- 정규화(Normalization) : 관계형 데이터베이스를 설계할 때 데이터의 중복 최소화와 불일치를 방지하기 위해 릴레이션 스키마를 분해해 가는 과정
- 제1정규형(1NF) : 원자값, 최소한의 값, 반복되는 열이 없음

오답 피하기
- 제2정규형(2NF) : 키를 결정하면 다른 열의 값이 결정, 기본키에 완전 함수적 종속(=부분 함수 종속 제거)
- 제3정규형(3NF) : 기본키 열 이외의 열의 값에 따라 다른 열의 값이 결정되는 일이 없음. 서로 기본키에 이행적 종속이 아니면 독립적 (=이행 함수 종속 제거)
- BCNF(Boyce & Codd NF) : 엄격한 3차 정규형, 모든 결정자가 후보키가 아닌 함수 종속을 제거(=결정자를 모두 후보키로)
- 제4정규형(4NF) : 두 개의 상호 독립적인 다중값 속성을 서로 다른 두 릴레이션으로 분리(=다른 종속 제거)
- 제5정규형(5NF) : 후보키를 통하지 않은 조인 종속 제거

42 ④
④는 INSERT(삽입문) 쿼리로 테이블에 새로운 데이터(행)를 삽입하며, INSERT-INTO-VALUES의 유형을 가짐

오답 피하기
UPDATE(갱신문) : 갱신문으로 테이블에 저장된 데이터를 갱신하며, UPDATE-SET-WHERE의 유형을 가짐

43 ①
SetValue : 필드나 속성, 컨트롤의 값을 설정하는 기능으로 DoCmd 개체의 메서드가 아닌 매크로 함수에 해당함

오답 피하기
- DoCmd 개체는 액세스의 매크로 함수를 Visual Basic에서 실행하기 위한 개체로 메서드를 이용하여 매크로를 실행할 수 있음
- OpenReport : 보고서를 디자인 보기 또는 인쇄 미리 보기 형식으로 열거나 인쇄함
- GoToRecord : 지정한 레코드를 테이블, 폼, 쿼리 결과 집합에서 현재 레코드로 만듦
- RunCode : Visual Basic Function 프로시저를 실행함

44 ①
- "00" & 회원번호 : 기존 회원번호 앞에 "00"을 붙임(001, 002, …, 0099)
- right("00" & 회원번호,3) : 001, 002, …, 0099를 오른쪽에서 3자리 추출함
- update 회원 set 회원번호 = : 추출된 3자리로 회원 테이블의 회원번호 필드를 변경함

45 ①
- count(*) : 행을 카운트함
- WHERE 지점명 Like "동부*" : 지점명이 동부로 시작하는 행만 카운트함 → 동부 신내, 동부 신사
- * : 여러 문자를 의미함

46 ②
- datediff("yyyy", '2004-10-01', date()) : 지정된 두 날짜 간의 연수를 구함
- "yyyy" : 연도를 산출함
- date() : 오늘 날짜 산출

47 ③

리터럴(Literal) 표시 문자

문자	기능	결과
〉	모든 문자를 대문자로 변환함	S, M
L	필수 요소로, A부터 Z까지의 영문자나 한글을 입력함	
〈	모든 문자를 소문자로 변환함	unn, oon
?	선택 요소로, A부터 Z까지의 영문자나 한글을 입력함	

지문에 ?가 3개이므로 세 자리까지 결과로 표시됨

48 ④
OLE 개체 데이터 형식의 필드는 인덱스를 사용할 수 없음

49 ④
[관계 편집] 대화상자에서 〈구매〉 테이블이 오른쪽에 위치하고, 〈조인 속성〉 대화상자에서 '구매'에서는 모든 레코드를 포함하고 '고객'에서는 조인된 필드가 일치하는 레코드만 포함이므로, 해당되는 조인은 오른쪽 외부 조인임

50 ③
CSV(Comma Seperated Values) : 콤마로 분리된 값으로 액세스의 데이터 형식에서 지원되지 않음

오답 피하기
- 짧은 텍스트 : 계산이 필요 없는 성명, 주소, 전화번호, 부품번호, 우편번호 등의 데이터를 저장할 때에는 짧은 텍스트 형식을 사용함 (크기 : 최대 255자까지 입력)
- 날짜/시간 : 날짜나 시간 데이터를 저장할 때 사용함(크기 : 8바이트)
- 일련번호 : 레코드 추가 시 자동으로 고유 번호를 부여할 때 사용하고, 번호가 부여되면 변경하거나 삭제할 수 없음(크기 : 4바이트)

51 ②
디자인 보기를 제외한 폼 보기 모드에서 폼의 제목 표시줄에 표시되는 텍스트는 '캡션' 속성을 이용하여 변경할 수 있음

52 ①
기수(Cardinality) : 한 릴레이션(테이블)에서의 튜플(Tuple)의 개수

53 ②
- 데이터베이스 암호를 설정하거나 제거하려면 데이터베이스를 단독 사용 모드로 열어야 함
- 데이터베이스를 단독 사용 모드로 열려면 데이터베이스를 닫은 다음 [파일] 탭-[열기] 명령을 사용하여 다시 연 다음, [열기] 대화상자에서 [열기] 단추 옆에 있는 화살표를 클릭한 후 [단독으로 열기]를 선택함

54 ④
첨부 파일
- 전자 메일 메시지에 파일을 첨부하는 것과 마찬가지로 이미지, 스프레드시트 파일, 문서, 차트 및 기타 지원되는 유형의 파일을 데이터베이스의 레코드에 첨부할 수 있음
- 데이터베이스 디자이너가 첨부 파일 필드를 설정하는 방법에 따라 첨부 파일을 보고 편집할 수 있음
- 첨부 파일 필드는 OLE 개체 필드보다 유연성이 뛰어나며, 원본 파일의 비트맵 이미지를 만들지 않기 때문에 저장 공간을 더 효율적으로 사용함

오답 피하기
- 하이퍼링크 : 텍스트로 저장되고 하이퍼링크 주소로 사용되는 텍스트 또는 텍스트와 숫자의 조합이며 하이퍼링크 데이터 형식의 각 부분은 최대 2,048자까지 포함할 수 있음
- 일련번호 : 새 레코드가 테이블에 추가될 때마다 Microsoft Access에서 할당하는 고유한 순차 번호(1씩 증가)로, 일련번호 필드는 업데이트할 수 없으며 크기는 4바이트임
- 긴 텍스트 : 긴 텍스트 또는 텍스트와 숫자의 조합으로 최대 63,999자까지 입력할 수 있음

55 ①
데이터 원본으로 기존 작성된 보고서를 지정하여 사용할 수 없음

56 ①
두 개 이상의 연결 필드를 지정할 때는 필드들을 세미콜론(;)으로 구분하여 연결함

57 ③
- 테이블이 열릴 때마다 자동으로 실행되지 않음
- 매크로 이름을 "AutoExec"로 하면 데이터베이스 파일을 열 때 매크로를 자동으로 실행시킴

58 ②
GROUP BY 다음에 HAVING절을 사용하여 그룹에 조건을 적용함

59 ④
테이블을 작성할 때 레코드 수는 고려 대상이 아님

60 ①
유효성 검사 규칙이 '<=99'이므로 과목코드는 99까지임

오답 피하기
- ② : 과목코드는 반드시 입력해야 한다 → 필수가 예
- ③ : 과목코드는 중복될 수 없다 → 인덱스가 예(중복 불가능)
- ④ : 새 레코드 생성 시 0이 자동으로 입력된다 → 기본값이 0

2025년 상시 기출문제 03회

01 ①	02 ③	03 ②	04 ④	05 ①
06 ④	07 ②	08 ④	09 ①	10 ①
11 ①	12 ②	13 ③	14 ①	15 ②
16 ④	17 ②	18 ③	19 ③	20 ④
21 ②	22 ②	23 ③	24 ①	25 ③
26 ②	27 ③	28 ③	29 ③	30 ③
31 ②	32 ③	33 ③	34 ③	35 ③
36 ③	37 ③	38 ④	39 ③	40 ②
41 ③	42 ③	43 ③	44 ③	45 ①
46 ③	47 ③	48 ③	49 ④	50 ①
51 ④	52 ①	53 ②	54 ②	55 ③
56 ②	57 ②	58 ②	59 ①	60 ④

과목 01 컴퓨터 일반

01 ①

테더링(Tethering) : 테더(Tether)는 '밧줄'이라는 뜻으로, 인터넷이 가능한 스마트폰과 다른 IT 기기를 밧줄로 연결한다는 의미처럼 스마트폰의 인터넷 통신망을 이용하여 다른 기기와 인터넷을 공유하는 기술

오답 피하기

- 와이파이(WiFi : Wireless Fidelity) : 일정 영역의 공간에서 무선 인터넷의 사용이 가능한 근거리 무선 통신 기술
- 블루투스(Bluetooth) : 무선 기기(이동 전화, 컴퓨터, PDA 등) 간 정보 전송을 목적으로 하는 근거리 무선 접속 프로토콜로, IEEE 802.15.1 규격을 사용하는 PANs(Personal Area Networks)의 산업 표준
- 와이브로(Wibro) : 무선과 광대역 인터넷을 통합한 의미로, 휴대용 단말기를 이용하여 정지 및 이동 중에 인터넷에 접속 가능함

02 ③

오답 피하기

- 스풀 기능은 인쇄할 내용을 하드디스크에 저장한 다음 스풀링함
- 스풀 기능은 문서 전체나 페이지 단위로 가능함
- 프린터와 같은 저속의 입출력 장치를 CPU와 병행하여 작동시켜 컴퓨터의 전체 효율을 향상시켜 주는 기능임

03 ②

오답 피하기

- 디스크 검사 : 파일과 폴더 및 디스크의 논리적, 물리적인 오류를 검사하고 수정하는 작업
- 디스크 포맷 : 하드디스크 등을 초기화하는 것으로 트랙과 섹터로 구성하는 작업
- 드라이브 조각 모음 및 최적화 : 디스크에 단편화되어 저장된 파일들을 모아서 디스크를 최적화하는 작업

04 ④

안드로이드(Android) : 오픈 소스 소프트웨어 기반의 모바일 운영체제

05 ①

허브(Hub)는 집선 장치로 물리 계층(Physical Layer)에 해당하는 장비로 트랜스포트 계층의 대표적인 장비가 아님

06 ④

동기화 : 데이터를 전송하고 수신할 때 동일한 속도로 데이터를 전송하여 오류가 발생하지 않도록 하며 속도와 위상을 서로 맞추어 동기화시킴

07 ②

스니핑(Sniffing) : 특정한 호스트에서 실행되어 호스트에 전송되는 정보(계정, 패스워드 등)를 엿보는 행위로, 데이터가 전송되는 도중에 도청 및 몰래 보는 행위인 가로채기(Interception)에 해당하므로 정보의 기밀성(Secrecy)을 저해 및 침해함

오답 피하기

- 스푸핑(Spoofing) : '속임수'의 의미로 어떤 프로그램이 정상적으로 실행되는 것처럼 위장하는 것
- 백도어(Back Door) : 시스템 관리자의 편의를 위한 경우나 설계상 버그로 인해 시스템의 보안이 제거된 통로를 말하며, 트랩 도어(Trap Door)라고도 함
- 웜(Worm) : 감염 대상을 갖고 있지는 않으나 연속적으로 자신을 복제하여 시스템의 부하를 증가시키는 프로그램

08 ④

플러그 앤 플레이(PnP : Plug & Play)
자동 감지 설치 기능으로 컴퓨터에 장치를 연결하면 자동으로 장치를 인식하여 설치 및 환경 설정을 용이하게 하므로 새로운 주변 장치를 쉽게 연결함

오답 피하기

- ① : FTP에 대한 설명
- ② : 멀티 프로그래밍에 대한 설명
- ③ : P2P에 대한 설명

09 ①

- ping : 네트워크의 현재 상태나 다른 컴퓨터의 네트워크 접속 여부를 확인하는 명령
- ping 127.0.0.1 : 명령 프롬프트에서 루프백 주소(127.0.0.1)를 이용하여 PC의 TCP/IP의 활성화를 확인할 수 있음
- 패킷 : 보냄 = 4, 받음 = 4, 손실 = 0(0% 손실) → 정상적인 통신을 의미함

오답 피하기

- ipconfig : 사용자 자신의 컴퓨터 IP 주소를 확인하는 명령
- tracert : 네트워크에 연결된 컴퓨터의 경로(라우팅 경로)를 추적할 때 사용하는 명령
- nslookup : URL 주소로 IP 주소를 확인하는 명령

10 ①

작업 표시줄은 현재 수행 중인 프로그램이나 앱이 표시됨

11 ①

오답 피하기

- ② : 벤치마크(Benchmark)에 대한 설명
- ③ : 알파 테스트(Alpha Test)에 대한 설명
- ④ : 베타 테스트(Beta Test)에 대한 설명

12 ②

니블(Nibble) : 4비트로 표현이 가능한 정보의 개수는 2의 4제곱(2×2×2×2)이므로 16개임

13 ③

오답 피하기

- 게이트웨이(Gateway) : 네트워크에서 다른 네트워크로 들어가는 관문의 기능을 수행하는 지점을 말하며, 서로 다른 프로토콜을 사용하는 네트워크를 연결할 때 사용하는 장치
- 모뎀(Modem) : 변복조 장치
- 라우터(Router) : 데이터 전송을 위한 최적의 경로를 찾아 통신망에 연결하는 장치

14 ①

IPv6의 경우 128비트를 16비트씩 8개의 영역으로 구성되어 있으며, 각 부분은 콜론(:)으로 구분함

15 ②

'바탕 화면 아이콘 설정'을 이용하여 지정이 가능한 아이콘의 종류는 컴퓨터, 휴지통, 문서, 제어판, 네트워크 등이 있음

16 ④

회사 내의 특정 업무를 처리하기 위해 개발된 소프트웨어는 응용 소프트웨어임

17 ②

방화벽 : 해킹 등에 의한 외부로의 정보 유출을 막기 위해 사용하는 보안 시스템

오답 피하기

Malware : 악성 코드를 의미하며, 컴퓨터 바이러스, 인터넷 웜, 트로이 목마 등이 있음

18 ③

변조/수정(Modification)은 정보의 무결성(Integrity)을 저해함

오답 피하기

- ① 가로막기(Interruption) : 정보의 가용성(Availability) 저해
- ② 가로채기(Interception) : 정보의 기밀성(Secrecy) 저해
- ④ 위조(Fabrication) : 정보의 무결성(Integrity) 저해

19 ③

2진수 1010의 1의 보수는 0을 1로, 1을 0으로 바꾼 0101이 됨

오답 피하기

2진수 1010의 1의 보수는 0을 1로, 1을 0으로 바꾼 0101이며 1을 더하면 2의 보수(0110)가 됨

20 ④

모든 파일과 하위 폴더를 한꺼번에 선택하려면 [Ctrl]+[A]를 사용해야 함

과목 02 스프레드시트 일반

21 ②

=IFERROR(ISERR(A7), "ERROR") → FALSE

- IFERROR(수식, 오류 발생 시 표시값) : 수식의 결과가 오류값일 때 다른 값(공백 등)으로 표시함
- ISERR(value) : 값이 #N/A를 제외한 오류값을 참조할 때 TRUE 값을 반환함

오답 피하기

①	• =IFERROR(ISLOGICAL(A3), "ERROR") → TRUE • ISLOGICAL(value) : 값이 논리값을 참조할 때 TRUE 값을 반환함
③	• =IFERROR(ISERROR(A7), "ERROR") → TRUE • ISERROR(value) : 값이 오류값(#N/A, #VALUE!, #REF!, #DIV/0!, #NUM!, #NAME?, #NULL!)을 참조할 때 TRUE 값을 반환함
④	• =IF(ISNUMBER(A4), TRUE, "ERROR") → TRUE • ISNUMBER(value) 값이 숫자를 참조할 때 TRUE 값을 반환함

22 ②

셀에 데이터를 입력하고 [Shift]+[Enter]를 누르면 셀 입력이 완료되고 바로 윗 셀이 선택됨

23 ③

문자 데이터가 입력된 셀의 수는 해당하지 않음

오답 피하기

평균, 개수(데이터가 입력된 셀의 수), 숫자 셀 수, 최소값, 최대값, 합계를 선택하면 자동으로 계산되어 나타남

24 ①

#NULL! : 교점 연산자(공백)를 사용했을 때 교차 지점을 찾지 못한 경우

25 ③

[페이지 나누기 삽입] 기능은 선택한 셀의 윗 행, 왼쪽 열로 페이지 나누기를 삽입함

26 ②

- [한 단계씩 코드 실행]에서 한 단계씩 실행 가능함
- 한 단계씩 코드 실행의 바로 가기 키 : F8

27 ③

[인쇄 미리 보기] 화면에서 셀의 행 높이는 조정할 수 없음

28 ③

- TODAY( ) : 현재 컴퓨터 시스템의 날짜만 반환함
- YEAR(날짜) : 날짜의 연도 부분만 따로 추출함
- VLOOKUP(값, 범위, 열 번호, 찾는 방법) : 범위의 첫 번째 열에서 값을 찾아 지정한 열에서 대응하는 값을 반환함
- 찾는 방법 : FALSE(=0)로 지정되면 정확한 값을 찾아주며, 만약 그 값이 없을 때는 #N/A 오류가 발생함
- YEAR(VLOOKUP(B8,A2:B6,2,0)) : "황영철"을 첫 열에서 찾아서 해당 2열의 날짜에서 연도만 추출함

29 ③

세로축을 선택한 후 [축 서식]의 축 옵션에서 가로축 교차를 '축의 최대값'으로 설정하면 가로축 교차가 축의 최대값으로 위치하게 됨

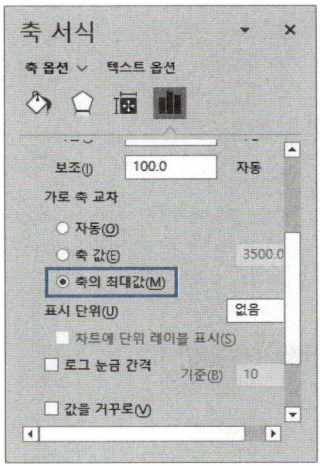

30 ③

{=SUM(A1:A3*{30,20,10})} → 360(A1:A3 범위의 합 6을 6*30+6*20+6*10으로 계산하여 결과가 360이 됨)

오답 피하기

- ① {=SUM((A1:A3*B1:B3)} → 100(1*30+2*20+3*10으로 계산하여 결과가 100이 됨)
- ② {=SUM(A1:A3*{30;20;10})} → 100(행 구분을 세미콜론(;)으로 하여 1*30+2*20+3*10으로 계산하여 결과가 100이 됨)
- ④ =SUMPRODUCT(A1:A3, B1:B3) → 100(SUMPRODUCT에 의해 해당 요소들을 모두 곱하고 그 곱의 합을 구하므로 1*30+2*20+3*10으로 계산하여 결과가 100이 됨)
- 배열 수식은 Ctrl + Shift + Enter 을 누르면 중괄호({ })가 자동으로 생성됨

31 ②

[홈] 탭-[편집] 그룹-[채우기]-[계열]에서 지원되는 날짜 단위는 '일, 평일, 월, 년' 등이 있으며 '주' 단위는 지원되지 않음

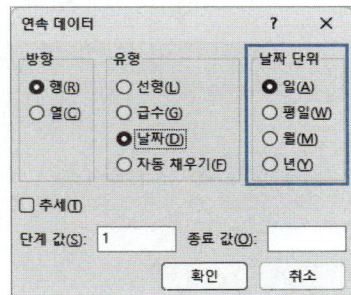

32 ③

'시트 끝'을 선택하면 각 페이지의 메모가 문서의 마지막에 한꺼번에 인쇄됨

33 ②

셀 주소와 같은 형태의 이름은 사용할 수 없음

34 ③

- FREQUENCY 함수 : 값의 범위 내에서 해당 값의 발생 빈도를 계산하여 세로 배열 형태로 나타내주는 함수
- 형식 : =FREQUENCY(배열, 구간 배열)
  - 배열 : 빈도를 계산할 값의 집합 → B3:B9
  - 구간 배열 : 배열에서 값을 분류할 간격 → E3:E6
- [F3:F6] 범위를 설정한 다음 =FREQUENCY(B3:B9,E3:E6)를 입력하고 배열 수식이므로 Ctrl + Shift + Enter 를 누르면 수식 앞뒤에 중괄호({ })가 자동으로 표시되며 결과가 구해짐

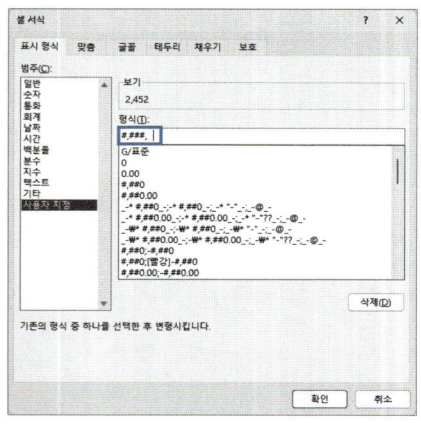

오답 피하기

=PERCENTILE.INC(배열, k) : 배열에서 k번째 백분위수 값을 구함

35 ②

- # : 유효 자릿수만 나타내고 유효하지 않은 0은 표시하지 않음
- , : 천 단위 구분 기호로 쉼표를 삽입함. 쉼표 이후에 더 이상 코드를 사용하지 않으면 천 단위 배수로 표시함(2,451,649 → 2,452)

입력값	표시 형식	결과
2451648.81	#,###,	2,452 • 소수점 이하는 표시 형식에서 지정하지 않음 • 앞 콤마 : 천 단위 구분 기호 쉼표를 삽입함 • 뒤 콤마 : 천 단위 배수로 표시하면서 반올림함

36 ③

오답 피하기

- ① : 워크시트 화면의 확대/축소 배율 지정은 모든 시트에 같은 배율로 적용되지 않음
- ② : 틀 고정과 창 나누기는 동시에 수행할 수 없음
- ④ : 틀 고정 구분 선은 마우스 드래그로 위치를 변경할 수 없음

37 ④

Sub ~ End Sub 프로시저는 명령문들의 실행 결과를 반환하지 않음

오답 피하기

Function ~ End Function : 명령문들의 실행 결과를 반환함

38 ④

연결 대상 : 기존 파일/웹 페이지, 현재 문서, 새 문서 만들기, 전자 메일 주소 등

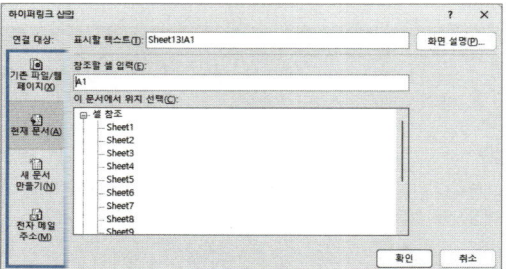

39 ②

원형 차트는 '데이터 테이블'을 나타낼 수 없음

40 ②

피벗 차트 보고서는 주식형, 분산형, 거품형, 트리맵, 선버스트, 히스토그램, 상자 수염, 폭포, 깔때기형 차트 등으로 변경할 수 없음

과목 03 데이터베이스 일반

41 ③

DBMS는 여러 응용 시스템 간에 공유 가능하도록 통합, 저장된 운영 데이터의 집합을 관리함

42 ②

UNION(통합) 쿼리 : 2개 이상의 테이블이나 쿼리에서 대응되는 필드들을 결합하여 하나의 필드로 만들어 주는 쿼리이므로, 총 레코드의 개수 15가가 됨

43 ③
- DLOOKUP : 특정 필드 값을 구할 때 사용하는 함수
- =DLOOKUP("구할 필드", "테이블명", "조건")이므로 → DLOOKUP("성명", "사원", "[사원번호] = 1")

44 ③
- Me.Filter = "성명 like '*' & txt검색 & '*'" → 'txt검색' 컨트롤에 입력된 문자를 포함하는 경우이므로 like와 *를 사용함
- Me.FilterOn = True → 포함하는 레코드만을 표시하기 위해서 Me.FilterOn을 True로 지정함

45 ①
후보키(Candidate Key) : 한 테이블에서 유일성과 최소성을 만족하는 키(예) 사원번호, 주민등록번호)

46 ③
DblClick : txt날짜 컨트롤이 더블클릭될 때 실행됨

47 ④
E-R 다이어그램은 속성 타입을 타원으로 표현함

48 ③
동일한 지역인 경우 지역명이 맨 처음에 한 번만 표시되도록 하기 위한 속성은 [중복 내용 숨기기] 속성을 '예'로 설정하면 됨

49 ④
일련번호
- 레코드 추가 시 자동으로 고유 번호를 부여할 때 사용함
- 번호가 부여되면 변경하거나 삭제할 수 없음
- 기본키를 설정하는 필드에서 주로 사용함
- 크기 : 4바이트(복제 ID : 16바이트)

50 ①
- BETWEEN 90 AND 95 : 점수가 90 이상(>=), 95 이하(<=)를 의미함
- ① 점수 >= 90 AND 점수 <= 95 : 점수가 90 이상, 95 이하를 의미함

51 ④
필드 속성의 '기본값'을 이용하여 새 레코드를 만들 때 필드에 자동으로 입력하는 값을 설정함

52 ①
데이터베이스 설계 단계
1. 요구 조건 분석 단계 : 데이터베이스 사용자의 요구 사항 및 조건 등을 조사하여 요구 사항을 분석하는 단계로 요구 명세서가 산출됨
2. 개념적 설계 단계 : 현실 세계에 대해 추상적인 개념(정보 모델링)으로 표현하는 단계
3. 논리적 설계 단계 : 개념 세계를 데이터 모델링(Modeling)을 거쳐 논리적으로 표현
4. 물리적 설계 단계 : 컴퓨터 시스템의 저장 장치에 저장하기 위한 구조와 접근 방법 및 경로 등을 설계
5. 구현 : 구현 후 운영과 그에 따른 감시 및 개선 작업이 이루어짐

53 ②
DELETE 명령을 사용하여 조건에 맞는 레코드를 삭제할 수 있음

오답 피하기
DROP : 테이블이나 뷰, 인덱스를 제거하는 명령

54 ③
텍스트 상자 컨트롤의 속성 창을 열고 이름 항목에 입력하는 경우 폼에 삽입된 텍스트 상자 컨트롤의 이름이 변경됨

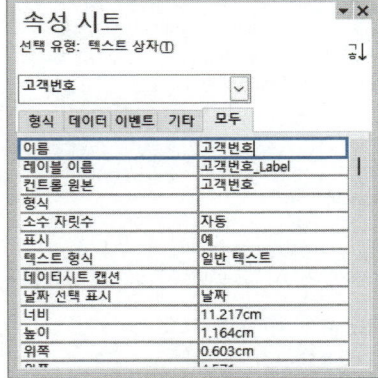

55 ③
하나의 매크로에는 여러 개의 매크로 함수를 지정할 수 있음

56 ②
개념 스키마(Conceptual Schema) : 논리적(Logical) 입장에서의 데이터베이스 전체 구조를 의미함

오답 피하기
- 외부 스키마(External Schema) : 서브 스키마(Sub Schema) 또는 뷰(View)라고도 하며, 스키마 전체를 이용자의 관점에 따라 부분적으로 분할한 스키마의 부분 집합
- 내부 스키마(Internal Schema) : 물리적 입장에서 액세스하는 데이터베이스 구조를 의미함

57 ②

정규화는 관계형 데이터베이스를 설계할 때 데이터의 중복 최소화와 불일치를 방지하기 위해 릴레이션 스키마를 분해해 가는 과정으로, 정규화를 실행하더라도 모든 테이블의 필드 수가 같아지지는 않음

58 ②

폼의 모달 속성
- 현재 모달 폼을 닫기 전까지 다른 창을 사용할 수 없음
- VBA 코드를 이용하여 대화상자의 모달 속성을 지정할 수 있음
- 폼이 모달 대화상자이면 디자인 보기로 전환 후 데이터시트 보기로 전환이 가능함
- 사용자 지정 대화상자의 작성이 가능함

오답 피하기

다른 폼 안에 컨트롤로 삽입되어 연결된 폼을 의미하는 것은 하위 폼에 대한 설명

59 ①

- Instr : 문자열을 검색하여 위치한 자릿수를 구함
- =Instr("Blossom","son") : "Blossom"에서 "son"이 없으므로 결과는 0이 됨

오답 피하기

- ② =Left("Blossom",3) = Blo : 왼쪽에서 3개 문자를 추출함
- ③ =Mid("Blossom", 3, 3) = oss : 3번째부터 3개 문자를 추출함
- ④ =Len("Blossom") = 7 : 문자열의 길이를 구함

60 ④

- SELECT : 검색하고자 하는 열 리스트
- FROM : 대상 테이블명
- WHERE : 검색 조건을 기술
- GROUP : 그룹에 대한 쿼리 시 사용
- HAVING : 그룹에 대한 조건을 기술함(반드시 GROUP BY와 함께 사용)
- AVG( ) : 평균값을 구함
- COUNT(*) : 행을 카운트함

SELECT AVG([나이]) FROM 학생	학생 테이블에서 [나이]의 평균을 구함
WHERE 학년="SN" GROUP BY 전공	학년이 "SN"이고 전공별로 그룹화 했을 때 같은 전공이 2개 이상인 경우 → 통계과의 학번이 1004와 1010인 경우가 해당함
HAVING COUNT(*) >= 2;	

- 통계과에서 학번 1004의 나이는 23세, 1010의 나이는 25세이므로 평균(AVG)을 구하게 되면 24세가 됨

2025년 상시 기출문제 04회

01 ①	02 ③	03 ③	04 ①	05 ①
06 ④	07 ④	08 ②	09 ②	10 ②
11 ③	12 ④	13 ④	14 ②	15 ①
16 ④	17 ②	18 ④	19 ③	20 ①
21 ②	22 ③	23 ②	24 ④	25 ②
26 ④	27 ②	28 ④	29 ③	30 ④
31 ③	32 ①	33 ②	34 ②	35 ③
36 ③	37 ③	38 ①	39 ①	40 ②
41 ③	42 ④	43 ④	44 ①	45 ②
46 ④	47 ④	48 ②	49 ③	50 ④
51 ②	52 ③	53 ②	54 ④	55 ③
56 ④	57 ④	58 ③	59 ④	60 ①

과목 01 컴퓨터 일반

01 ①

프린터에서 인쇄를 하기 전에 인쇄 내용을 하드디스크에 임시로 보관함

02 ③

동일한 키로 데이터를 암호화하고 복호화하는 것은 비밀키 암호화 기법이고, 서로 다른 키로 데이터를 암호화하고 복호화하는 것은 공개키 암호화 기법임

오답 피하기

- 비밀키(대칭키, 단일키) 암호화 : 송신자와 수신자가 서로 동일(대칭)한 하나(단일)의 비밀키를 가짐
- 공개키(비대칭키, 이중키) 암호화 : 암호화 키와 복호화 키가 서로 다른(비대칭) 두 개(이중키)의 키를 가짐

03 ③

FTP의 경우 http가 아닌 ftp를 사용하며, 'ftp://사용자이름[:비밀번호]@서버이름:포트번호' 형식으로 사용함

04 ①

바이러스 : 컴퓨터에서 실행되는 일종의 프로그램으로, 사용자 몰래 자기 자신을 복제하고 디스크나 프로그램 등에 기생하면서 컴퓨터의 운영체제나 기타 응용 프로그램의 정상적인 수행을 방해하는 불법 프로그램

오답 피하기

- 키로거(Key Logger) : 악성 코드에 감염된 시스템의 키보드 입력을 저장 및 전송하여 개인 정보를 빼내는 크래킹 행위
- 애드웨어(Adware) : 광고가 소프트웨어에 포함되어 이를 보는 조건으로 무료로 사용할 수 있는 소프트웨어
- 스파이웨어(Spyware) : 사용자의 승인 없이 몰래 설치되어 컴퓨터 시스템의 정보를 빼내는 악성 소프트웨어

05 ①

바로 가기 메뉴의 [연결 프로그램]에서 연결 프로그램을 변경할 수 있음

06 ④

객체 지향 언어(Object-Oriented Language) : 프로그램에서 사용하는 데이터 구조의 데이터형과 사용하는 함수까지 정의하는 프로그래밍 언어로, C++, Actor, SmallTalk, JAVA 등이 있음

07 ④

글꼴 파일의 확장자는 ttf, ttc, fon 등이 있음

08 ②

- ms(milli second, 밀리세컨) : 10^{-3}초
- μs(micro second, 마이크로세컨) : 10^{-6}초
- ns(nano second, 나노세컨) : 10^{-9}초
- ps(pico second, 피코세컨) : 10^{-12}초
- fs(femto second, 펨토세컨) : 10^{-15}초
- as(atto second, 아토세컨) : 10^{-18}초

09 ②

부동 소수점 연산 방식은 아주 큰 수나 작은 수의 표현이 가능하지만, 고정 소수점보다 연산 속도는 느림

10 ②

여러 드라이브의 집합을 하나의 저장 장치처럼 사용하는 방식으로, 한 개의 대용량 디스크를 여러 개의 디스크처럼 나누어 관리하지는 않음

> 오답 피하기

RAID(Redundant Array of Inexpensive Disk) : 저가의 여러 하드디스크를 이용하는 방식으로, 전송 속도 및 안정성 향상과 데이터 복구의 편리성을 제공함

11 ③

통계 및 수학적 기법을 적용한 인공지능(AI)을 이용하여 대량의 데이터로부터 통계적 패턴이나 규칙을 탐색 및 분석하여 활용 가능한 유용한 정보를 추출하는 기술은 데이터 마이닝(Data Mining)에 대한 설명임

12 ④

프리프로세서(Preprocessor) : 고급 언어로 작성된 프로그램을 다른 고급 언어로 번역해 주는 프로그램으로, 기호 변환 작업이나 Macro 변환 작업 등을 수행함

> 오답 피하기

- 컴파일러(Compiler) : 고급 언어를 기계어로 번역하는 프로그램 (FORTRAN, COBOL, PL/1, PASCAL, C언어, C++, JAVA 등)
- 인터프리터(Interpreter) : 대화식 언어로 작성된 프로그램을 필요할 때마다 매번 기계어로 번역하여 실행하는 프로그램(BASIC, LISP, SNOBOL, APL, 파이썬 등)
- 어셈블러(Assembler) : 어셈블리(Assembly) 언어를 기계어로 번역하는 프로그램

13 ④

Windows, Unix, Linux는 대표적인 시스템 소프트웨어임

14 ②

War Driving : 이동 수단인 차와 노트북을 이용하여 타 인터넷 네트워크 망에 접속하는 불법 해킹 행위

15 ①

블루투스(Bluetooth) : 무선 기기(이동 전화, 컴퓨터, PDA 등) 간 정보 전송을 목적으로 하는 근거리 무선 접속 프로토콜로, IEEE 802.15.1 규격을 사용하는 PANs(Personal Area Networks)의 산업 표준임

16 ④

패리티 비트는 데이터 전송 시 에러 검출을 위해 데이터 비트에 붙여 보내지는 비트를 말함

> 오답 피하기

데이터 전송 시 버퍼를 사용하여 속도의 흐름을 조절하기 위한 기능은 흐름 제어임

17 ②

디더링(Dithering) : 표현할 수 없는 색상이 있을 경우, 다른 색들과 혼합하여 유사한 색상의 효과를 냄

> 오답 피하기

- 렌더링(Rendering) : 3차원의 질감을 줌으로써 사실감을 더하는 과정
- 모델링(Modeling) : 물체의 형상을 컴퓨터 내부에서 3차원 그래픽으로 어떻게 표현할 것인지를 정하는 과정
- 리터칭(Retouching) : 비트맵이나 벡터 형태의 정지 영상 데이터에 대해 이미지 효과를 다시 주는 과정

18 ④

니블(Nibble) : 4개의 Bit로 구성, $2^4(=16)$개의 정보를 표현할 수 있음

> 오답 피하기

- ① : 필드가 모여 레코드를 구성함
- ② : 중앙 처리 장치가 한 번에 처리하는 명령 단위는 워드(Word)임
- ③ : 자료를 표현하는 최소 단위는 Bit이며, 문자를 표현하는 최소 단위는 Byte임

19 ③

프록시 서버(Proxy Server)

- 인터넷을 사용하는 기관 등에서 PC 사용자와 인터넷 사이의 중개자 역할을 수행하는 서버로, 보안이나 관리적 차원의 규제와 캐시 서비스 등을 제공함
- 방화벽 시스템이 설치되어 있는 호스트에서 동작하는 서버

20 ①

가장 용량이 큰 파일이 아니라 가장 오래된 파일부터 자동 삭제됨

과목 02 스프레드시트 일반

21 ②

[Ctrl]+[Tab] : 다음 통합 문서로 이동함(=[Ctrl]+[F6])

오답 피하기

- [Shift]+[Tab] : 현재 셀의 왼쪽 셀로 이동함
- [Ctrl]+[Enter] : 범위 지정 후 데이터를 입력한 다음 [Ctrl]+[Enter]를 눌러 선택 영역에 동일한 데이터를 한꺼번에 입력함(=[Ctrl]+[Shift]+[Enter])
- [Alt]+[↓] : 입력한 데이터를 목록처럼 보며 선택함

22 ③

한글 쌍자음 'ㄸ'을 입력한 후 [한자]를 누르면 일본어 '히라가나' 문자가 나타남

23 ②

배열 상수로 숫자, 논리값(True, False), 텍스트, #N/A와 같은 오류값을 사용할 수 있으나, 수식은 사용할 수 없음

24 ④

그룹 상태에서는 여러 개의 시트에 정렬 및 필터 기능을 수행할 수 없음

25 ②

다른 워크시트의 값을 참조하는 경우 해당 워크시트의 이름에 사이 띄우기가 포함되어 있으면 워크시트의 이름은 작은따옴표(' ')로 묶음

26 ③

- SQRT(수) : 양의 제곱근을 구함
- ABS(수) : 인수의 절대값을 구함
- POWER(인수, 숫자) : 인수를 숫자만큼 거듭제곱한 값
- $\sqrt{16} \times (|-2|+2^3)$: =SQRT(16)*(ABS(-2)+POWER(2,3))=4*(2+8)

27 ②

- For ~ Next : 반복 명령문, MsgBox : 대화상자로 결과를 출력
- For 변수 = 초기값 To 최종값 Step 증가값
- For j = 1 To 10 Step 3 → 1, 4, 7, 10
- Total = Total + j → j에 1, 4, 7, 10을 차례대로 대입시킴

1단계	Total(1)=Total(0)+j(1) → 제일 처음 중간 Total은 0이며 j에 1을 대입시켜서 더한 값(1)을 Total 변수에 넣음
2단계	Total(5)=Total(1)+j(4) → 중간 Total은 1이며 j에 4를 대입시켜서 더한 값(5)을 Total 변수에 넣음
3단계	Total(12)=Total(5)+j(7) → 중간 Total은 5이며 j에 7을 대입시켜서 더한 값(12)을 Total 변수에 넣음
4단계	Total(22)=Total(12)+j(10) → 중간 Total은 12이며 j에 10을 대입시켜서 더한 값(22)을 Total 변수에 넣음

28 ④

행을 기준으로 정렬하려면 [정렬] 대화상자의 [옵션]에서 정렬 옵션의 방향을 '왼쪽에서 오른쪽'으로 선택해야 함

29 ③

도넛형 차트 : 첫째 조각의 각 0~360도 회전 가능

30 ④

- Range : 워크시트에서 범위를 지정함
- Formula : A1 스타일의 개체 수식을 가리킴
- 큰따옴표(" ")로 묶여졌기 때문에 "3*4"는 문자열로 취급되어 [A1] 셀에는 "3*4"라는 문자열이 입력됨. 「Range("A1"), Formula=3*4」로 수정해야 [A1] 셀에 3*4를 계산한 값 12가 입력됨

31 ③

- 90.86 → #,##0.0 → 90.9 : 소수점 뒤의 0이 하나이므로 반올림되어 90.9가 됨
- #은 유효 자릿수만 나타내고 유효하지 않은 0은 표시하지 않음
- 0은 유효하지 않은 자릿수를 0으로 표시함

오답 피하기

- ① 0.25 → 0#.#% → 25.% : 백분율(%)은 숫자에 곱하기 100을 하므로 25가 되어 25.%가 됨
- ② 0.57 → #.# → .6 : 소수점 앞의 #은 유효하지 않은 0은 표시하지 않으며 뒤의 #은 하나이므로 반올림되어 .6이 됨
- ④ 100 → #,###@"점" → 100 : 100이 숫자이므로 #,###이 적용되어 100이 됨. 문자로 "백"이 입력되는 경우는 "백점"이 됨

32 ①

규칙 유형 선택에 '임의의 날짜를 기준으로 셀의 서식 지정'은 지원되지 않음

33 ②

그룹별로 요약된 데이터에서 [개요 지우기]를 실행하면 설정된 개요 기호가 지워지지만, 개요 설정에 사용된 요약 정보는 제거되지 않음

34 ②

고급 필터 : 조건을 미리 적은 후 실행시키며 조건에 만족하는 데이터만 추출해서 특정 위치에 표시할 수 있음

오답 피하기

- 자동 필터 : 셀 내용이 일치한다거나 단순한 비교 조건을 지정하여 쉽게 검색함
- 정렬 : 목록의 데이터를 특정 필드의 크기 순서에 따라 재배열하는 기능
- 부분합 : 워크시트에 있는 데이터를 일정한 기준으로 요약하여 통계 처리를 수행함

35 ③

셀 포인터가 표 범위 내에 있지 않을 때는 다음과 같이 범위에서 셀 하나를 선택한 다음 다시 시도하라는 경고 창이 열림

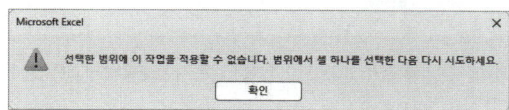

36 ③

- =MATCH(검색할 내용, 영역, 검색 방법) : 영역에서 검색할 내용을 찾아서 상대 위치를 표시하는 것으로, 검색 방법에 0을 입력하면 검색할 내용과 같은 첫째 값을 찾음
- =MATCH("김영희",대표,0) : 김영희를 대표(A2:A7) 범위에서 찾아 첫째 값의 상대 위치를 표시함 → 2

37 ③

차트에 적용된 원본 데이터의 행이나 열을 숨기면 차트에 반영됨

38 ①

피벗 테이블의 셀에 메모를 삽입한 경우 데이터를 정렬하더라도 메모는 데이터와 함께 정렬되지 않음

39 ①

Auto_Open 매크로 이름을 사용하면 파일을 열 때 특정 작업이 자동으로 수행됨

40 ②

- AVERAGE 함수 : 평균을 구함
- IF 함수 : 조건을 지정함
- 두 조건을 모두 만족하는 경우이므로 "*"을 사용함
- 조건1에 해당하는 입사 연도가 '2026년'을 만족하면 1이 되고, 조건2에 해당하는 성별이 '여'이면 1이 되어 조건1과 조건2를 곱하여 둘 다 만족할 경우 1*1=1이 되어 둘 다 참인 경우의 급여 평균이 산출됨

과목 03 데이터베이스 일반

41 ③

오답 피하기

- 도메인(Domain) : 하나의 속성이 취할 수 있는 값의 집합
- 튜플(Tuple) : 테이블에서 행을 나타내는 말로 레코드와 같은 의미
- 차수(Degree) : 한 릴레이션(테이블)에서 속성(필드=열)의 개수

42 ④

폼이나 보고서 등에서 쿼리를 레코드 원본으로 사용할 수 있음

43 ④

외래키(FK, Foreign Key) : 한 테이블(릴레이션)에 속한 속성, 외래키(FK)가 다른 참조 테이블(릴레이션)의 기본키(PK)일 때 그 속성키를 외래키(Foreign Key)라고 함

오답 피하기

- 대체키(Alternate Key) : 후보키 중 기본키로 선택되지 않는 나머지 키(예) 사원번호가 기본키일 때 주민등록번호)
- 슈퍼키(Super Key) : 한 릴레이션에서 어떠한 열도 후보키가 없을 때 두 개 이상의 열을 복합(연결)할 경우 유일성을 만족하여 후보키가 되는 키를 의미
- 후보키(Candidate Key) : 후보키 중에서 선정되어 사용되는 키(예) 사원번호 - 인사관리), 기본키는 널(Null)이 될 수 없으며 중복될 수 없음

44 ①

데이터 제어어(DCL : Data Control Language)
- 데이터베이스를 공용하기 위하여 데이터 제어를 정의 및 기술함
- 데이터 보안, 무결성, 회복, 병행 수행 등을 제어함
- 종류 : GRANT(권한 부여), REVOKE(권한 해제), COMMIT(갱신 확정), ROLLBACK(갱신 취소)

45 ②

릴레이션을 구성하는 속성 사이에는 그 순서가 없음

46 ④

- DoCmd : 메서드(특정 개체에 대해 실행되는 명령문이나 함수와 비슷한 프로시저)를 사용하여 매크로 함수를 실행함
- OpenForm : 폼을 여러 보기 형식으로 열기
- GoToRecord : 지정한 레코드로 이동
- acNormal : 폼 보기(기본값)
- acNewRec : 새 레코드
- DoCmd.OpenForm "사원정보", acNormal → 폼 보기에서 [사원정보] 폼을 열어 줌
- DoCmd.GoToRecord , , acNewRec → 새 레코드로 옮김

47 ④

정규화를 수행하더라도 데이터 중복의 최소화는 가능하지만, 데이터의 중복을 완전히 제거할 수는 없음

48 ②

OLE 개체 형식의 필드에는 인덱스를 지정할 수 없지만, 일련번호, 날짜/시간 데이터의 필드에는 인덱스를 지정할 수 있음

49 ③
- [!문자] : 대괄호 안에 있지 않은 문자를 찾음
- 소비자는 '비'가 포함되어 있으므로 검색되지 않음

50 ②
- Count(*) : 행(튜플)의 개수를 구함
- Distinct : 검색 결과 중 중복된 결과값(레코드)을 제거, 중복되는 결과값은 한 번만 표시함
- SELECT Count(*) FROM (SELECT Distinct City From Customer);
  → Customer 테이블에서 중복되는 레코드를 제거, 중복되는 City는 한 번만 표시하고 개수를 구함
- 따라서 "부산, 서울, 대전, 광주, 인천"을 Count하므로 결과는 5가 됨

51 ②
페이지 번호의 표시 위치는 '페이지 위쪽[머리글]', '페이지 아래쪽[바닥글]'만 있음

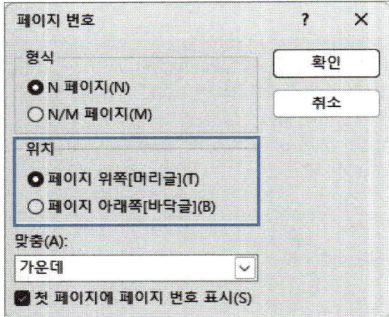

52 ③
나이가 많은 순(내림차순)으로 정렬하려면 ORDER BY절에 DESC 예약어를 사용하는데, 이때 「SELECT 필드 FROM 테이블 WHERE절 ORDER BY절」 순으로 나열함

53 ②
- [학생] 테이블과 [수강] 테이블은 일 대 다 관계이므로 [학생] 테이블에 없는 데이터를 [수강] 테이블에 추가할 경우 참조 무결성 규칙을 위반하는 경우가 됨
- 따라서 [학생] 테이블의 '학번' 필드에 없는 학번을 [수강] 테이블에 입력하면 안 됨

54 ④
데이터가 중복 저장되면 수정 시 중복된 모든 데이터를 수정해야 함

오답 피하기
모든 응용 프로그램을 수정하는 것은 데이터의 종속성이 일으키는 문제점임

55 ③
테이블의 특정 레코드만을 대상으로 하려면 폼의 레코드 원본을 SQL문이나 쿼리로 작성해야 함

56 ④
페이지 머리글 영역 : 모든 페이지마다 같은 내용을 인쇄하고자 할 때 사용

오답 피하기
- 보고서 머리글 영역 : 보고서 시작 부분에 한 번만 인쇄하고자 할 때 사용
- 본문 영역 : 레코드 원본의 각 레코드가 인쇄되는 구역
- 그룹 머리글 영역 : 보고서를 그룹으로 묶은 경우에만 표시되며, 그룹의 이름이나 요약 정보를 표시하기 위해 사용

57 ④
'폼 분할' 도구를 이용하여 폼을 생성하는 경우 하위 폼 컨트롤이 자동으로 삽입되지 않음

58 ③
③ OpenForm : OpenForm 매크로 함수(폼을 여러 보기 형식으로 열기)를 실행하는 메서드

오답 피하기
② DoCmd : 액세스의 매크로 함수를 Visual Basic에서 실행하기 위한 개체로, 메서드를 이용하여 매크로를 실행할 수 있음

59 ④
유효성 검사 규칙 : 필드에 입력할 값을 제한하는 규칙

60 ①
열 형식 : 한 레코드를 한 화면에 표시하며, 각 필드가 필드명과 함께 다른 줄에 표시되며, 일반적으로 가장 많이 사용됨

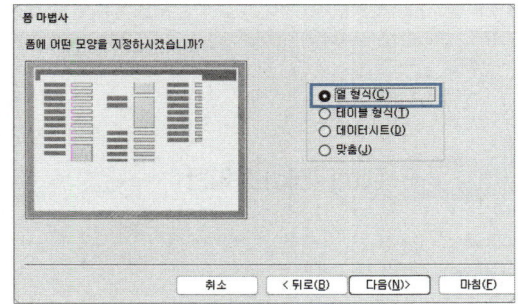

오답 피하기
- ② 테이블 형식 : 각 레코드의 필드는 한 줄(행)에, 레이블은 폼의 맨 위(열)에 한 번 표시됨
- ③ 데이터시트 : 폼의 데이터시트 보기 형식으로 표시됨
- ④ 맞춤 : 맞춤 형식으로 표시됨

2025년 상시 기출문제 05회
2-83P

01 ④	02 ②	03 ④	04 ④	05 ④
06 ①	07 ②	08 ②	09 ④	10 ④
11 ③	12 ③	13 ②	14 ④	15 ③
16 ②	17 ④	18 ③	19 ④	20 ③
21 ③	22 ②	23 ①	24 ②	25 ④
26 ②	27 ④	28 ②	29 ③	30 ①
31 ①	32 ④	33 ③	34 ②	35 ④
36 ④	37 ①	38 ②	39 ④	40 ④
41 ②	42 ①	43 ③	44 ④	45 ④
46 ③	47 ①	48 ②	49 ④	50 ④
51 ②	52 ③	53 ②	54 ①	55 ④
56 ④	57 ②	58 ④	59 ①	60 ①

과목 01 컴퓨터 일반

01 ④
운영체제가 아닌 백신이 지원하는 기능임

02 ②
사물 인터넷(IoT : Internet of Things) : 인간 대 사물, 사물 대 사물 간에 인터넷으로 연결되어 정보의 소통이 가능한 기술

03 ④
SMTP는 전자우편을 송신하기 위한 프로토콜임

04 ④
비트맵(Bitmap) : 이미지를 점(Pixel, 화소)의 집합으로 표현하는 방식 (래스터(Raster) 이미지라고도 함)

05 ④
데이터 레지스터(Data Register) : 연산에 사용될 데이터를 기억하는 레지스터

06 ①
부동 소수점(Floating Point Number) 연산
- 소수점이 있는 2진 실수 연산에 사용
- 대단히 큰 수나 작은 수의 표현이 가능하며, 속도가 느림
- 부호(1bit)와 지수부(7bit), 가수부(소수부)로 구분하여 표현함

07 ②
일반적으로 바이러스에 감염된 파일을 모두 삭제하더라도 하드디스크의 용량 부족 문제가 해결되지는 않음

08 ②
암호화할 때 사용하는 키는 공개하고 복호화할 때 사용하는 키는 비공개함

09 ④
반이중(Half Duplex) 방식 : 양쪽 방향에서 데이터를 전송하지만 동시 전송은 불가능함(예 무전기)

오답 피하기
전이중(Full Duplex) 방식 : 양쪽 방향에서 동시에 데이터를 전송함(예 전화)

10 ④
ROM에는 BIOS, 기본 글꼴, POST 시스템 등과 같이 수정이 필요 없는 펌웨어(Firmware)가 저장됨

오답 피하기
- ① : RAM은 일시적으로 전원 공급이 없으면 내용이 사라지는 휘발성(소멸성) 메모리임
- ② : SRAM이 DRAM보다 접근 속도가 빠름
- ③ : 주기억 장치의 접근 속도 개선을 위하여 캐시(Cache) 메모리가 사용되며, 속도가 빠른 SRAM이 사용됨

11 ③
USB(Universal Serial Bus : 범용 직렬 버스) 포트는 기존의 직렬, 병렬, PS/2 포트를 통합한 직렬 포트의 일종으로, 직렬 포트나 병렬 포트보다 빠른 속도로 데이터를 전송함

12 ③
Windows에 탑재된 레지스트리 편집기는 'regedit.exe'임

13 ②
분산 서비스 거부(DDoS : Distributed Denial of Service) : 분산된 여러 대의 일반 사용자 PC에 바이러스나 악성 코드를 몰래 감염시켜 좀비 PC로 만든 다음 특정 정해진 시간대에 동시에 서비스 거부 공격을 실행함

오답 피하기
- 스니핑(Sniffing) : 특정한 호스트에서 실행되어 호스트에 전송되는 정보(계정, 패스워드 등)를 엿보는 행위
- 백도어(Back Door) : 시스템 관리자의 편의를 위한 경우나 설계상 버그로 인해 시스템의 보안이 제거된 통로를 말하며, 트랩 도어(Trap Door)라고도 함
- 해킹(Hacking) : 컴퓨터 시스템에 불법적으로 접근, 침투하여 정보를 유출하거나 파괴하는 행위를 뜻하며, 해킹을 하는 사람을 해커(Hacker)라고 부름

14 ②

- 제어 프로그램의 종류 : 감시 프로그램, 작업 관리 프로그램, 데이터 관리 프로그램
- 감시 프로그램 : 시스템 전체의 동작 상태를 감독하고 지원하며 제어 프로그램의 중추적 역할을 담당함
- 작업 관리 프로그램 : 어떤 작업을 처리하고 다른 작업으로 자동적 이행을 위한 준비와 처리를 수행함
- 데이터 관리 프로그램 : 주기억 장치와 외부 보조 기억 장치 사이의 데이터 전송, 입출력 데이터와 프로그램의 논리적 연결, 파일 조작 및 처리 등을 담당함

오답 피하기

처리 프로그램의 종류 : 언어 번역 프로그램, 서비스 프로그램, 문제 처리 프로그램

15 ③

[표준 계정]에서는 관리자가 설정해 놓은 프린터를 프린터 목록에서 제거할 수 없음

오답 피하기

관리자 계정
- 다른 사용자에게 영향을 주는 내용을 변경할 수 있음
- 보안 설정을 변경하고, 소프트웨어 및 하드웨어를 설치하며, 컴퓨터의 모든 파일에 액세스할 수 있음
- 다른 사용자 계정도 변경할 수 있음

16 ②

POP3 : 메일 서버에 도착한 이메일을 사용자 컴퓨터로 가져올 수 있도록 메일 서버에서 제공하는 전자우편을 수신하기 위한 프로토콜

오답 피하기

- ① : 사용자가 작성한 이메일을 다른 사람의 계정으로 전송해 주는 역할을 한다. → SMTP
- ③ : 멀티미디어 전자우편을 주고받기 위한 인터넷 메일의 표준 프로토콜이다. → MIME
- ④ : 웹 브라우저에서 제공하지 않는 멀티미디어 파일을 확인하여 실행시켜 주는 프로토콜이다. → MIME

17 ④

EIDE(Enhanced IDE) : IDE의 확장판으로 주변기기를 4개까지 연결하는 방식임

18 ③

안티 앨리어싱(Anti-Aliasing) : 이미지 표현에 계단 현상(Aliasing)을 제거하는 작업

19 ③

응용 계층 : FTP, SMTP, POP3, HTTP, E-Mail, Telnet 등의 여러 가지 서비스를 제공함

오답 피하기

- ① 트랜스포트 계층 : TCP, UDP 프로토콜을 이용하여 오류 복구, 흐름 제어 등을 담당함
- ② 데이터 링크 계층 : 물리적 링크를 통해 데이터를 신뢰성 있게 전송함
- ④ 물리 계층 : 시스템 간의 데이터 전송을 위해 링크를 활성화하고 관리하기 위한 기계적, 전기적, 기능적, 절차적 특성이 있음

20 ③

아날로그 컴퓨터 : 온도, 전압, 진동 등과 같이 연속적으로 변하는 데이터를 효율적으로 처리

과목 02 스프레드시트 일반

21 ③

[데이터 유효성 검사]에서 목록으로 값을 제한하는 경우 드롭다운 목록의 너비를 지정하는 기능은 지원되지 않음

22 ②

오답 피하기

- ① : #DIV/0!
- ③ : #N/A
- ④ : #REF!

23 ①

- [A1:A4] 범위를 선택한 다음 [데이터] 탭-[데이터 도구] 그룹의 [텍스트 나누기]를 클릭하여 텍스트 마법사를 실행함
- 3단계 중 1단계 : 각 필드가 일정한 너비로 정렬되어 있으므로 "너비가 일정함"을 선택함
- 3단계 중 2단계 : 마우스로 성과 이름 사이를 클릭하여 열 구분선을 지정함
- 3단계 중 3단계 : 열 데이터 서식을 "일반이나 텍스트" 중 하나를 선택한 다음 [마침]을 클릭함

24 ②

텍스트 방향 : 텍스트 방향대로, 왼쪽에서 오른쪽, 오른쪽에서 왼쪽

25 ④

[DBNum2] : 숫자를 한자(갖은자)로 표시함

오답 피하기

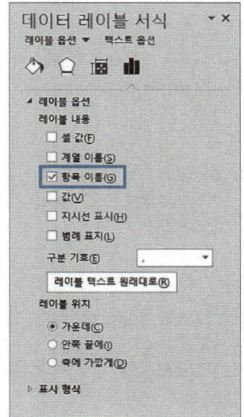

26 ②

- =VLOOKUP(찾을 값, 영역, 열 번호, 찾을 방법) : 영역의 첫 번째 열에서 찾을 값(또는 근사값)을 찾은 후 찾을 값이 있는 행에서 지정된 열 번호의 위치에 있는 데이터를 가져옴
- =VLOOKUP(150000,A2:B5,2,1) : [A2:B5] 영역의 첫 번째 열인 매출액에서 150,000을 찾아야 하는데, 150,000이 없으므로 200,000보다 작은 값 중 근사값을 찾으면 100,000이 되어 100,000이 있는 행에서 열 번호 2의 위치에 있는 10,000을 표시함(찾을 방법 1은 셀 영역에 똑같은 값이 없을 때 작은 값 중 근사값을 찾음)

27 ④

데이터 레이블에 '값'이 아니라 '항목 이름'을 설정했음

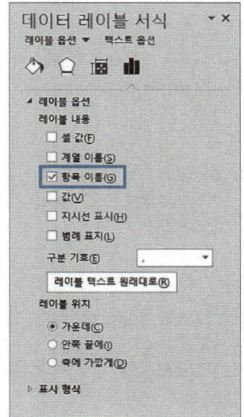

28 ②

특수 문자를 입력하려면 먼저 한글 자음을 입력한 후 키보드의 한자 를 눌러 원하는 특수 문자를 선택함

29 ③

- AND 조건 : 첫 행에 필드명을 나란히 입력하고, 동일한 행에 조건을 입력함
- OR 조건 : 첫 행에 필드명을 나란히 입력하고, 서로 다른 행에 조건을 입력함

30 ①

- =IF(조건,참,거짓), LEFT : 왼쪽에서 텍스트 추출, RIGHT : 오른쪽에서 텍스트 추출
- =IF(LEFT(A2,1)="A",50,IF(LEFT(A2,1)="B",40,30)) → A2셀의 텍스트 데이터 "A101"의 왼쪽에서 1자리를 추출하여 "A"와 같으면 50, "B"이면 40, 아니면 30을 결과로 나타냄

31 ①

피벗 테이블 보고서에서 [피벗 테이블 분석]-[데이터]-[새로 고침]-[새로 고침]을 실행해야 업데이트 됨(바로 가기 키 : Alt + F5)

32 ④

오늘의 날짜를 입력하고 싶으면 Ctrl + ; (세미콜론)을 누르면 됨

오답 피하기

Ctrl + : (콜론) : 시간 입력

33 ③

윗주는 [홈]-[글꼴]-[윗주 설정]을 선택하여 글꼴 속성을 변경할 수 있으며 글자 전체에 속성이 설정됨

34 ②

작성 일 : 2026-06-20 → [페이지 설정]-[머리글/바닥글] 탭의 [머리글 편집]에서 작성 일 : &[날짜]처럼 서식을 작성함

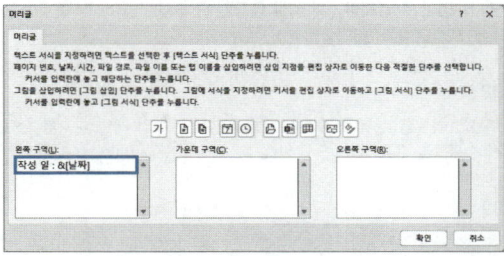

35 ③

- 원본 데이터에서 변경 셀의 현재 값을 수정하면 시나리오 요약 보고서가 자동으로 업데이트되지 않음
- 시나리오의 값을 변경하면 해당 변경 내용이 기존 요약 보고서에 자동으로 다시 계산되어 표시되지 않으므로 시나리오 요약 보고서를 다시 작성해야 함

36 ②

[페이지] 탭에서 '자동 맞춤'의 용지 너비와 용지 높이를 각각 1로 지정하면 여러 페이지가 한 페이지에 인쇄됨

37 ①

- 사원명이 두 글자인 사원을 필터링하기 위한 조건 : ="=??" → =??
- 조건을 =??로 나타내야 하므로 ="=??"처럼 " " 안에 =를 하나 더 입력함
- ?는 한 글자를 의미하므로 두 글자의 경우 ??처럼 입력함
- 수식을 조건으로 하는 경우 필드명을 다르게 해야 함 : 실적조건
- 실적이 전체 실적의 평균을 초과하는 데이터를 검색 : =$B2>AVERAGE($B$2:$B$9) → FALSE

	A	B	C	D	E	F
1	사원명	실적		사원명	실적조건	
2	유민	15,030,000		=??	FALSE	
3	오성준	35,000,000				
4	김근태	18,000,000				
5	김원	9,800,000				
6	정영희	12,000,000				
7	남궁정훈	25,000,000				
8	이수	30,500,000				
9	김용훈	8,000,000				
10						
11	사원명	실적				
12	이수	30,500,000				

- 사원명이 두 글자이면서 실적 평균인 19,166,251을 초과하는 "이수, 30,500,000"이 필터링됨

38 ③

부분합을 실행한 후 다시 부분합을 실행하면 여러 개의 함수를 중복하여 사용할 수 있음

39 ④

절대 참조로 기록하면 기록할 때 선택한 셀이 유지되고 바뀌지 않음

40 ③

'원형 대 가로 막대형'은 주 원형에서 일부 값을 추출하여 누적 가로 막대형에 결합하여 작은 백분율을 더 쉽게 알아볼 수 있도록 할 때 사용하거나 값 그룹을 강조할 때 사용하므로, 사원별로 각 분기의 실적을 비교, 분석하려는 경우는 비효율적임

오답 피하기

누적 세로 막대형 차트	• 전체 항목 중에서 각 값의 기여도를 비교함 • 한 항목에 대한 계열 합계를 강조할 때 사용함
표식이 있는 꺾은선형 차트	• 시간(날짜, 연도)이나 정렬된 항목에 따른 추세를 보여줌 • 데이터 요소가 몇 개 밖에 없을 때 유용함
묶은 가로 막대형 차트	• 가로 직사각형을 사용하여 항목 간의 값을 비교함 • 차트의 값이 기간을 나타낼 때 사용함 • 항목 텍스트가 매우 긴 경우 사용함

과목 03 데이터베이스 일반

41 ②

- 트랜잭션(Transaction) : 데이터베이스에서 데이터를 처리하기 위한 논리적인 작업 단위
- 읽기 전용 트랜잭션은 INSERT, UPDATE, DELETE를 사용할 수 없는 트랜잭션으로, 중복 파일이 많으면 그만큼 데이터의 가용도가 증가함

42 ①

FindRecord 함수 : 지정한 조건에 맞는 데이터의 첫 번째 레코드를 찾음

43 ③

IME 모드 : IME는 Input Method Editor의 약어이며, 입력 방법을 편집하는 기능으로 데이터 입력 시 한글, 영문 입력 상태를 설정함

44 ④

컨트롤 원본 속성을 '=1'로 설정하고, 누적 합계 속성을 '그룹'으로 설정하면 그룹별(거래처별)로 순번이 누적되어 표시됨

오답 피하기

컨트롤 원본 속성을 '=1'로 설정하고, 누적 합계 속성을 '모두'로 설정하면 그룹과 상관없이 보고서의 끝까지 값이 누적되어 표시됨

45 ②

- UPDATE(갱신문) : 갱신문으로 테이블에 저장된 데이터를 갱신함
- UPDATE 테이블명 SET 필드이름1=값1, 필드이름2=값2,... WHERE 조건

46 ③

정규화(Normalization)는 관계형 데이터베이스를 설계할 때 데이터의 중복을 최소화하고, 불일치를 방지하기 위해 릴레이션 스키마를 분해해 가는 과정으로, 한 테이블에 너무 많은 정보를 포함하는 경우 발생하는 이상 현상을 제거하기 위해 필요함

47 ①

오답 피하기

- 액세스에서는 두 필드를 합쳐서 슈퍼(복합키, 연결키)를 만들 수 있음
- 테이블에 기본키를 반드시 설정하지 않아도 됨
- 여러 개의 필드를 합쳐 기본키로 지정할 수 있음

48 ②

바운드 컨트롤 : 테이블이나 쿼리의 필드를 데이터 원본으로 사용하는 컨트롤로 데이터베이스에 있는 필드의 값(텍스트, 날짜, 숫자, 예/아니요 값, 그림 또는 그래프)을 표시할 수 있음

오답 피하기

- ① 언바운드 컨트롤 : 데이터 원본(**예**) 필드 또는 식)이 없는 컨트롤로 정보, 그림, 선 또는 직사각형을 표시할 때 사용함
- ③ 계산 컨트롤 : 필드 대신 식을 데이터 원본으로 사용하는 컨트롤로 '식'을 정의하여 컨트롤의 데이터 원본으로 사용할 값을 지정함
- ④ 레이블 컨트롤 : 제목이나 캡션 등의 설명 텍스트를 표시할 때 사용하는 컨트롤로 필드나 식의 값을 표시할 수 없음

49 ②

- L : 필수 요소, A부터 Z까지의 영문자나 한글을 입력함 → A
- A : 필수 요소, 영문자나 한글, 숫자를 입력함 → 상
- 0 : 필수 요소, 0~9까지의 숫자를 입력함 → 3
- 9 : 선택 요소, 숫자나 공백을 입력함(덧셈, 뺄셈 기호 사용할 수 없음) → 4
- # : 선택 요소, 숫자나 공백을 입력함(덧셈, 뺄셈 기호 사용할 수 있음) → 5

오답 피하기

- ① : 12345 → 첫 번째 데이터 1이 영문자나 한글이 아님[L]
- ③ : A123A → 다섯 번째 데이터 A가 숫자나 공백이 아님[#]
- ④ : A1BCD → 세 번째 데이터 B가 숫자가 아님[0], 네 번째 데이터 C가 숫자나 공백이 아님[9], 다섯 번째 데이터 D가 숫자나 공백이 아님[#]

50 ③

연결된 테이블을 삭제하는 경우 원본에 해당하는 테이블은 함께 삭제되지 않음

51 ②

오답 피하기

- ① 사각형 : 개체(Entity) 타입
- ③ 타원 : 속성(Attribute) 타입
- ④ 밑줄 타원 : 기본키 속성 타입
- 이중 사각형 : 의존 개체 타입

52 ③

- 유효성 검사 규칙 : 레코드, 필드, 컨트롤 등에 입력할 수 있는 데이터 요구 사항을 지정할 수 있는 속성 → ">20"
- 유효성 검사 테스트 : 유효성 검사 규칙을 위반하는 데이터를 입력할 때 표시할 오류 메시지를 지정할 수 있는 속성 → "숫자는 >20으로 입력합니다."
- 유효성 검사 테스트 메시지가 표시된 다음 값을 다시 입력해야 함 (20보다 큰 수를 입력)

53 ②

UNION(통합 쿼리)은 테이블을 결합할 때 중복 레코드는 반환되지 않음

54 ①

모양 : 열 형식, 테이블 형식, 맞춤 등이 있음

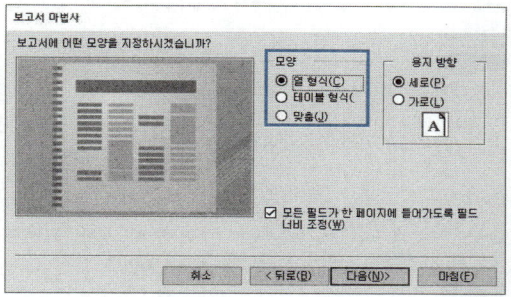

55 ①

오답 피하기

- 콤보 상자 : 목록 상자와 텍스트 상자의 기능이 결합된 형태
- 목록 상자 : 값 목록을 표시하고 선택하는 컨트롤로 콤보 상자와 비슷함
- 명령 단추 : 클릭하기만 하면 매크로 함수를 수행하는 방법을 제공하며 텍스트나 그림을 표시할 수 있음

56 ④

ORDER BY절 : 검색 결과에 대한 정렬(오름차순, 내림차순)을 수행하는 명령으로 정렬에 대한 제시가 없으므로 해당하지 않음

오답 피하기

- ① SELECT문 : 검색하고자 하는 열 리스트 → "제품의 합계"
- ② GROUP BY절 : 그룹에 대한 쿼리 시 사용함 → "부서별로"
- ③ HAVING절 : 그룹에 대한 조건을 기술함 → "영업 실적이 1억 원 이상"

57 ②

VBA 코드	의미
Dim i As Integer	i를 정수화(Integer) 변수로(As) 선언(Dim)함
Dim Num As Integer	Num을 정수화(Integer) 변수로(As) 선언(Dim)함
For i = 0 To 7 Step 2	For문에 의해 i 값을 0부터 7까지 2씩 증가(0, 2, 4, 6)하면서 반복함
Num = Num+i	Num(0)=Num(0)+i(0), Num(2)=Num(0)+i(2), Num(6)=Num(2)+i(4), Num(12)=Num(6)+i(6) → 마지막 Num에는 0+2+4+6의 결과 12가 저장됨
Next i	For문의 마지막을 의미함
MsgBox Str(Num)	Num 변수의 값을 문자열(Str) 형식으로 변환하여 표시(MsgBox)함

58 ④

- [Page] : 현재 페이지, [Pages] : 전체 페이지
- =Format([Page], "00") → 01(현재 페이지를 Format의 "00"에 따라 2자리 표시함)

오답 피하기

- ① ="Page" & [Page] & "/" & [Pages] → Page1/5
- ② =[Page] & "페이지" → 1페이지
- ③ =[Page] & "/" & [Pages] & " Page" → 1/5 Page

59 ①

데이터베이스관리자(DBA : DataBase Administrator) : 데이터베이스를 관리하는 책임자, 전체 시스템에 대한 권한을 행사하는 사람

오답 피하기

- 데이터 정의어(DDL : Data Definition Language) : 데이터베이스 구조와 관계, 데이터베이스 이름 정의, 데이터 항목, 키값의 고정, 데이터의 형과 한계 규정
- 데이터 조작어(DML : Data Manipulation Language) : 주 프로그램에 내장하여 데이터베이스를 실질적으로 운영 및 조작, 데이터의 삽입, 삭제, 검색, 변경 연산 등의 처리를 위한 연산 집합
- 데이터 제어어(DCL : Data Control Language) : 데이터베이스를 공용하기 위하여 데이터 제어를 정의 및 기술, 데이터 보안, 무결성, 회복, 병행 수행 등을 제어

60 ①

- SELECT AVG(나이) FROM 학생 WHERE 전공 NOT IN ('수학', '회계') : → 학생 테이블에서 전공이 '수학'과 '회계'가 아닌 나이의 평균(AVG)를 구함
- 따라서 21, 31, 23의 평균인 25가 결과가 됨

오답 피하기

- SELECT 열리스트 FROM 테이블명 WHERE 조건 : 테이블에서 조건에 만족하는 열을 검색
- IN(값1, 값2,…) : 목록 안에 값(값1, 값2,…)을 검색
- NOT : 부정, "~이 아니다"를 의미
- AVG(필드명) : 필드의 평균을 구함

2024년 상시 기출문제 01회 2-94P

01 ②	02 ④	03 ③	04 ③	05 ③
06 ④	07 ④	08 ④	09 ④	10 ②
11 ③	12 ①	13 ②	14 ①	15 ③
16 ④	17 ②	18 ④	19 ③	20 ①
21 ④	22 ④	23 ③	24 ④	25 ②
26 ③	27 ③	28 ③	29 ④	30 ④
31 ③	32 ①	33 ③	34 ①	35 ①
36 ①	37 ③	38 ③	39 ④	40 ③
41 ③	42 ④	43 ③	44 ②	45 ④
46 ③	47 ②	48 ③	49 ②	50 ①
51 ③	52 ③	53 ③	54 ①	55 ④
56 ②	57 ①	58 ④	59 ②	60 ②

과목 01 컴퓨터 일반

01 ②

스팸(SPAM) 메일은 바이러스를 유포시켜 개인 정보를 탈취하거나 데이터를 파괴하는 행위의 기능은 없음

02 ④

RAM(Random Access Memory)

- 실행 중인 프로그램이나 데이터를 저장하며, 자유롭게 읽고 쓰기가 가능한 주기억 장치
- 전원이 공급되지 않으면 기억된 내용이 사라지는 휘발성(소멸성) 메모리

오답 피하기

- HDD(Hard Disk Drive) : 하드디스크는 디스크 표면을 전자기적으로 변화시켜 대량의 데이터를 저장하고 비교적 빠르게 접근할 수 있는 보조 기억 장치로 비휘발성임
- SSD(Solid State Drive) : 무소음, 저전력, 소형화, 경량화, 고효율의 속도를 지원하는 반도체 보조 기억 장치이며 비휘발성임
- DVD(Digital Versatile Disk) : 광디스크 방식의 보조 기억 장치로 4.7GB의 기본 용량(최대 17GB)을 가지며 비휘발성임

03 ③

근거리 통신망(LAN) : 수 km 이내의 거리(한 건물이나 지역)에서 데이터 전송을 목적으로 연결된 통신망

오답 피하기

- 부가가치통신망(VAN) : 통신 회선을 직접 보유하거나 통신 사업자의 회선을 임차하여 이용하는 형태(하이텔, 천리안, 유니텔 등)
- 종합정보통신망(ISDN) : 여러 가지 통신 서비스를 하나의 디지털 통신망으로 통합한 통신망
- 광대역통신망(WAN) : 원거리 통신망이라고도 하며, 하나의 국가 등 매우 넓은 네트워크 범위를 갖는 통신망

04 ③

변조(Modulation) : 디지털 신호를 아날로그 신호로 변경하는 것으로 전화 회선을 통해 데이터의 손실 없이 가능하면 먼 거리를 전송하기 위해 사용됨

오답 피하기

모뎀(MODEM) : 디지털 신호를 아날로그 신호로 변환하는 변조 과정과 아날로그 신호를 디지털 신호로 변환하는 복조 과정을 수행하는 장치

05 ③

장치 관리자 : 컴퓨터에 설치된 디바이스 하드웨어 설정 및 드라이버 소프트웨어를 관리함

오답 피하기

- 시스템 정보 : 디바이스 이름, 프로세서(CPU), 설치된 RAM, 장치 ID, 제품 ID, 시스템 종류(32/64비트 운영체제), 펜 및 터치 등에 대해 알 수 있음
- 작업 관리자 : 내 PC에서 실행되고 있는 프로그램(앱)들에 대한 프로세스, 성능, 앱 기록, 시작 프로그램, 사용자, 세부 정보, 서비스 등에 대한 정보를 제공해 줌
- 레지스트리 편집기 : 레지스트리는 Windows에서 사용하는 환경 설정 및 각종 시스템과 관련된 정보가 저장된 계층 구조식 데이터베이스로 'regedit' 명령으로 실행함

06 ④

- C, C++, C# 언어는 컴파일러 언어임
- 컴파일러(Compiler)는 고급 언어를 기계어로 번역하는 프로그램으로 전체를 한 번에 번역하고 실행 속도가 빠르며 목적 프로그램을 생성함

오답 피하기

인터프리터(Interpreter)
- 대화식 언어로 작성된 프로그램을 필요할 때마다 매번 기계어로 번역하여 실행하는 프로그램(Python, SQL, Ruby, R, JavaScript, Scratch, BASIC, LISP, SNOBOL, APL 등)
- 행 단위로 번역하고 실행 속도가 느리며 목적 프로그램을 생성하지 않음

07 ④

기본 프린터 : 프로그램에서 사용할 프린터를 지정하지 않고 인쇄 명령을 선택했을 때 컴퓨터가 자동으로 문서를 보내는 프린터로 네트워크 프린터도 기본 프린터로 지정할 수 있음

08 ④

오답 피하기

- IDE : 저가에 안정적이지만 연결할 수 있는 주변 장치의 수가 2개로 한정됨
- EIDE : IDE의 확장판으로 종전의 단점을 보완하여 주변기기를 4개까지 연결함
- SCSI : 시스템 구분 없이 주변 장치를 7개에서 최대 15개까지 연결함

09 ④

$2^6=64$이므로 6비트로 64가지의 각기 다른 자료를 나타낼 수 있음

10 ②

디스크 정리

- Windows에서 디스크의 사용 가능한 공간을 늘리기 위하여 불필요한 파일들을 삭제하는 작업으로 디스크의 전체 크기와는 상관없음
- 디스크 정리 대상에 해당하는 파일은 임시 파일, 휴지통에 있는 파일, 다운로드한 프로그램 파일, 임시 인터넷 파일, 오프라인 웹 페이지 등이 있음

오답 피하기

- 백업(Backup) : 하드디스크의 중요한 파일들을 다른 저장 장치로 저장하는 것으로 불의의 사고로부터 데이터를 보호하기 위해 사용
- 디스크 조각 모음 : 디스크에 단편화되어 저장된 파일들을 모아서 디스크를 최적화함
- 압축 : 디스크 공간의 절약이나 전송 시간의 효율화를 위해 파일의 용량을 줄이는 기술

11 ③

JSP(Java Server Page) : Java의 장점을 그대로 수용, 자바 서블릿 코드로 변환되어 실행되며 여러 운영체제에서 실행할 수 있음

12 ①

ZIP : 압축 파일의 확장자

13 ②

명령 프롬프트 창에서 삭제한 파일은 휴지통에 보관되지 않음

14 ①

txt는 텍스트 파일 확장자이지만, png는 이미지 확장자임

15 ③

CPU와 주기억 장치의 속도차를 해결하기 위하여 사용되는 것은 캐시 메모리(Cache Memory)임

16 ④

CMOS 셋업 시의 비밀번호를 잊어버린 경우 메인 보드에 장착되어 있는 배터리를 뽑았다가 다시 장착함

17 ②

유니코드(Unicode)
- 2바이트 코드로 세계 각 나라의 언어를 표현할 수 있는 국제 표준 코드
- 16비트이므로 65,536자까지 표현할 수 있음

오답 피하기

ASCII 코드(미국 표준 코드) : Zone은 3비트, Digit는 4비트로 구성됨. 7비트로 128가지의 표현이 가능함. 일반 PC용 컴퓨터 및 데이터 통신용 코드, 대소문자 구별이 가능함

18 ④

오답 피하기

- MPEG-3 : HDTV 방송(고 선명도의 화질)을 위해 고안되었으나, MPEG-2 표준에 흡수, 통합되어 현재는 존재하지 않는 규격
- MPEG-4 : 동영상의 압축 표준안 중에서 IMT-2000 멀티미디어 서비스, 차세대 대화형 인터넷 방송의 핵심 압축 방식으로 비디오/오디오를 압축하기 위한 표준
- MPEG-7 : 인터넷상에서 멀티미디어 동영상의 정보 검색이 가능. 정보 검색 등을 효율적으로 사용하기 위한 콘텐츠 저장 및 검색을 위한 표준

19 ③

모핑(Morphing) : 사물의 형상을 다른 모습으로 서서히 변화시키는 기법으로 영화의 특수 효과에서 많이 사용함

오답 피하기

- 렌더링(Rendering) : 그림자, 색상, 농도 등의 3차원 질감을 줌으로써 사실감을 추가하는 과정
- 안티앨리어싱(Anti-Aliasing) : 화면의 해상도가 낮아 도형이나 문자를 그릴 때 각이 계단처럼 층이 나면서 테두리가 거칠게 표현되는 계단 현상(Aliasing) 부분을 뭉개고 곧게 이어지는 듯한 화질로 형성하는 것
- 블러링(Bluring) : 특정 부분을 흐릿하게 하는 효과로 원하는 영역을 선명하지 않게 만드는 기법

20 ①

서로 다른 키로 데이터를 암호화하고 복호화하는 것은 공개키(비대칭키, 이중키) 암호화 기법임

오답 피하기

비밀키(대칭키, 단일키) 암호화 : 송신자와 수신자가 서로 동일(대칭)한 하나(단일)의 비밀키를 가짐

과목 02 스프레드시트 일반

21 ④

- LEFT(문자열, 개수) 문자열의 왼쪽에서 지정한 개수만큼 문자를 추출함
- LEFT(A1,3) → 가나다 ("가나다라마바사"에서 왼쪽부터 3개 추출)
- RIGHT(문자열, 개수) 문자열의 오른쪽에서 지정한 개수만큼 문자를 추출함
- RIGHT(A1,3) → 마바사 ("가나다라마바사"에서 오른쪽부터 3개 추출)
- CONCAT : 텍스트를 연결하여 나타냄
- CONCAT(LEFT(A1,3),RIGHT(A1,3)) → "가나다"와 "마바사"를 연결 → 가나다마바사
- MID(문자열, 시작 위치, 개수) : 문자열의 시작 위치에서부터 지정한 개수만큼 문자를 추출함
- =MID(CONCAT(LEFT(A1,3),RIGHT(A1,3)),3,3) → "가나다마바사"에서 3번째부터 3개를 추출 → 다마바

22 ④

- Tab : 현재 셀의 오른쪽으로 이동
- Shift + Tab : 현재 셀의 왼쪽으로 이동함

오답 피하기

- ① : [A1] 셀로 이동한다. → Ctrl + Home
- ② : 한 화면을 오른쪽으로 이동한다. → Alt + Page Down
- ③ : 다음 시트로 이동한다. → Ctrl + Page Down

23 ③

셀 삽입의 바로 가기 키 : Ctrl + +

오답 피하기

셀 삭제의 바로 가기 키 : Ctrl + -

24 ④

- ,(쉼표) 이후에 더 이상 코드를 사용하지 않으면 천 단위 배수로 표시함
- #,###,, : ,(쉼표)가 2개이므로 백만 단위 이하를 생략하며 셀에 아무 것도 표시되지 않음

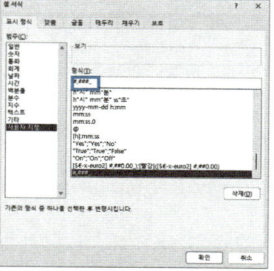

25 ②
3차원 차트는 오차 막대를 사용할 수 없음

26 ③
수식을 입력한 후 결과값이 수식이 아닌 상수로 입력되게 하려면 수식을 입력한 후 바로 F9를 누름

27 ③
Ctrl + 3 : 선택한 셀에 기울임이 적용되며, 다시 누르면 적용이 취소됨

오답 피하기

Ctrl + 4 : 선택한 셀에 밑줄이 적용되며, 다시 누르면 적용이 취소됨

28 ②
오답 피하기
- 표면형 차트 : 두 데이터 집합 간의 최적 조합을 찾을 때 유용함
- 꺾은선형 차트 : 일정한 배율의 축에 시간에 따른 연속 데이터가 표시되며 월, 분기, 회계 연도 등과 같은 일정 간격에 따라 데이터의 추세를 표시하는 데 유용함
- 방사형 차트 : 워크시트의 여러 열이나 행에 있는 데이터를 차트로 그릴 수 있으며 여러 데이터 계열의 집계 값을 비교함

29 ④
시트 이름과 탭 색 변경은 시트 보호와 상관없음

30 ④
IFS 함수
- 형식 : =IFS(조건식1, 참인 경우 값1, 조건식2, 참인 경우 값2, ……)
- 하나 이상의 조건이 충족되는지 확인하고 첫 번째 TRUE 조건에 해당하는 값을 반환함
- 여러 중첩된 IF문 대신 사용할 수 있고 여러 조건을 사용할 수 있음

31 ③
목표값 찾기 : 수식의 결과값은 알고 있으나 그 결과값을 얻기 위한 입력값을 모를 때 목표값 찾기 기능을 이용함

오답 피하기
- 통합 : 하나 이상의 원본 영역을 지정하여 하나의 표로 데이터를 요약
- 부분합 : 워크시트에 있는 데이터를 일정한 기준으로 요약하여 통계 처리를 수행
- 시나리오 관리자 : 변경 요소가 많은 작업표에서 가상으로 수식이 참조하고 있는 셀의 값을 변화시켜 작업표의 결과를 예측하는 기능

32 ①
- [홈] 탭-[편집] 그룹-[채우기]-[계열]의 [연속 데이터]에서 '날짜 단위'에 주 단위는 지원되지 않음
- 날짜 단위 : 일, 평일, 월, 년 등

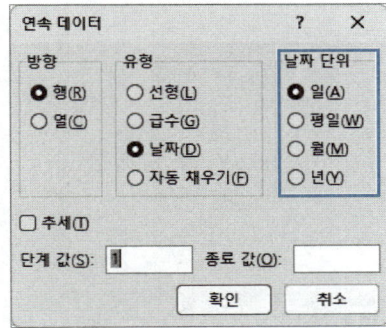

33 ③
통합 문서의 여러 워크시트에 있는 동일한 셀 데이터나 셀 범위 데이터를 분석하려면 3차원 참조 스타일을 사용함(예 =sheet1:sheet3!A1)

34 ①
- 셀의 데이터를 삭제할 때 [메모]는 함께 삭제되지 않으며, [윗주]는 함께 삭제됨
- [검토]-[메모]-[새 메모], [홈]-[글꼴]-[윗주 필드 표시/숨기기]-[윗주 편집]

35 ①
시나리오 관리자 : 변경 요소가 많은 작업표에서 가상으로 수식이 참조하고 있는 셀의 값을 변화시켜 작업표의 결과를 예측하는 기능

오답 피하기
- 목표값 찾기 : 수식의 결과값은 알고 있으나 그 결과값을 얻기 위한 입력값을 모를 때 목표값 찾기 기능을 이용함
- 부분합 : 워크시트에 있는 데이터를 일정한 기준으로 요약하여 통계 처리를 수행
- 통합 : 하나 이상의 원본 영역을 지정하여 하나의 표로 데이터를 요약

36 ①

- [옵션] 단추 : 바로 가기 키나 설명을 변경할 수 있음

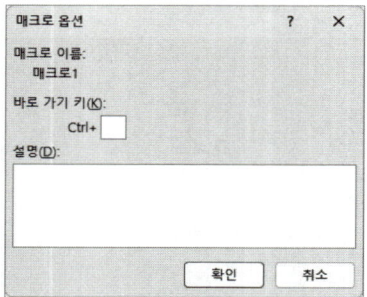

- [편집] 단추 : 매크로 이름이나 명령 코드를 수정할 수 있음

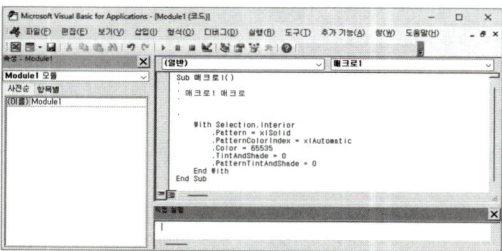

37 ③

###0, : 콤마(,) 뒤에 코드가 없으므로 뒤의 세 자리 860이 삭제되면서 (천 단위 배수) 반올림되어 표시되므로 결과는 3276이 됨

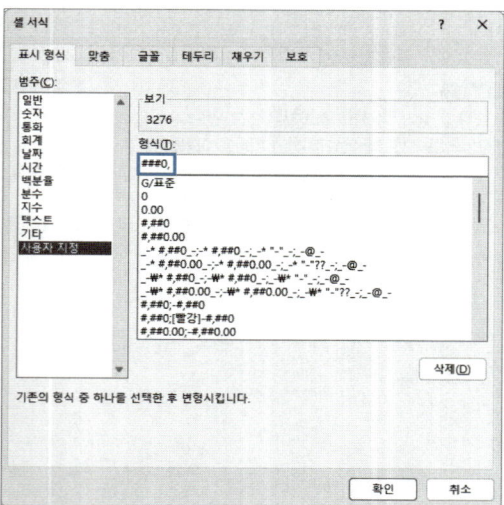

38 ③

- ISODD(숫자) : 숫자가 홀수일 때 TRUE, 짝수이면 FALSE를 반환함
- COLUMN() : 열 번호를 반환함
- ③ =ISODD(COLUMN()) : 열 번호가 홀수(A, C, E열)일 때 조건부 서식이 적용됨

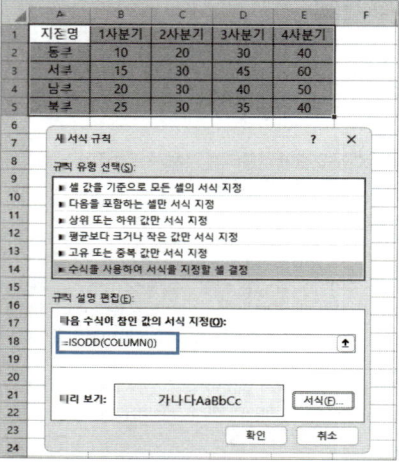

오답 피하기

- ISEVEN(숫자) : 숫자가 짝수일 때 TRUE, 홀수이면 FALSE를 반환함
- ROW( ) : 행 번호를 반환함
- ① =ISODD(ROW()) : 행 번호가 홀수(1, 3, 5)일 때 조건부 서식이 적용됨
- ② =ISEVEN(ROW()) : 행 번호가 짝수(2, 4, 6)일 때 조건부 서식이 적용됨
- ④ =ISEVEN(COLUMN()) : 열 번호가 짝수(B, D열)일 때 조건부 서식이 적용됨

39 ④

XLOOKUP 함수

- 형식 : =XLOOKUP(찾을 값, 찾을 범위, 반환범위, 찾을 값 없을 때, 텍스트 일치 유형, 검색 방법)
- "찾을 값"을 "찾을 범위"에서 찾아서 "반환 범위"의 값을 반환함
- ⓐ =XLOOKUP(B7,F2:F5,B2:B5) : [B7] 셀의 '한상공'을 [F2:F5] 범위에서 찾아서 [B2:B5] 범위의 값을 반환함(대리)
- ⓑ =XLOOKUP(B7,F2:F5,E2:E5) : [B7] 셀의 '한상공'을 [F2:F5] 범위에서 찾아서 [E2:E5] 범위의 값을 반환함(135)

40 ③

- &[페이지 번호] : 페이지 번호 삽입
- -&[페이지 번호] Page- : -1 Page-

과목 03 데이터베이스 일반

41 ③

필드 이름과 테이블 이름은 동일하게 지정할 수 있음

42 ④

데이터시트 보기에서 「잘라내기」와 「붙여넣기」를 이용하여 필드를 이동시킬 수 없음

43 ④

불일치 검색 쿼리 마법사 : 다른 테이블의 레코드와 관련이 없는 레코드를 찾는 쿼리이므로 하나의 테이블로만 구성된 경우는 실행할 수 없음

오답 피하기
- 단순 쿼리 마법사 : 선택한 필드를 사용하여 선택 쿼리를 만듦
- 중복 데이터 검색 쿼리 마법사 : 한 테이블이나 쿼리에서 중복된 필드 값이 있는 레코드를 찾는 쿼리를 만듦
- 크로스탭 쿼리 마법사 : 간단한 스프레드시트 형식의 크로스탭 쿼리를 만듦

44 ②

데이터 정의 언어(DDL : Data Definition Language) : CREATE(테이블 생성), ALTER(테이블 변경), DROP(테이블 삭제)

오답 피하기
- 데이터 조작 언어(DML : Data Manipulation Language) : SELECT(검색), INSERT(삽입), UPDATE(갱신), DELETE(삭제)
- 데이터 제어 언어(DCL : Data Control Language) : GRANT(권한 부여), REVOKE(권한 해제), COMMIT(갱신 확정), ROLLBACK(갱신 취소)

45 ④

데이터베이스 설계 단계 : 요구 조건 분석 → 개념적 설계 → 논리적 설계 → 물리적 설계 → 구현

46 ③

보고서 머리글
- 보고서의 첫 페이지 상단에 한 번만 표시됨(페이지 머리글 위에 인쇄됨)
- 로고, 보고서 제목, 인쇄일 등의 항목을 삽입함

오답 피하기
- 그룹 머리글 : 그룹 설정 시 반복하여 그룹 상단에 표시됨
- 그룹 바닥글 : 그룹 설정 시 반복하여 그룹 하단에 표시됨
- 페이지 머리글 : 보고서의 매 페이지의 상단에 표시됨(열 제목 등의 항목을 삽입함)

47 ②

기본키는 한 테이블에서 유일성과 최소성을 만족하는 후보키 중 선정되어 사용되는 키이므로 동일한 학과명을 가진 학생이 두 명 이상 존재하기 때문에 '학과'를 기본키로 사용할 수 없음

48 ③

IME 모드 : 필드로 포커스가 이동되었을 때 설정될 한글, 영숫자 등의 입력 상태를 지정함

오답 피하기
- 캡션 : 폼이나 데이터시트에서 사용할 필드 레이블
- 기본 값 : 새 레코드를 만들 때 필드에 자동으로 입력되는 값
- 인덱스 : 찾기 및 정렬 속도는 빨라지지만 업데이트 속도는 느려짐

49 ②

매개 변수 쿼리 : 실행할 때 검색 조건의 일정한 값(매개 변수)을 입력하여 원하는 정보를 추출함

오답 피하기
- 크로스탭 쿼리 : 테이블이나 쿼리의 필드별 합계, 개수, 평균 등의 요약을 계산함
- 통합 쿼리 : 2개 이상의 테이블이나 쿼리에서 대응되는 필드들을 결합하여 하나의 필드로 만들어 주는 쿼리
- 실행 쿼리 : 여러 레코드의 변경과 이동을 일괄적으로 실행함

50 ①

[속성 시트] 창에서 하위 폼의 제목(레이블)을 변경하려면 [형식] 탭의 '캡션'을 수정하면 됨

51 ③

참조 무결성 : 참조 무결성은 참조하고 참조되는 테이블 간의 참조 관계에 아무런 문제가 없는 상태를 의미함

52 ③

오답 피하기
- 도메인(Domain) : 하나의 속성이 취할 수 있는 값의 집합
- 튜플(Tuple) : 테이블에서 행을 나타내는 말로 레코드와 같은 의미
- 차수(Degree) : 한 릴레이션(테이블)에서 속성(필드=열)의 개수

53 ③

'잠금' 속성을 '예'로 설정하면 내용을 수정할 수 없음

54 ①

보고서는 데이터 원본으로 테이블, 쿼리, SQL문을 사용함

55 ④

! : 대괄호 안에 있지 않은 문자를 찾음으로 "소[!비유]자"를 입력하면 소개자는 찾지만 소비자와 소유자는 무시함

오답 피하기
- – : 영문자의 경우, 문자 범위 내에서 하나의 문자를 찾음
- ? : 한 자리의 문자만 찾음
- # : 숫자 한 자리를 찾음

56 ②

Val(문자열) : 숫자 형태의 문자열을 숫자값으로 변환

57 ①

오답 피하기

문자	의미	09#L로 설정한 경우
0	필수요소, 0~9까지의 숫자	② A124 → 첫 글자가 A라 틀림
9	선택요소, 숫자나 공백	
#	선택요소, 숫자나 공백	③ 12A4, ④ 12AB → 세 번째 글자가 A라 틀림
L	필수요소, A~Z, 한글	

58 ④

- [Pages] : 전체 페이지, [Page] : 현재 페이지
- & : 문자 연결 연산자
- =[Pages]& " 페이지 중 "& [Page] → 10 페이지 중 1

59 ②

오답 피하기
- 텍스트 상자 : 레코드 원본의 데이터를 표시, 입력 또는 편집하거나, 계산 결과를 표시하거나, 사용자의 입력 내용을 적용할 때 사용하는 컨트롤
- 확인란 : 폼, 보고서에서 원본 테이블, 쿼리, SQL문의 Yes/No 값을 표시하는 독립형 컨트롤
- 토글 단추 : 폼에서 토글(전환) 단추를 독립형 컨트롤로 사용하여 원본 레코드 원본의 Yes/No 값을 나타낼 때 사용함

60 ②

- 한 줄에 두 개 이상의 명령문을 입력하는 경우 명령어의 끝에는 콜론(:)을 찍어 구분함
- 예) For i = 1 To 10: sum = sum + i: Next: MsgBox sum

2024년 상시 기출문제 02회 2–104P

01 ①	02 ④	03 ①	04 ②	05 ②
06 ④	07 ②	08 ②	09 ①	10 ④
11 ①	12 ②	13 ①	14 ②	15 ③
16 ④	17 ①	18 ①	19 ③	20 ④
21 ③	22 ①	23 ②	24 ③	25 ④
26 ②	27 ④	28 ④	29 ②	30 ①
31 ②	32 ①	33 ①	34 ③	35 ①
36 ④	37 ③	38 ①	39 ③	40 ④
41 ②	42 ①	43 ③	44 ①	45 ③
46 ②	47 ③	48 ②	49 ②	50 ④
51 ①	52 ①	53 ②	54 ③	55 ①
56 ④	57 ③	58 ②	59 ④	60 ①

과목 01 컴퓨터 일반

01 ①

캐시 메모리(Cache Memory) : CPU와 주기억 장치 사이에 있는 고속의 버퍼 메모리. 자주 참조되는 데이터나 프로그램을 메모리에 저장, 메모리 접근 시간을 감소시키는 데 그 목적이 있음. RAM의 종류 중 SRAM이 캐시 메모리로 사용됨

02 ④

CSMA/CD(반송파 감지 다중 접근/충돌 검사) 방식 : LAN의 접근 방식으로 한 회선을 여러 사용자가 사용할 때 이용하는 방식

오답 피하기

전송 오류 검출 방식은 패리티 비트, 정마크 부호 방식, 해밍 코드, 블록합 검사, CRC 등이 있음

03 ①

P2P(Peer To Peer) : 인터넷상에서 개인끼리 파일을 공유하는 기술이나 행위로, 컴퓨터와 컴퓨터가 동등하게 연결되는 방식

04 ②

사물 인터넷(IoT : Internet of Things) : 인간 대 사물, 사물 대 사물 간에 인터넷으로 연결되어 정보의 소통이 가능한 기술

05 ②

자바 스크립트(Java Script) : 스크립트는 HTML 문서 속에 직접 기술하며, 'Script'라는 꼬리표를 사용함

06 ④

바로 가기를 삭제해도 원본 프로그램에는 영향을 미치지 않음

07 ②

방화벽(Firewall) : 외부 네트워크에서 내부로 들어오는 패킷을 체크하여 인증된 패킷만 통과시킴

08 ④

3D 프린터의 출력 속도의 단위는 MMS가 사용되며, MMS(MilliMeters per Second)는 '1초에 이동하는 노즐의 거리'를 의미함

오답 피하기
- LPM(Lines Per Minute) : 1분당 인쇄되는 라인 수(활자식 프린터, 잉크젯 프린터 등)
- PPM(Pages Per Minute) : 1분당 인쇄되는 페이지 수(잉크젯 프린터, 레이저 프린터 등)
- IPM(Images Per Minute) : ISO(국제 표준화 기구)에서 규정한 잉크젯 속도 측정 방식으로, 각 프린터 업체의 자체 기준에 맞춘 고속 모드로 출력된 PPM과는 달리 일반(보통) 모드에서 ISO 규격 문서를 측정함

09 ①

가상 메모리(Virtual Memory) : 보조 기억 장치의 일부, 즉 하드디스크의 일부를 주기억 장치처럼 사용하는 메모리 사용 기법으로, 기억 장소를 주기억 장치의 용량으로 제한하지 않고, 보조 기억 장치까지 확대하여 사용함

10 ④

앱이 64비트 버전의 Windows용으로 설계된 경우, 32비트 버전과의 호환성 유지 기능은 지원되지 않음

11 ①

게이트웨이(Gateway) : 네트워크에서 다른 네트워크로 들어가는 관문의 기능을 수행하는 지점을 의미하며, 서로 다른 프로토콜을 사용하는 네트워크를 연결할 때 사용하는 장치

오답 피하기
- ② : 리피터(Repeater)에 관한 설명
- ③ : 라우터(Router)에 관한 설명
- ④ : DNS(Domain Name System)에 관한 설명

12 ②

그림판은 레이어 기능이 지원되지 않으며, 레이어 기능은 포토샵 같은 소프트웨어에서 가능함

13 ①

쿠키(Cookie) : 인터넷 웹 사이트의 방문 정보를 기록하는 텍스트 파일

14 ②

첨단 도로 시스템(Automated Highway Systems) : 차량에 장착된 특수한 장치와 노변의 장치를 이용하여 안전하게 차량을 제어하는 시스템

15 ③

짝수 검사이므로 수신된 데이터의 '1'의 개수가 짝수이어야 하므로, 1의 개수가 홀수이면 오류가 발생함

16 ④

주문형 비디오(Video On Demand) : 각종 영상 정보(뉴스, 드라마, 영화, 게임 등)를 데이터베이스로 구축하여 사용자의 요구에 따라 프로그램을 즉시 전송하여 가정에서 원하는 정보를 이용

오답 피하기
- 폴링(Polling) : 회선 제어 기법인 멀티 포인트에서 호스트 컴퓨터가 단말 장치들에게 '보낼(송신) 데이터가 있는가?'라고 묻는 제어 방법
- P2P(Peer-to-Peer) : 동배 시스템이라 하며 네트워크상의 모든 컴퓨터가 동등한 위치에서 자료를 교환할 수 있는 시스템
- VCS(Video Conference System) : 화상 회의 시스템으로 서로 먼 거리에 떨어져 있는 사람들끼리 각자의 실내에 설치된 TV 화면에 비친 화상 및 음향 등을 통하여 회의를 진행할 수 있도록 만든 시스템

17 ①

파일 탐색기의 [보기] 탭-[창] 그룹에서 탐색 창, 미리 보기 창, 세부 정보 창의 표시 여부를 선택할 수 있음

18 ①

표준 주소 체계인 URL(Uniform Resource Locator) : 프로토콜 : //서버 주소[: 포트 번호]/파일 경로/파일명

19 ③

- CMOS 셋업에서 Windows 로그인 암호 변경 설정은 지원되지 않음
- 시스템의 날짜/시간, 하드디스크 유형, 부팅 순서, 칩셋 및 USB 관련, 전원 관리, PnP/PCI 구성, 시스템 암호 등을 설정함

20 ④

벡터(Vector) 방식은 일러스트레이트(Illustrator)나 코렐드로우(CorelDraw) 등으로 편집함

오답 피하기

포토샵이나 그림판은 비트맵 방식의 그림을 편집할 수 있음

과목 02 스프레드시트 일반

21 ③

한 열에 숫자 입력 셀이 5개 있고, 텍스트 입력 셀이 3개 있는 경우 자동 필터는 셀의 수가 많은 '숫자 필터' 명령으로 표시됨

22 ①

오답 피하기
- ② : 데이터를 입력하는 도중에 입력을 취소하려면 Esc 를 누름
- ③ : 텍스트, 텍스트/숫자 조합은 셀에 입력하는 처음 몇 자가 해당 열의 기존 내용과 일치하면 자동으로 입력되지만, 날짜, 시간 데이터는 자동으로 입력되지 않음
- ④ : 여러 셀에 동일한 데이터를 입력하려면 해당 셀을 범위로 지정하여 데이터를 입력한 후 Ctrl + Enter 를 누름

23 ②

머리글/바닥글은 [머리글/바닥글] 탭에서 설정함

24 ③

도넛형 차트 : 첫째 조각의 각 0~360도 회전 가능

25 ④

누적 세로 막대형 차트로 개별 요소를 전체적인 관점에서 비교할 때 사용함

오답 피하기

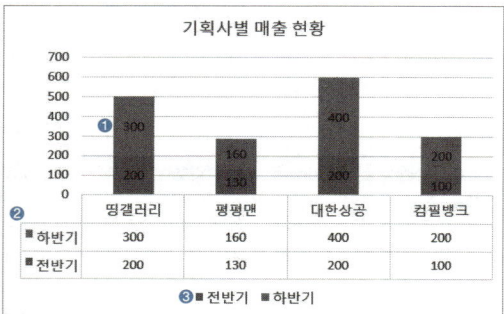

- ① : 레이블 내용으로 값이 표시되어 있음
- ② : 범례 표지를 포함한 데이터 테이블이 나타나도록 설정되어 있음
- ③ : 범례는 아래쪽으로 설정되어 있음

26 ②

텍스트 방향 : 텍스트 방향대로, 왼쪽에서 오른쪽, 오른쪽에서 왼쪽

27 ④

창 나누기의 경우에는 구분된 선을 마우스로 드래그하여 경계선을 이동할 수 있지만, 틀 고정선은 마우스를 드래그하여 위치를 변경할 수 없음

28 ④

#VALUE! : 함수의 인수로 잘못된 값을 사용한 경우나 수치를 사용해야 할 장소에 다른 데이터를 사용한 경우

오답 피하기
- #DIV/0! : 0으로 나누기 연산을 시도한 경우
- #NUM! : 숫자가 필요한 곳에 잘못된 값을 지정한 경우
- #NAME? : 함수 이름이나 정의되지 않은 셀 이름을 사용한 경우

29 ②

데이터 표 : 워크시트에서 특정 데이터를 변화시켜 수식의 결과가 어떻게 변하는지 보여 주는 셀 범위를 데이터 표라고 함

오답 피하기
- 통합 : 하나 이상의 원본 영역을 지정하여 하나의 표로 데이터를 요약
- 부분합 : 워크시트에 있는 데이터를 일정한 기준으로 요약하여 통계 처리를 수행
- 시나리오 관리자 : 변경 요소가 많은 작업표에서 가상으로 수식이 참조하고 있는 셀의 값을 변화시켜 작업표의 결과를 예측하는 기능

30 ①

- PMT(PayMenT) 함수 : 정기적으로 지불하고 일정한 이자율이 적용되는 대출에 대해 매회 지급액을 구하는 함수
- PMT(이자율%/12, 기간(연*12), 현재 가치(대출금), 미래 가치, 납입 시점)
- 이자율%/12 : 5.5%/12
- 기간(연*12) : 2*12
- 현재 가치(대출금) : 10,000,000(불입액을 양수로 나오게 하기 위해 -10000000으로 입력함)
- 미래 가치(최종 불입한 후 잔액) : 생략하면 0
- 납입 시점 : 매월 말은 0 또는 생략, 1은 기초

31 ②

MDETERM 함수는 배열의 행렬식을 구하며, MINVERSE 함수가 배열의 역행렬을 산출함

32 ①

'새로운 값으로 대치'는 이미 부분합이 작성된 목록에서 이전 부분합을 지우고 현재 설정 대로 새로운 부분합을 작성하여 삽입하므로, 여러 함수를 이용하여 부분합을 작성하려면 두 번째부터 실행하는 [부분합] 대화상자에서 '새로운 값으로 대치'의 선택을 해제해야 함

33 ③

소수점의 위치가 −2인 경우 1을 입력하면 결과는 100이 됨

오답 피하기

소수점의 위치가 2인 경우 1을 입력하면 결과는 0.01이 됨

34 ③

외부 액세스 데이터베이스에서 만들어진 데이터도 호환 가능함

35 ①

- 사원명이 두 글자인 사원을 필터링하기 위한 조건 : ="=??" → =??
- 조건을 =??로 나타내야 하므로 ="=??"처럼 " " 안에 =를 하나 더 입력함
- ?는 한 글자를 의미하므로 두 글자의 경우 ??로 입력함
- 수식을 조건으로 하는 경우 필드명을 다르게 해야 함 : 실적조건
- 실적이 전체 실적의 평균을 초과하는 데이터를 검색 : =$B2>AVERAGE($B$2:$B$9) → FALSE

	A	B	C	D	E	F
1	사원명	실적		사원명	실적조건	
2	유민	15,030,000		=??	FALSE	
3	오성준	35,000,000				
4	김근태	18,000,000				
5	김원	9,800,000				
6	정영희	12,000,000				
7	남궁정훈	25,000,000				
8	이수	30,500,000				
9	김용훈	8,000,000				
10						
11	사원명	실적				
12	이수	30,500,000				

- 사원명이 두 글자이면서 실적 평균인 19,166,251을 초과하는 '이수, 30,500,000'이 필터링됨

36 ④

- =REPT(텍스트, 반복 횟수) : 텍스트를 지정된 횟수만큼 반복함
- =FREQUENCY(배열, 구간 배열) : 값의 범위 내에서 해당 값의 발생 빈도를 계산하여 세로 배열 형태로 나타냄

37 ③

별표(*), 물음표(?) 및 물결표(~) 등의 문자가 포함된 내용을 찾으려면 '찾을 내용'을 입력할 때 물결표(~) 뒤에 해당 문자를 붙여서 입력함(**에** ~*, ~?, ~~)

38 ①

Auto_Open 매크로 이름을 사용하면 파일을 열 때 특정 작업이 자동으로 수행됨

39 ③

간단하게 인쇄 : 테두리, 그래픽 등은 인쇄하지 않음

40 ③

Do While에서 조건이 no < 100이기 때문에 1부터 9까지의 합 45가 결과로 구해지며 1부터 10까지의 합을 구하기 위해서는 보기 ①처럼 Do While no <= 100이 되어야 함

오답 피하기

- 반복 제어문 Do While ~ Loop와 Do ~ Loop While 명령 모두 조건이 no <= 10처럼 되어야 1부터 10까지의 합을 구함
- 반복 제어문 For ~ Next는 no = 1 To 10에 의해 1부터 10까지의 합이 구해짐

과목 03 데이터베이스 일반

41 ②

GoToControl : 현재 폼이나 데이터시트에서 커서를 지정한 필드나 컨트롤로 이동시킴

오답 피하기

- GoToRecord : 열려 있는 테이블, 폼, 쿼리 결과 집합에서 지정한 레코드를 현재 레코드로 이동함
- SetValue : 폼, 폼 데이터시트, 보고서의 필드, 컨트롤, 속성 값을 설정함
- RunCode : 프로시저 코드를 실행함

42 ①

Forms![A]![B].Visible : A 이름의 폼에 사용된 B 이름의 컨트롤을 보이거나 감춤

43 ③

일련번호 : 레코드 추가 시 자동으로 고유 번호를 부여할 때 사용함. 번호가 부여되면 변경하거나 삭제할 수 없음. 기본키를 설정하는 필드에서 주로 사용됨

44 ①

- ORDER BY : 검색 결과에 대한 정렬을 수행함
- ASC : 오름차순을 의미하며 생략하면 기본적으로 오름차순임
- DESC : 내림차순을 의미함
- ① : 'SELECT * FROM movie ORDER BY 영화명, 장르;'는 영화명, 장르 모두 정렬 방법이 생략되어 있으므로 오름차순으로 정렬됨

45 ②

입력이 가능한 숫자를 백만 원 이상(>= 1000000), 오백만 원 이하(<= 5000000)로 설정하기 위한 유효성 검사 규칙은 And를 사용함 → >= 1000000 And <= 5000000

46 ②

=DCount("[학번]","[학생]","[점수]=60") : =DCount(인수, 도메인(테이블명이나 쿼리명), 조건식)으로 특정 레코드의 집합(도메인)의 레코드 개수를 계산함

47 ③

인덱스 삭제 시 인덱스만 제거되고 필드 자체는 제거되지 않음

48 ④

UPDATE 테이블 SET 필드명=수정 내용 WHERE 조건 : 테이블에서 조건에 맞는 필드의 해당 필드의 내용을 수정함

49 ②

- 개체–관계 모델 : 개체 타입과 이들 간의 관계 타입을 이용해 현실 세계를 개념적으로 표현한 방법
- ERD(Entity Relationship Diagram) : 개체–관계 모델에 의해 작성된 설계도로 개체, 속성, 관계, 링크 등으로 구성됨
- 개념적 설계 단계 : 현실 세계에 대한 추상적인 개념(정보 모델링)으로 표현하는 단계

오답 피하기

- 요구 조건 분석 단계 : 데이터베이스 사용자의 요구 사항 및 조건 등을 조사하여 요구 사항을 분석하는 단계
- 논리적 설계 단계 : 개념 세계를 데이터 모델링을 거쳐 논리적으로 표현하는 단계
- 물리적 설계 단계 : 컴퓨터 시스템의 저장 장치에 저장하기 위한 구조와 접근 방법 및 경로 등을 설계하는 단계

50 ④

④ : ㉣ 새(빈) 레코드를 추가함

51 ①

'일 대 다' 관계일 때 하위 폼에는 '다'에 해당하는 데이터가 표시되며, 기본 폼에는 '일'에 해당하는 데이터가 표시됨

52 ③

레이블 컨트롤과 이미지 컨트롤은 탭 순서에서 제외되며, 탭 정지 속성이 지원되지 않음

53 ②

데이터베이스관리자(DBA) : 데이터베이스를 관리하는 책임자, 전체 시스템에 대한 권한을 행사하는 사람

오답 피하기

- 데이터 정의어(DDL; Data Definition Language) : 데이터베이스 구조와 관계, 데이터베이스 이름 정의, 데이터 항목, 키 값의 고정, 데이터의 형과 한계 규정
- 데이터 조작어(DML; Data Manipulation Language) : 주 프로그램에 내장하여 데이터베이스를 실질적으로 운영 및 조작, 데이터의 삽입, 삭제, 검색, 변경 연산 등의 처리를 위한 연산 집합
- 데이터 제어어(DCL; Data Control Language) : 데이터베이스를 공용하기 위하여 데이터 제어를 정의 및 기술, 데이터 보안, 무결성, 회복, 병행 수행 등을 제어

54 ③

Format( ) : 숫자, 날짜, 시간, 텍스트의 표시 및 인쇄 방법을 사용자 지정

오답 피하기

- CInt(숫자) : 숫자 값을 Long형식으로 변환
- Val(문자열) : 숫자 형태의 문자열을 숫자값으로 변환
- DLookUp(인수, 도메인, 조건식) : 레코드 집합(도메인)의 특정 필드 값을 구함

55 ②

- 정규화(Normalization) : 이상(Anomaly) 현상이 발생하지 않도록 하기 위한 것으로 관계형 데이터베이스를 설계할 때 데이터의 중복 최소화와 불일치를 방지하기 위해 릴레이션 스키마를 분해해 가는 과정
- 이상(Anomaly) 현상 : 관계형 데이터베이스의 릴레이션을 조작할 때 발생하는 현상으로 삽입 이상, 삭제 이상, 갱신 이상 등이 있음

56 ④

일련번호는 번호가 부여되면 변경하거나 삭제할 수 없으며 크기는 4바이트임

57 ③

- 유효성 검사 규칙 : 레코드, 필드, 컨트롤 등에 입력할 수 있는 데이터 요구 사항을 지정할 수 있는 속성 → ">20"
- 유효성 검사 테스트 : 유효성 검사 규칙에 위반하는 데이터를 입력할 때 표시할 오류 메시지를 지정할 수 있는 속성 → "숫자는 >20으로 입력합니다."
- 유효성 검사 테스트 메시지가 표시된 다음 값을 다시 입력해야 됨 (20보다 큰 수를 입력)

58 ②

VBA 코드	의미
Dim i As Integer	i를 정수화(Integer) 변수로(As) 선언(Dim)함
Dim Num As Integer	Num을 정수화(Integer) 변수로(As) 선언(Dim)함
For i = 0 To 7 Step 2	For문에 의해 i 값을 0부터 7까지 2씩 증가(0, 2, 4, 6)하면서 반복함
Num = Num + i	Num(0)=Num(0)+i(0), Num(2)=Num(0)+i(2), Num(6)=Num(2)+i(4), Num(12)=Num(6)+i(6) → 마지막 Num에는 0+2+4+6의 결과 12가 저장됨
Next i	For문의 마지막을 의미함
MsgBox Str(Num)	Num 변수의 값을 문자열(Str) 형식으로 변환하여 표시(MsgBox)함

59 ④

4 MOD 2 → 결과값 : 0 (4를 2로 나눈 나머지를 구하므로 결과는 0이 됨)

오답 피하기

- ① : IIF(조건,참,거짓)에서 조건이 1 이상의 숫자일 경우 참으로 처리되므로 2가 결과값이 됨
- ② : 3번째에서 2개의 문자를 추출하므로 34가 결과값이 됨
- ③ : 문자를 연결하므로 "AB"가 결과값이 됨

60 ①

보고서의 그룹 바닥글 구역에 '=COUNT(*)'를 입력하면 Null 필드를 포함한 그룹별 레코드 개수를 출력할 수 있음

2024년 상시 기출문제 03회　　2-114P

01 ④	02 ④	03 ②	04 ②	05 ②
06 ④	07 ④	08 ②	09 ①	10 ②
11 ③	12 ③	13 ②	14 ②	15 ②
16 ②	17 ②	18 ①	19 ④	20 ③
21 ①	22 ④	23 ②	24 ②	25 ④
26 ④	27 ①	28 ②	29 ④	30 ①
31 ④	32 ①	33 ①	34 ②	35 ④
36 ②	37 ①	38 ①	39 ③	40 ④
41 ①	42 ②	43 ③	44 ①	45 ④
46 ④	47 ③	48 ③	49 ③	50 ②
51 ②	52 ④	53 ③	54 ③	55 ①
56 ③	57 ③	58 ③	59 ④	60 ①

과목 01　컴퓨터 일반

01 ④

시스템 구성 : [실행]에서 열기란에 'msconfig'를 입력하고 [확인]을 클릭함

오답 피하기

- ipconfig : 사용자 자신의 컴퓨터 IP 주소를 확인하는 명령
- tracert : 네트워크에 연결된 컴퓨터의 경로(라우팅 경로)를 추적할 때 사용하는 명령
- ping : 네트워크의 현재 상태나 다른 컴퓨터의 네트워크 접속 여부를 확인하는 명령

02 ④

연관 메모리(Associative Memory) : 저장된 내용의 일부를 이용하여 기억 장치에 접근하여 데이터를 읽어오는 기억 장치

오답 피하기

- 캐시 메모리(Cache Memory) : 휘발성 메모리로, 속도가 빠른 CPU와 상대적으로 속도가 느린 주기억 장치 사이에 있는 고속의 버퍼 메모리
- 주기억 장치(Main Memory) : CPU가 직접 참조하는 고속의 메모리로, 프로그램이 실행될 때 보조 기억 장치로부터 프로그램이나 자료를 이동시켜 실행시킬 수 있는 기억 장소
- 가상 기억 장치(Virtual Memory) : 보조 기억 장치의 일부, 즉 하드 디스크의 일부를 주기억 장치처럼 사용하는 메모리 사용 기법

03 ②

데드락(Deadlock) : 교착 상태로 자원은 한정되어 있으나 각 프로세스가 서로 자원을 차지하려고 무한정 대기하는 상태

04 ②

오답 피하기

- 채널(Channel) : 입출력 전용 데이터 통로이며, CPU를 대신해서 입출력 조작을 수행하는 장치이므로, CPU는 입출력 작업을 수행하는 대신 연산을 동시에 할 수 있음
- 데드락(Deadlock) : 동일한 자원을 공유하고 있는 두 개의 컴퓨터 프로그램들이 상대방이 자원에 접근하는 것을 사실상 서로 방해함으로써 두 프로그램 모두 기능이 중지되는 교착 상태
- 스풀(Spool) : 저속의 입출력 장치를 중앙 처리 장치와 병행하여 작동시켜 컴퓨터 전체의 처리 효율을 높이는 기능

05 ②

외부(시스템) 버스의 종류 : 데이터 버스(Data Bus), 주소 버스(Address Bus), 제어 버스(Control Bus)

06 ④

- AVI(Audio Video Interleaved) : Windows의 표준 동영상 형식의 디지털 비디오 압축 방식
- MPEG-1 : 비디오 CD나 CD-I의 규격
- MPEG-4 : 멀티미디어 통신을 위해 만들어진 영상 압축 기술
- ASF : 스트리밍이 가능한 동영상 형식으로 화질이 떨어지는 하지만 스트리밍 기술을 이용하여 영상을 전송하고 재생함

07 ④

드라이브 조각 모음 및 최적화

- 디스크에 단편화되어 저장된 파일들을 모아서 디스크를 최적화함
- 비율이 10%를 넘으면 디스크 조각 모음을 수행해야 함
- 단편화를 제거하여 디스크의 수행 속도를 높여줌
- 처리 속도는 효율적이나 총용량이 늘어나지는 않음

오답 피하기

- 디스크 검사 : 파일과 폴더 및 디스크의 논리적, 물리적인 오류를 검사하고 수정함
- 디스크 정리 : Windows에서 디스크의 사용 가능한 공간을 늘리기 위하여 불필요한 파일들을 삭제하는 작업
- 디스크 포맷 : 하드디스크 등을 초기화하는 것으로 트랙과 섹터로 구성하는 작업

08 ②

크기는 화면의 1/2까지만 늘릴 수 있음

09 ①

오답 피하기

- 패리티 체크 비트 : 원래 데이터 1비트를 추가하여 에러 발생 여부를 검사하는 체크 비트
- 순환 중복 검사 : 다항식 코드를 사용하여 오류를 검출하는 방식
- 정 마크 부호 방식 : 패리티 검사가 코드 자체적으로 이루어지는 방식

10 ②

선점형 멀티태스킹(Preemptive Multitasking)

- 운영체제가 CPU를 미리 선점하여 각 응용 소프트웨어의 CPU 사용을 통제하고 관리하여 멀티태스킹(다중 작업)이 원활하게 이루어짐
- 응용 소프트웨어의 CPU 선점이 통제되어 시스템의 안정성이 강화됨

11 ③

비트맵은 Photoshop, Paint Shop Pro 등이 대표적인 소프트웨어임

오답 피하기

코렐드로, 일러스트레이터 : 벡터 방식

12 ③

오답 피하기

- 인증 : 네트워크 보안 기술로 전송된 메시지가 확실히 보내졌는지 확인하는 것과 사용자 또는 발신자가 본인인지 확인하는 것
- 접근 제어 : 사용자가 어떠한 정보나 자원을 사용하고자 할 때 해당 사용자가 적절한 접근 권한을 가지고 있는지 확인하는 것
- 기밀성 : 전송 도중 데이터의 내용을 임의의 다른 사용자가 보았을 때 그 내용을 파악하지 못하도록 하는 기능

13 ②

디지털 컴퓨터

- ⓑ 논리 회로
- ⓒ 부호화된 문자, 숫자
- ⓓ 프로그래밍
- ⓕ 범용성

오답 피하기

아날로그 컴퓨터

- ⓐ 증폭 회로
- ⓔ 연속적인 물리량

14 ②

ftp 기본 포트 번호는 21임

15 ②

문서와 문서가 연결된 형식으로 문서를 읽는 순서가 결정되지 않는 비선형 구조를 가짐

16 ②

IPv6 : ⓒ 128비트, ⓔ 16진수로 표현, ⓕ 각 부분을 콜론(:)으로 구분

오답 피하기

IPv4 : ⓐ 32비트, ⓓ 10진수로 표현, ⓖ 각 부분을 점(.)으로 구분

17 ②

HDMI(High-Definition Multimedia Interface)
- 고선명 멀티미디어 인터페이스로 비압축 방식이므로 영상이나 음향 신호 전송 시 소프트웨어나 디코더 칩(Decoder Chip) 같은 별도의 디바이스가 필요 없음
- 기존의 아날로그 케이블보다 고품질의 음향이나 영상을 전송함

오답 피하기
- DVI : 디지털 TV를 만들기 위해 개발되었던 것을 인텔에서 인수하여 동영상 압축 기술(최대 144:1 정도)로 개발됨
- USB : 허브(Hub)를 사용하면 최대 127개의 주변기기 연결이 가능하며, 기존의 직렬, 병렬, PS/2 포트 등을 하나의 포트로 대체하기 위한 범용 직렬 버스 장치
- IEEE 1394 : 컴퓨터 주변 장치와 비디오 카메라, 오디오 제품, TV, VCR 등의 가전 기기를 개인용 컴퓨터에 접속하는 인터페이스로 개발됨

18 ①

오픈 소스 소프트웨어(Open Source Software) : 소스 코드가 공개되어 수정 및 변경이 가능한 소프트웨어

19 ④

에어로 쉐이크(Aero Shake) : 창의 제목 표시줄을 클릭한 채로 마우스를 흔들면 현재 창을 제외한 열린 모든 창이 순식간에 사라졌다가 다시 흔들면 원래대로 복원되는 기능(⊞+Home)

오답 피하기
- ⊞+E : 파일 탐색기 열기
- ⊞+X : 빠른 링크 메뉴 열기
- ⊞+U : 접근성 센터 열기

20 ③

운영체제의 발달 과정 : 일괄 처리 → 실시간 처리 → 다중 프로그래밍 → 시분할 처리 → 다중 처리 → 분산 처리

과목 02 스프레드시트 일반

21 ①

F9를 누르면 수식의 결과가 상수로 변환됨

	A	B	C	D
1	100	200	300	=500-A1
2				

22 ④

- 혼합 데이터 : 문자와 숫자가 혼합된 데이터로, 채우기 핸들을 끌면 문자는 복사되고 숫자는 1씩 증가함 → AAA-003, 4-A
- 날짜 데이터 : 날짜는 1일 단위로 자동 증가하면서 채워짐 → 1989-06-06
- 문자 데이터 : 문자 데이터를 입력하고 채우기 핸들을 끌면 데이터가 복사되어 채워짐 → Excel-A

	A	B	C	D
1	AAA-000	1989-06-03	Excel-A	1-A
2	AAA-001	1989-06-04	Excel-A	2-A
3	AAA-002	1989-06-05	Excel-A	3-A
4	AAA-003	1989-06-06	Excel-A	4-A

23 ②

- ROUNDDOWN(수1, 수2) : 수1을 무조건 내림하여 자릿수(수2)만큼 반환함
- ROUNDDOWN(165.657, 2) : 165.657을 무조건 내림하여 2자릿수만큼 반환함 → 165.65
- POWER(-2, 3) : -2의 3제곱을 구함 → -8
- ABS(-8) : -8의 절대값을 구함 → 8
- ∴ 165.65 - 8 = 157.65가 됨

24 ②

- 통합할 다른 문서가 열려있지 않더라도 데이터 통합 작업을 할 수 있음
- [통합] 대화상자에서 [찾아보기] 단추를 클릭하여 열리지 않은 통합 문서도 불러올 수 있음

25 ④

오답 피하기
- 자동 줄 바꿈 : 셀에서 텍스트를 여러 줄로 표시함
- 셀 병합 : 선택한 두 개 이상의 셀을 하나의 셀로 결합함
- 텍스트 방향 : 읽는 순서와 맞춤을 지정하려면 방향 상자에서 옵션(텍스트 방향대로, 왼쪽에서 오른쪽, 오른쪽에서 왼쪽)을 선택함

26 ④

Ctrl+Shift+;을 누르면 시간이 입력됨

27 ①

규칙 유형 선택에 '임의의 날짜를 기준으로 셀의 서식 지정'은 지원되지 않음

28 ②

상태 표시줄 : 평균, 개수, 숫자 셀 수, 최소값, 최대값, 합계를 선택하면 자동으로 계산되어 나타남

29 ④

- [카메라] 기능은 [삽입] 탭-[일러스트레이션] 그룹에서 지원되는 기능이 아니고, 빠른 실행 도구 모음에 추가한 다음 사용함
- [Excel 옵션]-[빠른 실행 도구 모음]-[명령 선택]에서 [리본 메뉴에 없는 명령]을 선택한 후 [카메라] 도구를 찾아 선택하고 [추가한 다음 [확인]을 클릭하면 빠른 실행 도구 모음에 추가됨

30 ①

−3/2의 결과인 −1.5는 INT(가장 가까운 정수로 내림, 음수는 0에서 먼 방향으로 내림)에 의해 −2가 되고 ABS(절대값)가 적용되어 2가 됨

오답 피하기
- ② =MOD(−3,2) : −3을 2로 나눈 나머지를 구하므로 결과는 1이 됨
- ③ =ROUNDUP(RAND(),0) : 0과 1 사이에 발생한 난수를 자리 올림하여 결과는 1이 됨
- ④ =FACT(1.9) : 소수점 이하는 무시하고 1의 계승값을 구하므로 결과는 1이 됨

31 ④

- 같은 열에 있는 자료에 대하여 여러 개의 함수를 중복하여 사용할 수 있음
- 새로운 값으로 대치 : 여러 함수를 이용하여 부분합을 만들 경우 이 항목의 선택을 해제함

32 ①

시나리오는 변경 셀로 지정한 셀에 계산식이 포함되어 있으면 자동으로 상수로 변경되어 시나리오가 작성되지만 별도의 파일로 저장되지는 않음

33 ①

정렬 옵션 : 대/소문자 구분, 위쪽에서 아래쪽, 왼쪽에서 오른쪽

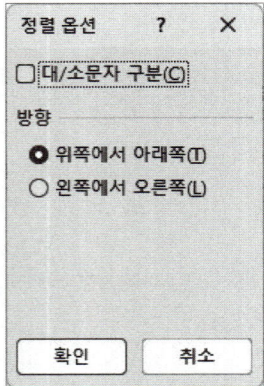

34 ②

Ctrl + Page Up / Ctrl + Page Down : 활성 시트의 앞/뒤 시트로 이동함

오답 피하기
- ① Home : 해당 행의 A열로 이동함, Ctrl + Home : 워크시트의 시작 셀(A1)로 이동함
- ③ Ctrl + ← : 현재 영역의 좌측 마지막 셀로 이동함, Ctrl + → : 현재 영역의 우측 마지막 셀로 이동함
- ④ Shift + ↑ : 위쪽으로 범위가 설정됨, Shift + ↓ : 아래쪽으로 범위가 설정됨

35 ②

천 단위 데이터를 빠르게 입력 : [파일] 탭-[옵션]-[Excel 옵션]-[고급]-[소수점 자동 삽입]에서 [소수점 위치]를 −3으로 설정함 ⓓ [소수점 위치]가 −3으로 설정되었기 때문에 1을 입력하면 1000으로 표시됨

36 ②

자음마다 특수 문자가 모두 다름

37 ④

- 주민등록번호의 여덟 번째 문자가 '1' 또는 '3'이면 '남' : 2로 나눈 나머지가 1이 됨
- 주민등록번호의 여덟 번째 문자가 '2' 또는 '4'이면 '여' : 2로 나눈 나머지가 0이 됨
- ④ =IF(MOD(VALUE(MID(C2, 8, 1)), 2)=0, "남", "여") : [C2] 셀의 주민등록번호 8번째 문자를 2로 나눈 나머지가 0이면 "남", 아니면 "여"이므로 순서가 옳지 않음
- 따라서, ④는 =IF(MOD(VALUE(MID(C2, 8, 1)), 2)=0, "여", "남")처럼 수정하면 올바른 결과가 산출됨

형식	=IF(조건, 값1, 값2)
기능	조건이 참이면 값1, 거짓이면 값2를 반환함
사용 예	=IF(MOD(VALUE(MID(C2, 8, 1)), 2)=0, "여", "남")
의미	[C2]셀의 주민등록번호 여덟 번째 문자를 2로 나눈 나머지가 0이면 "여", 아니면 "남"을 결과로 산출함

오답 피하기
- ① =IF(OR(MID(C2, 8, 1)="2", MID(C2, 8, 1)="4"), "여", "남")
  → 주민등록번호 8번째 문자가 "2" 또는 "4"인 경우 "여", 아니면 "남"
- ② =CHOOSE(VALUE(MID(C2, 8, 1)), "남", "여", "남", "여")
  → 주민등록번호 8번째 문자가 1이면 "남", 2이면 "여", 3이면 "남", 4이면 "여"
- ③ =VLOOKUP(VALUE(MID(C2, 8, 1)), $F$2:$G$5, 2, 0)
  → 주민등록번호 8번째 문자를 [$F$2:$G$5] 범위에서 첫 코드열의 값과 일치하는 값을 찾아 2열(성별)의 같은 행에 있는 성별을 검색함

38 ①

- 계열 옵션에서 '간격 너비'가 0%로 설정되어 있지 않음
- 계열 옵션에서 '간격 너비'가 0%로 설정되어 있는 경우 아래처럼 표시됨

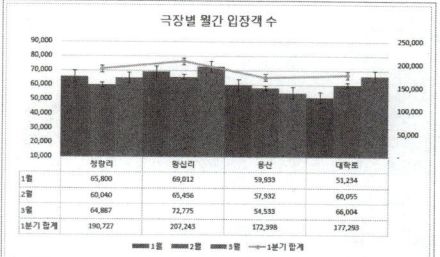

오답 피하기

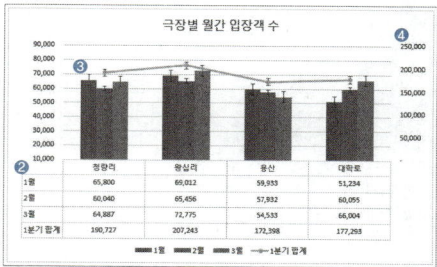

- ② : 범례 표지 없이 데이터 테이블이 표시되어 있음
- ③ : '1월', '2월', '3월' 계열에 오차 막대가 표시되어 있음
- ④ : '1분기 합계' 계열은 '보조 축'으로 지정되어 있음

39 ③

셀의 빈 열 폭 만큼 원하는 문자를 넣을 때 *를 이용하여 * 다음에 원하는 문자를 위치시키므로 ⓒ의 결과는 - - - -6,789로 표시됨

오답 피하기

- # : 유효 자릿수만 나타내고 유효하지 않은 0은 표시하지 않음
- 0 : 유효하지 않은 자릿수를 0으로 표시함
- ? : 유효하지 않은 자릿수를 공백으로 표시함
- , : 천 단위 구분 기호로 쉼표를 삽입, ,(쉼표) 이후에 더 이상 코드가 없으면 천 단위 배수로 표시함
- ; : 양수, 음수, 0값을 세미콜론(;)으로 구분함
- ⓐ : #에 의해 3이 표시되며 0.75를 분수로 나타내어 3/4가 표시됨
- ⓑ : ,(쉼표) 이후 코드가 없으므로 -6789를 천 단위 배수로 표시하여 -60| 남고 반올림되어 -0.007이 표시됨
- ⓓ : -6789가 음수이므로 ▼#이 적용되어 ▼6789가 표시됨

40 ③

하위 데이터 집합에도 필터와 정렬을 적용하여 원하는 정보만 강조할 수 있으며 조건부 서식 역시 적용 가능하므로 데이터를 시각적으로 탐색 및 분석할 수 있음

과목 03 데이터베이스 일반

41 ①

SELECT AVG(나이) FROM 학생 WHERE 전공 NOT IN ('수학', '회계'); : 학생 테이블에서 전공이 '수학'과 '회계'가 아닌 나이의 평균(AVG)을 구함. 따라서 21, 31, 23의 평균인 25가 결과가 됨

오답 피하기

- SELECT 열리스트 FROM 테이블명 WHERE 조건 : 테이블에서 조건에 만족하는 열을 검색
- IN(값1, 값2, …) : 목록 안에 값(값1, 값2, …)을 검색
- NOT : 부정, "~이 아니다"를 의미
- AVG(필드명) : 필드의 평균을 구함

42 ②

- 데이터베이스 암호를 설정하거나 제거하려면 데이터베이스를 단독 사용 모드로 열어야 함
- 데이터베이스를 단독 사용 모드로 열려면 데이터베이스를 닫은 다음 [파일] 탭-[열기] 명령을 사용하여 다시 연 다음 [열기] 대화상자에서 [열기] 단추 옆에 있는 화살표를 클릭한 후 [단독으로 열기]를 선택함

43 ③

테이블 내에서 필드 이름이 중복될 수는 없음

오답 피하기

- 필드 이름 첫 글자는 숫자로 시작할 수 있음
- 필드 이름과 테이블 이름은 동일하게 지정 가능함
- 마침표(.), 느낌표(!), 대괄호([ ])를 제외한 특수 기호나 숫자, 문자, 공백을 조합해서 사용할 수 있음
- 필드 이름은 공백을 포함하여 64자까지 지정할 수 있음
- 공백으로 시작하는 필드 이름은 줄 수 없음

44 ①

일 대 일 관계 성립 조건 : 양쪽 테이블의 연결 필드가 모두 중복 불가능의 기본키나 인덱스가 지정되어 있어야 함

45 ③

읽기 전용 폼을 만들기 위한 폼과 컨트롤의 속성 설정 중 [잠금] 속성은 '예'로 설정해야 함

46 ④

보고서에서는 필드나 식을 최대 10단계까지 그룹화할 수 있음

47 ③

mid 함수는 문자열의 시작 위치에서 지정된 수의 문자를 표시하므로 mid("영동1단지", 3, 1)는 '영동1단지'의 3번째 문자(1)에서 문자 1개를 표시함 → 1

48 ③
- AS : 필드나 테이블의 이름을 별명(Alias)으로 지정할 때 사용함
- AS 합계 : 수행+지필의 합을 합계라는 이름으로 구함

49 ③
우편물 레이블 보고서 : 우편 발송을 위해 편지 봉투에 붙일 주소 레이블을 작성하는 보고서

오답 피하기
- 업무 문서 양식 보고서 : 업무 문서 양식 마법사를 사용하여 거래명세서, 세금 계산서를 작성하는 보고서
- 우편 엽서 보고서 : 우편 엽서 마법사를 사용하여 우편 발송을 위해 우편 엽서에 붙일 레이블을 작성하는 보고서
- 크로스탭 보고서 : 여러 개의 열로 이루어진 보고서로, 열마다 그룹의 머리글과 바닥글, 세부 구역 등이 각 열마다 표시됨

50 ②
GROUP BY문을 사용할 때에는 HAVING절을 사용하여 조건을 지정함

51 ②
OLE 개체 데이터 형식의 필드에는 인덱스를 사용할 수 없음

52 ④
대체키(Alternate Key) : 후보키 중에서 기본키로 선택되지 않은 나머지 키

오답 피하기
외래키(Foreign Key) : 외래키가 다른 참조 테이블의 기본키일 때 그 속성키를 외래키라 함

53 ③
매개 변수 쿼리
- 실행할 때 레코드 검색 조건이나 필드에 삽입할 값과 같은 정보를 물어보는 쿼리
- 두 조건 이상의 쿼리 작성이 가능함
- 매개 변수 쿼리 시 [ ]를 사용함
- 조건란에 ">=[조회할 최소 나이]" 처럼 입력함

필드	고객명	지역	나이
테이블	고객	고객	고객
정렬			
표시	✓	✓	✓
조건			>=[조회할 최소 나이]
또는			

54 ③
외래키(FK : Foreign Key) : 외래키가 다른 참조 테이블(릴레이션)의 기본키(PK)일 때 그 속성키를 외래키라 함(직원 테이블의 부서명)

55 ①

입력 마스크	L	A	0	9	?
입력 여부	필수	필수	필수	선택	선택
입력 가능 값	A~Z, 한글	A~Z, 한글, 0~9	0~9	0~9, 공백	A~Z, 한글
①	A	A	1	1	1

① : 입력 마스크의 마지막 ?는 A~Z, 한글만 허용되는 경우이므로 숫자 1이 입력될 수 없음

오답 피하기

입력 마스크	L	A	0	9	?
입력 여부	필수	필수	필수	선택	선택
입력 가능 값	A~Z, 한글	A~Z, 한글, 0~9	0~9	0~9, 공백	A~Z, 한글
②	A	1	1		
③	A	A	1	1	
④	A	1	1	1	A

- ② : 9와 ?는 입력 여부가 선택이므로 입력값이 없어도 됨
- ③ : ?는 입력 여부가 선택이므로 입력값이 없어도 됨

56 ③
- 도메인 계산 함수의 구성 : =도메인 계산 함수(인수, 도메인, 조건식)
- DLookUp 함수 : 레코드 집합(도메인)의 특정 필드 값을 구함

57 ③
HWP 파일은 워드프로세서 문서로 엑세스에서 가져올 수 없음

58 ③
Like 조건을 사용하여 데이터 찾기
- ~와 "같은"의 의미로 쿼리에서 특정 패턴과 일치하는 값을 필드에서 찾을 수 있음
- 패턴의 경우 전체 값(예 Like "영진")을 지정하거나 와일드카드 문자를 사용하여 값 범위(예 Like "영*")를 찾을 수 있음
- Like "P[A-F]###" : P로 시작하고 그 뒤에 A에서 F 사이에 임의의 문자와 세 자리 숫자가 오는 데이터를 반환함

59 ④
개체(Entity)는 다른 것과 구분되는 개체로 단독으로 존재하는 실세계의 객체나 개념을 의미함

60 ①
텍스트 상자의 컨트롤 원본을 '=1'로 지정하고, 누적 합계 속성을 '그룹'으로 지정하면 그룹 내 데이터의 일련번호가 표시됨

2024년 상시 기출문제 04회

01 ①	02 ③	03 ①	04 ②	05 ②
06 ②	07 ②	08 ①	09 ④	10 ②
11 ③	12 ③	13 ①	14 ④	15 ④
16 ②	17 ①	18 ③	19 ④	20 ③
21 ②	22 ①	23 ①	24 ③	25 ③
26 ②	27 ④	28 ③	29 ①	30 ③
31 ④	32 ②	33 ②	34 ③	35 ①
36 ②	37 ④	38 ④	39 ③	40 ④
41 ②	42 ③	43 ①	44 ②	45 ①
46 ②	47 ①	48 ①	49 ④	50 ②
51 ④	52 ③	53 ①	54 ④	55 ②
56 ③	57 ④	58 ④	59 ②	60 ①

과목 01 컴퓨터 일반

01 ①

분산 처리 시스템 : 각 지역별로 발생된 자료를 분산 처리하는 방식으로 시스템의 과부하를 방지할 수 있으며 시스템의 안전성, 유연성, 신뢰성, 확장성 등에서 유리함. 클라이언트/서버(Client/Server) 시스템 등이 있음

오답 피하기

- 시분할 시스템 : CPU의 빠른 처리 속도를 이용하여 하나의 컴퓨터에서 여러 사용자의 작업을 다중으로 처리하는 방식
- 다중 처리 시스템 : 하나 또는 여러 개의 프로그램들을 여러 개의 프로세서로 동시에 처리하는 병렬 처리 방식으로, 대량의 데이터 처리에 이용
- 다중 프로그래밍 시스템 : 여러 개의 프로그램들을 동시에 처리하는 방식으로, CPU가 입출력 시간을 이용하여 여러 프로그램들을 순환 수행

02 ③

인터넷이나 네트워크에 연결된 프린터도 공유를 설정할 수 있음

03 ①

ICMP(Internet Control Message Protocol) : 인터넷에서 오류에 관한 문제를 처리하고 지원하는 프로토콜로, 송신 호스트에 전달할 때 IP 패킷의 데이터 부분에 캡슐화함

오답 피하기

- ARP : IP 주소를 MAC 주소로 변환하는 프로토콜
- RARP : 물리적 하드웨어 주소를 IP로 변환하는 프로토콜
- IP : 명령이 올바로 전송되도록 하며 전달되지 못한 패킷은 재전송하는 프로토콜

04 ②

블록체인(Block Chain) : '공공 거래 장부'로 불리며 데이터를 블록이라는 형태로 분산시켜 저장하고 각 블록을 체인으로 묶는 방식으로 임의로 수정이 불가능한 분산 컴퓨터 기반의 기술

오답 피하기

- 핀테크(FinTech) : '금융(Finance)'과 '기술(Technology)'의 합성어로 기존 정보기술을 금융업에 도입 및 융합시킨 것으로 핀테크에는 단순 결제 서비스나 송금, 대출 및 주식 업무, 모바일 자산 관리 등 다양한 종류가 있음
- 전자봉투(Digital Envelope) : 전자서명의 확장 개념으로 데이터를 비밀키로 암호화하고 비밀키를 수신자의 공개키로 암호화하여 전달하는 방식으로 기밀성(Confidentiality)까지 보장함
- 암호화 파일 시스템(Encrypting File System) : NTFS 버전 3.0부터 지원되는 파일 시스템 암호화 기능으로 파일이나 폴더를 암호화하여 보호할 수 있음

05 ②

오답 피하기

- ① : 명령 해독기(Instruction Decoder)
- ③ : 명령 레지스터(IR : Instruction Register)
- ④ : 누산기(ACCumulator)

06 ②

1Hz는 1초 동안 1번의 주기가 반복되는 것을 의미함

07 ②

모니터 크기는 화면의 대각선의 길이를 인치(Inch) 단위로 표시함

08 ①

캐시 메모리(Cache Memory) : CPU와 주기억 장치 사이에 있는 고속의 버퍼 메모리, 자주 참조되는 데이터나 프로그램을 메모리에 저장, 메모리 접근 시간을 감소시키는 데 그 목적이 있음. RAM의 종류 중 SRAM이 캐시 메모리로 사용됨

오답 피하기

③, ④ : 가상 메모리(Virtual Memory)에 대한 설명임

09 ④

웹 캐스팅이나 모바일 IP로 사용이 가능함

10 ②

오답 피하기

- explorer : 파일 탐색기
- taskmgr : 작업 관리자
- msinfo32 : 시스템 정보

11 ③

오답 피하기

- 베타 버전 : 정식 프로그램을 발표하기 전에 테스트를 목적으로 일반인에게 공개하는 프로그램
- 알파 버전 : 베타 테스트를 하기 전에 제작 회사 내에서 테스트할 목적으로 제작하는 프로그램
- 번들 : 특정한 하드웨어나 소프트웨어를 구매하였을 때 끼워주는 소프트웨어

12 ③

오답 피하기

- ① 가로막기(Interruption) : 정보의 가용성(Availability) 저해
- ② 가로채기(Interception) : 정보의 기밀성(Secrecy) 저해
- ④ 위조(Fabrication) : 정보의 무결성(Integrity) 저해

13 ①

오답 피하기

- ② 광학 마크 판독기(OMR : Optical Mark Reader) : 카드나 용지의 특정 장소에 연필이나 펜 등으로 표시한 것을 직접 광학적으로 판독하는 장치로, 시험 답안용, 설문지용으로 이용됨
- ③ 광학 문자 판독기(OCR : Optical Character Reader) : 문서의 문자를 광학적으로 판독하는 장치로, 공공요금 청구서 등에 이용됨
- ④ 바코드 판독기(BCR : Bar Code Reader) : 바코드를 판독하여 컴퓨터 내부로 입력하는 장치로 POS 시스템에 이용됨
- 키오스크(Kiosk) : 백화점, 쇼핑센터 등의 공공장소에 설치된 무인 자동화 정보 안내 시스템으로 터치스크린 방식을 이용함

14 ④

방화벽(Firewall) : 외부 네트워크에서 내부로 들어오는 패킷을 체크하여 인증된 패킷만 통과시키는 기능이므로 내부의 해킹은 막지 못함

15 ④

드림위버(Dreamweaver) : 홈페이지를 제작하기 위한 위지윅(WYSIWYG) 방식의 웹 에디터(Web Editor)용 프로그램

오답 피하기

멀티미디어 자료를 인터넷을 이용하여 실시간으로 주고 받을 수 있는 서비스를 스트리밍 서비스라고 하며 멀티미디어 자료 제작 프로그램으로는 스트림웍스, 비디오 라이브, 리얼 오디오 등이 있음

16 ②

구조화(Structured) : 실행할 명령들을 순서대로 적는 방식을 말하는 것으로 절차 지향 언어(NOOP : Non Object-Oriented Programming)의 특징임

오답 피하기

추상화(Abstraction), 상속성(Inheritance), 캡슐화(Encapsulation), 다형성(Polymorphism), 오버로딩(Overloading), 은닉(Concealment) 등의 특징을 가짐

17 ①

MPEG : 음성과 영상을 압축하여 실시간 재생이 가능한 동영상 표준 압축 기술임

오답 피하기

JPEG, GIF, PNG : 정지 화상 파일 형식임

18 ③

2진 정수 데이터(고정 소수점 연산)는 실수 데이터(부동 소수점 연산)보다 표현할 수 있는 범위가 작기 때문에 연산 속도가 빠름

19 ④

래스터 방식(Raster Method) : 전자빔을 주사하여 미세한 점으로 분해하는 방법으로 음극선관(CRT) 등에서 화상을 만들 때 사용함

오답 피하기

- 저항식 : 투명한 전극 사이에 압력을 가하여 터치를 감지하는 방식
- 정전식 : 몸의 정전기를 이용하여 터치를 감지하는 방식
- 광학식 : 빛을 이용하여 터치를 감지하는 방식

20 ③

레지스트리(Registry) : 시스템 구성 정보를 저장한 데이터베이스로, 운영체제 내에서 작동하는 모든 프로그램의 시스템 정보를 담고 있는 데이터베이스

과목 02 스프레드시트 일반

21 ②

근무시간의 합계를 구하려면 [셀 서식]-[표시 형식] 탭의 [사용자 지정]에서 [h]:mm을 입력

22 ①

시나리오 관리자에서 시나리오를 삭제하더라도 시나리오 요약 보고서의 해당 시나리오가 자동적으로 삭제되지 않음

23 ①

워크시트에 여러 개의 윗주가 있는 경우 임의의 윗주가 있는 셀에서 [윗주 필드 표시]를 설정하면 해당 윗주만 표시됨

24 ③

- =SUMPRODUCT({1,2,3},{4,5,6}) → 32
- 배열 또는 범위의 대응되는 값끼리 곱해서 그 합을 구하므로 그 결과는 1×4+2×5+3×6=32가 됨

오답 피하기

① =ROUNDDOWN(89.6369,2) → 89.63

ROUNDDOWN(수1, 수2) : 수1을 무조건 내림하여 수2만큼 반환하므로 =ROUNDDOWN(89.6369,2)는 89.63이 됨

② =SQRT(9)*(INT(−2)+POWER(2,2)) → 6

- SQRT(수) : 수의 양의 제곱근을 구하므로 SQRT(9)는 3이 됨
- INT(수) : 소수점 아래를 버리고 가장 가까운 정수로 내리므로 INT(−2)는 −2가 됨
- POWER(수1, 수2) : 수1을 수2만큼 거듭 제곱한 값을 구하므로 POWER(2,2)는 4가 됨
- 따라서 3*((−2)+4)이므로 결과는 6이 됨

④ =DAYS("2024−1−1", "2024−12−31") → −365

DAY(종료날짜, 시작날짜) : 두 날짜 사이의 일 수를 반환하므로 =DAYS("2024−1−1","2024−12−31")은 −365가 됨

25 ③

- .VerticalAlignment = xlCenter이므로 수직(세로) 정렬이 가운데로 정렬됨
- 수평(가로) 정렬을 가운데로 정렬하기 위해서는 .Horizontal Alignment = xlCenter로 해야 됨

오답 피하기

- ① : '.MergeCells = True' 부분
- ② : 'Italic = True'가 기울임꼴 부분
- ④ : '.Size = 14' 부분

26 ②

원형 차트는 쪼개진 원형으로 표시할 수 있음

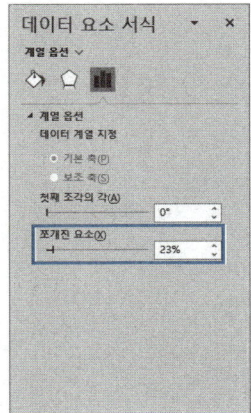

오답 피하기

- ① : 원형 대 꺾은선형은 지원되지 않음. 원형 대 원형, 원형 대 가로 막대형이 지원됨
- ③ : 원형 차트는 데이터 테이블을 표시할 수 없음
- ④ : 원형 차트는 축이 없음

27 ④

오답 피하기

① : #DIV/0!, ② : #REF!, ③ : #N/A에 대한 설명임

28 ③

=UPPER(LEFT(B2,SEARCH("@",B2)−1))

- UPPER(문자열) : 문자열을 모두 대문자로 변환함
- LEFT(문자열, 개수) : 문자열의 왼쪽에서 지정한 개수만큼 문자를 추출함
- SEARCH(찾을 텍스트, 문자열, 시작 위치) : 문자열에서 찾을 텍스트의 시작 위치를 반환함(시작 위치 생략 시 1로 간주함)
- 따라서 =SEARCH("@",B2)는 4가 되고 −1을 하여 LEFT(B2,3)의 결과인 sun를 UPPER에 의해서 대문자 SUN으로 변환함

	A	B	C
1	성명	전자우편	아이디(ID)
2	김선	sun@naver.com	SUN
3	이대한	daehan@youngjin.com	DAEHAN
4	한상공	sanggong@youngjin.com	SANGGONG

29 ①

사용자 지정 계산과 수식을 만들 수 없음

30 ③

표면형 : 두 데이터 집합 간의 최적 조합을 찾을 때 유용함

오답 피하기

- ① 분산형 : 데이터의 불규칙한 간격이나 묶음을 보여줄 때 사용
- ② 원형 : 전체에 대한 각 값의 기여도를 표시할 때 사용
- ④ 방사형 : 각 항목마다 가운데 요소에서 뻗어나온 값 축을 갖고, 선은 같은 계열의 모든 값을 연결할 때 사용

31 ④

- [매크로 기록] 대화상자에서 [매크로 보안] 설정 기능은 지원되지 않음
- [매크로 보안] : [개발 도구] 탭−[코드] 그룹−[매크로 보안]−[보안 센터]에서 설정함

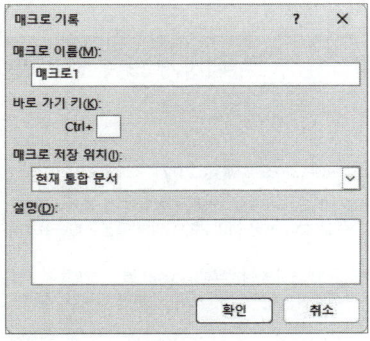

32 ②

- [C3] 셀에는 [A2]의 셀과 [D2] 셀의 값을 곱하여 표시했고 [A2]의 가중치 변화량([B4:B8])에 따른 결과값을 [C4:C8] 셀에 표시하기 위한 작업임
- 변화되는 값([B4:B8])이 열에 입력되어 있으므로 [열 입력 셀]에 입력해야 하고 입력값은 [C3] 셀에 입력한 수식의 참조 셀인 [$A$2]를 입력함
- [데이터 표]를 실행하면 '{=TABLE(입력 셀에 입력한 주소)}' 형식으로 표시되므로 {=TABLE(,A2)}처럼 표시됨

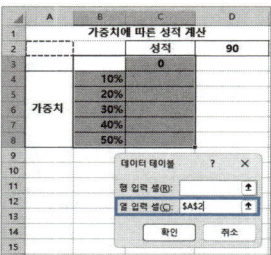

33 ②

하나의 시나리오에 최대 32개까지 변경 셀을 지정할 수 있음

34 ③

코드 보기와 시트 보호 작업을 실행할 수 있음

35 ③

'페이지 나누기 미리 보기'는 문서가 인쇄될 때 어디서 나눠지는지 표시하는 기능임

36 ②

세미콜론 세 개(;;;)를 연속하여 사용하면 입력 데이터가 셀에 나타나지 않음

37 ④

④ =2024-YEAR(VLOOKUP(B10,$A$2:$B$8,2,0))

- VLOOKUP(B10,$A$2:$B$8,2,0) → $A$2:$B$8 범위의 첫 열에서 [B10] 셀의 데이터인 '김지현'을 찾아 해당 행의 2번째 열의 값인 2004-11-01을 검색함
- YEAR 함수에 의해 연도만 결과로 나오므로 2004가 됨
- 근속년수 기준인 2024에서 2004을 차감하여 근무한 근속년수를 산출함

38 ④

- 순환 참조 : 수식에서 직접 또는 간접적으로 자체 셀을 참조하는 경우를 순환 참조라 함
- =SUM(B2:D2) : 합계가 산출될 [D2] 셀이 합계 범위에 포함되어 순환 참조 경고 메시지 창이 표시됨

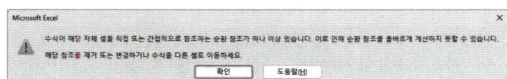

39 ③

수식을 입력한 후 결과값이 상수로 입력되게 하려면 수식을 입력한 후 바로 F9 를 누름

40 ③

피벗 차트의 기본 차트 종류는 세로 막대형 차트이며, 분산형, 주식형, 거품형 차트를 제외한 다른 차트로 변경 가능함

과목 03 데이터베이스 일반

41 ②

=IIf([txt매출수량]<500,"저조",IIf([txt매출수량]>=500,"보통","우수")) : 500 미만의 경우 "저조"로 표시가 되지만 500 이상이면 "보통"이 되므로 1000 이상의 경우에 해당하는 조건이 존재하지 않음

42 ③

문장 끝에는 세미콜론(;)을 붙여야 함

43 ①

같은 테이블에 기본키와 외래키가 함께 존재할 수 있음

44 ④

[사원] 테이블에서 상담부 또는 홍보부인 사원의 사원명, 나이, 급여를 검색한 후 나이를 기준으로 내림차순으로 정렬된 결과를 조회함

45 ①

[페이지 설정] 대화상자에서 머리글/바닥글은 설정할 수 없음

46 ②

오답 피하기

- ① 사각형 : 개체(Entity) 타입
- ③ 타원 : 속성(Attribute) 타입
- ④ 밑줄 타원 : 기본키 속성 타입
- 이중 사각형 : 의존 개체 타입

47 ①

L : 필수 요소로 A부터 Z까지의 영문자나 한글만 입력받도록 설정함

오답 피하기
- ② 9 : 선택 요소로 숫자나 공백을 입력함
- ③ 〉: 모든 문자를 대문자로 변환함
- ④ 〈 : 모든 문자를 소문자로 변환함

48 ①

- 정규화(Normalization) : 이상(Anomaly) 현상이 발생하지 않도록 하기 위한 것으로 관계형 데이터베이스를 설계할 때 데이터의 중복 최소화와 불일치를 방지하기 위해 릴레이션 스키마를 분해해 가는 과정
- 이상(Anomaly) 현상 : 관계형 데이터베이스의 릴레이션을 조작할 때 발생하는 현상으로 삽입 이상, 삭제 이상, 갱신 이상 등이 있음

49 ④

종목별 인원을 그룹 보고서로 표시했으므로 '종목명'으로 그룹화해야 하며 종목코드, 종목명, 학번으로 오름차순되어 있음

50 ②

일련번호 형식은 4바이트로 새 레코드를 만들 때 1부터 시작하는 정수가 자동 입력됨

51 ④

Outlook으로 내보내는 기능은 지원되지 않음

52 ①

새로운 레코드를 추가하기 위해서는 '추가 가능'을 예로 설정함

53 ①

모달 폼 : 현재 모달 폼을 닫기 전까지 다른 창을 사용할 수 없음

54 ④

유효성 검사 규칙 : 해당 필드에 입력할 내용의 규칙을 지정하는 옵션으로, 만일 유효성 검사에 맞지 않게 내용을 입력하면 유효성 검사 텍스트에 입력한 내용이 출력됨

55 ②

레이블 마법사 : 우편물 레이블 마법사로 표준 레이블 또는 사용자 지정 레이블을 만듦

56 ③

데이터의 독립성의 특징을 가지고 있으며, 관리 비용이 많이 들고 시스템에 문제가 발생하면 복구가 어려움

57 ④

목록 상자 : 목록 상자는 목록을 항상 표시하고, 목록에 있는 값만 입력할 경우 유용함

오답 피하기
- ① 텍스트 상자 : 레코드 원본의 데이터를 표시, 입력 또는 편집하거나, 계산 결과를 표시하거나, 사용자의 입력 내용을 적용할 때 사용하는 컨트롤
- ② 레이블 : 제목이나 캡션, 간단한 지시 등의 설명 텍스트를 표시하는 컨트롤로 필드나 식의 값을 표시할 수 없음
- ③ 콤보 상자 : 바운드된 콤보 상자에서 값을 선택하거나 문자열을 입력하면, 해당 값이 콤보 상자가 바운드된 필드에 삽입됨

58 ④

오답 피하기
- 요구 조건 분석 단계 : 데이터베이스 사용자의 요구 사항 및 조건 등을 조사하여 요구 사항을 분석하는 단계
- 개념적 설계 단계 : 현실 세계에 대한 추상적인 개념(정보 모델링)으로 표현하는 단계
- 논리적 설계 단계 : 개념 세계를 데이터 모델링을 거쳐 논리적으로 표현하는 단계

59 ②

오답 피하기
- 하위 폼은 데이터시트로 표시하거나 단일 폼 또는 연속 폼으로 표시할 수 있음
- 여러 개의 연결 필드를 지정하려면 세미콜론(;)으로 필드명을 구분하여 입력함

60 ①

인덱스(Index) : 색인으로 키 값을 기초로 하여 테이블에서 검색 및 정렬 속도를 향상시키는 기능

2024년 상시 기출문제 05회　　2-134P

01 ④	02 ③	03 ②	04 ①	05 ④
06 ②	07 ②	08 ④	09 ③	10 ②
11 ①	12 ④	13 ③	14 ③	15 ①
16 ③	17 ③	18 ②	19 ④	20 ①
21 ②	22 ③	23 ②	24 ③	25 ②
26 ④	27 ③	28 ②	29 ③	30 ④
31 ③	32 ②	33 ①	34 ②	35 ④
36 ③	37 ②	38 ②	39 ④	40 ②
41 ④	42 ③	43 ②	44 ①	45 ②
46 ③	47 ②	48 ①	49 ②	50 ①
51 ③	52 ④	53 ③	54 ②	55 ③
56 ②	57 ①	58 ①	59 ④	60 ②

과목 01 컴퓨터 일반

01 ④

MOD(Music On Demand) : 초고속 무선 인터넷의 발달로 다운로드 없이 스트리밍 방식으로 음악 파일이나 음원을 주문하여 실시간으로 들을 수 있는 주문형 음악 서비스

오답 피하기

- VOD(Video On Demend) : 주문형 비디오로 각종 영상 정보(뉴스, 드라마, 영화, 게임 등)를 데이터베이스로 구축하여 사용자의 요구에 따라 프로그램을 즉시 전송하여 가정에서 원하는 정보를 이용하는 서비스
- VDT(Video Display Terminal) : 컴퓨터 영상 표시 장치로 Visual Display Terminal이라고도 함
- PDA(Personal Digital Assistant) : 전자수첩, 이동 통신, 컴퓨터 등의 기능이 있으며 휴대가 가능한 개인용 정보 단말기

02 ③

CPU는 직렬 처리 방식이고, GPU는 수천 개의 코어가 동시에 작업하는 병렬 처리 방식임

03 ②

포털 사이트(Portal Site) : 인터넷 이용 시 반드시 거쳐야 한다는 의미의 '관문 사이트'로 한 사이트에서 '정보 검색, 전자우편, 쇼핑, 채팅, 게시판' 등의 다양한 인터넷 서비스를 제공하는 사이트

오답 피하기

미러 사이트(Mirror Site) : 같은 내용을 여러 사이트에 복사하여 사용자를 분산되게 하고, 더 빨리 자료를 찾을 수 있도록 하는 사이트

04 ①

게이트웨이(Gateway) : 네트워크에서 다른 네트워크로 들어가는 관문의 기능을 수행하는 지점을 의미하며, 서로 다른 프로토콜을 사용하는 네트워크를 연결할 때 사용하는 장치

오답 피하기

② : 리피터(Repeater), ③ : 라우터(Router), ④ : DNS(Domain Name System)에 대한 설명임

05 ④

■+X : 빠른 링크 메뉴 열기

오답 피하기

■+U : 접근성 센터 열기

06 ②

누산기(AC) : 연산 장치의 핵심적 레지스터로, 중간 계산된 결과값을 일시적으로 기억

오답 피하기

- 주소 레지스터(MAR) : 주소를 기억하는 레지스터
- 명령어 레지스터(IR) : 현재 수행 중인 명령어를 보관
- 프로그램 카운터(PC) : 다음에 수행할 명령어의 메모리 번지를 보관

07 ②

비트맵(Bitmap) : 고해상도를 표현하는 데 적합하지만, 파일 크기가 커지고 확대 시 계단 현상이 발생하는 단점이 있음

08 ④

④ : 공개키 암호화 기법의 특징

09 ③

MPEG(Moving Picture Experts Group)

- 동화상 전문가 그룹에서 제정한 동영상 압축 기술에 관한 국제 표준 규격
- 동영상뿐만 아니라 오디오 데이터도 압축할 수 있음

오답 피하기

DVI(Digital Video Interactive) : Intel사가 개발한 동영상 압축 기술(최대 144:1 정도)로 많은 양의 영상과 음향 데이터를 압축하여 CD-ROM에 기록할 정도로 용량이 작고, 음질이 뛰어남

10 ②

제어 기능 : 컴퓨터의 각각의 모든 장치들에 대한 지시 또는 감독 기능을 수행하는 기능

오답 피하기

① : 입력 기능, ③ : 저장 기능, ④ : 연산 기능에 대한 설명임

11 ①

프린터 공유는 사용자가 직접 설정해야 함

12 ④

프레임 너비(Pixel) : 프레임은 비디오 데이터에서 1초의 영상을 구성하는 한 장면으로, 프레임 너비는 사운드 파일의 크기를 결정하는 요소에 해당하지 않음

오답 피하기

- 표본 추출률(Hz) : 소리가 기록되는 동안에 초당 음이 측정되는 횟수
- 샘플 크기(Bit) : 채취된 샘플을 몇 비트 크기의 수치로 나타낼 것인지를 표시(8, 16비트가 많이 사용)
- 재생 방식(Mono, Stereo) : 모노(Mono)는 양쪽 스피커에 좌우 구분 없이 같은 소리가 나오므로 1로 계산하며 스테레오(Stereo)는 좌우 구분이 되면서 다른 소리가 나오므로 2로 계산함
- 사운드 파일의 크기 산출 공식 : 표본 추출률(Hz) × 샘플 크기(Bit) ÷ 8 × 재생 방식 × 지속 시간(S)

13 ③

증강현실(Augmented Reality) : 사람이 눈으로 볼 수 있는 실세계와 관련한 3차원의 부가 정보를 제공받을 수 있는 기술

오답 피하기

- 가상 장치 인터페이스(Virtual Device Interface) : 가상 장치를 이용한 인터페이스 기술
- 가상 현실 모델 언어(Virtual Reality Modeling Language) : 3차원 도형 데이터의 기술 언어로, 3차원 좌표값이나 기하학적 데이터 등을 기술한 문서(Text) 파일의 서식(Format)이 정해져 있음
- 주문형 비디오(Video On Demand) : 각종 영상 정보(뉴스, 드라마, 영화, 게임 등)를 데이터베이스로 구축하여 사용자의 요구에 따라 프로그램을 즉시 전송하여 가정에서 원하는 정보를 이용

14 ③

서버에 저장된 프로그램은 반드시 다운로드 후 실행해야 함

15 ①

소프트웨어뿐만 아니라 하드웨어의 성능에도 영향을 미칠 수 있음

16 ③

연결된 항목의 디스크 할당 크기가 아닌 바로 가기 아이콘에 할당된 디스크 크기를 확인할 수 있음

17 ③

패치(Patch) 프로그램 : 이미 제작되어 배포된 프로그램의 오류 수정이나 성능 향상을 위하여 프로그램의 일부를 변경해 주는 프로그램

오답 피하기

- ① : 상용 소프트웨어(Commercial Software)
- ② : 데모 버전(Demo Version)
- ④ : 베타 버전(Beta Version)

18 ②

IP(Internet Protocol) : OSI 7계층 중 네트워크 계층에 해당하며 패킷 주소를 해석하고 경로를 결정하여 다음 호스트로 전송함

오답 피하기

①, ③, ④ : TCP(Transmission Control Protocol)에 해당함

19 ④

XML은 확장성 생성 언어라는 뜻으로, 기존 HTML의 단점을 보완하여 웹에서 구조화된 폭넓고 다양한 문서들을 상호 교환할 수 있도록 설계한 언어

20 ③

테더링(Tethering) : 인터넷이 가능한 스마트기기의 통신 중계기 역할로 PC의 인터넷 접속을 가능하게 하고 모바일 데이터 연결을 공유함

오답 피하기

- 와이파이(WiFi) : 일정 영역의 공간에서 무선 인터넷의 사용이 가능한 근거리 무선 통신 기술
- 블루투스(Bluetooth) : 무선 기기 간 정보 전송을 목적으로 하는 근거리 무선 접속 프로토콜
- 와이브로(WiBro) : 무선과 광대역 인터넷이 통합된 것으로 휴대폰 단말기로 정지 및 이동 중에 인터넷에 접속이 가능함

과목 02 스프레드시트 일반

21 ②

절대 참조로 기록된 셀의 위치는 위치가 고정됨

22 ③

일정 범위 내에 동일한 데이터를 한 번에 입력하려면 범위를 지정하여 데이터를 입력한 후 바로 이어서 [Ctrl]+[Enter]를 누름

오답 피하기

[Shift]+[Enter] : 윗 행으로 이동

23 ③

- Sub~End Sub 프로시저 : 특정한 기능을 수행하는 명령문들의 집합
- Worksheets("Sales")는 지정한 워크시트명이며 Cells(6,1)은 6행 1열이므로 [A6] 셀을 의미함
- Value는 지정한 셀의 값으로 =에 의해 "korea"가 입력됨

24 ③

사용 중인 셀 스타일을 수정한 경우 해당 셀에는 셀 스타일을 다시 적용하지 않아도 자동으로 수정한 서식이 반영됨

25 ④

ClearContents : 내용만 삭제함

오답 피하기

- Delete : 서식과 내용 모두 삭제
- Clear : 서식과 내용 모두 삭제
- ClearFormats : 서식만 삭제

26 ④

채우기 : 선택된 영역의 각 셀에 입력된 내용을 너비에 맞게 반복하여 표시함

27 ③

[페이지 설정] 대화상자에서 '일련번호로 출력' 기능은 지원되지 않음

28 ④

- 고급 필터는 자동 필터와는 달리 필터링한 결과를 원하는 위치에 별도의 표로 생성 가능함
- 고급 필터의 복사 위치는 결과 옵션을 '다른 장소에 복사'로 선택했을 경우에 필요하며 현재 시트에만 복사할 수 있음

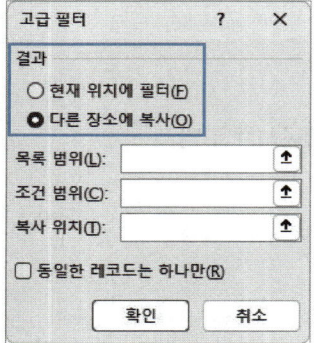

오답 피하기

- ① : 데이터의 종류가 혼합되어 있는 경우 많은 종류의 데이터 필터가 표시됨
- ② : 조건의 첫 셀은 반드시 다른 필드명을 입력하거나 공백을 이용하여 생략해도 됨
- ③ : 여러 필드에 조건을 설정한 경우 필드 간은 AND 조건으로 처리되어 결과가 표시됨

29 ③

열 구분선을 옮기려면 선을 마우스로 클릭한 상태에서 드래그로 끌어야 함

30 ④

OFFSET 함수

- 셀 또는 셀 범위에서 지정한 행 수와 열 수인 범위에 대한 참조를 구함
- 표시되는 참조는 단일 셀이거나 셀 범위일 수 있음
- 표시할 행수와 열 수를 지정할 수 있음
- 구할 셀 높이와 구할 셀 너비가 2 이상 설정될 경우 배열 수식(Ctrl + Shift + Enter)으로 입력해야 함

형식	=OFFSET(기준 셀 범위, 행 수, 열 수, 구할 셀 높이, 구할 셀 너비)
기능	• 행 수는 양수로 입력하면 아래 방향을, 음수로 입력하면 위 방향을 가르킴 • 열 수는 양수로 입력하면 오른쪽 방향을, 음수로 입력하면 왼쪽 방향을 가리킴 • 구할 셀 높이와 구할 셀 너비는 생략 가능함
사용 예	=OFFSET(B3, −1, 2)
의미	[B3] 셀을 기준으로 행이 −1이므로 바로 윗 행, 열이 2이므로 오른쪽으로 D열, 즉 [D2] 셀의 값을 결과로 나타냄

	A	B	C	D	E
1	학번	학과	학년	성명	주소
2		−1	1	2	
3		영문과			
4					
5					
6					

31 ③

한 워크시트에서 또는 다른 워크시트에서 셀을 직접 선택하여 수식에 셀 참조를 입력할 수 있으며, 셀을 선택하면 절대 셀 참조가 삽입됨

32 ②

오답 피하기

- 선버스트 : 계층적 데이터를 표시하는 데 적합하며, 계층 구조 내에 빈 셀이 있는 경우 그릴 수 있음
- 트리맵 : 색과 근접성을 기준으로 범주를 표시하며 다른 차트 유형으로 표시하기 어려운 많은 양의 데이터를 쉽게 표시할 수 있음
- 상자 수염 : 데이터 분포를 사분위수로 나타내며 평균 및 이상값을 강조하여 표시함

33 ④

원본 및 대상 영역이 동일한 시트에 있는 경우에는 연결을 만들 수 없음

34 ②

[A1] 셀의 5와 [C1] 셀의 1의 간격이 4이므로 채우기 핸들을 드래그하면 4씩 감소되어 [F1] 셀에는 -7이 표시됨

	A	B	C	D	E	F	G
1	5		1		-3		-7
2							

35 ④

중첩 부분합은 먼저 실행한 결과가 아래에 표시되므로 매출의 '최대'를 구한 다음 '새로운 값으로 대치'를 해제하고 '최소'를 구한 결과임

36 ③

잘라내기 명령을 실행한 다음에는 [선택하여 붙여넣기] 명령을 사용할 수 없음

37 ②

=AVERAGE((A2:A4="1학년")*(C2:C4)) → 43.3333("1학년"에 해당하는 헤어 점수인 80과 50의 평균을 구하려는 의도였으나 [C2:C4]까지의 인수가 3이 되어 (80+0+50)/3의 결과가 됨)

오답 피하기

- ① =AVERAGE(IF(A2:A4="1학년",C2:C4)) : AVERAGE(평균)와 IF(조건)를 이용한 배열 수식으로 "1학년"인 경우의 헤어 점수의 평균을 구함 → 65
- ③ =AVERAGEIF(A2:A4,"1학년",C2:C4) : 조건에 해당하는 "1학년"의 헤어 점수의 평균을 산출함 → 65
- ④ =AVERAGEIFS(C2:C4,A2:A4,"1학년") : 헤어의 평균을 "1학년"에 해당하는 경우 산출함 → 65

38 ②

배열 선언 시 처음에 Option Base를 "1"로 설정한 경우 배열의 첨자가 1부터 시작하므로 첫 번째 요소는 No(1, 1, 1)이 됨

오답 피하기

- ① : 배열은 3차원 배열이고, 요소는 모두 24개이다. → No(3, 4, 2), 3×4×2=24
- ③ : 배열 요소의 데이터 형식은 모두 Integer이다. → As Integer
- ④ : 배열은 4행 2열의 테이블이 3면으로 되어 있다. → No(3면, 4행, 2열)

39 ④

- =DSUM(데이터베이스, 필드, 조건 범위) : 조건을 만족하는 필드의 합계를 구함
- 데이터베이스 → [A1:D7], 필드 → 4(2/4분기), 조건 범위 → [B1:B2] (부서가 영업 1부)이므로 부서가 영업1부인 2/4분기 합을 구하므로 결과는 55가 됨

40 ②

Ctrl + Enter : 여러 셀에 동일한 내용을 입력할 때 사용함

과목 03 데이터베이스 일반

41 ④

외래키(Foreign Key)가 다른 참조 테이블의 기본키(PK)일 때 그 속성 키를 외래키(FK)라고 하며 하나의 테이블에는 여러 개의 외래키가 존재할 수 있음

42 ③

도메인(Domain) : 하나의 애트리뷰트(Attribute)가 취할 수 있는 같은 타입의 원자값들의 집합

오답 피하기

테이블(Table) : 데이터를 저장, 관리하는 공간으로, 테이블은 필드(항목)로 구성된 레코드의 집합

43 ③

order by절 : 특정한 필드를 기준으로 오름차순, 내림차순 정렬을 수행하여 표시

오답 피하기

- having절 : group by절을 이용하는 경우의 특정한 조건 지정
- group by절 : 그룹으로 묶어서 검색
- where절 : 조건 지정

44 ①

레이블 컨트롤과 이미지 컨트롤은 탭 순서에서 제외됨

45 ④

④는 데이터 제어어(DCL)에 대한 설명임

46 ③

DELETE 명령을 이용하여 조건에 맞는 레코드를 삭제할 수 있음

오답 피하기

DROP : 테이블, 인덱스, 뷰, 프로시저 등을 삭제

47 ③

분할 표시 폼은 폼 보기와 데이터시트 보기를 동시에 표시하며 상호 동기화되어 있음

48 ①

그룹 머리글 영역에 "대리점명 : 서울지점", "대리점명 : 충북지점"으로, 그룹 바닥글 영역에 "서울지점 소계"와 "충북지점 소계"가 집계되어 있으므로 대리점명을 기준으로 그룹화되어 있음을 알 수 있음

오답 피하기
- ② : '모델명' 필드에는 '중복 내용 숨기기' 속성을 '예'로 설정하였다. → 모델명 PC4203, PC4204, PC3102, PC4202가 하나씩 나타나 있음
- ③ : 지점별 소계가 표시된 텍스트 상자는 그룹 바닥글에 삽입하였다. → "서울 지점 소계"와 "충북지점 소계" 그룹 바닥글에 텍스트 상자로 나타나 있음
- ④ : 순번은 컨트롤 원본을 '=1'로 입력한 후 '누적 합계' 속성을 '그룹'으로 설정하였다. → 대리점별로 서울지점은 순번이 1, 2, 3, 충북지점은 순번이 1, 2, 3, 4처럼 표시됨

49 ③

- [Page] : 현재 페이지 번호
- [Pages] : 전체 페이지 수
- 'pages' : pages 문자열
- & : 연결자
- =[page] & 'pages' → 12pages

50 ①

- update 테이블명 set 열이름1=값1, 열이름2=값2, … where 조건 : 갱신문으로 테이블에 저장되어 있는 데이터를 갱신함
- update 회원 set 등급 = '정회원' where 가입일 <= #2024-6-3# and 등급 = '준회원'
- <= #2024-6-3# : 2024년 6월 3일 이전을 의미, 날짜는 앞뒤에 #를 붙임
- and : 가입일 조건과 등급이 '준회원'인 조건이 모두 만족하는 경우

51 ③

매크로 이름을 'AutoExec'로 지정하면 테이블을 열 때가 아니라 데이터베이스 파일을 열 때 매크로를 자동으로 실행해 줌

52 ④

STUDENT 테이블에서 DEPT가 컴퓨터이고 YEAR이 4인 레코드 중 SNO와 SNAME 필드를 표시함

53 ③

편집 가능은 폼 보기에서 레코드의 편집 여부를 설정하는 속성임

54 ②

하위 폼이 '일 대 다' 관계가 설정되어 있을 때 기본 폼은 '일'쪽의 테이블을 원본으로 하고, 하위 폼은 '다'쪽의 테이블을 원본으로 함

55 ③

참조 무결성
- 참조하고 참조되는 테이블 간의 참조 관계에 아무런 문제가 없는 상태를 의미함
- 외래키 값은 널(Null)이거나 참조 테이블에 있는 기본키 값과 동일해야 함
- ③ : <구매리스트> 테이블의 '고객번호' 필드는 외래키로 필드 값이 <고객> 테이블의 '고객번호' 필드에 없는 경우 참조 무결성이 항상 유지되도록 설정할 수 없음

56 ②

오답 피하기
- 기본 보기 : 폼 보기의 기본 보기 형식을 설정함
- 레코드 원본 : 폼에 연결할 데이터의 테이블 이름이나 쿼리를 입력하여 설정함
- 레코드 잠금 : 동시에 같은 레코드를 편집하려고 할 때 레코드 잠그는 방법을 설정함

57 ①

- DoCmd 개체 : 액세스의 매크로 함수를 Visual Basic에서 실행하기 위한 개체로 메서드를 이용하여 매크로를 실행함
- OpenQuery : 선택 쿼리를 여러 보기 형식으로 열기를 실행함

58 ①

연결된 테이블의 내용을 변경하면 그 원본 내용도 함께 변경되며, 연결된 테이블을 삭제하면 Access 테이블을 여는 데 사용하는 정보만 삭제하므로 원본 테이블은 삭제되지 않음

59 ④

- Form_Load() : 폼을 로드함
- SetFocus : 지정한 컨트롤에 커서(포커스)를 자동적으로 위치 시킴

60 ②

유효성 검사 규칙 : 필드에 입력할 값을 제한하는 규칙

2023년 상시 기출문제 01회

01 ②	02 ①	03 ②	04 ③	05 ①
06 ③	07 ④	08 ②	09 ②	10 ④
11 ②	12 ②	13 ④	14 ①	15 ①
16 ②	17 ②	18 ④	19 ②	20 ④
21 ③	22 ④	23 ④	24 ③	25 ①
26 ④	27 ④	28 ③	29 ④	30 ①
31 ②	32 ②	33 ①	34 ③	35 ①
36 ②	37 ③	38 ①	39 ④	40 ①
41 ④	42 ③	43 ①	44 ①	45 ③
46 ④	47 ④	48 ①	49 ④	50 ①
51 ④	52 ②	53 ②	54 ③	55 ①
56 ①	57 ①	58 ③	59 ②	60 ②

과목 01 컴퓨터 일반

01 ②

오답 피하기
- 명령 레지스터(Instruction Register) : 현재 수행 중인 명령어의 내용을 기억하는 레지스터
- 부호기(Encoder) : 명령 레지스터에 있는 명령어를 암호화하는 회로
- 명령 해독기(Instruction Decoder) : 명령 레지스터에 있는 명령어를 해독하는 회로

02 ①

- 멀티프로세싱(Multiprocessing) : 하나의 컴퓨터에 여러 개의 CPU를 설치하여 프로그램을 처리하는 방식
- 멀티프로그래밍(Multiprogramming) : 1대의 CPU로 여러 개의 프로그램을 동시에 처리하는 것으로 시간별로 대기하여 처리하는 시분할 방식
- 가상 기억 장치(Virtual Memory) : 보조 기억 장치를 주기억 장치로 사용하는 기술로 페이지 테이블을 이용하여 처리함
- 파일 압축(File Compression) : 파일을 압축하는 프로그램은 유틸리티 프로그램
- 응답 시간(Response Time) : 명령을 내린 후 처리할 때 걸리는 시간으로 시스템의 성능을 측정할 때 사용함

03 ②

색인(Index) : 파일 검색 시 속도를 향상시키는 기능

04 ③

SSD(Solid State Drive) : 반도체를 이용하여 정보를 저장하는 장치이며 기존의 하드디스크 드라이브에 비하여 속도가 빠르고 기계적 지연이나 실패율, 발열이나 소음도 적어, 소형화 · 경량화할 수 있는 장점이 있는 저장 장치

오답 피하기
- HDD(Hard Disk Drive) : 디스크 표면을 전자기적으로 변화시켜 대량의 데이터를 저장하고 비교적 빠르게 접근할 수 있는 보조 기억 매체로, 일련의 '디스크'들이 레코드판처럼 겹쳐 있음
- DVD(Digital Versatile Disk) : 광디스크의 일종으로 기존의 다른 매체와는 달리 4.7GB의 기본 용량(최대 17GB)을 가짐
- CD-RW(Compact Disc Rewritable) : 여러 번에 걸쳐 기록과 삭제를 할 수 있는 CD

05 ①

바이오스(BIOS : Basic Input Output System)
- 전원을 켜면 제일 먼저 컴퓨터 제어를 맡아 기본적인 기능을 처리하는 프로그램으로, 롬 바이오스(ROM BIOS)라고도 함
- 컴퓨터의 기본 입출력 시스템이며 부팅(Booting)과 운영에 대한 기본적인 정보가 들어 있음
- BIOS는 EPROM이나 플래시 메모리 등에 저장되어 있음

06 ③

스풀 기능을 설정하면 인쇄 속도가 스풀 설정 이전보다 느려짐

07 ④

비트맵(Bitmap) 방식
- 이미지를 점(Pixel, 화소)의 집합으로 표현하는 방식(래스터(Raster) 이미지라고도 함)
- 고해상도를 표현하는 데 적합하지만 파일 크기가 커지고, 이미지를 확대하면 테두리가 거칠어지는 계단 현상이 발생함

오답 피하기
이미지를 확대해도 거칠어지지 않는 방식은 벡터(Vecter) 방식임

08 ②

문자를 표현하는 최소 기본 단위는 바이트임

오답 피하기
워드는 컴퓨터 내부의 명령 처리 단위로 한 번에 처리할 수 있는 데이터의 양을 가리킴

09 ②

오답 피하기
①은 데모 버전, ③은 베타 버전, ④는 패치 프로그램에 대한 설명임

10 ④

오답 피하기
①은 가로막기, ②는 가로채기, ③은 수정에 대한 설명임

11 ②

리스트 처리용 언어 및 인공지능 분야에서 널리 사용되고 있는 것은 LISP, SNOBOL 등이 있음

12 ②

Wibro : 언제, 어디서나, 이동 중에 초고속 인터넷을 이용할 수 있는 무선 휴대 인터넷 서비스

13 ④

아날로그 컴퓨터의 주요 구성 회로는 증폭 회로이며 연속적인 물리량(전류, 온도, 속도 등)을 데이터로 사용함

14 ①

IPv6의 경우 128비트를 16비트씩 8개의 영역으로 구성되어 있으며, 각 부분은 콜론(:)으로 구분함

오답 피하기

IPv4 : 32비트를 8비트씩 4부분으로 나누어 각 부분을 점(.)으로 구분

15 ③

증강현실(Augmented Reality) : 사람이 눈으로 볼 수 있는 실세계와 관련된 3차원의 부가 정보를 받을 수 있는 기술

오답 피하기

- 가상 장치 인터페이스(Virtual Device Interface) : 가상의 장치와 상호 연결의 인터페이스 기능을 지원함
- 가상 현실 모델 언어(Virtual Reality Modelling Language) : 웹상에서 3차원 가상 현실을 구현하기 위한 모델링 언어
- 주문형 비디오(Video On Demand) : 가입자의 주문에 의해 서비스되는 맞춤 영상 정보 서비스

16 ②

전송 계층(Transport Layer) : 4계층
- 종단 간 투명하고 신뢰성 있는 데이터의 전송을 제공함
- 상하위 계층 간의 중간 인터페이스 역할을 제공함
- 데이터 전송에 대한 오류 검출, 오류 복구, 흐름 제어 등의 기능을 수행함

17 ②

ASCII 코드 : Zone은 3비트, Digit는 4비트로 구성, 7비트로 128가지의 표현이 가능, 일반 PC용 컴퓨터 및 데이터 통신용 코드

오답 피하기

- BCD 코드 : Zone은 2비트, Digit는 4비트로 구성, 6비트로 64가지의 문자 표현이 가능
- EBCDIC 코드 : Zone은 4비트, Digit는 4비트로 구성, 8비트로 256가지의 표현이 가능
- UNI 코드 : 세계 각국의 다양한 현대 언어로 작성된 텍스트를 상호 교환, 처리, 표현하기 위한 코드로 16비트(2바이트) 체계로 이루어져 있음

18 ④

ARP(Address Resolution Protocol : 주소 결정 규약) : 네트워크에 접속된 컴퓨터의 인터넷 주소(IP 주소)와 이더넷 주소를 대응시키는 프로토콜로 IP 주소를 물리 주소로 변환시킴

오답 피하기

- TCP : 메시지를 송수신의 주소와 정보로 묶어 패킷 단위로 나눔. 전송 데이터의 흐름을 제어하고 데이터의 에러 유무를 검사
- UDP(User Datagram Protocol, 사용자 데이터그램 프로토콜) : IP를 사용하는 네트워크상에서 데이터 그램(데이터 전송 단위) 전송을 위한 프로토콜
- IP : 패킷 주소를 해석하고 경로를 결정하여 다음 호스트로 전송

19 ②

스풀(SPOOL) : 병행 처리 기법으로, 인쇄할 내용을 프린터로 바로 전송하지 않고 하드디스크와 같은 보조 기억 장치에 일시적으로 저장하였다가 CPU의 여유 시간을 이용하여 데이터를 프린터로 전송하여 인쇄하는 방식이며, 네트워크 프린터를 기본 프린터로 설정하는 작업과는 무관함

20 ④

SRAM과 DRAM의 비교

구분	SRAM	DRAM
① 소비 전력	높음	낮음
② 속도	빠름	느림
③ 가격	고가	저가
④ 재충전 여부	불필요	필요

과목 02 스프레드시트 일반

21 ③

자동 크기 : [메모 서식]의 [맞춤] 탭에서 '자동 크기'를 설정함

22 ④

[보기] 탭의 [표시] 그룹에서는 눈금자, 수식 입력 줄, 눈금선, 머리글 등의 표시 설정만 지원됨

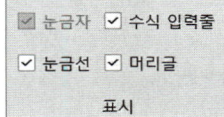

23 ④

[시트] 탭에서 '눈금선'과 '행/열 머리글'을 선택하고 인쇄하면 셀 구분선과 행/열 머리글이 인쇄됨

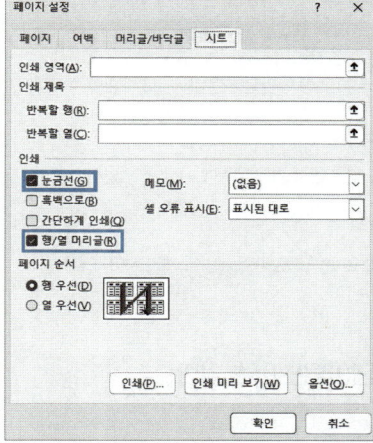

24 ③

- [페이지 설정]-[머리글/바닥글] 탭-[머리글 편집]에서 설정함
- &[페이지 번호] : 현재 페이지 번호를 자동으로 삽입함
- -&[페이지 번호] Page- 의 결과는 "-1 Page-"처럼 표시됨

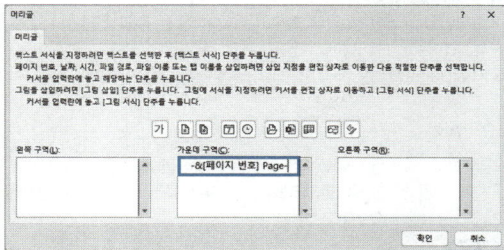

25 ③

- Worksheets.Add : 워크시트 추가
- 첫 번째 시트 뒤에 새로운 시트를 추가하는 경우이므로 After가 사용됨

26 ④

- D 함수의 형식 : =DMAX(데이터베이스, 필드, 조건 범위)
- =DMAX(A1:C6,2,E1:E2) : 조건 범위 [E1:E2]에 의해 체중이 70 이상(>=70)인 경우에 해당하는 키(필드가 2이므로 2번째 열) 중 최 댓값(DMAX)이므로 180이 됨

27 ④

정렬 경고 대화상자는 표 범위에서 하나의 열만 범위로 선택한 경우에 발생함

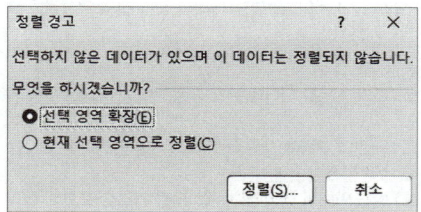

28 ③

배열 수식은 전체가 하나의 수식이 되기 때문에 전체 배열 수식을 이동하거나 삭제할 수는 있으나, 배열 수식의 일부만을 이동하거나 삭제할 수는 없음

29 ④

셀 삭제의 바로 가기 키 : [Ctrl]+[-]

오답 피하기

[Ctrl]+[+] : 셀 삽입

30 ①

- FV 함수 : Future Value, 즉 미래 가치를 구하는 함수로 일정 금액을 정기적으로 불입하고 일정한 이율을 적용하는 투자의 미래 가치를 계산함
- =FV(연이율/12, 투자기간(년)*12, 불입액, 현재가치, 납입 시점 유형) → =FV(4.5%/12,2*12,-400000)
- 불입액은 만기 금액이 양수로 나오게 하기 위해 -400000로 하며 현재가치는 0이므로 생략하고 납입 시점 유형도 매월 말은 0이므로 생략함

31 ②

창 정렬 : 여러 개의 통합 문서를 배열하여 비교하면서 작업할 수 있는 기능

오답 피하기

- 창 나누기 : 워크시트의 내용이 많아 하나의 화면으로는 모두 표시하기가 어려워 불편할 때 멀리 떨어져 있는 데이터를 한 화면에 표시할 수 있도록 분할하는 기능
- 틀 고정 : 데이터 양이 많은 경우, 특정한 범위의 열 또는 행을 고정시켜 셀 포인터의 이동과 상관없이 화면에 항상 표시할 수 있도록 하는 기능
- 페이지 나누기 : 워크시트를 인쇄할 수 있도록 페이지 단위로 나누어 구분하는 기능

32 ②

분산형 차트 : 데이터의 불규칙한 간격이나 묶음을 보여주는 것으로 주로 과학, 공학용 데이터 분석에 사용하며, 3차원 차트로 작성할 수 없음. 데이터 요소 간의 차이점보다는 데이터 집합 간의 유사점을 표시하려는 경우에 사용됨

오답 피하기

- 주식형 차트 : 주가 변동을 나타내는 데 사용(과학 데이터도 사용 가능함)
- 영역형 차트 : 시간의 흐름에 대한 변동의 크기를 강조하여 표시함. 합계 값을 추세와 함께 분석할 때 사용함
- 방사형 차트 : 여러 열이나 행에 있는 데이터를 차트로 표시. 여러 데이터 계열의 집계 값을 비교함

33 ①

#NULL! : 교점 연산자(공백)를 사용했을 때 교차 지점을 찾지 못한 경우

34 ③

③ =SUM(LARGE(B3:D3, 2), SMALL(B3:D3, 2)) → 174

- LARGE(B3:D3, 2) → 87 (B3:D3 범위에서 2번째로 큰 수를 구함)
- SMALL(B3:D3, 2) → 87 (B3:D3 범위에서 2번째로 작은 수를 구함)
- SUM(87,87) → 174 (인수로 지정한 숫자의 합계를 구함)

오답 피하기

① =SUM(COUNTA(B2:D4), MAXA(B2:D4)) → 109

- COUNTA(B2:D4) → 9 (B2:D4 범위에서 공백이 아닌 인수의 개수를 구함)
- MAXA(B2:D4) → 100 (B2:D4 범위의 인수 중에서 최대값을 구함)
- SUM(9,100) → 109 (인수로 지정한 숫자의 합계를 구함)

② =AVERAGE(SMALL(C2:C4, 2), LARGE(C2:C4, 2)) → 87

- SMALL(C2:C4, 2) → 87 (C2:C4 범위에서 2번째로 작은 수를 구함)
- LARGE(C2:C4, 2) → 87 (C2:C4 범위에서 2번째로 큰 수를 구함)
- AVERAGE(87,87) → 87 (인수로 지정한 숫자의 평균을 구함)

④ =SUM(COUNTA(B2,D4), MINA(B2,D4)) → 85

- COUNTA(B2,D4) → 2 (B2와 D4, 2개의 인수 개수를 구함)
- MINA(B2,D4) → 83 (B2셀의 값 83, D4셀의 값 100에서 작은 값을 구함)
- SUM(2,83) → 85

35 ④

그룹 상태에서는 여러 개의 시트에 정렬 및 필터 기능을 수행할 수 없음

36 ②

데이터 표

- 워크시트에서 특정 데이터를 변화시켜 수식의 결과가 어떻게 변하는지 보여주는 셀 범위를 데이터 표라고 함
- 데이터 표 기능을 통해 입력된 셀 일부분만 수정하거나 삭제할 수 없음

37 ③

텍스트, 텍스트/숫자 조합은 셀에 입력하는 처음 몇 자가 해당 열의 기존 내용과 일치하면 자동으로 입력되지만, 날짜, 시간 데이터는 자동으로 입력되지 않음

38 ③

외부 액세스 데이터베이스에서 만들어진 데이터도 호환할 수 있음

39 ④

매크로가 적용되는 셀의 바로 가기 메뉴에 나타나지 않음

40 ①

계열 겹치기 수치를 양수로 지정하면 데이터 계열 사이가 겹침

과목 03 데이터베이스 일반

41 ④

개체(Entity)는 다른 것과 구분되는 개체로 단독으로 존재하는 실세계의 객체나 개념을 의미함

42 ③

오답 피하기

- 도메인(Domain) : 하나의 속성이 취할 수 있는 값의 집합
- 튜플(Tuple) : 테이블에서 행을 나타내는 말로 레코드와 같은 의미
- 차수(Degree) : 한 릴레이션(테이블)에서 속성(필드=열)의 개수

43 ②

외래키(FK, Foreign Key) : 한 테이블(릴레이션)에 속한 속성. 외래키(FK)가 다른 참조 테이블(릴레이션)의 기본키(PK)일 때 그 속성키를 외래키(Foreign Key)라고 함

오답 피하기

- 후보키(Candidate Key) : 후보키 중에서 선정되어 사용되는 키(예 사원번호 - 인사관리). 기본키는 널(Null)이 될 수 없으며 중복될 수 없음
- 슈퍼키(Super Key) : 한 릴레이션에서 어떠한 열도 후보키가 없을 때 두 개 이상의 열을 복합(연결)할 경우 유일성을 만족하여 후보키가 되는 키를 의미
- 대체키(Alternate Key) : 후보키 중 기본키로 선택되지 않는 나머지 키(예 사원번호가 기본키일 때 주민등록번호)

44 ①

개체 타입 : 사각형

오답 피하기

- 타원 : 속성
- 마름모 : 관계 타입
- 선 : 링크

45 ③

식 =[Page] & " 중 " & [Page] → 결과 2중 2

46 ④

우외부 조인(Right Join) : 오른쪽 테이블을 우선해서 오른쪽 테이블에 관해 모든 행을 결과로 남기는 조인이므로 [사원정보] 테이블에서는 모든 레코드가 포함하여 결과를 표시되며, [부서정보] 테이블의 레코드는 [사원정보] 테이블의 부서번호와 일치되는 것만 포함됨

47 ④

- DSUM : 특정 필드 값의 합계를 구할 때 사용하는 함수
- =DSUM("구할 필드", "테이블명", "조건")이므로
  → =DSUM("[급여]", "[사원]", "[직급]='과장'")

48 ②

바운드 컨트롤 : 테이블이나 쿼리의 필드를 데이터 원본으로 사용하는 컨트롤로 데이터베이스에 있는 필드의 값(짧은 텍스트, 날짜, 숫자, Yes/No 등)을 표시할 수 있음

오답 피하기

- ① 언바운드 컨트롤 : 데이터 원본(예 필드 또는 식)이 없는 컨트롤로 정보, 그림, 선 또는 직사각형을 표시할 때 사용함
- ③ 계산 컨트롤 : 필드 대신 식을 데이터 원본으로 사용하는 컨트롤로 '식'을 정의하여 컨트롤의 데이터 원본으로 사용할 값을 지정함
- ④ 레이블 컨트롤 : 제목이나 캡션 등의 설명 텍스트를 표시할 때 사용하는 컨트롤로 필드나 식의 값을 표시할 수 없음

49 ④

데이터시트 보기에서 「잘라내기」와 「붙여넣기」를 이용하여 필드를 이동시킬 수 없음

50 ②

매개 변수 쿼리 : 실행할 때 검색 조건의 일정한 값(매개 변수)을 입력하여 원하는 정보를 추출함

오답 피하기

- ① 크로스탭 쿼리 : 테이블이나 쿼리의 필드별 합계, 개수, 평균 등의 요약을 계산함
- ③ 통합 쿼리 : 2개 이상의 테이블이나 쿼리에서 대응되는 필드들을 결합하여 하나의 필드로 만들어 주는 쿼리
- ④ 실행 쿼리 : 여러 레코드의 변경과 이동을 일괄적으로 실행함

51 ④

- L : 필수 요소로, A부터 Z까지의 영문자나 한글 입력
- & : 필수 요소로 모든 문자나 공백을 입력
- A : 필수 요소로 영문자나 한글, 숫자를 입력

52 ②

폼 분할 : 위쪽 구역에 데이터시트를 표시하는 분할 폼을 만들고 아래쪽 구역에 데이터시트에서 선택한 레코드에 대한 정보를 입력하는 폼을 만듦

오답 피하기

- ① 폼 : 한 번에 한 개의 레코드에 대한 정보를 입력할 수 있는 폼을 만듦
- ③ 여러 항목 : 여러 개의 레코드가 표시되는 폼을 만듦
- ④ 폼 디자인 : 디자인 보기에서 새 양식을 만듦

53 ②

- 한 줄에 두 개 이상의 명령문을 입력하는 경우 명령어의 끝에는 콜론(:)을 찍어 구분함
- 예 For i = 1 To 10: sum = sum + i: Next: MsgBox sum

54 ③

사진과 같은 이미지 파일은 첨부 파일 형식을 이용함

55 ②

- 표시는 확인란에 성명과 부서명만 선택되어 있으므로 직원들의 성명과 부서명을 표시함(입사년도는 선택되어 있지 않으므로 표시되지 않음)
- 조건은 부서명이 인사팀이고 2024년 전에 입사한 경우임

56 ①

보고서 바닥글 영역에는 보고서 총계나 안내 문구 등의 항목을 삽입하며, 보고서의 맨 마지막 페이지에 한 번만 표시됨

오답 피하기

보고서 머리글 : 로고, 보고서 제목, 날짜 등을 삽입하며 보고서의 첫 페이지 상단에 한 번만 표시됨

57 ①

일 대 일 관계 성립 조건 : 양쪽 테이블의 연결 필드가 모두 중복 불가능의 기본키나 인덱스가 지정되어 있어야 함

58 ③

참조 무결성 : 관련 테이블의 레코드 간 관계가 유효하고 사용자가 관련 데이터를 실수로 삭제 또는 변경하지 않는지 확인하기 위해 사용하는 규칙으로 데이터의 정확성과 일관성이 보장됨

59 ②

- 갱신문 : 테이블에 저장된 데이터를 갱신하며, UPDATE-SET-WHERE의 유형을 가짐
- 형식

  ```
  UPDATE 테이블명
  SET 필드이름1= 값1, 필드이름2=값2, …
  WHERE 조건
  ```

  오답 피하기
- 삽입문 : 테이블에 새로운 데이터(행)를 삽입하며, INSERT-INTO-VALUES의 유형을 가짐
- 삭제문 : 테이블에 저장된 행을 삭제하며, DELETE-FROM-WHERE의 유형을 가짐

60 ②

데이터베이스관리자(DBA) : 데이터베이스를 관리하는 책임자, 전체 시스템에 대한 권한을 행사하는 사람

오답 피하기
- ① 데이터 정의어(DDL; Data Definition Language) : 데이터베이스 구조와 관계, 데이터베이스 이름 정의, 데이터 항목, 키값의 고정, 데이터의 형과 한계 규정
- ③ 데이터 조작어(DML; Data Manipulation Language) : 주 프로그램에 내장하여 데이터베이스를 실질적으로 운영 및 조작, 데이터의 삽입, 삭제, 검색, 변경 연산 등의 처리를 위한 연산 집합
- ④ 데이터 제어어(DCL; Data Control Language) : 데이터베이스를 공용하기 위하여 데이터 제어를 정의 및 기술, 데이터 보안, 무결성, 회복, 병행 수행 등을 제어

2023년 상시 기출문제 02회 2-155P

01 ③	02 ③	03 ④	04 ①	05 ①
06 ①	07 ①	08 ②	09 ②	10 ③
11 ②	12 ④	13 ①	14 ④	15 ①
16 ③	17 ④	18 ③	19 ④	20 ④
21 ③	22 ④	23 ①	24 ④	25 ②
26 ③	27 ④	28 ④	29 ③	30 ③
31 ③	32 ④	33 ④	34 ④	35 ③
36 ①	37 ④	38 ①	39 ①	40 ④
41 ④	42 ④	43 ②	44 ④	45 ③
46 ③	47 ③	48 ②	49 ③	50 ④
51 ②	52 ③	53 ①	54 ②	55 ②
56 ④	57 ④	58 ④	59 ①	60 ③

과목 01 컴퓨터 일반

01 ③

위치 기반 서비스(Location Based Service)
- 사용자의 휴대폰에 내장된 칩을 통해 이동 통신망이나 위성항법장치(GPS : Global Positioning System)로 위치 정보를 파악하여 위치와 관련된 정보를 서비스하는 기술
- 위치 추적이 가능하며 위치 정보에 따른 특정 지역의 기상 상태나 교통 및 생활 정보 등을 제공받을 수 있는 위치 기반 서비스

오답 피하기
- 빅 데이터(Big Data) : 수치, 문자, 영상 등을 포함하는 디지털 데이터로 생성 주기가 짧고 규모가 방대한 데이터
- 사물 인터넷(IoT) : 인간 대 사물, 사물 대 사물 간에 인터넷으로 연결되어 정보의 소통이 가능한 기술
- 시멘틱 웹(Semantic Web) : 컴퓨터가 웹 페이지의 정보를 가공하고 처리하여 새로운 개인 맞춤형 정보를 생성하게 한 차세대 지능형 웹

02 ③

오답 피하기
- 연관 메모리(Associative Memory) : 저장된 내용 일부를 이용하여 기억 장치에 접근하여 데이터를 읽어오는 기억 장치
- 캐시 메모리(Cache Memory) : 휘발성 메모리로, 속도가 빠른 CPU와 상대적으로 속도가 느린 주기억 장치 사이에 있는 고속의 버퍼 메모리
- 플래시 메모리(Flash Memory) : EEPROM의 일종으로, PROM 플래시라고도 하며, 전기적으로 내용을 변경하거나 일괄 소거도 가능

03 ④

벡터 방식은 고해상도 표현에 적합하지 않으므로 비트맵 방식과 비교하여 기억 공간을 많이 차지하지 않음

04 ①

캐시 항목의 Enable 설정은 캐시 항목을 사용하기 위한 설정으로 메모리의 정상적 인식을 해결하는 대책이 아님

05 ①

오답 피하기

- C++ : 객체 지향 언어이며 문제를 객체로 모델링하여 표현함. 추상화, 코드 재사용, 클래스, 상속 등이 가능함
- LISP : 리스트 처리용 언어이며, 인공 지능 분야에서 사용함
- SNOBOL : 문자열 처리를 위해 개발된 언어

06 ①

USB 메모리에 있는 파일을 삭제하면 휴지통으로 가지 않고 완전히 지워짐

오답 피하기

- ② : 지정된 휴지통의 용량을 초과하면 가장 오래전에 삭제된 파일부터 자동으로 지워짐
- ③ : 삭제할 파일을 선택하고 [Shift]+[Delete]를 누르면 해당 파일이 휴지통으로 이동하지 않고 완전히 삭제됨
- ④ : 휴지통의 크기는 사용자가 원하는 크기를 MB 단위로 지정할 수 있음

07 ①

①은 FTP(File Transfer Protocol)의 기능임

08 ③

오답 피하기

- 차단(Interruption) : 데이터의 전달을 가로막아 수신자 측으로 정보가 전달되는 것을 방해하는 행위
- 변조(Modification) : 원래의 데이터가 아닌 다른 내용으로 수정하여 변조시키는 행위
- 가로채기(Interception) : 전송되는 데이터를 가는 도중에 도청 및 몰래 보는 행위

09 ②

RSA 방식 : 공개키(비대칭키, 이중키) 암호화에서 사용

오답 피하기

비밀키(대칭키, 단일키) 암호화 방식 : 대표적인 방식은 DES가 있음

10 ③

DHCP(Dynamic Host Configuration Protocol) : 클라이언트가 동적 IP 주소를 할당받을 수 있게 해주는 서버

오답 피하기

- POP3(Post Office Protocol) : 메일 서버에 도착한 E-mail을 사용자 컴퓨터로 가져올 수 있도록 메일 서버에서 제공하는 전자우편을 수신하기 위한 프로토콜
- FTP(File Transfer Protocol) : 파일 전송 프로토콜로, 파일을 전송하거나 받을 때 사용하는 서비스
- SMTP(Simple Mail Transfer Protocol) : 사용자의 컴퓨터에서 작성한 메일을 다른 사람의 계정이 있는 곳으로 전송해 주는 전자우편을 송신하기 위한 프로토콜

11 ②

분류	디지털 컴퓨터	아날로그 컴퓨터
구성 회로	논리 회로	증폭 회로
취급 데이터	셀 수 있는 데이터(숫자, 문자 등)	연속적인 물리량(전류, 속도, 온도 등)
사용 목적	범용성	특수성
프로그램	필요	불필요
주요 연산	사칙 연산	미적분 연산
연산 속도	느림	빠름
정밀도	필요한 한도까지	제한적(0.01%까지)

12 ④

채널(Channel) : CPU의 처리 효율을 높이고 데이터의 입출력을 빠르게 할 수 있게 만든 입출력 전용 처리기

오답 피하기

- 레지스터(Register) : CPU에서 명령이나 연산 결과값을 일시적으로 저장하는 임시 기억 장소
- 인터럽트(Interrupt) : 프로그램 처리 중 특수한 상태가 발생, 처리를 중지하고 특수한 상태를 처리한 후 다시 정상적인 처리를 하는 것
- 콘솔(Console) : 대형 컴퓨터에서 컴퓨터와 오퍼레이터가 의사 전달을 할 수 있는 장치로 오퍼레이터는 콘솔을 통하여 프로그램과 주변 장치를 총괄함

13 ①

시퀀싱(Sequencing) : 오디오 파일이나 여러 연주, 악기 소리 등을 프로그램에 입력하여 녹음하는 방법으로 음의 수정이나 리듬 변형 등의 여러 편집 작업이 가능함

오답 피하기

② : MIDI 형식, ③ : WAVE 형식, ④ : FLAC(Free Lossless Audio Codec)에 대한 설명임

14 ④

듀플렉스 시스템(Duplex System) : 두 개의 CPU 중 한 CPU가 작업 중일 때 다른 하나는 예비로 대기하는 시스템

오답 피하기

- 다중 처리 시스템 : 두 개 이상의 CPU로 동시에 여러 개의 프로그램을 처리하는 기법
- 듀얼 시스템(Dual System) : 두 개의 CPU가 동시에 같은 업무를 처리하는 방식
- 분산 처리 시스템 : 각 지역별로 발생한 자료를 분산 처리하는 방식

15 ①

방화벽(Firewall) : 외부에서 내부 네트워크로 들어오는 패킷은 내용을 엄밀히 체크하여 인증된 패킷만 통과시키는 구조

오답 피하기

- 해킹(Hacking) : 컴퓨터 시스템에 불법적으로 접근, 침투하여 정보를 유출하거나 파괴하는 행위
- 펌웨어(Firmware) : 비휘발성 메모리인 ROM에 저장된 프로그램으로, 하드웨어의 교체 없이 소프트웨어의 업그레이드만으로 시스템의 성능을 높일 수 있음
- 데이터 디들링(Data Diddling) : 데이터를 위조하거나 변조하여 바꿔치기하거나 끼워 넣는 해킹 수법으로 주로 금융기관 등에서 사용되는 방식임

16 ③

- IPv4 주소 체계 : 32비트를 8비트씩 4부분으로 나누어 각 부분을 점(.)으로 구분
- IPv6 주소 체계 : 128비트를 16비트씩 8부분으로 나누어 각 부분을 콜론(:)으로 구분

17 ④

CSMA/CD(반송파 감지 다중 접근/충돌 검사) 방식 : LAN의 접근 방식으로 한 회선을 여러 사용자가 사용할 때 이용하는 방식

오답 피하기

전송 오류 검출 방식은 패리티 비트, 정마크 부호 방식, 해밍 코드, 블록합 검사, CRC 등이 있음

18 ③

- CISC(Complex Instruction Set Computer) : 많은 종류의 명령어와 주소 지정 모드가 지원되며, 명령어의 길이가 가변적이고 주소 지정 방식이 다양하여 레지스터의 수가 적음
- RISC(Reduced Instruction Set Computer) : 복잡한 연산을 수행하기 위해 명령어들이 반복, 조합되어야 하므로 레지스터의 수가 많음

19 ④

구분	컴파일러	인터프리터
번역 단위	프로그램 전체를 한 번에 번역	프로그램의 행 단위 번역
번역 속도	전체를 번역하므로 느림	행 단위 번역이므로 빠름
해당 언어	FORTRAN, COBOL, PL/1, PASCAL, C언어, C++, JAVA 등	BASIC, LISP, SNABOL, APL, 파이썬 등
목적 프로그램	생성함	생성하지 않음
실행 속도	목적 프로그램이 생성되므로 빠름	느림

20 ④

- SMTP(Simple Mail Transfer Protocol) : 사용자의 컴퓨터에서 작성한 메일을 다른 사람의 계정이 있는 곳으로 전송해 주는 전자우편을 송신하기 위한 프로토콜
- POP3(Post Office Protocol) : 메일 서버에 도착한 E-mail을 사용자 컴퓨터로 가져올 수 있도록 메일 서버에서 제공하는 전자우편을 수신하기 위한 프로토콜

오답 피하기

- SNMP(Simple Network Management Protocol) : 네트워크를 운영하기 위해 각종 기기를 관리하는 프로토콜이며 TCP/IP 프로토콜에 포함됨
- TCP(Transmission Control Protocol) : 메시지를 송수신의 주소와 정보로 묶어 패킷 단위로 나누고, 전송 데이터의 흐름을 제어하며 데이터의 에러 유무를 검사함

과목 02 스프레드시트 일반

21 ③

[검색]에서 행 방향을 우선하여 찾을 것인지 열 방향을 우선하여 찾을 것인지를 지정할 수 있음

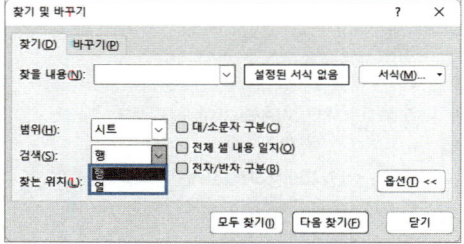

오답 피하기

[범위]에서는 찾을 범위를 '시트, 통합 문서' 중에서 선택할 수 있음

22 ④

그림과 같은 상태에서 W 를 누르면 [보기] 탭으로 변경됨

23 ①

- =REPLACE("December",SEARCH("E","korea"),4,"") → Decr
- SEARCH("E","korea") : "korea"에서 "E"를 찾음(대소문자를 구분하지 않으므로 위치 결과는 4)
- =REPLACE("December",4,4,"") : "December"의 4번째에서 4개를 공백으로 교체하므로 결과는 Decr이 됨

오답 피하기

- =CHOOSE(MOD(-11,2),1,2,3) : MOD(-11,2)의 값이 1이므로 CHOOSE에 의해 첫 번째 값인 1이 선택됨 → 1
- =EOMONTH("2024-6-3",2) : 시작 날짜를 기준으로 2개월 후의 마지막 날을 반환 → 2024-8-31
- =FIXED(3.141592) : 수를 고정 소수점 형태의 텍스트로 바꾸며 소수점 이하 자릿수가 생략되었으므로 2로 간주함 → 3.14

24 ④

부분합 대화상자에서 '그룹 사이에서 페이지 나누기'를 설정하면 그룹 사이에서 페이지를 나눌 수 있음

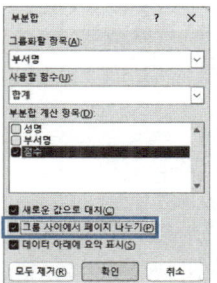

오답 피하기

- ① : 부분합은 [데이터] 탭-[개요] 그룹-[부분합]에서 실행할 수 있음
- ② : 부분합에서 그룹으로 사용할 데이터는 내림차순이든 오름차순이든 둘 중 하나로 정렬된 상태에서 실행할 수 있음
- ③ : 부분합에서 '데이터 아래에 요약 표시' 설정을 해제하면 데이터 위에도 요약을 표시할 수 있음

25 ②

목표값 찾기 : 수식의 결과값(평균 점수가 85점)은 알고 있으나 그 결과값을 얻기 위한 입력값(영어 점수가 몇 점)을 모를 때 목표값 찾기 기능을 이용함

오답 피하기

- 부분합 : 워크시트에 있는 데이터를 일정한 기준으로 요약하여 통계 처리를 수행함
- 데이터 표 : 특정한 값이나 수식을 입력한 다음 이를 이용하여 표를 자동으로 만들어 주는 기능
- 피벗 테이블 : 엑셀의 레코드 목록, 외부 데이터, 다중 통합 범위, 다른 피벗 테이블을 바탕으로 한 새로운 형태의 통계 분석표를 작성함

26 ②

- =OFFSET(기준 셀 좌표, 이동할 행 수, 이동할 열 수, 행 수, 열 수) : 지정한 셀 위치에서 지정한 행과 열 수만큼 이동한 후 지정한 행과 열 수 영역의 셀을 반환함
- =OFFSET(D4,-2,-2,3,3) : [D4] 셀에서 위로 2행 이동하고 왼쪽으로 2열 이동한 위치인 [B2] 셀에서부터 가로로 3행, 세로로 3열을 이동한 범위까지의 영역을 반환함 → [B2:D2]

90	100	80
67	68	69
80	80	90

- =COUNT(B2:D2) : [B2:D2] 영역에서 빈 셀을 제외한 숫자의 개수를 구함 → 9

27 ②

- Ctrl + E : 빠른 채우기
- [데이터] 탭-[데이터 도구] 그룹-[빠른 채우기]를 이용하여 값을 자동으로 채움

오답 피하기

- Ctrl + Shift + L : 자동 필터
- Ctrl + F : 찾기
- Ctrl + T : 표 만들기

28 ④

ⓖ 최빈수와 ⓗ 중위수는 [상태 표시줄 사용자 지정]에서 선택할 수 없음

✓	평균(A)	80.44444444
✓	개수(C)	9
✓	숫자 셀 수(T)	9
✓	최소값(I)	67
✓	최대값(X)	100
✓	합계(S)	724

29 ③

원형 차트

- 전체에 대한 각 값의 기여도를 표시함
- 항목의 값들이 합계의 비율로 표시되므로 중요한 요소를 강조할 때 사용함
- 항상 한 개의 데이터 계열만을 가지고 있으므로 축이 없음

오답 피하기

- 세로 막대형 차트 : 열 또는 행으로 정렬된 데이터는 세로 막대형 차트로 그릴 수 있으며, 일반적으로 가로(항목) 축을 따라 항목이 표시되고 세로(값) 축을 따라 값이 표시됨
- 영역형 차트 : 시간에 따른 변화를 보여 주며 합계 값을 추세와 함께 살펴볼 때 사용함
- 방사형 차트 : 많은 데이터 계열의 합계 값을 비교할 때 사용하며, 각 항목마다 가운데 요소에서 뻗어나온 값 축을 갖고, 선은 같은 계열의 모든 값을 연결함(가로, 세로 축 없음)

30 ③

코드 보기, 시트 보호, 모든 시트 선택은 실행 가능함

31 ②

셀의 데이터를 삭제하면 윗주도 함께 사라짐

오답 피하기
- ① : 윗주의 서식은 내용 전체에 대해 서식을 변경할 수 있음
- ③ : 문자 데이터에만 윗주를 표시할 수 있음
- ④ : 윗주 필드 표시는 인쇄 미리 보기에서 표시되고 인쇄할 때도 같이 인쇄됨

32 ④

1부터 100까지 홀수의 평균을 구하기 위해서는 홀수의 합(sum)을 개수(count)로 나누어야 되므로 ④는 sum/count처럼 입력해야 됨

33 ③

오답 피하기
- ① : 차트의 종류는 도넛 차트임
- ② : 계열1 요소인 1월의 첫째 조각의 각은 0°임
- ④ : 도넛 구멍의 크기는 30%가 설정된 상태임

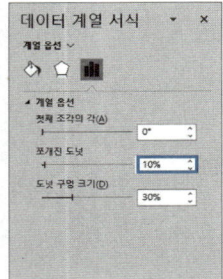

34 ④

[모두 선택] 단추 ◢를 클릭하면 워크시트 전체가 선택됨

35 ③

텍스트 창에서 수식을 입력할 경우 SmartArt에 입력된 수식이 그대로 표시됨

36 ①

틀 고정선은 창 나누기와는 달리 고정선을 이용하여 고정선의 위치를 조절할 수 없음

37 ④

- 사원번호 첫 번째 문자가 'S'인 경우이므로 LEFT 함수를 이용하여 첫 글자를 추출함 → LEFT($A$2:$A$6,1)
- 배열 수식을 이용하여 'S'인 경우 참(1)이 되는 것과 매출액을 곱(*)하여 그 합을 산출함 → =SUM((LEFT($A$2:$A$6,1)="S")*$B$2:$B$6)
- 배열 수식이므로 Ctrl + Shift + Enter 를 누르면 수식 앞, 뒤로 중괄호({ })가 생성됨 → {=SUM((LEFT($A$2:$A$6,1)="S")*$B$2:$B$6)}

38 ①

매크로에서 지정한 바로 가기 키와 엑셀에서 사용하는 바로 가기 키가 같을 경우 매크로에서 지정한 바로 가기 키가 우선 적용됨

39 ①

- 복합 조건(AND, OR 결합) : 첫 행에 필드명(성명, 호봉)을 나란히 입력하고, 두 번째 행의 동일한 행에 첫 번째 조건(홍*, <=30)을 입력하고 다음 동일한 행에 두 번째 조건(지*, >=30)을 입력함

성명	호봉
홍*	<=30
지*	>=30

- 성명이 홍으로 시작하고 호봉이 30 이하 또는 성명이 지로 시작하고 호봉이 30 이상인 데이터를 필터함(지용훈, 홍범도, 지유환)

40 ④

& : 여러 텍스트를 한 텍스트로 조인시킴

과목 03 데이터베이스 일반

41 ④

④의 〈보기〉라는 데이터 제어어(DCL)에 대한 설명임

42 ④

파이썬(Python) : 1991년 귀도 반 로섬(Guido van Rossum)이 발표한 대화형 인터프리터식 프로그래밍 언어

43 ②

오답 피하기
- 캡션 : 폼 보기의 제목 표시줄에 나타나는 텍스트를 설정함
- 기본 보기 : 폼 보기의 기본 보기 형식을 설정함
- 레코드 잠금 : 동시에 같은 레코드를 편집하려고 할 때 레코드 잠그는 방법을 설정함

44 ④

오답 피하기
- 보고서 머리글 : 보고서의 첫 페이지에 한 번만 표시됨(페이지 머리글 위에 표시됨)
- 구역 선택기 : 각 구역을 선택하거나 구역의 속성을 지정할 때 사용함
- 페이지 머리글 : 보고서의 모든 페이지 상단에 표시됨

45 ③

매크로(Macro) : 여러 개의 명령문을 하나로 묶어서 일련의 절차를 미리 정의하는 기능

46 ③

- AS : 필드나 테이블의 이름을 별명(Alias)으로 지정할 때 사용함
- AS 총매출 : 전반기+하반기의 합을 '총매출'이라는 이름으로 구함

47 ③

- mid 함수는 문자열의 시작 위치에서 지정된 수의 문자를 표시함
- mid("코참패스2024", 5, 4) : '코참패스2024'의 5번째부터 4개를 표시함 → 2024

48 ②

- 참조 무결성 : 외래키 값은 널(Null)이거나 참조 테이블에 있는 기본키 값과 동일해야 함
- [학과] 테이블에서 학과코드 'E'를 삭제하더라도 [학생] 테이블의 학과코드 'E'는 [학생] 테이블의 '학과코드' 필드에서 사용하고 있지 않으므로 참조 무결성이 유지됨

49 ③

- 모달 폼 : 현재 모달 폼을 닫기 전까지 다른 창을 사용할 수 없음
- [만들기] 탭-[폼] 그룹-[기타 폼]-[모달 대화상자]를 클릭하여 실행함

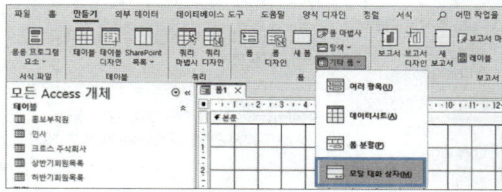

50 ④

보고서는 데이터의 입력, 추가, 삭제 등의 작업을 할 수 없음

51 ②

폼이나 보고서에서 쿼리를 레코드 원본으로 사용할 수 있음

52 ③

- GROUP BY : 그룹에 대한 쿼리 시 사용
- GROUP BY 열 리스트 [HAVING 조건]

53 ①

'제품별 납품 현황'은 보고서 매 페이지마다 인쇄해야 되므로 페이지 머리글 영역에 작성해야 됨

54 ②

=DCount("[학번]","[성적]","[점수]=90") : =DCount(인수, 도메인(테이블명이나 쿼리명), 조건식)으로 특정 레코드의 집합(도메인)의 레코드 개수를 계산함

55 ②

개념 스키마(Conceptual Schema)
- 일반적으로 스키마라고도 함
- 논리적(Logical) 입장에서의 데이터베이스 전체 구조를 의미함
- 데이터의 모양을 나타내는 도표로서 스키마라 함
- 각각의 응용 시스템이 필요로 하는 데이터 구조로 하나만 존재함
- 접근 권한, 보안 정책, 무결성 규칙을 명시함

오답 피하기
- 외부 스키마 : 서브 스키마(Sub Schema) 또는 뷰(View)라고도 하며 스키마 전체를 이용자의 관점에 따라 부분적으로 분할한 스키마의 부분 집합
- 내부 스키마 : 물리적 스키마(Physical Schema)라고도 하며 물리적 입장에서 액세스하는 데이터베이스 구조를 의미함

56 ④

데이터 정의 언어(DDL) (Data Definition Language)	CREATE(테이블 생성), ALTER(테이블 변경), DROP(테이블 삭제)
데이터 조작 언어(DML) (Data Manipulation Language)	SELECT(검색), INSERT(삽입), UPDATE(갱신), DELETE(삭제)
데이터 제어 언어(DCL) (Data Control Language)	GRANT(권한 부여), REVOKE(권한 해제), COMMIT(갱신 확정), ROLLBACK(갱신 취소)

57 ④

- ㉠ : EMPLOYEE 테이블의 DEPT_ID 필드 데이터 전체를 검색하므로 튜플 수는 10이 됨
- DISTINCT : 검색 결과값 중 중복된 결과값(레코드)을 제거, 중복되는 결과값은 한 번만 표시함
- ㉡ : EMPLOYEE 테이블의 DEPT_ID 필드 데이터에서 중복된 결과값은 한 번만 표시하므로 튜플 수는 3이 됨

58 ④

개체 무결성 : 테이블에서 기본키를 구성하는 속성(열) 값은 널(null) 값이나 중복 값을 가질 수 없음

59 ①

콤보 상자
- 콤보 상자는 적은 공간에서 목록값을 선택하며 새로운 값을 입력할 경우 유용함
- 콤보 상자의 드롭다운 화살표를 클릭 전까지는 목록이 숨겨져 있으며, 클릭하면 목록이 표시됨
- 콤보 상자는 텍스트 상자와 목록 상자의 기능이 결합된 컨트롤임
- 콤보 상자는 목록에 없는 값을 입력할 수 있음

오답 피하기
- 텍스트 상자 : 레코드 원본 데이터에 연결된 바운드 텍스트 상자, 바운드되지 않아 데이터는 저장되지 않는 언바운드 텍스트 상자, 계산 텍스트 상자로 작성할 수 있음
- 명령 단추 : 단순히 클릭하기만 하면 매크로 함수를 수행하는 방법을 제공함
- 옵션 그룹 : 틀, 옵션 단추, 확인란, 토글 단추 등으로 구성됨

60 ③

왼쪽 외부 조인 : 왼쪽의 테이블을 우선해서 왼쪽의 테이블에 관해 모든 행을 결과로 남기는 조인

오답 피하기
- 교차 조인 : 두 개의 테이블을 직교에 의해 조인하는 것으로 가장 단순한 조인으로 카테젼 곱(Cartesian Product)이라고 함
- 내부 조인 : 한쪽 테이블의 열의 값과 다른 쪽 테이블의 열의 값이 똑같은 행만을 결합하는 것
- 오른쪽 외부 조인 : 오른쪽 테이블을 우선해서 오른쪽의 테이블에 관해 모든 행을 결과로 남기는 조인

2023년 상시 기출문제 03회

01 ④	02 ①	03 ③	04 ④	05 ①
06 ②	07 ③	08 ③	09 ④	10 ③
11 ③	12 ③	13 ④	14 ②	15 ④
16 ④	17 ④	18 ④	19 ④	20 ①
21 ④	22 ③	23 ①	24 ②	25 ①
26 ③	27 ④	28 ③	29 ③	30 ④
31 ③	32 ③	33 ②	34 ④	35 ④
36 ②	37 ①	38 ①	39 ④	40 ②
41 ②	42 ③	43 ④	44 ④	45 ②
46 ②	47 ④	48 ④	49 ①	50 ③
51 ③	52 ③	53 ④	54 ②	55 ④
56 ④	57 ④	58 ③	59 ③	60 ③

과목 01 컴퓨터 일반

01 ④
- 비밀키(대칭키, 단일키) 암호화 : 대표적인 방식은 DES가 있음
- 공개키(비대칭키, 이중키) 암호화 : 대표적인 방식으로는 RSA가 있음

02 ①
- DMA(Direct Memory Access) : CPU의 간섭 없이 주기억 장치와 입출력 장치 사이에서 직접 전송이 이루어지는 방법
- DMA 방식에 의한 입출력은 CPU의 레지스터를 경유하지 않고 전송하므로 CPU는 정지 상태에 들어가지 않음

03 ③

오답 피하기
- 라우터(Router) : 네트워크 계층에서 망을 연결하며, 다양한 전송 경로 중 가장 효율적인 경로를 선택하여 패킷을 전송하는 장치
- 스위칭 허브(Switching Hub) : 네트워크에서 연결된 각 회선이 모이는 집선 장치로서 각 회선을 통합적으로 관리하는 방식으로 집선 장치가 많아져도 그 속도가 일정하게 유지됨
- 모뎀(MODEM) : 변복조 장치

04 ④

LNK는 바로 가기의 확장자이며, 바로 가기를 삭제해도 원본 프로그램에는 영향을 미치지 않음

05 ①

ZIP 파일은 압축 파일의 확장자임

06 ②

문서의 첫 줄 왼쪽에 .LOG(대문자)를 입력하고 저장한 다음 다시 그 파일을 열기하면 시간과 날짜가 자동으로 삽입됨

07 ③

부가 가치 통신망(VAN : Value Added Network) : 통신 회선을 직접 보유하거나 통신 사업자의 회선을 임차하여 이용하는 형태

오답 피하기
- MAN : LAN과 WAN의 중간 형태로, 대도시와 같은 넓은 지역에 데이터, 음성, 영상 등의 서비스를 제공하는 통신망
- LAN : 수 km 이내의 거리(한 건물이나 지역)에서 데이터 전송을 목적으로 연결된 통신망
- WAN : 원거리 통신망이라고도 하며, 하나의 국가 등 매우 넓은 네트워크 범위를 갖는 통신망

08 ③

배경을 투명하게 하거나 애니메이션 효과를 줄 수 있음

09 ④

IPv6 주소 체계는 128비트를 16비트씩 8부분으로 나누어 각 부분을 콜론(:)으로 구분함

10 ③

⊞+U : 접근성 센터 열기

오답 피하기
⊞+I : 설정 실행

11 ④

플래시 메모리(Flash Memory) : 전원이 공급되지 않아도 내용이 지워지지 않는 비휘발성 메모리 EEPROM의 일종으로 휴대용 컴퓨터나 디지털 카메라 등의 보조 기억 장치로 이용되는 메모리

오답 피하기
- DRAM : 일정 시간이 지나면 전하가 방전되므로 재충전(Refresh) 시간이 필요함
- SRAM : 정적인 램으로, 전원이 공급되는 한 내용이 그대로 유지됨
- ROM : 한 번 기록한 정보에 대해 오직 읽기만을 허용하도록 설계된 비휘발성 기억 장치

12 ③

생체 인식 보안 시스템 : 지문, 홍채, 음성 등이 있음

13 ④

트루컬러(Truecolor)
- 사람의 눈으로 인식이 가능한 색상의 의미로, 풀 컬러(Full Color)라고도 함
- 24비트의 값을 이용하며, 빛의 3원색인 빨간색(R), 녹색(G), 파란색(B)을 배합하여 색상을 만드는 방식임. 이때, 각 색상을 배합할 때 단위를 '픽셀'이라고 함

14 ②

쿠키(Cookie) : 인터넷 웹 사이트의 방문 정보를 기록하는 텍스트 파일

15 ④

netstat : 현재 자신의 컴퓨터에 연결된 다른 컴퓨터의 IP 주소나 포트 정보를 확인할 수 있음

오답 피하기
tracert : 네트워크에 연결된 컴퓨터의 경로(라우팅 경로)를 추적할 때 사용하는 명령

16 ④

디스크 조각 모음은 단편화를 제거하여 디스크의 수행 속도를 높여주는 것으로, 하드디스크의 속도 저하 시에 실행함

17 ④

프로그램 카운터(Program Counter)는 제어 장치에 포함됨

18 ④

오답 피하기
- MPEG-3 : HDTV 방송(고 선명도의 화질)을 위해 고안되었으나, MPEG-2 표준에 흡수, 통합되어 현재는 존재하지 않는 규격
- MPEG-4 : 동영상의 압축 표준안 중에서 IMT-2000 멀티미디어 서비스, 차세대 대화형 인터넷방송의 핵심 압축방식으로 비디오/오디오를 압축하기 위한 표준
- MPEG-7 : 인터넷상에서 멀티미디어 동영상의 정보 검색이 가능, 정보 검색 등을 효율적으로 사용하기 위한 콘텐츠 저장 및 검색을 위한 표준

19 ④

스타(Star)형
- 중앙에 컴퓨터와 단말기들이 1:1(Point-To-Point)로 연결된 형태로, 네트워크 구성의 가장 기본적인 형태
- 모든 통신 제어가 중앙의 컴퓨터에 의해 행해지는 중앙 집중 방식
- 일반적인 온라인 시스템의 전형적 방식으로, 회선 교환 방식에 적합함
- 중앙의 컴퓨터에서 모든 단말기의 제어가 가능하지만, 중앙 컴퓨터의 고장 시 전체 시스템 기능이 마비됨

오답 피하기
- 링(Ring)형 : 컴퓨터와 단말기들을 서로 이웃하는 것끼리만 연결된 형태
- 버스(Bus)형 : 한 통신 회선에 여러 대의 단말기가 접속되는 형태
- 트리(Tree)형 : 중앙의 컴퓨터와 일정 지역의 단말기까지는 하나의 통신 회선으로 연결되어 이웃 단말기는 이 단말기로부터 근처의 다른 단말기로 회선이 연장되는 형태

20 ①

혹스(Hoax) : Hoax는 "거짓말(장난질)을 하다."의 의미이며, E-mail, SNS, 메신저, 문자 메시지 등을 통하여 존재하지 않지만 존재하는 것처럼 위장하는 가짜 바이러스로 거짓 정보나 유언비어, 괴담 등을 사실인 것처럼 유포하여 불안감 및 불신감 조성을 목적으로 함. 스미싱(Smishing)과는 달리 악성 코드 등의 설치를 유도하지 않음

오답 피하기

- 드롭퍼(Dropper) : 바이러스나 트로이 목마 프로그램을 사용자가 모르게 설치하는 프로그램
- 백도어(Back Door) : 시스템 관리자의 편의를 위한 경우나 설계상 버그로 인해 시스템의 보안이 제거된 통로를 말하며, 트랩 도어(Trap Door)라고도 함
- 스니핑(Sniffing) : 특정한 호스트에서 실행되어 호스트에 전송되는 정보(계정, 패스워드 등)를 엿보는 행위

과목 02 스프레드시트 일반

21 ④

- 피벗 테이블 : 방대한 양의 자료를 빠르게 요약하여 보여 주는 대화형 테이블
- [삽입] 탭-[표] 그룹-[피벗 테이블]을 클릭하여 '피벗 테이블 만들기'를 실행함
- [피벗 테이블 필드] 대화상자에서 열에 '분류', 행에 '성별', 값에 '합계'를 위치시켜 작성함

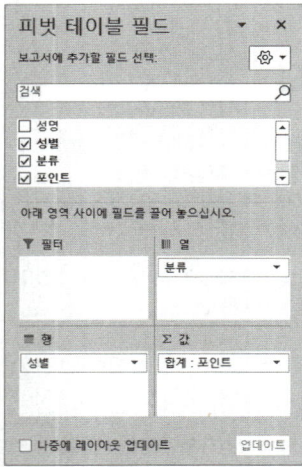

22 ③

피벗 차트의 기본 차트 종류는 세로 막대형 차트이며, 분산형, 주식형, 거품형 차트를 제외한 다른 차트로 변경 가능함

23 ①

오답 피하기

- ② : 시트 이름으로 영문을 사용할 때 대소문자를 구분하지 않음
- ③ : 하나의 통합 문서 안에서는 동일한 시트 이름을 지정할 수 없음
- ④ : 시트 탭의 시트 이름을 클릭하는 것이 아닌 더블클릭하여 이름을 수정할 수 있음

24 ②

=MOD(ROW(),2)=0 : ROW는 현재 행 번호를 구해주므로 현재 행을 2로 나눈 나머지를 MOD 함수로 구한 결과가 0인 경우는 짝수 행임

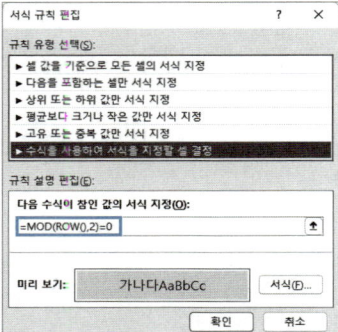

25 ①

- 목표값 찾기 : 수식의 결과값은 알고 있으나 그 결과값을 얻기 위한 입력값을 모를 때 사용함
- 수식 셀 : $B$8(평균), 찾는 값 : 800000, 값을 바꿀 셀 : $B$4(1사분기 수출량)
- "평균이 800000이 되려면 1사분기의 수출량은 얼마가 되어야 하는가?"를 의미함

26 ③

행 높이와 열 너비를 변경하면 자동 페이지 나누기 위치도 같이 변경됨

27 ④

④ =REPLACE(A3,SEARCH(A4,A3),2,"명세서") → '분기명세서'

- SEARCH : 문자열에서 찾을 텍스트의 시작 위치를 반환하는 함수
- 따라서 =SEARCH(A4,A3) → SEARCH("수익","분기 수익")의 결과는 4가 됨
- REPLACE(텍스트1, 시작위치, 바꿀 개수, 텍스트2) : 시작 위치의 바꿀 개수만큼 텍스트1의 일부를 다른 텍스트2로 교체함
- =REPLACE(A3,4,2,"명세서") → =REPLACE("분기 수익",4,2,"명세서")의 결과는 4번째에서 2개를 "명세서"로 바꾸는 경우이므로 "분기 " 다음에 "명세서"가 붙음
- 따라서, 최종 결과는 =REPLACE(A3,SEARCH(A4,A3),2,"명세서") → '분기 명세서'가 되어야 함. 문제의 보기는 '분기명세서'로 붙어 있어서 틀림

오답 피하기

① =MID(A5,SEARCH(A1,A5)+5,3) → '설악산'

SEARCH(A1,A5)의 결과가 1이므로 1+5=6, =MID("아름다운 설악산",6,3)의 결과는 6번째에서 3개를 추출하므로 "설악산"이 됨(A1셀처럼 찾을 문자에 대한 제시가 없는 경우 결과가 1이 됨)

② =REPLACE(A5,SEARCH("한",A2),5,"") → '설악산'

SEARCH("한",A2)의 결과가 1이므로 =REPLACE("아름다운 설악산",1,5,"")의 결과는 1번째에서 5번째까지 ""(공백)으로 교체하므로 "설악산"이 됨

③ =MID(A2,SEARCH(A4,A3),2) → '대한'

SEARCH(A4,A3)의 결과가 4이므로 =MID("한국 대한민국",4,2)의 결과는 4번째에서 2개를 추출하므로 "대한"이 됨

28 ③

통합 문서 보호 설정 시 암호를 지정하더라도 워크시트에 입력된 내용을 수정할 수 있음

29 ③

입력된 값이 음수이므로 -₩###0이 적용되어 숫자 앞에 -₩가 표시되고 소수점 뒷자리는 없어지면서 반올림됨(-₩8964)

30 ④

FREQUENCY 함수 : 값의 범위 내에서 해당 값의 발생 빈도를 계산하여 세로 배열 형태로 나타냄

오답 피하기

PERCENTILE.INC 함수 : 범위에서 k번째 백분위수 값을 구함(k는 경계값을 포함한 0에서 1 사이의 수)

31 ③

〈보기〉는 ③ 3차원 표면형 차트에 대한 설명임

오답 피하기

- ① 영역형 차트 : 일정한 시간에 따라 데이터의 변화 추세(데이터 세트의 차이점을 강조)를 표시
- ② 분산형 차트 : 데이터의 불규칙한 간격이나 묶음을 보여주는 것으로, 데이터 요소 간의 차이점보다는 큰 데이터 집합 간의 유사점을 표시하려는 경우에 사용함
- ④ 방사형 차트 : 많은 데이터 계열의 합계 값을 비교할 때 사용함

32 ①

Do Until 구문(Do Until ~ Loop)
- 조건식이 거짓일 경우 수행되므로 조건이 참일 때 반복을 중지함
- 반복 전에 조건을 판단하므로 처음 조건식이 참일 때 명령문은 한 번도 실행되지 않음
- Do Until test < 99 → 처음 test 값이 0이므로 조건식(0〈99)이 참이 되어 명령문은 한 번도 실행되지 않음(결과는 0)

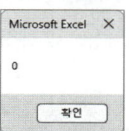

33 ②

오답 피하기

- ① : 바로 가기 키는 영문 대소문자만 가능하며 반드시 설정하지 않아도 됨
- ③ : 매크로 이름은 기본적으로 매크로1, 매크로2, … 등과 같이 자동으로 이름이 부여되며 사용자가 지정할 수도 있음
- ④ : 설명은 매크로 실행과는 직접적인 관계가 없는 주석을 기록하는 곳이며 사용자가 지우고 새로운 설명을 입력할 수 있음

34 ④

범위를 지정하고 데이터를 입력한 후 [Ctrl]+[Enter]를 누르면 동일한 데이터가 한꺼번에 입력됨

오답 피하기

[Alt]+[Enter] : 동일한 셀에서 줄이 바뀌며, 두 줄 이상의 데이터를 입력할 수 있음

35 ④

[Alt]+[Page Down] : 한 화면 우측으로 이동함

오답 피하기

[Ctrl]+[F6] 또는 [Ctrl]+[Tab] : 다음 통합 문서로 이동

36 ②

차트에서 차트 제목을 클릭한 후 수식 입력 줄에서 등호(=)를 입력한 다음 [B1] 셀을 선택하고 [Enter]를 누르면 차트 제목이 변경되며 수식 입력 줄에 =근속년수!$B$1이 표시됨

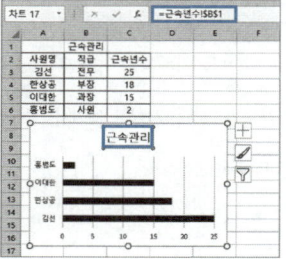

37 ①
시나리오는 변경 셀로 지정한 셀에 계산식이 포함되어 있으면 자동으로 상수로 변경되어 시나리오가 작성되지만, 별도의 파일로 저장되지는 않음

38 ①
- 문자와 숫자가 혼합된 셀의 채우기 핸들을 Ctrl 을 누른 채 드래그하면 그대로 복사됨
- 문자와 숫자가 혼합된 셀의 채우기 핸들을 끌면 문자는 복사되고 숫자는 1씩 증가함

오답 피하기
- ② : 첫 번째 셀과 두 번째 셀의 데이터 사이의 차이에 의해 증가 또는 감소하면서 채워짐
- ③ : 오른쪽으로 드래그하면 1씩 증가함(왼쪽으로 드래그하는 경우 1씩 감소함)
- ④ : 첫 번째 항목이 복사됨

39 ④
[시트] 탭의 인쇄에서 눈금선, 흑백으로, 간단하게 인쇄(테두리, 그래픽 등을 인쇄하지 않음), 행/열 머리글, 메모의 인쇄 여부 및 인쇄 위치(시트 끝, 시트에 표시된 대로)를 지정할 수 있음

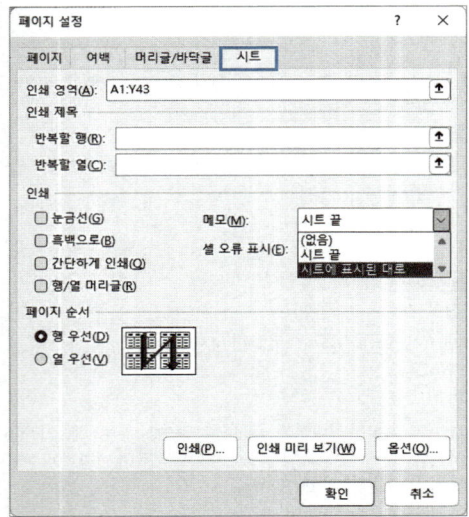

오답 피하기
- [페이지] 탭 : 용지 방향, 확대/축소 비율, 자동 맞춤, 용지 크기, 인쇄 품질, 시작 페이지 번호 등을 설정함
- [여백] 탭 : 머리글/바닥글과 용지의 여백을 지정함. 페이지 가운데 맞춤(가로, 세로)을 설정함
- [머리글/바닥글] 탭 : 머리글/바닥글을 편집함

40 ②
{=DSUM(($C$3:$C$9=G3)*1)} : DSUM 함수의 형식(=DSUM(데이터베이스, 필드, 조건 범위))에 맞지 않으므로 부서별 인원수를 산출할 수 없음

오답 피하기
- ① {=SUM(($C$3:$C$9=G3)*1)} : 부서명($C$3:$C$9) 범위에서 개발부(G3)와 같은 경우 True(1)이므로 1*1=1, 즉 1의 개수를 모두 SUM 함수로 더하면 개발1부의 인원수가 산출됨
- ③ {=SUM(IF($C$3:$C$9=G3,1))} : 부서명($C$3:$C$9) 범위에서 개발부(G3)와 같은 경우 IF 함수의 참값 1이 결과가 되므로 1의 개수를 모두 SUM 함수로 더하면 개발1부의 인원수가 산출됨
- ④ {=COUNT(IF($C$3:$C$9=G3,1))} : 서명($C$3:$C$9) 범위에서 개발1부(G3)와 같은 경우 IF 함수의 참값 1이 결과가 되므로 1의 개수를 모두 COUNT 함수로 세면 개발1부의 인원수가 산출됨

과목 03 데이터베이스 일반

41 ②
- 후보키(Candidate Key) : 한 테이블에서 유일성과 최소성을 만족하는 키를 말함 ❹ 사원번호, 주민등록번호, 학번, 군번 등)
- 유일성 : 키로 하나의 튜플만을 식별 가능함(❹ 사원번호 및 주민등록번호로 튜플 식별 가능)
- 최소성 : 유일한 식별을 하기 위해 꼭 있어야 하는 속성으로만 구성됨(❹ 사원번호와 주민등록번호 각각의 속성만으로 식별 가능)

42 ③
도메인(Domain) : 하나의 속성이 취할 수 있는 값의 집합(❹ 성별의 경우 남, 여가 해당됨)

오답 피하기
- 튜플(Tuple) : 테이블에서 행을 나타내는 말로 레코드와 같은 의미임
- 속성(Attribute) : 테이블에서 열을 나타내는 말로 필드와 같은 의미임(널(Null) 값을 가질 수 있음)
- 테이블(Table) : 관계형 데이터베이스에서 2차원의 가로, 세로(행과 열) 형태로 나타내는 저장소

43 ②
외래키(FK : Foreign Key)
- 외래키(FK)가 다른 참조 테이블(릴레이션)의 기본키(PK)일 때 그 속성키를 외래키라고 함
- [교수] 테이블의 '학과번호'는 [학과] 테이블의 기본키인 '학과번호'를 참조하여 '학과이름'을 알 수 있으므로 [교수] 테이블의 '학과번호'가 외래키가 됨

44 ④
1부터 3까지 설정되므로 3이 포함됨

45 ②

폼 모양 : 열 형식, 테이블 형식, 데이터시트, 맞춤 등이 있음

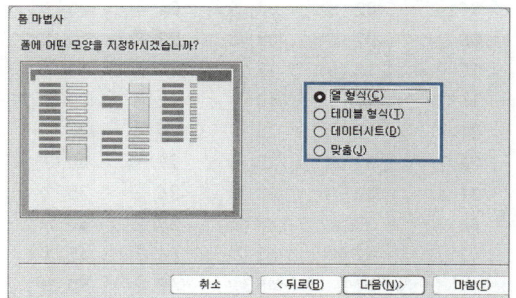

46 ②

WHERE절 이하 부분이 없으면 [회원] 테이블에서 모든 레코드가 삭제됨

47 ③

Format() : 숫자, 날짜, 시간, 텍스트의 표시 및 인쇄 방법을 사용자 지정

48 ④

직사각형 : 개체, 마름모 : 관계, 선 : 링크, 타원 : 속성

기호	의미	기호	의미
□	개체 타입	□	의존 개체 타입
○	속성	○	기본키 속성
○	유도된 속성		링크
◇	관계 타입	◇	관계 타입 식별

49 ①

텍스트 상자의 컨트롤 원본을 '=1'로 지정하고, 누적 합계 속성을 '그룹'으로 지정하면 그룹 내 데이터의 일련번호가 표시됨

50 ③

- Group by 필드 명 Having 조건 : 조건에 만족하는 데이터를 필드 명으로 그룹을 묶음
- 학생 테이블에서 '재학구분'이 '휴학중'인 데이터를 '학과명'으로 묶은 후 학과명과 학과명별로 학과명 데이터의 개수를 '휴학자수' 필드로 분류해서 표시함

51 ③

- 〉: 모든 문자를 대문자로 변환함
- L : 필수 요소로, A부터 Z까지의 영문자나 한글을 입력함
- 0 : 필수 요소로, 0~9까지의 숫자를 입력함. 덧셈 기호(+)와 뺄셈 기호(−)는 사용할 수 없음
- ? : 선택 요소로, A부터 Z까지의 영문자나 한글을 입력함

입력 마스크	〉		L	0	L		L	?	0
입력값 ③	대문자로 변환		H	3	H	가	H		3

오답 피하기

- ① a9b M : 〉(대문자로 변환)와 맨 뒤 0(필수요소, 숫자)을 만족하지 않음
- ② M3F A07 : 입력값 숫자 0이 ?(영문자나 한글)을 만족하지 않음
- ④ 9Z3 3?H : 입력값이 L(영문자, 한글), 0(숫자), ?(영문자, 한글)을 만족하지 않음

52 ③

- =Avg 함수는 Null인 레코드를 계산에서 제외하기 때문에 결과는 (5+10+20+10)/4=11.25가 됨
- =Avg, Count 함수는 Null인 레코드를 계산에서 제외함

53 ④

폼 디자인 : 폼에 필드를 사용자가 직접 추가할 수 있으며, 여러 컨트롤을 이용하여 폼을 설계함

54 ②

- 테이블이나 쿼리, 폼, 보고서, 필드, 컨트롤의 이름은 대괄호([ ])로 묶어서 표현함
- 실행 중인 폼이나 보고서 또는 컨트롤을 참조하기 위해서는 느낌표(!) 연산자를 사용함

55 ④

UNION(통합 쿼리)은 테이블을 결합할 때 중복 레코드를 반환하지 않음

56 ④

[페이지] 탭에서 인쇄할 용지의 크기, 용지 방향, 프린터를 지정할 수 있음

57 ④

- Form_Load() : 폼을 로드 시킴
- SetFocus : 지정한 컨트롤에 커서(포커스)를 자동적으로 위치 시킴

58 ③

한 테이블에서 여러 개의 인덱스를 생성할 수 있음

59 ③

응용 프로그래머
- 데이터 부속어와 호스트 프로그래밍 언어를 이용하여 프로그램을 작성함
- 작성한 프로그램으로 데이터에 접근하는 사람

60 ③
- DLOOKUP : 특정 필드 값을 구할 때 사용하는 함수
- = DLOOKUP("구할 필드", "테이블명", "조건")이므로,
  → = DLOOKUP("성명", "사원", "[사원번호]=1")

2023년 상시 기출문제 04회 2-177P

01 ④	02 ①	03 ②	04 ④	05 ②
06 ④	07 ②	08 ②	09 ②	10 ①
11 ②	12 ④	13 ①	14 ①	15 ③
16 ③	17 ④	18 ③	19 ③	20 ④
21 ④	22 ②	23 ④	24 ③	25 ③
26 ②	27 ②	28 ④	29 ①	30 ③
31 ④	32 ④	33 ①	34 ③	35 ④
36 ③	37 ②	38 ②	39 ②	40 ②
41 ④	42 ④	43 ②	44 ③	45 ④
46 ④	47 ④	48 ②	49 ②	50 ③
51 ④	52 ②	53 ④	54 ④	55 ②
56 ④	57 ③	58 ①	59 ④	60 ①

과목 01 컴퓨터 일반

01 ④

오답 피하기
- CSMA/CD(매체 접근 제어) 방식 : "반송파 감지 다중 접근/충돌 검사"로 데이터의 충돌을 방지하기 위해 송신 데이터가 없을 때만 데이터를 송신하고, 다른 장비가 송신 중일 때는 송신을 멈추는 방식
- 패리티 검사 방식 : 에러 검출을 목적으로 원래의 데이터에 1비트를 추가하는 방식으로 짝수 패리티와 홀수 패리티가 있음
- CRC(순환 중복 검사) 방식 : 프레임 단위의 데이터가 전송될 때 미리 정해진 다항식을 적용하여 오류를 검출함

02 ①

제어 장치(CU)와 연산 장치(ALU)가 하나로 통합된 집적 회로임

03 ②

구조화 : 실행할 명령을 순서대로 기술하는 방식으로 절차 지향 언어의 특징임

오답 피하기

객체 지향 프로그래밍 : 추상화, 상속성, 캡슐화, 다형성, 오버 로딩 등의 특징이 있음

04 ④

④는 공개키(비대칭키, 이중키) 암호화 기법의 특징임

05 ②

운영체제의 목적(성능 평가 요소) : 처리 능력, 응답 시간, 신뢰도, 사용 가능도

06 ④

XML : 확장성 생성 언어라는 뜻으로 기존 HTML의 단점을 보완하여 웹에서 구조화된 폭넓고 다양한 문서들을 상호 교환할 수 있도록 설계한 언어

07 ②

오답 피하기

- 교착상태(Deadlock) : 동일한 자원을 공유하고 있는 두 개의 컴퓨터 프로그램들이 상대방이 자원에 접근하는 것을 서로 방해함으로써 두 프로그램 모두 기능이 중지되는 상황
- 인터럽트(Interrupt) : 컴퓨터에서 정상적인 프로그램을 처리하고 있는 도중에 특수한 상태가 발생했을 때 현재 실행하고 있는 프로그램을 일시 중단하고, 그 특수한 상태를 처리한 후 다시 원래의 프로그램을 처리하는 과정
- IRQ(Interrupt ReQuest) : 주변기기(마우스, 키보드, LAN 보드 등)에서 일어나는 인터럽트 신호

08 ②

미러 사이트(Mirror Site) : 인터넷 특정 사이트에 다수의 사용자가 한꺼번에 몰려 서버가 다운되는 현상을 방지하기 위해 같은 내용을 여러 사이트에 복사하여 사용자가 분산되게 하고, 더 빨리 자료를 찾을 수 있도록 하는 사이트

오답 피하기

- 포털 사이트(Portal Site) : 인터넷을 검색할 때 거쳐야 하는 관문 사이트로서 전자우편, 정보 검색, 다양한 뉴스, 동호회 등 여러 가지 서비스를 한 번에 제공하는 종합 사이트
- 인트라넷(Intranet) : 기업의 내부 네트워크와 외부 인터넷을 하나로 연결하여 저렴한 비용으로 필요한 네트워크를 구축하는 것
- 엑스트라넷(Extranet) : 몇 개의 인트라넷이 연결되어 사업자들이 고객이나 다른 사업 파트너와 정보를 공유할 수 있는 시스템

09 ②

[휴지통]에 보관된 파일은 복원은 가능하지만 복원하기 전에는 실행시킬 수 없음

10 ①

오답 피하기

- JPG : 정지 영상 압축 기술에 관한 표준화 규격으로 20:1 정도로 압축할 수 있는 형식
- PNG : 트루컬러를 지원하는 비손실 방식의 그래픽 파일로 압축률이 높고 투명층을 지원하나 애니메이션은 지원되지 않음
- BMP : 이미지를 비트맵 방식으로 표현하고 압축하지 않기 때문에 고해상도의 이미지를 표현할 수 있지만 용량이 커짐

11 ②

알파 버전(Alpha Version) : 주로 외부에 공개되지 않는 버전으로 개발 초기에 회사 자체적으로 성능 등을 평가하기 위해 제작하는 프로그램

오답 피하기

① : 데모 버전(Demo Version), ③ : 베타 버전(Beta Version), ④ : 패치 프로그램(Patch Program)에 대한 설명임

12 ④

연계 편집 프로그램 : 목적 프로그램을 링커(Linker)에 의해 라이브러리 등을 이용하여 연계 편집할 때 사용하는 프로그램으로 실행할 수 있는 로드 모듈을 생성함

13 ①

$1 \times 2^{10} + 0 \times 2^9 + 0 \times 2^8 + 0 \times 2^7 + 0 \times 2^6 + 0 \times 2^5 + 0 \times 2^4 + 0 \times 2^3 + 0 \times 2^2 + 0 \times 2^1 + 0 \times 2^0 = 1,024$

14 ①

P2P(Peer To Peer) : 인터넷상에서 개인끼리 파일을 공유하는 기술이나 행위로, 컴퓨터와 컴퓨터가 동등하게 연결되는 방식

15 ③

펌웨어(Firmware) : 비휘발성 메모리인 ROM에 저장된 프로그램으로, 하드웨어의 교체 없이 소프트웨어의 업그레이드만으로 시스템의 성능을 높일 수 있음

16 ③

- ⊞ + Tab : 작업 보기 열기
- ⊞ + L : PC 잠금 또는 계정 전환

17 ④

서브넷 마스크(Subnet Mask)
- 네트워크 ID와 호스트 ID를 구분해 주는 역할을 함
- 네트워크를 서브넷(부분망)으로 나누면 IP 주소를 효과적으로 사용할 수 있음
- 서브넷은 여러 개의 LAN에 접속하는 경우 하나의 LAN을 의미함
- IP 수신자에게 제공하는 32비트 주소임
- 대부분 255.255.255.0의 C 클래스(Class)로 정의됨

오답 피하기

- IP 주소 : 현재 컴퓨터에 설정된 IP 주소로 네트워크 주소와 호스트 주소로 구성됨
- 기본 게이트웨이 : 프로토콜이 서로 다른 통신망을 상호 접속하기 위한 장치이며 일반적으로 라우터(Router)의 주소임
- DNS(Domain Name System) : 도메인 네임과 IP 주소를 대응(Mapping)시켜 주는 역할을 담당하는 분산 네이밍 시스템

18 ③

정지 영상의 크기 산출법
- 압축이 있는 경우 : (가로 픽셀 수×세로 픽셀 수×픽셀당 저장 용량(바이트))/압축 비율
- (200×400×1)/10 = 8000Byte = 8KB
- 256 색상은 8비트(2^8)로 표현할 수 있으며, 8비트는 1바이트이므로 픽셀당 저장 용량은 1이 됨

19 ③

듀얼(Dual) 시스템 : 두 개의 CPU가 동시에 같은 업무를 처리하는 방식, 업무의 신뢰도를 높이는 작업에 이용됨

오답 피하기
- 듀플렉스(Duplex) 시스템 : 두 개의 CPU 중 한 CPU가 작업 중일 때 다른 하나는 예비로 대기하는 시스템
- 클러스터링(Clustering) 시스템 : 두 대 이상의 컴퓨터 시스템을 단일 시스템처럼 묶어서 사용하는 시스템
- 다중 처리(Multi-Processing) 시스템 : 두 개 이상의 CPU로 동시에 여러 개의 프로그램을 처리하는 시스템

20 ②

[추가 마우스 옵션]-[마우스 속성] 대화상자-[포인터 옵션] 탭의 [표시 유형]에서 '(Ctrl) 키를 누르면 포인터 위치 표시'를 설정할 수 있음

과목 02 스프레드시트 일반

21 ④

=EDATE("2024-6-3", 6) : 2024-12-3
시작 날짜를 기준으로 전, 후 개월 수를 반환하므로 2024년 6월 3일 기준으로 6개월 후인 2024년 12월 3일이 결과로 산출됨

=EOMONTH("2024-1-1", 11) : 2024-12-31
2024년 1월을 기준으로 11개월 후 마지막 날이므로 2024년 12월 31일이 결과로 산출됨

22 ②

- For~Next : 반복 명령문, MsgBox : 대화상자로 결과를 출력
- For 변수 = 초기값 To 최종값 Step 증가값
- For k = 1 To 20 Step 5 → 1, 6, 11, 16
- Sum = Sum + k → k에 1, 6, 11, 16을 차례대로 대입시키면서 합을 구하므로 결과는 34(1+6+11+16)가 됨
- k 값은 16에서 5가 증가되어 For 문을 빠져나오므로 결과는 21이 됨

23 ④

④ =SUM((MID($A$2:$A$7,3,1)="K")*$B$2:$B$7) : 사원번호 3번째 문자가 "K"인 경우이므로 MID 함수를 이용하여 3번째에서 1자를 추출하고 배열 수식을 이용하여 "K"인 경우 참(1)이 되는 것과 실적을 곱(*)하여 그 합을 산출함

24 ②

오답 피하기
- ⓒ 영문자의 경우 대/소문자를 구분하여 정렬할 수 있으며, 오름차순으로 정렬하면 소문자가 우선순위를 가짐
- ⓓ 글꼴에 지정된 색을 기준으로 정렬하려면 정렬 기준을 '글꼴 색'으로 설정해야 함

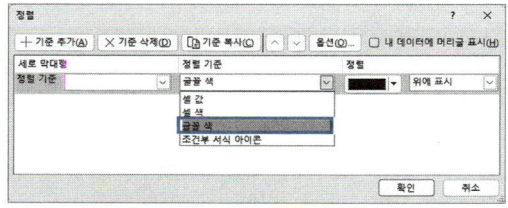

25 ③

매크로가 적용되는 셀의 바로 가기 메뉴에서 매크로 실행 기능은 지원되지 않음

26 ②

MS-Word(*.docx)는 워드프로세서 문서로 외부 데이터 가져오기를 할 수 없음

27 ②

② : 차트 제목 "지점별 매출 현황"은 '가운데에 맞춰 표시'가 설정되어 있음

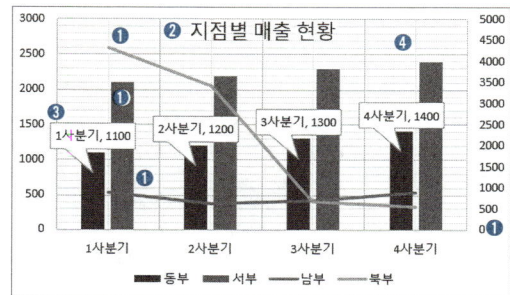

오답 피하기

차트 제목 "지점별 매출 현황"이 '차트 위'로 설정된 경우는 아래와 같이 차트 위에 차트 제목이 표시됨

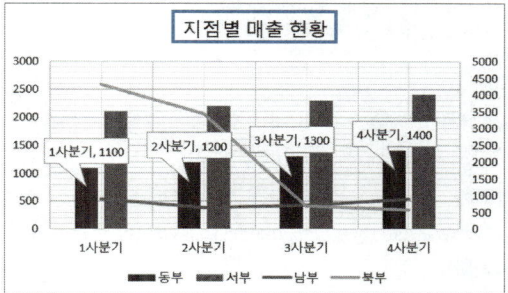

28 ④

성적 변화([D3:D8])에 따른 평균의 변화([E3:E8])가 열 형태로 입력되어 있으므로 [데이터 표] 대화상자에서 '열 입력 셀'에 [B6]를 입력해야 함

29 ①

목표값 찾기 : 수식의 결과값은 알고 있으나 그 결과값을 얻기 위한 입력값을 모를 때 목표값 찾기 기능을 사용함

30 ③

피벗 테이블 보고서를 선택한 후 [피벗 테이블 분석] 탭 [동작] 그룹의 [지우기]-[모두 지우기] 명령을 수행하면 피벗 테이블 보고서와 피벗 차트 보고서 모두 삭제됨

오답 피하기

피벗 차트 보고서를 정적 차트로 변환하려면 피벗 테이블을 삭제하면 됨

31 ④

④ : 시트 이름 삽입의 삽입 코드는 &[탭]으로 생성됨

32 ④

임의의 셀을 선택한 다음 [Shift]+[Space Bar]를 누르면 선택한 셀의 행이 선택되지만, 하나의 행이 선택된 상태에서 [Shift]+[Space Bar]를 누르면 아무 변화도 생기지 않음

오답 피하기

하나의 행이 선택된 상태에서 [Ctrl]+[Space Bar]를 누르면 시트 전체를 범위로 선택할 수 있음

33 ①

Auto_Open 매크로 이름을 사용하면 파일을 열 때 특정 작업이 자동으로 수행됨

34 ③

- SQRT(수) : 양의 제곱근을 구함(√89)
- ABS(수) : 인수의 절대값을 구함(|-63|)
- POWER(인수, 숫자) : 인수를 숫자만큼 거듭제곱한 값(6^3)
- √89×(|-63|+6^3) : =SQRT(89)*(ABS(-63)+POWER(6,3))

35 ②

자동으로 Excel 2021 형식으로 저장되지 않으므로 [다른 이름으로 저장]을 이용하여 파일 형식을 Excel 통합 문서(*.xlsx)로 지정하여 저장해야 함

36 ③

꺾은선형 차트 : 시간이나 항목에 따라 일정한 간격으로 데이터의 추세나 변화를 표시

오답 피하기

- 분산형 차트 : 데이터의 불규칙한 간격이나 묶음을 보여주는 것으로 데이터 요소 간의 차이점보다는 큰 데이터 집합 간의 유사점을 표시하려는 경우에 사용
- 원형 차트 : 전체에 대한 각 값의 기여도를 표시할 때 사용
- 방사형 차트 : 많은 데이터 계열의 합계 값을 비교할 때 사용

37 ②

화면에 표시되는 틀 고정 형태는 인쇄 시에 나타나지 않음

38 ②

- [한 단계씩 코드 실행]에서 한 단계씩 실행 가능함
- [한 단계씩 코드 실행의 바로 가기 키] : F8

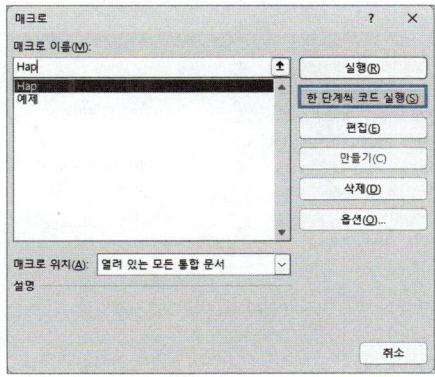

39 ②

함수를 사용하여 조건을 입력하는 경우 원본 필드명과 다른 필드명을 조건 레이블로 사용해야 함

40 ②

- =ISEVEN(숫자) : 숫자가 짝수이면 TRUE를 반환하고 홀수이면 FALSE를 반환함
- =ROW() : 행 번호를 구함
- =ISEVEN(ROW()) : 행 번호를 구하여 짝수일 때 TRUE를 반환하므로 조건부 서식이 적용됨

오답 피하기

- =ISODD(숫자) : 숫자가 홀수이면 TRUE를 반환하고 짝수이면 FALSE를 반환함
- =COLUMN() : 열 번호를 구함

과목 03 데이터베이스 일반

41 ④

파이썬(Python) : 1991년 귀도 반 로섬(Guido van Rossum)이 발표한 대화형 인터프리터식 프로그래밍 언어

42 ④

Select 사번 From 사원 Group by 사번 Having Count(*) > 1

- [사원] 테이블에서 사번으로 그룹화해서 행의 개수가 1보다 큰 조건을 만족하면 중복된 사번에 해당하므로 그 사번을 검색함
- Select : 검색 열 → "사번"
- From : 테이블명 → "사원"
- Group By : 그룹에 대한 쿼리 시 사용함 → "사번"으로 그룹화
- Having : 그룹에 대한 조건을 기술함 → "Count(*) > 1"
- Count(*) : 행(튜플)의 개수를 구함
- Count(*) > 1 : 행(튜플)의 개수가 1보다 큼

43 ②

- 개체-관계 모델 : 개체 타입과 이들 간의 관계 타입을 이용해 현실 세계를 개념적으로 표현한 방법
- ERD(Entity Relationship Diagram) : 개체-관계 모델에 의해 작성된 설계도로 개체, 속성, 관계, 링크 등으로 구성됨
- 개념적 설계 단계 : 현실 세계에 대한 추상적인 개념(정보 모델링)으로 표현하는 단계

오답 피하기

- 요구 조건 분석 단계 : 데이터베이스 사용자의 요구 사항 및 조건 등을 조사하여 요구 사항을 분석하는 단계
- 논리적 설계 단계 : 개념 세계를 데이터 모델링을 거쳐 논리적으로 표현하는 단계
- 물리적 설계 단계 : 컴퓨터 시스템의 저장 장치에 저장하기 위한 구조와 접근 방법 및 경로 등을 설계하는 단계

44 ③

- LIKE 연산자 : 문자열의 일부를 검색 조건으로 설정할 때, 데이터에 지정된 문자 혹은 문자열이 포함되어 있는지를 판별할 때 사용함
- ? : 임의의 한 문자를 의미하므로, [COURSE] 테이블의 CNO 필드 데이터 중 'K'로 시작하는 2문자의 "K5, KO"를 검색함

45 ④

인덱스를 설정하면 조회 및 정렬 속도는 빨라지지만, 데이터를 갱신할 때마다 업데이트해야 하므로 업데이트 속도는 느려짐

46 ④

기수(Cardinality) : 한 릴레이션(테이블)에서의 튜플의 개수임

오답 피하기

속성(Attribute) : 테이블에서 열을 나타내는 말로 필드와 같은 의미임

47 ④

InStr("서울특별시 중구","시") → 5
"서울특별시 중구"의 왼쪽에서부터 "시" 문자가 있는 문자 위치를 출력함
=Right("서울특별시 중구 세종대로 39 상공회의소회관",5) → 회의소회관
"서울특별시 중구 세종대로 39 상공회의소회관"의 오른쪽에서 5문자를 추출함

48 ④

외래키(FK)가 다른 참조 테이블(릴레이션)의 기본키(PK)일 때 그 속성 키를 외래키라고 하며, 하나의 테이블에는 여러 개의 외래키가 존재할 수 있음

오답 피하기

- ① : 외래키 필드의 값은 유일해야 할 필요가 없으므로 중복된 값이 입력될 수 있음
- ② : 외래키 필드의 값은 Null 값일 수 있으므로, 값이 반드시 입력되지 않아도 됨
- ③ : 한 테이블에서 특정 레코드를 유일하게 구별할 수 있는 속성이 아님

49 ②

[소수 자릿수]가 '0'이므로 0.3을 입력하면 0의 값이 입력되어야 하지만 [유효성 검사 규칙]이 'Not 0'이기 때문에 0의 값이 입력되지 않고 다음과 같은 오류 메시지가 표시됨

50 ③

WHERE절 이하 부분이 없으면 [고객] 테이블에서 모든 레코드가 삭제됨

51 ④

참조 무결성
- 참조하고 참조되는 테이블 간의 참조 관계에 아무런 문제가 없는 상태를 의미함
- 외래키 값은 널(Null)이거나 참조 테이블에 있는 기본키 값과 동일해야 함
- ④ : <구매리스트> 테이블의 '고객번호' 필드는 외래키로 필드 값이 <고객> 테이블의 '고객번호' 필드에 없는 경우 참조 무결성이 항상 유지되도록 설정할 수 없음

52 ②

'보고서 머리글'은 보고서의 첫 페이지 상단에 한 번만 표시되며, 함수를 이용한 집계 정보를 표시할 수 있음

53 ④

폼은 테이블이나 쿼리를 레코드 원본으로 사용함

54 ④

데이터시트 보기에서는 Shift 를 이용한 연속된 필드의 선택과 이동만 가능함

55 ②

기본 폼은 단일 폼으로만 표시할 수 있음

56 ④

Val(문자열) : 숫자 형태의 문자열을 숫자값으로 변환

57 ③

일련번호 : 레코드 추가 시 자동으로 고유 번호를 부여할 때 사용함. 번호가 부여되면 변경하거나 삭제할 수 없음. 기본키를 설정하는 필드에서 주로 사용됨

58 ①

일 대 일 관계 성립 조건 : 양쪽 테이블의 연결 필드가 모두 중복 불가능의 기본키나 인덱스가 지정되어 있어야 함

59 ④

- =[Page] : 현재 페이지
- =[Pages] : 전체 페이지
- =Format([Pages], "0000") : 형식을 "0000"으로 설정하므로 결과는 0010이 됨

오답 피하기
- ① : =[Pages] & "중 " & [Page] → 10중 5
- ② : =[Pages] & "Page" → 10Page
- ③ : =[Pages] → 10

60 ①

매크로(Macro) : 여러 개의 명령문을 하나로 묶어서 일련의 절차를 미리 정의하는 기능으로, 반복적으로 수행되는 작업을 자동화할 때 사용함

2023년 상시 기출문제 05회

2-187P

01 ②	02 ①	03 ③	04 ①	05 ②
06 ④	07 ④	08 ④	09 ②	10 ②
11 ④	12 ④	13 ④	14 ④	15 ①
16 ③	17 ②	18 ③	19 ③	20 ②
21 ③	22 ②	23 ①	24 ②	25 ③
26 ①	27 ②	28 ④	29 ④	30 ④
31 ②	32 ④	33 ④	34 ④	35 ①
36 ②	37 ④	38 ②	39 ①	40 ①
41 ②	42 ②	43 ④	44 ③	45 ①
46 ④	47 ③	48 ④	49 ④	50 ①
51 ③	52 ④	53 ③	54 ②	55 ③
56 ②	57 ④	58 ④	59 ①	60 ④

과목 01 컴퓨터 일반

01 ②

방화벽(Firewall) : 외부 네트워크에서 내부로 들어오는 패킷을 체크하여 인증된 패킷만 통과시킴

02 ①

[파일 탐색기]에서 파일을 Ctrl 을 누른 채 드래그하여 바탕 화면에 놓으면 복사가 됨

03 ③

오답 피하기

- ASCII 코드 : 7비트로 128가지의 표현이 가능한 일반 PC용 컴퓨터 및 데이터 통신용 코드
- BCD 코드 : 6비트로 64가지의 문자 표현이 가능하고 영문자의 대소문자를 구별하지 못함
- EBCDIC 코드 : 8비트로 256가지의 표현이 가능한 확장된 BCD 코드로 대형 컴퓨터에서 사용되는 범용 코드

04 ①

바이러스 : 컴퓨터에서 실행되는 일종의 프로그램으로 사용자 몰래 자기 자신을 복제하고 디스크나 프로그램 등에 기생하면서 컴퓨터의 운영체제나 기타 응용 프로그램의 정상적인 수행을 방해하는 불법 프로그램

오답 피하기

- 키로거(Key Logger) : 악성 코드에 감염된 시스템의 키보드 입력을 저장 및 전송하여 개인 정보를 빼내는 크래킹 행위
- 애드웨어(Adware) : 광고가 소프트웨어에 포함되어 이를 보는 조건으로 무료로 사용할 수 있는 소프트웨어
- 스파이웨어(Spyware) : 사용자의 승인 없이 몰래 설치되어 컴퓨터 시스템의 정보를 빼내는 악성 소프트웨어

05 ②

표준 주소 체계인 URL(Uniform Resource Locator) : 프로토콜 : //서버 주소[: 포트 번호]/파일 경로/파일명

06 ④

FTP 서버에 계정을 가지고 있는 사용자라도 FTP 서버에 있는 프로그램을 다운로드 없이 실행시킬 수 없음

07 ④

finger : 특정 네트워크에 접속된 사용자의 정보를 확인할 때 사용하는 명령

오답 피하기

nslookup : URL 주소로 IP 주소를 확인하는 명령

08 ④

- ④ 라. : 벡터(Vector) 방식
- ① 가. ② 나. ③ 다. : 비트맵(Bitmap) 방식

09 ②

클러스터링(Clustering)
- 하드디스크나 플로피 디스크상에서 기억 영역을 효율적으로 관리하기 위해 여러 개의 섹터를 하나로 묶는 단위로 사용됨
- 운영체제에서 두 대 이상의 컴퓨터 시스템을 단일 시스템처럼 묶어서 사용하는 기법

오답 피하기

- 로더(Loader) : 로드 모듈 프로그램을 주기억 장치 내로 옮겨서 실행해 주는 소프트웨어
- PnP(Plug & Play) : 자동 감지 설치 기능으로 컴퓨터에 장치를 연결하면 자동으로 장치를 인식하여 설치 및 환경 설정을 용이하게 하므로 새로운 주변 장치를 쉽게 연결함
- 채널(Channel) : CPU의 처리 효율을 높이고 데이터의 입출력을 빠르게 할 수 있게 만든 입출력 전용 처리기

10 ②

아날로그 컴퓨터 : 온도, 전압, 진동 등과 같이 연속적으로 변하는 데이터를 효율적으로 처리

11 ④

④는 인터프리터(Interpreter) 기법에 대한 설명임

12 ④

주문형 비디오(Video On Demand) : 사용자의 주문에 의해 데이터베이스로 구축된 영화나 드라마, 뉴스 등의 비디오 정보를 실시간으로 즉시 전송해 주는 서비스

> 오답 피하기

- 폴링(Polling) : 회선 제어 기법인 멀티 포인트에서 호스트 컴퓨터가 단말 장치들에게 '보낼(송신) 데이터가 있는가?'라고 묻는 제어 방법
- P2P(Peer to Peer) : 동배 시스템이라 하며 네트워크상의 모든 컴퓨터가 동등한 위치에서 자료를 교환할 수 있는 시스템
- VCS(Video Conference System) : 원거리에 있는 사람들끼리 TV 화면을 통한 화상을 통해 원격으로 회의를 할 수 있는 시스템

13 ④

- Pixel당 표현되는 색상 수 계산법 : 사용 비트 수를 n이라 할 때, 색상 수는 2의 n 제곱이 됨
- 8비트의 경우 색상 수는 256(2의 8제곱)이 됨

14 ④

FLAC(Free Lossless Audio Codec) : 오디오 데이터 압축 파일 형식으로 무손실 압축 포맷이며 원본 오디오의 음원 손실이 없음

> 오답 피하기

시퀀싱(Sequencing) : 오디오 파일이나 여러 연주, 악기 소리 등을 프로그램에 입력하여 녹음하는 방법으로 음의 수정이나 리듬 변형 등의 여러 편집 작업이 가능함

15 ①

디지털 신호를 아날로그 신호로 변조한 다음 데이터 통신에 의해 직렬 전송(직렬화)되고 다시 아날로그 신호를 디지털 신호로 복조하여 컴퓨터에서 병렬 처리(병렬화)됨

16 ③

- ① : 컴퓨터 시스템 보안 등급은 7등급으로 나뉨
- ② : 운영체제의 보안 등급은 Windows NT, Unix, MS-DOS 순서로 높음
- ④ : 최하위 등급은 D 등급임

17 ②

디더링(Dithering) : 표현할 수 없는 색상이 있을 경우, 다른 색들과 혼합하여 유사한 색상의 효과를 냄

> 오답 피하기

- 렌더링(Rendering) : 3차원의 질감을 줌으로써 사실감을 더하는 과정
- 모델링(Modelling) : 물체의 형상을 컴퓨터 내부에서 3차원 그래픽으로 어떻게 표현할 것인지를 정하는 과정
- 리터칭(Retouching) : 비트맵이나 벡터 형태의 정지 영상 데이터에 대해 이미지 효과를 다시 주는 과정

18 ③

사물 인터넷은 IoT(Internet of Things)라고 함

> 오답 피하기

위치 기반 서비스(LBS : Location Based Service) : 스마트 폰에 내장된 칩(Chip)이 각 기지국(셀 방식)이나 GPS(위성항법장치)와 연결되어 위치 추적이 가능하며 위치 정보에 따른 특정 지역의 기상 상태나 교통 및 생활 정보 등을 제공받을 수 있는 위치 기반 서비스

19 ③

장소와 환경에 따라 많은 영향을 받으므로 사용 거리에 제한이 있음

20 ②

핫 스왑(Hot Swap) 지원 : 컴퓨터의 전원이 켜져 있는 상태에서 시스템에 장치를 연결하거나 분리하는 기능

과목 02 스프레드시트 일반

21 ③

- 사용자 지정 서식은 서식 코드(양수, 음수, 0, 텍스트)를 세미콜론(;)으로 구분된 4개의 구역으로 지정함
- 2항목만 지정하게 되면 첫째 항목은 양수와 0에 대해 사용되고 둘째 항목은 음수에 대해 사용됨
- 조건이나 글자 색의 설정은 대괄호([ ]) 안에 입력함

22 ②

셀에 맞춤
- 선택한 셀의 모든 데이터가 열에 맞게 표시되도록 글꼴의 문자 크기를 줄임
- 열 너비를 변경하면 문자 크기가 자동으로 조정됨
- 적용된 글꼴 크기는 바뀌지 않음

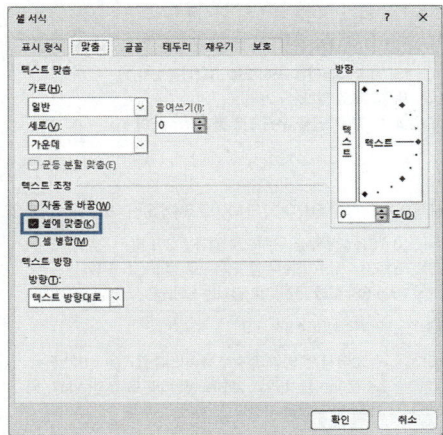

23 ①

숫자 데이터는 채우기 핸들을 끌면 복사됨

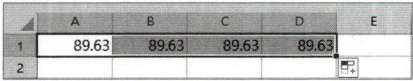

24 ②

셀 병합은 둘 이상의 셀을 선택하여 하나로 만드는 과정이며 셀을 병합할 때 여러 셀에 데이터가 들어 있으면 왼쪽 위 셀의 데이터만 남고 나머지 데이터는 모두 지워짐

25 ③

- SLN 함수 : 정액법을 사용하여 단위 기간 동안 자산의 감가상각액을 구함
- SYD 함수 : 지정된 감가상각 기간 중 자산의 감가상각액을 연수 합 계법으로 계산함

오답 피하기

- FV : 투자액의 미래 가치를 구하는 함수
- PV : 투자액의 현재 가치를 구하는 함수
- NPV : 할인율과 앞으로의 지출(음수)과 수입(양수)을 사용하여 투자의 현재 가치를 구함
- PMT : 정기적으로 지불하고 일정한 이자율이 적용되는 대출에 대해 매회 지급액을 구함

26 ①

[삭제] 단추를 클릭해서 선택한 시나리오를 삭제할 수 있지만, '실행 취소' 단추를 이용하여 삭제한 시나리오를 복원할 수는 없음

27 ②

시간의 합계를 계산하여 표시할 때는 [h]mm 서식을 사용함

28 ④

④ =POWER(SQRT(4),2^2) → 16

- SQRT(4) : 4의 양의 제곱근을 구하므로 결과값은 2가 됨
- 2^2 : 2의 2제곱이므로 결과는 4가 됨
- =POWER(2,4) : 2의 4제곱을 구하므로 결과값은 16이 됨

오답 피하기

① =SUM(MEDIAN(1,2,3,4,5),MODE.SNGL(1,2,3,4,5,5)) → 8

- MEDIAN(1,2,3,4,5) : 중위수를 구하므로 결과는 3이 됨
- MODE.SNGL(1,2,3,4,5,5) : 최빈수를 구하므로 결과는 5가 됨
- =SUM(3,5) : 3과 5의 합을 구하므로 결과는 8이 됨

② =SUM(INT(-4.9),TRUNC(14.3)) → 9

- INT(-4.9) : 음수는 0에서 먼 방향 정수로 내리므로 결과는 -5가 됨
- TRUNC(14.3) : 소수점 이하를 버리고 정수로 변환하므로 결과는 14가 됨
- =SUM(-5,14) : -5와 14의 합을 구하므로 결과는 9가 됨

③ =CHOOSE(MOD(101,3),POWER(3,2),FACT(3),INT(89.63)) → 6

- MOD(101,3) : 101을 3으로 나눈 나머지를 구하므로 결과는 2가 됨
- POWER(3,2) : 3의 2제곱을 구하므로 결과는 9가 됨
- FACT(3) : 3의 계승값(1×2×3)을 구하므로 결과는 6이 됨
- INT(89.63) : 정수로 내리므로 결과는 89가 됨
- =CHOOSE(2,9,6,89) : 인덱스 번호가 2이므로 2번째 수식인 FACT(3)이 선택되어 결과는 6이 됨

29 ④

리본 메뉴 확장 및 축소 : Ctrl + F1

30 ④

오답 피하기

- 히스토그램 차트 : 계급구간이라고 하는 차트의 각 열을 변경하여 데이터를 보다 세부적으로 분석할 수 있음
- 상자 수염 차트 : 데이터 분포를 사분위수로 나타내며 평균 및 이상값을 강조하여 표시함
- 트리맵 차트 : 데이터를 계층 구조 보기로 제공하므로 다른 범주 수준을 비교하는 데 사용함

31 ②

텍스트 방향 : 텍스트 방향대로, 왼쪽에서 오른쪽, 오른쪽에서 왼쪽

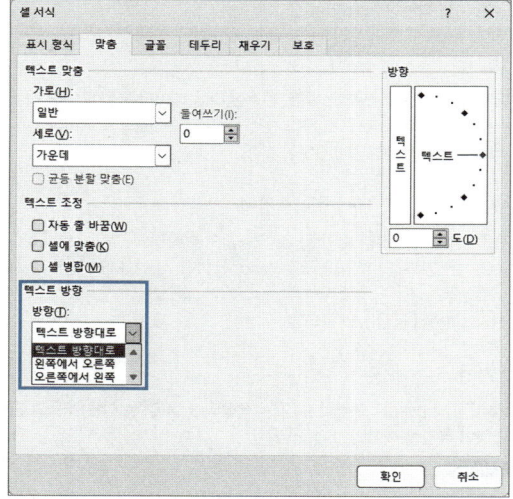

32 ④

- Do while ~ Loop : 조건식이 참인 동안(While) 명령문을 반복 수행(Do)함

〈형식〉

```
Do while 조건식
    명령문
Loop
```

- Dim k As Integer : 변수 k를 정수(As Integer) 변수로 선언(Dim)
- Do while k 〈 3 : k변수 값(0)을 3과 비교, 3이 크므로 Do~Loop 반복
- [A1]offset(k,1)=10 : [A1] 셀을 기준으로 offset 명령에 의해 지정한 행, 열만큼 떨어진 범위(offset)로 이동, k가 0이므로 0행 1열에 10을 입력, 즉 [B1] 셀에 10이 입력됨
- k = k + 2 : 0에 2를 더한 결과 2를 k변수에 대입
- Loop : Do While 문 반복
- Do while k 〈 3 : k변수 값(2)을 3하고 비교, 3이 크므로 Do~Loop 반복
- [A1]offset(k,1)=10 : [A1] 셀을 기준으로 offset 명령에 의해 지정한 행, 열만큼 떨어진 범위(offset)로 이동, k가 2이므로 2행 1열에 10을 입력, 즉 [B3] 셀에 10이 입력됨
- k = k + 2 : 2에 2를 더한 결과 4를 k 변수에 대입하고 Do while k 〈 3에 의해 k는 4이므로 Do While 반복이 끝남

33 ④

- =DSUM(데이터베이스,필드,조건 범위) : 조건을 만족하는 필드의 합계를 구함
- 데이터베이스 → A1:D7, 필드 → 4(하반기), 조건 범위 → B1:B2(부서명이 영업1부)이며, 부서명이 "영업1부"인 "하반기" 합(30+60+110)을 구하므로 결과는 200이 됨

34 ④

Ctrl + 4 : 밑줄 적용 및 취소

오답 피하기

Ctrl + 5 : 취소선 적용 및 취소

35 ①

사원명을 기준으로 항목이 그룹화되어 있음

36 ②

창 정렬 : 여러 개의 통합 문서를 배열하여 비교하면서 작업할 수 있는 기능

오답 피하기

- 창 나누기 : 워크시트의 내용이 많아 하나의 화면으로는 모두 표시하기가 어려워 불편할 때 멀리 떨어져 있는 데이터를 한 화면에 표시할 수 있도록 분할하는 기능
- 틀 고정 : 데이터 양이 많은 경우, 특정한 범위의 열 또는 행을 고정시켜 셀 포인터의 이동과 상관없이 화면에 항상 표시할 수 있도록 하는 기능
- 페이지 구분선 : 인쇄 시 페이지 단위로 인쇄하기 위해 페이지 구분선을 삽입함

37 ④

같은 열에 날짜, 숫자, 텍스트가 섞여 있는 경우 가장 많은 데이터 형식을 필터로 나타냄

38 ②

- 피벗 테이블 보고서에서 [피벗 테이블 분석] 탭-[데이터] 그룹-[새로 고침]-[새로 고침]을 실행해야 업데이트됨
- 새로 고침 바로 가기 키 : Alt + F5

39 ①

첫 글자는 반드시 문자이어야 하며, 나머지는 문자, 숫자, 밑줄 등을 사용할 수 있음

40 ①

Ctrl + F 또는 Shift + F5 : [찾기] 탭이 선택된 [찾기 및 바꾸기] 대화상자를 표시함

오답 피하기

Ctrl + H : [바꾸기] 탭이 선택된 [찾기 및 바꾸기] 대화상자를 표시함

과목 03 데이터베이스 일반

41 ②

정규화는 데이터베이스의 논리적 설계 단계에서 수행됨

42 ②

IME Mode : '한글' 또는 '영문'으로 입력 상태를 지정할 때 사용하는 속성

43 ④

데이터 조작 언어(DML : Data Manipulation Language) : SELECT(검색), INSERT(삽입), UPDATE(갱신), DELETE(삭제)

오답 피하기

- 데이터 정의 언어(DDL : Data Definition Language) : CREATE(테이블 생성), ALTER(테이블 변경), DROP(테이블 삭제)
- 데이터 제어 언어(DCL : Data Control Language) : GRANT(권한 부여), REVOKE(권한 해제), COMMIT(갱신 확정), ROLLBACK(갱신 취소)

44 ③

개체-관계 모델(Entity-Relationship Model) : 1976년 Peter Chen이 제안한 것으로 개체 타입(Entity Type)과 이들 간의 관계 타입(Relationship Type)을 이용해 현실 세계를 개념적으로 표현하는 방법

45 ①

도메인(Domain) : 하나의 속성이 취할 수 있는 값의 집합

오답 피하기

- 스키마(Schema) : 데이터베이스를 구성하는 파일, 레코드, 항목의 형식과 상호 관계 전체를 정의하는 것
- 튜플(Tuple) : 테이블에서 행을 나타내는 말로 레코드와 같은 의미임
- 차수(Degree) : 한 릴레이션(테이블)에서 속성(필드=열)의 개수임

46 ④

2개 이상의 연결 필드를 지정할 때는 필드 이름을 세미콜론(;)으로 구분함

47 ③

그리고(AND) 조건은 같은 행에 지정하고 또는(OR) 조건은 다른 행에 지정함

48 ④

UPDATE(갱신문)
- 테이블에 저장된 데이터를 갱신하며, UPDATE-SET-WHERE의 유형을 가짐
- 형식

```
UPDATE 테이블명
SET 필드이름1= 값1, 필드이름2=값2, …
WHERE 조건
```

- 테이블명 : 사원, 필드이름 및 값 : 호봉="10", 조건 : 사번="8963"

49 ④

하위 보고서에서 그룹화 및 정렬 기능을 설정할 수 있음

50 ④

컨트롤의 원본 속성을 '=Sum([총 주문개수])'로 설정하는 경우 '#Error' 오류가 표시됨

오답 피하기

주문개수의 합계, 즉 '총 주문개수'를 구하기 위해서는 [컨트롤 원본] 항목에 '=Sum[주문개수]'를 입력해야 함

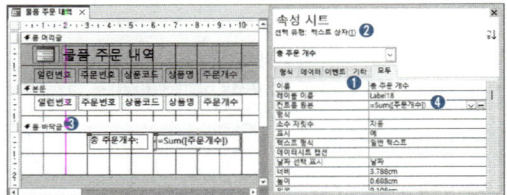

51 ③

Me.FilterOn = True
- Me : 사용자 정의 폼 자신을 의미하며 사용자 정의 폼의 프로시저에서만 사용됨
- Filter : 필터가 폼, 보고서, 쿼리 또는 테이블에 적용될 때 표시할 레코드 하위 집합을 지정함
- FilterOn : 폼 또는 보고서의 Filter 속성이 적용되는지 여부를 지정하거나 확인할 수 있음
- True : 개체의 Filter 속성이 적용됨
- False : 개체의 Filter 속성이 적용되지 않음(기본값)

52 ④

해당 필드의 '인덱스'를 '예(중복 불가능)'로 설정하면 해당 필드에서 같은 값을 중복해서 입력할 수 없음

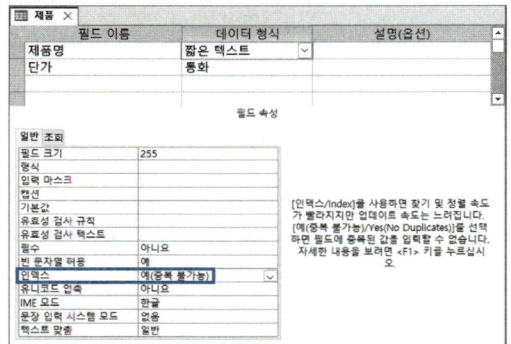

53 ③

보고서 머리글
- 보고서의 첫 페이지 상단에 한 번만 표시됨(페이지 머리글 위에 인쇄됨)
- 회사의 로고, 보고서 제목, 인쇄일 등의 항목을 삽입함

오답 피하기
- 그룹 머리글 : 그룹 설정 시 반복하여 그룹 상단에 표시됨. 그룹명이나 요약 정보 등을 삽입함
- 그룹 바닥글 : 그룹 설정 시 반복하여 그룹 하단에 표시됨. 그룹별 요약 정보를 표시함
- 페이지 머리글 : 보고서의 매 페이지의 상단에 표시됨. 열 제목 등의 항목을 삽입함

54 ②

- ② : 텍스트 상자
- 바운드 텍스트 상자 : 폼, 보고서에서 레코드 원본의 데이터를 나타낼 때 사용
- 언바운드 텍스트 상자 : 다른 컨트롤의 계산 결과를 나타내거나 사용자의 입력 내용을 받아들일 때 사용하며, 언바운드 텍스트 상자의 데이터는 저장되지 않음

오답 피하기
- ① 레이블 : 제목이나 캡션, 간단한 지시 등의 설명 텍스트를 표시하는 컨트롤로 필드나 식의 값을 표시할 수 없음
- ③ 옵션 그룹 : 틀, 옵션 단추, 확인란, 토글 단추 등으로 구성됨
- ④ 목록 상자 : 값 또는 선택 항목 목록이 항상 표시됨. 목록 상자에 있는 항목만 선택할 수 있으며 값을 직접 입력할 수는 없음

55 ③

'일련번호' 형식 : 테이블에 새 레코드가 추가될 때마다 Microsoft Access에서 할당하는 고유한 순차적(1씩 증가) 숫자이며, 일련번호 필드는 업데이트할 수 없고 크기는 4바이트임

56 ②

일 대 일 관계 성립 조건 : 양쪽 테이블의 연결 필드가 모두 중복 불가능의 기본키나 인덱스가 지정되어 있어야 함

57 ④

- 널(Null) : 아무것도 없다는 의미로 값 자체가 존재하지 않음
- 기본키는 널(Null)이 될 수 없으며 중복될 수 없음

오답 피하기
- 튜플(Tuple) : 테이블에서 행을 나타내는 말로 레코드와 같은 의미임
- 도메인(Domain) : 하나의 속성이 취할 수 있는 값의 집합
- 대체키(Alternate Key) : 후보키 중 기본키로 선택되지 않는 나머지 키

58 ④

Select 학과명, Count(*) as 취득자수 Form 자격취득 Group by 학과명
- Select : 검색하고자 하는 열
- Count(*) : 행(튜플)의 개수를 구함
- as : 필드나 테이블의 이름을 별명(Alias)으로 지정할 때 사용함
- From : 테이블 명
- Group by : 그룹에 대한 쿼리 시 사용함

59 ①

SELECT … FROM 〈테이블명1〉 INNER JOIN 〈테이블명2〉 ON 〈테이블명1〉.〈열이름〉 = 〈테이블명2〉.〈열이름〉 : 내부 조인은 한쪽 테이블의 열의 값과 다른 한쪽의 테이블의 열의 값이 똑같은 행만을 결합함

60 ④

'종목코드'의 내용을 수정할 수 없게 설정하기 위해서는 종목코드의 '잠금' 속성을 '예'로 설정하면 됨

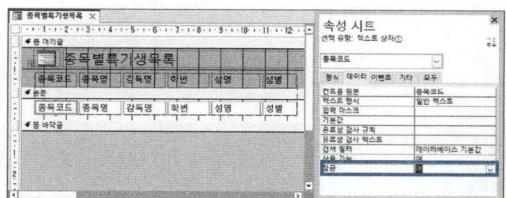

먼 곳을 항해하는 배가 풍파를 만나지 않고
조용히만 갈 수는 없다. 풍파는 언제나
전진하는 자의 벗이다.

프리드리히 니체

이기적 강의는
무조건 0원!

이기적 영진닷컴

공부하다가
궁금한 사항은?

이기적 스터디 카페

가장 쉽고 빠르게 정답 & 해설 확인!
이기적 자동 채점 서비스

STEP 1

도서 내 QR코드 스캔

STEP 2
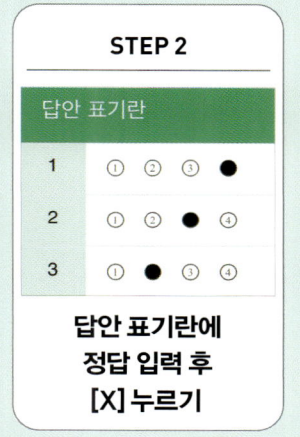
답안 표기란에 정답 입력 후 [X] 누르기

STEP 3

답안 제출 버튼 누르기

STEP 4
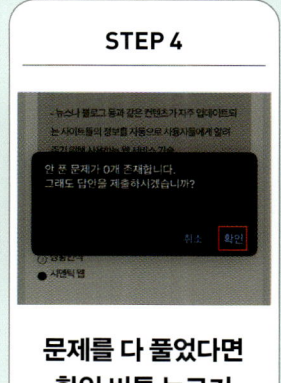
문제를 다 풀었다면 확인 버튼 누르기

STEP 5
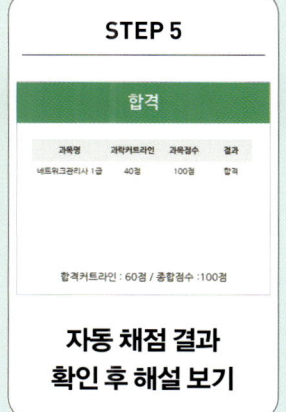
자동 채점 결과 확인 후 해설 보기

서비스 활용 가이드
- 따로 답안지를 준비할 필요 없이 편하게 풀이
- 정답만 입력하면 자동으로 채점
- 빠른 합격 여부 확인
- 문제의 해설까지 바로 확인 가능

한번에 합격, 자격증은 이기적

이기적 스터디 카페

합격 전담 마크! 추가 자료부터
1:1 Q&A까지 다양한 혜택 받기

365 이벤트

매일 쏟아지는 이벤트!
기출 복원, 리뷰, 합격 후기, 정오표

100% 무료 강의

핵심만 쏙쏙 설명하는
합격 강의 100% 무료

CBT 온라인 문제집

연습도 실전처럼!
PC와 모바일로 언제든지 시험 연습

🔍 **이기적 스터디 카페**

홈페이지 : license.youngjin.com
질문/답변 : cafe.naver.com/yjbooks

🔍 **이기적 유튜브 채널**

@ydot0789 채널을 구독해 주세요!
15만 구독자와 약 10,000개의 동영상으로 합격을 준비하세요!

🔍 **이기적 카카오톡 플러스친구**

@이기적 친구를 추가해 주세요!
합격을 부르는 소식, 카톡으로 먼저 받아보고 혜택을 챙기세요!